Stanzel, Die Schulaufsicht im Reformwerk
des Johann Ignaz von Felbiger (1724–1788)

Rechts- und Staatswissenschaftliche
Veröffentlichungen der Görres-Gesellschaft

Herausgegeben von Alexander Hollerbach · Hans Maier · Paul Mikat

Neue Folge, Heft 18

JOSEF STANZEL

Die Schulaufsicht im Reformwerk des Johann Ignaz von Felbiger (1724–1788)

Schule, Kirche und Staat in Recht und Praxis des aufgeklärten Absolutismus

1976

FERDINAND SCHÖNINGH · PADERBORN

Die hier vorgelegte Studie wurde unter folgendem Titel von der Rechtswissenschaftlichen Fakultät der Universität zu Köln als Dissertation angenommen: „Die Schulaufsicht im Reformwerk des Johann Ignaz von Felbiger (1724–1788). Eine schulrechtsgeschichtliche und vergleichende Studie zur Volksschulreform sowie zur Entwicklung der gesetzlichen Grundlagen des Schulaufsichtsrechts im aufgeklärten Absolutismus Preußens und Österreichs".

 Printed in Germany. Filmsatz und Druck: Buchdruckerei Ernst Knoth, Melle. Gesamtherstellung: Ferdinand Schöningh, Paderborn.

ISBN 3-506-73318-4

VORWORT

Die Bearbeitung dieses Themenbereiches hat noch mein akademischer Lehrer, Prof. Dr. Dr. Carl Joseph Hering, angeregt und in den ersten Schritten beraten.

Nach dessen plötzlichem Tode hat Herr Prof. Dr. Herbert Frost die Arbeit in vielen kritischen Gesprächen mit großem Interesse begleitet und gefördert. Dem Verfasser ist es eine angenehme Pflicht, hierfür herzlich zu danken.

Für freundlich erteilte Auskünfte und wertvollen Rat ist der Verfasser vor allem verpflichtet Prof. Dr. Ricardo Krebs, Köln, Dr. Ulrich Krömer, Fulda, Prof. Dr. Adam Wandruszka, Wien und Prof. Dr. Eduard Winter, Achensee.

Hervorzuheben ist die großzügige Hilfsbereitschaft und Unterstützung seitens der Archive und Bibliotheken (insbesondere der UB Köln).

Nicht zuletzt gilt herzlicher Dank den Herausgebern der „Rechts- und Staatswissenschaftlichen Veröffentlichungen der Görres-Gesellschaft", die durch die Aufnahme in die Reihe die Drucklegung ermöglichten, sowie dem Verlag für die sorgfältige Betreuung.

Josef Stanzel

INHALTSÜBERSICHT

Zweiter Teil

Schule und Schulaufsicht in Felbigers schlesischen Reformen im Staate Friedrichs des Großen

Dritter Teil

Die Schulaufsicht in den Reformen Felbigers in Österreich (1774–1788) unter der Regierung Maria Theresias und Josephs II.

Vierter Teil

Übernahme und Übertragungen

Abschluss

Anhang

QUELLEN- UND LITERATURVERZEICHNIS[1]

ACTA BORUSSICA, Denkmäler der Preußischen Staatsverwaltung. Hrsg. v. d. Akademie d. Wiss. Abt. Behördenorganisation und allgemeine Staatsverwaltung, Bd. Iff., Berlin 1894ff.

– Behördenorganisation = Die Behördenorganisation und die allgemeine Staatsverwaltung Preußens im 18. Jhdt., VI. Bd., 1. Hälfte: Einleitende Darstellung der Behördenorganisation und allgemeinen Verwaltung in Preußen beim Regierungsantritt Friedrichs II., bearb. von OTTO HINTZE, Berlin 1901; VI. Bd., 2. Hälfte: Akten vom 31. V. 1740 bis Ende 1745, bearb. v. GUSTAV SCHMOLLER und OTTO HINTZE, 1901

ACTA, NOVA, s. NOVA ACTA

AIGNER, JOSEF, Der Volks- und Industrieschulreformator Bischof Ferdinand Kindermann, Wien 1887

ADLER, SIGMUND, Die politische Gesetzgebung in ihren geschichtlichen Beziehungen zum allgemeinen bürgerlichen Gesetzbuch, in: Festschrift zur Jahrhundertfeier des Allgemeinen Bürgerlichen Gesetzbuches. 1. Juni 1911, 1. Teil, Wien 1911

– Die Unterrichtsverfassung Kaiser Leopolds II. und die finanzielle Fundierung der österreichischen Universitäten nach den Anträgen Martinis, Wien 1917

ALTHAUS, PAUL, Luthers Lehre von den zwei Reichen, in: Lutherjahrbuch 24, 1957, S. 40–68

ALTHUSIUS, JOHANNES, Grundbegriffe der Politik, aus „Politica methodice digesta“, 1603, übersetzt von Erik Wolf, in: Deutsches Rechtsdenken, Heft 8, 1943

– Politica methodice digesta atque exemplis sacris et profanis illustrata; Faksimiledruck der 3. Aufl. Herborn 1614 – Aalen 1961 (hier benutzt), 1. Aufl. 1603, neueste: Cambridge 1932

ALTMANN, WILHELM, Ausgewählte Urkunden zur Brandenburgisch-Preußischen Verfassungs- und Verwaltungsgeschichte, 2 Teile, Berlin 1897

AMBURGER, ERIK, Geschichte der Behördenorganisation Rußlands von Peter d. Großen bis 1917, Leiden 1966

ANDREAE, FRIEDRICH, Beiträge zur Geschichte Katharinas II. Die Instruktionen vom Jahre 1767 für die Kommission zur Abfassung eines neuen Gesetzbuches, Berlin 1912

ANDREÄ, JOHANN VALENTIN, Johann Valentin Andreäs Geschlechtsregister, Schwäbisch-Gemünd 1954

– Rei publicae Christianopolitanae descriptio, Argentoratum 1619. Christianopolis. An Ideal State of the 17th century. Translated from the Latin, with an historical introduction by Felix Emil Held, New York 1916

ANDREAS, WILLY, Das Theresianische Österreich und das achtzehnte Jahrhundert (Ein Festvortrag), München–Berlin 1930

ANTHOLZ, HEINZ WERNER, Die politische Wirksamkeit des Johannes Althusius in Emden, Leer 1954, Kölner phil. Diss. 1955. Auch als H. 32 der Abhandlungen und Vorträge zur Geschichte Ostfrieslands, Aurich 1955

[1] Die Auswertung der Literatur wurde im Wintersemester 1973/74 abgeschlossen. Danach erschienene Publikationen konnten nur noch in Auswahl berücksichtigt werden.

Apih, Joseph, Die theresianisch-josephinische Schulreform in Kärnten, in: Carinthia 93, 1903 (Abschn. I, S. 47–64; II, 94–119; III, 164–181); 94, 1904 (IV, S. 10–21; 42–47; V, 47–49; VI, 49–51; VII(V), 102–120; VIII (VI), 141–168; IX (VIII), 168–170; X (IX), 170–193)

Appelt, Dorothea, Die Idee der Toleranz unter Kaiser Josef II., Phil. Diss. Wien 1951 (Ms.)

Aretin, Karl Otmar Freiherr von (Hg.), Der aufgeklärte Absolutismus, Köln 1974

Arhivska gradja s. Ivic, Aleksa

Aristoteles, Aristotelis Politica, recognovit brevique adnotatione critica instruxit W. D. Ross, Oxford 1957

Arneth, Alfred Ritter von, Geschichte Maria Theresias, Bd. I–X, Wien 1863–1879

– Biographie des Fürsten Kaunitz. Ein Fragment, in: Archiv f. österr. Geschichte 88, 1900, S. 1–201

– Joseph II. und Katharina von Rußland. Ihr Briefwechsel, Wien 1869

– Maria Theresia und der Hofrat von Greiner, in: Sitzungsberichte der Kaiserlichen Akademie der Wissenschaften, Phil.-Hist. Klasse, XXX, Wien 1859, S. 307–378

Arnisaeus, Henning, De auctoritate principum in populum, semper inviolabili, Francofurti 1612

– Doctrina Politica in genuinam methodum, quae est Aristotelis, reducta, et exprobatissimis quibusque Philosophis, Oratoribus, Iuris consultis, Historicis etc. breviter comportata et explicata, Amsterodami 1643

– De iure Majestatis libri tres. Quorum primus agit de Majestate in genere, secundus de iuribus majestatis maioribus, tertius de iure majestatis minoribus, Francofurti 1610

Arnold, Franz Xaver, Seelsorge aus der Mitte der Heilsgeschichte (Untersuchungen zur Theologie der Seelsorge, 10), Freiburg i. Br. 1956

– Die Staatslehre des Kardinals Bellarmin, München 1934

Arnoldsche Sammlug, siehe Sammlung

Auszug aller bisher ergangenen Königl. Preußl.(!) und Kurfürstl. Brandenburgischen Gesetze, Befele und Verordnungen, welche die Schulen, sowohl Gymnasia, niedrige Schulen ... betreffen. Übers. v. Johann Jakob Wippel, Berlin 1764 (= AUSZUG)

Bacon, Francis, Nova Atlantis, übs. in: Der utopische Staat, hg. v. K. J. Heinisch, Reinbek b. Hamburg 1960

Bader, Karl Siegfried, Das Wertproblem in der Rechtsgeschichte. Zum Standort einer historischen Disziplin in den modernen Geisteswissenschaften. In: Speculum historiale. Geschichte im Spiegel von Geschichtsschreibung und Geschichtsdeutung. (Festschr f. Johannes Spörl z. 60. GebTg), Freiburg/München o.J. [1965], S. 639–657

Ballauff, Theodor/Schaller, Klaus, Pädagogik. Eine Geschichte der Bildung und Erziehung, Bd. II, Vom 16. bis zum 19. Jahrhundert, Freiburg/München 1970

Balles, Richard, Das Recht der Schulaufsicht in den wichtigeren deutschen Staaten (Preußen, Bayern, Sachsen, Württemberg, Baden, Hessen, Oldenburg, Meiningen und Elsaß-Lothringen), Jur. Diss. Würzburg 1911

BALTL, HERMANN, Österreichische Rechtsgeschichte, 2. Aufl., Graz 1972
BALTZER, JUSTUS (Hg.), Die wichtigsten Preußischen Schulordnungen der letzten drei Jahrhunderte, 5. A., Bielefeld/Leipzig 1920
BARTH, PAUL, Die Geschichte der Erziehung in soziologischer und geistesgeschichtlicher Bedeutung, Leipzig 1916
BARTH-BARTHENHEIM, JOHANN LUDWIG GRAF VON, Oesterreichs Schul- und Studienwesen mit besonderer Rücksicht auf die Schul- und Studienanstalten im Erzherzogthume unter der Enns, 2 Bde., Wien 1843
BAUER, RICHARD, Der kurfürstliche geistliche Rat und die bayerische Kirchenpolitik 1768–1802 (Miscellanea Bavarica Monacensia, Heft 32), München 1971
BEAULIEU-MARCONNAY, CARL FREIHERR VON, Der Hubertusburger Friede, Leipzig 1871
BECKHER, WILHELM HEINRICH, Preußische Kirchenregistratur, oder: Kurzer Auszug Königlich-Preußischer Edicten und Verordnungen, welche in Kirchen- und Schulsachen in dem Königreich Preußen publiciret worden ..., Königsberg 1769
BEIDTEL, IGNAZ, Geschichte der österreichischen Staatsverwaltungen 1740–1848. Aus dem Nachlaß herausgegeben von Alfons Huber, 2 Bde, Innsbruck 1896, Neudruck Frankfurt/M. 1968
– Über österreichische Zustände in den Jahren 1740–1792, in: Sitzgsber. d. Kaiserl. Akademie d. Wissenschaften, Phil.-histor. Kl., Bd. 7 (1851), S. 707ff.
BELKE, WERNER, Kirche und Schule in Bremen. Eine verwaltungsrechtliche Skizze unter Einschluß verfassungsrechtlicher Fragen, Jur. Diss. Kiel 1953 (Ms)
BENEDIKT, HEINRICH, Der Josephinismus vor Joseph II., in: Österreich und Europa. Festgabe für Hugo Hantsch zum 70. Geburtstag, Graz, Wien, Köln 1965, S. 183–201
BENNA, ANNA HEDWIG, Der Kronprinzenunterricht Josefs II. in der inneren Verfassung der Erbländer und die Wiener Zentralstellen, in: Mitt. des Österr. Staatsarchivs 20, 1967, S. 115–179
– Zur Situation von Religion und Kirche in Österreich in den fünfziger Jahren des 18. Jahrhunderts. Eine Denkschrift für den Kronprinzenunterricht Josephs II., in: Festschrift Franz Loidl, 1972, S. 193–224
BERNARD, PAUL B., The Origins of Josephinism: Two Studies (The Colorado College Studies 7), Colorado Springs 1964
– Joseph II., New York 1968
BERNLEITHNER, ERNST (Hg.), Kirchenhistorischer Atlas von Österreich, Bd. 1, Wien 1966; Karte 2: Diözesan- u. Dekanatsgliederung der katholischen Kirche in Österreich 1966
– Karte 5: Diözesan- u. Dekanatsgliederung der katholischen Kirche in Österreich im Jahre 1782
Allgemeine Bibliothek für das Schul- und Erziehungswesen in Deutschland. Nördlingen 1774–1780; v. 1781 bis 1783: Magazin für Schulen und die Erziehung überhaupt (= ABthSE)
Allgemeine deutsche Bibliothek, Berlin und Stettin, 1765–1792; v. 1793 bis 1806: Neue allgem. deutsche Bibliothek (= AdtBth)
Russische Bibliothek. Zur Kenntnis des gegenwärtigen Zustandes der Literatur in Rußland, hg. v. H. L. Chr. Bacmeister, Bd. IX, St. Petersburg, Riga u. Leipzig 1784 (= Russ.Bibl.)

BITTNER, LUDWIG, Chronologisches Verzeichnis der österreichischen Staatsverträge Bd. 1: Die österr. Staatsverträge von 1526–1763, Wien 1903 (Veröffentlichungen d. Kommission f. neuere Geschichte Österreichs, 1)
– Bd. 2: (w.o.) von 1763–1847, Wien 1909 (VÖen ..., 8)
BLOTH, HUGO GOTTHARD, Johann Julius Hecker (1707–1768). Seine „Universalschule" und seine Stellung zum Pietismus und Absolutismus, in: JbVWKiG, 61, 1968, S. 63–129
BLÜMEL, GEORG, Johann Friedrich Burg, in: Schlesische Lebensbilder, Bd. 2, Breslau 1926, S. 73–77
BOCK, ALFONS (Hg.), Die Bayerischen Schulordnungen vom Jahre 1774 und 1778, in: Pädagogische Quellenschriften, 3. Heft, München 1916
BÖHM, IGNATZ, Historische Nachricht von der Entstehungsart und von der Verbreitung des Normalschulinstituts in Böhmen, Prag 1784. Fortsetzung unter dem Titel Emmanuel(!) Böhm, Forts. d. hist. Nachricht v. d. Entstehungsart u. der Verbreitung des Normalschulinstituts in Böhmen, I. Heft f. d. Jahre 1784 u. 1785, Prag 1785; II. Heft f. d. Jahre 1785 u. 1786, Prag 1787
BONA MEYER, JÜRGEN (Hg.), Friedrich's des Großen Pädagogische Schriften und Äußerungen. Mit einer Abhandlung über Friedrich's des Großen Schulregiment nebst einer Sammlung der hauptsächlichsten Schul-Reglements, Reskripte und Erlasse übersetzt und herausgegeben von J. B. M., Langensalza 1885
BONIN, BURKHARD VON, Die praktische Bedeutung des ius reformandi, Stuttgart 1902
BORMANN, KARL WILHELM EMIL, Die Berliner Realschule und die katholischen Schulen Schlesiens und Österreichs, in: Schulblatt f. d. Provinz Brandenburg 23, 1859, S. 275–295
BORNHAK, CONRAD, Preußische Staats- und Rechtsgeschichte, Berlin 1903
– Das preußische Unterrichtswesen als Staatsinstitut in rechtsgeschichtlicher Entwicklung, in: AöR IV (1899), S. 101–146
BORNKAMM, HEINRICH, Luthers Lehre von den zwei Reichen im Zusammenhang seiner Theologie, Gütersloh 1958
– Zum Problem der Gleichberechtigung der Konfessionen im 16. u. 17. Jahrhundert, in: ARG 56, 1965, S. 209–218
BRACHVOGELSCHE SAMMLUNG, s. Sammlung
BRADLER-ROTTMANN, ELISABETH, Die Reformen Kaiser Josephs II., Göppingen 1973
BRAUBACH, MAX, Die kirchliche Aufklärung im katholischen Deutschland im Spiegel des „Journal von und für Deutschland" (1784–1792), in: M. Braubach, Diplomatie u. geistiges Leben im 17. u. 18. Jahrhundert. Gesammelte Abhandlungen, Bonn 1969, S. 563–659
– Vom Westfälischen Frieden bis zur Französischen Revolution, in: Gebhardt/Grundmann, Handbuch der deutschen Geschichte, 9. Aufl., Bd. 2, Stuttgart 1970, Abschn. III, S. 241ff.
– Die erste Bonner Hochschule. Maxische Akademie und kurfürstliche Universität 1774/1777–1798, Bonn 1966
– Die Lebenschronik des Freiherrn Franz Wilhelm v. Spiegel zum Desenberg, Münster 1952

BRAUBACH, MAX, Maria Theresias jüngster Sohn Max Franz. Letzter Kurfürst von Köln und Fürstbischof von Münster, Wien–München o.J. [1961]
BRAUN, HEINRICH, Plan der neuen Schuleinrichtung in Baiern 1770, in: Pädagogische Quellenschriften (Hsg. A. Bock), 1. Heft, München 1916
BRÜCK, ANTON PHILIPP (Hg.), Kurmainzer Schulgeschichte. Texte, Berichte, Memoranden (Mainzer Beiträge zur Pädagogik, Hist. Abt. Bd. I), Wiesbaden 1960
BRUGGER, WALTER, Philosophisches Wörterbuch, 4. Aufl., 1951, s.v. Lotz „Methode“
BRUNNER, OTTO, Land und Herrschaft. Grundfragen der Verfassungsgeschichte Südostdeutschlands im Mittelalter, 3. Aufl. Brünn, München, Wien 1943

CAMPANELLA, THOMAS, Der Sonnenstaat, Idee eines philosophischen Gemeinwesens, ins Deutsche übertragen von G. Brauns u. a., Berlin 1955
CAMPENHAUSEN, AXEL FREIHERR VON, Erziehungsauftrag und staatliche Schulträgerschaft. Die rechtliche Verantwortung für die Schule, Göttingen 1967
– Staatskirchenrecht, München 1973
CLAUSNITZER, EDUARD, Zur Geschichte der preußischen Volksschule unter Friedrich dem Großen, in: Die Deutsche Schule 5, 1901, S. 342–366, 411–428
CODEX AUSTRIACUS = Codicis Austriaci ordine alphabetico compilati Pars I. et II. Eigentlicher Begriff und Inhalt Aller Unter ... der Regierung ... Leopold I. ... ausgegangenen ... Generalien, Patente, Ordnungen, Rescripten, ... Wien 1704. Ergänzungen: Supplementa Codicis Austriaci, I–VI, Wien 1748–1777 (COD.AUSTR.)
COGNET, LOUIS, Staatskirchentum und Aufklärung in den weltlichen Territorien des Reiches – Theresianismus und Josephinismus, in: Handb. d. Kirchengeschichte, Hg. v. H. Jedin, Bd. V, 1970, S. 508ff.
COING, HELMUT, Die juristischen Auslegungsmethoden und die Lehren der allgemeinen Hermeneutik, Köln/Opladen 1959
– Grundzüge der Rechtsphilosophie, Berlin 1950
CONRAD, HERMANN, Rechtsstaatliche Bestrebungen im Absolutismus Preußens und Österreichs am Ende des 18. Jahrhunderts (Wiss. Abhandlungen d. AG f. Forschung des Landes NRW. Geisteswissenschaften, H. 95), Köln/Opladen 1961
– Die geistigen Grundlagen des Allgemeinen Landrechts für die preußischen Staaten von 1794 (Wiss. Abhandlungen der AG f. Forschung des Landes NRW, H. 77, Geisteswissenschaften), Köln/Opladen 1958
– Die Grundlegung der modernen Zivilehe durch die Französische Revolution. Ein Beitrag zur neueren Geschichte des Familienrechts, in: ZRG (G) 67, 1950, S. 336ff.
– Individuum und Gemeinschaft in der Privatrechtsordnung des 18. und beginnenden 19. Jahrhunderts (Juristische Studiengesellschaft Karlsruhe, 18), Karlsruhe 1956
– Kirche und Staat, in: StL IV, 1959, Sp. 1001–1005, 1048f. (Lit.)
– Das Allgemeine Landrecht von 1794 als Grundgesetz des friderizianischen Staates (Schriftenreihe der Juristischen Gesellschaft e.V., Heft 22), Berlin 1965
– Recht und Verfassung des Reiches in der Zeit Maria Theresias. Aus den Erziehungsvorträgen für den Erzherzog Joseph, in: HJ 82, 1963, S. 163–186;

Neuabdr. in: Die Entstehung des modernen souveränen Staats, hg. v. H. H. Hofmann, 1967, S. 228ff.
– Rechtsgeschichte, in: StL VI, Sp. 658–661
– Deutsche Rechtsgeschichte, Bd. II (Neuzeit bis 1806), Karlsruhe 1966
– Reich und Kirche in den Vorträgen zum Unterricht Josephs II., in: Spiegel der Geschichte. Festgabe für Max Braubach, Münster 1964, S. 602–612
– Religionsbann, Toleranz und Parität am Ende des alten Reiches, in: RQs 56, 1961, S. 167–199
– Joseph von Sonnenfels, in: Juristenjahrbuch 8, 1967/68, S. 1–16.
– Staat und Kirche im aufgeklärten Absolutismus, in: Der Staat 12, 1973, S. 45–63
– Staatsgedanke u. Staatspraxis des aufgeklärten Absolutismus (Rhein.-Westf. Akademie d. Wiss., Geisteswiss.-Vorträge G 173), Opladen 1971
– Das Zivilrecht im Rechtsunterricht für den Erzherzog Joseph, in: Festschrift Hans Lentze, Innsbruck–München 1969, S. 63–94
CONRING, ENNO, Kirche und Staat nach der Lehre der niederländischen Calvinisten in der ersten Hälfte des 17. Jahrhunderts (Beiträge zur Geschichte und Lehre der Reformierten Kirche), Neukirchen 1965
Corpus Constitutionum Marchicarum, Oder Koenigl. Preußis. und Churfuerstl. Brandenburgische in der Chur und Marck Brandenburg, auch incorporirten Landen publicirte und ergangene Ordnungen, Edicta, Mandata, Rescripta etc. Von Zeiten Friedrichs I. Churfuersten zu Brandenburg, etc. biß ietzo unter der Regierung Friderich Wilhelms Koenigs in Preussen etc. ad annum 1736 inclusivè. Mit allergn. Bewilligung colligiret und ans Licht gegeben von Christian Otto Mylius. VI Theile, Berlin und Halle 1737 (= CCM)
Corporis Constitutionum Marchicarum I.–IV. Continuatio, ... von 1737 bis 1740 inclusive, ... colligiret von Christian Otto Mylius, Berlin und Halle 1744–1751, 4 Bde. (= CCMCONT.)
Corpus Constitutionum Marchicarum Continuationum I, II & III. Supplementa ... von 1737 bis 1747 inclusive, 1751 (= CCMCONT.SUPPL.)
Novum Corpus Constitutionum Prussico- Brandenburgensium praecipue Marchicarum, oder: Neue Sammlung Koenigl. Preußl. und Churfuerstl. Brandenburgischer, ... Ordnungen, Edicten, Mandaten, Rescripten etc. Vom Anfang des Jahres 1751 und folgenden Zeiten, ... 13 Bde., Berlin 1753–1822 (= NCC)

DARJES, JOACHIM GEORG, Institutiones Jurisprudentiae Universalis. Jena 1740 und öfter
DAVID, RENÉ, Traité élémentaire de droit comparé, Paris 1950
DEINHARDT, WILHELM, Der Jansenismus in deutschen Landen, München 1929
PÄDAGOGISCHES DENKEN in Geschichte und Gegenwart. Festschrift zum 65. Geburtstag von JOSEF DOLCH, Ratingen 1964
DIENSTLEDER, ALOIS, Die Kultus-Baulast mit besonderer Berücksichtigung des Partikularrechtes in Österreich, Wien 1934
DILTHEY, WILHELM, Friedrich der Große und die deutsche Aufklärung (Gesammelte Schriften, Bd. 3), 2. Aufl., Leipzig/Berlin 1942
DÖRRER, FRIDOLIN, Der Schriftverkehr zwischen dem päpstlichen Staatssekretariat und der Apostolischen Nuntiatur Wien in der zweiten Hälfte des 18. Jahrhunderts, in: Röm.Hist.Mitt. 4, 1960/61, S. 63–246

DOLCH, JOSEF, Das Elternrecht, in: Friedrich Mann's Pädagogisches Magazin, Heft 1154, Langensalza 1928
– Lehrplan des Abendlandes, Zweieinhalb Jahrtausende seiner Geschichte, 2. Aufl. Ratingen 1965
DOMINICUS, ALEXANDER, Koblenz unter dem letzten Kurfürsten von Trier Clemens Wenzeslaus 1768–1794, Coblenz 1869
DORWART, REINHOLD AUGUST, The Prussian Welfare State before 1740, Cambridge (Massachusetts) 1971
DRUŽININ, NIKOLAJ MICHAJLÓVIČ, Der aufgeklärte Absolutismus in Rußland, in: Der Aufgekl. Absolutismus, hg. v. K. O. v. Aretin, 1974, S. 315–339
DÜLMEN, RICHARD VAN, Die Prälaten Franz Töpsl aus Polling und Johann Ignaz von Felbiger aus Sagan. Zwei Repräsentanten der katholischen Aufklärung, in: ZbayLG 30, 1967, S. 731–823
– Propst Franziskus Töpsl (1711–1796) und das Augustinerchorherrenstift Polling, Kallmünz 1967
– Zum Strukturwandel d. Aufklärung in Bayern, in: ZbayLG 36, 1973, S. 662–679
DWORACEK, NORBERT, Die Theresianische Schulreform der niederen Schulen und ihre Durchführung in O.-Österreich, Phil. Diss. Innsbruck 1934

EBEL, WILHELM, Geschichte der Gesetzgebung in Deutschland, 2. Aufl., Göttingen 1958
EBENGREUTH, ARNOLD LUSCHIN VON, Österreichische Reichsgeschichte, Bamberg 1896
– Grundriß der österreichischen Reichsgeschichte, Bamberg 1899
EBERLEIN, HELLMUT, Schlesische Kirchengeschichte, 4. Aufl. Ulm/D. 1962
EBERS, GODEHARD JOSEF, Staat und Kirche im neuen Deutschland, München 1930
EBERT, KURT, Gesetzgebung und Rechtswissenschaft. Ein Beitrag zur Zeit des späten Naturrechts in Österreich, in: ZRG (G) LXXXV, 1968, S. 104–126
– Die Grazer Juristenfakultät im Vormärz (Grazer Rechts- u. Staatswiss. Stud., 22), Graz 1969
EGGERS, CHRISTIAN ULRICH DETLEV VON, Nachrichten von der beabsichtigten Verbesserung des öffentlichen Schulwesens in den österreichischen Staaten mit authentischen Belegen, Tübingen 1808
EGGERSDORFER, FRANZ XAVER, Das reichsdeutsche und österreichische Bildungswesen im Vergleich zueinander, München 1927
EICHHORN, KARL FRIEDRICH, Grundsätze des Kirchenrechts der Katholischen und Evangelischen Religionspartei in Deutschland, 2 Bde., Göttingen 1831–33
Einführung des Schulzwangs 1717, Sept. 28, in: Ausgew. Urkunden zur Brandenburgisch-Preußischen Verfassungs- u. Verwaltungsgeschichte, hsg. v. WILH. ALTMANN, I. Teil (15.–18. Jhdt.), 1897, S. 99ff.
Verbesserte Einrichtung der Provinzialbehörden. 1815 April 30, in: Ausgew. Urkunden zur Brandenburgisch-Preußischen Verfassungs- und Verwaltungsgeschichte, hsg. v. WILH. ALTMANN, II. Teil (19. Jhdt.) 1897, S. 82ff.
EISENHUT, ARNO, Die Entwicklung der Schulgewalt und ihre Stellung im Verwaltungsrecht in Deutschland, Jur. Diss. Jena 1932
ELVERT, CHRISTIAN DE, Die Verfassung und Verwaltung von Oesterreichisch-Schlesien, in ihrer historischen Ausbildung, dann die Rechtsverhältnisse zwi-

schen Mähren, Troppau und Jägersdorf, so wie der mährischen Enklaven zu Schlesien, Brünn 1854

– Geschichte der Studien-, Schul- und Erziehungsanstalten in Mähren und Oesterr. Schlesien, insbesondere der olmützer Universität, in den neueren Zeiten, Brünn 1857

ELZER, HANS-MICHAEL (Hg.), Zwei Schriften der Kurmainzer Schulreform von 1770–1784 (Frankfurter Beiträge zur historischen Pädagogik, Bd. 2), Frankfurt/M. etc. 1967

ENGEL, GUSTAV, Politische Geschichte Westfalens, 3. Aufl., Köln u. Berlin 1968

ENGEL-JANOSI, FRIEDRICH, Josephs II. Tod im Urteil der Zeitgenossen, in: MÖIG 44, 1930

ENGISCH, KARL, Sinn und Tragweite juristischer Systematik, in: Stud.Gen. 1957, S. 173ff.

Entwurf des neueingerichteten Instituts der deutschen Schulen zu Innsbruck, in: Der Patriot in Baiern, 6. Stück, München 17. Februar 1769

Erziehungs- und Schulrath, Der Erziehungs- und Schulrath (= der Schulrath an der Oder), Heft 20, Breslau 1820: Geschichte, Beschreibung und Beurteilung der von Felbinger und Schulstein ausgegangenen Verbesserungen des kath. Schulwesens in Schlesien, S. 1–111

ESPEN, ZÉGER BERNARD VAN, Ius ecclesiasticum universum caeteraque scripta omnia decem tomis comprehensa, Venetiis 1769

FEINE, HANS ERICH, Kirchliche Rechtsgeschichte I, Die katholische Kirche, 5. Aufl., Köln/Wien 1972

FELBIGER, JOHANN IGNAZ VON, Anekdoten zur Geschichte des Angriffs und der Verteidigung der Normalschulen in den k.k. Staaten. Nebst Berichtigung verschiedener in öffentlichen Blättern verbreiteten Nachrichten von dem sog. Preßburger Kongreß i. J. 1782, und von Einführung des Normal-(schul)-Instituts in Rußland, Frankfurt a. M./Leipzig 1784

– Die Beschaffenheit und Größe der Wohlthat, welche Maria Theresia durch die Verbesserung der deutschen Schulen Ihren Unterthanen dem Staate und der Kirche erwiesen hat. Prag 1781. Neudruck in: Beitr.z.ö.E.u.SchG, V, 1904, S. 233–287

– Beschaffenheit der eigentlichen Normalschulen in den k.k. Staaten, besonders der Hauptnormalschule zu Wien am Ende des Wintermonats 1781, Wien 1781

– Foderungen(!) an Schulmeister und Lehrer der Trivialschulen, auf deren Erfüllung die bestellten Visitatoren zu sehen, und danach sie die Geschicklichkeit derer, welche die Jugend unterweisen, zu beurtheilen haben, Wien 1777. Abdr. in: Neudrucke päd. Schriften, hg. v. A. Richter, Bd. XV, Leipzig 1896, S. 49–79

– Instruktion für diejenigen, denen aufgetragen ist Geistliche oder Kandidaten zum geistlichen Stande zu unterweisen, a) Wie sie auf die Landschulmeister Obsicht haben. b) Wie sie die Jugend in der Christenlehre sowohl in der Schule als in der Kirche vorschriftsmäßig zu unterweisen haben, Prag 1779

– Instruktionen für diejenigen, welche in den Musterschulen bereits angestellte Landschulmeister abrichten, Wien 1776

– Instruktion für die Schulaufseher auf dem Lande, welche aber zugleich als ein Zusatz der Instruktion für Aufseher in Städten und Märkten zu betrachten ist, Wien 1779

– Instruktion für die Schulaufseher der Trivialschulen in den Städten und Märkten, Wien 1778
– Königlich-Preußisches General-Land-Schul-Reglement für die Römisch-Catholischen in Städten und Dörfern des souverainen Herzogthums Schlesien und der Grafschaft Glatz ... v. 3. November 1765. Abdruck u. a. in: Kornsche Sammlung VIII, S. 780–812; zuletzt bei Scheveling 1958
– Methodenbuch für Lehrer der deutschen Schulen ... Nebst der genauen Bestimmung, wie sich die Lehrer der Schulen in allen Teilen ihres Amtes, ingleichen die Directoren, Aufseher und Oberaufseher zu bezeigen haben, um der Schulordnung das gehörige Genügen zu leisten, Wien 1776. Neudr. in: Panholzer, J. I. v. Felbigers Methodenbuch, 1892
– Was sollen Normalschulen seyn, die man in den kaiserlich-königl. Erbländern errichtet hat? Wien 1776. Neudruck in: Beitr.z.ö.E.u.SchG. V, 1904, S. 151–184
– Sammlung der Anordnungen und Instruktionen, welche zur Verbreitung der verbesserten Lehrart in den deutschen oder Trivialschulen der Städte, Märkte und Dörfer von Niederösterreich im Druck erschienen sind, Wien 1779
– Sammlung jener Schriften, welche sind gedruckt worden um die Normal- und Hauptschulen der deutschen Erblanden des allerdurchlauchtigsten Hauses Österreich auf gleichen Fuß zu setzen und die Beschaffenheit einer jeden dieser Schulen leicht zu übersehen, Wien 1779
– Allgemeine Schulordnung für die deutschen Normal-, Haupt- und Trivialschulen in sämtlichen Kaiserl. Königl. Erbländern d. d. Wien am 6ten December 1774. Abdr. u. a. in: Neudrucke päd. Schriften, hg. v. A. Richter, Bd. XV, Leipzig 1896, S. 1–48
– Kleine Schulschriften nebst einer ausführlichen Nachricht von den Umständen und dem Erfolge der Verbesserung der kath. Land- und Stadt-Trivialschulen in Schlesien und Glatz, Bamberg/Würzburg 1772 (enthält u. a. die Saganer Reformverordnungen – 1761 bis 1764)
– Was sind Trivialschulen? Wien 1776. Neudr. in: Beitr.z.ö.E.u.SchG. V, 1904, S. 185–232
– Vorlesung von der Schuldigkeit der Geistlichen in Absicht auf die Pfarrschulen, gehalten am 9. Dec. 1780, Wien 1782. Neudr. in: Beitr.z.ö.E.u.SchG. V, 1904, S. 109–137

Ferihumer, Heinrich, Die kirchliche Gliederung des Landes ob der Enns im Zeitalter Kaiser Josefs II. Haus Österreich u. Hochstift Passau i. d. Zeitspanne von 1770–1792 (Forschungen zur Geschichte Oberösterreichs, 2), Linz 1952
– Das niedere Schulwesen im Zeitalter Maria Theresias und Josephs II. Mit Berücksichtigung oberösterreichischer Verhältnisse, in: Oberösterreichische Heimatblätter 12, 1958, S. 21–38

Festschrift Loidl, Sacerdos et Pastor Ubique. Festschrift für Franz Loidl zum 40jährigen Priesterjubiläum (Vöen d. Kirchenhist. Instituts der Kath.-Theol. Fakultät der Universität Wien, 13), Wien 1972

Festschrift J. Dolch, siehe Pädagogisches Denken

Festschrift Riedl, Volkstum zwischen Moldau, Etsch und Donau. Festschr. f. Franz Hieronymus Riedl. Dargeboten zum 65. Geburtstag ... von Theodor Veiter, Wien/Stuttgart 1971

FETJÖ, FERENCZ (FRANÇOIS), Joseph II. Kaiser und Revolutionär. Ein Lebensbild, Stuttgart 1956

FEUERHERDT, ECKHARD, Gesellschaftsvertrag und Naturrecht in der Staatslehre des Johannes Althusius, Jur. Diss. Köln 1962

FLASKAMP, FRANZ, Schlesische Didaktik in der Grafschaft Rietberg, in: Westfälische Zeitschrift 114, 1964, S. 356–359

FLEISCHMANN, MAX (Hg.), Christian Thomasius, Leben und Lebenswerk, Halle 1931

FLITNER, WILHELM, Die vier Quellen des Volksschulgedankens, 3. Aufl., Stuttgart 1954

FLOROVSKIJ, ANTONIJ, Die erste deutsche Übersetzung der Instruktion der Kaiserin Katharina II., in: Zeitschr. f. osteuropäische Geschichte II, 1912, S. 1–10

FOOKEN, ENNO, Die geistliche Schulaufsicht und ihre Kritiker im 18. Jahrhundert, Wiesbaden-Dotzheim 1967 (Zugl. Diss. phil. Mainz 1965)

FORSTER, WILHELM, Die kirchliche Aufklärung bei den Benediktinern der Abtei Banz im Spiegel ihrer von 1772–1778 herausgegebenen Zeitschrift, in: StMBO 63, 1951, S. 172–233; 64, 1952, S. 110–233

FRANCKE, LOTHAR, Die Rechtsstellung der Propstei als Mittelinstanz in der Landeskirche Schleswig-Holsteins, ihre geschichtlichen Grundlagen, ihr räumlicher Bereich, Jur. Diss. Kiel 1968

FRANK, G. (Hg.), Consistorial-Instruktion vom Jahre 1784, in: Jb. der Gesellschaft f. d. Geschichte d. Protestantismus in Oesterreich, 7. Jg., 1886, S. 132–153

– Superintendential-Instruktion vom Jahre 1785, in: Jahrb. der Gesellschaft f. d. Geschichte d. Protestantismus in Oesterreich, 6. Jg., 1885, S. 14–32

FRANK, GUSTAV, Das Toleranz-Patent Kaiser Joseph II. Urkundliche Geschichte seiner Entstehung und seiner Folgen, Wien 1882

FRASS, OTTO, Quellenbuch zur österreichischen Geschichte, 3 Bde., Wien 1956/1959/1962

FRENSDORFF, F., Über das Leben und die Schriften des Nationalökonomen I. H. G. von Justi, in: Nachr. v. d. Königl. Gesellschaft der Wissenschaften zu Göttingen. Phililogisch-historische Klasse a. d. J. 1903, Göttingen 1904, S. 355–503

FREYER, HANS, Die politische Insel. Eine Geschichte der Utopien von Platon bis zur Gegenwart, Leipzig 1936

FRIEDRICH, CARL JOACHIM, Introduction to the politica methodice digesta, in: Politica methodice digesta of Johannes Althusius (= Neuausgabe der 3. Ausgabe von 1614), Cambridge 1932

FRIEDBERG, EMIL, Die Gränzen zwischen Staat und Kirche und die Garantien gegen deren Verletzung, Tübingen 1872, Neudr. 1962

– Lehrbuch des katholischen und evangelischen Kirchenrechts, 6. Aufl., Leipzig 1909

FRIEDRICH DER GROSSE, Die politischen Testamente. Übers. v. Friedrich v. Oppeln-Bronikowski. Mit einer Einführung v. Gustav Berthold Volz, 3. Aufl., München 1941

FROESE, LEONHARD, Ideengeschichtliche Triebkräfte der russischen und sowjetischen Pädagogik, 2. Aufl., Heidelberg 1963 (Vergleichende Erziehungswissenschaft und Pädagogik des Auslands 2)

FROESE, LEONHARD/KRAWIETZ, WERNER, Deutsche Schulgesetzgebung, Bd. I: Brandenburg, Preußen und Deutsches Reich bis 1945 (Kleine Pädagogische Texte, Bd. 37), Weinheim/Berlin/Basel 1968

FROST, HERBERT, Strukturprobleme evangelischer Kirchenverfassung. Rechtsvergleichende Untersuchungen zum Verfassungsrecht der deutschen evangelischen Landeskirchen, Göttingen 1972

FUCHS, WALTHER PETER (Hg.), Staat und Kirche im Wandel der Jahrhunderte, Stuttgart etc. 1966

GAGNER, STEN, Studien zur Ideengeschichte der Gesetzgebung (Acta Universitatis Upsaliensis, Studia Iuridica Upsaliensia, 1), Uppsala 1960 (Jur. Diss. Uppsala 1960)

GAMPL, INGE, Staat und evangelische Kirche in Österreich, in: ZRG (C) LII, 1966, S. 299–331

GARBER, JÖRN, Besprechung von: Reinhold August Dorwart, The Prussian Welfare State before 1740, Cambridge (Mass.) 1971, in: Die Verwaltung 7, 1974 S. 129–132

GARDEN, GUILLEAUME DE, Histoire Générale des Traités de Paix et autres transactions principales entre toutes les puissances de l'Europe depuis la paix de Westphalie, Tome III., Paris o. J., [1850]

GEISTHARDT, FRITZ, Ediktensammlungen, in: Archivar und Historiker, Berlin 1956, S. 461–470

GERBERT V. ST. BLASIEN, siehe PFEILSCHIFTER

GERSTENKORN, HANS ROBERT, Weltlich Regiment zwischen Gottesreich und Teufelsmacht. Die staatstheoretischen Auffassungen Martin Luthers und ihre politische Bedeutung, Bonn 1956

Geschichte Schlesiens, Bd. II siehe PETRY/MENZEL

Gesetzbuch, Kaiserl. Königl. Theresianisches, siehe Sammlung aller k.k. Verordnungen

Gesetze/Franz II. (I.): Sr. k.k. Majestät Leopold des zweyten politische Gesetze und Verordnungen für die deutschen, böhmischen und galizischen Erbländer, 4. Bde. Wien 1791/92

Gesetze/Leop. II.: Sr. k.k. Majestät Franz des zweyten politische Gesetze und Verordnungen für die Oesterreichischen, Böhmischen und Galizischen Erbländer, Bd. Iff., Wien 1793ff.

GEUSAU, ANTON REICHSRITTER VON, Geschichte der Stiftungen, Erziehungs- und Unterrichtsanstalten in Wien, von den ältesten Zeiten bis auf gegenwärtiges Jahr. Aus echten Urkunden und Nachrichten, Wien 1803

GEWIRTH, ALAN, Marsilius of Padua, The Defender of Peace,
I: Marisilius of Padua and Medieval Political Philosophy;
II: The Defensor pacis translated with an Introduction,
New York 1951–1956

GIERKE, JULIUS VON, Neues über Johannes Althusius, Berlin/Köln 1957

GIERKE, OTTO VON, Johannes Althusius und die Entwicklung der naturrechtlichen Staatstheorien. Zugleich ein Beitrag zur Geschichte der Rechtssystematik, 4. Aufl., Breslau 1929 (Neudruck Aalen 1958)

GIESE, FRIEDRICH, Preußische Rechtsgeschichte, Berlin/Leipzig 1920

GIMBEL, WOLFGANG, Der Wandel der Rechtsbeziehungen von Kirche und Staat unter Montgelas, Jur. Diss. München 1967

GNEIST, RUDOLF, Die konfessionelle Schule. Ihre Unzulässigkeit nach preußischen Landesgesetzen und die Nothwendigkeit eines Verwaltungsgerichtshofs, Berlin 1869

GÖNNER, RUDOLF, Die österreichische Lehrerbildung von der Normalschule bis zur Pädagogischen Akademie, Wien 1967

GÖRLICH, ERNST JOSEPH – ROMANIK, FELIX, Geschichte Österreichs, Innsbruck/Wien/München 1970

GOTTSCHALK, JOSEPH, Die katholische Kirche in Schlesien während der Aufklärung; Forschungsaufgaben, in: ArSKG 30, 1972, S. 93–123

GROT, JAKOV KARLOVIČ, Zaboty Ekateriny II o narodnom obrazovanii, in: SORJIS XX, Nr. 5, St. Petersburg 1880, S. 1–130

– Ekaterina II v perepiskě s Grimmom, in: SORJIS, 21, Nr. 4, 1881, S. 1–300

GROTIUS, HUGO, De Iure Belli ac Pacis, libri tres, in quibus ius naturae et gentium, item iuris publici praecipua explicantur, cum annotatis autoris ex postrema eius ante obitum cura, Francofurti ad Viadrum 1699

– De Iure Belli ac Pacis, libri tres, Drei Bücher vom Recht des Krieges und des Friedens, Paris 1625 (Die Klassiker des Völkerrechts, Bd. 1), neuer deutscher Text und Einleitung von W. Schätzel, Tübingen 1950

GRÜNHAGEN, COLMAR, Geschichte Schlesiens, 2 Bde., Gotha 1884/1886

– Schlesien unter Friedrich dem Großen, 2 Bde., Breslau 1890/92

Grundbegriffe, Geschichtliche Grundbegriffe. Historisches Lexikon zur politisch-sozialen Sprache in Deutschland, Hg. v. O. Brunner, W. Conze, R. Koselleck, Bd. 1, 1972

GÜCKEL, MARTIN, Heinrich Braun und die Bayerischen Schulen von 1770 bis 1781, Diss. München 1891

HAIGOLD, JOHANNES JOSEPH [pseud. i. e. AUGUST LUDWIG VON SCHLOEZER] (Hg.), Katharinae der Zweiten Kaiserin und Gesetzgeberin von Rußland Instruction für die zu Verfertigung des Entwurfs zu einem neuen Gesetzbuche verordnete Commißion, Riga und Mietau 1769

HAMMERMAYER, LUDWIG, Gründungs- und Frühgeschichte der Bayer. Akademie der Wissenschaften (Münchener Historische Studien. Abt. Bayer. Geschichte, Bd. 4), Kallmünz 1959

HANDBUCH JOS. II.: Handbuch aller unter der Regierung des Kaisers Joseph des II. für die K.K. Erbländer ergangenen Verordnungen und Gesetze in einer sistematischen Verbindung. Enthält die Verordnungen vom Jahre 1780–1786, Bd. I–XII, Wien 1785–1788 (= HANDB.JOS.II.)

HANS, NICHOLAS, History of Russian Educational Policy 1701–1917, New York 1964

HANSCHMIDT, ALWIN, Franz von Fürstenberg als Staatsmann. Die Politik des Münsterschen Ministers 1762–1780 (VÖen der Hist. Kommission Westfalens XVIII), Münster 1969

– Plan eines Verkaufs der Grafschaft Rietberg an Preußen, in: Westfälische Zeitschrift 114, 1964, S. 343–348

HANTSCH, HUGO, Die kulturelle Funktion des österreichischen Bildungswesens im Donauraum, in: 200 Jahre österreichische Unterrichtsverwaltung, 1960

– Die Geschichte Österreichs 1648–1918, 2. Aufl., Bd. I/II, Graz, Wien, Köln 1953
– Josephinismus, in: StL IV, Sp. 656–659
HANUS, FRANCISCUS, Church and State in Silesia under Frederick II (1740–1786). (Texts, Documents and Studies in medieval and modern Church History, 1), Washington D.C. 1944
HANZAL, JOSEF, Ferdinand Kindermann und die deutsche Pädagogik der zweiten Hälfte des 18. Jahrhunderts, in: Päd.Rdsch. 21, 1967, S. 813–822
HARRAS, PHILIPP RITTER V. HARRASOWSKY, Geschichte der Codifikation des österreichischen Civilrechtes, Wien 1868
– Der Codex Theresianus und seine Umarbeitungen I, Wien 1883
HARTUNG, FRITZ, Der aufgeklärte Absolutismus, in: HZ 180, 1955, S. 15–42, auch in: Staatsbildende Kräfte der Neuzeit, Gesammelte Aufsätze, Berlin 1961, S. 149–177 und in: Die Entstehung des modernen souveränen Staates, hg. v. H. H. Hofmann, 1967, S. 152–172
– Die Epochen der absoluten Monarchie in der neueren Geschichte (1931), in: Volk und Staat in der deutschen Geschichte. Gesammelte Abhandlungen, Leipzig 1940, S. 41ff.
– L'Etat c'est moi, in: HZ 169, 1949; jetzt in: Staatsbildende Kräfte der Neuzeit. Berlin 1961, S. 93–122
– Studien zur Geschichte der preußischen Verwaltung.
1. Teil: Vom 16. Jahrhundert bis zum Zusammenbruch des alten Staates 1806, in: Staatsbildende Kräfte der Neuzeit, Berlin 1961, S. 178–223,
3. Teil: Der Oberpräsident, aaO., S. 275–344
– Deutsche Verfassungsgeschichte vom 15. Jahrhundert bis zur Gegenwart, 9. Aufl., Stuttgart 1969
HASSLER, BERNHARD, Geschichte des kärntnerischen Schulwesens mit besonderer Berücksichtigung des niederen Schulwesens, phil. Diss. Wien 1929 (Ms.)
HATTENHAUER, HANS, siehe Allgemeines Landrecht für die Preußischen Staaten von 1794
HAZARD, PAUL, Die Herrschaft der Vernunft (La Pensée européenne au XVIIIe siècle de Montesquieu à Lessing). Das europäische Denken im 18. Jahrhundert. Aus dem Franz. übertr. v. Harriet Wegener u. Karl Linnebach, Hamburg 1949
– Die Krise des europäischen Geistes 1680–1715 (La crise de la conscience européenne) 1680–1715. Aus dem Franz. übertr. v. Harriet Wegener, Hamburg 1948
HECKEL, JOHANNES, Cura Religionis. Ius In Sacra – Ius Circa Sacra, in: Festschr. f. Ulrich Stutz (KA, H. 117/118), 1938, S. 224ff. (Nachdruck Darmstadt, 2. A. 1962)
– Lex charitatis. Eine juristische Untersuchung über das Recht in der Theologie Martin Luthers (Abhandlungen der Bayerischen Akademie der Wiss., phil.-hist. Klasse, neue Folge, Heft 36), München 1953
– Kirche und Kirchenrecht nach der Zwei-Reiche-Lehre, in: ZRG (C) 48, 1962, S. 222ff.
– Im Irrgarten der Zwei-Reiche-Lehre, München 1957
HECKEL, MARTIN, Zur Entwicklung des deutschen Staatskirchenrechts von der Reformation bis zur Schwelle der Weimarer Verfassung, in: ZevKR 12, 1966/67, S. 1–39

– Staat und Kirche nach den Lehren der evangelischen Juristen in der ersten Hälfte des 17. Jahrhunderts, in: ZRG (C) 42, 1956, S. 117–247; 43, 1957, S. 202–308; Neuausgabe unter demselben Titel (Ius ecclesiasticum, Bd. 6), München 1968

– Parität, in: ZRG (C), 49, 1963, S. 261–420

HECKER, JOHANN JULIUS, Nachrichten von der gegenwärtigen Einrichtung der deutschen Schulen bei der Dreifaltigkeitskirche, Berlin 1744

HEINEN, ELMAR, Reich und Kirche bei Wilhelm von Ockham, Jur. Diss. Bonn 1955 (Ms.)

HEINISCH, KLAUS J. (Hg.), Der utopische Staat. Morus-Utopia, Campanella-Sonnenstaat, Bacon-Neu-Atlantis, übersetzt und miteinem Essay ‚Zum Verständnis der Werke', Bibliographie und Kommentar, Reinbek bei Hamburg 1960

HELD, HEINRICH, Altbayerische Volkserziehung und Volksschule, 3 Bde., München 1926–1928

HELFERT, JOSEPH ALEXANDER, Die österreichische Volksschule, Bd. 1: Die Gründung der österreichischen Volksschule durch Maria Theresia, Prag 1860

HELFRITZ, HANS, Geschichte der preußischen Heeresverwaltung, Berlin 1938

– Überblick über die staatsrechtlichen Verhältnisse Schlesiens in sieben Jahrhunderten, in: Unser Schlesien, hg. v. Karl Hausdorff, Stuttgart 1954, S. 9–12

HELLBLING, ERNST C., Österreichische Verfassungs- und Verwaltungsgeschichte, Wien 1956

HEMPEL-KÜRSINGER, JOHANN NEPOMUK FREIHERR VON, Alphabetisch-chronologische Übersicht der k.k. Gesetze und Verordnungen vom Jahre 1740 bis zum Jahre 1821 als Haupt-Repertorium über die theils mit höchster Genehmigung theils unter Aufsicht der Hofstellen in 79 Bänden erschienenen politischen Gesetzessammlungen, 10 Bde, Wien 1825–1827. Wien 1825ff.

HENNECKE, FRANZ, Staat und Unterricht. Die Festlegung didaktischer Inhalte durch den Staat im öffentlichen Schulwesen (Schriften zum Öffentlichen Recht, 179), Berlin 1972

HEPPE, HEINRICH, Geschichte des deutschen Volksschulwesens, Bd. 1–4, Gotha 1858–59

HERZOG, JULIUS, Die Beziehungen des Abtes Johann Ignaz v. Felbiger zu dem Stifter der ersten Realschule Joh. Julius Hecker, in: Schulprogramm (1. Jahresbericht des kgl. Progymnasiums i. E. zu Rybnik OS) Schuljahr 1908–1909, Rybnik 1909

HETTWER, HUBERT, Herkunft und Zusammenhang der Schulordnungen. Eine vergleichende Studie, Mainz 1965.

HEUBAUM, ALFRED, Johann Joachim Becher, Ein Beitrag zur Geistesgeschichte des 17. Jahrhunderts, in: Monatshefte der Comeniusgesellschaft, IX, 1900, S. 154–174

– Geschichte des Deutschen Bildungswesens seit der Mitte des 17. Jahrhunderts, I. Bd., Berlin 1905

– Jahresbericht IV „Die Neuzeit", in: Mitt. der Gesellschaft für deutsche Erziehungs- u. Schulgeschichte, Berlin 1906

HIENTZSCH, JOHANN GOTTFRIED, Geschichte des ehemaligen Churmärkischen Schullehrer-Seminars von der Gründung durch Johann Julius Hecker bis zur Verlegung nach Potsdam, 2. Aufl., Potsdam 1847

HINDAHL, WERNER, Die Entwicklung der gesetzlichen Grundlagen der geistlichen Aufsicht über die öffentlichen Volksschulen in den Brandenburgisch-Preußischen Staaten vom 17.–19. Jhdt., Jur. Diss. Kiel 1960 (Ms.)
HINDRINGER, RUDOLF, Das kirchliche Schulrecht in Altbayern von Albrecht V. bis zum Erlasse der bayerischen Verfassungsurkunde 1550–1818 (Vöen d. Görresges., Sekt. Rechts- u. Sozialwiss., 27), Paderborn 1916
HINSCHIUS, PAUL, Das Kirchenrecht der Katholiken und Protestanten in Deutschland, Bd. I–VI, Berlin 1869–1897; III, 1883; IV, 1888
– Das landesherrliche Patronatrecht, Berlin 1856
HINTZE, OTTO, Einleitende Darstellung der Behördenorganisation und allgemeinen Verwaltung in Preußen beim Regierungsantritt Friedrichs II. (Acta Borussica, Behördenorganisation, Bd. VI, 1. Hälfte), Berlin 1901
– Geist und Epoche der preußischen Geschichte. Gesammelte Abhandlungen, Bd. 3, Leipzig 1943
– Staat und Verfassung. Gesammelte Abhandlungen zur allg. Verfassungsgeschichte, hrsg. v. Gerhard Oestreich, 2. erw. Aufl., Göttingen 1962
HIPPEL, ERNST VON, Zur Ontologie des Rechts, in: Stud. Gen. 11, 1958, S. 69ff.; auch in: Mechanisches und moralisches Rechtsdenken, Meisenheim/Glan, 1959, S. 210–223
– Schulverfassung und Demokratie, in: Mechanisches und moralisches Rechtsdenken, Meisenheim/Glan, 1959, S. 331–340
– Johannes Althusius, in: Westfälische Lebensbilder, Bd. IV, Münster 1933, S. 100–111
– Staat und Kultur als Problem und Aufgabe, in: Mechanisches und moralisches Rechtsdenken, Meisenheim/Glan, 1959, S. 321–330
HOCHSTUHL, FRANZ SALES, Staat, Kirche und Schule in den baden-badischen Landen unter Markgraf Karl Friedrich (1771–1803), Teil I: Das höhere Schulwesen (Abhandlungen z. oberrhein. Kirchengeschichte 5), Freiburg/Br. 1927
HOCK, CARL VON – BIDERMANN, HERMANN IGNAZ, Der österreichische Staatsrath (1760–1848), Wien 1879
HOFFMANN, HERMANN, Die Breslauer Bischofswahlen in preußischer Zeit, in: ZdVfG-Schles. 75, 1941, S. 157–224
– Friedrich II. von Preußen und die Aufhebung der Gesellschaft Jesu (Bibliotheca Instituti Historici S.J., Vol. XXX), Rom 1969
HÖMBERG, ALBERT K., Westfälische Landesgeschichte, Münster 1967
HÖSLINGER, ROBERT, Rechtsgeschichte des katholischen Volksschulwesens in Österreich, Wien 1937
HUBATSCH, WALTHER, Friedrich der Große und die preußische Verwaltung, Düsseldorf 1973
– Das Problem der Staatsraison bei Friedrich dem Großen, Göttingen/Berlin/Frankfurt 1956
– Das Zeitalter des Absolutismus 1600–1789, in: Geschichte der Neuzeit, Hg. v. Gerhard Ritter, Bd. II, 3. Aufl., Braunschweig 1970
HUBER, ERNST RUDOLF, Deutsche Verfassungsgeschichte seit 1789, Bd. I, 2. Aufl., Stuttgart etc. 1967
HÜBL, ALBERT, Geschichte des Unterrichts im Stifte Schotten in Wien, Wien 1907
HÜBLER, BERNHARD, Kirchliche Rechtsquellen, 2. Aufl., Berlin 1893

HUPPERTZ, HANS GEORG, Über die staatsrechtlich-soziologischen Verhältnisse in Campanellas „Sonnenstaat“ und „Spanische Monarchie“, Jur. Diss. Köln 1955 (Ms.)

Instruktion f. das Generaldirektorium 1786, Sept. 28, in: Altmann, Ausgew. Urkunden zur Brandenburgisch-Preußischen Verfassungs- und Verwaltungsgeschichte I, S. 209

Intelligenzblatt: Leipziger Intelligenzblatt, Jg. 1763, No. 13 vom 10. Sept.

IVIĆ, ALEKSA (Hg.), Arhivska gradja o jugoslovenskim kn'ižernim i kulturnim radnicima, Bd. 5 (1751–1894), Belgrad 1956.

JACOBSON, HEINRICH FRIEDRICH, Archipresbyter (Erzpriester- Landdechant), in: Weiske, Rechtslexikon I, 1842, S. 431–433

– Geschichte der Quellen des evangelischen Kirchenrechts der Provinzen Rheinland und Westfalen mit Urkunden und Regesten (= Gesch. d. Quellen d. Kirchenrechts des Preuß. Staats mit Urkunden und Regesten IV. Teil: Die Provinzen Rheinland und Westfalen, 3. Bd.: Das evangelische Kirchenrecht), Königsberg 1844

– Das Evangelische Kirchenrecht des Preußischen Staates und seiner Provinzen, 2 Bde., Halle 1864/1866

– Placet, in: Weiske, Rechtslexikon VIII, 1854, S. 171–180

– Staat und Kirche in ihren gegenseitigen Verhältnissen, in: Weiske, Rechtslexikon X, 1856, S. 420–489

JAECKEL, G., Die Bedeutung der konfessionellen Frage für die Besitzergreifung Schlesiens durch Friedrich den Großen, in: Jb.f.Schl.KiG, NF 34, 1955, S. 78–121

100 Jahre Unterrichtsministerium 1848–1948. Festschrift des Bundesministeriums für Unterricht in Wien. Hg. v. Otto Guglia, Wien 1948

200 Jahre Österreichische Unterrichtsverwaltung 1760–1960. Festschrift des Bundesministeriums für Unterricht in Wien. Hg. v. Anton Kolbabek, Wien o.J. (1960)

JAKSCH, PETER KARL, Gesetzlexikon im Geistlichen, Religions- und Toleranzfache, wie auch in Güter-, Stiftungs- und Studien- und Zensurssachen für das Königreich Böhmen von 1601 bis Ende 1800. Aus den Originalakten des k.k. Gubernialarchivs ausgezogen und geordnet v. Peter Karl Jaksch, 6 Bde., Prag 1828

JELLINEK, GEORG, Allgemeine Staatslehre, 3. Aufl. (bearbeitet von Walter Jellinek), Berlin 1914

JOACHIMSEN, PAUL, Joh. Val. Andreae und die evangelische Utopie, in: Zeitwende, 2, 1926, S. 485ff.

JONAS, F. (Hg.), Litterarische Korrespondenz des Pädagogen Eberhard v. Rochow mit seinen Freunden, Berlin 1885

JUNG, HORST-WILHELM, Anselm Franz von Bentzel im Dienste der Kurfürsten von Mainz, Wiesbaden 1966

JUNGNITZ, JOSEPH, Die Breslauer Weihbischöfe, Breslau 1914

JUNGNITZ, JOSEPH (Hg.), Visitationsberichte der Diözese Breslau, Bd. 3, Breslau 1907

Justi, Johann Heinr. Gottlob von, Die Natur und das Wesen der Staaten, als die Grundwissenschaft der Staatskunst, der Policey, und aller Regierungswissenschaften, desgleichen als die Quelle aller Gesetze. Berlin, Stettin und Leipzig 1760

Kaemmel, Heinrich Julius, Geschichte des Deutschen Schulwesens im Übergang vom Mittelalter zur Neuzeit, hg. v. O. Kaemmel, Leipzig 1842

Kahl, Wilhelm, Die pädagogischen Ansichten in den Schriften deutscher Rechtsphilosophen und Nationalökonomen aus dem Anfang des 17. Jahrhunderts, in: Mitt. d. Ges. f. deutsche Erziehungs- u. Schulgeschichte, 16. Jg., 1906, S. 199–231

– Zur Geschichte der Schulaufsicht. Gesammelte Aufsätze, Leipzig u. Berlin 1913

Kaindl, Franz, Die k.k. Militärgrenze. Zur Einführung in ihre Geschichte, in: Die k.k. Militärgrenze, 1973, S. 9–28

Kann, Robert A., Kanzel und Katheder. Studien z. österr. Geistesgeschichte v. Spätbarock zur Frühromantik, Wien/Freiburg/Basel 1962

Kant, Immanuel, Was ist Aufklärung? Aufsätze zur Geschichte der Philosophie. Hg. u. eingeleitet v. Jürgen Zehbe, Göttingen 1967

Katein, Werner, Staat, Kirche und Schule in Württemberg. Eine geschichtl. Untersuchung über die Wandlung des Verhältnisses v. Staat u. Kirche im Schulwesen. Phil. Diss. Tübingen 1954 (Ms.)

Kaven, Kurt, Das Recht der Schulaufsicht nach Art. 144 der Reichsverfassung unter bes. Berücksichtigung seiner historischen Entwicklung; insbesondere in Preußen, Jur. Diss. Hamburg 1925 (Ms.)

Keck, Rudolf W., Geschichte der Mittleren Schule in Württemberg. Motive und Probleme ihrer Entwicklung v. d. Reformation bis zur Gegenwart unter besonderer Berücksichtigung v. Stuttgart und Ulm (VÖ der Komm. für geschichtliche Landeskunde in Baden-Württemberg, R. B, Forschungen, 47), Stuttgart 1968

Keckermann, Bartholomäus, Synopsis disciplinae oeconomicae, dispositionem eius breviter adumbrans; proposita in Gymnasio Dantiscano anno 1606, Frankfurt 1625

– Systema disciplinae politicae, publicis praelectionibus, anno 1606 propositum in Gymnasio Dantiscano, Frankfurt 1625

Khevenhüller-Metsch, Johann Josef, Aus der Zeit Maria Theresias. Tagebuch des Fürsten Joh. Jos. Khevenhüller-Metsch, Kaiserl. Obersthofmeister 1742–1776, hg. v. R. Graf Khevenhüller-Metsch u. H. Schlitter, Bd. Iff., Wien, Leipzig 1907ff.; Bd. II, 1908

Kindermann, Ferdinand, Inauguralrede über den Einfluß der niederen Schulen auf das gemeine Leben, auf die mittleren und hohen Schulen, Prag 1776

– Nachrichten von der Landschule zu Kaplitz in Böhmen, Prag 1774

Kink, Rudolf, Geschichte der kaiserlichen Universität zu Wien, 2 Bde., Wien 1854

Klein-Bruckschwaiger, Franz, K. A. von Martini in der Zeit des späten Naturrechts, in: Festschrift, Karl Haff zum 70. Geburtstag dargebracht, Innsbruck 1950, S. 120–129

– Die Geschichte der Rechtsphilosophie in der Naturrechtslehre von Karl Anton von Martini, in: ZRG (G) 71, 1954, S. 374–381

KLEINHEYER, GERD, Staat und Bürger im Recht. Die Vorträge des Carl Gottlieb Svarez vor dem preußischen Kronprinzen (1791–92), (Bonner Rechtswiss. Abhandlungen 47), Bonn 1959

KLEMENT, BRUNO, Die österreichische Volksschule von ihren Anfängen bis zur Schulgesetzgebung 1962. Ein Überblick, Phil. Diss. Wien 1970 (Ms.)

KLINGENSTEIN, GRETE, Staatsverwaltung und kirchliche Autorität im 18. Jahrhundert. Das Problem der Zensur in der theresianischen Reform, München 1970

– Vorstufen der theresianischen Studienreform, in: MIÖG 76, 1968, S. 327ff.

KNEPPER, JOSEF, Das Schul- und Unterrichtswesen im Elsaß von den Anfängen bis gegen 1530, 1905

KÖHLER, OSKAR, siehe RAAB/KÖHLER

KOLBABEK, ANTON, siehe 200 Jahre Österreichische Unterrichtsverwaltung

KOLDEWEY, FRIEDRICH (Hg.), Braunschweigische Schulordnungen von den ältesten Zeiten bis zum Jahre 1828 mit Einleitung, Anmerkungen, Glossar und Register, Bd. 2: Schulordnungen des Herzogtums Braunschweig (mit Ausschluß der Hauptstadt des Landes) vom Jahre 1248–1826 (MG Paed. 8), Berlin 1890

KOLLER, LUDWIG, Österreichische Kulturbilder aus dem Mittelalter (Geschichtl. Jugend- u. Volksbibl., 46), 1914

– Deutsch-österreichisches Schulwesen vor der Reformation (Beitr.z.ö.Erz.-u. SchG., XV), 1914, S. 1–19

KOLLER, OTTO, Die beiden van Swieten und Kollár als Wegbereiter des Josephinismus, in: Biblos (Österreichische Zeitschr. f. Buch- u. Bibliothekswesen, Dokumentation, Bibliographie u. Bibliophilie) 17, 1968, S. 35–40

KORNSCHE SAMMLUNG, siehe Sammlung

KOSER, REINHOLD, Preußische Staatsschriften aus der Regierungszeit König Friedrich II., Bd. 1 (1740–1745), Berlin 1877

KOSLER, ALOIS M., Die preußische Volksschulpolitik in Oberschlesien 1742–1848, Phil Diss. Breslau 1929 = Teildruck (= S. 1–109). Vollständig unter obigem Titel in d. Reihe „Einzelschriften zur Schlesischen Geschichte“, 3, Breslau 1929

KRAUSE, GÜNTHER, Die Aufsicht des Staates über die öffentliche Volksschule im Geltungsbereich des Allgemeinen Landrechts, Jur. Diss. Halle–Wittenberg 1926

KREH, FRITZ, Leben u. Werk des Reichsfreiherrn Joh. Adam von Ickstatt (1702–1776) (= Rechts- u. Staatswiss. Abhandlungen d. Görres-Ges. N.F., H. 12), Paderborn 1974

KRIES, KARL GUSTAV, Historische Entwicklung der Steuerverfassung in Schlesien unter Teilnahme der allgemeinen Landtagsversammlungen, Breslau 1842

KRÖMER, ULRICH, Johann Ignaz von Felbiger. Leben und Werk (Untersuchungen zur Theologie der Seelsorge, Bd. 12), Freiburg/Br. 1966

KROPATSCHECK, JOSEPH, Buch f. Kreisämter, od. gemeinnütziges Hdb., f. Richter, Oeconomen, u. Beamte auf d. Lande. So wie auch f. den Bürger u. Landmann, in den k.k. Staaten, 3 Bde. in 4 Abteilungen (I, II, III, 1 + 2), Wien o.J. (1790)

KÜNOLDT, EMIL, Caradeux de La Chalotais und sein Verhältnis zu Basedow, Oldenburg und Leipzig 1897

KUŠEJ, J. R., Joseph II. und die äußere Kirchenverfassung Innerösterreichs (Bistums-, Pfarr- u. Klosterregulierung). Ein Beitrag zur Geschichte des österreichischen Staatskirchenrechtes (KA 49/50), Stuttgart 1908

– Die öffentlichen Patronate im kaiserlichen Österreich, in: ZRG (C) XIX, 1930, S. 171–214

KVACALA, JOH. JUL., Thomas Campanella, ein Reformator der ausgehenden Renaissance, Berlin 1904

LA CHALOTAIS, LOUIS RENÉ DE CARADEUC DE, Essai d'Éducation nationale ou plan d'études pour la jeunesse (1763). Dt. Übersetzung: „Versuch über den Kinderunterricht, mit Anmerkungen und einer Vorrede [A. L. Schlözer], Göttingen und Gotha 1771

Allgemeines Landrecht für die Preußischen Staaten von 1794. Textausgabe. Mit einer Einführung von Hans Hattenhauer, Frankfurt/M.–Kiel 1970 (= ALR)

LASPEYRES, ERNST ADOLF THEODOR, Geschichte und heutige Verfassung der kath. Kirche Preußens, Theil 1, Halle 1840

LECLERC, GUSTAVE: Zéger-Bernard van Espen (1646–1728) et l'autorité ecclésiatique. Contribution à l'histoire des théories gallicanes et du jansénisme (Studia et Textus Historiae Juris Canonici, Tom. II), Zürich 1964. Kan. Diss. Rom 1961 unter dem Titel: Zéger Bernhard van Espen et la hierarchie ecclésiastique

LEFÈBVRE, GUSTAV, Le despotisme éclairé, in: Annales hist. de la Révolution française Nr. 114, 1949, S. 97ff.

LEHMANN, MAX, Preußen und die katholische Kirche seit 1640. Nach den Akten des Geheimen Staatsarchives, Bd. II–VII (Publikationen aus den kgl. Preuß. Staatsarchiven Bd. X, XIII, XVIII, XXIV, LIII, LVI), Neudr. Osnabrück 1965

– Staat und Kirche in Schlesien vor der preußischen Besitzergreifung, in: HZ 50, 1883, S. 193–230

LEIPELT, A., Geschichte der Stadt und des Herzogtums Sagan, Sorau 1853

LENTNER, LEOPOLD, Katechetik und Religionsunterricht in Österreich. I. Bd.: Katechetik als Universitätsdisziplin in der Zeit der Aufklärung, Innsbruck/Wien/München 1955

LÉSNODORSKI, B., Eléments juridiques et administratifs dans les transformations de l'Etat moderne, in: XIIIe Congres International des Sciences Historiques, Moskau, 16–23. August 1970, Moskau 1970

LIEBERWIRTH, ROLF, Christian Thomasius. Sein wissenschaftliches Lebenswerk, Reihe „Thomasiana", Heft 2, Arbeiten aus dem Institut für Staats- und Rechtsgeschichte bei der Martin-Luther-Universität Halle/Wittenberg, Weimar 1955

LINDIG, ANNEMARIE, Franz Oberthür als Menschenfreund. Ein Kapitel aus der katholischen Aufklärung in Würzburg, Würzburg 1963 / Mit dem Titel: Die Passivkorrespondenz Professor Franz Oberthürs (1745–1831) Würzburg, Phil. Diss. Würzburg 1963 (Ms.)

LINK, JOSEF, Das Schulwesen in der ehemaligen Deutsch-Ordens-Ballei Franken, Phil.Diss. Erlangen 1936; Kallmünz 1935

LIPGENS, WALTER, Die Katholische Kirche und der Staat (Geschichtliche Quellenschriften, H. 8), Düsseldorf 1957

– Ferdinand August Graf Spiegel und das Verhältnis von Kirche und Staat 1789–1835. Die Wende vom Staatskirchentum zur Kirchenfreiheit (VÖ der Hist. Komm. Westfalens XVIII/Westfäl. Biographien IV), 2 Bde., Münster 1965

LITT, THEODOR, Wissenschaft und Menschenbildung im Lichte des West-Ost-Gegensatzes, Heidelberg 1959

LÖFFLER, HENNER, Macht und Konsens in den klassischen Staatsutopien, Köln etc. 1972

LÖWE, VIKTOR, Oberschlesien und der preußische Staat, Teil 1: 1740–1815, Breslau o.J. (1930)

LUCA, IGNATZ DE, Politischer Codex oder wesentliche Darstellung sämmtlicher, die k.k. Staaten betreffenden Gesetze und Anordnungen im politischen Fache, I–XIV, Wien 1789–1795

– Geographisches Handbuch von dem österreichischen Staate Bd. II, Wien 1791

LUCKWALDT, FRIEDRICH, Friedrichs des Großen Anschauungen von Staat und Fürstentum, in: Historische Aufsätze für Aloys Schulte, Düsseldorf 1927, S. 224ff.

MAASS, FERDINAND, Der Frühjosephinismus (Forschungen zur Kirchengeschichte Österreichs, Bd. 8), Wien 1969

– Der Josephinismus. Quellen zu seiner Geschichte in Österreich (Fontes rerum Austriacarum, 2. Abt., Bd. 71–74), 5 Bde., Wien 1951–1961

– Josephinismus, in: LThK V, Sp. 1137–1139

MAIER, HANS, Die ältere deutsche Staats- und Verwaltungslehre (Polizeiwissenschaft). Ein Beitrag zur Geschichte der politischen Wissenschaft in Deutschland, Neuwied/Rh. u. Berlin 1966

MAIER, KARL ERNST, Das Werden der allgemeinbildenden Pflichtschule in Bayern und Österreich. Eine vergleichende Untersuchung von den Anfängen bis zur Gegenwart, Ansbach 1967

MARKS, LAURENTIUS, Geschichte des kath. Schullehrer-Seminars zu Breslau, Breslau 1865

MARTENS, GEORG FRIEDR. VON, Recueil des principaux traités oder Sammlung der merkwürdigsten Staatsverträge ... welche ... vom Jahr 1761 bis jetzt geschlossen worden, 2. Aufl., 8 Bde., Göttingen 1817–1837

MARTINI, KARL ANTON V., De lege naturali positiones 1762. Deutsch: Lehrbegriff des Naturrechts. Neue, vom Verf. selbst veranstaltete Übersetzung seines Werkes „De lege naturali positiones", Wien 1799, Neudr. Aalen 1970

– Positiones de jure civitatis in usum auditorii, Wien 1773, Deutsch: Allgemeines Recht der Staaten. Zum Gebrauch der öffentlichen Vorlesungen in den k.k. Staaten, 1799. Vom Verf. selbst veranstaltete Übersetzung

MAURER, WILHELM, Die Entstehung des Landeskirchentums in der Reformation, in: Staat u. Kirche i. Wandel der Jahrhunderte, hg. v. W. P. Fuchs, Stuttgart etc. 1966, S. 69–78

MAYER, ANTON, Die Bürgerschule zu St. Stephan in Wien, in: Blätter des Vereins für Landeskunde von NÖ., NF. 14, 1880, S. 341–382

– Die Schulen, in: Geschichte der Stadt Wien, Bd. I, Wien 1897, S. 481–487; Bd. II,2, 1905, S. 946–58

MAYER, ERNST, 200 Jahre österreichische Unterrichtsverwaltung. Geschichtl. Darstellung, I. Teil, in: 200 Jahre österr. Unterrichtsverwaltung, 1960, S. 49–66

MAYER, JOHANN BERTRAM, Catalogus Decanorum ... de inclyta Facultate Juridica in Antiquissima ac Celeberrima Universitate Viennensi ..., Wien 1712

MAYER, OTTO, Deutsches Verwaltungsrecht I, 3. Aufl. München u. Leipzig 1924

MAYER, PHILIPP, Das Patronatsrecht. Dargestellt nach dem gemeinen Kirchenrechte und nach österreichischen Verordnungen, Wien 1824

MECKING, HANS, Das Schulpatronat in Baden in seiner geschichtlichen Entwicklung, Phil. Diss. Freiburg/Br. 1953. Abdr. in: Baden im 19. u. 20. Jhdt. Verfassungs- u. verwaltungsgeschichtl. Studien, hg. v. Karl S. Bader, Bd. 3

MEIER, OTTO, Lehrbuch des Deutschen Kirchenrechts, 3. Aufl., Göttingen 1869

MEINECKE, FRIEDRICH, Die Idee der Staatsraison in der neueren Geschichte, hg. u. eingeleitet von Walther Hofer, München 1957

MEISNER, HEINRICH OTTO, Das Regierungs- und Behördensystem Maria Theresias und der preußische Staat (1941), in: Die Entstehung des modernen souveränen Staates, 1961, S. 209–217

– Staats- und Regierungsformen in Deutschland seit dem 16. Jahrhundert, in: AöR 77, 1951/52, S. 225–265. Rep. Nachdr.: Darmstadt 1967

MEISTER, RICHARD, Entwicklung und Reformen des österreichischen Studienwesens, in: Sitz. Ber. d. österr. Akad. d. Wiss., Phil.-Hist. Kl., Bd. 239 (= VÖ d. Komm. f. Gesch. d. Erziehung u. d. Unterrichts, 6), Wien 1963

– Die Idee einer österreichischen Nationalerziehung unter Maria Theresia, in: Anzeiger der Akad. d. Wiss. in Wien, Philosoph.-hist. Kl., 83 (1946), Wien 1947, S. 1–16

– Österreichs Unterrichtsverwaltung und Unterrichtsanstalten 1760–1960, in: 200 Jahre österreichische Unterrichtsverwaltung, 1960, S. 67–98

MENZEL, ADOLF, Kaiser Josef II. und das Naturrecht, in: Zeitschr. f. öff. Recht 1, 1919/20, S. 511ff.

MENZEL, BEDA FRANZ, Abt Franz Stephan Rautenstrauch, Königstein 1969

MENZEL, KARL ADOLPH (Hg.), Die drei Königlich-Preußischen Schul-Reglements. Mit Anhang mehrerer das Erziehungs- und Schulwesen betreffender Gesetze und Verordnungen, Breslau 1833

MENZEL, RUDOLF, Die Anfänge der Volksschule in Deutschland. Dargestellt unter besonderer Berücksichtigung der mitteldeutschen protestantischen Territorien, Berlin 1958

MERK, WALTHER, Der Gedanke des gemeinen Besten in der deutschen Staats- und Rechtsentwicklung, Weimar 1934 (SA aus Festschr. f. A. Schultze, Weimar 1934)

MERKLE, SEBASTIAN, Die kirchliche Aufklärung im katholischen Deutschland. Eine Abwehr und zugleich ein Beitrag zur Charakteristik „kirchlicher“ und „unkirchlicher“ Geschichtsschreibung, Berlin 1910; jetzt in: S. M. Ausgewählte Reden und Aufsätze, hg. v. Th. Freudenberger, Würzburg 1965

– Die katholische Beurteilung des Aufklärungszeitalters. Vortrag auf dem Internationalen Kongreß für historische Wissenschaften zu Berlin am 12. August 1908, Berlin 1909; jetzt in: S. M. Ausgewählte Reden und Aufsätze, hg. v. Th. Freudenberger, Würzburg 1965

MERTZ, GEORG, Das Schulwesen der deutschen Reformation im 16. Jahrhundert, Heidelberg 1902

MEURER, ANNI, Das natürliche Erziehungsrecht im 18. Jahrhundert, Jur. Diss. Bonn 1966

MEURERS, JOSEF, Das heutige Wissen über die Struktur des Universums und seine naturphilosophische Bedeutung, in: Tragweite und Grenzen der wissenschaftlichen Methoden, H. 5: Naturwissenschaft und Theologie, Freiburg/München 1962, S. 7ff.

MEYER, HANS, Systematische Philosophie, Bd. I–III, Paderborn 1955–1960

– Thomas von Aquin. Sein System und seine geistesgeschichtliche Stellung, 2. Aufl., Paderborn 1961

MEYER, PHILIPP, Der obrigkeitliche Zwang in den deutschen evangelischen Landeskirchen des 16.–18. Jahrhunderts, in: Zeitschr. f. nieders. KiGesch. 34/35, 1929, S. 278–314

MICHAEL, EMIL, Geschichte des deutschen Volkes seit dem 13. Jahrhundert bis zum Ausgang des Mittelalters, 5 Bde., Freiburg 1897

MIKAT, PAUL, Kirche und Staat, in: Sacramentum Mundi, II, 1958, Sp. 1294–1336

– Kirche und Staat, in: StL IV, Sp. 1005–1016f. (Lit.)

– Die Lehre d. Kirchen vom Verhältnis zwischen Staat u. Kirche, in: HdbStKirchR, I (1974), S. 143–187, *156ff.*

MILIS, LUDO, L'Ordre des Chanoises Réguliers d'Arrouaise. Son histoire et son organisation, de la fondation de l'abbaye-mère (vers 1190) a la fin des chapitres annuels (1471), Brügge 1969

Die k. u. k. Militärgrenze. Beiträge zu ihrer Geschichte (Schriften des heeresgeschichtlichen Museums in Wien, Bd. 6), Wien 1973

MIRBT, CARL, Quellen zur Geschichte des Papsttums und des römischen Katholizismus, 5. Aufl., Tübingen 1934

MITROFANOV, PAUL VON, Joseph II. Seine politische und kulturelle Tätigkeit. Aus dem Russischen ins Deutsche übersetzt von V. von Demelič, 2 Bde., Berlin/Leipzig 1910

MITTEIS, HEINRICH / LIEBERICH, HEINZ, Deutsche Rechtsgeschichte, 7. Aufl., München/Berlin 1961

MITTELSTRASS, JÜRGEN, Neuzeit und Aufklärung, Berlin 1970

MÖBUS, GERHARD (Hg.), Die politischen Theorien im Zeitalter der absoluten Monarchie bis zur Französischen Revolution, 2. Aufl., Köln/Opladen 1966

MOHL, ROBERT VON, Die Staatsromane, in: ZStaatsw. 2, 1845, S. 24ff.

MOHRMANN, HILDA, Das Erziehungsrecht der Eltern und der Staat. Die Entwicklung in Preußen und von der Reichsgründung ab im Reich seit dem Allgemeinen Landrecht, Jur. Diss. Frankfurt/M. 1934

MOOG, WILLY, Geschichte der Pädagogik, 3. Bd. (Die Pädagogik der Neuzeit v. 18. Jhdt. bis zur Gegenwart). Neu hg. v. Franz-Josef Holtkemper, Ratingen/Hannover 1967

MORUS, THOMAS, Utopia, Löwen 1516; übersetzt v. Gerhard Ritter mit einer Einleitung v. Hermann Oncken, in: Klassiker der Politik, Bd. I, hg. v. Friedrich Meinecke und H. Oncken, Berlin 1922. Fotomech. Nachdr. Darmstadt 1964

MÜLLER, KONRAD, Instrumenta Pacis Westphalicae 1648, bearbeitet von K. Müller, Bern 1949

MÜSEBECK, ERNST, Das Preußische Kultusministerium vor hundert Jahren, Stuttgart/Berlin 1918

MUSCHARD, PAUL, Das Kirchenrecht bei den deutschen Benediktinern und Zisterziensern des 18. Jhdts., Teil B: Die Kirchenrechtswissenschaft außerhalb Salzburgs, in: StMBO 47, 1929, S. 477–596

MYLIUS, OTTO, siehe Corpus Constitutionum Marchicarum

NAARMANN, FRIEDRICH, Die Reform des Volksschulwesens im Herzogtum Westfalen, in: Zeitschr. f. vaterländische Gesch. u. Altertumskunde Westf., 61, 1903, S. 18–24

NAMSLAU, GÜNTER, Rechtfertigung des Staates bei Christian Wolff, Berlin-Grunewald 1932

NAUDÉ, ALBERT, Forschungen zur Brandenburgischen und Preußischen Geschichte, Bd. 5, Leipzig 1892

NEUMANN, JOHANNES, Die Kirche und die kirchliche Gewalt bei den deutschen Kirchenrechtslehrern vom Ende der Aufklärung bis zum Ersten Vatikanischen Konzil. Maschinenschriftl. Habilitationschr., München 1965 (nicht erreichbar)

NEUMANN, LEOPOLD, Recueil des traités et conventions conclus par l'Autriche avec les puissances étrangères depuis 1763 jusqu'à nos jours, 28 Bde., Leipzig/Wien 1855–1907

NICOLAI, FRIEDRICH, Beschreibung einer Reise durch Deutschland und die Schweiz, im Jahre 1781, 8 Bde., Berlin und Stettin 1783

NICOLAY, WILHELM OTTO, Der Reformator des kath. Schulwesens in Schlesien u. Österreich, Johann Ignaz von Felbiger, als Begründer der Methodik des kath. Religionsunterrichts in der Volksschule, Diss. Bonn 1908

NIEDIECK, JOSEF, Das Erziehungs- und Bildungswesen unter dem letztregierenden Kurfürsten von Köln, Maximilian Franz (1784–1801) im Erzstift Köln und Vest Recklinghausen, Phil. Diss. Münster 1910, Köln 1910

NOVA ACTA historico-ecclesiastica, 5. u. 6. Bd., Weimar 1764 u. 1766

NOVUM CORPUS siehe Corpus Const.

OBERMAYER, KLAUS, Die Geschichte des deutschen Staatskirchenrechts, in: Bonner Kommentar zu Art. 140, S. 11ff.

OBERTHÜR, FRANZ, Michael Ignaz Schmidt's des Geschichtsschreibers der Deutschen Lebensgeschichte, Hannover 1802

OCKHAM, WILHELM VON, Dialogus de imperatorum et pontificum potestate (1338–42) in: Richard Scholz, Unbekannte politische Streitschriften aus der Zeit Ludwigs des Bayern (1327–1354), II, Rom 1914, S. 346ff.

OEHLER, DIETRICH, Wurzel, Wandel und Wert der strafrechtlichen Legalordnung (Münsterische Beiträge z. Rechts- u. Staatswiss. 1), Berlin 1950

OELRICHS, H., Zur Geschichte des Schulwesens in Schlesien, in: ZGuASchles. 16, 1882, S.63–86

OESTREICH, GERHARD, Das Reich – Habsburgische Monarchie – Brandenburg-Preußen von 1648 bis 1803, in: Handb. d. europ. Gesch., Bd. IV, Stuttgart 1968, § 18 (S. 379ff.)

– Verfassungsgeschichte vom Ende des Mittelalters bis zum Ende des alten Reiches, in: Gebhardt/Grundmann, Handb. d. deutschen Gesch., 9. Aufl., Bd. 2, 1970, S. 361ff.; bes. §§ 104ff., S. 408ff.

OLDENHAGE, KLAUS, Kurfürst Erzherzog Maximilian Franz als Hoch- u. Deutschmeister (1780–1801) (Quellen u. Studien zur Gesch. des Deutschen Ordens, Bd. 34), Phil. Diss. Bonn 1969, Bad Godesberg 1969

OSTERLOH, KARL-HEINZ, Joseph von Sonnenfels u. die österr. Reformbewegung im Zeitalter des aufgeklärten Absolutismus. Eine Studie zum Zusammenhang von Kameralwiss. u. Verwaltungspraxis, Hamburg 1970

OTRUBA, GUSTAV, Kirche u. Kultur in Aufklärung und Barock (Eine geistesgeschichtl. Analyse auf Grund des Büchereinlaufes der Klosterbibliotheken Klosterneuburg, Melk und Schotten/Wien in den Jahren 1680–1750) in: Jb. f. Landeskunde f. N.Ö., NF. 31, 1953–54, Wien 1954, S. 238–266

– Die Klosterbibliotheken Klosterneuburg, Melk und Schotten/Wien – ein Spiegel der geistigen Kultur Österreichs. Beiträge zu einer geistesgeschichtlichen Kulturanalyse des Barock und der Aufklärung auf Grund der Erforschung von Bibliothekskatalogen, Phil. Diss. (Ms.) Wien 1948

PAHNER, RICHARD KLEMENS, Veit Ludwig von Seckendorff und seine Gedanken über Erziehung und Unterricht, Phil. Diss. Leipzig 1892

PANHOLZER, JOHANN, Johann Ignaz von Felbigers Methodenbuch. Mit einer geschichtlichen Einleitung über das deutsche Volksschulwesen vor Felbiger und über das Leben und Wirken Felbigers und seiner Zeitgenossen Ferdinand Kindermann und Alexius Vinzenz Pařizek, Freiburg/Br. 1892

PAŘIZEK, ALEXANDER, Ausführliche Beschreibung der k.k. Normalschule in Prag nebst einer kurzen fünfundzwanzigjährigen Geschichte dieser Schule, Prag 1801

Der Patriot in Baiern. Eine Wochenschrift mit Kupfern. Mit Churfürstl. allergnädigster Freyheit, 2 Teile, München 1769

PAULSEN, FRIEDRICH, Das deutsche Bildungswesen in seiner geschichtl. Entwicklung, Leipzig 1906, 2. Aufl. 1909

– Geschichte des gelehrten Unterrichts auf den deutschen Schulen und Universitäten vom Ausgang des Mittelalters bis zur Gegenwart, hg. v. R. Lehmann, Bd. I, 3. Aufl., Leipzig 1919

PETERKA, OTTO, Das Zeitalter des aufgeklärten Absolutismus als rechtsgeschichtl. Epoche Böhmens, in: Bulletin of the International Committee of Historical Sciences, vol. IX, Paris 1937

PETERSDORFF, HERMANN V., Ernst Wilhelm von Schlabrendorff, in: Schlesische Lebensbilder, Bd. 2, Breslau 1926, S. 1–14

PETRY, LUDWIG/MENZEL, J. JOACHIM (Hg.), Geschichte Schlesiens, Bd. II: Die Habsburger-Zeit 1526–1740, Darmstadt 1973

PFEILSCHIFTER, GEORG, Korrespondenz des Fürstabtes Martin II. Gerbert v. St. Blasien, Bd. 2, Karlsruhe 1934

PLASSMANN, ENGELBERT, Staatskirchenrechtliche Grundgedanken der deutschen Kanonisten an der Wende vom 18. zum 19. Jahrhundert (Freiburger theol. Studien, 88), Freiburg, Basel, Wien 1968 (Jur. Diss. Bochum 1967)

PLEYER, KARL, Zur Schulreform von anno dazumal, in: Jahrb. f. Landeskunde von N.Ö., NF. 35, 1961–63, Wien 1963, S. 124–138

PLÖCHL, WILLIBALD M., Josephinismus, in: EvStL., Sp. 838–844

POCQUET, BARTHÉLEMY, Le duc d'Aiguillon et La Chalotais, Bd. I, Paris 1900

POLZ, PETER, Theodor Janković de Mirjevo, der erste serbische Pädagoge oder die theresianische Schulreform bei Serben und in Rußland, Phil. Diss. Graz 1970 (Ms.)

– Theodor Janković und die Schulreform in Rußland, in: Die Aufklärung in Ost- und Südosteuropa, Köln/Wien 1972, S. 119–174

PRALL, A., Pädagogische Schriften des Wolfgang Ratichius und seiner Anhänger (Hirt'sche Sammlung von Schriften hervorragender Pädagogen V), Breslau 1903

PREUSS, JOHANN DAVID ERDMANN, Friedrich der Große, Berlin 1832
– Friedrich der Große. Eine Lebensgeschichte, 4 Bde. u. 5 Urkundenbände, Berlin 1832–34
Schlesische Provinzialblätter, Bd. 31, Breslau 1800
PRYS, JOSEPH, Der Staatsroman des 16. u. 17. Jahrhunderts und sein Erziehungsideal, Phil. Diss. Würzburg 1913
PUFENDORF, SAMUEL FREIHERR VON, De habitu religionis christianae ad vitam civilem, liber singularis. Accedunt animadversiones ad aliqua loca e politica Adriani Houtuyn JCti Batavi, Bremae 1687
– De iure naturae et gentium libri octo, cum annotatis Johannis Nicolae Hertti, libri 8, ed. Gottfr. Mascovius, Francofurti 1716. Unveränderter Neudruck der Ausgabe v. 1759 Frankfurt/Main 1967
– De officio hominis et civis prout ipsi praescribuntur lege naturali, Londae 1673, Ausgewählte Stücke übers. v. Erik Wolf (Dt. Rechtsdenken, H. 5, 2. Aufl. 1948)

QUARITSCH, HELMUT, Staat und Souveränität, Bd. 1: Die Grundlagen, Frankfurt/M. 1970

RAAB, HERIBERT (Hg.), Kirche und Staat. Von der Mitte des 15. Jahrhunderts bis zur Gegenwart, München 1966
RAAB, HERIBERT / KÖHLER, OSKAR, Staatskirchentum und Aufklärung, in: Handbuch der Kirchengeschichte, hg. von H. Jedin, Bd. V, 1970, S. 353ff.
RABE, HORST, Naturrecht und Kirche bei Samuel von Pufendorf, mit einer Einleitung von Ernst Wolf, Tübingen 1958
RACH, ALFRED, Biographien zur deutschen Erziehungsgeschichte, Weinheim/Berlin 1968
– Sachwörter zur deutschen Erziehungsgeschichte, 2. Aufl., Weinheim/Berlin 1967
RACHFAHL, FELIX, Die Organisation der Gesamtstaatsverwaltung Schlesiens vor dem 30jährigen Krieg, Leipzig 1894
RAHNER, HUGO, Kirche und Staat im frühen Christentum, München 1961
RALL, HANS, Kurbayern in der letzten Epoche der alten Reichsverfassung 1745–1801, München 1952
RAMBACH, FRIEDRICH EBERHARD, Zwei pädagogische Abhandlungen von der Erziehung zum Patriotismus und über Bürgerschulen, Berlin 1802
RASSOW, PETER, Die Angliederung Schlesiens an Preußen in ihrer Bedeutung für das System der großen Mächte, in: Osteuropa und der deutsche Osten II, 1, Köln 1953, S. 12–20
Ratio Educationis totiusque Rei Litterariae per Regnum Hungariae et Provincias Eidem adnexas, Wien 1777
RATKE, WOLFGANG, Die Regenten Ampts Lehre, Der Christlichen Schule Welche in der wahren Glaubens, Natur und Sprachen Harmony Auss heiliger Göttlicher Schrift, der Natur und sprachen Anzustellen, zu befestigen und zu erhalten, zu der Lehr Art Ratichij, 1631, veröffentlicht in: Kehrs Pädagogischen Blättern von A. Müller 1878 (1880, 1882, 1884)
RAUMER, KURT VON, Ewiger Friede. Friedensrufe und Friedenspläne seit der Renaissance, Freiburg (Br.)/München 1953

Recht und Verfassung des Reiches in der Zeit Maria Theresias. Die Vorträge zum Unterricht des Erzherzogs Josephs im Natur- und Völkerrecht sowie im Deutschen Staats- und Lehnrecht, unter Mitarbeit von Gerd Kleinheyer, Thea Buyken und Martin Herold herausgegeben von Hermann Conrad (Wiss. Abhandlungen d. AG f. Forschung des Landes NRW, Bd. 28), Köln/Opladen 1964

Rechtslexikon für Juristen aller teutschen Staaten enthaltend die gesammte Rechtswissenschaft, ... redigirt von Julius Weiske, I–XIII, Leipzig 1842–1858

Recueil général des anciennes lois Françaises depuis l'an 420 jusqu'à la Révolution de 1789, par Jourdan, Isambert, Decrusy, vol. XXVIII, Paris 1827

Redlich, Josef, Das österreichische Staats- und Reichsproblem, Bd. I, 1, Leipzig 1920

Reese, Wilhelm, Die Schulaufsichtsfrage bei J. B. Basedow und ihre Quellen, Göttingen 1932

Rehfeldt, Bernhard, Grenzen der vergleichenden Methode in der rechtsgeschichtlichen Forschung, Bonn 1942

Rehmke, Johannes, Das geschichtliche Verhältnis von Kirche und Schule, in: Paedagogium 3, 1881, S. 586–610 und S. 637–657

Reibstein, Ernst, Allgemeines Staatsrecht und Völkerrecht bei Carl Gottlieb Svarez. Zur Edition der „Kronprinzen-Vorträge", in: Zeitschr. f. ausländisches öffentl. Recht und Völkerrecht 22, 1962, S. 509ff.

– Johannes Althusius als Fortsetzer der Schule von Salamanca (Freiburger Rechts- u. Staatswissenschaftl. Abhandlungen, Bd. 5), Karlsruhe 1955

Reimann, Eduard, Über die Verbesserung des katholischen höheren Schulwesens in Schlesien durch Friedrich den Großen, in: ZGuASchles. 19, 1885, S. 316–337

– Über die Verbesserung des niederen Schulwesens in Schlesien in den Jahren 1763–1769, in: ZGuASchles. 17, 1883, S. 317–350

Rein, Wilhelm, Pädagogik in systematischer Darstellung, 3 Bde., 2. Aufl., Langensalza 1911–1912

Reinalter, Helmut, Die historische Entwicklung Tirols von der älteren Regierungszeit Maria Theresias bis zum ersten Franzoseneinfall (1796), Phil. Diss. Innsbruck 1970 (Ms.)

Reinecke, Wilhelm, Die Entstehung des Johanneums zu Lüneburg, in: Lüneburger Museumsblätter, H. 2, 1905, S. 1–31

Reinhardt, Rudolf, Zur Kirchenreform in Österreich unter Maria Theresia, in: Zeitschr. f. Kirchengesch. 77, 1966, S. 105–119

– Die Beziehungen von Hochstift und Diözese Konstanz zu Habsburg-Österreich in der Neuzeit. Zugleich ein Beitrag zur archivalischen Erforschung des Problems „Kirche und Staat" (Beiträge zur Geschichte der Reichskirche in der Neuzeit, 2), Wiesbaden 1966

– Bemerkungen zum geschichtlichen Verhältnis von Kirche und Staat, in: Theologie im Wandel. Festschr. z. 150jährigen Bestehen der katholisch-theologischen Fakultät an der Universität Tübingen 1817–1967 (Tübinger Theol. Reihe 1), München 1967, S. 155–178

Reitböck, Frida, Die kulturellen und sozialen Reformen unter der Regierung der Kaiserin Maria Theresia, Phil. Diss. Innsbruck 1943 (Ms.)

RENISCH, PAUL, Geschichte des Volksschullehrerseminars zu Cöpenick v. 1848–1898. Mit einer Übersicht über seine 100jährige Entwicklung, Breslau 1898

RENNER, MICHAEL, Fuldaer Einfluß auf die Würzburger Schulreform Fürstbischof Franz Ludwigs von Erthal 1781, in: ZbayLG 28, 1965, S. 368–391

RETHWISCH, CONRAD, Der Staatsminister Freiherr von Zedlitz und Preußens höheres Schulwesen im Zeitalter Friedrichs des Großen, 2. Aufl., Berlin 1886

RIEGGER, PAUL JOSEPH, Corpus iuris ecclesiastici Bohemici et Austriaci in duas partes distributum oder Sammlung der im Königreich Böheim und Erzherzogthum Oesterreich in Kirchensachen ergangenen Allerhöchsten Landes-Fürstlichen Gesätzen und Verordnungen in zween Theilen, Wien 1770. *Nachtrag: Sammlung* der in Kirchensachen von dem 1770 sten Jahr für alle böheim- und österreichische Erblande ergangenen allerhöchsten landesfürstlichen Gesetzen und Verordnungen, Wien 1774

RIEHL, ANTON und REINÖHL, RAINER VON, Kaiser Josef II. als Reformator auf kirchlichem Gebiet. Eine Festschrift z. Feier d. 100. Jahrestages d. Toleranz-Patentes v. 13. October 1781, Wien 1881

RIESER, HERBERT, Der Geist des Josephinismus und sein Fortleben, Wien 1963

RITTER, GERHARD, Luther, Gestalt und Tat, 5. Aufl., München 1949

ROCHOW siehe Jonas

RÖNNE, LUDWIG VON, Das Staatsrecht der Preußischen Monarchie, Bd. I, 1.2; II, 1, 3. Aufl., Leipzig 1869/1870/1871

– Das Unterrichtswesen des preußischen Staates in seiner geschichtlichen Entwicklung, Bd. 1, Berlin 1855

RÖSCH, ADOLF, Das Kirchenrecht im Zeitalter der Aufklärung (Febronianismus und Josephinismus), in: AkKR 83, 1903, S. 446–482, 620–652; 84, 1904, S. 56–82, 244–262, 495–526; 85, 1905, S. 29–63

RÖSLER, INGO, Über die Terminologie russischer Archivdokumente, in: Archivar und Historiker, Berlin 1956, S. 471–495

ROESSLER, WILHELM, Die Entstehung des modernen Erziehungswesens in Deutschland, Stuttgart 1961

ROGIER, L. J., Die Kirche im Zeitalter der Aufklärung in: Gesch. d. Kirche, IV, Einsiedeln, Zürich, Köln 1966, S. 3–174

ROMMEN, HEINRICH, Der Staat in der katholischen Gedankenwelt, Paderborn 1935

– Die Staatslehre des Franz Suarez, Mönchen-Gladbach 1926

ROSENBAUM, MARGRET, Untersuchungen zur Veränderung der Lage und des Selbstverständnisses des Lehrers während der Aufklärung in Deutschland. Ein Beitrag zur Geschichte des Volksschullehrerberufes, Phil. Diss. Köln 1970

ROTHFELS, HANS, Friedrich der Große und der Staat, in: Gesch. in Wiss. u. Unterricht 13, 1962, S. 625ff.

ROTHACKER, ERICH, Logik und Systematik der Geisteswissenschaften, 3. Aufl., Bonn 1948

– Die vergleichende Methode in den Geisteswissenschaften, in: Zeitschr. f. vergleichende Rechtswissenschaft 60, 1957, S. 13ff.

ROTHERT, HERMANN, Westfälische Geschichte I–III, 2. Aufl., Gütersloh 1962

ROŽDESTVENSKIJ, S. V., Očerki po istorii sistem narodnago prosveščenija v Rossii v XVIII–XIX vekach, in: ZIFF CIV, St. Petersburg 1912

– Proekty učebnych reform v carstvovanie imp. Ekateriny II do učreždenija komissii o narodnych učiliščach, in: Žurnal ministerstva narodnago prosveščenija, St. Petersburg 1907, otdel po narodnomu obrazovaniju, S. 173–228

SACKE, GEORG, Die Gesetzgebende Kommission Katharinas II. Ein Beitrag zur Geschichte des Absolutismus in Rußland, Breslau 1940

SÄGMÜLLER, JOHANN BAPTIST, Das Naturrecht im offiziellen Kirchenrecht der Aufklärung, in: Theol. Quartalschrift 94, 1912, S. 58–99

ARNOLDSCHE SAMMLUNG: Sammlung der wichtigsten und nöthigsten bisher aber noch nicht herausgegebenen Kayser- und Königlichen auch Herzoglichen Privilegien, Statuten, Rescripten und pragmatischen Sanctionen des Landes Schlesien. Aus den nach und nach publicirten Königlichen Ober-Amts-Patenten, wie auch aus den wichtigsten Landes-Cantzeleyen und Archiven mit vieler Mühe und großen Kosten zusammengetragen, Crossen und Sorau bei Gottlieb Hebold (Druck Cottbus), 2 Bde., 1736/1739; auch Leipzig (J. M. Teubner) 1736/39. (= ARNOLDSCHE SAMMLUNG)

BRACHVOGELSCHE SAMMLUNG: Kayser- und Königl. das Erb-Hertzogthum Schlesien concernirende Privilegia, Statuta und Sanctiones Pragmaticae, mit allergnädigster Kayser- und Königl. Bewilligung dem gemeinen Wesen zum besten zusammengetragen, Breslau, Christian Brachvogels Erben, 6 Theile, 1731–37 (= BRACHVOGELSCHE SAMMLUNG)

KORNSCHE SAMMLUNG: Sammlung aller in dem souverainen Herzogthum Schlesien und dessen incorporirten Grafschaft Glatz in Finanz- Justiz- Criminal- Geistlichen- Consistorial- Kirchen Sachen etc. publicirten und ergangenen Ordnungen, Edicten, Mandaten, Rescripten etc., welche ... vom 1. Dez. 1740 (– Ende August 1786) herausgekommen, Breslau (W. G. Korn), 1759–1790, 19 Bde. (= KORNSCHE SAMMLUNG)

NEUE KORNSCHE SAMMLUNG: Neue Sammlung aller in dem souverainen Herzogthum Schlesien und der demselben incorporirten Grafschaft Glatz in Finanz-Policey - Sachen etc. ergangenen und publicirten Verordnungen, Edicte, Mandate, Rescripte etc., welche während der Zeit der Regierung Friedrich Wilhelms II. (ab Bd. 6ff.: III.) Königs von Preußen als souverainen Obersten Herzogs von Schlesien ... herausgekommen sind, 12 Bde., Breslau (W. G. Korn) 1792–1824 (= NEUE KORNSCHE SLG.)

SAMMLUNG LEOP. II.: Sammlung der Gesetze, welche unter der glorreichsten Regierung des Königs Leopold II. in den sämmentlichen K. (K.) Erblanden erschienen sind, in einer chronologischen Ordnung, Wien o. J. (1791ff) (= LEOP.GS)

SAMMLUNG MARIA THERESIA: Sammlung aller k.k. Verordnungen und Gesetze vom Jahre 1740 bis 1780, die unter der Regierung des Kaisers Josephs des II. theils noch ganz bestehen, theils zum Theile abgeändert sind, als ein Hilfs- und Ergänzungsbuch zu dem Handbuch aller unter der Regierung des Kaisers Josephs des II. für die k.k. Erbländer ergangenen Verordnungen und Gesetze in einer chronologischen Ordnung. I–VIII, Wien 1780ff.
Auch unter dem Titel: Kaiserl. Königl. Theresianisches Gesetzbuch enthaltend die Gesetze von den Jahren 1740–1780 welche unter der Regierung des Kaisers Josephs II. theils noch ganz bestehen, theils zum Theile abgeändert sind, 8 Bde., 3. Aufl., Wien 1789 (= MTHGS)

SAMMLUNG I. PUBLICO-ECCL. I: Sammlung der ältern K.K. Landesfürstlichen Gesetze und Verordnungen in Publico-Ecclesiasticis vom Jahre 1518–1740, Wien 1785

SAMMLUNG I. PUBLICO-ECCL. II: Sammlung der k.k. landesfürstlichen Gesetze und Verordnungen in Publico-Ecclesiasticis. 1767–1804, Wien 1784–1805

SAMMLUNG I. PUBLICO-ECCL. III: Sammlung der Kaiserl.-Königlichen Landesfürstlichen Gesetze und Verordnungen in Publico-Ecclesiasticis vom Jahre 1767 bis Ende 1782, Wien 1782

SAMMLUNG RIEGGER: siehe RIEGGER, PAUL JOSEPH

SAMMLUNG SVAREZ: Sammlung alter und neuer Schlesischer Provinzial-Gesetze zum täglichen Gebrauche für Richter und Advocaten, 2 Teile i. 3 Abteilungen, Breslau 1771–1773 (Hg. Carl Gottlieb Svarez) (= SLG. SVAREZ)

SCHARNAGEL, ANTON, Staat und Kirche, in: LThK IX, 2. Aufl., 1937, Sp. 748–759

SCHERL, HERMANN, Die Grafschaft Rietberg unter dem Geschlecht der Kaunitz. Unter bes. Berücksichtigung der Verwaltungsgeschichte (1699–1822), Phil. Diss. (Ms) Innsbruck 1962

SCHEUNER, ULRICH, Das System d. Beziehungen von Staat und Kirchen im Grundgesetz. Zur Entwicklung d. Staatskirchenrechts, in: HdbStKirchR, I (1974), S. 5–86, *18ff.*

SCHEVELING, JULIUS (Hg.), Johann Ignaz von Felbiger, General-Landschul-Reglement – Eigenschaften, Wissenschaften und Bezeigen rechtschaffener Schulleute – Methodenbuch (Schöninghs Sammlung Pädagogischer Schriften. Quellen zur Geschichte der Pädagogik, 9, hg. v. Th. Rutt), Paderborn 1958

SCHILLING, OTTO, Die Staats- und Soziallehre des hl. Thomas, 2. Aufl., München 1930

SCHLAICH, KLAUS, Kirchenrecht und Vernunftrecht. Kirche und Staat in der Sicht der Kollegialtheorie, in: ZevKR, 14, 1968/69, S. 1–25

– Kollegialismus, in: EvStL, Sp. 1086–1089

– Kollegialtheorie. Kirche, Recht und Staat in der Aufklärung (Ius Ecclesiasticum, 8), München 1969

– Der rationale Territorialismus. Die Kirche unter dem staatsrechtlichen Absolutismus um die Wende vom 17. zum 18. Jahrhundert, in: ZRG (C) 54, 1968, S. 269–340

SCHLENZ, JOHANNES, Das Kirchenpatronat in Böhmen. Beiträge zu seiner Geschichte und Rechtsentwicklung (Quellen und Forschungen aus dem Gebiete der Geschichte, 4), Prag 1928

SCHMID, KARL ADOLF, Geschichte der Erziehung von Anfang an bis auf unsere Zeit. Bearbeitet in Gemeinschaft mit einer Anzahl von Gelehrten und Schulmännern, 5 Bde. in 10 Abteilungen, Stuttgart 1884–1912

SCHMID, HEINRICH FELIX, Die Bedeutung des österreichischen Bildungswesens für Ost- und Südosteuropa, in: 200 Jahre österr. Unterrichtsverwaltung, 1960, S. 31ff.

SCHMIDT, EBERHARD, Staat und Recht in der Theorie und Praxis Friedrichs des Großen, in: Festschr. f. Alfred Schultze, Leipzig 1936, S. 89ff.

SCHMIDT, FRIEDRICH, Zur Geschichte des Volksschulwesens im Hochstift Würzburg 1772–1795, in: Beihefte zu den Mitt. der Gesellschaft f. deutsche Erziehungs- und Schulgeschichte, 1903, S. 65–94

SCHMIDT, JOHANN, Entwicklung der kath. Schule in Österreich, Wien 1958

SCHMIDT, MICHAEL IGNAZ, Der Katechist nach seinen Eigenschaften und Pflichten oder die rechte Weise die ersten Gründe der Religion zu lehren ... aus dem Lateinischen übersetzt durch Benedictum Strauch, Bamberg und Würzburg 1772

SCHMOLLER, GUSTAV / HINTZE, OTTO, Die Behördenorganisation und die allgemeine Staatsverwaltung Preußens im 18. Jahrhundert. Akten vom 31. Mai 1740 bis Ende 1745 (ACTA BORUSSICA, Behördenorganisation Bd. VI, 2. Hälfte), Berlin 1901

– Die Preußische Seidenindustrie im 18. Jahrhundert und ihre Begründung durch Friedrich den Großen, Bd. 1–3 (ACTA BORUSSICA, Die einzelnen Gebiete der Verwaltung), Berlin 1892

SCHMOLLER, GUSTAV, Epochen der preußischen Finanzpolitik, in: Umrisse und Untersuchungen zur Verfassungs-, Verwaltungs- und Wirtschaftsgeschichte besonders des Preuß. Staates im 17. und 18. Jahrhundert, Leipzig 1898

– Preußische Verfassungs-, Verwaltungs- und Finanzgeschichte, Berlin 1921

SCHNABEL, FRANZ, Deutsche Geschichte im neunzehnten Jahrhundert. Bd. IV, Freiburg/Br. 1937

SCHNAUBERT, ANDREAS JOSEF, Grundsätze des Kirchenrechts der Protestanten in Deutschland, Jena 1792

SCHNEE, HEINRICH, Das Verhältnis Schlesiens zum Deutschen Reiche im Zeitalter Friedrichs des Großen, in: ZdVfGSchles. 65, 1931, S. 412–429

SCHNEIDER, ALFRED, Die Teilnahme der Städte an der staatlichen Schulaufsicht über die Volks- und höheren Schulen Preußens, Diss. jur. Breslau 1927

SCHNEIDER, FRIEDRICH, Vergleichende Erziehungswissenschaft. Geschichte, Forschung, Lehre, Heidelberg 1961

– Triebkräfte der Pädagogik der Völker. Eine Einführung in die Vergleichende Erziehungswissenschaft, Salzburg 1947

SCHNELL, HEINRICH, Das Unterrichtswesen der Großherzogtümer Mecklenburg-Schwerin und Strelitz, 3. Bd.: Überblick über die geschichtliche Entwicklung des Schulwesens (= MGPaed. XLV), Berlin 1909

SCHOEN, PAUL, Das evangelische Kirchenrecht in Preußen, 2 Bde., Berlin 1903/1910

SCHOENBORN, WALTHER, Das Oberaufsichtsrecht des Staates im modernen deutschen Staatsrecht, Diss. jur. Heidelberg 1906

SCHOLTZ, HARALD, Evangelischer Utopismus bei J. V. Andreä – Ein geistiges Vorspiel zum Pietismus (Darstellungen aus der Württ. Geschichte 41), Stuttgart 1957

SCHULBUCH: Des Berlinischen neu eingerichteten Schulbuches 3. Teil welcher die Lehrart wornach die im 1. u. 2. Teil befindlichen Sachen der Jugend beizubringen sind, enthält, Berlin 1758

Zwei Schriften der Kurmainzer Schulreform von 1770–1784: J. J. Fr. Steigentesch: Abhandlung von Verbesserung des Unterrichts der Jugend in den Kurfürstlich Mainzischen Staaten 1777.
E. X. Turin: Über die Verbeßerung der Trivial-Schulen in deutschen catholischen Provinzen, eingel. u. herausg. v. Hans-Michael Elzer, Frankfurt/M. etc. 1967

SCHUBART-FIKENTSCHER, GERTRUD, Unbekannter Thomasius („Thomasiana", Heft 1; Arbeiten aus dem Inst. f. Staats- u. Rechtsgesch. bei der Martin-Luther-Universität Halle/Wittenberg), Weimar 1954

SCHÜLLER, ANDREAS, Die Volksbildung im Kurfürstentum Trier zur Zeit der Aufklärung, Trier 1914

Wiener Schul-Almanach 1780

Katholisches Schulblatt, Jg. 9, Oberglogau 1863

Allgemeine Schulordnung, für die deutschen Normal- Haupt- und Trivialschulen in sämmtlichen Kaiserl. Königlichen Erbländern. Wien, den 6. Dez. 1774, Wien 1774

SCHULTE, JOHANN FRIEDRICH VON, Die Geschichte der Quellen und Literatur des Canonischen Rechts von Gratian bis auf die Gegenwart, 2 Bde., Stuttgart 1875–1877

SCHUNCK, EGON, Beiträge zur Geschichte der staatl. Aufsicht über die Volksschule in Preußen, Jur. Diss. Greifswald 1920

SCHWAIGER, GEORG, Die Aufklärung in kath. Sicht, in: Concilium 3, 1967, S. 559–566

SCHWARZ, HERBERT, Inwieweit steht das Kreittmayrische Gesetzgebungswerk unter dem Einfluß der Aufklärungsphilosophie? Jur. Diss. Erlangen (Ms.) 1951

SCHWARZ, JOSEF, Schulaufsicht und Elternrecht. Eine Untersuchung des in dem Gebiete des Landes Nordrhein-Westfalen früher und heute gültigen Verfassungsrechts, jur. Diss. (Ms.) Köln 1960

SCHWARZ, WILLI, Die bergische Schule und ihre Wurzeln in der Vikarie- und Küsterschule. Ein Beitrag zur Schulrechtsgeschichte (1700–1825) im Gebiet des heutigen Rheinisch-Bergischen Kreises, Jur. Diss. Köln 1966

SCHWINGE, ERICH, Der Methodenstreit in der heutigen Rechtswissenschaft, Bonn 1930

SCOTTI, JOHANN JOSEF, Sammlung der Gesetze und Verordnungen welche in dem Herzogthum Cleve und in der Grafschaft Mark über Gegenstände der Landeshoheit, Verfassung, Verwaltung und Rechtspflege ergangen sind, vom Jahre 1418 bis zum Eintritt der königlich-preußischen Regierungen im Jahre 1816, Teil 1–5, Düsseldorf 1826

SECKENDORFF, VEIT LUDWIG VON, Teutscher Fürsten-Stat oder gründliche und kurze Beschreibung, welcher Gestalt Fürstentümer, Graf- und Herrschaften im H. Römischen Reich Teutscher Nation ... von Rechts- und löblicher Gewohnheit wegen beschaffen zu sein, regiert, mit Ordnungen und Satzungen, Ämtern und Diensten Verfaßt zu werden pflegen, Frankfurt 1656; Neudr. d. Ausgabe von 1737, Aalen 1972

SEHLING EMIL, Geschichte der protestantischen Kirchenverfassung, 2. Aufl., Leipzig/Berlin 1914

SEIFERT, ECKHART, Paul Joseph Riegger. Ein Beitrag zur theoretischen Grundlegung des josephinischen Staatskirchenrechts (Schriften zur Rechtsgeschichte, H. 5), Berlin 1973

SEPPELT, FRANZ XAVER, Geschichte des Bistums Breslau (Realhandbuch des Bistums Breslau, I), Breslau 1929

SIEGWART, JOSEF, Die Chorherren und Chorfrauengemeinschaften in der deutschsprachigen Schweiz vom 6. Jahrhundert bis 1160. Mit einem Überblick über die deutsche Kanonikerreform des 10. und 11. Jahrhunderts (Studia Friburgensia, N.F. 30), Freiburg/Schweiz 1962

– Die Consuetudines des Augustiner-Chorherrenstiftes Marbach im Elsaß (12. Jahrhundert) (Spicilegium Friburgense. Texte zur Geschichte des kirchlichen Lebens, Vol. 10), Freiburg/Schweiz 1965

SIMON, HEINRICH, Das Provinzial-Gesetzbuch der Schlesischen Verfassung und Verwaltung, Heft 1: Die ständische Verfassung von Schlesien, Breslau 1846; Heft 5: Das Kirchen-Recht und die Kirchen-Verfassung von Schlesien, Breslau 1847
Heft 6: Das Schul-Recht und die Unterrichts-Verfassung von Schlesien, Breslau 1848

SOMMER, LOUISE, Die österreichischen Kameralisten in dogmengeschichtlicher Entwicklung, 2 Bde., Wien 1920/1925

SONNENFELS, JOSEPH VON, Grundsätze der Polizey, Handlung und Finanzwissenschaft, 3 Bde., Wien 1770–1776; Bd. I auch in der Ausgabe 1765 benutzt

– Das Unterrichtswesen in Österreich unter Kaiser Joseph II., Wien 1888

SPANNAGEL, KARL, Minden und Ravensberg unter Brandenburg-Preußischer Herrschaft von 1648 bis 1719, Hannover/Leipzig 1894

SPRANGER, EDUARD, Die Einheit der Wissenschaft, ein Problem, in: ARSPh. 1952/53, Bd. 40, S. 1ff.

– Zur Geschichte der deutschen Volksschule, Heidelberg 1949

– Die wissenschaftlichen Grundlagen der Schulverfassungslehre und Schulpolitik, Berlin 1927. Neuabdr. in: Klinkhardts Pädagogische Quellentexte, Bad Heilbrunn/Obb. 1963

– Der Zusammenhang von Politik und Pädagogik in der Neuzeit. Umrisse zu einer Geschichte der deutschen Schulgesetzgebung und Schulverfassung, in: Die Deutsche Schule 18–20, 1914–1916; 18 (1914), S. 13–21, 73–80, 152–161 (§ 8: Überblick ü. Wesen u. Epochen d. preuß. Schulpolitik i. 18. Jh., S. 155–158; § 9: Die Anfänge d. absolutist. Schulpolitik unter Fr. I. u. Fr. W. I. (1688–1740), S. 158–161), 290–299 (§ 10: Die preuß. Schulpolitik unter Friedr. d. Gr. (1740–1786), S. 290–296), 356–366, 424–430, 559–565; 19 (1915), S. 225–233, 283–293, 355–366, 430–439, 690–701, 748–759; 20 (1916), S. 204–216

SPREITZER, HANS, Beiträge zur Geschichte des österreichischen Landschulwesens unter Joseph II., in: Erziehung und Unterricht 1960, S. 390–399

– 200 Jahre oberste Schulbehörde in Österreich. Zur Errichtung der Studienhofkommission im Jahre 1760, in: Erziehung und Unterricht, 1960, S. 129–137

Staat von Schlesien, o. O. u. J. (1708)

Der utopische Staat, siehe HEINISCH, K. J.

STADELMANN, RUDOLPH, Preussens Könige in ihrer Thätigkeit für die Landescultur Preussens, Teil 2, Leipzig 1882

STANZEL, JOSEF, Zur Geschichte der Hauptschule. Frühe Ausprägungen vor allem in der ersten Hälfte des 18. Jahrhunderts, in: Hömig/Tymister, Wissenschaft in Hochschule und Schule. Julius Scheveling zur Vollendung seines 65. Lebensjahres gewidmet, Köln 1972, S. 245–256

STAPPER, RICHARD (Hg.), Bernard Overberg als pädagogischer Führer seiner Zeit, Münster/W. 1926

STECH, EUGEN, Das Braunschweigische Schuldirektorium. Ein Beitrag zur Geschichte der Schulaufsicht (Pädagogisches Magazin, H. 355), Langensalza 1909

STEIGENTESCH, JOHANN JOSEPH FRIEDRICH, siehe Zwei Schriften

STEIN, ERWIN, Die rechtsphilosophischen und positivrechtlichen Grundlagen des Elternrechts, in: Erwin Stein – Wilfried Joest – Hans Dombois, Elternrecht, Studien zu seiner rechtsphilosophischen und evangelisch-theologischen Grundlegung, Heidelberg 1958

STEIN, ROBERT, Die Schule als Staatsanstalt in Schulgeschichte und Staatslehre bis 1794, Phil. Diss. Leipzig 1906

STEINBACH VON KRANICHSTEIN, OTTO, Lexikon aller in den österreichischen Staaten wirklich bestehenden Landesfürstlichen Verordnungen und Gesetze im geistlichen Fache, Prag und Leipzig 1790

STEPHANY, HORST, Staatliche Schulhoheit und kommunale Selbstverwaltung, jur. Diss. Münster 1963, Stuttgart 1964

STINTZING, RODERICH V. / LANDSBERG, ERNST, Geschichte der deutschen Rechtswissenschaft, Abt. III, Hbbd. 1, München/Leipzig 1898. Unver. Neudr. Aalen 1957

STÖLZEL, ADOLF, Brandenburg-Preußens Rechtsverwaltung und Rechtsverfassung, 2 Bde., Berlin 1888

– Carl Gottlieb Svarez. Ein Zeitbild aus der zweiten Hälfte des achtzehnten Jahrhunderts, Berlin 1885

– Fünfzehn Vorträge aus der Brandenburgisch-Preußischen Rechts- und Staatsgeschichte, Berlin 1889

STÖTZNER, P., Ratichianische Schriften, in: A. Richters „Neudrucke pädagogischer Schriften“, Bd. IX, hgg. und eingel. von P. Stötzner, Leipzig 1892

STOLL, ANDREAS, Geschichte der Volksschullehrerbildung in Tirol von den Anfängen bis 1876, Phil. Diss. Innsbruck 1964 (Ms.) (= Stoll I)

– Geschichte der Lehrerbildung in Tirol von den Anfängen bis 1876 (Studien zur Erziehungswissenschaft 4), Weinheim und Berlin 1968 (= Stoll II)

STOLZE, ALFRED, Die deutschen Schulen und die Realschulen der Allgäuer Reichsstädte bis zur Mediatisierung (= MGPaed.Beiheft 1), Berlin 1916

STRAKOSCH-GRASSMANN, GUSTAV, Geschichte des österreichischen Unterrichtswesens, Wien 1905

STRAKOSCH, HENRY E., State Absolutism and the Rule of Law. The Struggle for the Codification of Civil law in Austria 1753–1811, Sydney/London 1967

STRAUCH, GÜNTER, Die Grundlegung der österreichischen Pflichtschullehrerbildung (1774–1869), Phil. Diss. (Ms.) Wien 1967

STREITER, AXEL, Das Superintendentenamt – Ursprung, geschichtliche Entwicklung und heutige Rechtsgestalt des mittleren Ephoralamtes in den deutschen evangelischen Landeskirchen, Jur. Diss. Köln 1973

STUPP, HERBERT, Mos geometricus od. Prudentia als Denkform der Jurisprudenz. Eine Untersuchung an Hand der methodologischen Lehren des Christian Wolff und des Thomas von Aquin, Jur. Diss. Köln 1970

STURMBERGER, HANS, Studien zur Geschichte der Aufklärung des 18. Jahrhunderts in Kremsmünster, in: MIÖG 53, 1939, S. 423–80

STUTZ, ULRICH, Geschichte des Kirchenrechts (= Kirchenrecht I. Teil), in: Holtzendorff-Kohlersche Encyclopädie der Rechtswissenschaft, 6., der Neubearbeitung 1. Aufl., 1904, II. Bd., IV, 4, S. 809–972

SUDHOF, SIEGFRIED (Hg.), Fürstenberg, Franz Freiherr von: Schulordnung vom 22. Januar 1776, Münster 1960

Svarez, Carl Gottlieb, Vorträge über Recht und Staat, hg. v. H. Conrad und Gerd Kleinheyer (Abhandlungen d. AG f. Forschung NRW 10), Köln und Opladen 1960

Synopsis Juris Ecclesiastici Publici et Privati quod per Terras haereditarias Augustissimae Imperatricis Mar. Theresiae obtinet, (Vindobonae MDCCLXXVI) Wien 1776

Teschemacher, Hans Georg, Das Recht der Unterrichtsanstalten in der juristischen Literatur des alten deutschen Reichs, Jur. Diss. Heidelberg 1907

Theiner, Augustin, Zustände der kath. Kirche in Schlesien v. 1740–1758 und die Unterhandlungen Friedrich's II. und der Fürstbischöfe von Breslau, des Kardinals Ludwig Ph. Grafen v. Sinzendorf und Ph. Gotth. Fürsten v. Schaffgotsch mit dem Papst Benedikt XIV., 2 Bde. Regensburg 1852

Thiele, Gunnar, Zur Entstehung der deutschen Volksschule, in: ZfGdErz. 28, 1938, S. 185–205

– Geschichte der Preußischen Lehrerseminare = Gesch. d. Preuß. Schulwesens, Teil I (MGPaed. LXII), Berlin 1938

Thieme, Hans, Das Naturrecht und die europäische Privatrechtsgeschichte, 2. Aufl., Basel 1954

– Die preußische Kodifikation, in: ZRG (G) 57, 1937, S. 355ff.

– Carl Gottlieb Svarez in Schlesien, Berlin u. anderswo. Ein Kapitel aus der schlesischen u. preußischen Rechtsgeschichte, in: Juristen-Jahrbuch 6, 1965/66, S. 1ff.

– Die Zeit des späten Naturrechts, in: ZRG (G) 56, 1936, S. 202ff.

Thomas von Aquin, Doctoris Angelici Aquinatis opera omnia, VIII, ed. Stanislaus Ed. Fretté u. Paul Maré, Paris 1873; (enthält Comm. in lib. II sententiarum)

– Summa Theologica, Deutsche Thomas-Ausgabe, Bd. 21, München/Heidelberg 1964

Thomasius, Christian, Annotationes theoretheco-practicae, in celeberrimi JCti D. Johannis Strauchii etc. Dissertationes undetriginta ad universum Ius Iustinianium privatum, in quibus positiones Strauchianae obscuriores illustrantur, veriores defendentur, minus probabiles emendantur, deficientes supplentur, et loca nonnulla Iuris Civile aliter quam vulgo exponuntur, in usum Studiosae Iuventutis publici iuris factae cum quadruplice indice, Frankfurt und Leipzig 1683; benutzte Ausgabe Jena 1718

– Fundamenta Iuris Naturae et gentium ex sensu communi deducta, in quibus ubique secernuntur principia Honesti, Iusti ac Decori cum adiuncta emendatione ad ista fundamenta, Institutionem Iurisprudentiae divinae, in usum Auditorii Thomasiani, Halle und Leipzig 1705; benutzt: 4. Aufl. 1718, Neudruck Aalen 1963

– Institutiones iurisprudentiae divinae, in Positiones succincte contractae, in quibus Hypotheses Illustris Pufendorffii circa doctrinam Iuris Naturalis Apodictice demonstrantur et corroborantur, praecepta vero Iuris Divini Positivi Universalis primum a Iure Naturali distincte secernuntur, et perspicue explicantur. His praemissa est Dissertatio Prooemialis et magnam partem Apologetica, Francofurti et Lipsiae 1688; benutzt 7. Aufl., Halle 1730, Neudruck Aalen 1963

THOMASIUS, CHRISTIAN / BRENNEYSEN, ENNO RUDOLPH, Abhandlung vom Recht evangelischer Fürsten in Mittel-Dingen od. Kirchen-Ceremonien (lat: 1695), in: Chr. Thomasius, Auserlesene und in Deutsch noch nie gedruckte Schrifften, Halle 1705, S. 76ff.
– Das Recht Evangelischer Fürsten In Theologischen Streitigkeiten, 2. Aufl., Halle 1696
TISCHLEDER, PETER, Ursprung und Träger der Staatsgewalt nach der Lehre des hl. Thomas und seiner Schule, Mönchen-Gladbach 1923
TOLSTOJ, D. A., Gorodskija učilišča v carstvo vanie imperatricy Ekateriny II, in: SORJIS XLI, Nr. 2, St. Petersburg 1886, S. 1–214
– Vzgljad na učebnulu časť'v Rossiji v XVIII stolětii, St. Petersburg 1884
TÖRNVALL, GUSTAF, Geistliches und weltliches Regiment bei Luther, München 1947
TOMBERGER, FRANZ, Beiträge zur österreichischen Schulgeschichte früherer Jahrhunderte, in: 11. Jahresbericht des n.ö. Landes-Lehrerseminars in Wiener Neustadt, Wiener Neustadt 1884, S. 1–24
TROST, FRITZ, Die Göttingische Industrieschule (Arbeiten aus dem Forschungsinstitut für Fürsorgewesen in Frankfurt/M., 4), Berlin 1930
TURIN, ERNST XAVER, siehe Schriften

VALJAVEC, FRITZ, Die Entstehung der politischen Strömungen in Deutschland 1770–1815, München 1951
– Die Geschichte der abendländischen Aufklärung, Wien–München 1961
– Der Josephinismus. Zur geistigen Entwicklung Österreichs im achtzehnten und neunzehnten Jahrhundert, 2. Aufl., München 1945
– Das Woellnerische Religionsedikt und seine geschichtliche Bedeutung, in: HJ 72, 1952, S. 386ff.
VALSECCHI, FRANCO, Dispotismo illuminato, in: Nuove Questioni di Storia del Risorgimento e dell' Unità d'Italia 1, Milano 1961, S. 189–240. Jetzt auch in dt. Übers. in: Der aufgekl. Absolutismus, hg. v. K. O. v. Aretin, 1974, S. 205ff.
Verordnung über die veränderte Verfassung aller obersten Staatsbehörden. 1810, Okt. 27, in: Altmann, Ausgew. Urkunden zur Brandenburgisch-Preußischen Verfassungs- und Verwaltungsgeschichte, II. Teil (19. Jhdt), 1897, S. 49ff.
VIERTHALER, FRANZ MICHAEL, Ausgewählte pädagogische Schriften, hg. v. Leopold Glöckl (Bibliothek d. kath. Pädagogik, 6), Freiburg/Br. 1893
VILSMEIER, FRANZ, Praxis und Theorie im geschichtlichen Wandel der Lehrerbildung. Eine bildungsgeschichtliche Monographie, in: Festschrift Josef Dolch, 1964, S. 259–274
VISCHER, EDUARD, Die Wandlungen der Verhältnisse der Schule zu Kirche und Staat in Basel von der Mitte des 18. bis gegen Ende des 19. Jahrhunderts, Zürich 1931
VOGT, G., Wolfgang Ratichius, in: Kehrs Pädagogische Blätter, VII, Gotha 1878
VOLKMER, FRANZ, Johann Ignaz von Felbiger und seine Schulreform. Ein Beitrag zur Geschichte der Pädagogik des 18. Jahrhunderts, Habelschwerdt 1890
VOLLMER, FERDINAND, Die preußische Volksschulpolitik unter Friedrich dem Großen (MGPaed. LVI), Berlin 1918
VOLTELINI, HANS VON, Die naturrechtlichen Lehren und die Reformen des 18. Jahrhunderts, in: HZ 105, 1910, S. 65–104

VORMBAUM, REINHOLD, Die evangelischen Schulordnungen des achtzehnten Jahrhunderts (= Evangelische Schulordnungen Bd. 3), Gütersloh 1864

VROEDE, MAURITS DE, Van schoolmeester tot onderwijzer. De opleiding van de leerkrachten in Belgie en Luxemburg, van het eind van de 18de eeuw tot omstreeks 1842 (Universiteit te Leuven. Werken op het gebied van de geschiedenis en de filologie, 5 de reeks, deel 7), Löwen 1970

WACKE, GERHARD (Hg), Dorf-Policey-Ordnung und Instruction für die Dorf-Scholzen für das Herzogthum Schlesien und die Grafschaft Glatz vom 1. May 1804 (Quellen und Darstellungen zur schlesischen Geschichte, 15), Würzburg 1971

WAGNER, FRITZ, Europa im Zeitalter des Absolutismus und der Aufklärung (= Handbuch der europäischen Geschichte, hg. v. Theodor Schieder, Bd. IV), Stuttgart 1968

WAGNER, HANS, Der Höhepunkt des französischen Kultureinflusses in Österreich in der 2. Hälfte des 18. Jahrhunderts (Österreich i. Gesch. u. Lit. 5), Graz 1961

WAGNER, HERMANN F., Das deutsche Volksschulwesen in Österreich im 18. u. 19. Jahrhunderte, in: Dritter Bericht der k.k. Lehrer- und Lehrerinnenbildungsanstalt in Linz, Linz 1893

WAHRMUND, LUDWIG, Das Kirchenpatronatsrecht und seine Entwicklung in Oesterreich, 2 Teile, Wien 1894 und 1896

WAIDER, HERIBERT, Die Bedeutung der Lehre von den subjektiven Rechtfertigungselementen für Methodologie und Systematik des Strafrechts, Berlin 1970

– Bemerkungen zum Naturbegriff und zur Lehre von den Ehezwecken im Anschluß an die Entscheidung BGHSt 16, S. 175ff., in: ZStW 75, 1963, S. 220ff.

– Die „Rechtswidrigkeit“ des artifiziellen Abortes und der Perforation in medizinisch-indizierten Fällen – Zugleich ein Beitrag zur Methodologie des Naturrechts, jur. Diss. Köln 1949

WALTER, FRIEDRICH, Die Geschichte der österreichischen Zentralverwaltung in der Zeit Maria Theresias (1740–1780). 1. Halbband des 1. Bandes der II. Abteilung (1749–1848) der von Heinrich Kretschmayr hg. Österr. Zentralverwaltung = 32. Bd. der VÖ d. Komm. f. Neuere Gesch. Österreichs, Wien 1938 (= DÖZ)

WALTER, FRIEDRICH (Hg.), Maria Theresia. Briefe und Aktenstücke zur deutschen Geschichte der Neuzeit, XII), Darmstadt 1968

– Österreichs Weg zum modernen Staat (1500–1848), (Österreich in Geschichte und Literatur 3), Graz 1959, S. 7–20

– Die Theresianische Staatsreform von 1749 (Österreich Archiv), o. J. [1958]

WALTER / WANDRUSZKA, Friedrich Walter, Österreichische Verfassungs- und Verwaltungsgeschichte von 1500–1955. Aus dem Nachlaß herausgegeben von Adam Wandruszka (VÖ d. Komm. f. Neuere Geschichte Österreichs, 59), Wien–Köln–Graz 1972

WALTHER, EMIL GUIDO, Die Grundzüge der Pädagogik Ignatz von Felbigers. Ein Beitrag zur Geschichte der Pädagogik des 18. Jahrhunderts, phil. Diss. Leipzig 1908

Wandruszka, Adam, Fortschritt und Beharrung in der österreichischen Geschichte, in: Dauer und Wandel der Geschichte, Aspekte europäischer Vergangenheit, Festgabe für Kurt von Raumer, Münster 1966, S. 293ff.
– Geheimprotestantismus, Josephinismus und Volksliturgie in Österreich, in: Zeitschr. f. Kirchengesch. 78, 1967, S. 94ff.
– Das Haus Habsburg. Die Geschichte einer europäischen Dynastie, Wien 1956
– Leopold II., Erzherzog von Österreich, Großherzog von Toskana, König von Ungarn und Böhmen, Römischer Kaiser, 2 Bde., Wien/München 1963/1965
– Maria Theresia und der österreichische Staatsgedanke, in: MIÖG, 76, 1968, S. 174–188
– Österreich und Italien im 18. Jahrhundert, München 1963
– Die Religiosität Franz Stephans von Lothringen. Ein Beitrag zur Geschichte der „Pietas Austriaca" und zur Vorgeschichte des Josephinismus in Österreich, in: Mitt. d. Österr. Staatsarch. 12, 1959, S. 162ff.
Weber, Katharina, Staats- und Bildungsideale in den Utopien des 16. und 17. Jahrhunderts, in: HJ 51, 1931, S. 307–338
Wehrl, Franz, Der „Neue Geist". Eine Untersuchung der Geistesrichtungen des Klerus in Wien von 1750–1790, Phil. Diss. (Ms) Wien 1966
– Der „Neue Geist". Eine Untersuchung der Geistesrichtungen des Klerus in Wien von 1750–1790, in: Mitt. d. Österr. Staatsarch. 20, 1967, S. 36–114
Welzel, Hans, Die Naturrechtslehre Samuel Pufendorfs, Jena 1930; neu hsg. Berlin 1958 (diese Ausgabe benutzt)
Weiske, Julius, siehe Rechtslexikon
Weiss, Anton, Beiträge zur Geschichte des österreichischen Elementarunterrichtes (Mit Neudrucken Felbiger'scher Schriften), in: Beitr. z. ö. E. u. SchG V, 1904, S. 99–298
– Geschichte der Theresianischen Schulreform in Böhmen. Zusammengestellt aus den halbjährigen Berichten der Schulen-Oberdirektion 17. September 1777–14. März 1792, 3 Bde. (Beitr. z. ö. E. u. SchG VIII, X u. XII), Wien/Leipzig 1906/1908/1910
– Geschichte der österreichischen Volksschule 1792–1848, Bd. I (Die Entstehungsgeschichte des Volksschul-Planes von 1804), Graz 1904
– Das Werden unserer Volksschule, Leipzig/Prag/Wien 1918
Weissenrieder, Benedikt, Die Schulhoheit. Grundlagen und Ausgestaltungsformen des staatlichen Schulrechts (Freiburger VÖ aus dem Gebiete von Kirche und Staat, 7), Freiburg/Schweiz 1953 (Jur. Diss. Freiburg/Schweiz 1949)
Wenck, Friedrich August Wilhelm, Codex Iuris Gentium, Bd. I, Leipzig 1781
Wenzel, Achill, Die Schule zwischen Kurstaat und Säkularstaat. Eine Studie über die Mainzer Volksschule um 1800 (Mainzer Beitr. z. Pädagogik, Hist. Abt. II), Wiesbaden 1963
Wessely, Kurt, Die österreichische Militärgrenze, in: Festschrift für Hieronymus Riedl, 1971, S. 75–108
Wessenberg, Ignaz Heinrich Frhr. von, Die Elementarbildung des Volkes, Zürich 1814
Wieacker, Franz, Notizen zur rechtshistorischen Hermeneutik, Nachrichten der Akademie der Wissenschaften in Göttingen, Phil.-Hist. Klasse, Jg. 1963, Nr. 1

– Privatrechtsgeschichte der Neuzeit unter besonderer Berücksichtigung der deutschen Entwicklung, Göttingen 1952

WIEDEMANN, KARL ARTHUR, Die pädagogische Bedeutung des Abtes Ignaz von Felbiger. Ein Beitrag zur Geschichte der Pädagogik des 18. Jahrhunderts, Phil. Diss. Leipzig 1890

WIESE, GEORG WALTER VINZENZ VON, Handbuch des gemeinen in Teutschland üblichen Kirchenrechts als Commentar über seine Grundsätze desselben, 3 Bde., Leipzig 1799–1804

WILDE, A. M., Reform des katholischen Schulwesens im Preußischen Schlesien nach den neuesten Gesetzen, welche der Anhang als Beilagen enthält, Breslau 1803

WILFLING, IGNAZ RICHARD, Kalender für Aufseher, Katecheten und Lehrer der Nationalschulen im Königreich Böhmen auf das Jahr 1789(ff.), Prag o. J. (1788ff.)

WILLICH, JÜRGEN, Der Begriff der Schulaufsicht. Eine Untersuchung der Frage, ob der überkommene Schulaufsichtsbegriff als Ausdruck der Staatsherrschaft über das Schulwesen unter dem Gesichtspunkt der Art. 7 I GG und Art. 8 III Satz 2 LV NRW heute noch Rechtens ist, Jur. Diss. (Ms) Köln 1955

WILPERT, PAUL, Philosophie und Einzelwissenschaften (Thesen zur Sitzung des Alpach-Seminars am 3. 12. 1962 in Köln, unveröffentlicht)

WINTER, EDUARD, Der Josefinismus und seine Geschichte. Beiträge zur Geistesgeschichte Österreichs 1740–1848 (Prager Studien und Dokumente zur Geistes- und Gesinnungsgeschichte Ostmitteleuropas 1), Brünn/München/Wien 1943

– Der Josefinismus. Die Geschichte des österr. Reformkatholizismus. 1740–1848 (Beiträge zur Geschichte des religiösen und wissenschaftlichen Denkens 1), Berlin 1962

– Ferdinand Kindermann, Ritter von Schulstein (1740–1801), der Organisator der Volksschule und Volkswohlfahrt Böhmens. Ein Lebensbild nach archivalischen Quellen. (Ostmitteldeutsche Bücherei. Arbeiten zur Landes- und Kulturgeschichte der Sudetenländer und der angrenzenden Gebiete), Augsburg 1926

– Barock, Absolutismus und Aufklärung in der Donaumonarchie, Wien 1971

WINTERS, PETER JOCHEN, Die ‚Politik' des Johannes Althusius und ihre zeitgenössischen Quellen. Zur Grundlegung der politischen Wissenschaft im 16. und im beginnenden 17. Jahrhundert, Freiburg/Br. 1963 (überarb. Fassung der phil. Diss. Freiburg 1959)

Wochenschrift zum Besten der Erziehung der Jugend, Teil 1–4, Stuttgart und Tübingen 1771 (Neudr. Prag 1787)

WODKA, JOSEF, Kirche in Österreich, Wegweiser durch ihre Geschichte, Wien 1959

WÖHE, KURT, Die Geschichte der Leitung der preußischen Volksschule von ihren Anfängen bis zur Gegenwart, Phil. Diss. Halle/Saale 1933, Osterwieck 1933

WOLF, ERIK, Johannes Althusius, Grundbegriffe der Politik, Auswahl aus „Politica methodice digesta" 1603, in: Deutsches Rechtsdenken, Heft 8, Frankfurt 1943

– Grotius, Pufendorf, Thomasius. Drei Kapitel zur Gestaltgeschichte der Rechtswissenschaft, Heidelberg 1927

– Johann Oldendorp, in: Deutsches Rechtsdenken, Heft 12, Frankfurt 1943
– Samuel Pufendorf, Die Gemeinschaftspflichten des Naturrechts, Auswahl aus „De officio hominis et civis“ 1673, in: Deutsches Rechtsdenken, Heft 5, Frankfurt 1942
– Das Problem der Naturrechtslehre, Versuch einer Orientierung (Freiburger Rechts- und Staatswissenschaftliche Abhandlungen, Bd. II), 2. Aufl., Karlsruhe 1959
– Große Rechtsdenker der deutschen Geistesgeschichte, 3. Aufl., Tübingen 1951
– Strafrechtliche Schuldlehre, Bd. 1: Die gegenwärtige Lage, die theoretischen Voraussetzungen und die methodologische Struktur der strafrechtlichen Schuldlehre, Mannheim/Berlin/Leipzig 1928

WOLF, GERSON, Das Unterrichtswesen in Österreich unter Kaiser Joseph II. Nach einer Darstellung von Jos. v. Sonnenfels, Wien 1880

WOLF, HANS, Das Schulwesen des Temešvarer Banats im 18. Jahrhundert. Gründung und Ausbau im Geiste des aufgeklärten Absolutismus (VÖen des Wiener Hofkammerarchivs I), Baden bei Wien o. J. (1935)

WOLFF, CHRISTIAN, Briefe von 1719 bis 1753, hg. von der Petersburger Akademie der Wissenschaften, Petersburg 1860
– Vernünfftige Gedancken Von GOTT, Der Welt und der Seele des Menschen, Auch allen Dingen überhaupt, Den Liebhabern der Wahrheit mitgetheilet. Neue Auflage hin und wieder vermehret Halle im Magdeburgischen, 1751
– Der vernünfftigen Gedancken von GOTT, der Welt und der Seele des Menschen, auch allen Dingen überhaupt, Anderer Theil, bestehend in ausführlichen Anmerckungen, und zu besserem Verstande und bequemerem Gebrauche derselben herausgegeben von Christian Wolffen, 3. Aufl., Frankfurt/M. 1733
– Vernünfftige Gedancken von dem gesellschaftlichen Leben der Menschen und insonderheit dem gemeinen Wesen, zu Beförderung der Glückseligkeit des menschlichen Geschlechtes, Frankfurt/Leipzig 1725
– Vernünfftige Gedancken von der Menschen Thun und Lassen zu Beförderung ihrer Glückseligkeit., 4. Aufl., Frankfurt u. Leipzig 1733
– Ius Naturae Methodo scientifica pertractatum, Pars VIII, Halle/Magdeburg 1748. Repr. Neudruck Hildesheim 1968

WOLFF, HANS J., Rechtsgrundsätze und verfassungsgestaltende Grundentscheidungen als Rechtsquellen, in: Forschungen und Berichte aus dem öff. Recht. Gedächtnisschrift f. Walter Jellinek, München 1955, S. 33–52

WOLFF, HANS M., Die Weltanschauung der deutschen Aufklärung in geschichtlicher Entwicklung, München 1949

WOLFSGRUBER, CÖLESTIN, Christoph Anton Kardinal Migazzi, Saulgau 1890. 2. Aufl. Ravensburg 1897

WOLGIN, P. W., Campanellas kommunistische Utopie, in: Thomas Campanella, Der Sonnenstaat, Idee eines philosophischen Gemeinwesens, ins Deutsche übertragen von G. Brauns, G. Heise, H. Mielke, A. Noelle, O. Roth, Berlin 1958

WORBS, JOHANN GOTTLIEB, Geschichte des Herzogthums Sagan, Züllichau (Druck Sagan) 1795 (Neu v. Georg Feilhauer und Max Krüger, Sagan 1930)

WUNDT, MAX, Die deutsche Schulphilosophie i. Zeitalter der Aufklärung, Tübingen 1945

WURZBACH, CONSTANT v., Biographisches Lexikon des Kaisertums Österreich, Bd. I–LX, Wien 1856–1874

WUTTKE, HEINRICH, Abhandlung über Wolff, in: Christian Wolffs eigene Lebensbeschreibung, hg. v. Heinr. Wuttke, Leipzig 1841

ZEEDEN, ERNST WALTER, Martin Luther und die Reformation im Urteil des deutschen Luthertums, 2 Bde., Freiburg 1950/1952

ZEIL, LIANE, Zur Bedeutung der josefinischen Volksbildungsbestrebungen für die nationale Wiedergeburt der Slawen in der Habsburger Monarchie, in: Wiss. Zeitschr. d. Humboldt-Univ. Berlin, Gesellschafts- u. sprachwiss. Reihe XVII, 1968, S. 289–296

– Die Volksbildungsbestrebungen der josefinischen Aufklärung in Böhmen 1774–1805, Phil. Diss. Berlin 1965

ZENS, JOSEPH, Rede von dem Nutzen des in österreichischen Staaten eingeführten Normalschul-Institutes zu dessen Rechtfertigung wider unbegründeter Vorurteile, Ried 1784

Die österreichische Zentralverwaltung, II. Abt.: Von der Vereinigung der österreichischen und böhmischen Hofkanzlei bis zur Einrichtung der Ministerialverfassung 1749–1848 (= DÖZ).

Bd. 1, 1. Halbbd: Die Geschichte der österr. Zentralverw. i. der Zeit Maria Theresias 1740–1780, bearb. v. Friedr. Walter (VÖKnGÖ 32), Wien 1938.

Bd. 1, 2. Halbbd: Die Gesch. d. österr. Zentralverw. 1780–1848, 1. Teil: Die Zeit Josephs II. u. Leopolds II., 1780–1792, bearb. v. Friedr. Walter (VÖKnGÖ 35), Wien 1950.

Bd. 2: Die Zeit des Directoriums in publicis et cameralibus, Aktenstücke. Bearb. v. Joseph Kallbrunner u. Melitta Winkler (VÖKnGÖ 18), Wien 1925.

Bd. 3: Vom Sturz des Directoriums ... (1760/61) bis zum Ausgang der Regierung Maria Theresias, Aktenstücke. Bearb. v. Friedr. Walter (VÖKnGÖ 29), Wien 1934.

Bd. 4: Aktenstücke 1780–1792. Bearb. v. Friedr. Walter (VÖKnGÖ 36), Wien 1950

ZEUMER, KARL, Quellensammlung zur Geschichte der Deutschen Religionsverfassung in Mittelalter und Neuzeit, 2. Aufl., Tübingen 1913

ZIEGLER, ADOLF WILHELM, Religion, Kirche und Staat in Geschichte und Gegenwart, Bd. I, München 1969

ZIEGLER, THEOBALD, Geschichte der Pädagogik mit besonderer Berücksichtigung des höheren Unterrichtswesens, 2. Aufl., München 1909

ZIEKURSCH, JOHANNES, Hundert Jahre schlesischer Agrargeschichte. Vom Hubertusburger Frieden bis zum Abschluß der Bauernbefreiung, 2. Aufl., Breslau 1927

ZIMMERMANN, WILHELM, Die Anfänge und der Aufbau des Lehrerbildungs- und Volksschulwesens am Rhein um die Wende des 18. Jahrhunderts (1770–1826), 1. Teil: Die Anfänge der Lehrerbildung und die Reform des niederen Schulwesens in den rheinischen Territorialstaaten, Köln 1953

ZLABINGER, ELEONORE, Lodovico Antonio Muratori und Österreich (Studien zur Rechts-, Wirtschafts- und Kulturgeschichte 6), Innsbruck 1970

ZÖLLNER, ERICH, Bemerkungen zum Problem der Beziehungen zwischen Aufklärung und Josephinismus, in: Österreich und Europa. Festgabe f. HUGO HANTSCH zum 70. Geburtstag, Graz, Wien, Köln 1965, S. 203–219

ZWEIGERT, KONRAD, Zur Methodenlehre der Rechtsvergleichung, in: Stud. Gen. XIII, 1960, S. 193ff.

ZWERGER, FRANZ, Geschichte der realistischen Lehranstalten in Bayern. (MGPaed. LIII), Berlin 1914

ABKÜRZUNGSVERZEICHNIS

aaO./AaO.	am angeführten Ort
ABthSE	Allgemeine Bibliothek für das Schul- und Erziehungswesen
Acta Bor., Beh.O.	Acta Borussica, Behördenorganisation
ADB	Allgemeine Deutsche Biographie
AdtBth	Allgemeine Deutsche Bibliothek
AEB	Archiv der Erzdiözese Breslau
AG	Arbeitsgemeinschaft
AkKR	Archiv für katholisches Kirchenrecht
ALR	Allgemeines Landrecht für die Preußischen Staaten vom 5. Februar 1794
ANÖ	Archiv für Niederösterreich, Wien
AöR	Archiv für öffentliches Recht
ARG	Archiv für Reformationsgeschichte
ARSPh	Archiv für Rechts- und Sozialphilosophie
ArSKG	Archiv für schlesische Kirchengeschichte
AVA	Allgemeines Verwaltungsarchiv, Wien
Beitr.z.ö.E.u.SchG	Beiträge zur österreichischen Erziehungs- und Schulgeschichte
b.ö.	böhmisch-österreichisch
CCM	Corpus Constitutionum Marchicarum
CCMCont.	Corpus Constitutionum Marchicarum I.–IV. Continuatio
CCMCont.Suppl.	Corpus Constitutionum Marchicarum Continuationum I, II & III Suplementa
Cod.Austr.	Codex Austriacus
CodIC	Codex Iuris Canonici
CorpIC	Corpus Iuris Canonici
DÖV	Die öffentliche Verwaltung
DÖZ	Die österreichische Zentralverwaltung
dt	deutsch
EvStL	Evangelisches Staatslexikon, Berlin/Stuttgart 1966
fl	Gulden
Franz GS	Franz II. (I.) politische Gesetze und Verordnungen
G, Ges.	Gesetz(e)
GLR	General-Land-Schul-Reglement
GS	Gesetzessammlung
GubA	Gubernialarchiv
GubVO	Gubernial-Verordnung
GWU	Geschichte in Wissenschaft u. Unterricht
Handb.	Handbuch
HdbStKirchR	Handbuch d. Staatskirchenrechts d. BRD

Handb.Jos.II.	Handbuch aller unter der Regierung des Kaisers Joseph II. für die K.K. Erbländer ergangenen Verordnungen und Gesetze
HHStA	Haus-, Hof- und Staatsarchiv
HJ	Historisches Jahrbuch der Görres-Gesellschaft
HZ	Historische Zeitschrift
Jb.	Jahrbuch
Jb.f.Schles.KiG	Jahrbuch für Schlesische Kirchengeschichte
JbVWKiG	Jahrbuch des Vereins für Westfälische Kirchengeschichte
Jh(dt)	Jahrhundert
KA	Kirchenrechtliche Abhandlungen
k.k.	kaiserlich königlich
Kornsche Slg.	Kornsche Sammlung
LaRegA	Landesregierungsarchiv Tirol, Innsbruck
Lehmann (Iff.)	Max Lehmann, Preußen und die katholische Kirche
Leop.GS	Leopolds II. politische Gesetze und Verordnungen
Lit.	Literatur(angaben)
LThK	Lexikon für Theologie und Kirche, 2. Aufl., I–X u. 1 Reg.-Bd., Freiburg/Br. 1957–1967, 3 Erg.-Bde 1966–1968. – 1. Aufl., I–X, Freib./Br. 1930–1938. Zitat ohne Zusatz bedeutet 2. Auflage.
MGPaed.	Monumenta Germaniae Paedagogica
MIÖG	Mitteilungen des Instituts für österreichische Geschichtsforschung
Ms, ms	Maschinenschrift, maschinenschriftlich
Mitt.	Mitteilung(en)
MThGS	Kaiserl. Königl. Theresianisches Gesetzbuch enthaltend die Gesetze von den Jahren 1740–1780 ...
NCC	Novum Corpus Constitutionum Prussico-Brandenburgensium
NDB	Neue Deutsche Biographie
NÖ, nö	Niederösterreich, niederösterreichisch
No, Nr.	Nummer
NRW	Nordrhein-Westfalen
ÖAKR	Österreichisches Archiv für Kirchenrecht
OS	Oberschlesien
RGG	Die Religion in Geschichte und Gegenwart, 3. Aufl., I–VII, Tübingen 1957–1965
Röm.Hist.Mitt.	Römische Historische Mitteilungen
RQs	Römische Quartalschrift für christliche Altertumskunde und für Kirchengeschichte
Slg.	Sammlung
SORJIS	Sbornik otdělenija russkago jazyka i slovesnosti imperatorskoj akademii nauk
StL	Staatslexikon der Görres-Gesellschaft, 6. Aufl., I–XI, Freiburg/Br. 1957–1970
StHK	Studienhofkommission

StMBO	Studien und Mitteilungen zur Geschichte des Benediktinerordens und seiner Zweige
StudGen	Studium Generale. Zeitschrift für die Einheit der Wissenschaften im Zusammenhang ihrer Begriffsbildungen und Forschungsmethoden
s.v.	sub verbo
Th	Theil
UHK	Akten der Ungarischen Hofkanzlei. Hrsg. Aleksa Ivic: Arhivska gradja, Bd. 5, Belgrad 1956
VO	Verordnung
VÖ	Veröffentlichung(en)
VÖKnGÖ	Veröffentlichungen der Kommission für neuere Geschichte Österreichs
ZbayLG(ZbLG)	Zeitschrift für bayerische Landesgeschichte
ZevKr	Zeitschrift für evangelisches Kirchenrecht
ZGuASchles.	Zeitschrift des Vereins für Geschichte und Alterthum Schlesiens
ZdVfGSchles.	Zeitschrift des Vereins für Geschichte Schlesiens
ZfGdErz.	Zeitschrift für Geschichte der Erziehung und des Unterrichts
ZIFF	Zapiski istoriko filologičeskago fakulteta imperatorskago S. Petersburgskago universiteta
ZRG(C)	Zeitschrift der Savigny-Stiftung für Rechtsgeschichte, Kanonistische Abteilung
ZRG(G)	Zeitschrift der Savigny-Stiftung für Rechtsgeschichte, Germanistische Abteilung
ZStaatsw.	Zeitschrift für die gesamte Staatswissenschaft
ZStrW	Zeitschrift für die gesamte Strafrechtswissenschaft

EINLEITUNG

1. Gegenstand und Ziele

Johann Ignaz von Felbiger (1724–1788)[1], seit 1758 Abt des Augustiner-Chorherren-Stiftes zu Sagan in Schlesien, entwarf für die katholischen niederen Schulen der im Verlauf des Siebenjährigen Krieges preußisch gewordenen Provinz Schlesien (d. h. das Herzogtum Schlesien und die Grafschaft Glatz) im Auftrage des preußischen Staates ein Schulgesetz als Grundlage für die von Staat und Kirche als drängend erkannte Reform des Elementarschulwesens; 1765 erhielt es als „Königlich preussisches General-Land-Schul-Reglement für die Römisch-Katholischen in Städten und Dörfern des souveränen Herzogthums Schlesien und der Grafschaft Glatz" die königliche Approbation.
In den Jahren davor hatte der Abt bereits erfolgreich für eine Reform der Schulen in Sagan und den zu seinem Kloster gehörigen Dörfern gesorgt.
1774 gab der König auf Bitten MARIA THERESIAS Felbiger für Österreich frei, damit der schlesische Abt – diesmal im Auftrage eines katholischen Staates – für ganz Österreich das konzipiere und realisiere, was er bereits vorher in Schlesien mit großem Erfolg geleistet hatte. Das Ergebnis war die „Allgemeine Schulordnung für die deutschen Normal-, Haupt- und Trivialschulen in sämmtlichen Kaiserl. Königl. Erbländern d.d. Wien den 6ten December 1774" mit dem sich auf dieser Grundlage entwickelnden Auf- und Ausbau der allgemeinbildenden Pflichtschulen und der Lehrerbildung in Österreich.
Die Ideen und Reformen des schlesischen Reformprälaten hatten, unterstützt durch seine ungemein produktive schriftstellerische Arbeit, ganz ungewöhnliche Ausstrahlungen in fast alle geistlichen Territorien Deutschlands; darüber hinaus in den südosteuropäischen Raum und nach Rußland.[2]

[1] Zu Leben und Werk Felbigers vgl. ULRICH KRÖMER, J. I. von Felbiger (1966) und ergänzend RICHARD VAN DÜLMEN, Prälaten, in: ZbayLG, 30, 1967, S. 731ff.

[2] Vgl. U. KRÖMER, S. 118ff., 157ff., G. THIELE und E. SPRANGER, in: Festschrift J. DOLCH 1964, S. 262; J. STANZEL, in: Festschrift SCHEVELING 1971, S. 249 u. S. 254, Anm. 27; P. POLZ, Th. Janković u. d. Schulreform in Rußland, in: Die Aufklärung in Ost- und Südosteuropa 1972, S. 119ff.

Ein Theologe, Prälat und Ordensmann, konzipierte also im Auftrage des Staates (eines ‚protestantischen' und anschließend eines ‚katholischen') die Grundsätze für die Reform der Schule (für Unterricht, Lehrerbildung, Schulverwaltung und Leitung) in der Form von umfassenden Schulordnungen. Dieser Vorgang ist sehr kennzeichnend für den „Ort" der Schule in dieser Zeit und für die Kompetenzverteilung im Schulwesen der Aufklärungsepoche.

Aus dieser Besonderheit des Felbigerschen Reformwerks und seiner weitreichenden Bedeutung auf der einen Seite sowie aus der Tatsache, daß das Institut der „Schulaufsicht" sich wohl als wichtigstes Instrument für die Durchführung, Sicherung und Entfaltung einer Schulreform erweist und zugleich Spiegel der Kräfteverteilung vor allem zwischen Staat und Kirche ist, auf der anderen Seite, ergaben sich für die vorliegende Studie Anlaß, Ziele, Schwerpunkte und methodische Konsequenzen:

Die Arbeit will erstens einen Beitrag leisten zur Entwicklung der gesetzlichen Grundlagen der Schulaufsicht über das Elementarschulwesen in der zweiten Hälfte des 18. Jahrhunderts in Österreich und Preußen.

Dabei erweist es sich als unerläßlich, zweitens den Wandlungsprozeß im Verhältnis von Staat und Kirche zu berücksichtigen und besonders den grundsätzlichen (weniger den praktischen) Unterschied der Beziehungen Staat – Kirche – Schule in (dem sich ‚protestantisch' verstehenden Staatsverband Preußen und in (dem sich ‚katholisch' verstehenden Staatsverband) Österreich zu beachten und deutlich zu machen.

Drittens versucht diese Studie im Rahmen der spannungsreichen Geschichte der Zuordnung von Kirche und Staat unserem Untersuchungszeitraum entstammende Gründe und Motivationen für die bis in die Zeit der Weimarer Republik reichende bildungspolitische Kontroverse um die sog. geistliche Schulaufsicht aufzusuchen.[3]

Schließlich sollen viertens die Ergebnisse der bisherigen schulrechtsgeschichtlichen Forschungen zu unserem Zeitraum und Thema ergänzt bzw. vertieft werden.

Den Bezugrahmen bilden die Entfaltung des Staatsgedankens und die Staatspraxis des aufgeklärten Absolutismus in Deutschland sowie die Entwicklung und die Änderung des Verhältnisses von Staat und Kirche

[3] Die Diskussion um die Schulaufsicht im umfassenden Sinne von „Zugriffsmacht" und „Zugriffsrecht" einschließlich der „Schulträgerschaft" ist auch heute noch und wieder im vollen Gange. Vgl. für viele die frühe und dezidierte Stellungnahme von Ernst v. Hippel, Schulverfassung und Demokratie, 1950, und für die neuere Literatur mit umfassenden Nachweisen Axel von Campenhausen, Erziehungsauftrag und staatliche Schulträgerschaft, 1967, sowie Frank Hennecke, Staat und Unterricht, 1972.

zur Zeit der Aufklärung. Veranschaulichungsgegenstand soll das Recht und die Praxis der Schulaufsicht über die Elementarschulen sein, wie sie sich im Schulreformwerk des Johann Ignaz von Felbiger darstellen. HERMANN CONRAD hat mehrfach darauf hingewiesen, wie empfehlenswert, aber auch geboten die Betrachtung solcher Fragen in den beiden führenden Staaten des Reiches, in Preußen und Österreich, ist, und CONRAD hat auch bereits in Quelleneditionen, vor allem der Prinzenvorträge, von ihm selbst und seinem Mitarbeiter- und Schülerkreise veranstaltet, erstes reiches Material erschlossen.[4]

Nun bieten von Felbigers Zeit und Umkreis – eben das, was man als „katholische Aufklärung" bezeichnet – nach wie vor ein schillerndes Bild, das nur biographisch und aufgrund weitverzweigter Einzelforschung erhellt werden kann[5]. Als Mosaikstein im Sinne dieser gewünschten Einzelforschung versteht sich die vorliegende Arbeit. Daraus ergeben sich notwendige Eingrenzungen des Themas, und zwar gegenständlicher, geographischer und zeitlicher Art. Sie sind allerdings weitgehend mit den zeitlichen Grenzen des Wirkens Felbigers gezogen: 1761 (1. Schulreformverordnung für Sagan) – 1781 (Enthebung vom Amte des Normalschuloberdirektors).

2. *Zur Methode und zum Aufbau*

Der Aufbau schließt sich, soweit dies der Systematik nicht abträglich ist, dem zeitlichen Ablauf der Reformen an. Die vorliegende Arbeit versteht sich als rechtsgeschichtliche Untersuchung[6]. Das damit gesteckte Ziel, die Rechtsentwicklung vergangener Zeit, d. h. Entstehung, Wandel und Vergehen von Rechtseinrichtungen[7] zu erforschen, weist die Rechtsgeschichte sowohl der Rechtswissenschaft als auch zugleich der Ge-

[4] Vgl. vor allem: Vorträge über Recht und Staat von Carl Gottlieb Svarez, hsg. v. HERMANN CONRAD und GERD KLEINHEYER, 1960; Recht und Verfassung des Reiches in der Zeit Maria Theresias, hsg. v. HERMANN CONRAD u. a., 1964.

[5] Diese Feststellung und Aufforderung FRANZ SCHNABELS aus dem Jahre 1937 (Deutsche Geschichte IV, S. 10f.) ist auch heute noch weitgehend gültig. Vgl. GRETE KLINGENSTEIN, Staatsverwaltung und kirchliche Autorität im 18. Jahrhundert, 1970, S. 66, Anm. 34.

[6] Zu Gegenstand, Zielen und Methoden der Rechtsgeschichte vgl. CONRAD, Deutsche Rechtsgeschichte, in: StL VI, s.v.; MITTEIS-LIEBERICH, Deutsche Rechtsgeschichte, Kap. 1 u. 2, S. 1–6; FR. WIEACKER, Privatrechtsgeschichte der Neuzeit, S. 14ff.

[7] CONRAD, aaO, S. XVII.

schichtswissenschaft zu[8]. In einem besonders lebendigen Austauschverhältnis steht Rechtsgeschichte mit der politischen und Sozialgeschichte[9]. Um ein sinnvolles Vorgehen zu gewährleisten, ist die Interdependenz von Methode[10] und Gegenstand der Untersuchung zu sehen[11]. Man kann sagen, daß Untersuchungsgegenstand, Methode und gewonnene Einsichten sich wechselseitig bedingen[12]. Das bedeutet einmal, daß der Untersuchungsgegenstand die Eigenart der Methode bestimmt[13], d. h. daß „das Erkenntnismittel dem Gegenstand adaequat sein muß"[14]. Zum anderen hat besonders KARL ENGISCH[15] herausgestellt, daß und wie das benutzte Material durch die Art der Erfassung und Verarbeitung auch eine inhaltliche Bestimmung, eine Strukturierung und eine Veränderung erfährt[16]. Die Verschlingung von methodologischen und inhaltlichen Momenten und der Umstand, daß bei unserer Untersuchung die gleiche Materie in unterschiedlichen Territorien, politischen Bereichen und Systemen zu betrachten ist, macht es sinnvoll und notwendig, mit einer „Kombination von Methoden"[17] zu arbeiten.

Für unser Thema bedeutet dies, daß ein entwickelnd-darstellendes Verfahren durch eine rechtshistorische Vergleichung ergänzt werden wird. Die bislang vorliegende Literatur bewegt sich fast ausschließlich in scheinbar „geschlossenen" Räumen von Territorien, einzelnen Staatsverbänden oder Schulrechtstraditionen. Felbiger hat sein Thema und

[8] Vgl. CONRAD, Deutsche Rechtsgeschichte I, S. 17f.; FR. WIEACKER, Privatrechtsgeschichte der Neuzeit, S. 15. Zum Verhältnis der Privatrechtsgeschichte zur allgemeinen Geschichte vgl. WIEACKER, Notizen zur rechtshistorischen Hermeneutik, Nachr. d. Akad. d. Wiss. i. Göttingen, Phil. hist. Klasse, Jg. 1963, S. 5ff.

[9] Vgl. CONRAD, aaO, S. XVIII.

[10] Zur Tragweite der mit einer Methode gewonnenen Aussagen vgl. HANS MEYER, Systematische Philosophie I, S. 15ff.; E. SPRANGER, Einheit der Wissenschaft, S. 5; P. WILPERT, Philosophie und Einzelwissenschaften, Thesen . . . 1962.

[11] Hierzu und zum folgenden vgl. E. SCHWINGE, Methodenstreit, S. 28; H. WAIDER, Rechtfertigungselemente, S. 9ff.; ERIK WOLF spricht von einer „Verschlingung" von methodologischen und inhaltlichen Momenten: E. WOLF, Strafrechtliche Schuldlehre, Bd. 1, S. 102, Anm. 32.

[12] Vgl. MEURERS, Tragweite und Grenzen der wissenschaftlichen Methoden, S. 9.

[13] So WAIDER, Rechtfertigungselemente, S. 14.

[14] „. . . so wie ein Schlüssel passen muß für das Tor, das er aufschließen soll . . ." E. v. HIPPEL, Zur Ontologie des Rechts, S. 211.

[15] In: Sinn und Tragweite juristischer Systematik, S. 188.

[16] DIETRICH OEHLER (Wurzel, Wandel und Wert der strafrechtlichen Legalordnung, S. 83) spricht von einer Inhaltsänderung des Stoffes, der in ein System „gegossen" wird. ERIK WOLF schreibt der Methode eine „stoffgestaltende und stoffwandelnde Funktion" zu (Strafrechtliche Schuldlehre I, S. 86, 94).

[17] E. WOLF, aaO, S. 102, Anm. 32.

Vorhaben unter je verschiedenen Voraussetzungen in unterschiedlichen Staatsverbänden mit abweichender Schultradition durchgeführt.
So war es naheliegend und verspricht Gewinn, die Reformarbeiten unter dem Aspekt der Schulaufsicht in Schlesien und Österreich zunächst in ihrem historischen Ablauf und ihrer historischen Entwicklung darzustellen, um sie anschließend vergleichend einander gegenüberzustellen[18]. Durch eine Vergleichung der beiden Abschnitte sollen die Ergebnisse verdeutlicht, die Konturen besser abgehoben und die Strukturen erhellt werden[19]. In vergleichender Betrachtung sollen auch die Wirkungen verdeutlicht werden, die von der jeweiligen Struktur und Situation des Staates auf die Organisation des Bildungswesens ausgegangen sind und ausgehen können.
Die komparative Methode ermöglicht im besonderen einen Durchblick auf die Wurzeln der pädagogischen und rechtlichen Ideen und ihrer institutionellen Ausprägungen; sie regt an, sich nicht nur auf die deskriptive Ebene zu beschränken, sondern den Faktoren und Triebkräften, der Herkunft und dem Zusammenhang von Schulordnungen[20] nachzuspüren und deren Auswirkungen nachzugehen. Das gestellte Problem soll eingebettet in den umfassenden historischen Kontext und Prozeß gesehen, erfaßt und analysiert werden.
Im ersten Teil erfolgt die historische und systematische Grundlegung des Themas. Hierfür müssen die Umrisse der Staatsauffassung im aufgeklärten Absolutismus sowie die Denkansätze und Grundlinien der Regelungen im Zueinander von Staat und Kirche gezeichnet werden. Daran schließt sich an eine Skizze der Hauptthesen und Positionen im Hinblick auf den „Ort" der Schule im Spannungsfeld der Erziehungsmächte und Träger dieser Zeit.

[18] Vgl. HANS MEYER, Systematische Philosophie I, S. 14; zur Diskussion über das Problem „Methodenmonismus" – „Methodenpluralismus" – „Methodensynkretismus" – „Methodenreinheit" – „Methodenstaffelung" vgl. COING, Juristische Auslegungsmethoden u. die Lehren der allgemeinen Hermeneutik; insbes. WAIDER, Rechtfertigungselemente, S. 7ff., 11f. „Der eigentliche ‚process of comparison' setzt . . . erst ein, wenn die Länderberichte fertiggestellt sind" – KONRAD ZWEIGERT, Zur Methode der Rechtsvergleichung, in: Studium Generale XIII, 1960, S. 193–200, *198*.

[19] Vgl. BERNHARD REHFELDT, Grenzen der vergleichenden Methode in der rechtsgeschichtl. Forschung, 1942, bes. S. 4f., 16; CONRAD, Rechtsgeschichte, in: StL VI, Sp. 658f.; ZWEIGERT, Zur Methode der Rechtsvergleichung, aaO., S. 198.

[20] Vgl. FRIEDRICH SCHNEIDER, Triebkräfte der Pädagogik der Völker, 1947; ders., Vergleichende Erziehungswissenschaft, 1961; HUBERT HETTWER, Herkunft und Zusammenhang der Schulordnungen, 1965 (Einleitung, bes. S. 18f.); KARL E. MAIER, Das Werden der allgemeinbildendenden Pflichtschule in Bayern und Österreich, 1967; FRANZ XAVER EGGERSDORFER, Das reichsdeutsche und österreichische Bildungswesen im Vergleich zueinander. Vortrag, 1927.

Der zweite Teil ist dem Wirken Felbigers in Schlesien gewidmet. Die Ausformung der Schulaufsicht während der schlesischen Zeit wird dargestellt auf dem Hintergrund der bisherigen Entwicklung in den preußischen Territorien, der Einordnung der „katholischen" Provinz Schlesien in den „protestantischen" Staatsverband Preußens und den sich daraus ergebenden Problemen.
Im dritten Teil der Arbeit gelangt die Schulaufsicht im Reformwerk Felbigers in Österreich zur Darstellung, ergänzt durch Ausstrahlungen und Übertragungen des Felbigerschen Systems auf andere Territorien im vierten Teil.
Abschließend wird der Versuch unternommen, durch eine vergleichende Analyse das von Felbiger entwickelte bzw. durchgesetzte Schulaufsichtssystem in die Entwicklung des Schulaufsichtsrechts im 18. Jahrhundert einzuordnen.

3. *Zum Forschungsstand*

Über Felbiger und seine Schulreform liegt ein ausgedehntes Schrifttum vor[21]. Der Aspekt der Schulaufsicht wird in dieser Literatur häufiger mit erörtert, jedoch entweder nur beiläufig oder aber nicht unter rechtshistorischem Aspekt. Desgleichen fehlt es durchweg an einer Einordnung in die historische Entwicklung des Schulaufsichtsrechts sowie an einer Be-

[21] 1966 legte ULRICH KRÖMER die erste moderne Monographie über Felbiger vor. Unter Verwertung des gesamten noch erreichbaren Schrifttums des Prälaten, ergänzt durch archivalische Quellen, faßte er die bis dahin vorliegende biographische und pädagogisch-katechetische Forschung erweiternd und abrundend zusammen (die davor liegende Literatur ebenda S. 1–4). Nach KRÖMERS Publikation wurden in den Münchener Archiven zwei bisher unbekannte Korrespondenzen Felbigers entdeckt: LUDWIG HAMMERMAYER (Die Gründungs- und Frühgeschichte der Bayerischen Akademie der Wissenschaften, 1959, S. 217ff.) machte auf den Briefwechsel des Saganer Prälaten mit dem Sekretär der jungen kurbayerischen Akademie der Wissenschaften, ILDEPHONS KENNEDY OSB, aufmerksam. Dieser noch unveröffentlichte, im Archiv der Bayerischen Akademie der Wissenschaften befindliche Briefwechsel, dessen Edition der Verfasser vorbereitet, besteht aus neun umfangreichen Briefen (fünf von Felbiger im Original und vier von KENNEDY im Konzept). Er gibt uns nicht nur Aufschluß über die Herkunft von Felbigers Mutter (sie war, wie Felbiger selbst schreibt, eine geborene Schacky von Schönfeld aus Schärding – Felbiger an Kennedy, 18. 1. 1766), sondern erweitert auch unsere Kenntnisse über die engen Kontakte zwischen Sagan und Würzburg bzw. München. Das gilt auch für den von R. VAN DÜLMEN aufgefundenen und veröffentlichten Briefwechsel zwischen ABT TÖPSL aus Polling (bei München) und Abt Felbiger (in: ZbayLG 30, 1967, S. 731–823). Ähnliches gilt auch für die Korrespondenz zwischen Felbiger und dem Mainzer Dekan WÜRDTWEIN (VAN DÜLMEN, in: ZbayLG 29, 1965, S. 523).

rücksichtigung und vergleichenden Betrachtung des unterschiedlichen staatlichen Kontextes. Auch die Schulaufsicht des 18. Jh. ist wiederholt zum Gegenstand von Untersuchungen gemacht worden. Sie beschränken sich jedoch teilweise auf einen rechtsgeschichtlichen Längsschnitt[22], teilweise auf das Schulwesen einzelner Territorien[23] oder aber behandeln größere Zeiträume, so daß sie in Einzelfragen nicht befriedigen können[24]. Spezialprobleme behandeln die Arbeiten von BINGLER und MEURER (Kompetenzverteilung im Bereich des Erziehungsrechts), FOOKEN (Kritik der geistlichen Schulaufsicht), MECKING (Schulpatronat in Baden) und REESE (Schulaufsicht bei Basedow). Innerhalb einer umfassenderen Thematik haben verschiedene Autoren[25] die Schulaufsichtsverhältnisse des 18. Jh. behandelt. Zu unserem Thema tragen sie einzelne Teilaspekte bei.

Zu den Problemen Aufklärung und aufgeklärter Absolutismus liegt eine kaum noch überschaubare Literatur vor. Ausweitung und Abnutzung der Begriffe haben zur Folge gehabt, „daß eine auch nur einigermaßen allgemein verbindliche Definition unmöglich erscheint“[26].

Die für unser Thema besonders bedeutsame „katholische Aufklärung“ hat nach den bahnbrechenden Forschungen MERKLES[27] wieder in den letzten Jahren besonderes Interesse und Bearbeitung gefunden[28].

Dem dringenden Desiderat nach vor allem biographischen Einzelforschungen für den Bereich aufgeklärter Absolutismus, Aufklärung, Josephinismus tragen in jüngster Zeit eine Reihe von Untersuchungen zum

[22] HINDAHL, HINDRINGER, HÖSLINGER, KAHL, SCHUNCK.

[23] BELKE, MOHRMANN, SCHAAF, JOSEF SCHWARZ, WILLI SCHWARZ, STECH.

[24] HÖSLINGER (im übrigen ein bes. ergiebiges, auf breiter Quellenbasis erarbeitetes Werk), TESCHEMACHER.

[25] BELKE, BORNHAK, CLAUSNITZER, EISENHUT, FRANKE, GÖNNER, HEPPE, HEUBAUM, HOCHSTUHL, KATEIN, KRÖMER, K. E. MAIER, REHMKE, SPRANGER, STEIN, STOLL, VISCHER, VOLLMER, WILLICH, WÖHE.

[26] WANDRUSZKA, Österreich u. Italien im 18. Jh., S. 59, Anm. 78. Eine Zwischenbilanz bietet HARTUNG, in: HZ 180, 1955. Bibliographie bei FR. VALSECCHI, Dispotismo illuminato, in: Nuove Questioni di Storia del Risorgimento e dell' Unità d'Italia, 1961. Versuch einer Würdigung: VALJAVEC, Geschichte der abendländ. Aufklärung, 1961. Neuansatz: MITTELSTRASS, Neuzeit und Aufklärtung, 1970. Vgl. neuerdings K. O. v. ARETIN (Hg.), Der aufgeklärte Absolutismus, 1974 (bes. die Einleitung d. Hgs.).

[27] Die katholische Beurteilung der Aufklärung, 1909; ders., Die kirchl. Aufklärung im kath. Deutschland, 1910 (beide jetzt abgedr. in: SEBASTIAN MERKLE, Ausgewählte Reden u. Aufsätze, hsg. v. TH. FREUDENBERGER, 1965). Zur lit. Fehde zwischen MERKLE u. SÄGMÜLLER sowie zur kath. Beurteilung der Aufklärung neuerdings GEORG SCHWAIGER, Die Aufklärung in katholischer Sicht, in: Concilium III, 1967, S. 559–566.

[28] Vgl. z. B. die Arbeiten von VAN DÜLMEN, HAMMERMAYER, OLDENHAGE, PLASSMANN und die Hinweise bei SCHWAIGER, aaO., S. 566, Anm. 1 und GOTTSCHALK, in: ArSKG 30, 1972, S. 93ff.

Leben und zum Werk tragender Persönlichkeiten dieser Zeit Rechnung[29]; diesen Forschungen verdanken wir wertvolle Anregungen und Hinweise zu Einzelaspekten.

4. Zur Quellenlage

a) Für Schlesien, die Beziehungen Schlesiens zu Preußen und umgekehrt sowie das Verhältnis zwischen katholischer Kirche und dem preußischen Staat steht das rechtlich relevante Material in ausreichender Fülle, Dichte und Vollständigkeit zur Verfügung. Es konnten zunächst die schlesischen Edikten-Sammlungen[30] und die preußischen Sammlungen von OTTO MYLIUS benutzt werden. Darüber hinaus stand das von OTTO HINTZE in den Acta Borussica (Behördenorganisation VI, 1, 2) und von MAX LEHMANN in den Publikationen aus den Preußischen Staatsarchiven (Preußen und die katholische Kirche I–VII) edierte Material zur Verfügung.
Nach Auskunft des deutschen Zentralarchivs in Merseburg, das die für unsere Untersuchung einschlägigen Bestände aus dem ehemaligen preußischen Staatsarchiv seit 1945 beherbergt (es handelt sich um Repertorium 46 B, Schlesien seit 1740 ...), sind über die in den Publikationen edierten Materialien hinaus keine weiteren Hinweise oder auch Schreiben an oder von Felbiger in den Akten zu ermitteln. Die Akten betref-

[29] Für unser Thema bedeutsam: Edition der Kronprinzenvorträge durch H. CONRAD und Mitarbeiter (betr. C. G. Svarez, Chr. A. Beck, K. A. v. Martini); VAN DÜLMEN (Franz Töpsl); ders., Korrespondenz Töpsl – Felbiger; JUNG (Bentzel); LINDIG (Oberthür); KRÖMER (Felbiger); OSTERLOH (Sonnenfels); SEIFERT (P. J. Riegger); WANDRUSZKA (Leopold II.); KREH (Ickstatt).

[30] SAMMLUNG der älteren K.K. Landesfürstlichen Gesetze und Verordnungen in Publico-Ecclesiasticis vom Jahre 1518–1740, 1785; Kaiser- und königliche, das Erbherzogthum Schlesien concernierende PRIVILEGIA, STATUTA UND SANCTIONES pragmaticae, Breslau, Christian Brachvogels Erben, 6 Theile, 1731–37; SAMMLUNG der wichtigsten und nöthigsten, bisher aber noch nicht herausgegebenen kaiser- und königlichen auch herzoglichen Privilegien, Statuten Rescripten und pragmatischen Sanctionen des Landes Schlesien, aus den nach und nach publicirten kgl. Oberamts-Patenten, wie auch aus den wichtigsten Landes-Kanzleien und Archiven mit vieler Mühe und großen Kosten zusammengetragen, Crossen und Sorau bei Gottlob Hebold, 2 Bde., 1736–39; SAMMLUNG alter und neuer schlesischer Provinzial-Gesetze zum täglichen Gebrauche für Richter und Advokaten, 1. Teil, Breslau 1771 (enthält die älteren Landesgesetze bis zum Jahre 1740) – Verfasser CARL GOTTLIEB SVAREZ; SAMMLUNG aller in dem souverainen Herzogthum Schlesien und dessen incorporirten Grafschaft Glatz . . . publicirten und ergangenen Ordnungen, Edicten, Mandaten, Rescripten etc., . . ., Breslau (W. G. KORN), 1759–1788, 19 Bde.

fend die Augustiner in Sagan seien lt. Findbuch bereits seit 1933 vermißt[31].
Ergebnislos verliefen bisher auch die Versuche, etwas über den Verbleib Saganer Archivalien zu erfahren, aus denen Aufschlüsse vor allem zur Frühzeit der Tätigkeit Felbigers in Schlesien gewonnen werden könnten. Anfragen in Sagan blieben ohne Erfolg, und das Wojewodzkie Archiwum Panstwowe in Grünberg (Zielona Gora) teilte seinerzeit Herrn Dr. Krömer mit, daß sich in den dortigen Saganer Archivalien kein Nachlaß oder andere Archivstücke betr. Felbiger befänden.
Die für die Fragen der Schulaufsicht wichtigen und aufschlußreichen Schriften Felbigers selbst sind nur noch zum Teil in auswärtigen oder außerdeutschen Bibliotheken zugänglich. Einige der nicht mehr auffindbaren Schriften sind glücklicherweise in den von Anton Weiß 1904 besorgten Neudrucken greifbar. Für die Frühzeit von Felbigers Reformarbeit (Reformen im Saganer Stiftsbereich und erste Reformen im Auftrag des Provinzialministers Schlabrendorff) sind uns einige wichtige Instruktionen in dem Sammelband Felbigerscher Verordnungen und Schriften, den sog. „Kleinen Schulschriften", Sagan 1769 (benutzte Ausgabe 1772 – UB Bonn) erhalten[32].
b) Für die Tätigkeit Felbigers in Österreich steht umfangreiches Quellenmaterial zur Verfügung: in den Wiener Staatsarchiven (Haus-, Hof- und Staatsarchiv; Allgemeines Verwaltungsarchiv und Archiv für Niederösterreich); zu Einzelfragen auch im Tiroler Landesregierungsarchiv in Innsbruck. Es ist allerdings recht unterschiedlich zugänglich und ergiebig. Leider sind gerade für unser Thema zentrale Bestände, nämlich Teile der Akten der Studienhofkommission (der obersten Unterrichtsbehörde von 1760–1848), und zwar die Staatsrats-Akten nahezu vollständig verlorengegangen. Das monumentale Werk Alexander von Helferts, Die Gründung der österreichischen Volksschule durch Maria Theresia, Prag 1860, bietet einen wenn auch sehr begrenzten Ersatz. Diese Arbeit ist noch aus dem vollständigen Quellenmaterial erarbeitet. Sie verbindet ungewöhnliche Materialfülle mit sorgfältigen Belegen – wie durch Vergleich mit noch vorhandenen Dokumenten festgestellt werden konnte.
Das Gesetz- und Verordnungsmaterial wurde aus den autorisierten Sammlungen der Regierungszeit Maria Theresias und Josephs II. erarbeitet

[31] Dr. Krömer/Fulda am 18. Juli 1961 auf Anfrage erteilte Auskunft.
[32] Z. B. die Verordnungen für die Schulen des Saganer Stifts zwischen 1761 und 1768 – vgl. dazu Krömer, S. 258, 261.

und nachgewiesen[33], ergänzt durch Spezialsammlungen[34]. Leichter zugängliche Abdrucke von Felbigers Schriften oder von Gesetzes- und Verordnungsmaterial werden im Einzelfalle ergänzend vermerkt.

[33] CODEX AUSTRIACUS, I–VI, Wien 1704–1777; SAMMLUNG aller k.k. Verordnungen und Gesetze vom Jahre 1740 bis 1780, I–VIII, 1780ff.; HANDBUCH aller unter der Regierung des Kaisers Joseph II. für die K.K. Erbländer ergangenen Verordnungen und Gesetze, Bd. 1–22, 1785–1788; SAMMLUNG der . . . Landesfürstlichen Gesetze und Verordnungen IN PUBLICO-ECCLESIASTICIS, 1782.

[34] SAMMLUNG der älteren K.K. Landesfürstlichen Gesetze und Verordnungen IN PUBLICO-ECCLESIASTICIS vom Jahre 1518–1740, 1785; SAMMLUNG der im Königreich Böhmen und Erzherzogthum Oesterreich in Kirchensachen ergangenen Allerhöchsten Landes-Fürstlichen Gesätzen und Verordnungen in zween Theilen, Wien 1770, Nachtrag Wien 1774, hsg. v. J. P. RIEGGER; IGNATZ DE LUCA, Politischer Codex I–XIV, Wien 1789–95; JAKSCH, PETER KARL, Gesetzlexikon im Geistlichen, Religions- u. Toleranzfache, wie auch in Güter-, Stiftungs-, Studien- u. Zensursachen für das Königreich Böhmen von 1601 bis Ende 1800, 5 Bde, Prag 1828; JOSEPH KROPATSCHECK, Buch für Kreisämter, 3 Bde in 4 Abt., o.J. (1790); OTTO STEINBACH VON KRANICHSTEIN, Lexikon aller . . . Verordnungen und Gesetze im geistlichen Fache, 1790.

ERSTER TEIL

Historisch-systematische Grundlegung

§ 1 Die Staatsauffassung in Preußen und Österreich in der zweiten Hälfte des 18. Jahrhunderts

Die Darstellung beschränkt und konzentriert sich auf die Frage nach der Staatsbegründung und den Staatszwecken im Zeitalter des aufgeklärten Absolutismus und den Beitrag des rationalistischen Naturrechts zur Ausweitung und Abgrenzung der Staatskompetenzen in Preußen und Österreich.

I. Das Jahr 1740 und die geistige Ausgangslage in beiden Staaten

Das Jahr 1740 als Jahr des Thronwechsels bedeutete für Österreich wie für Preußen das Anfangsdatum für eine Neugestaltung des Verfassungs- und Rechtslebens[1].

[1] Vgl. HERMANN CONRAD, Staatsgedanke und Staatspraxis des aufgeklärten Absolutismus, 1971, S. 11. HERMANN CONRAD hat mit seinem Schüler- und Mitarbeiterkreis wesentlich zur Erhellung dieses Fragenkomplexes beigetragen. Besonders durch die Quelleneditionen hat er Grundlagen für eine vergleichend analysierende Zusammenschau des österr. u. preußischen Bereiches in dieser Zeit geschaffen. Vgl. CONRAD, Die geistigen Grundlagen des Allgemeinen Landrechts für die preußischen Staaten von 1794, 1958; ders., Rechtsstaatliche Bestrebungen im Absolutismus Preußens u. Österreichs am Ende des 18. Jh., 1961; Das Allgemeine Landrecht von 1794 als Grundgesetz des friderizianischen Staates, 1965; GERD KLEINHEYER, Staat und Bürger im Recht. Die Vorträge des Carl Gottlieb Svarez vor dem preußischen Kronprinzen (1791–92), 1959; Vorträge über Recht und Staat von Carl Gottlieb Svarez (1746–1798), hsg. v. H. CONRAD u. G. KLEINHEYER , 1960; ERNST REIBSTEIN, Allgemeines Staatsrecht und Völkerrecht bei C. G. Svarez, zur Edition der „Kronprinzen-Vorträge“, in: Z. f. ausländ. öffentl. Recht und Völkerrecht 22, 1962, S. 509ff.; Recht und Verfassung des Reiches in der Zeit Maria Theresias. Die Vorträge zum Unterricht des Erzherzogs Joseph im Natur- und Völkerrecht sowie im deutschen Staats- und Lehnrecht. Unter Mitarbeit v. G. KLEINHEYER, THEA BUYKEN u. MARTIN HEROLD, hsg. v. H. CONRAD, 1964; hierzu: CONRAD, Recht und Verfassung des Reiches in der Zeit Maria Theresias. Aus den Erziehungsvorträgen für den Erbherzog Joseph, in: H.J. 82, 1963, S. 163ff., abgedruckt auch in: Die Entstehung des modernen souveränen Staates, hsg. v. H. H. HOFMANN, 1967, S. 228ff.

Sowohl in Preußen als auch in Österreich hat die Aufklärung die Staatsauffassung seit der Mitte des 18. Jh. bestimmt. Uns begegnet eine bereits „von Hintze herausgearbeitete und sich auf zahlreichen Gebieten immer wieder beweisende Parallelität zwischen Preußen und Österreich ... – beides Staatswesen ..., die im Westen – am Ober- und Niederrhein – gewisse Wurzeln haben, aber vor allem auf kolonialem Boden entstanden sind – mit dem stark militärisch-bürokratischen Einschlag, der beiden Staaten zueigen ist“[2]. Diese neue Auffassung wird die Staatstheorie des aufgeklärten Absolutismus.[3] Sie bedeutete jedoch keineswegs eine Änderung der Staatsform, vielmehr eine Änderung der Regierungsformen. Die Regierung des absoluten Herrschers wurde nunmehr von den Grundsätzen der Aufklärung beherrscht, die den Zweck des Staates im Gemeinwohl und in der Wohlfahrt der Untertanen und Bürger oder enger noch in der Aufrechterhaltung von Recht und Sicherheit innerhalb der staatlichen Gemeinschaft sah[4].

Zwar war der Herrscher in diesem Staatsdenken immer noch der alleinige und uneingeschränkte Träger der staatlichen Hoheitsrechte (Majestätsrechts), in der Ausübung derselben war er jedoch durch die dem Staate vorgegebenen Zwecke beschränkt. Er selbst wurde zu einer Staatsinstitution[5]. Während sowohl unter Friedrich Wilhelm I. wie unter Karl VI. noch durchaus eine „religiös-patriarchalische Staatsauffassung“[6] vorherrschend war, trat bald eine neue rechtstheoretische Grundlage beherrschend in den Vordergrund, die naturrechtliche Lehre vom Staatsvertrag (Gesellschaftsvertrag) in ihren verschiedenartigen Ausformungen. Durch diese Lehre vom Staats- oder Gesellschaftsvertrag erhielten die Staatsgewalt, die Stellung des Herrschers, die Rechte der

[2] A. Wandruszka, in: Conrad, Rechtsstaatliche Bestrebungen, S. 61 (Diskussionsbeitrag).

[3] Aus der Fülle des Schrifttums sind hier nur die zugrunde gelegten Schriften angeführt: Fritz Hartung, Die geschichtliche Bedeutung des aufgeklärten Absolutismus in Preußen und in den dt. Kleinstaaten, 1937; ders., Der aufgeklärte Absolutismus, in: HZ 180, 1955, S. 15; Max Braubach, Vom Westfälischen Frieden bis zur Französischen Revolution, in: Gebhardt/Grundmann, Handbuch der dt. Geschichte, 9.A., 1970, §§ 62ff., bes. §§ 76–88, S. 305ff. und Gerhard Oestreich, Verfassungsgeschichte vom Ende des Mittelalters bis zum Ende des alten Reichs, in: aaO., § 104 (Der Absolutismus) S. 408ff., § 108 (Der aufgeklärte Absolutismus in Preußen und Österreich), S. 423ff.; Walther Hubatsch, Das Zeitalter des Absolutismus 1600–1789, in: Gesch.d.NZ, hsg. v. G. Ritter, II, 3.A., 1970. Weiterführende Lit. bei Hubatsch, aaO., Oestreich, aaO., und bei Conrad, Rechtsstaatl. Bestrebungen, S. 14, Anm. 16. Vgl. auch: Der aufgeklärte Absolutismus. Hrsgg. v. K. O. von Aretin, Köln 1974.

[4] Conrad, S. 14.

[5] So Conrad, ebenda.

[6] Vgl. Conrad, S. 12.

Untertanen, das Verhältnis des Staates zu anderen Staaten, schließlich auch das Verhältnis von Staat und Kirche eine neuartige Begründung. Erst gegen Ende des Jahrhunderts fand diese neue Staatsauffassung auch ihren Niederschlag in „grundgesetzlichen Normen“, vor allem im Allgemeinen Landrecht für die preußischen Staaten vom 5. Februar 1794, aber auch in Österreich durch die Josephinische Gesetzgebung und diejenige der Nachfolger JOSEPHS II., LEOPOLD II. (1790–1792) und FRANZ II. (1792–1835)[7].

II. Aufklärung, rationalistisches Naturrecht und ihr Einfluß auf Staatsdenken und Gesetzgebung in Preußen

Bereits Zeitgenossen erkannten, daß in Preußen der Siegeszug der Aufklärung mit der Thronbesteigung FRIEDRICHS D. GR. begann, daß er als einer der hervorragendsten Vertreter des sog. aufgeklärten Absolutismus angesehen werden kann. So kennzeichnete bereits IMMANUEL KANT (1724–1804) in seiner Schrift „Was ist Aufklärung?“ (1784) das Zeitalter der Aufklärung als Zeitalter FRIEDRICHS D. GR., weil der König in seinen Regierungsmaßnahmen der Vernunft freien Raum gegeben habe[8].
Die zahlreichen Schriften FRIEDRICHS D. GR. zeigen, daß die Grundlegung von Staat und Staatsgewalt bei ihm rein rationalistisch-aufklärerisch, im Stile der Staatsvertragslehre des 17. und 18. Jahrhunderts bestimmt

[7] Vgl. CONRAD, Rechtsstaatliche Bestrebungen, S. 14f. und ders., Staatsgedanke und Staatspraxis, S. 12. Auf den Staat Bayern, der unter Kurfürst MAXIMILIAN III. JOSEPH (1745–1777) um die Mitte des 18. Jhs. eine sehr ausgeprägte Form des aufgeklärten Absolutismus entwickelte, sei hier nur hingewiesen. Dabei bewegte sich die in mancherlei Hinsicht bahnbrechende Gesetzgebung, deren Urheber der bayerische Kanzler Wiguläus Xaverius Aloysius Freiherr von Kreittmayr (1705–1790) war, noch stark in den Bahnen absolutistischer Staatsauffassung – vgl. HERBERT SCHWARZ, Inwieweit steht das Kreittmayrsche Gesetzgebungswerk unter dem Einfluß der Aufklärungsphilosophie?, 1961; HANS RALL, Kurbayern in der letzten Epoche der alten Reichsverfassung 1745–1801, 1952, S. 57. Siehe auch zu Einzelfragen die Arbeiten von RICHARD BAUER, WOLFGANG GIMBEL und VAN DÜLMEN, ZbayLG 36, 1973, S. 662ff.

[8] Vgl. IMMANUEL KANT, Was ist Aufklärung?, in: I. KANT, Was ist Aufklärung?, Aufsätze zur Geschichte und Philosophie, hsg. und eingeleitet v. JÜRGEN ZEHBE, 1967, S. 60: „Wenn denn nun gefragt wird: Leben wir jetzt in einem aufgeklärten Zeitalter? so ist die Antwort: Nein, aber wohl in einem Zeitalter der Aufklärung. . . . In diesem Betracht ist dieses Zeitalter das Zeitalter der Aufklärung, oder das Jahrhundert Friedrichs“.

ist[9]. Wir erkennen in diesen Schriften – trotz enger Beziehungen zur französischen Aufklärung – den König als überzeugten Anhänger der deutschen naturrechtlichen Schule, letztlich auf SAMUEL FREIHERRN VON PUFENDORF (1632–1694) fußend.

Die Staatsauffassung des Absolutismus in Preußen in der zweiten Hälfte des 18. Jahrhunderts, aufbauend auf einer konkreten Staatstheorie, nämlich der Lehre vom Staats- und Gesellschaftsvertrag in der Gestalt, wie er von der rationalistischen Naturrechtslehre ausgebildet worden war, kann nach Inhalt, Struktur, vor allem aber in der Breitenwirkung, ohne Person und Werk CHRISTIAN WOLFFS nicht verstanden werden[10].

Unter den führenden Schriftstellern des 18. Jhs., die sich mit den Fragen von Recht und Staat befaßten, hat er im deutschen Sprachraum wohl die größte Ausstrahlung besessen und Breitenwirkung auf Zeitgenossen und die nachfolgenden Jahrzehnte ausgeübt[11].

[9] Vgl. Staatsgedanke und Staatspraxis, S. 12f. FRIEDRICHs D. GR. Staatstheorie ist Gegenstand eingehender Forschung gewesen. Unsere Ausführungen fußen vor allem auf EBERHARD SCHMIDT, Staat u. Recht in der Theorie und Praxis Fr. d. Gr. in: Festschrift f. ALFRED SCHULTZE, 1936, S. 89ff.; FRIEDRICH MEINECKE, Die Idee der Staatsraison in der neueren Geschichte, hsg. u. eingel. v. WALTHER HOFER, 1957, S. 321ff. WALTHER HUBATSCH, Das Problem der Staatsraison bei Fr. d. Gr., 1956; HANS ROTHFELS, Fr. d. Gr. und der Staat, in: GWU, 13, 1962, S. 625ff.

[10] Zu Leben und Werk: vgl. CHRISTIAN WOLFFs eigene Lebensbeschreibung, hsg. mit einer Abhandlung über Wolff von HEINRICH WUTTKE, 1841; CHRISTIAN WOLFF, Briefe von 1719–1753, hsg. v. d. Petersburger Akademie der Wissenschaften, 1860; MAX WUNDT, Die deutsche Schulphilosophie im Zeitalter der Aufklärung, 1945; HANS M. WOLFF, Die Weltanschauung der dt. Aufklärung, 1949, S. 109ff.; E. WOLF, Große Rechtsdenker, 1951, S. 427ff.; FRANZ WIEACKER, Privatrechtsgeschichte der Neuzeit unter bes. Berücksichtigung der dt. Entwicklung, 1952, S. 193f.; HANS THIEME, Das Naturrecht und die europ. Privatrechtsgeschichte, 2.A., 1954, S. 223ff.; W. JELLINEK, Allgemeine Staatslehre, 1914, S. 243, 467; zu WOLFFs Stellung im Rahmen der Ideengeschichte der Gesetzgebung vgl. STEN GAGNÉR, Studie zur Ideengeschichte der Gesetzgebung, 1960, S. 63ff.; zur Eigenart seines Rechtsdenkens vgl. bes. HERBERT STUPP, Mos geometricus oder Prudentia als Denkform der Jurisprudenz. Eine Untersuchung anhand der methodologischen Lehren des Chr. Wolff u. d. Thomas von Aquin, Köln 1970.

[11] Die Entstehungsgeschichte der preußischen und auch der österr. Kodifikationen im ausgehenden 18. Jh. ist ohne die Lehre Wolffs üb. Recht u. Staat nicht zu verstehen – vgl. GAGNÉR, S. 75f. Die Reichweite seines erheblichen Einflusses in der Mitte des 18. Jh. ist noch nicht ausreichend geklärt. Für die große Verbreitung seiner Werke auch in den kath. Stiftern und Klöstern außerhalb Preußens mag der Hinweis auf die großen Klosterbibliotheken von Klosterneuburg, Melk u. Schotten/Wien genügen, wo WOLFFs Werke durchweg vorhanden waren. Die Erschließung dieser Bestände auch f. unser Thema verdanken wir den Untersuchungen von GUSTAV OTRUBA, Die Klosterbibliotheken Klosterneuburg, Melk u. Schotten/Wien – ein Spiegel der geistigen Kultur Österreichs 1680–1750, 1948; ders., Kirche u. Kultur in Aufklärung und Barock. Eine geistesgeschichtliche Analyse aufgrund des Büchereinlaufes der Klosterbibliotheken Klosterneuburg, Melk u. Schotten/Wien in den Jahren 1680–1750, in: Jb.f. Landeskunde

Die Bedeutung der Traditionslinien, der zentralen Stellung CHRISTIAN WOLFFS in denselben und der Denkstrukturen in der Mitte und besonders der zweiten Hälfte des 18. Jh. dürfte aus den folgenden Zusammenhängen ersichtlich werden[12]:
Der Wolff-Schüler JOACHIM GEORG DARJES (1714–1791)[13] vertrat wie sein Lehrer WOLFF „die Ansicht, daß positives Recht nur auf dem Grund staatlicher, autonomer Gesetzgebungsakte denkbar sei“[14].
Was WOLFF hierüber lehrte, lag schon 1721 – er war übrigens seit mehreren Jahren THOMASIUS' Kollege in Halle[15] – in einer Schrift voll ausgeführt vor, und zwar in den „Vernünfftigen Gedancken von dem gesellschaftlichen Leben der Menschen und insonderheit dem gemeinen Wesen zur Beförderung der Glückseligkeit des menschlichen Geschlechtes den Liebhabern der Wahrheit mitgetheiliget“[16]. Das dritte Glied in dieser Traditionskette bildet CARL GOTTLIEB SVAREZ (1746–1798)[17], der, von

v.N.Ö., NF. XXXI (1953–54), S. 238–266 (Diese Untersuchung ist eine Auswertung u. Weiterführung der maschinenschriftl. Wiener Dissertation von 1948, allerdings ohne die dort wiedergegebenen Bibliothekskataloge u. listenmäßigen Zusammenstellungen u. Auswertungen der einzelnen Autoren mit ihren Schriften); HANS STURMBERGER, Studien zur Gesch. der Aufklärung des 18. Jh. in Kremsmünster, in: MIÖG 53, 1939, S. 423–480. Vgl. hierzu den Hinweis A. WANDRUSZKAS auf die privaten Aufzeichnungen des Erzherzogs Leopold über die „éducation publique“, worin der spätere Kaiser gerade auch auf WOLFF und das Lehrbuch WOLFFs von THÜMMING, das nach WOLFFs eigener Ansicht seine Lehre am besten zusammenfaßte, hingewiesen hat – Diskussionsbeitrag in: CONRAD, Rechtsstaatliche Bestrebungen, S. 62.

[12] Hierzu und zum folgenden vgl. GAGNÉR, S. 63ff. und HANS HATTENHAUER, Allg. Landrecht f. d. Preuß. Staaten v. 1794 – Textausgabe 1970, Einführung, S. 14ff., 16–18.

[13] Zu DARJES: STINTZING-LANDSBERG, Geschichte der Deutschen Rechtswissenschaft III, 1, 1898, Text S. 284f., Noten S. 192f.; E. WOLF, Rechtsdenker, S. 429f.; WIEACKER, Privatrechtsgeschichte, S. 194f.

[14] GAGNÉR, S. 63; vgl. J. G. DARJES, Institutiones juris universalis, Frankf./Oder 1746; hierzu: E. WOLF, Rechtsdenker, S. 430.

[15] Vgl. GAGNÉR, S. 63, Anm. 7.

[16] In diesem Werk finden wir deutliche und zahlreiche Hinweise auf ARISTOTELES. Die von WOLFF selbst benutzte Zitierbezeichnung war ‚Politica'. Schon die beiden Titel verraten den Lehrmeister und verweisen auf die koinonia politike und die Politica (πολιτική) des Stagiriten. Als für uns von Interesse sei noch auf die deutlichen Parallelen hinsichtlich der Ideen von der tugendhaften Glückseligkeit als Endziel des Staates, vom allgemeinen Wohl als Leitstern und Kennzeichen einer rechtmäßig satzenden Regierung hingewiesen – für diese und weitere Gesichtspunkte und die Parallelen bei ARISTOTELES vgl. GAGNÉR, S. 64, Anm. 4–6. Es sind dies Gesichtspunkte, die, wie wir gesehen haben (oder noch sehen werden), auch im österreichischen Raum gegenwärtig waren und in der Umgebung MARIA THERESIAS und JOSEPHs II. diskutiert wurden (RIEGGER, JUSTI, MARTINI, MURATORI, SONNENFELS).

[17] Zu Leben und Werk: ADOLF STÖLZEL, Carl Gottlieb Svarez. Ein Zeitbild aus der 2. Hälfte des 18. Jhs., 1885; E. WOLF, Carl Gottlieb Svarez, in Rechtsdenker, S. 426ff. mit umfangreichem Schrifttumsverzeichnis S. 460ff.; WIEACKER, Privatrechtsgeschichte, S. 202ff.; HANS THIEME, Carl Gottlieb Svarez in Schlesien, Berlin und anderswo,

Wolffianern, aber besonders von DARJES geschult und entscheidend beeinflußt, im Kreis der Juristen um FRIEDRICH II. (und FRIEDRICH WILHELM II.) die führende Rolle bei der Entstehung des ALR gespielt hat.

III. Der Einfluß von Aufklärung und rationalistischem Naturrecht auf Staatsdenken und Gesetzgebung in Österreich

Eine fortlaufende Entwicklungslinie, wie sie in Preußen von der Regierungszeit FRIEDRICHS D. GR. bis zum Erlaß des „Allgemeinen Gesetzbuches für die Preußischen Staaten" von 1791 zu verfolgen ist, kann man für Österreich nicht nachweisen. Aber auch in der Wiener Hofburg setzte sich um die Mitte des 18. Jhs. die Aufklärung durch, und die unter MARIA THERESIA (1740–1780) in Österreich in Angriff genommene Staats- und Rechtsreform wurde von der Aufklärung bestimmt[18]. Wahrscheinlich geht dieser Einfluß auf den Gemahl der Monarchin, FRANZ STEPHAN VON LOTHRINGEN, den späteren KAISER FRANZ I. (1745–1765), zurück, der der nüchternen und rationalistischen Denkweise des lothringischen Herzogshauses verpflichtet war[19]. Unter JOSEPH II. (1765–1780 bzw. 1790) erreichte der Einfluß der Aufklärung ihren Höhepunkt. Man hat die Regierungsmaßnahmen JOSEPHS II. und seine Vorstellungen von Recht und Staat, besonders soweit sie die kirchlichen Verhältnisse betrafen, unter dem Begriff des Josephinismus zusammengefaßt, ohne damit Wesentliches über die dieser politischen Strömung zugrunde liegende Rechts- und Staatstheorie auszusagen[20]. Unzweifelhaft stand der Kaiser sowohl

Juristen-Jb, 6, 1965/66, S. 1ff. Quellen: GERD KLEINHEYER, Staat und Bürger im Recht. Die Vorträge des Carl Gottlieb Svarez vor dem preußischen Kronprinzen (1791–92), 1959; Vorträge über Recht und Staat von Carl Gottlieb Svarez (1746–1798), hsg. v. H. CONRAD u. GERD KLEINHEYER, 1960.

Weitere Angaben bei CONRAD, Staatsgedanke und Staatspraxis, S. 13f. und ders., Rechtsstaatliche Bestrebungen, S. 19ff.

[18] Vgl. Recht und Verfassung des Reiches i. d. Zeit Maria Theresias, S. 2 f.; CONRAD, Rechtsstaatliche Bestrebungen, S. 27; ders., Staatsgedanke und Staatspraxis, S. 15.

[19] CONRAD, Staatsgedanke u. Staatspraxis, S. 15; vgl. auch ADAM WANDRUSZKA, Die Religiosität Franz Stephans von Lothringen. Ein Beitrag zur „Pietas Austriaca" und zur Vorgeschichte des Josephinismus in Österreich, in: Mitt. d. Österr. Staatsarchivs 12, 1959, S. 162ff.; ders., Maria Theresia und der österr. Staatsgedanke, in: MIÖG 76, 1968, S. 174–188, *183*.

[20] Vgl. die Lit. bei CONRAD, Rechtsstaatliche Bestrebungen, S. 27, Anm. 48–50; bisher vollständigste Bibliographie zum Josephinismus bei FRIDOLIN DÖRRER, Der Schriftverkehr zwischen dem päpstlichen Staatssekretariat und der Apostolischen Nuntiatur

bei seinen Regierungsmaßnahmen als auch bei seiner Gesetzgebung unter dem Einfluß der Aufklärung. Doch läßt sich bei ihm, anders als bei dem von ihm als Vorbild verehrten FRIEDRICH D. GR., eine klare philosophische Grundlegung der Rechts- und Staatsauffassung nicht nachweisen[21]. Den Rechtsunterricht des Erzherzog-Thronfolgers JOSEPH übertrug das kaiserliche Paar im Jahre 1754 dem Professor CHRISTIAN AUGUST BECK (1720–1784)[22]. Durch die „Ordre FRANZ I. und MARIA THERESIAS für den Unterricht des Erzherzogs JOSEPH nebst dem Studienplan vom 6. März 1754" erhielt der Rechtslehrer des künftigen Erben der habsburgischen Erblande den Auftrag, für die Instruktionen im Natur- und Völkerrecht „le petit livre de Pufendorff" als Grundlage zu benutzen[23]. PUFENDORFS Schrift „De officio hominis et civis" (1673)[24] sollte demnach Richtschnur für den Unterricht des jungen Erzherzogs im Natur- und Völkerrecht sein[25].

Der Inhalt dieser Dokumente beweist zumindest, daß JOSEPH II. schon in seiner Jugend mit der rationalistisch-naturrechtlichen Staatslehre vertraut gemacht wurde[26], wie sie ja auch FRIEDRICHS II. staatstheoretischen

Wien in der 2. Hälfte des 18. Jhs., in: Röm.Hist.Mitt. 4 (1960/61), 1961, S. 63ff., hier: 227–237. Zum Rechtsgeschichtlichen vgl. E. FEINE, Kirchl. Rechtsgesch., 1972, S. 584ff.; HANTSCH, in: StL IV, Sp. 656ff.; W. PLÖCHL, in: EvStL, s. v. Josephinismus. Verlauf der Josephinismus-Diskuss. bei E. SEIFERT, P. J. Riegger, 1973, S. 13–23.

[21] Vgl. CONRAD, Rechtsstaatl. Bestrebungen, S. 27ff.; ders., Staatsgedanke, S. 17f.

[22] Zu Leben und Werk vgl. MARTIN HEROLD, Diskussionsbeitrag zu CONRAD, Rechtsstaatliche Bestrebungen, ebenda, S. 78–80; CONRAD, in: Recht und Verfassung des Reiches, S. 10–17 (S. 17–23: Inhalt und Zeit der Beckschen Prinzenvorträge).

[23] «Ordre donné par Leurs Majestés Impériales et Royales à l'Ajo Comte de Batthyany concernant la continuation des études de Son Altesse Sérénissime Monseigneur l'Archiduc Joseph. Nous étant décidés sur la façon de continuer les études de l'Archiduc Joseph, Nous vous remettons le Plan qui contient Nos intentions sur ce sujet, et Nous vous chargeons en consequence: . . . 3tio Pour l'instruire dans le droit naturel et des gens le petit livre de Puffendorff doit servir de base, . . .» Abdruck in: Recht und Verfassung des Reiches, S. 68f.

[24] Vollständiger Titel: De officio hominis et civis prout ipsi praescribuntur lege naturali, 1673.

[25] Über die Praxis der im „Plan" vorgesehenen Instruktionen gibt ein zusammenfassender Bericht (Autor BARTENSTEIN?) aus dem Jahre 1759 Auskunft: „Man begann mit dem Natur- und Völkerrecht. Die Werke von GROTIUS, PUFENDORF, HEINECCIUS, BURLAMAQUI und HOLBERG über diesen Teil des Rechtes dienten als Vorlage für das, was eigens für den Unterricht des Durchlauchtigsten Prinzen zusammengestellt wurde. Doch hielt man sich nicht streng an die Ordnung und die besonderen Ansichten der verschiedenen Autoren". Französ. Originaltext in: Recht u. Verfassung des Reiches, Urkunden-Anhang Nr. 18, S. 85ff., hier: S. 104; Übersetzung im Auszug ebenda, S. 19f., hier S. 19.

[26] Vgl. CONRAD, Staatsverfassung u. Prinzenerziehung, in Festschrift f. L. BRANDT, 1968, S. 589ff.

Überlegungen zugrunde lag. Von FRIEDRICH D. GR. unterschied sich JOSEPH II. auch dadurch, daß er seine Staats- und Rechtstheorien nicht in theoretischen Schriften dargelegt hat – wenn man von noch nicht publizierten Denkschriften absieht[27]. Darüber hinaus wurde sein Festhalten am überlieferten Glauben vermerkt, so daß ein Zeitgenosse mit Verwunderung darauf hinweist, Joseph habe an ein Leben im Jenseits geglaubt[28]. Betrachtet man das überstürzt Vorwärtsdrängende – oftmals ohne Gespür für die Bedeutung und politische Relevanz von Traditionen – und das Revolutionäre, das mehr der französischen Aufklärung als der bedächtigeren deutschen Richtung verwandt war, so muß man wohl doch die Einflüsse der französischen Aufklärung stärker einschätzen als die deutschen. Der Kaiser vertrat und verfolgte ein Reformprogramm, das eine mittlere Linie und eine allmähliche Entwicklung ablehnte[29].

Der wachsende Einfluß der Naturrechtslehre der Aufklärung in der Wiener Hofburg wurde sichtbar, als MARIA THERESIA 1754 an der Universität Wien einen Lehrstuhl für Naturrecht errichtete, der KARL ANTON FREIHERRN VON MARTINI ZU WASSERBERG (1726–1800) übertragen wurde[30]. MARTINI wurde bald zu einem der einflußreichsten Juristen der theresianisch-josephinischen Epoche. Im Jahre 1761 betraute MARIA THERESIA MARTINI mit dem Rechtsunterricht ihres zweiten Sohnes LEOPOLD, später Großherzog von Toscana und schließlich Nachfolger JOSEPHS II.[31]. In der staatlichen Reformgesetzgebung JOSEPHS II. ist ein klarer Beweis für die Einflußnahme MARTINIS und der deutschen Naturrechtslehre ebenfalls nicht oder schwer zu finden, obwohl im Schrifttum MARTINI neben GERHARD VAN SWIETEN (1700–1772), dem Leibarzt Maria Theresias, als eine der

[27] Vgl. CONRAD, Staatsgedanke, S. 17 mit Anm. 15.

[28] FR. ENGEL-JÁNOSI, Josephs II. Tod im Urteil der Zeitgenossen, in: MIÖG 44, 1930, S. 333.

[29] Vgl. das zeitgenöss. Urteil: «Il faut faire les grandes choses d'un coup», – bei ENGEL-JÁNOSI, aaO., S. 326. Vgl. auch A. WANDRUSZKA, Fortschritt u. Beharrung in der österr. Gesch., in: Festschrift f. K. v. RAUMER, 1966, S. 293ff.

[30] CONRAD, Staatsgedanke, S. 16. Zu Leben und Werk MARTINIS: Biographie MARTINIS in der Vorrede zu K. A. v. MARTINI, Lehrbegriff des Naturrechts. Neue, vom Verfasser selbst veranstaltete Übersetzung seines Werkes «De lege naturali positiones», Wien 1799, Neudr. Aalen 1970; ADB XX, 1884, S. 510; STINTZING-LANDSBERG, Gesch. der Dt. Rechtsw. III, 1, Text S. 383f., 403, 521ff., Noten S. 249, 263; FRANZ KLEIN-BRUCKSCHWAIGER, K. A. v. Martini in der Zeit des späteren Naturrechts, in: Festschr K. HAFF, 1950, S. 120ff.; ders., Die Gesch. der Rechtsphilosophie in der Naturrechtslehre v. K. A. v. Martini, ZRG(G) 71, 1954, S. 274ff.; A. WANDRUSZKA, Leopold II., Bd. 1, 1965, S. 89ff.

[31] Vgl. CONRAD, Staatsgedanke, S. 16; zu Leopold: A. WANDRUSZKA, Leopold II., 2 Bde, 1963/65.

wichtigsten Gestalten für die Kirchenreformpläne der theresianischen und josephinischen Zeit angesehen wird[32].
Die josephinische Gesetzgebung wies in eine andere Richtung als die preußische. Die von SVAREZ an der Gesetzgebung JOSEPHS II. geübte scharfe Kritik[33] traf einige typische Kennzeichen im Vorgehen des österreichischen Herrschers.
1. Das Ehepatent vom 16. Januar 1783[34], das eine radikale Säkularisierung des Eherechts in Österreich bedeutete[34], stand unter französi-

[32] Zu der von HOLZKNECHT u. VOLTELINI begonnenen (1910, 1914, 1915) und noch nicht zu Ende geführten Diskussion um „Ursprung und Herkunft" (HOLZKNECHT) der josephinischen Reformideen vgl. ERICH ZÖLLNER, Bemerkungen zum Problem der Beziehungen zwischen Aufklärung und Josephinismus, in: Festg. H. HANTSCH, 1965, S. 203–219. Hauptvertreter der These von der zentralen Bedeutung Martinis ist EDUARD WINTER (Der Josephinismus und seine Geschichte, 1943, überarbeitet 1961). Dagegen: OTTO PETERKA in: Bulletin of the International Committee of Historical Sciences IX, 1937, S. 143.

[33] In: Vorträge über Recht und Staat v. C. G. Svarez, S. 16. Er bezeichnet die Gesetzgebung Josephs II. aus folgenden vier Gesichtspunkten als mißlungen:
„1. Er verfuhr zu hastig und übereilt in Abschaffung alter und Gebung neuer Gesetze. Ohne Plan und Ordnung. Ohne Zusammenhang. 2. Er wollte lauter allgemeine Gesetze haben und reflektierte nicht genugsam auf die verschiedenen Gebräuche, Verfassungen, den Unterschied der Genies, der Kultur, die Lage der Provinzen. 3. Er schonte nicht genugsam die wohlerworbenen Rechte seiner Untertanen, sondern nahm ihnen durch neue Gesetze alte längst erworbene Rechte und Privilegien ohne alle Entschädigung. 4. Seine Strafgesetze waren zu hart und überschritten das gehörige Verhältnis." Diese Zusammenfassung nach Conrad, Rechtsstaatl. Bestrebungen, S. 31.

[34] HDB. JOSEPHS II. v. 1783, S. 117.

[35] Trennung von Ehe-Sakrament und Vertrag – vgl. § 1 des Patents v. 16. 1. 1783: Die Ehe an sich selbst, als ein bürgerlicher Vertrag (Contract) betrachtet, wie auch die aus diesem Vertrag herfließenden und den Vertrag errichtenden gegeneinander zustehenden bürgerlichen Gerechtsame und Verbindlichkeiten erhalten ihre Wesenheit, Kraft und Bestimmung ganz und allein von den landesfürstlichen Gesetzen; die Entscheidung der hierüber entstehenden Streitigkeiten gehört also für die landesfürstlichen Gerichtsstellen. Vgl. JOSEPHINISCHES GESETZBUCH v. 1. November 1786, HDB. JOSEPHS II., S. 591. Vgl. dazu CONRAD, Die Grundlegung der modernen Zivilehe durch die Franz. Revolution. Ein Beitrag zur neueren Gesch. des Familienrechts, ZRG(G) 67, 1950, S. 336ff. Doch behielt der österreichische Gesetzgeber die kirchl. Eheschließung bei (Ehepatent v. 1783, § 29; HDB. JOSEPHS II., 1786, III, §§ 3,33; Bürgerliches Gesetzbuch für Westgalizien von 1797, I, §§ 58, 83/84; ABGH v. 1811, § 75). Zum 1. Referenten in der geistlichen Hofkommission FRANZ JOSEPH HEINKE (1726–1803), Sohn eines kaiserlichen Zollbeamten in Maltsch in Niederschlesien, später Student an der Universität Halle (wo JUSTUS HENNING BOEHMER (1674–1749) und CHRISTIAN WOLFF (seit 1740 wieder in Halle) seine Lehrer wurden) vgl. MAASS, Der Josephinismus. Quellen zu seiner Gesch. in Österreich 1760–1790. Amtliche Dokumente aus dem Wiener Haus-, Hof- und Staatsarchiv, dem Allgemeinen Verwaltungsarchiv und dem Archiv des Wiener Schottenstiftes. III: Das Werk des Hofrates Heinke 1768–1790, 1956, S. 1f., S. 102ff.; Heinke kannte die Trennung von Vertrag (Kontrakt) der Ehe und Sakrament.

schen Einflüssen (Gallikanismus und französische Aufklärung)[36]. Es wurde unwesentlich geändert in das Josephinische Gesetzbuch von 1786 aufgenommen (3. Hauptstück). In Preußen teilte zwar der König die Auffassung von der Ehe als einem bürgerlichen Vertrage, wie sie in der französischen Aufklärung und von Joseph II. vertreten wurde, sorgte aber für ein vorsichtigeres Vorgehen[37].

2. „Möglicherweise unter dem Einfluß der französischen Aufklärung" und „mit deutlichen Anklängen an Gedankengänge Becks und Martinis"[38] setzte JOSEPH II. schon 1781 ein Toleranzpatent durch[39], während in der preußischen Gesetzgebung die Anerkennung der religiösen Toleranz nur sehr zögernd angegangen wurde[40].

3. Revolutionär wirkte die „Proklamation der allgemeinen Freiheit" im sog. Josephinischen Gesetzbuch vom 1. November 1786 (= 1. Teil eines Bürgerlichen Gesetzbuches)[41].

4. Der Versuch des österreichischen Kaisers, eine Neuregelung des Rech-

[36] Vgl. CONRAD, Rechtsstaatl. Bestrebungen, S. 29.

[37] Vgl. ALR v. 1794, II, 1, § 38 (Ehe beruht auf einem Vertrage der beiden Ehepartner) aber in Verbindung mit II, 1, § 136 (Eine vollgültige Ehe kommt durch die Kopulation d. h. den Trauungsakt des Geistlichen zustande). Dazu CONRAD, aaO., S. 30.

[38] CONRAD, Rechtsstaatl. Bestrebungen, S. 30.
Argumente u. Hinweise f. franz. Einflüsse (Voltaire/J. Calas): CONRAD aaO., S. 30, Anm. 59. O. PETERKA glaubt sogar einen sprachlichen Zusammenhang zwischen Voltaires Traité sur la tolérance à l'occasion de la mort de Jean Calas (1763) und dem Toleranzpatent von 1781 zu sehen – PETERKA, aaO., S. 144.
Frankreich erhielt erst i. J. 1787 ein Toleranzedikt (in: Recueil général des anciennes lois Françaises depuis l'an 420 jusq'à la Révolution de 1789, par JORDAN, ISAMBERT, DECRUSY, XXVIII, 1827, S. 472ff).
Die Belegstellen für die Parallelen in den Schriften BECKS und MARTINIS zum Toleranzpatent bei CONRAD, Rechtsstaatl. Bestrebungen, S. 30 Anm. 60.

[39] Toleranzpatent Josephs II. v. 13. Okt. 1781 (in: C. MIRBT, Quellen z. Gesch. des Papsttums u. d. Röm. Katholizismus, 4. A., 1924, Nr. 552, S. 413).
Zum Toleranzpatent u. seiner Vorgesch. vgl. MAASS, Der Josephinismus II, S. 46 u. D. APPELT, Die Idee der Toleranz unter Kaiser Joseph II., Wien 1950.

[40] Edikt v. 9. Juli 1788, die Religionsverfassung in den preußischen Staaten betreffend. Text im Auszug bei MIRBT, Quellen, Nr. 554, S. 416. Dazu FRITZ VALJAVEC, Das Woellnerische Religionsedikt, in: HJ 72, 1952, S. 386ff. Erst das ALR von 1794 brachte die volle grundsätzliche Anerkennung der religiösen Toleranz: ALR II, 11, §§ 1–6, hier § 1f. § 1 „Die Begriffe der Einwohner des Staats von Gott und göttlichen Dingen, der Glaube und der innere Gottesdienst können kein Gegenstand von Zwangsgesetzen sein." § 2 „Jedem Einwohner im Staate muß eine vollkommene Glaubens- und Gewissensfreiheit gestattet werden." Vgl. EBERHARDT SCHMIDT, Rechtsentwicklung in Preußen, 2. A., 1929, S. 31.

[41] „Unter dem Schutze und nach Leitung der Landesgesetze genießen alle Untertanen ohne Ausnahme die vollkommene Freiheit" (II § 1). Vgl. CONRAD, Rechtsstaatliche Bestrebungen, S. 31; ders., Staatsgedanke und Staatspraxis, S. 16f.

tes der unehelichen Kinder (im Sinne einer Angleichung an die Rechtsstellung der ehelichen) durchzusetzen, wurde als „geradezu radikal" empfunden, so daß nach dem Tode des Kaisers schon am 22. Februar 1791 eine einschränkende Neuregelung erfolgte[42].

5. Noch viel weitergehend war JOSEPHS II. erste Kodifizierung einer allgemeinen Gleichheit und allgemeinen Freiheit im Josephinischen Gesetzbuch von 1786 (II, §§ 1 und 3)[43] und der damit verbundene Kampf gegen den Adel im Sinne einer Entmachtung[44]. Beides war überstürzt und letztlich vom Kaiser nicht durchsetzbar. Gerade der letzte Aspekt, die Einstellung des Kaisers zum Adel zeigt, daß sich JOSEPH II. von FRIEDRICH II. zunächst im Vorgehen, aber auch in einigen Punkten (z. B. hinsichtlich des Bildes vom sozialen Aufbau des Staates und seiner Funktionsträger sowie religiöser Fragen) im Denkansatz unterschied[45].

Insgesamt entsprach die Gesetzgebung des Hochjosephinismus „im wesentlichen den von Maria Theresia schon 1775" kritisch „hervorgehobenen" und von ihr weitgehend abgelehnten „Generalsätzen Josephs II.: Freie Religionsausübung, Vernichtung des Adels im Hinblick auf die allgemeine Gleichheit und Anerkennung einer allgemeinen Freiheit"[46].

Der frühe Tod des Kaisers bremste die stürmischen und oft überstürzten Reformarbeiten.

Nun trat VON MARTINI wieder verstärkt in Erscheinung, und zwar nicht durch seine Lehre und seine Schriften als Universitätslehrer. Es zeigte sich, wie sehr sich der neue Kaiser, LEOPOLD II., seinem Lehrer verbunden wußte. 1791 übertrug er ihm die Leitung der neu zusammengesetzten

[42] IV § 16 des Josephinischen Gesetzbuches – Neuregelung im Patent vom 22. Februar 1791 (Hdb. Josephs II., v. 1791, S. 115).
Hierzu: PHILIPP HANNS RITTER VON HARRASOWSKY, Der Codex Theresianus und seine Umarbeitungen, IV: Die Umarbeitungen des Codex Theresianus I (Der Entwurf Hortens), 1886, 1. Teil, 1. Kap., S. 65, Anm. 13; CONRAD, aaO., S. 31.

[43] Text v. II, §§ 1 u. 3 mit dem Text des Entwurfs v. Horten bei CONRAD, Staatsgedanke u. Staatspraxis, S. 36, Anm. 69; vgl. auch ders., Rechtsstaatl. Bestrebungen, S. 31.

[44] Es gelang dem Kaiser jedoch nicht, die Adelsvorrechte zu beseitigen. Vgl. PAUL V. MITROFANOV, Joseph II. Seine politische u. kulturelle Tätigkeit. Aus dem Russ. übers. v. V. v. DEMELIC, 1910, S. 582. Zum Plan des Kaisers, den Adel zu entmachten, vgl. FRANÇOIS FEJTÖ, Joseph II. Kaiser und Revolutionär, 1956, S. 88ff., 102.

[45] Verglichen mit Joseph II. war Friedrich II. ein Förderer des Adels, in dem er das tragende, elitäre Element des Staates sah – vgl. FRIEDR. D. GR., Die politischen Testamente, übers. v. FR. V. OPPELN-BRONIKOWSKI, eingel. v. G. B. VOLZ, 3. A., 1941, S. 33.
So noch das Allgem. Landrecht v. 1794, II, 10, § 1: „Dem Adel, als dem ersten Stande im Staate, liegt nach seiner Bestimmung die Vertheidigung des Staats sowie die Unterstützung der äußeren Würde und inneren Verfassung desselben hauptsächlich ob."

[46] CONRAD, Rechtsstaatl. Bestrebungen, S. 32; vgl. A. MENZEL, in: Z. f. öffentl. Recht 1, 1919/20, S. 524.

Hofkommission in Gesetzessachen[47], womit der Auftrag verbunden war, die Arbeiten an der Abfassung eines bürgerlichen Gesetzbuches weiterzuführen. Die Vorarbeiten hatten bereits unter MARIA THERESIA begonnen[48]. MARTINI wurde dann der eigentliche Verfasser des am 13. Februar 1797 verkündeten bürgerlichen Gesetzbuches für Westgalizien[49], das der Vorläufer des Allgemeinen Bürgerlichen Gesetzbuches für die gesamten deutschen Erbländer der österreichischen Monarchie von 1811 war[50].

Conrad stellte demnach zu Recht fest, daß „sich auch für Österreich in der zweiten Hälfte des 18. Jhs. eine durchlaufende Linie der Staatstheorie auf der Grundlage der Naturrechtslehre der Aufklärung nachweisen" läßt, „die mit MARIA THERESIA beginnt und bis in die Anfänge FRANZ II. reicht"[51].

IV. Entstehung des Staates und Staatszwecke im Denken König Friedrichs II., Kaiser Josephs II. und in den Theorien der Prinzenerzieher Chr. A. von Beck, K. A. von Martini und C. G. Svarez

Im Staatsdenken JOSEPHS II. und FRIEDRICHS II. und in den Theorien der Prinzenerzieher BECK, MARTINI und SVAREZ nehmen die Fragen nach der Entstehung und den Zwecken des Staates einen wichtigen Platz ein, die Darstellung dessen ist aber nur möglich, wenn zumindest die Denkansätze Pufendorfs und Christian Wolffs mit einbezogen werden.

[47] Vgl. CONRAD, Staatsgedanke und Rechtspraxis, S. 16f.; ders., Rechtsstaatliche Bestrebungen, S. 32.

[48] Für die 1. Phase vgl. HENRY E. STRAKOSCH, State Absolutism and the Rule of Law. The Struggle for the Codification of Civil Law in Austria 1735–1811, 1967, S. 50ff.; für die späteren Jahre der Regierungszeit Maria Theresias ebenda, S. 95ff., 152ff. (auch zu Martini).

[49] Patent für Westgalizien vom 13. Februar 1797 (Joseph. Gesetzbuch f. 1797, S. 337); Einführung auch in Ostgalizien durch das Patent vom 8. September 1797 (Jos. Gesetzbuch f. 1797, S. 337). Gegenentwurf von SONNENFELS; vgl. SIGMUND ADLER, Die politische Gesetzgebung in ihren geschichtlichen Beziehungen zum allgemeinen bürgerl. Gesetzbuch, in: Festschr. zur Jahrhundertfeier des Allgemeinen Bürgerlichen Gesetzbuches, 1911, S. 112ff.

[50] Dieser letzten Phase der Kodifikationsarbeiten fielen die grund- und naturrechtlichen Artikel Martinis zum Opfer. Vgl. hierzu ADLER, aaO., S. 141ff.; ergänzend und modifizierend H. CONRAD, Individuum und Gemeinschaft in der Privatrechtsordnung des 18. und beginnenden 19. Jhs., 1956, S. 21ff.; und STRAKOSCH, aaO., S. 186ff.; CONRAD, Staatsgedanke und Staatspraxis, S. 17.

[51] Staatsgedanke und Staatspraxis, S. 18.

1. Christian Wolff[52] verband in seiner Staatstheorie die Ideen der Aufklärung über den Gesellschaftsvertrag mit absolutistischen Gesichtspunkten: Der Zusammenschluß „einzelner Häuser" erfolgt, weil diese nicht „alle Bequemlichkeiten des Lebens sich selbst verschaffen können, derer sie fähig sind, doch auch des Ihrigen, ja ihres Leibes und Lebens gesichert sein, folgens das höchste Gut, danach sie zu streben verbunden sind, nicht zu erlangen vermögen"[53]. Dieses höchste Gut erläutert Wolff als „ungehinderten Fortgang zu größeren Vollkommenheiten" des Menschen und seines Zustands, verknüpft „mit einer ständigen Freude – der Glückseligkeit"[54]. Die Zwecke der gesellschaftlichen Verbindungen zu einem Staat sind Wohlfahrt und Sicherheit[55]: fines civitatis sunt vitae sufficientia, tranquillitas et securitas[56], wobei die beiden letzten Elemente als Bedingungen zur Erreichung der „felicitas" zu verstehen sind. Die gemeine Wohlfahrt geht hierbei der Wohlfahrt des einzelnen vor[57]. Der Obrigkeit steht es zu, „den Untertanen zu befehlen, was sie tun und lassen sollen, und die Untertanen müssen der Obrigkeit gehorchen" ... „Öfters verstehen auch die Untertanen selbst nicht, was zu ihrem Besten dient und halten für gut, was ihnen schädlich sein würde"[58]. Zur praktischen Durchführung dieser Grundsätze, vor allem der Pflicht des Staates zur Realisierung des allgemeinen Wohls, erstellte Wolff ein Programm, das sich wie das Musterbuch eines allmächtigen Polizeistaates

[52] Zu Leben, Werk u. Reichweite Wolffs sowie zu seinen Einflüssen auf das Denken von Beck, Martini u. Svarez vgl. schon die Angaben oben S. 68 Anm. 10.
Zum Verhältnis zwischen Aufklärung und Absolutismus einerseits u. dem Programm Chr. Wolffs andererseits vgl. Hartung, Der aufgeklärte Absolutismus, in: HZ 180, 1955, S. 15–42; jetzt in: Die Entstehung des modernen Staates, 1967, S. 152–172, hier: S. 157ff. (danach zitiert).

[53] Vernünftige Gedanken von dem gesellschaftlichen Leben der Menschen und insonderheit dem gemeinen Wesen zu Beförderung der Glückseligkeit des menschlichen Geschlechtes, 1725, § 213, S. 161.

[54] Vernünfftige Gedancken von der Menschen Thun und Lassen zu Beförderung ihrer Glückseligkeit, 4. A., 1733, § 44, S. 32 u. § 52, S. 35. Vgl. auch Vernünfftige Gedanken v. d. gesellschaftl. Leben d. Menschen, §§ 223ff., S. 165ff.: Endziel des Staates ist die tugendhafte Glückseligkeit.

[55] Vernünfftige Gedancken von d. gesellschaftl. Leben der Menschen, § 215, S. 163.

[56] Ius Naturae Methodo Scientifica pertractatum, Bd. 8, 1748 (Reprogr. Neudr. 1968), §§ 4ff., § 13, S. 9.

[57] Vernünfftige Gedancken v. d. gesellschaftl. Leben, § 218, S. 164. Vorrang des öffentl. Bereichs auch Ius Naturae, § 25, S. 16: Nemo civium bonum privatum promovere debet cum neglectu publici, vel in praejudicium publici. Zur Idee des Allgemeinwohls vgl. Walther Merk, Der Gedanke des gemeinen Besten in der dt. Staats- u. Rechtsentwicklung, 1934.

[58] Vernünfftige Gedancken von dem gesellschaftl. Leben, § 433, S. 459.

liest, so daß DILTHEY[59] sagen konnte: „Es war seit Platon und den Verkündern sozialistischer Ideale die stärkste Anspannung der Staatsgewalt".

2. Die Staatstheorie FRIEDRICHS D. GR., von der Forschung oft und eingehend untersucht[60], finden wir besonders deutlich in seiner Abhandlung „Regierungsformen und Herrscherpflichten" (1777). Dort ging der König von einem lange währenden Zustand der Menschen aus, in dem sie in Wildheit und ohne staatliche Gemeinschaften dahinlebten. Er fragte deshalb nach dem Vernunftgrunde, der die Menschen dazu veranlaßte, sich in staatlichen Gemeinschaften zusammenzuschließen. Der König beantwortete die Frage dahingehend, daß die Unsicherheit des Naturzustandes die Menschen dazu gebracht habe, sich zu Gemeinschaften zusammenzuschließen, um ihre Güter zu verteidigen. Daraus entsprangen die Gesetze, die den Gemeinschaften beibringen, daß das Interesse der Allgemeinheit dem persönlichen Wohl des einzelnen vorgehe"[61]. Die staatliche Gemeinschaft und deren Rechtsordnung entstehen also durch einen Zusammenschluß der Bürger, dem Gesellschaftsvertrag. Um den Vollzug der Rechtsordnung sicherzustellen, unterwarfen sich die Bürger in einem weiteren Vertrage der Obrigkeit, die sie selbst bestimmten:

> „Die große Wahrheit, daß wir gegen die anderen so handeln sollen, wie wir von ihnen behandelt zu werden wünschen, wird zur Grundlage der Gesetze und des Gesellschaftsvertrages. ... Da jedoch die Gesetze ohne unaufhörliche Überwachung weder fortbestehen noch Anwendung finden konnten, so bildeten sich Obrigkeiten heraus, die das Volk erwählte und denen es sich

[59] WILHELM DILTHEY, Gesammelte Schriften 12, 1936, S. 183 u. 195; vgl. auch HARTUNG, Der aufgeklärte Absolutismus, in: Entstehung des souveränen Staates, S. 158 und JOSEF DOLCH, Das Elternecht, 1928, S. 22.

[60] Vgl. vor allem: FRIEDRICH LUCKWALDT, Friedrichs d. Gr. Anschauungen von Staat u. Fürstentum, in: Histor. Aufsätze f. Aloys Schulte, 1927, S. 224ff.; EBERHARD SCHMIDT, Staat u. Recht in der Theorie u. Praxis Friedrichs d. Gr., in: Festschrift f. Alfred Schultze (Leipz.rechtsw.Stud., 100), 1936, S. 89ff.; FRIEDRICH MEINECKE, Die Idee der Staatsraison in der neueren Geschichte, hsg. u. eingel. v. WALTHER HOFER, 1957, S. 321ff.; WALTHER HUBATSCH, Das Problem der Staatsraison bei Friedrich d. Gr., 1956; ERIKA BOSBACH, Die «Rêveries politiques» in Friedrichs d. Gr. Politischem Testament von 1752, 1960; HANS ROTHFELS, Friedrich d. Gr. und der Staat, in: GWU 13, 1962, S. 625ff. Zusammenfassende Übersicht bei HARTUNG, Der aufgeklärte Absolutismus, S. 160ff.; Analyse unter dem Aspekt von „Staatsgedanke und Staatspraxis" neuerdings H. CONRAD, Staatsgedanke u. Staatspraxis des aufgeklärten Absolutismus, S. 19ff.

[61] Werke FRIEDRICHS D. GR. in dt. Übersetzung VII: Antimachiavell und Testamente, 1912, S. 225f.

unterordnete. Man präge sich wohl ein: Die Aufrechterhaltung der Gesetze war der einzige Grund, der die Menschen bewog, sich Obere zu geben; denn das bedeutet den wahren Ursprung der Herrschergewalt. Ihr Inhaber war der erste Diener des Staates.“[62]

Der Dienst des Herrschers und seines staatlichen Machtapparates bestand nach Meinung des Königs „im Aufrechterhalten der Gesetze, in unbestechlicher Pflege der Gerechtigkeit, in kraftvollstem Widerstand gegen die Sittenverderbnis, im Verteidigen des Staates gegen seine Feinde“[63]. Die Herrscher „sind nicht zu dem Zwecke über ihre Mitbürger erhoben worden, daß ihr Stolz in eitel Repräsentation sich brüste und der schlichten Sitten, der Armut, des Elends spotte. Sie stehen keineswegs an der Spitze des Staates, um in ihrer Umgebung einen Schwarm von Nichtstuern zu unterhalten, die durch ihren Müßiggang und ihr unnützes Wesen alle Laster fördern“. Dem Regenten obliege die Pflicht, „mit Redlichkeit, mit überlegener Einsicht und vollkommener Uneigennützigkeit zu handeln, als sollte er jeden Augenblick seinen Mitbürgern Rechenschaft über seine Verwaltung ablegen“[64].

3. In den Kronprinzenvorträgen von C. G. Svarez[65] finden wir die gleichen Grundgedanken wie beim König[66]: Ursprünglich lebten in fast jedem Land der Erde „die Menschen entweder einzeln oder in Familien und Geschlechtern verteilt ganz frei und unabhängig voneinander“. Erst nach langen Zeiträumen seien durch den Zusammenschluß dieser Familien und Geschlechter „die großen Verbindungen entstanden, die unsere heutigen Staaten ausmachen“. Die Begrenztheit der menschlichen Natur und die sich daraus ergebenden Unzulänglichkeiten veranlaßten die Menschen, sich zu staatlichen Gemeinschaften zusammenzuschließen und sich einer Obergewalt zu unterwerfen. Die staatliche Gemeinschaft aber hat den Zweck, „daß ein jeder bei dem seinigen gegen alle gewaltsamen Störungen und Beleidigungen Schutz und Sicherheit genießen“ solle. Zu dem „seinigen“ gehört auch die Möglichkeit für den Menschen, „seine Kräfte und Fähigkeiten auszubilden und sie zur Erhaltung seiner Glückseligkeit nach eigener Einsicht und Überzeugung, soweit es ohne Beleidigung anderer geschehen kann, anzuwenden“[67].

[62] AaO., S. 226 – Entspricht inhaltlich der „Regula Aurea“(!).

[63] Regierungsformen und Herrscherpflichten: Werke VII, S. 227.

[64] AaO., S. 235f.

[65] Carl Gottlieb Svarez, 1746–1798; Angaben zu Leben und Werk oben S. 69, Anm. 17; vgl. auch die Biographie von Eberhardt Schmidt, in: Schlesische Lebensbilder 2, 1926, S. 29–38.

[66] Vorträge über Recht und Staat, S. 55ff., 453ff.

[67] AaO., S. 7. Eine Entstehung der Staaten aus göttlicher Einsetzung oder mittels des Rechtes des Stärkeren lehnt Svarez ab (aaO., S. 6f., 462f.); denn es ist für ihn „eine große

Rechte und Pflichten der Untertanen wie der Regenten und damit der Kompetenzbereich des Staates bestimmten sich nach SVAREZ aus der Staatsverbindung und ihren Zielen; denn die Staatsverbindung bestimmt durch Gesetze als Ausspruch des allgemeinen Willens die Art und Weise, wie diese gemeinschaftlichen Kräfte zur Erreichung des Zweckes verwendet werden sollen“[68].

„Die Menschen sind in Staatsverbindungen getreten, um ihre gemeinschaftliche Glückseligkeit zu erhalten und zu befördern. Sie haben dabei von ihrer natürlichen Freiheit nur so viel aufgeopfert, als notwendig geschehen mußte, um diesen Zweck ihrer Verbindung zu erreichen. Der Regent im Staate ist also nicht berechtigt, irgend etwas zu tun, was diesem gemeinschaftlichen Zwecke zuwider wäre. ... Er muß die Freiheit seiner einzelnen Untertanen nur soweit einschränken, als es unumgänglich notwendig ist, um die Sicherheit und Freiheit aller zu schützen und aufrechtzuerhalten.“[69]

Reichweite und Grenzen staatlicher Macht umschreibt er wie folgt:

„Der Staat kann ... in Fällen, wo es der Zweck der bürgerlichen Gesellschaft notwendig erfordert, seine Einsichten an die Stelle der Einsichten desjenigen setzen, welcher handeln soll. Er kann ihn zu dieser Handlung gegen seine Überzeugung zwingen, aber er kann ihn nicht zwingen, etwas anders zu wollen, als was er für gut und vernunftmäßig erkennt. Der Staat kann verbieten, daß ein Mensch diese oder jene seiner Fähigkeiten und Kräfte zu diesem oder jenem Gebrauche nicht anwenden soll, aber er kann nicht verbieten, daß er seine Fähigkeiten und Kräfte überhaupt und besonders seine höheren Seelenkräfte ausbilde, daß er nach der Wahrheit strebe und dem vom Schöpfer in seine Seele gelegten Triebe zur Erkenntnis der Wahrheit nach Möglichkeit ein Genüge leistet. Solche Gesetze ist kein Staat seinen Mitgliedern vorzuschreiben berechtigt, und keines dieser Mitglieder ist solchen Gesetzen Gehorsam zu leisten verpflichtet.“[70]

Es gelang, diese Grundsätze (Gewährleistung der bürgerlichen Freiheit, der Unabhängigkeit der Rechtspflege und einer Gesetzgebung, die den

und ewige Wahrheit, daß alle Menschen im Stande der Natur einander gleich sind, obgleich übrigens auch schon in diesem Stande, nach dem größeren oder kleineren Maße von Einsichten, Fähigkeiten und Kräften . . eine unendliche Menge von Stufen und Unterschieden unter ihnen vorhanden sein könnten“ (aaO., S. 459 u. S. 4).

[68] Vorträge über Recht und Staat, S. 9; vgl. CONRAD, Staatsgedanke und Staatspraxis, S. 33ff., *33*.

[69] Vorträge über Recht und Staat, S. 467f.

[70] Vorträge über Recht und Staat, S. 586. Vgl. CONRAD, Rechtsstaatliche Bestrebungen, S. 18ff., 20–23.

Staatszwecken der rationalistischen Naturrechtslehre des aufgeklärten Absolutismus – Wohlfahrt und Sicherheit – entsprach) in der Einleitung des Allgemeinen Gesetzbuches für die Preußischen Staaten von 1791 zu verankern (§§ 77–79):

> „Das Wohl des Staates überhaupt und seiner Einwohner insbesondere ist der Zweck der bürgerlichen Vereinigung und das allgemeine Ziel der Gesetze.
> Das Oberhaupt des Staates, welchem die Pflichten zur Beförderung des gemeinschaftlichen Wohls obliegen, ist die äußeren Handlungen aller Einwohner diesem Zwecke gemäß zu leiten und zu bestimmen berechtigt. Die Gesetze und Verordnungen des Staats dürfen die natürliche Freiheit und Rechte der Bürger nicht weiter einschränken, als es der gemeinschaftliche Endzweck erfordert."[71]

4. In Österreich hat der Rechtslehrer JOSEPHS II., CHRISTIAN AUGUST BECK (1720–1784),[72] die ihm in der kaiserlichen Ordre von 1754 erteilte Anweisung, den Unterricht im Natur- und Völkerrecht nach der Lehre PUFENDORFS zu erteilen, auch befolgt[73]. Nach PUFENDORF (1632–1694)[74] geht die Begründung des Staates von den Familienhäuptern aus. Weder der Geselligkeitstrieb noch die menschliche Bedürftigkeit sind die eigentlichen Ursachen der Staatsgründung, sondern vielmehr die Furcht vor der Unsicherheit (des Naturzustandes) und vor den von anderen Menschen drohenden Gefahren[75]. Diesen Ansatz übernahm Beck. Auch nach ihm entstand der Staat durch einen Zusammenschluß der Hausväter, die im Stande der natürlichen Freiheit beinahe die Vorrechte der höchsten Gewalt genossen. „Jede Familie hatte das Ansehen eines kleinen Staats,

[71] Vgl. CONRAD, Staatsgedanke und Staatspraxis, S. 25. Der Gegenstoß gegen diese Reformbestrebungen führte jedoch zur Suspension dieses Gesetzbuches. Im Allg. Landrecht f. d. Preußischen Staaten v. 5. Febr. 1794 – mit Gesetzeskraft v. 1. Juni neu verkündet – war der „Grundrechtskatalog" gestrichen; vgl. hierzu CONRAD, Rechtsstaatl. Bestrebungen, S. 18ff.; ders., Staatsgedanke u. Staatspraxis, S. 25f.; ders., Recht u. Verfassung des Reiches, S. 1f.

[72] Zu Leben und Werk vgl. Recht u. Verfassung des Reiches, S. 10–23; MARTIN HEROLD, Diskussionsbeitr. zu CONRAD, Rechtsstaatl. Bestrebungen, ebenda S. 78–80. Im Zusammenhang mit der Edition seiner Prinzenvorträge ist die lange diskutierte Frage, ob und inwieweit MARTINI am Rechtsunterricht JOSEPHs II. beteiligt gewesen ist, geklärt. MARTINI war der Unterricht LEOPOLDs übertragen, dem allerdings JOSEPH des öfteren zuhörte (vgl. Recht u. Verfassung des Reiches, S. 6ff., *8f.*).

[73] Vgl. Recht u. Verfassung des Reiches, S. 18f.

[74] Zu Leben und Werk grundlegend E. WOLF, Große Rechtsdenker, S. 306–366, mit Bibliogr. u. Verzeichnis d. Werke; HANS WELZEL, Die Naturrechtslehre Samuel Pufendorfs, 1958. Weitere Lit. bei BINGLER, Studien, S. 111f.

[75] WELZEL, aaO., S. 58ff.

wo einer regierte und alle anderen gehorchten"[76]. Ungeachtet dessen sind mehrere Familien zu einer Gesellschaft zusammengetreten, „weil sie alle unter einem gemeinschaftlichen Oberhaupt ihre Erhaltung, Ruhe und Glückseligkeit zu finden glaubten"[77]. Eine solche Gesellschaft nannte Beck „eine Republik, ein Reich oder (einen) Staat"[78]. Die Grundursache für einen Zusammenschluß in Gesellschaften war für Beck in genauer Übereinstimmung mit Pufendorf „nicht ein Abgang an Sachen, die zum Unterhalt der Menschen nötig sind, nicht die Begierde nach guten Sitten und Wissenschaften, nicht der Trieb zur Geselligkeit", sondern einzig und allein „der Mangel hinlänglicher Sicherheit ... für Leben, ... Freiheit ... und Vermögen und die daraus entstehende Furcht"[79]. „Der Ursprung aller bürgerlichen Staaten hat demnach seinen Grund ... in der Unart und Bosheit der Menschen"[80]. Der Endzweck der bürgerlichen Verfassung aber ist die Sicherheit[81].

Wie die Staatstheoretiker des aufgeklärten Absolutismus in Preußen, so sagt auch Beck den Fürsten, „daß sie zur Sicherheit und Wohlfahrt ihrer Bürger und Untertanen bestimmt sind und als wahre Väter des Vaterlandes die Gesetze der Gerechtigkeit, Billigkeit und Güte nie aus den Augen lassen sollen"[82]. „Die Wohlfahrt des ganzen Staates und die Glückseligkeit aller einzelnen Untertanen müssen jederzeit der Hauptgegenstand aller ... Absichten und Bemühungen sein"[83]. Während Pufendorf noch ein allerdings äußerst eingeschränktes Widerstandsrecht für möglich hält[84], kann sich Beck nicht dazu durchringen[85]. So bleibt den Untertanen nur, „Fehler und Laster ihres Regenten mit Geduld zu ertragen und das Unrecht, was sie leiden müssen, demjenigen Richter

[76] Christian August Beck, Kern des Natur- und Völkerrechts, Zum Unterricht eines großen Prinzen entworfen, (vermutl.) 1755, ediert G. Kleinheyer, in: Recht u. Verfassung des Reiches, S. 143–394, hier S. 204f.: 2. Buch, 5. Kap. („Vom Ursprung der bürgerlichen Staaten und ihrer verschiedenen Regimentsformen"), §§ 1 u. 2 (Zitat aus § 2).
Bei der Formulierung „Jede Familie hatte das Ansehen eines kleinen Staats" bezog sich Beck auf Hobbes (De Cive, Cap. VIII, § 1): Familia magna Regnum, et Regnum parvum familia est.

[77] Beck, aaO., § 3.

[78] AaO., § 4.

[79] § 6, aaO., S. 206.

[80] § 7 aaO., S. 207.

[81] § 8 – aaO., S. 207f.

[82] 2. Buch, 6. Kap., § 8 – aaO., S. 221f.

[83] 2. Buch, 5. Kap., § 8 – aaO., S. 209.

[84] „interdum alicui civi nefas non esse, salutem suam vi contra atrocissimas iniurias superiores defendere" – Ius Naturae, lib. VIII, cap. 8, § 5. Vgl. E. Wolf, Große Rechtsdenker, S. 352ff., *353*.

[85] Natur- und Völkerrecht, 2. Buch, 23. Kap., §§ 11–13 – aaO., S. 297.

anheim zu stellen, der ein König aller Könige ist und das Böse nicht ungestraft läßt"[86]. Hierin stimmt er im Ergebnis mit KARL ANTON V. MARTINI überein, der ebenfalls den Bürgern das Recht abspricht, über den Monarchen zu richten: „Ist eine Regierung übel beschaffen, so ist es Pflicht, sie geduldig zu ertragen und die Ursache davon in dem widrigen Geschicke, in der menschlichen Schwachheit und in dem allzu schweren Regentenamt aufzusuchen"[87].

5. Der Erzieher LEOPOLDS, KARL ANTON VON MARTINI (1726–1800)[88], folgt wie BECK der Lehre PUFENDORFS über die Entstehung des Staates[89]. Er sieht im Staat einen Zusammenschluß freier Menschen, die sich ihrer Sicherheit wegen unter einem gemeinschaftlichen Oberhaupte vereinigt haben[90], wozu sie durch die Einsicht in die Unzulänglichkeiten des Naturzustandes veranlaßt wurden[91]. Grundlage des Staates ist der „Bürgerliche Vereinigungsvertrag"[92], erster und wichtigster Endzweck die Sicherheit, eigentlich die allgemeine Wohlfahrt[93]. Weitere, untergeordnete Zwecke waren nach ihm möglich, aber „so viel man deren ... auch immer angeben mag, so sind doch selbige sämtlich mit der Sicherheit gleich als mit ihrem Hauptstamme verbunden. Ungerechte Endzwecke gehören nicht in diese Zahl. Eine Gesellschaft, die deren hätte, würde man nicht wohl einen Staat, sondern eher ein Rotte nennen können"[94].
Der Versuch MARTINIS seine Lehren in der Gesetzgebung zur Anerkennung zu bringen, hatte schließlich Erfolg. Seine Grundauffassung vom Staat hat in den schon erwähnten Einleitungs- und Grundsatznormen[95] des Bürgerlichen Gesetzbuches für Westgalizien von 1797 ihren Niederschlag gefunden:

> „I § 5 Menschen, die sich miteinander vereinigen, um nach gewissen Vorschriften einen gemeinschaftlichen Zweck zu erreichen, heißen eine Gesellschaft.

86 AaO., § 16.
87 Lehrbegriff des Naturrechts, 1799, III. Nr. 375; vgl. auch Nr. 377 u. 498. An früherer Stelle finden wir eine etwas anders gerichtete, aber zum gleichen Ergebnis führende Argumentation (Lehrbegriff III, Nr. 379).
88 Zu Leben u. Werk vgl. oben, S. 72, Anm. 30.
89 Vgl. CONRAD, Staatsgedanke u. Staatspraxis, S. 22.
90 MARTINI, Allgemeines Recht der Staaten 1799 (Übers. der latein. Ausgabe v. 1768), § 8.
91 AaO., § 5.
92 AaO., § 38.
93 AaO., § 13.
94 Lehrbegriff, Nr. 22.
95 CONRAD spricht in diesem Zusammenhang häufig von „grundgesetzl. Normen" – vgl. z. B. Staatsgedanke u. Staatspraxis, S. 23.

§ 6 Der Staat ist eine Gesellschaft, die zur Erreichung eines bestimmten, der Natur des Menschen angemessenen und unveränderlichen Endzweckes unter einem gemeinschaftlichen Oberhaupte vereinigt und verbunden ist.

§ 7 Dieser Endzweck ist überhaupt die allgemeine Wohlfahrt des Staates, d. i. die Sicherheit der Personen, des Eigentums und aller übrigen Rechte seiner Mitglieder“[96].

Aus Grundsätzen wie den obigen, die die Wohlfahrt des Einzelnen und der Gesamtheit als höchstes und einziges Ziel des Staates und allen Handelns seiner Einrichtungen ansahen, tritt uns eine eudämonistisch-utilitaristische Theorie entgegen, die klassische Theorie des Staatsabsolutismus und des Polizeistaates. Zur gründlichsten Ausformung gelangte sie im 18. Jh. zur Zeit des aufgeklärten Absolutismus[97]. Die aus dieser Theorie entwickelte Staatslehre führte in Theorie und Praxis zu einer Kulmination der souveränen Herrscherrechte, denen jedes, wenn auch noch so gut und oft verbriefte Recht der Untertanen zu weichen hatte[98]. SVAREZ verdeutlicht in seinen Kronprinzenvorträgen (was im übrigen auch für die meisten anderen Denker dieser Zeit gilt), wie sich mitten im voll ausgebildeten rationalistischen Naturrecht doch eine Gesetzgebungstheorie durchgesetzt hatte, die ganz im Sinne WOLFFS „die autonome staatliche Gesetzgebung zur einzigen Grundlage des Rechtslebens“[99] gemacht hat. In dieser gerade auch bei CHRISTIAN WOLFF deutlichen Hinwendung zur gesetzes-positivistischen Idee der völligen Unabhängigkeit der Gesetze vom höheren Recht[100] war das Naturrecht zu „einer überpositiven Rechtfertigung des positiven Rechts“[101] geworden.

[96] Siehe auch die Festlegung von „natürlichen“ Pflichten und die Garantie von „angeborenen“ Rechten in den §§ 28 u. 29 – CONRAD, aaO., S. 37, Anm. 71.
Schon 11 Jahre vorher, im Allgemeinen Gesetzbuch von 1786, wurde „zum ersten Male in der deutschen Verfassungsgeschichte eine grundgesetzliche Norm des aufgeklärten Absolutismus in Gesetzesform verkündet“ (so CONRAD, Staatsgedanke und Staatspraxis, S. 28); also etwa drei Jahre vor der Déclaration des droits de l'homme et du citoyen v. 26. Aug. 1789. Vgl. sogar schon im Entwurf des CODEX THERESIANUS v. 1766, 1. Th., Cap. I, § II, 12 – CONRAD, aaO., S. 28, Anm. 40.

[97] G. JELLINEK, Allgem. Staatslehre, S. 242f., 243.

[98] VALSECCHI (in: E. Rota, Questioni di storia del Risorgimento e dell'unita d'Italia, 1951, S. 34) spricht von „culmine di parabola“.
Siehe auch Jellinek, aaO., S. 466.

[99] GAGNÉR, S. 72.

[100] AaO., S. 72.

[101] THIEME, Naturrecht, S. 228; vgl. GAGNÉR, S. 76. Zur Übereinstimmung MARSILIUS – WOLFF in diesem Punkt siehe GEWIRTH, Marsilius I, S. 151.

> „Sie (die Untertanen) sind schuldig, ihre Handlungen den vom Staat gegebenen Gesetzen zu unterwerfen und ihre Rechte nur nach diesen Gesetzen als den Aussprüchen des allgemeinen Willens auszuüben“[102].

Für SVAREZ kann „unter Menschen, die in einer bürgerlichen Gesellschaft und unter Gesetzen leben, nicht mehr davon die Frage sein, was für Befugnisse und Obliegenheiten unter ihnen nach dem Naturrecht stattfinden, sondern es kommt alles darauf an, was die Gesetze des Staats über ihre Rechte und Pflichten bestimmen“[103].
Die gleiche Auffassung finden wir bei BECK in seinem Natur- und Völkerrecht, im 2. Buch, 6. Kapitel: Von der Majestät oder der Höchsten Gewalt und den verschiedenen Arten, dieselbe zu erlangen:

> „§ 2 Diese Freiheit und die daraus fließende höchste Gewalt, seine Handlungen und Rechte nach eigener Willkür auszuüben, ohne jemandem in der Welt davon Rechenschaft zu geben, wird die Majestät genannt ...“[104].

Diese Vorstellungen vom souveränen Herrscherrecht haben zur Vollendung der staatlichen Einheit in Preußen und Österreich wesentlich beigetragen. Unter ihrem Einfluß verschmolzen nämlich die Herrscher der brandenburgischen und der österreichischen Ländergruppen ihre Territorien „zu einem mittels einer einheitlichen Verwaltungsorganisation beherrschten Ganzen“[105].

Zusammenfassend ergibt sich folgendes Bild[106]:
In der Staatstheorie des aufgeklärten Absolutismus Preußens und Österreichs beruhte der Staat auf einem Zusammenschluß von Menschen, die sich einer Obergewalt vertraglich unterworfen haben, weil der Naturzustand zu viele Unzulänglichkeiten in sich barg. Staatszwecke waren zuvörderst die Ruhe und Sicherheit im Innern und nach außen, auch die Wohlfahrt des Ganzen und der Einzelnen. Aufgabe der Obergewalt im Staate war die Erreichung dieser Zwecke. Die Mittel hierzu sollten die Majestäts- oder Hoheitsrechte liefern, die in der uneingeschränkten Monarchie dem Herrscher (Regenten) allein zustanden. Dieser war mithin nicht mehr der Staat selbst, etwa im Sinne des LUDWIG XIV. in den

[102] Vorträge über Recht u. Staat, S. 9.
[103] AaO., S. 582.
[104] Abdruck in: Recht u. Verfassung des Reiches, S. 219.
[105] JELLINEK, Allgem. Staatslehre, S. 467.
[106] Nach CONRAD, Staatsgedanke u. Staatspraxis, S. 59ff.

Mund gelegten „L'Etat c'est moi"[107], sondern der erste Diener seines Staates[108], gleichsam ein Organ des Staates, durch das dieser handelte. Der Monarch war in der Ausübung seiner Majestätsrechte naturrechtlich, nicht positivrechtlich, an die Staatszwecke gebunden[109]. Der den Staat begründende Vertrag band ihn wie auch die Bürger. „Diese naturrechtliche Grundlegung des Staates, der Obergewalt im Staat und des Verhältnisses des Staates zu seinen Bürgern war das Grundgesetz des aufgeklärten Absolutismus", das gegen Ende des 18. Jhs. in „grundgesetzlichen Normen der beiden führenden deutschen Staaten, Preußen und Österreich, niedergelegt wurde"[110].

[107] Vgl. HARTUNG, „L'Etat c'est moi", in: HZ 169, 1949, S. 1ff.
[108] Vgl. Werke Friedrichs d. Gr., VIII, S. 226.
[109] Vgl. CONRAD, Staatsgedanke u. Staatspraxis, S. 30 u. 59.
[110] AaO., S. 59.

§ 2 Skizze der geistesgeschichtlichen Lage des Verhältnisses von Kirche und Staat im 18. Jh.[1]

Hier kann und soll nicht versucht werden, in das Detail der konkreten Verhältnisse einzuführen. „Nur die wesentlichen Begriffe und die im Europa des 18. Jh. vorliegenden gedanklichen Systeme des Kirche-Staat-Verhältnisses sollen skizziert werden.“[2] Im einzelnen wird die rechtliche oder faktische Ordnung zwischen Kirche und Staat jeweils da zu behandeln sein, wo sie als bestimmende Umwelt Einfluß ausübt auf die Kompetenzverteilung in Sachen Schule; hier: auf Organisation und Praxis der Schulaufsicht.

I. Grundpositionen, Motive, Phasen und Entwicklungslinien in der Geschichte des Zueinanders von Kirche und Staat bis zum 18. Jahrhundert

Zu Recht wurde darauf hingewiesen, daß die von der katholischen Kirche aus den Grundweisungen des Neuen Testaments entwickelten und

[1] Eine Gesamtdarstellung des Themas steht noch aus. Diese orientierende Skizze fußt auf den Ausführungen von LIPGENS, Spiegel, 1965, S. 11ff.; REINHARDT, Beziehungen, 1966; ders., Bemerkungen, 1968; KLINGENSTEIN, Staatsverwaltung, 1970; FEINE, Kirchliche Rechtsgeschichte, 5. A., 1972, § 39, S. 489ff., § 44, S. 557ff., § 45, S. 573ff., 580ff; VON CAMPENHAUSEN, Staatskirchenrecht, 1973, bes. S. 32ff. Ergänzendes Material und Modifizierungen wurden vor allem den folgenden Untersuchungen entnommen: CONRAD, Kirche und Staat, in: StL IV, 1959, Sp. 1001–1005; ders., Deutsche Rechtsgeschichte II, 1966, bes. S. 294–301; ders., Staat und Kirche im aufgeklärten Absolutismus, 1973; FRIEDBERG, Die Gränzen zwischen Staat und Kirche, 1872, (Neudr. 1962), bes. S. 137ff., 266ff.; MARTIN HECKEL, Zur Entwicklung d. dt. Staatskirchenrechts, in: ZevKR 12, 1966/67, S. 1ff.; ders., Staat und Kirche, 1968; HÖSLINGER, Rechtsgeschichte, 1937, S. 74ff., S. 83ff.; MAURER, Entstehung des Landeskirchentums, 1966; MIKAT, Kirche und Staat, in: Sacramentum mundi II, 1958, Sp. 1294–1336; ders., Kirche und Staat, in: StL IV, 1959, Sp. 1005–1016; ders., in: HdbStKirchR, I (1974), S. 143ff; OBERMAYER, Die Gesch. d. dt. Staatskirchenrechts, in: Bonner Komm. zu Art. 140, S. 11ff.; RAAB/KÖHLER, in: Handbuch der Kirchengeschichte V, 1970, S. 353ff.; SCHEUNER, in: HdbStKirchR, I (1974), S. 5ff.; SCHLAICH, Territorialismus, in: ZRG(C) 54, 1968, S. 269ff.; ders., Kirchenrecht und Vernunftrecht, in: ZevKR 14, 1968/69, S. 1ff.; ders., Kollegialtheorie. Kirche, Recht und Staat in der Aufklärung, 1969; WANDRUSZKA, Fortschritt und Beharrung, 1966; ders., Haus Habsburg, 1966; ders., Maria Theresia, 1968; ZIEGLER, Religion, Kirche und Staat I, 1969, S. 357ff.
Die nuancenreiche Palette der bis zum 19. Jh. theoretisch formulierten oder praktizierten Typen eines staatlich-kirchlichen Verfassungsverhältnisses und Staatskirchenrechts hat E. R. HUBER (Deutsche Verfassungsgeschichte seit 1789 I, 2. A., 1967, S. 387ff., 389–391) zu erfassen versucht.

[2] LIPGENS, Spiegel, S. 11.

im Laufe der Jahrhunderte in reicher Differenzierung dargelegten Lehren über Wesen, Aufgaben und Grenzen der geistlichen und weltlichen Gewalt im 18. Jh. in Vergessenheit geraten oder verdunkelt worden waren[3]. Es seien hier nur die Kernsätze genannt: Grundsätzliche Scheidung geistlicher und weltlicher Gewalt und die Lehre von der Eigenständigkeit beider (Mt. 22,21); Akzeptation weltlicher Obrigkeiten (Röm. 13,1ff.; 1 Petr. 2,13ff.) mit gleichzeitiger Abwehr jeden Übergriffs weltlicher Gewalt in religiöse Dinge (Apg. 5,29; 1 Kor. 8,5f.).

„In qualitativ anderer Weise als die natürlichen Religionen, die trotz möglicher konkreter Spannungen zwischen der ‚staatlichen' und der ‚religiösen' Gesellschaft doch grundsätzlich in ersterer aufzugehen tendierten, hat die ‚katholische' Kirche den Anspruch absoluter Eigenständigkeit erhoben aufgrund ihres Selbstverständnisses, in erster Linie nicht ein Sehnen der Menschen *nach* der Transzendenz, sondern die Antwort *aus* der Transzendenz zu verkünden, also Gottes eigenen Offenbarungsraum zu verwalten. Durch die Behauptung dieses Anspruches war das Verhältnis von Kirche und Staat zu einem charakteristischen Grundthema abendländischer Geschichte geworden"[4].

Bereits früh hatte man sich in gleicher Weise gegen Übergriffsversuche kaiserlicher Gewalt, z. B. zur Zeit der sächsisch-salischen Kirchherrschaft, wie gegen papaltheokratische Versuche – als deren kennzeichnender Endpunkt Bonifaz VIII. (1294–1303) gesehen werden kann – zur Wehr gesetzt und abgegrenzt[5]. Zu klassischer Formulierung war diese Diskussion in den Definitionen des Thomas von Aquin gelangt: „Sowohl die geistliche wie die weltliche Gewalt stammt von Gott. Die weltliche Herrschaft steht insoweit unter der geistlichen, als sie ihr von Gott unterstellt ist, d. h. in den Dingen des Seelenheils. In diesen Dingen muß man der geistlichen Gewalt mehr gehorchen als der weltlichen. In Sachen der bürgerlichen Wohlfahrt muß man der weltlichen Macht mehr als der geistlichen gehorchen, nach Mt. 22: Gebt dem Kaiser, was des Kaisers ist."[6]

[3] Zur Entfaltung der Lehre im frühen Christentum vgl. H. Rahner, Kirche und Staat im frühen Christentum, 2. A., 1961. Zur weiteren Entwicklung vgl. von Campenhausen, Staatskirchenrecht, S. 15ff.; Feine, Kirchliche Rechtsgeschichte; Lipgens, Kirche und Staat; StL IV, s. v. Kirche und Staat; Ziegler I.

[4] Lipgens, Spiegel, S. 12.

[5] Zur karolingischen Theokratie und zur sächsisch-salischen Kirchherrschaft vgl. Feine, Kirchliche Rechtsgeschichte, § 23, II, S. 236ff.
Zur kirchengeschichtlichen Periode und zum System des Papalismus vgl. Feine, aaO., § 27, S. 294ff.

[6] Thomas von Aquin, Comm. in IV lib. sent. Mag. P. Lombardi II, dist. 44, qu. 2, art. 3 (expositio textus) ad 4 (Doct. Ang. Aquinatis op. omnia, 8, ed. Fretté/Maré,

„Wie es den weltlichen Oberhäuptern zusteht, zur näheren Bestimmung des natürlichen Rechts Gesetze zu geben für den Bereich des Gemeinwohls in zeitlichen Dingen, so steht es den kirchlichen Vorstehern zu, zum Nutzen der Gläubigen Gesetze zu geben im Bereich des Seelenheils"[7].

Noch in den Werken der Spätscholastik, zumal bei SUAREZ (1548–1617) und BELLARMIN (1542–1621) wird als Grundsatz bewußt gehalten, daß die geistliche Gewalt nicht aus der weltlichen stammt, noch mit ihr verbunden ist"[8].

Von alldem war in der 2. Hälfte des 18. Jh. den Staatsmännern wie den Theologen nur noch soviel in Erinnerung, daß das dogmatische Glaubensgut im engsten Sinne zu regeln allein der geistlichen Gewalt zustehe. Die Herrschaft der Fürsten über Religions- und Kirchenangelegenheiten ihrer Länder war zur Selbstverständlichkeit geworden. Als kennzeichnend und exemplarisch sei das Gutachten der Wiener Universität von 1781 angeführt: „Die Disciplinargesetze der Kirche aber, sie mögen hernach von Konzilien, oder dem römischen oder sonst einem Bischof erlassen worden seyn, gelten in den österr. Staaten nur so viel, als unsere Regenten sie gelten lassen wollen ... Es scheint auch nicht der Mühe werth, dass über die bei uns ausser Kraft gesetzten Decretalien Vorlesungen gehalten werden, welche den Schülern Gelegenheit geben könnten, die Idee einer von der weltlichen Gewalt verschiedenen gesetzgebenden geistlichen Gewalt zu nähren ..."[9].

1873, S. 594): „Ad quartum dicendum, quod potestas spiritualis et saecularis utraque deducitur a potestate divina; et ideo intantum saecularis potestas est sub spirituali, inquantum est ei a Deo supposita, scilicet in his quae ad salutem animae pertinent; et ideo in his magis est obediendum potestati spirituali quam saeculari. In his autem quae bonum civile pertinent est magis obediendum potestati saeculari quam spirituali, secundum illud Matth., XXII, 21: Reddite quae sunt Caesaris Caesari." Übersetzung nach HANS MEYER, Thomas von Aquin, 2. A., 1961, S. 582.

[7] TH. V. AQUIN, Summa theologiae, II, II, qu. 147, a. 3 (Dt. Thomas-Ausgabe, Bd. 21, 1964, S. 332f.): „. . . sicut ad saeculares principes pertinent praecepta legalia, juris naturalis determinativa, tradere de his quae pertinent ad utilitatem communem in temporalibus rebus; ita etiam ad praelatos ecclesiasticos pertinet ea statutis praecipere quae ad utilitatem communem fidelium pertinent in spiritualibus bonis."
Übersetzung nach LIPGENS, Kirche und Staat, S. 39. Vgl. auch P. TISCHLEDER, Ursprung und Träger der Staatsgewalt nach der Lehre des Hl. Thomas, 1923; O. SCHILLING, Die Staats- und Soziallehre des hl. Thomas, 1930.

[8] H. ROMMEN, Die Staatslehre des Franz Suarez, 1926 (Zitat S. 246); vgl. ferner FR. X. ARNOLD, Die Staatslehre des Kardinals Bellarmin, 1934; FEINE, Kirchliche Rechtsgeschichte, S. 547f., *548*.

[9] Verfasser Prof. SCHEIDLEIN, Abdruck: KINK, Geschichte der kaiserl. Universität Wien I, 1, S. 576f.; FRIEDBERG, Gränzen, S. 159; vgl. FEINE, § 45 II, S. 584.

Lipgens dürfte zuzustimmen sein, wenn er die tiefste Ursache für den seit dem Spätmittelalter bis zur bewußten Herrschaft über die Kirche anwachsenden landesfürstlichen Einfluß und die immer schwächer werdende Gegenwehr des christlichen Bewußtseins „in dem Versuch und Irrtum der mittelalterlichen Christenheit" sieht, „eine Verchristlichung nicht nur des Einzelmenschen, sondern auch der menschlichen Gesellschaft und ihrer Strukturen entgegen den Versicherungen der Offenbarung schon historisch für erreichbar zu halten"[10]. Eine grandiose spätere Parallele bietet uns der frankesche Pietismus, der sich als „Reformation der Reformation" verstand, aber in Wirklichkeit weniger „eine Reformation der Kirche, als eine Reformation der Welt erstrebte"[11].
Eine nicht zu unterschätzende konkrete Ursache für diese Entwicklung schuf das hochmittelalterliche Papsttum selbst mit dem Ausspielen der territorial-staatlichen Gewalten durch den Papst gegen das Kaisertum, woraus dann im Pendelgegenschlag wachsende Herrschaftsforderungen der Fürsten entstanden, gefördert noch durch episkopalistische Theorien wie die des Marsilius von Padua und des Wilhelm von Occam („Jedes Königreich darf nur eine schlechthin höchste Obrigkeit haben")[12], durch Verleihung von Anteilen an kirchlichen Finanzen, die Praxis des recursus ab abusu, die Handhabung des Placet und des Nominationsrechtes.
Dieser Prozeß erfuhr eine Verschärfung durch die Reformation. Für deren Verlauf in Richtung eines radikalen Landeskirchentums war nicht nur die tatsächliche Zunahme fürstlicher Macht über die Kirchenordnungen in den Ländern, die die Reformation einführten, bedeutsam, sondern mehr noch die neue Legitimation, die man hierfür durch Berufung auf bestimmte Lehren der Reformatoren gewann. „Es gab viele, bald für Jahrhunderte einseitig hervorgehobene Äußerungen Luthers, die die weltliche, als ‚Stand' der Christenheit gedachte Obrigkeit zur Ausbreitung der reinen Lehre und als Leiterin der Gemeinden verpflichtete"[13]. Martin Luther, der die Wiederkehr einer kirchlichen Rechtsordnung ablehnte, aber auch – seit 1525 – nicht mehr an die Möglichkeit frei sich regierender Gemeinden glaubte, blieb „schlechterdings nichts weiter übrig,

[10] Lipgens, Spiegel, S. 13f.

[11] So Hinrichs, Preußentum u. Pietismus, bes. S. 2, 9ff u. 47.

[12] Occam, Dialogus de imperatorum et pontificum potestate (1338–1342), III, 1343, tract. 2, 2/17; zum älteren vorreformatorischen Staats- und Landeskirchentum grundlegend und eingehend Feine, § 39, S. 489ff.; zu Occam vgl. Elmar Heinen, Reich und Kirche bei Wilhelm von Ockham, 1959, u. Feine, Kirchl. Rechtsgesch., S. 456f.

[13] Lipgens, Spiegel, S. 14; zum Problem insgesamt vgl. Lipgens, aaO., S. 14f. mit Lit. (Anm. 38).

als die fehlende kirchliche Autorität durch das Ansehen der weltlichen Obrgkeit zu ersetzen"[14]. Ganz andere – in der Fülle seines an Spannungen und auch Widersprüchen reichenDenkens – *auch* vorhandene Denkansätze und Äußerungen blieben zunächst und besonders im 18. Jh. historisch unwirksam[15].

Die evangelischen Fürsten sahen sich als Organe göttlichen Wirkens legitimiert und zögerten nicht, die ihnen von den Reformatoren zugesprochene Herrschaft über die gesamte äußere Kirchenordnung in vollem Umfange anzutreten und darüber hinaus das ihnen in einseitig herausgestellten Äußerungen zugewiesene Zwangsamt über die ‚reine Lehre' recht kräftig wahrzunehmen. Während calvinische Gemeinden „ihr Eigensein zumal in manchen Reichsstädten zu wahren wußten, ordneten lutherische Orthodoxie und Kameralistik die Fürstenherrschaft im Episkopalsystem und verwirklichten die Fürsten ihre Kirchenherrschaft mittels staatlicher Behörden (Konsistorien), staatlicher Erlasse (Kirchenordnungen) und Visitationen"[16].

In diesem Zusammenhang erscheint die Tatsache bedeutsam, daß für das Staatskirchenrecht der Neuzeit nicht das Reichsverfassungsrecht maßgeblich wurde[17]. Die Mehrzahl der Berührungspunkte von Staat und Kirche lag ja auch bei den Territorialstaaten, deren Fürsten mit dem ius reformandi die Zuständigkeit für Kirche, Schule und Ehegerichtsbarkeit kraft Reichsrecht gewonnen hatten. Damit war die Zuständigkeit, die die Landesherren schon seit dem 15. Jh. in Anspruch genommen hatten, nicht nur erweitert und abgerundet worden; vor allem war die rechtliche

[14] So G. RITTER, Luther, Gestalt und Tat, 4. A., 1949, S. 200.

[15] Vgl. die neuere Forschung zur Staatsauffassung bei Martin Luther; vor allem G. TÖRNVALL, Geistl. u. weltl. Regiment bei Luther, 1947; JOH. HECKEL, Lex charitatis, 1953; H. R. GERSTENKORN, Weltlich Regiment, 1956; JOH. HECKEL, Im Irrgarten der Zwei-Reiche-Lehre, 1957; P. ALTHAUS, Luthers Lehre von den zwei Reichen, in: Lutherjahrbuch 24, 1957, S. 40–68; H. BORNKAMM, Luthers Lehre von den zwei Reichen, 1958. Davorliegende Lit. bei LIPGENS, Spiegel, S. 15, Anm. 38, 39.

[16] LIPGENS, Spiegel, S. 16; zum Problemkreis vgl. F. SEHLING, Geschichte der protest. Kirchenverfassungen, 1914; PH. MEYER, Der obrigkeitliche Zwang in den dt. ev. Landeskirchen des 16.-18. Jh. in: Z. f. nieders.KiG. 34/35, 1929; E. W. ZEEDEN, Martin Luther und die Reformation im Urteil des deutschen Luthertums, 1950, S. 222ff.

[17] Vgl. VON CAMPENHAUSEN, Staatskirchenrecht, S. 32. Zu den drei wichtigsten Theorien (Episkopal-, Territorial- und Kollegialsystem), die den evgl. Landesfürsten die Begründung für ihr landesherrliches Kirchenregiment lieferten vgl. ebenfalls V. CAMPENHAUSEN, aaO., S. 33ff.
Zum Staatskirchenrecht der Neuzeit vgl. im einzelnen: FEINE, § 43, S. 546ff., § 45, S. 573ff.; sowie M. HECKEL, in ZRG(C), 52, 1956, S. 117ff. und 53, 1957, S. 202ff.; 54, 1968, S. 269; SCHLAICH, in: ZevKR 14, 1968/69, S. 1ff.; M. HECKEL, Staat und Kirche, 1968, S. 73ff.; SCHLAICH, Kollegialtheorie, Kirche, Recht und Staat in der Aufklärung, 1969.

Grundlage dafür nicht mehr die in der Theorie auf kirchlicher Verleihung beruhende Kirchenadvokatie, sondern ein gegen den Widerspruch des Papstes gewährter reichsrechtlicher Titel, spätestens seit 1555 eben das ius reformandi[18]. An die Stelle kirchlicher Rechtfertigung und reichsrechtlicher Titel trat allmählich die Begründung fürstlicher Rechte aus dem Wesen der staatlichen Hoheit selbst[19].

Der Unterschied im Staatskirchentum der beiden Konfessionen war in der Praxis kaum, mehr jedoch in der rechtlichen Begründung zu finden. Die katholischen Regenten beanspruchten die Hoheitsrechte gegenüber ihrer Kirche vor allem aufgrund ihrer Souveränität und nicht aufgrund des Augsburger Religionsfriedens, des ius reformandi oder der cura religionis[20].

Im katholischen Deutschland erreichte diese Entwicklung ihren Höhepunkt erst im 18. Jahrhundert mit der aufgeklärten und bürokratischen Bevormundung der Kirche in Bayern unter Maximilian Joseph (1745–1777)[21] und in Österreich unter Maria Theresia (1740–1780) und Kaiser Joseph II. (1780–1790), von dem das ganze System dann den Namen Josephinismus[22] erhielt. Die Religion erschien hier vor allem als ein Erziehungsmittel des Volkes, und die Kirche wurde als eine den staatlichen Zwecken dienende „Erziehungs- und Polizeianstalt"[23] und der Pfarrer als ein Organ des Staates im Dienste der Aufklärung verstanden[24].

[18] Vgl. von Campenhausen, aaO., S. 32.

[19] Vgl. aaO., S. 33.

[20] Zur Situation in den katholischen Staaten vgl. aaO., S. 37ff.
Die ohnehin bereits beträchtliche fürstliche und staatliche Macht erfuhr eine Verstärkung und Konsolidierung einmal durch den Umstand, daß die kath. Kirche ihren Besitzstand nur durch Anlehnung an kath. Fürsten wahren konnte, zum anderen durch das Wirksamwerden der Theorien protestantischen Staatskirchentums. Hinzu kam, daß den kath. Fürsten zwar in der Theorie das ius in sacra nicht zustand, eine die „sacra" äußerst einengende Interpretation jedoch in der Praxis zu vergleichbaren Ergebnissen wie in den evgl. Territorien führte: Übernahme der Entscheidungsmacht im kirchlichen Bereich, Kontrolle und Beschränkung der kirchlichen Autorität im staatlichen Interesse.
Das sozusagen „gemeineuropäische Instrumentarium" (von Campenhausen, aaO., S. 38 mit Lit. in Anm. 38) bestand im placetum regium und der appellatio ab abusu.

[21] Zum „Kurf. geistl. Rat", der zentralen Behörde in dieser Frage vgl. R. Bauer, Der kurfürstliche geistliche Rat n. d. bayer. Kirchenpolitik 1768–1802, 1971.

[22] Vgl. Feine, Kirchl.RG, § 45 II, S. 584ff.; Hantsch, in: StL IV, s.v.; Maass, in: LThK V, s.v.; Plöchl, in: EvStL, s.v.

[23] Feine, aaO., S. 588. Zum Sprachgebrauch und Inhalt von „Kirchen" bzw. „Religionspolizei" und „Schul"- bzw. „Unterrichtspolizei" vgl. K. Zobel, Polizei, 1952, Teil: Wörterbuch II, S. 215f., 396f., 413ff., 505.

[24] Als im Jahre 1750 Maria Theresia (sich verstehend als „suprema advocata ecclesiae") alle mildtätigen Stiftungen der Aufsicht einer Hofkommission unterstellte, war das Signal für den Einzug eines neuen Geistes in die österr. Gesetzgebung gegeben – den

Ein weiteres bedeutsames Moment für das Verständnis des Verhältnisses von Staat und Kirche im 18. Jh. ist das vorangehende Zusammentreffen staatskirchlicher Bestrebungen mit einer in katholischen Staaten verbreiteten, in Deutschland infolge der Reformation verstummten, nun aber wieder auflebenden innerkirchlichen Strömung, des Epikopalismus[25]. Im System des Episkopalismus verstanden sich die geistlichen Fürsten fast nur noch als Landesherren; päpstliche Ansprüche waren ihnen nicht weniger unwillkommene Einmischungen eines fremden Souveräns als den weltlichen Herrschern. Die in Frankreich herrschende Theorie der Verbindung von Staatskirchentum und Episkopalismus unter dem Namen des Gallikanismus[26] gewann im 18. Jh. auf dem Umweg über die Niederlande, dank einer klassischen wissenschaftlichen Verarbeitung[27], im katholischen Deutschland großen Einfluß.

Nach und nach erstrebten und erhielten evangelische wie katholische Fürsten in verschiedenen Graden der Annäherung etwa die Summe von Rechten über „ihre“ Kirchen, die PIERRE PITHOU 1594 als gallikanische Freiheiten kodifizierte[28]. „Noch geschah dies unter den Titeln Advoka-

Geist der ‚Religionspolizei‘. Die Grundsätze hierfür und die Handhabung formulierte bereits 1762 sehr einprägsam KARL ANTON VON MARTINI in seinen Positiones iuris naturalis: „Der Regent darf diesen Leibriemen (der Religionspolizei) weder aus den Händen lassen, noch vernachlässigen und muß daher die Kirche in scharfer Aufsicht halten . . ., muß ihr die nachteilige Vermehrung der unbeweglichen Güter und die Annahme der staatsverderblichen Geldschenkungen verbieten, muß die kirchlichen Mißbräuche abschaffen, den Prozessionen eine anständige Gestalt geben, vor allem seine Vorsorge auf zureichende und geschickte Seelsorge richten; dem Regenten steht die Gesetzgebung und Justiz über alle Geistlichen zu, und die Disziplin der Clerisei ist ein wesentliches Stück der Religionspolitik“.

Die radikale und extreme Ausformung und schließlich auch das Scheitern dieses Ansatzes brachte der Hochjosephinismus. „Die Kirche wurde zur staatlichen Erziehungs- und Polizeianstalt, ihre Diener zu Staatsbeamten. Die kirchliche Zentralstelle ignorierte man möglichst . . ., der einheimischen Bischöfe bediente man sich fast nur noch für Weiheakte. Alles übrige besorgte . . . die staatliche Kirchenbehörde . . ., die das religiöse u. kirchliche Leben bis ins kleinste Detail hinein bevormundete“ – Dictum Stutz bei FEINE, aaO., S. 588.

[25] Hierzu und zum folgenden vgl. FEINE, aaO., § 44, S. 557ff.

[26] FEINE, ebenda.

[27] Besonders durch das Werk des Löwener Kanonisten ZEGER BERNHARD VAN ESPEN (1646–1728) „Jus universum ecclesiasticum“, Löwen 1700, Köln 1702 und seinen deutschen Schüler, den Trierer Weihbischof NIKOLAUS VON HONTHEIM – „Febronius“. Vgl. G. LECLERC, Zeger Bernhard van Espen (1648–1728) et la hiérarchie ecclésiastique, 1961; H. RAAB, Die Concordata Nationis Germanicae in der kanonist. Diskussion des 17. bis 19. Jhs., 1956; zum Problemkreis Episkopalismus, Gallikanismus, Jansenismus u. Febronianismus insgesamt vgl. FEINE, aaO., § 44.

[28] Vgl. FEINE, § 39, bes. S. 496 u. § 44 I, bes. S. 559.

tie, Patronat und päpstliche Verleihung, also rechtlich ‚ex gratia ecclesiae‘ (so zweifelhaft dies theologisch hätte sein müssen)“[29]; wenngleich zugegeben ist, daß ein Teil dieses Staats- und Landeskirchentums sich (oft) als Sachwalter Gottes gesehen hat.

Einen weiteren entscheidenden Schritt stellten die religiösen Bürgerkriege und die von JEAN BODIN, THOMAS HOBBES und HUGO GROTIUS entwickelten Lehren dar. Mit dem Ziel der Überwindung dieser mörderischen Kriege „hatten BODIN, HOBBES und GROTIUS die Lehre von der absoluten Souveränität der Fürsten und der absoluten Hoheit des Staates aus eigenem Recht auch in religiösen Fragen entwickelt“[30].

Etwa seit Mitte des 18. Jh. (im übrigen Europa bereits seit Beginn des Jahrhunderts) schlug sich dann diese Doktrin von der absoluten Souveränität des Staates (die sich von der Staatshoheit zur Kirchenhoheit ausdehnte) in einem neuen Staatskirchenrecht nieder[31].

„In den katholischen Ländern bestand der entscheidende Umschlag darin, daß all die von der Kirche als ‚verliehen‘ betrachteten Besteuerungs-, Visitations- und Nominationsrechte nunmehr kraft eigenen Rechts, als Ausfluß der staatlichen Souveränität beansprucht und wahrgenommen, Konkordate nicht mehr als zweiseitig bindende Verträge, sondern – in Umkehrung der päpstlichen Privilegientheorie – als landesherrlich gewährte Privilegien betrachtet wurden“[32].

In den evangelischen Ländern vollzog sich genau die gleiche „Säkularisierung des Regiments“; die Kirchenhoheit war ein Stück der landesherrlichen Souveränität geworden, „unabhängig von Person und Bekenntnis

[29] LIPGENS, Spiegel, S. 16.

[30] LIPGENS, Spiegel, S. 17; vgl. P. HAZARD, Die Krise des europ. Geistes, 1949, S. 312ff. Zu GROTIUS vgl. in diesem Zusammenhang E. WOLF, Große Rechtsdenker, 1951, S. 252ff.; K. v. RAUMER, Ewiger Friede, 1953, S. 61ff.
Zur Entwicklung der Lehre von der absoluten Souveränität (bes. durch J. BODIN) z. Zt. umfassend H. QUARITSCH, Souveränität.

[31] Vgl. oben S. 91, Anm. 17.

[32] LIPGENS, Spiegel, S. 17f.
Das Besondere der Entwicklung im katholischen Deutschland sieht VON CAMPENHAUSEN darin, daß „anders als in außerdeutschen katholischen Staaten, das Staatskirchentum im katholischen Deutschland dadurch einen besonderen Charakter“ annahm, „daß die Unterordnung der Kirche unter den Staat durch das unmittelbare Hineinregieren der staatlichen Verwaltung in die kirchliche erreicht wurde. Die Reglementierung der Kirche bis in die kleinsten Einzelheiten hinein erübrigte vielfach ein allgemeines Plazet und die nähere Ausgestaltung des Rekursrechtes“ (Staatskirchenrecht, S. 38).

des Trägers"[33]. THOMASIUS hatte 1701 den juristischen Kodex geliefert[34]. Zentralbegriff war hierin das ius majestaticum circa sacra.
Alle neuen Staatskirchenrechte, katholischer wie evangelischer Länder, setzten diesen Begriff an die Spitze und dekretierten ziemlich übereinstimmend, das „ius circa sacra" umfasse

1. das Aufsichtsrecht des Staates (ius inspiciendi), auch über Innerkirchliches (Predigt, Gottesdienst, Ordensregeln usw.);
2. das Recht zu Abwehrmaßnahmen (ius cavendi), die Entschädigung staatlicher Interessen mittels der „Placet"-Pflicht für alle kirchlichen Erlasse und des „recursus ab abusu";
3. das Schutzrecht (ius protectionis), das die Gewährung staatlichen Schutzes für kirchliche Personen und Einrichtungen von der Einhaltung staatlicher Vorschriften abhängig machte;
4. das Obereigentum des Staates am Kirchengut (ius domini supremi), aus dem das Recht zu dessen Besteuerung und Säkularisation folgerte.[35]

Dieses System war nicht nur die ‚juridische' Bestätigung längst bestehender faktischer Zustände durch Umkehrung der theoretischen Begründung. Es wurde zumeist auch gehandhabt in einem Geist, der dem des früheren ‚frommen' Landeskirchentums zuwiderlief. Die Fürsten ließen das Kirchenwesen nicht mehr von Theologen, sondern von Juristen als staatliche Polizeianstalt verwalten. „Ein Widerspruch gegen dieses absolutistische Staatskirchentum bildete sich zuerst – nicht oder nur verzerrt vernehmbar von seiten der Theologen – in der zahlenmäßig winzigen, geistig desto bedeutsameren, inhaltlich so schwer zu subsumierenden Gruppe der rationalistischen Philosophen[36].

[33] W. MAURER, Entstehung des Landeskirchentums in der Reformation, 1966, S. 76; vgl. auch B. VON BONIN, Die praktische Bedeutung des Ius reformandi, 1902 und LIPGENS, Spiegel, S. 17f.; FRIEDBERG, Gränzen, S. 75ff.

[34] CHRISTIAN THOMASIUS, Das Recht evangelischer Fürsten in theologischen Streitigkeiten, 2. A. 1969; ders., Vom Recht eines christlichen Fürsten in Religionssachen, 1701 und ders., Brenneisen, Abhandlung vom Recht evangelischer Fürsten in Mittel-Dingen, in: CHR. THOMASIUS, Auserlesene und in Deutsch noch nie gedruckte Schriften, 1705. Vgl. auch STINTZING – LANDSBERG, Geschichte der deutschen Rechtswissenschaften III, 1, Text, S. 71ff., *84/85*, Noten S. 53; E. WOLF, Große Rechtsdenker, S. 408f.; SCHLAICH, in: ZRG(C) 54, 1968, S. 269–340, *286ff.*, *311ff.*; *317ff.*; ders., Kirche, Recht und Staat, i. d. Aufklärung, 1969, insgesamt.

[35] Nach SCHARNAGEL in: LThK IX, 1937, Sp. 753.
Grundlegend noch immer P. HINSCHIUS, Das Kirchenrecht der Katholiken und Protestanten, III, § 190 u. VI, § 375. Ferner: JOH. HECKEL, Cura religionis – Ius in sacra – Ius circa sacra, in: Festschr. f. U. STUTZ, 1938, S. 224ff., (Sep. Neudr. 1962).

[36] LIPGENS, Spiegel, S. 18f.

II. Differenzierungen in der Betrachtung des Staat-Kirche-Verhältnisses im 18. Jahrhundert aufgrund neuerer Forschungsansätze

Nun könnte in dieser vorliegenden Grobskizze dem Eindruck Vorschub geleistet werden, daß der Bereich des Staates und der Kirche, das Verhältnis von geistlicher und weltlicher Gewalt als mehr oder weniger scharf abgegrenzt und statisch erscheint. Diese Ansicht haben aber die Untersuchungen RUDOLF REINHARDTS am Beispiel Österreichs als revisionsbedürftig herausgestellt[37], denn eine solche Betrachtungsweise „vermag den vielschichtigen Erscheinungen der historischen Wirklichkeit nicht gerecht zu werden“[38].

Während noch im 16. Jh. Weltliches und Geistliches ungeschieden ineinandergehen[39], scheidet sich dann dieser gemeinsame Bereich in einem wechselvollen Prozeß im Laufe der Neuzeit in Kirche und Staat. „Erst in einem fortgeschrittenen Stadium der Säkularisierung, im 18. Jh., wurde die Verschiedenartigkeit der Rechtslage“ ebenso wie in der Kirche so auch im Staat „voll ins Bewußtsein gehoben“[40].

Im Laufe des 18. Jh. können wir auf weltlicher, landesfürstlicher wie auch auf kirchlicher, bischöflicher Seite eine sich ständig verstärkende Tendenz zur Konzentration und damit zu einem mit Ausschließlichkeit ausgestatteten Anspruch über den von ihnen reklamierten Verantwortungs- und Verfügungsbereich beobachten[41]. Zu der Stärkung des landesfürstlichen Autoritätsbewußtseins und dessen Erhöhung zum Staatsbegriff, und der Wiederbelebung oder Stärkung alter ‚staatskirchlicher‘ Traditionen mit den sich daraus ergebenden ‚Eingriffen‘ der weltlichen Regierung in die geistliche Sphäre trat als wichtiges Element innerhalb der Kirche ein neues, auf das geistliche Amt konzentriertes Denken hinzu. In dem gleichen Maße, in dem dieses neue Denken um sich griff, „wurden die weltlichen, in den geistlichen Bereich hineinregierenden Maßnahmen eben als ‚Eingriffe‘, als etwas Unstatthaftes, Abzuwehren-

[37] REINHARDT, Die Beziehungen von Hochstift und Diözese Konstanz zu Habsburg-Österreich in der Neuzeit, 1966; ders., Zur Kirchenreform in Österreich unter Maria Theresia, in: Z.f.KiG 77, 1966, S. 105–119; ders., Bemerkungen zum gesch. Verhältnis v. Kirche u. Staat, in: Theologie im Wandel, 1968.

[38] G. KLINGENSTEIN, Staatsverwaltung und kirchliche Autorität im 18. Jh., 1970, S. 17.

[39] „Es fehlt die klar umrissene Streitsache, denn Weltliches und Geistliches geht ungeschieden durcheinander“ – so H. BORNKAMM, Zum Problem der Gleichberechtigung der Konfessionen im 16. u. 17. Jh., in: ARG 56, 1965, S. 210.

[40] KLINGENSTEIN, S. 18f.

[41] Vgl. REINHARDT, Beziehungen, S. 302.

des und zu Verbietendes empfunden. Die Gemeinsamkeit, die sowohl den auf das Gottesgnadentum sich berufenden Herrscher als auch die mit säkularen Aufgaben betrauten Bischöfe umfangen hatte, löste sich allmählich, aber unaufhaltsam auf"[42].

Am Prozeß der „Trennung in Kirche und Staat"[43], der zunehmenden „Auseinandersetzung" (im wörtlichen und übertragenen Sinne) im 18. Jh., waren auch noch andere Faktoren beteiligt.

Die Konsolidierung und der Ausbau der Staatsmacht nach außen wie nach innen waren ja nicht allein ein der Staatsräson des aufgeklärten Absolutismus entspringender oder etwa ausschließlich ein von der naturrechtlichen Konzeption des Gemeinwohls herzuleitender Vorgang, sie müssen auch als unmittelbare Folge – und dann wiederum als Ursache der anwachsenden Aufgaben im Sozialen und Wirtschaftlichen gesehen werden, die mit dem Begriff der„Polizei" faßbar werden[44]. Die sozialen und wirtschaftlichen Aspekte im Wandel des Verhältnisses von Kirche und Staat sind bisher kaum beachtet worden[45]. Sie haben aber auch deshalb entscheidend das Verhältnis von Staat und Kirche im 18. Jh. beeinflußt, weil die Eingriffe des Staates in kirchliche Belange nicht nur zu einem Konflikt zwischen den Spitzen der weltlichen und der geistlichen Hierarchie führten, sondern auch auf jenen unteren Ebenen stattfanden, wo im Grunde die Maßnahmen zur Bewältigung von gesellschaftlichen und wirtschaftlichen Problemen, die sie ja waren, zumindest auch ansetzen mußten. Für Österreich war ferner von größter Bedeutung, daß „die Regierung gleichsam in einem Nachzugsakt die Zentralisierung und Rationalisierung in verhältnismäßig kurzer Zeit, wenn man den Vergleich mit Preußen anstellt, und um so intensiver vollzog"[46]. Die gesamtstaatliche Konsolidierung war ein säkularer Prozeß größten Ausmaßes, der das Bewußtsein der eigenen, weltlichen Souveränität beträchtlich stärkte. Damit schärfte sich der Blick für die „säkularen" Aspekte des geistlichen Oberhauptes der Christenheit, des Papstes, und der Bischöfe im Lande. Papst und Bischöfe erschienen nunmehr als Sou-

[42] KLINGENSTEIN, S. 20.

[43] So REINHARDT, Bemerkungen, S. 176.

[44] Vgl. KLINGENSTEIN, S. 63, die für Österr. auch auf die Interdependenz zwischen dem Prozeß der Staatskonsolidierung (nach 1748) und der sozio-ökonomischen Wirklichkeit aufmerksam macht. Zu Geschichte und Bedeutungswandel von „Polizei" vgl. ZOBEL.

[45] G. KLINGENSTEIN hat dies für Österr. am Bsp. der Armenfürsorge, des Wachs- u. Bücherhandels sowie der Stol- u. Konduktsordnungen aufgezeigt – aaO., S. 67ff.

[46] KLINGENSTEIN, S. 64.

veränitäten für sich, die, durch die geschichtliche Situation herausgefordert, um den Gehorsam der Untertanen mit dem Staate rivalisierten[47]. In den protestantischen Staaten waren durch das Landeskirchentum – vor allem in dem größtenteils bereits zentral organisierten Flächenstaat Preußen – die Verhältnisse von Staat und Kirche, weltlicher und geistlicher Macht, zunächst ganz anders gelagert als in der Monarchie der Habsburger im 18. Jh. Hier erreichte der Staat erst Schritt für Schritt und weit später als etwa in Frankreich (Pragmatische Sanktion von Bourges – 1438!) die Verfügungsgewalt über bisher vornehmlich von der Kirche allein oder gemeinsam mit ihr verwaltete gesellschaftliche Bereiche und jurisdiktionelle Angelegenheiten. Für den Ausbau des österreichischen Staatskirchentums wurden die Vorbilder des Gallikanismus und des protestantischen Landeskirchenrechts sehr wirksam[48]. Hinzu kam, daß ältere Ansätze eines Landeskirchentums aufgegriffen, systematisch aufgebaut und in der 2. Hälfte des 18. Jh. mit verstärktem Nachdruck von den obersten Zentralbehörden vertreten wurden. Darüber hinaus erstreckte sich die landesfürstliche Kirchenpolitik gleichzeitig auf die Ausgestaltung des weltlichen Patronatsrechts; „sie war also in gleichem Maße gegen die intermediären weltlichen Obrigkeiten gerichtet, die mit diesen Ausläufern des Eigenkirchenrechts in den kirchlichen Bereich ‚hineinregierten'. Das Aufsaugen dieser intermediären Rechte durch den sich konsolidierenden Territorialstaat wurde in der Reformperiode nach 1750 beschleunigt"[49].

Die Systematik des staatlichen Vorgehens in Kirchenangelegenheiten beruhte also auf einem intensivierten Alleinherrschaftsanspruch des Staates in finanziellen und gesellschaftlichen Angelegenheiten und in Fragen der Jurisdiktion nicht nur der Kirche, sondern auch den mittleren und unteren Gewalten gegenüber[50]. Dieser Alleinherrschaftsanspruch und das Vorgehen des Staates wurde nach der Jahrhundertmitte durch die auf dem rationalistischen Naturrecht aufbauenden staats- und kirchenrechtlichen Werke sowie durch die historischen Abhandlungen der vor allem im Zentrum Wien tätigen Juristen, Kameralisten, Philosophen und auch

[47] Vgl. A. Rösch, Das Kirchenrecht der Aufklärung, in: AkKR 83, 1903, S. 451 und 84, 1904, S. 60; Klingenstein, aaO., S. 64.

[48] Vgl. Klingenstein, S. 65, und s. auch S. 90ff.

[49] Klingenstein, S. 65. Vgl. Reinhardt, Bemerkungen, S. 165ff. Zum „Ausgreifen" des Landesfürstentums in kirchliche Belange als Teil der „stürmischen Entwicklung" in der Reformperiode vgl. bes. A. Wandruszka, Fortschritt und Beharrung in der österr. Geschichte, in: Festgabe f. K. v. Raumer, 1966, S. 304.

[50] Klingenstein, S. 66.

Theologen theoretisch fundiert und publizistisch gestützt[51] und fand auch in Teilen des Klerus durchaus Widerhall[52]. Hier seien nur CURALT, EYBEL, GMEINER, HEINKE, JUSTI, KOLLAR, MARTINI, PEHEM, RAUTENSTRAUCH und SONNENFELS genannt[53]. ADAM FRANZ KOLLAR z. B. forderte in seiner Abhandlung „De originibus et usu perpetuo potestatis legislatoriae circa sacra apostolicorum regum Ungariae" (1764) dasselbe, was KAUNITZ im gleichen Jahre MARIA THERESIA vortrug: „Ein hauptsächliches Vorrecht des Königs über dasjenige, was in die Religion einfließet"[54].

III. *Das Verhältnis von Staat und Kirche im aufgeklärten Absolutismus Österreichs und Preußens im Spiegel der Unterrichtsvorträge der Prinzenerzieher: CHRISTIAN AUGUST VON BECK, KARL ANTON VON MARTINI und CARL GOTTLIEB VON SVAREZ*

Wie in einem Brennspiegel zusammengefaßt und gleichsam exemplarisch finden wir die erstaunlich gleichlaufenden Grundlinien des Verhältnisses von Staat und Kirche im aufgeklärten Absolutismus Österreichs und Preußens in den Vorträgen und Schriften der Prinzenerzieher CHRISTIAN AUGUST BECK, KARL ANTON VON MARTINI und für Preußen CARL GOTTLIEB VON SVAREZ[55].

[51] Für eine erste Information vgl. C. VON WURZBACH, Biographisches Lexikon des Kaiserthums Österreich, I–LX, 1856–1874; Ferner RÖSCH, in: AkKR 83, 1903; 84, 1904 und 85, 1905; SÄGMÜLLER, in Theol. Quartalsschr. 94, 1912.

[52] F. WEHRL, Der „Neue Geist". Eine Untersuchung der Geistesrichtungen in Wien von 1750–1790, 1966.

[53] Trotz mancher Einseitigkeiten immer noch unentbehrlich J. F. V. SCHULTE, Die Gesch. der Quellen u. Literatur des Canonischen Rechts v. Gratian bis auf die Gegenwart, I–III, 1875–1880, hier III, 1 (1880).
Zu den einzelnen: F. FRENSDORFF, Über d. Leben u. die Schriften des Nationalökonomen J. H. G. V. JUSTI, in: Nachr. v. d. Kgl.Ges.d.Wiss.z.Göttingen, phil.-hist. Kl. 1903, 1904; F. KLEIN-BRUCKSCHWAIGER, K.A.v.Martini in d. Zeit des späten Naturrechts, in: Festschrift K. HAFF, 1950, S. 120ff.; F. MAASS, Das Werk des Hofrats Heinke (1768–1790) = Der Josephinismus III, 1956; H. MAIER, Die ältere deutsche Staats- und Verwaltungslehre, 1966; K. H. OSTERLOH, Joseph v. Sonnenfels, 1970; B. F. MENZEL, Abt Franz Stephan Rautenstrauch, 1969; E. PLASSMANN, Staatskirchenrechtl. Grundgedanken der deutschen Kanonisten d. Wende vom 18. zum 19. Jh., 1968 (für Curalt, Gmeiner u. Pehem); E. SEIFERT, Paul Joseph Riegger (1705–1775), 1973 (zu Eybel: ebenda, bes. S. 181ff.).

[54] Vortrag vom 26. 7. 1764 in: Fontes Rerum Austriacarum II/71, 1951, S. 207.

[55] Vorträge über Recht und Staat von Carl Gottlieb Svarez (1746–1798), hsg. v. H. CONRAD u. G. KLEINHEYER, 1960; Recht u. Verfassung des Reiches in der Zeit Maria Theresias. Die Vorträge zum Unterricht des Erzherzogs Joseph im Natur- und

1. Christian August Beck (1720–1784), dem, wie wir gesehen haben, der Unterricht des Erzherzogs Joseph im Natur-, Staats-, Völker- und Lehnrecht übertragen worden war, zählte zu den Hoheitsrechten des Fürsten die „Gewalt eines Regenten in Ansehung der Religion“[56], dies deshalb, weil in der Monarchie dem Regenten die oberste Gewalt im Staat allein zukam. „Sein Wille ist der Untertanen Gesetz, die Wohlfahrt des ganzen Staats und die Glückseligkeit aller einzelnen Untertanen sind sein vornehmstes Augenmerk“[57].

Beck ging davon aus, daß die Religion für das Wohl und Wehe eines Staates von großem Einfluß sei. Infolgedessen hatte der Regent „dahin zu trachten, daß der Staat nicht durch falsche Glaubenssätze Gefahr laufe oder unter dem Vorwande der Religion gekränkt werde, um so mehr, da die wahre Religion unmöglich zum Schaden oder Verderben einer Republik in der Welt gereichen kann“[58]. Hieraus ergab sich für Beck, der Regent habe die Befugnis:

> „die Gemeinde der Gläubigen oder die Kirche in seinem Lande zu schützen und aufrechtzuerhalten, allem Zwiespalt vorzubeugen und den Religionsstreitigkeiten Einhalt zu tun, aber nicht, dieselben durch einen Machtspruch oder durch das Schwert zu entscheiden, sondern die Irrenden durch liebreichen und gründlichen Unterricht eines Besseren belehren zu lassen“[59].

Völkerrecht sowie im Deutschen Staats- und Lehnrecht, hsg. v. H. Conrad, 1964; Karl Anton Freiherr von Martini zu Wasserberg, Positiones iuris naturalis, 1762; ders. Allgemeines Recht der Staaten, 1799; Hedwig Benna, Der Kronprinzenunterricht Josefs II. in der inneren Verfassung der Erbländer und die Wiener Zentralstellen, in: Mitt.d.österr.Staatsarchivs, 20, 1967, S. 115ff.; dies., Zur Situation v. Religion u. Kirche in Östereich i. d. fünfziger Jahren d. 18. Jhdts. Eine Denkschrift f. d. Kronprinzenunterricht Josephs II., in: Festschrift Loidl, 1972, S. 193–224; H. Conrad, Das Zivilrecht im Rechtsunterricht für den Erzherzog Joseph, in: Festschrift Hans Lentze, 1969, S. 63ff.; ders., Staat und Kirche im aufgeklärten Absolutismus, in: Der Staat 12, 1973, S. 45–63; weitere Lit. s. oben, § 1.

[56] Natur- und Völkerrecht, 2. Buch, 19. Kap., § 4 – abgedr. in: Recht u. Verfassung, S. 277; vgl. Conrad, Staat u. Kirche S. 48f., 52ff.

[57] Natur- und Völkerrecht, aaO., 5. Kap., § 11, S. 209. So heißt es im 11. Kap. des 2. Buches (Von den Rechten der Majestät oder höchsten Gewalt überhaupt):
§ 1 Die höchste Gewalt ist ein Inbegriff verschiedener Rechte, die schlechterdings notwendig sind, den Endzweck eines Staates, d. i. dessen Erhaltung, Sicherheit und Wohlfahrt zu erreichen.
§ 2 Sie werden daher majestätische Rechte genannt, weil sie aus der Natur einer bürgerlichen Regierung fließen und das Wesen der Majestät ausmachen.
§ 3 Sie sind von zweierlei Art. Einige haben die innerliche Ruhe, andere die äußerliche Sicherheit der Republik zum Gegenstand. – Abdr. in: Recht u. Verfassung d. Reiches, S. 277.

[58] Natur- und Völkerrecht, 2. Buch, 19. Kap., § 4, in: Recht u. Verfassung des Reiches, S. 277.

[59] AaO., S. 278 (§ 5).

Beck kann als Vertreter des Territorialsystems angesehen werden, eines insbesondere von Christian Thomasius (1655–1728) und Justus Henning Böhmer (1674–1749) in Halle entwickelten Systems, das zum herrschenden kirchenrechtlichen System in Preußen geworden war[60]. In Konsequenz dieses Systems beschränkte Beck zwar die Gewalt des Staates auf die Externa der Religionsgesellschaften, die Grenzziehung zwischen Externa und Interna stand aber dem Staate zu[61]. Insoweit bedeutete dies eine Unterordnung der Kirche unter die rationalistisch-naturrechtlichen Staatszwecke. Die folgende Aussage zeigt, wie weit Beck dem Territorialsystem verpflichtet war:

> „Soweit erstreckt sich die Gewalt der weltlichen Obrigkeit in Ansehung der Religion. Die Vernunft erkennt gar wohl aus derselben Natur und Eigenschaft diejenigen Schranken, welche zwischen dem Staat und der Kirche in geistlichen Sachen gesetzt sind, ungeachtet einige Völker aus Politik das geistliche und weltliche Regiment miteinander vermischt haben" (§ 7)[62].

2. Karl Anton Freiherr von Martini zu Wasserberg (1726–1800), mit dem Rechtsunterricht des späteren Kaisers Leopold II. betraut, ging wie Beck vom Prinzip der Glaubens- und Gewissensfreiheit aus[63]. Noch deutlicher jedoch als bei Beck tritt bei ihm ein Staatskirchensystem zutage, das man als „Josephinismus" bezeichnet[64]. In diesem seinem System stehen dem Regenten gegenüber der Kirche folgende Rechte zu[65]:
(1) Das Recht, "Gesetze zu geben wodurch die Verehrung Gottes befördert und die Gottlosigkeit ausgerottet werde" (§ 222).
(2) Das Recht, dem Staat nachteilige kirchliche Lehren und deren Verbreitung durch Schriften zu verbieten (§§ 225/229).

[60] Vgl. Schlaich, in: ZRG(C) 54, 1968, S. 269ff.
[61] Vgl. Conrad, Staat und Kirche, S. 53.
[62] Natur- und Völkerrecht, aaO., S. 279; vgl. auch Beck „Deutsches Staatsrecht", aaO., 3. Buch, §§ 5–9, S. 510f. In der Auffassung Becks können wir einen unmittelbaren Einfluß von Thomasius und Böhmer, also der Schule von Halle annehmen, vermittelt durch Johann Georg Estor (1699–1773), der, selbst ein Schüler von Thomasius u. Böhmer in Halle, dann in Jena der Lehrer Becks geworden ist. Vgl. hierzu Recht und Verfassung des Reiches, S. 10ff.; Diskussionsbeitr. v. Martin Herold, in: Conrad, Rechtsstaatl. Bestrebungen, S. 78ff.; u. bes. die Ergänzungen Herolds, mitgeteilt v. Conrad, in: ders., Zivilrecht im Rechtsunterricht für Erzherzog Joseph, S. 70f., Anm. 29. Zur Ausdehnung der Grundsätze des Territorialsystems auf das Verhältnis Kaiser-Reichskirche durch Beck (Deutsches Staatsrecht, 3. Buch, 1. Kap., § 2, in: Recht u. Verfassung des Reiches, S. 509) vgl. Conrad, Staat und Kirche, S. 54.
[63] Martini, Allgem. Recht der Staaten, §§ 209–211; s. Conrad, Staat und Kirche, S. 54.
[64] Vgl. oben, S. 61f., 92, Anm. 22.
[65] In seinem Allgem. Recht der Staaten, §§ 225ff.

(3) Das Recht der obersten Aufsicht über die Kirche, um zu verhüten, daß diese dem Staat schade und daß die Ruhe nicht gestört werde (§ 222).
(4) Das Recht der Vollstreckung oder das Recht, „die außerwesentlichen oder willkürlichen Kirchengeschäfte zum Besten des Staates zu leiten" (§ 222). Hierzu gehört das Recht des recursus ab abusu (§ 233) und das staatliche Placet (placetum regium) (§ 230).

Das in diesen Grundsätzen enthaltene Programm des Josephinismus[66] reicht in seinen Anfängen in die Zeit MARIA THERESIAS zurück[67]. Nicht nur die Aufklärung – vor allem durch den Staatskanzler WENZEL ANTON FÜRST VON KAUNITZ[68] und mehrere hohe Geistliche (z. B. Abt FRANZ STEPHAN RAUTENSTRAUCH[69] sowie den Kanonisten PAUL JOSEPH VON RIEGGER[70] – gewann schon damals Einfluß am Wiener Hof, sondern es fanden auch jansenistische Gedanken besonders durch GERHARD VAN SWIETEN[71] und den Gemahl MARIA THERESIAS FRANZ VON LOTHRINGEN[72] Eingang.

3. In Preußen hat CARL GOTTLIEB SVAREZ (1746–1798), der eigentliche Verfasser des bereits unter Friedrich d. Gr. in Angriff genommenen, aber erst unter seinem Nachfolger vollendeten und in Kraft gesetzten Allgemeinen Landrechts von 1794, das staatskirchenrechtliche System in seinen Kronprinzenvorträgen und vor der Mittwochsgesellschaft zu Berlin erläutert[73]. Er geht wie BECK und MARTINI von der Glaubens- und Gewissensfreiheit aus[74]. Aus dem Recht staatlicher Oberaufsicht „sowohl über

[66] Siehe oben, S. 61f., 92, Anm. 22, 101.

[67] Quellenmaterial – auch zu den im folgenden Genannten bei FERD. MAASS, Der Josephinismus, I–III, 1951–56; dort auch die histor. Linien – Bd. I, S. 11ff.

[68] Vgl. MAASS, Josephinismus I (behandelt Person, Werk u. Einfluß des Staatskanzlers unter unserem Fragenhorizont).

[69] Vgl. BEDA FRANZ MENZEL, Abt Franz Stephan Rautenstrauch, 1969.

[70] Vgl. ECKHART SEIFERT, Paul Joseph Riegger (1705–1775). Ein Beitrag zur theoretischen Grundlegung des josephinischen Staatskirchenrechts, 1973.

[71] Vgl. OTTO KOLLER, Die beiden van Zwieten und Kollar als Wegbereiter des Josephinismus, in: Biblos 17, 1968, S. 35–40.

[72] Zu den jansenist. Einflüssen vgl. A. WANDRUSZKA, Die Religiosität Franz Stephans v. Lothringen, in: Mitt.d. österr. Staatsarchivs 12, 1959, S. 162ff. und ders., Maria Theresia und der österr. Staatsgedanke, in: MIÖG 76, 1968, S. 183. Zu den jansenist. Einflüssen auf Dtl. insgesamt vgl. DEINHARDT, Der Jansenismus in deutschen Landen, 1929, und ED. WINTER, Der Josefinismus und seine Gesch., 1943, S. 32ff.; ders., Der Josefinismus, 1962, S. 34ff.

[73] In: Vorträge über Recht und Staat von C. G. Svarez.

[74] Ausgehend von der im ALR II, 11, §§ 1,2 gewährleisteten Glaubens- und Gewissensfreiheit fordert er:
„Der Staat muß jedem seiner Untertanen eine vollkommene Gewissensfreiheit lassen. Er kann also keinem vorschreiben, was er glauben und zu welcher Religion er sich bekennen wolle. Er kann keinem verbieten, seine Meinungen und Gesinnungen über religiöse Gegenstände auch öffentlich durch Handlungen an den Tag zu legen, sobald

die einzelnen als über die Gesellschaften"[75] leitet er folgende Befugnisse des Staates ab:

(1) Das Recht der Überwachung der Lehren der Religionsgesellschaften, insoweit diese für die Erhaltung der öffentlichen Ruhe und Sicherheit der bürgerlichen Gesellschaft schädlich sein können.

(2) Das Recht, die Lehrer und Vorsteher der Religionsgesellschaften zu approbieren: „Wegen des großen Einflusses, den sie haben, ist ihm daran gelegen, von ihren treuen und zuverlässigen Gesinnungen überzeugt zu sein."

(3) Das Aufsichtsrecht über kirchliches Vermögen.

(4) Das Recht, „sich in die unter den verschiedenen Religionsparteien entstehenden Streitigkeiten insoweit zu mischen, daß er denjenigen öffentlichen Ausbrüchen derselben, welche der allgemeinen Ruhe und bürgerlichen Ordnung nachteilig werden könnten, vorbeuge"[76].

SVAREZ dachte in den Kategorien des Kollegialismus[77]. Die Rechte des Regenten gegenüber der Kirche beschränkten sich nach seinen Vorstellungen auf die Oberaufsicht (iura circa sacra). Doch konnte und hatte die Kirche die Leitung ihrer eigenen Angelegenheiten (iura in sacra) dem Regenten übertragen. SVAREZ sprach von Rechten, „die dem Oberhaupt des Staats außer der allgemeinen Oberaufsicht über gewisse Religionsgesellschaften vermöge einer geschehenen Übertragung zukommen"[78]. Hierzu gehörten

(1) Das Recht, Kirchenversammlungen und Synoden zu berufen und auf diesen zu beraten.

(2) Das Recht, die Ordnung des Gottesdienstes zu bestimmen.

(3) Das Recht, die Prüfung und Bestellung der Lehrer und Prediger und der Beaufsichtigung von Lehre und Lebenswandel derselben vorzunehmen.

(4) Das Recht der Kirchenzucht über die Mitglieder der Kirchengesellschaft.

nur diese Handlung nicht in Verletzung der Rechte der bürgerlichen Gesellschaft oder in Verbrechen gegen andere Gesetze des Staats ausarten. Der Staat kann auch keiner Religionsgesellschaft vorschreiben, was sie lehren und wie sie ihren Gottesdienst einrichten soll . . . Das Recht des Staats geht nicht weiter als auf die äußeren Handlungen seiner Bürger. Er kann die Freiheit der einzelnen nur soweit einschränken, als es notwendig ist, um die Freiheit aller zu erhalten . . .". Quelle im Zusammenhang: SVAREZ, Vorträge über Recht und Staat, S. 52f.

[75] Siehe CONRAD, Staat und Kirche, S. 59.

[76] Vorträge üb. Recht u. Staat, S. 58; vgl. CONRAD, aaO., S. 60.

[77] Demgemäß sprach das Allgem. Landrecht v. 1794 von den Kirchen als von „Kirchengesellschaften" (II, 11, § 11).

[78] Vorträge über Recht und Staat, S. 58.

(5) Das Recht, für eine gute und nützliche Verwaltung des Kirchenvermögens zu sorgen.
(6) Das Recht, innerkirchliche Streitigkeiten zu untersuchen und zu entscheiden sowie Konsistoria zur Ausübung aller dieser Rechte zu bestellen[79].

Die Grenze zwischen staatlicher Kirchenhoheit und dem Kirchenregiment war damit zu einer theoretischen geworden.

Versucht man das Zueinander von Kirche und Staat in Preußen und Österreich zu überblicken[80], so läßt sich sagen, daß in den protestantischen Staaten das Kirchenregiment des Landesherrn mit dem Summepiskopat (dem landesfürstlichen Bischofsamte) begründet wurde (Episkopalsystem), in den katholischen Staaten die Entwicklung zu einer Verdichtung der Kirchenhoheit führte, aufgrund derer der Landesherr in vielfältiger Weise in die kirchlichen Angelegenheiten eingriff. „Die rationalistisch-naturrechtliche Grundlegung des Staates im Zeitalter der Aufklärung bedeutete eine Säkularisierung des“ bis dahin religiös-patriarchalisch grundgelegten „Staatsgedankens. Die cura religionis gehörte nicht mehr zur Aufgabe des Staates, dem allein die Verwirklichung irdischer Zwecke oblag (Ruhe und Sicherheit, Wohlfahrt des einzelnen und des Ganzen)“[81]. Vom Grundsatz her beschränkte sich der Staat in seinem Eingriffsrecht auf die Externa der Kirche und überließ ihr den Bereich der Interna. Bei Grenzfragen jedoch nahm der Staat die Entscheidungsmacht für sich in Anspruch – und dies war in durchweg enger Auslegung die tägliche Praxis. „Dieses System finden wir in Preußen in der Zeit Friedrichs d. Gr. und in Österreich unter Maria Theresia und Joseph II., hier in der verschärften Form des Josephinismus.“[82]

Daß die Christenheit in diesem Prozeß des ‚Vereinnahmtwerdens‘ aufs ganze gesehen „mehr Verlust als Gewinn davongetragen hat, ist heute wohl unbestritten“[83]. Diese von Wilhelm Maurer für die evangelische Christenheit getroffenen Feststellung gilt aber auch für die katholische Kirche. Dem Staat hingegen erwuchs daraus in mehrfacher Hinsicht ein innerer und äußerer Zugewinn. Es seien nur die für unsere Betrachtung besonders bedeutsamen Aspekte vermerkt:[84]

[79] AaO., S. 58; auch bei Conrad, Staat u. Kirche, S. 60.
[80] Vgl. Conrad, Staat u. Kirche, S. 61ff.
[81] So Conrad, aaO., S. 63.
[82] Conrad, aaO., S. 62.
[83] Maurer, S. 77.
[84] Nach Maurer, ebenda.

1. „In einer Zeit, da der moderne Staat anfängt, seinen Verwaltungs- und Beamtenapparat aufzubauen, ist ihm eine einheitliche disziplinierte Pfarrerschaft zugefallen, die den Willen des Landesherrn bis ins letzte Dorf hineinverbreiten konnte.“ Auch der katholische Klerus wurde, teilweise durchaus mit seiner Zustimmung, entsprechend eingeplant und eingesetzt.
2. „Der Staat ist auf diesem Wege eine sittlich religiöse Erziehungsmacht geworden, die die breiten Massen der Bevölkerung einheitlich zusammenzufassen vermochte. Bürgergesinnung, Staatsgesinnung, nationales Bewußtsein zu wecken, hat der Staat bis in die Anfänge des 20. Jahrhunderts hinein der Erziehungsarbeit seiner Landeskirche überlassen.“
3. Das Schulwesen „stellte der Staat bis weit ins 19. Jahrhundert hinein unter die Obhut seiner Landeskirche“; bzw. im Hinblick auf den katholischen Bereich läßt er es in kirchlicher Trägerschaft und teilweise kirchlicher Aufsicht. „Aus der cura religionis erwächst die Kulturaufgabe des modernen Staates“.

§ 3 Der Ort der Schule

In der Gegenwart erscheint uns die staatliche Tätigkeit im Erziehungswesen so selbstverständlich, daß wir kaum mehr nach der prinzipiellen Berechtigung fragen. Das Staatsschulwesen errang seinen ersten großen Sieg mit der Anerkennung im Preußischen Allgemeinen Landrecht. Diesem Datum geht aber ein lange zurückreichender Prozeß des Erstarkens der Macht des Staates im Erziehungs- und Schulwesen voraus.

I. Der Ort der Schule vom frühen Mittelalter bis in den Beginn der Neuzeit

Der Ort der Schule im Spannungsfeld der Erziehungsträger in der Zeit vom frühen Mittelalter bis in den Beginn der Neuzeit läßt sich wie folgt skizzieren[1]:

1. In germanischer Zeit lag die Erziehung in der Hand der vaterrechtlich streng herrschaftlich geordneten Familie. Zur Hausgemeinschaft treten als weitere Erziehungsfaktoren vor allem für die männliche Jugend der Sippen- und Heeresverband hinzu. „Wir begegnen also bereits in frühester Zeit einem sich gegenseitig ergänzenden, aufgrund der vorhandenen Quellen rechtlich nicht scharf abzugrenzenden Dualismus von Familienerziehung und öffentlicher Erziehung"[2].

2. Bis ins 12. Jh. waren Schulerziehung und Schulbildung allein Sache der Kirche[3]. Die ersten Schulen auf germanischem Boden waren kirchliche Gründungen. Von Mönchen geleitet, dienten sie fast ausschließlich der Heranbildung des Klerus. Die Beaufsichtigung der Schulen lag in der

[1] Vgl. vor allem BALLAUF/SCHALLER, Pädagogik I, 1970; BINGLER, Studien zum Elternrecht, 1960, S. 21ff.; VON DEN DRIESCH /ESTERHUES, Geschichte der Erziehung u. Bildung I, 1950; W. FLITNER, Die vier Quellen des Volksschulgedankens, 4.A., 1958; PAULSEN, Geschichte d. gelehrten Unterrichts I, 1919; J. SCHMIDT, Entwickl. der kath. Schule in Österr., 1958; THIELE, Zur Entstehung der deutschen Volksschule, 1928; SPRANGER, Zusammenhang v. Pädagogik u. Politik, in: Die deutsche Schule 18/20, 1914ff.; ders., Zur Geschichte der dt. Volksschule, 1971.

[2] BINGLER, Studien, S. 21; vgl. V. D. DRIESCH/ESTERHUES I, S. 133ff.; MITTEIS/LIEBERICH, S. 13.

[3] Vgl. ESTERHUES, Zur Gesch. der Bekenntnisschule, 1958; J. SCHMIDT, Entwicklung, S. 7, 15 u. 182; V. D. DRIESCH/ESTERHUES, Geschichte I, S. 164f.; KAHL, Schulaufsicht, S. 1ff.; SPRANGER, Zusammenhang, S. 14f.; zum karolingischen Schulwesen: RACH, Sachwörter zur dt. Erziehungsgeschichte, 1967, S. 114ff., 344; Zu den Kloster- und Domschulen: ebenda, S. 120ff., 345.

Hand des Klostervorstehers bzw. beim Bischof, der jedoch schon früh einen seiner Geistlichen damit betraute; den „scholasticus“ oder „scholaster“. Diesem oblag auch die Oberaufsicht über alle weiteren Schulen des Sprengels[4]. Die Bildungsanstalten begegnen uns in zwei Grundarten, den Klosterschulen einerseits und den Dom-, Stifts-, Pfarr- und Küsterschulen andererseits[5].

3. Ausgelöst und befruchtet durch die Kreuzzüge nahmen im beginnenden 12. Jh. vor allem in den Städten Handel und Gewerbe einen mächtigen Aufschwung. Das in den aufblühenden Städten entstehende selbstbewußte Bürgertum verlangte nach einer mehr auf das Praktisch-Kaufmännische ausgerichteten Bildung und gründete für seine jungen Bürger eigene Schulen, die sogenannten Stadt-, Rats- oder Briefschulen, größtenteils unter städtischem Patronat[6].

Es kam jetzt auch in der Geschichte der Schule zu den ersten Auseinandersetzungen zwischen geistlichen Behörden und städtischen Behörden, als nämlich die Gründer und Financiers dieser Schulen, die Städte, bei der Festlegung des Fächerkanons und hinsichtlich des Lehreranstellungsrechts von der Oberaufsicht des Domscholasticus frei werden wollten[7]. Dieser beginnende Streit ging lediglich um die Durchsetzung der Patronatsrechte, wurde also als eine Prestigefrage betrachtet und nicht etwa aus religiös-polemischen Gründen geführt. Interessanterweise entschieden die des öftern als Schiedsrichter angerufenen Päpste meist zugunsten der Städte[8]. Frühestes und bekanntes Beispiel für die damalige Situation ist sie Schule bei St. Stephan in Wien[9]. Entsprechende Vor-

[4] Vgl. v. d. DRIESCH/ESTERHUES, Geschichte I, S. 176; MICHAEL, Gesch. des Dt. Volkes, II, 1897, S. 372; J. SCHMIDT, Entwicklung, S. 14; SCHNELL, in: MGPaed.XLV, S. 28; Friedrich Paulsens Behauptung: “Im Mittelalter scheint von Schulaufsicht überhaupt keine Rede zu sein“, (aaO., S. 331), wird durch die Quellen widerlegt. Zur Lit. vgl. RACH, Sachwörter, S. 259–264.

[5] Vgl. BINGLER, Studien, S. 23; v. d. DRIESCH/ESTERHUES, Gesch. I, S. 172; J. SCHMIDT, Entwicklung, S. 14. Zu den einzelnen Erscheinungsformen der Elementarschule vgl. FLITNER, Quellen, S. 148ff. und RACH, Sachwörter, S. 120ff., 345.

[6] Vgl. hierzu und auch z. Folgenden BINGLER, Studien, S. 24ff. sowie RACH, Sachwörter, S. 288ff.

[7] Vgl. v. d. DRIESCH/ESTERHUES, Geschichte I, S. 182f.; BINGLER, Studien, S. 25; KNEPPER, Das Schul- und Unterrichtswesen im Elsaß v. d. Anfängen bis gegen das Jahr 1530, 1905, S. 214 und 397; PAULSEN, Geschichte I, S. 20.

[8] Beispiele bei MICHAEL, Geschichte II, S. 392f.

[9] Vgl. A. v. GEUSAU, Geschichte, 1803, S. 1ff.; A. HÜBL, Geschichte des Unterrichts im Stifte Schotten in Wien, 1907, S. 7ff.; KAHL, Schulaufsicht, 1913, S. 6ff.; A. MAYER, in Gesch. d. Stadt Wien I (1897), S. 481ff., II/2 (1905), S. 946ff.; MICHAEL, Geschichte II, S. 406f.; PAULSEN, Geschichte II, 3.A., S. 631–635 (Wiener Schulordnung v. 1446). Der besondere Status der Schule bei St. Stephan in Wien und seines Rektors rechtfertigen eine besondere Anmerkung: Nachdem schon im Jahre 1237 FRIEDRICH II. sich

gänge finden wir für Brüssel und Lüneburg bezeugt[10].
Je mehr die Städte im Fortschreiten der Jahrhunderte als Schulgründer und Schulträger auftraten, desto tiefer wurde naturgemäß der Einbruch der weltlichen Gewalt in die anfänglich absolute Autonomie der Kirche über die Schule[11].
4. In den ersten Wirren der Reformationszeit mußten viele Kloster-, Stifts-, Pfarr- und auch Stadtschulen ihre Pforten schließen – nicht zuletzt deshalb, weil ihnen mit der Aufhebung der tragenden Institutionen das finanzielle und ideelle Fundament verloren ging. Die Reformatoren waren jedoch um eine Neubelebung und Neuordnung bemüht[12]. Die angesprochenen Magistrate und Landesherren nahmen die ihnen aus der neuen Doppelstellung (geistliche und weltliche Obrigkeit) erwachsene Verpflichtung auch gegenüber der Schule zunächst durchaus ernst, wie die „Kirchen- und Schulordnungen" in den meisten Landesteilen bezeugen[13]. Die Schule wird zu einer „mediatisierten Staatsanstalt. Aber sie gehört dem Staat noch nicht als seine, des Staates Sache, sondern als ein Annex der Landeskirche"[14].

II. Die Schule im rationalistischen Naturrecht

Um das Besondere des 18. Jh., vor allem seiner zweiten Hälfte, zu erkennen, wird es förderlich sein, hier zunächst Positionen und rechtliche For-

und seinen Nachfolgern im sog. Majestätsbrief das Recht vorbehalten hatte, den Schulmeister von St. Stephan zu ernennen – der seinerseits das Berufungsrecht für die anderen Lehrer erhielt – und RUDOLF V. HABSBURG diese Rechte 1278 im Freiheitsbrief für die Stadt Wien übernommen hatte, wurden 1296 die einzelnen Befugnisse in dem Stadtrecht Herzog ALBRECHTs I. festgelegt: Ernennungsrecht, Oberaufsicht u. Disziplinargewalt über sämtl. Schulen standen dem Schulmeister (Rektor) der St. Stephansschule zu. 1446 ist zu erfahren, daß auch die Schottenschule dieser Schulinspektion unterstand – vgl. KAHL, Geschichte der Schulaufsicht, S. 6ff.

[10] Für Brüssel vgl. KAHL, Schulaufsicht, S. 9f.; für Lüneburg WILHELM REINECKE, Die Entstehung des Johanneums zu Lüneburg, in: Lüneburger Museumsblätter, Heft 2, 1905, S. 1–31.

[11] Vgl. A. STOLZE, Die deutschen Schulen und Realschulen der Allgäuer Reichsstädte bis zur Mediatisierung, 1916.

[12] Zu den vielen Aufrufen und Mahnschreiben vor allem LUTHERs vgl. die Einzelnachweise bei BINGLER, Studien, S. 27, Anm. 39.

[13] Vgl. VORMBAUM, Evgl. Schulordnungen; MERTZ, Schulwesen, Anhang (S. 457–648), 1902; PAULSEN, Geschichte I, S. 297–325. Eine Auswahlliste auch bei BINGLER, Studien, S. 27, Anm. 39.

[14] SPRANGER, Zusammenhang, XVIII, 1914, S. 19. Inhaltlich damit übereinstimmende Aussagen zusammengestellt bei BINGLER, S. 28, Anm. 41. „Die Schulaufsicht (Superattendenz) verblieb . . . den Pfarrern bzw. dem Konsistorium". Der Pfarrer „war der geborene Schulinspektor" (BINGLER, aaO., S. 28 mit Anm. 42).

mulierungen zu skizzieren, deren Autoren in der zeitgenössischen Diskussion des vorangehenden Zeitraums eine Schlüsselrolle gespielt haben[15].

Soweit ersichtlich war Bartholomäus Keckermann (1571–1609)[16] der erste bedeutende Autor, der dem Staat eigenständige von der Kirche unabhängige Aufgaben und Kompetenzen im Erziehungswesen einräumte[17]. Neben einer privaten oder häuslichen Erziehung (privata seu domestica seu oeconomica) hatte nach ihm eine öffentliche oder staatsbürgerliche Erziehung (publica seu politica) stattzufinden[18]. Im Hinblick auf diese beiden Erziehungsabschnitte geht Keckermann von folgenden Thesen aus: Der Staat ist causa finalis und causa formalis aller Erziehung[19]. Hieraus leiten sich für den Hausvater, der für den ersten Abschnitt der Erziehung verantwortlich ist, die Maßstäbe für erzieherisches Tun ab[20]. Stets muß er sich vor Augen halten, daß seine Kinder in erster Linie dem Fürsten und dem Staat geboren werden und ihnen gehören[21]. Grundlage des gesamten Staatswesens ist die Erziehung der Jugend, vor allem der Knaben[22]. Deshalb ist der Staat auch verpflichtet, für den zweiten Erziehungsabschnitt, d. h. ab 7 Jahren, Schulen zu gründen, zu leiten und zu erhalten[23]. Konsequenterweise plädiert Keckermann für die Schul-

[15] Die folgenden Ausführungen über Ort u. Stellung der Schule und die Träger des Erziehungsrechts bei Vertretern des Naturrechts des 16.–18. Jhs. fußen weitgehend auf dem von Theo Bingler, 1960, u. Anni Meurer, 1966, aufbereiteten Material. Auf dieser Grundlage wurde das Weitere aus den Quellen erarbeitet. Ergänzend vgl. besonders Bornhak, Das preuß. Unterrichtswesen als Staatsinstitut, 1899, sowie die Arbeiten von Kahl, Stein, Mohrmann und Teschemacher. Weitere Angaben bei den einzelnen Autoren.

[16] Vgl. zu Leben und Werk ADB XV, 1882; Kahl, Pädagogische Ansichten, S. 208–216; Bingler, S. 62ff.

[17] Vgl. Bingler, S. 72.

[18] Bingler, S. 68 mit Anm. 50.

[19] Das zunächst deutlich formulierte Recht des Kindes auf Erziehung (Syn.disc.oec., cap. II u. III – Einzelnachweise bei Bingler, S. 65) wird, im Kontext gelesen, reduziert auf das „Recht", zu einem möglichst perfekten Funktionselement des Staates „formiert" zu werden.

[20] Domestica societas est imago civitatis et tendit ad finem civitatis . . . – Syn.disc.oec., cap. II, S. 611 – Bingler, S. 65, Anm. 26. In omni autem suo regimine pater familias debet rempublicam respicere atque eo referre formam et modum regiminis sui – ibid., S. 618 – Bingler, S. 65, Anm. 27.

[21] Liberi inprimis principi et patriae sive reipublicae nascuntur – Syst.disc.pol., lib.I, cap. IX, S. 192. Vgl auch cap. VIII, S. 175 u. Syn.disc.oec., cap. III, S. 645 – Bingler, S. 69, Anm. 56.

[22] Fundamentum totius reipublicae consistere in adolescentium educatione – Syst.disc.pol., lib. I, cap. IX, S. 191.

[23] System.disc.pol. lib. I, cap. II, S. 65. An anderer Stelle (Syn.disc.oec., cap. III, S. 645 – Bingler, S. 70, Anm. 65 a.E.): ad Politicam pertinet materia de publica scholarum institutione.

pflicht[24] und für eine intensive staatliche Schulaufsicht[25] durch dafür ausgewiesene Männer (viros cuiusdam singularis prudentiae et dignitatis), die über ihre Tätigkeit dem Magistrat zu berichten haben und darüber hinaus im Auftrage des Landesherren die Dörfer bereisen müssen, um außergewöhnliche Talente für die städtischen (höheren) Schulen auszulesen[26].

Für unsere Betrachtung ist KECKERMANN aber in besonderem Maße bedeutungsvoll, weil sich bei ihm eine Wende im Denken über das Erziehungs- und Bildungswesen anzeigt. Nicht nur, daß bei ihm von Eltern*rechten* kaum die Rede ist und die Entwicklung „zur Staatserziehung, Staatsschule und staatlichen Schulaufsicht"[27] deutlich wird. Er beschränkt mit bisher nicht gekannter Schärfe die Erziehungsziele „seiner" Schulen auf den ‚guten Staatsbürger'[28]. Für religiöse Zielsetzungen ist der Staat inkompetent[29].

JOHANNES ALTHUSIUS (1557–1638)[30], im aufkommenden Absolutismus mit

[24] Vgl. BINGLER, S. 68. Die Bevorzugung von Privat- oder Winkelschulen wird als Versündigung gegen den Staat ausgelegt – vgl. BINGLER, S. 68.

[25] Syst.disc.pol., Lib. I, cap. IX, S. 193: publica institutio . . . inspectione magistratus gubernata.

[26] Ibidem S. 194.

[27] Ibidem S. 194, 200; Syn.disc.oec., cap. III, S. 644 – BINGLER, S. 71, Anm. 69.

[28] BINGLER, S. 73.

[29] Nam cives honestos facere quidam politica potest, pios vero et vere Christianos, et quidem omnes, faciat numquam, sed potius hypocritas et simulatores – Syst. disc. pol., Praecognita, S. 24.
Gestützt auf eine bisher übersehene Quelle, nämlich die Bemerkungen zu den praecognita im „Syst.disc.pol." hat BINGLER zwei Fehldeutungen hinsichtlich Keckermann zurechtgerückt, die, von HEUBAUM und KAHL ausgehend, bisher unbesehen übernommen wurden (BINGLER, S. 72f.). Zum einen wurde JOHANN JOACHIM BECHER (vgl. BINGLER, S. 105ff.) irrtümlich zugeschrieben, daß er „als Erster die religiöse Erziehung – als Domäne der Kirche unter der Obrigkeit des Staates ganz vom Unterrichtswesen getrennt, das Hoheitsrecht des Staates auch auf das Erziehungs- und Unterrichtswesen ausgedehnt und damit für die staatliche, weltliche Schulaufsicht freie Bahn geschaffen" habe (so KAHL, Schulaufsicht, S. 26; HEUBAUM, Geschichte, S. 10). Zum anderen aber hat nicht KECKERMANN „zum ersten Male den Grundsatz der staatlichen, fachmännischen Schulaufsicht ausgesprochen" (KAHL, Schulaufsicht, S. 22). Vertreter dieses Grundsatzes finden wir bereits früher (vgl. BINGLER, S. 73ff.).

[30] Zu Biographie und Werk: OTTO VON GIERKE, Johannes Althusius und die Entwicklung der naturrechlichen Staatstheorien, 4. A., 1929 (= Neudruck, 1958); KARL JOACHIM FRIEDRICH, Introduction to the politica methodice digesta, in: Politica methodice digesta of Johannes Althusius = Neuausgabe der 3. Ausgabe v. 1614, 1932; ERNST V. HIPPEL, Johannes Althusius (Westfälische Lebensbilder, IV, 1933), S. 100–111; ERIK WOLF, Große Rechtsdenker, 3. A., 1951, S. 176–216; BINGLER, S. 36ff., dort auch weitere Literatur S. 36, Anm. 1. Ergänzend vgl. JULIUS V. GIERKE, Neues über Johannes Althusius, 1957; ECKHARD FEUERHERDT, Gesellschaftsvertrag und Naturrecht in der Staatslehre des Johannes Althusius, 1962; PETER JOCHEN WINTERS, Die „Politik" des Johannes Althusius und ihre zeitgenössischen Quellen, 1963.

Namen und Werk der Vergessenheit anheimgefallen, 1880 durch OTTO VON GIERKES berühmte Monographie[31] wiederentdeckt[32], hat mit seinem Werk „Politica methodice digesta atque exemplis sacris et profanis illustrata“[33], „den ersten deutschen Versuch eines rationalen Systems der allgemeinen Gesellschaftslehre unter dem Namen der Politik gemacht“[34]. Seine Politica bietet keine Rechtssystematik; dennoch ist sie geeignet, ein Gesamtbild vom Aufbau und den Funktionen des Staats zu geben[35], organisch-korporativ von den kleineren, von der Natur gegebenen Lebensgemeinschaften über private freiwillige Genossenschaften usw. zusammengewachsen; nach dem Vorbild der Genfer Theokratie CALVINS, das er 1581 und 1586 kennengelernt hatte[36]. Für die Stellung der Schule ist bedeutsam, daß ALTHUSIUS dem Staat die Verpflichtung auferlegte, überall in den Provinzen „iussu et auctoritate summi magistratus“ Schulen zu errichten[37]. Er denkt dabei an Volksschulen (im Sinne von scholae vulgares, paganae, triviales) und an höhere Schulen, „Akademien“[38]. Staatliche und weltliche Gewalt teilen sich in die Schulhoheit – aufeinander angewiesen und sich wechselseitig kontrollierend[39]. Die formelle Unterordnung der Geistlichkeit unter den summus magistratus bedeutet bei ALTHUSIUS jedoch „keine materielle politische Herrschaft des Staates über die Kirche, weil die Träger der Staatsgewalt selbst als kirchliche Männer gedacht sind“[40].

Man wird BINGLER zustimmen müssen, wenn er „das abschließende Urteil KAHLS[41], daß nach der Auffassung des Althusius der Staat das Recht und

[31] JOHANNES ALTHUSIUS und die Entwicklung der naturrechtlichen Staatstheorien – vgl. Anm. 30.

[32] Vgl. V. GIERKE, Althusius, S. 1; ERIK WOLF, Deutsches Rechtsdenken, H. 8, S. 2; FEUERHERRDT, S. 2.

[33] Erste Ausgabe Herborn 1603. Neue Ausgabe der 3. Aufl. (Herborn 1614) 1932 durch C. J. Friedrich (vgl. Anm. 30); als Faksimiledruck Aalen 1961 (diese hier benutzt). Ausgewählte Stücke ins Deutsche übersetzt von ERIK WOLF: in: Deutsches Rechtsdenken, H. 8, 2. A., 1948.

[34] ERIK WOLF, Große Rechtsdenker, S. 181.

[35] REIBSTEIN, Johannes Althusius, S. 15.

[36] Nach BINGLER, S. 37f. Neue, von Gierke teilweise abweichende Betrachtungsweisen entwickelten JELLINEK und FRIEDRICH, vgl. hierzu FEUERHERDT, S. 3ff.

[37] Politica, XXVIII, De administratione ecclesiastica, Ziffer 33, S. 586. „Scholarum institutio est, qua publicae scholae . . . in omnibus provinciis iussu et auctoritate summi magistratus regni apperiuntur et eriguntur“. Sinngemäß auch Ziff. 35, S. 588f., Ziff. 37, S. 589 sowie IX, S. 165ff., bes. Ziff. 38ff., S. 184ff.

[38] Politica XXVIII, Ziff. 35, S. 588.

[39] Politica XVIII, Ziff. 46, S. 592: „Ideoque (magistratus) mandabit, ut ecclesiastici et politici sibi mutuas operas tradant, consilia et auxilia communicent et conjungant, uti fecit Moses et Aaron“; vgl. ibid. XVIII, Ziff. 92, S. 308f., *309*.

[40] ERIK WOLF, Große Rechtsdenker, S. 190.

[41] In: Die pädogischen Ansichten, S. 206 und in: Schulaufsicht, S. 19.

die Pflicht habe, durch Gründung und Unterhaltung von Schulen für ausreichende Bildung des Volkes zu sorgen, daß aber die Aufsicht über diese Schulen und ihre Lehrer den kirchlichen Behörden zustehe, in dieser Vereinfachung" als nicht zutreffend bezeichnet[42]. Es trifft zwar zu, daß die inspectio et cura scholarum entsprechend ihrem überwiegend religiösen Erziehungsauftrag dem Status sacer – Geistlich Stand übertragen ist, und zwar auf Pfarrebene und auf Provinzebene je einem collegium[43], deren jeweilige Inspectoren die Schulen und die Lehrer zu überwachen hatten[44]. Aber es darf nicht übersehen werden, daß der von den Ephoren zu wählende summus magistratus[45] als Inhaber der höchsten Gewalt für die Bewahrung und Verteidigung von Kirche, Glaube und Sitte die Verantwortung trug[46], und aus dieser Verantwortung die Kirchendiener in ihrer Amtsführung zu überwachen hatte[47]. Damit unterstanden im System des ALTHUSIUS die (kirchlichen) Inspectoren der Schulen einer übergeordneten (staatlichen) Autorität. Auf die aus dieser „Machtverteilung" zwischen Kirchenrat und Magistrat während der Emdener Tätigkeit des ALTHUSIUS sich ergebenden Spannungen hat bereits ANTHOLZ[48] aufmerksam gemacht und auch auf „die Neigung des Verfassers der Politica" hingewiesen, „die Ausdehnung der Staatshoheit auch auf die Kirche nachzuweisen"[49].

WOLFGANG RATKE (1571–1635)[50] vertrat bereits 1622 den Grundsatz der

[42] BINGLER, S. 40.

[43] Politica VIII, Z. 5 u. 6, S. 132: „Sacrum vel ecclesiasticum ordinem repraesentat . . . collegium cui inspectio et cura . . . scholarum . . . in tota provincia est demandata . . ." „Unde hi collegae ecclesiastici, episcopi vel inspectores, rectores, ductores rerum ecclesiasticarum provinciae vocantur"; vgl. BINGLER, S. 40. Vgl. auch Politica VIII, Ziff. 10, S. 134: „Collegium gravium ac piorum hominum a paroecis electorum" – für die Pfarrebene, und ibid. Ziff. 6, S. 132f.: „Collegium ecclesiasticorum hominum" – auf Provinzebene.

[44] Ibid. Ziff. 25, S. 140f.: „Institutis scholis, collegium hoc (id est presbyterum) inspectione et visitatione diligenti curat . . .".

[45] Ibid. VIII, Ziff. 64, S. 297.

[46] Ibid. XXVIII, Ziff. 37: „Officium summi magistratus in administratione ecclesiastica, consistit in conservatione et defensione ecclesiae, exercitii et usus publici cultus divini et scholarum."

[47] Ibid., Ziff. 46, S. 592: „Curabit quoque magistratus, ut non solum ministri ipsius ecclesiastici recte officio suo fungantur sed ut in hoc illos politici ministri juvent, si necesse fuerit."

[48] ANTHOLZ, Die politische Wirksamkeit des Johannes Althusius in Emden, 1954, S. 74f., 80f.

[49] AaO., S. 78.

[50] Zu Leben und Werk: ADB XXVII, S. 358–364; G. VOGT, Wolfg. Ratichius, der Vorgänger des Comenius, 1894; PRALL, Päd. Schriften des W. Ratichius u. seiner Anhänger, 1903; KAHL, Gesch. der Schulaufsicht, S. 30 u. 50; LEX. d. PÄD. III, 1954, Sp. 1023–1026; BINGLER, Studien, S. 91ff.; RACH, Biograph. zur dt. Erziehungsgesch., 1968, S. 88ff.; BALLAUF-SCHALLER II, S. 666f.; Nrs. 981–996 (WWe).

staatlichen Allzuständigkeit für den Erziehungsbereich: „sintemal die Erziehung der Jugend einig und alleine der Politischen Obrigkeit ohne jemandes Eingriff zustendig ist"[51]. Am Beispiel RATKES können wir den Umschlag von der Theorie in die (Schulrechts-) Praxis aufzeigen. Sein System einer Staatserziehung hatte direkte Auswirkungen auf die Schulgesetzgebung. Für die Praxis formuliert, diente es als Modell für die von KROMAYER entworfene Weimarer Schulordnung von 1619[52]. Ebenfalls auf das Ratkesche Modell griff nachweislich der Verfasser des „Schulmethodus" (1624) zurück, der Rektor des Gymnasiums zu Gotha ANDREAS REYHER[53]. Die zentrale Stellung des im Auftrage Herzog ERNST DES FROMMEN zu Gotha ausgearbeiteten Schulmethodus in der Genealogie der Schulordnungen des 17. und teilweise auch noch des 18. Jh. hat Hettwer herausgearbeitet[54]. Das Erziehungsziel des Gothaer Schulmethodus war zwar ein sittlich-religiöses (wie damals durchweg), aber über allem stand der Staat als verantwortlicher Träger des Bildungswesens. Das dem Herzog unterstehende Oberaufsichtskollegium und die örtlichen Schulkuratorien waren mit Geistlichen und Laien zu besetzen[55].

Die Begründung für die Beteiligung von Geistlichen an der Schulaufsicht (im Oberaufsichtskollegium und den örtlichen Schulkuratorien) finden wir in Anlehnung an den Schulmethodus ausgeführt im „Teutschen Fürsten-Stat" (1656) des VEIT LUDWIG VON SECKENDORFF (1626–1692)[56], dem treuen Mitarbeiter und Ratgeber HERZOG ERNSTS[57]. Im Gegensatz zu seinem Zeitgenossen BECHER sieht SECKENDORFF nach dem Vorbild des Schulmethodus das oberste Leitziel „einer geschlossenen Erziehungstätigkeit

[51] Schreiben an den Rat der Stadt Magdeburg v. 14. Juni 1622 – PRALL, aaO., S. 78, Anm. 1; BINGLER, aaO., S. 93.

[52] Vgl. ZIEGLER, Geschichte der Pädagogik, 1909, S. 154; BINGLER, aaO., S. 97.

[53] K. A. SCHMID, Geschichte der Erziehung, IV, 1, 1896, S. 6, 50; vermittelt wurden ihm diese Ideen über Sigismund Evenius – BINGLER, aaO., S. 98.

[54] HETTWER, Herkunft u. Zusammenhang von Schulordnungen, 1965, bes. S. 188–206, 212–251.

[55] Zum ausgeklügelten und komplizierten System der Schulaufsicht im 14. Kapitel des Schulmethodus, hier §§ 366–383, vgl. BINGLER, aaO., S. 98f.
Verglichen mit den radikalen Vorschlägen stellt das System des Schulmethodus einen bewußten Kompromiß dar.

[56] Zu Leben und Werk vgl. ADB XXXIII, S. 519; K. A. SCHMID, Geschichte der Erziehung IV, 1, S. 75–111; PAHNER, V. L. v. Seckendorff u. seine Gedanken über Erziehung u. Unterricht, 1892; W. KAHL, Geschichte der Schulaufsicht, S. 24f.; TESCHEMACHER, Recht der Unterrichtsanstalten, 1907, S. 35ff.; Werkverzeichnis: BINGLER, aaO., S. 108. Die für unser Thema zentralen Aussagen SECKENDORFFs: Teutscher Fürsten-Staat, 2. Buch, Kap. XIV. Zu diesem Werk vgl. BINGLER, aaO., S. 108.

[57] Vgl. PAHNER, aaO., S. 13.

in der Heranbildung der Staatsbürger zu wahren Christen"[58]. Das begründet auch seine nachdrückliche Forderung nach einem Zusammenwirken der drei „Erziehungsstände": Haus, Staat und Kirche[59]. Vom Erziehungsziel her ist es verständlich und konsequent, daß SECKENDORFF zwar eine intensive Schulaufsicht fordert[60], sie aber primär den geistlichen Behörden übertragen wissen will; staatliche Beamte sollten lediglich subsidiär Hilfestellung leisten[61].

JOHANN JOACHIM BECHER (1635–1685)[62] ordnet als bedingungsloser Vertreter einer absoluten Staatstheorie die Erziehung und Unterweisung der Jugend den jeweiligen Bedürfnissen des Staatswesens unter und setzt ihr als Hauptziel die „Überwindung der Lebensnot"[63].

Möglicherweise übernahm er die Ansätze KECKERMANNS bezüglich einer strengen Unterscheidung staatsbürgerlicher und religiöser Erziehung, um daraus die Konsequenz einer scharfen Trennung in der Organisation des Schulwesens zu entwickeln. Der dreifachen Erziehungsaufgabe des Staates entsprechen drei staatliche Aufsichtskollegien mit je vier Deputationen: Das theologische Collegium überwacht die religiöse Erziehung (Lehrtätigkeit der Geistlichen, Führung der Laien), das moralische Collegium die sittliche Haltung und Führung der Untertanen, das Collegium doctrinale, eine „Art von Schulaufsichtsbehörde, Unterrichtsministerium und wissenschaftlicher Akademie in einer Gestalt"[64] führt durch seine erste Deputation die Aufsicht über die ‚Kinderzucht' beiderlei Geschlechts, mit seiner zweiten Unterabteilung beaufsichtigt es die Studien und Wissenschaften der Jungen und Alten, der niederen und höheren Schulen, sowie die Praeceptoren und Professoren, ja Handwerksmeister und Lehrjungen, selbst die öffentlichen Rekreationen und Exerzitien und das Reisen der jungen Leute. Die dritte Deputation ist eine Prüfungsbehörde für alle studierenden Künstler und Handwerksmeister, sie überwacht die Tätigkeit und Führung sämtlicher Kollegien und Ratsherren. Die vierte Abteilung, das iudicium doctrinale schließlich ist oberste Be-

[58] BINGLER, aaO., S. 108. Vgl. Teutscher Fürsten-Staat, 2. Buch, Kap. XIV, §§ 1 und 2.

[59] Vgl. BINGLER, aaO., S. 109.

[60] „Je mehr und mehr fleißige Inspektion, je höher die Unterweisung steiget" – Fürsten-Staat aaO., § 3.

[61] Vgl. Fürsten-Staat, aaO., §§ 1 u. 2; BINGLER, aaO., S. 110.

[62] Vgl. ADB II, S. 201–203; HEUBAUM, Gesch. des dt. Bildungswesens I, S. 8–13; ders., J. J. Becher, in: Monatshefte der Comeniusges. IX, 1900, S. 154–174; KAHL, Zur Gesch. der Schulaufsicht, S. 26–29; BINGLER, Studien, S. 105–107.

[63] HEUBAUM, in: Monatshefte, S. 160. Ordnungsvorstellungen sind enthalten in dem Werk „Politischer Diskurs vom Auf- und Abblühen der Städte", 1667.

[64] HEUBAUM, Geschichte I, S. 11; BINGLER, Studien, S. 106.

rufungsinstanz für alle Kollegien und Deputationen. Ihr steht die „ultima et extrema sententia" in allen Wissenschaften zu. Von einer geistlichen Lokalschulinspektion spricht BECHER nirgends. „Eine lückenlosere Kontrolle der gesamten Lebensführung der Untertanen bis in die persönlichsten Bereiche hinein durch den absoluten Staat ist kaum denkbar"[65]. Allerdings blieb eine zentrale Unterrichtsbehörde, wie sie modifiziert auch RATKE und RAUE befürwortet hatten, noch für lange Zeit bloßes Programm. Erst 1786 wurde in Braunschweig das „Schuldirectorium" und 1787 in Preußen das „Oberschulkollegium" errichtet.

Eine im Ergebnis totale Ausschaltung eines selbständigen Erziehungsrechtes der Eltern wie der Kirche vertritt der schlesische Lutheraner HENNING ARNISAEUS (gest. 1636)[66]. Keine Unterrichtsanstalt oder Schule darf nach ihm ohne staatliche Ermächtigung eröffnet werden. Die Organisations- und Disziplinargewalt liegt allein beim Staat[67]. Der Staat im Sinne einer unbeschränkten staatlichen Souveränität hat auch die Oberaufsicht über alle religiösen Angelegenheiten zu beanspruchen[68]. Staatliche „Censoren" tragen die Verantwortung für das Schul- und Erziehungswesen und haben von frühester Jugend an die gesamte Erziehung zu überwachen[69].

In Reinkultur finden wir das System einer zentralistischen Staatserziehung in den Staatsromanen[70]. Hier sei nur auf die „Utopia" des THOMAS

[65] BINGLER, aaO., S. 107.

[66] Biogr. Angaben bei BINGLER, S. 77, Schriften: ebenda, S. 77f.

[67] Doctrina Politica . . . in genuinam methodum . . . comportata et explicata, 1643, lib. I, cap. XVIII, S. 457: ". . . cautum est legibus, ne quis sine autoritate reipublicae nova collegia instituat . . . princeps vetat, magistros privatos sine consensu reipublicae discipulos docere . . ." S. 452: „. . . Institutio publica pertinet ad rem publicam, totam".

[68] De iure maiestatis libri tres, 1610, lib. I, cap. III, S. 49; „maiestas nihil agnoscit supra se . . ."; lib. II, cap. VI., S. 406f.: Maiestas obligatur ad curam religionis".

[69] Doctrina Pol., lib. I, cap. XV, S. 404f., 414. Weitere Nachweise für das völlige Beiseiteschieben aller Erziehungs- und Schulaufsichtsträger außerhalb des Staates führt BINGLER auf (aaO., S. 81f.).

[70] Eine Analyse würde den vorgegebenen Rahmen sprengen. Insgesamt vgl. KARL THIEME, Utopien, StL VII, Sp. 1188–1196; HANS FREYER, Die politische Insel. Eine Geschichte der Utopien von Platon bis zur Gegenwart, 1936; ROBERT V. MOHL, Die Staatsromane, ZStaatsw. 2, 1845, S. 24ff.; Der utopische Staat, hg. v. K. J. HEINISCH, 1964 (Bibliogr.). Neuerdings HENNER LÖFFLER, Macht und Konsens in den klassischen Staatsutopien, 1972, mit umfassender Bibliographie der Primär- u. Sekundärliteratur. Zu unserem Thema vgl. JOSEPH PRYS, Der Staatsroman des 16. u. 17. Jh. und sein Erziehungsideal, 1913; KATHARINA WEBER, Staats- u. Bildungsideale in den Utopien des 16. u. 17. Jhs., in HJ 51, 1931, S. 307ff.; Art. „Pädagogik u. Utopie", in: RACH, Sachwörter, S. 333ff.

Morus (1478–1535)[71], auf die „Civitas solis" des Thomas Campanella (1568–1639)[72], die „Christianopolis" des Joh. Valentin Andreae (1586–1654)[73] und auf die „Nova Atlantis" des Francis Bacon (1561–1626)[74] hingewiesen.

Neue Gesichtspunkte in das Ringen um die Vormachtstellung der Bildungsträger brachten Samuel Pufendorf (1632–1694)[75] und Christian Thomasius (1655–1728)[76] ein. Pufendorf beginnt „eine Sphäre personaler Eigenständigkeit gegenüber der omnipotenten Staatsmacht abzustekken"[77]. Dennoch war auch für ihn das Staatsschulwesen von größter Bedeutung[78]. „Aus der Schutz- und Unterhaltspflicht christlicher Fürsten folgt ein Aufsichtsrecht über die Lehre sowie über alle kirchlichen Angelegenheit, sogar eine Kontrollbefugnis bei Bestellung der Lehrer und Diener der Kirche"[79]; wenn auch das direkte Berufungsrecht bei der Gemeinschaft der Gläubigen liegt[80]; für die Praxis bedeutet dies, daß auch nach Pufendorf das gesamte öffentliche Schulwesen uneingeschränkt der Staatsaufsicht untersteht.

Ähnlich argumentiert Thomasius, wenn er von der Pflicht des Staates spricht, öffentliche Schulen zu errichten[81]. Die Aufsicht über das ge-

[71] Utopia, übs. v. G. Ritter, hsg. v. H. Oncken, 1922, Nachdr. 1964; Utopia, übs. in: Der utopische Staat, 1960, S. 9–110; Analyse bei Bingler, S. 83ff.; weitere Lit. und Schriften bei Löffler.

[72] Der Sonnenstaat, übs. in: Der utopische Staat, aaO., S. 111–169; H. Gg. Huppertz, über die staatsrechtl.-soziolog. Verhältnisse in Campanellas „Sonnenstaat" und „Spanische Monarchie", 1955; Gerh. Möbus, Die polit. Theorien II, 1966, S. 89ff., 299ff.; weitere Angaben und Analyse bei Bingler, S. 87ff.; Werke und Lit. bei Löffler.

[73] Christianopolis. An Ideal State of the Seventeenth Century, transl. and introd. by F. E. Held, 1916; P. Joachimsen, Joh. Val. Andreae und die evang. Utopie, in: Zeitwende, 2, 1926, S. 485ff., 623ff.; H. Scholtz, Evangelischer Utopismus bei J. V. Andreä, 1957. Analyse und weitere Angaben bei Bingler, S. 87ff.; Werke u. Lit. bei Löffler.

[74] Nova Atlantis, übs. in: Der utopische Staat, aaO., S. 171–215; Ernst v. Hippel, Gesch. d. Staatsphilosophie II, S. 39ff.; G. Möbus, Die politischen Theorien II, S. 89ff., S. 422 (Werke); weitere Angaben bei Bingler, S. 89f.; Werke u. Lit. bei Löffler.

[75] Zusammenstellung der einschlägigen Werke mit erschließender Lit. bei Bingler, aaO., S. 111f.

[76] Zusammenstellung der einschlägigen Werke bei Bingler, aaO., S. 125ff.

[77] Bingler, aaO., S. 145; vgl. Mohrmann, S. 17.

[78] De iure naturae gentium, 1716, lib. VII, cap. IX, § 4, S. 1064.

[79] Bingler, S. 123; Pufendorf, De habitu religionis Christianae ad vitam civilem 1687, § 43, S. 144f. (Unterhaltspflicht), § 44, S. 147ff. (Aufsichtsrecht).

[80] Pufendorf, aaO., § 45, S. 150f.

[81] Institutiones iurisprudentiae divinae, 1688, 7. A. 1730 (benutzt im Neudr. von 1963). Liber III, cap. VI, § 149, S. 406: „... plerique autem de rebus ita soleant judicare prout assueverunt et prout communiter judicari vident; paucissimi proprio ingenio vera et honesta dispicere queant, inde civitati expedit, ut publice ejusmodi doctrinis personet,

samte Schulwesen ergab sich für ihn aus der postulierten Aufsicht des Staates in allen weltlichen und geistlichen Dingen („Allen Potentaten ohne Unterschied, mögen sie einer Religion zugetan sein, welcher sie wollen, kommt aus den Grundregeln des natürlichen Rechtes und aus der rechten Art und Eigenschaft des höchsten weltlichen Regiments eine allgemeine Aufsicht über alles Tun und Lassen ihrer Untertanen sowohl in weltlichen als in geistlichen Dingen zu")[82]. Nach ihm muß der Regent die Generalinspektion über die Kirche und die gesamte Gemeinschaft haben, weil der Fürst auch für alles zu sorgen hat[83].

Die oben skizzierte Entwicklung dürfte deutlich gemacht haben, daß die Rechtsdenker des 16. und 17. Jahrhunderts bei aller Verschiedenheit in Fragestellung und Lösungsversuchen gemeinsam die Grundlagen gelegt haben für die allmähliche Säkularisierung der Schule und für ihre Zentralisierung in der Hand des Staates. Von den führenden Köpfen mit zunehmender Eindringlichkeit gemahnt, hat der Staat begonnen, sich auf seine Erziehungsaufgabe zu besinnen und das Erziehungs- und Bildungswesen zunächst subsidiär, dann autoritär in seine Hand zu nehmen. Der immer lauter werdende Ruf nach dem Staat lädt ihm die hauptsächlichen Lasten in der Errichtung und Betreuung der Schulen auf und beansprucht ihn für Aufgaben, die seinem Sein und Sollen fremd sind. Mit den Staatsaufgaben wächst aber folgerichtig auch die Staatsmacht.

III. Der Ort der Schule auf dem Hintergrund der Zuordnung von Kirche und Staat

Das bisher gewonnene Bild wird bestätigt und ergänzt, wenn wir das Problem unter dem Blickwinkel des Verhältnisses von Staat und Kirche und im Rahmen der Entwicklung und des Ausbaus der staatlichen Verwaltungsorganisation betrachten, letzteres insoweit, als die staatliche Verwaltungsorganisation kirchliche Bereiche mit einschloß oder doch tangierte.

Für die evangelischen Territorien und ihre Schulen können wir als Charakteristikum nennen, daß der Staat schon bald nach der Reformation die

quae cum recto fine et usu civitatum congruunt, simulque animi civium a puero istis imbuantur. Ejusmodi igitur doctrinas, qui doceant publice, summi imperii est constituere. Quare huc pertinet jus erigendi Scholas et Academias, item jus circa sacra stricte sic dictum."

[82] Abhandlungen vom Recht evangelischer Fürsten in Mittel-Dingen (in: Außerlesene und in Deutsch noch nie gedruckte Schriften 1705, Teil II), S. 116, 106, 110.

[83] AaO., S. 111.

Rechtsverhältnisse der Schulen regelte, aber noch für lange Zeit innerhalb derselben Gesetze, in denen er das Recht der Kirche überhaupt bestimmte[84]. So ist „die Schulverwaltung ... soweit die Patronatsrechte nicht eingreifen, ... eine staatliche. Sie ist aber doch nur ein Zweig der allgemeinen kirchlichen Verwaltung des Staates; es gibt keinen selbständigen Organismus der Schulverwaltung“[85].

Dieser Zustand und diese Einstufung finden im Frieden von Osnabrück (1648) eine reichsrechtliche Bestätigung[86]. Dennoch wurde das Schulwesen für diesen Zeitraum fast durchweg als kirchliches bezeichnet, und dies zu Recht. Für dieses kirchliche Schulwesen lassen sich mehrere Kennzeichen aufstellen[87]:

1. Katechismus und Bibel waren Hauptgegenstand des Unterrichts, ja teilweise die alleinigen Fächer.
2. Alle anderen Lehrgegenstände mußten der religiösen Unterweisung untergeordnet bleiben, von kirchlichem Geiste durchdrungen sein; zugeordnet dem Erziehungsfeld kirchlicher Lehre.
3. Das Lehrpersonal mußte einer einzigen Konfession angehören.
4. Oberaufsicht und Entscheidungsgewalt über strittige Fragen lagen bei der Kirche, standen ihr de facto aus eigenem Recht zu und erschienen mit der geistlichen Hierarchie als solcher verbunden[88].

Rechtlich maßgebend ist aber nur der vierte Gesichtspunkt. „Das einzige Kennzeichen der kirchlichen Schule ist das eigene Recht der Kirche auf Leitung der Schule oder, wo, wie in den meisten evangelischen Territorien, die Kirche dem Staat einverleibt war, die organische Verbindung von Schule und Kirche in Gesetzgebung, Verwaltung und Dotierung in einem einzigen Zweige des Staatlichen Verwaltungsrechts“[89].

Das Neue in der unter FRIEDRICH WILHELM I. (1713–1740) beginnenden Phase dürfte darin liegen, daß die Entwicklung darauf abzielt, „nicht zwar den religiös-konfessionellen Charakter der Schule zu beseitigen, aber doch das Schulwesen aus einem Zweige der kirchlichen Verwaltung zu einem besonderen staatlichen Verwaltungszweige zu erheben“[90]. Das äußerte sich zunächst in der Aussonderung der Schulgesetzgebung aus der Kirchengesetzgebung[91]. Ein weiterer wichtiger Schritt in dieser Ent-

[84] Vgl. CONRAD BORNHAK, Das preußische Unterrichtswesen als Staatsinstitut in rechtsgesch. Entwicklung, in: AöR IV, 1889, S. 105.
[85] Ders., aaO.
[86] Art. V, §§ 31, 32 u. 34.
[87] Vgl. RUDOLF GNEIST, Die konfessionelle Schule, 1869, S. 13.
[88] In der Theorie allerdings argumentierte man, wie oben gezeigt, längst anders.
[89] BORNHAK, S. 109.
[90] Ebenda.
[91] Vgl. z. B. das Edikt v. 9. Okt. 1717 – CCM I, 1, S. 527 – die Schulpflicht betreffend.

wicklung war dann die Bemühung der Gesetzgebung, den Unterhalt der Schulen und Lehrer von den kirchlichen Fonds unabhängig zu machen[92], indem der Grundsatz der Unterhaltung des Schulwesens von unten herauf als gemeine Last herausgebildet wurde[93].
Die Schule hat jedoch dadurch, daß die Gesetze für sie nicht mehr einen Bestandteil der kirchlichen Gesetzgebung bildeten und meist sogar ohne Berücksichtigung der konfessionellen Unterschiede ergingen, nicht aufgehört, eine „konfessionelle" zu sein. Hauptlehrgegenstand blieb die Religion, und dem religiösen Hauptzweck dienten die anderen Lehrgegenstände.
Ein weiteres neues Element brachte die Einverleibung vorwiegend katholischer Provinzen (vor allem Schlesiens) in den preußischen Staat. Unter den gegebenen Umständen war es nicht möglich und auch nicht opportun, „der katholischen Kirche ihre Organisation zu nehmen und durch Staatsbehörden zu ersetzen". „Man tat daher das Gegenteil, man machte die kirchlichen Behörden der Katholiken zu Staatsbehörden, die, den für die protestantischen Kirchen bestehenden staatlichen Organen nebengeordnet, die Verwaltung der katholischen Kirche zu führen hatten"[94].
Für Österreich muß man sehen, daß schon früh der Landesherr vor allem auf dem Wege über die Stadtschulen dazu gekommen ist, die oberste Schulherrschaft in Anspruch zu nehmen[95]. Die weitere Entwicklung des Schulrechtes brachte eine erhebliche Befestigung und Erweiterung dieses Hoheitsrechtes mit sich. Hierbei waren besonders drei Momente von ausschlaggebender Bedeutung: das Eintreten des Landesherrn

[92] Vgl. BORNHAK, S. 110.

[93] AaO., S. 113, Anm. 19. Die Pflicht der Gemeinde zur Entrichtung von Naturalleistungen in der Form der sog. „Wettergarben" und „Läutebrode" an die Lehrer in Schlesien und die daraus entstehenden Zwistigkeiten veranschaulichen diesen Vorgang. War dort der Lehrer zugleich Glöckner (Mesmer), so standen ihm als Naturalleistung sog. Wettergarben zu, ursprünglich eine Vergütung für das Läuten bei Gewittern. Nachdem das Wetterläuten frühzeitig abgeschafft worden war, hatte eine Anordnung von 1784 und auch schon früher bestimmt, daß die „Wettergarben" und „Läutebrode" den katholischen Lehrern weiterhin „als Teil ihres Unterhalts" entrichtet werden mußten (Reskript des geistlichen Departements vom 1. 3. 1784, KORNSCHE SAMMLUNG XVIII, S. 160). Im Zusammenhang mit dem noch weit verbreiteten Pfarrzwang stellte sich hier die Frage, ob auch Protestanten zur o.a. Leistung an kath. Lehrer weiterhin verpflichtet seien. Ja, sogar das Problem der Kirchensteuer Andersgläubiger deutet sich hier schon an – vgl. GERHARD WACKE, Dorf-Policey-Ordnung . . ., 1971, S. 89.

[94] BORNHAK, S. 116.

[95] Vgl. RUDOLF HÖSLINGER, Rechtsgesch. des kath. Volksschulwesens in Österreich, 1937, S. 74.

für die katholische Sache, seine Bevormundung der Kirche und das Verhalten der Landstände im Religionsstreit[96].

Durch das Eintreten der Habsburger für die katholische Kirche und für die Beseitigung von Mißständen in ihrem Bereich bekam das Schulwesen einen eigenartigen Anstrich: Wohl trat im Zuge der Reformation und Gegenreformation in Österreich der konfessionell-kirchliche Charakter der Schule, der vielfach in Vergessenheit geraten war, wieder in den Vordergrund. Dennoch wollte man aber der Kirche die Schule nicht mehr überlassen, und die Formulierung des kirchlichen Schulrechts blieb wirkungslos[97]. Im Blick auf das Ergebnis verlief die Entwicklung durchaus parallel zu der in den evangelischen Territorien, ausmündend in den Bestimmungen des Westfälischen Friedens, worin das Schulwesen als annexum religionis erklärt und damit dem Fürsten überlassen wurde. Während diese Regelung in den protestantischen Territorien dem Aufbau der Kirche im allgemeinen Bewußtsein entsprach, mußte im katholischen Bereich diese Bevormundung Spannungen und Reibungen herbeiführen, die der Entwicklung des Schulwesens abträglich waren. Zwar maßen die Landesherren, wie es scheint, der Schulfrage keine allzu große Bedeutung bei und behandelten sie innerhalb der allgemeinen Kirchenreformverfügungen. Die Summe der landesherrlichen Einzelverfügungen in Schulsachen führte jedoch zu einer Entfremdung der Schule von der Kirche und zu einer Stärkung der landesfürstlichen Oberhoheit über das Schulwesen. Wir können den Zeitraum, der sich etwa von der Regierungszeit FERDINANDS I. bis zum Regierungsantritt MARIA THERESIAS erstreckt, geradezu als Periode der „Unterrichtspolizei" bezeichnen[98].

Aus der Zusammenschau der bisherigen Ausführungen können wir sagen, daß die Frage nach den möglichen Erziehungsträgern und das Ringen um die Verteilung des Rechts (und der Pflicht) zur (schulischen) Erziehung und Ausbildung der Jugend grundsätzlich und endgültig zugunsten des Staates entschieden war lange vor der Anerkennung im Allgemeinen Landrecht. An dieser grundsätzlichen Entscheidung änderte nichts die Tatsache, daß das Schulwesen, wenn auch nicht rechtlich, so doch praktisch noch für lange Zeit ein kirchliches blieb.

[96] HÖSLINGER, aaO.

[97] AaO., S. 75. R. HÖSLINGER hat einen sehr detaillierten Längsschnitt durch die Geschichte des (kirchlichen) Schulrechts in der Zeit der Reformation und Gegenreformation erarbeitet. Die landesherrlichen Maßnahmen und Eingriffe sind eingehend dargestellt (S. 74ff.).

[98] Vgl. HÖSLINGER, S. 81. Zur „Unterrichtspolizei", auch „Schulpolizei", als Teil der „Religions- und Kirchenpolizei"; zu Entwicklung, Vorkommen u. Verbreitung des Begriffs vgl. ZOBEL, Polizei, 1952, Wörterbuch II, S. 215ff., 396f., 414.

Bereits für die Wende vom 17. zum 18. Jahrhundert läßt sich der Nachweis erbringen, daß dem Anspruch des Staates, wie er dann in den großen Schulordnungen Preußens (1754/1763/1765) und Österreichs (1774) im vollen Umfang zum Ausdruck gekommen ist, vor allem in der Theorie, aber auch schon in der Praxis recht weitgehend vorgearbeitet worden war.

Im Verlauf des 18. Jahrhunderts können wir dann feststellen, daß die Schule als Staatsanstalt, wie sie uns unter Maria Theresia und Friedrich II. begegnen wird, nicht so sehr in der Therorie wie vielmehr in der Praxis ein Ergebnis der Ausformung des Zentralstaates und seiner Verwaltung im aufgeklärten Absolutismus gewesen ist.

ZWEITER TEIL

Schule und Schulaufsicht in Felbigers schlesischen Reformen im Staate Friedrichs des Großen

§ 4 Abt Felbigers Schulreformen im Saganer Stiftsbereich und die ersten Ansätze für eine effektive Schulaufsicht

I. Anstoß, Motive, Vorbilder und Einflüsse

Der Anstoß, sich mit der Schule und ihrer Reform zu befassen, kam für den Abt des Saganer Stiftes der Augustiner-Chorherren[1] von außen: Prior Benedikt Strauch, mit der Seelsorge in der Stadt Sagan[2] beauftragt,

[1] An der Spitze des seit 1284 bestehenden Stifts stand ein infulierter Abt, gewählt auf Lebenszeit. Hinsichtlich der häufig wechselnden Titulaturen (Abt, Prälat, Propst) – eines der verwickelsten Probleme der vergleichenden Stifts- und Consuetudines-Forschung – sei hier nur auf die einschlägigen Untersuchungen von J. SIEGWART (Die Consuetudines des Augustiner-Chorherrenstiftes Marbach im Elsaß, 1965) und L. MILIS (L'Ordre des Chanoines Réguliers d'Arrouaise, 1969) verwiesen. Im Ergebnis läßt sich sagen, daß die Titulaturen in erster Linie ihren Grund in der besonderen Ordenstradition haben. Der praepositus war in der Frühphase die generelle Bezeichnung für den Vorsteher einer selbständigen Niederlassung der Augustiner-Chorherren, jedenfalls für den Bereich der sich zur Kongregation von Arrouaise zählenden Augustiner-Chorherrenstifte. Milis hat aufgezeigt, daß sich in Frankreich der Abttitel (immer noch neben anderen Bezeichnungen wie Propst, Prior, Prälat) mehr und mehr durchsetzte, während die Bezeichnung Propst für die Reichsterritorien noch lange vorherrschend blieb (vgl. Milis, S. 417f., 455ff.). Milis bringt auch die neueste zusammenfassende Darstellung der Geschichte der Augustiner-Chorherren in Schlesien (Breslau und Sagan) – aaO., S. 380ff.
Die Augustiner versahen die ordentliche Seelsorge an der Pfarrkirche, die zugleich Klosterkirche war – vgl. Worbs, S. 175. Etwa 15 auswärtige Pfarren waren von Stiftsgeistlichen besetzt. Abt oder Prior fungierten als Erzpriester (= Dechanten) des Archipresbyterates Sagan – vgl. VOLKMER, S. 5.

[2] Sagan, niederschlesische Kreisstadt am Bober, gehörte mit dem Kreis Sagan zum Herzogtum Sagan (ursprünglich piastisches Teilfürstentum, ab 1312 eigenes Herzogtum, seit 1549 zu Habsburg/Böhmen, 1628/34 von Ferdinand an Wallenstein geschenkt, 1646 an Fürst Lobkowitz verkauft, 1740 preußisches Lehnsfürstentum). Zur Geschichte von Stadt und Kreis Sagan vgl. WORBS, Geschichte des Herzogthums Sagan, 1795; zur Lehnsoberhoheit vgl. aaO., S. 184, 284, 336–39. Unter preußischer Regierung

machte seinen Abt auf den beklagenswert schlechten Zustand der katholischen Schule aufmerksam[3]. „In Sagan handelte es sich bei der katholischen Schule um eine kirchliche Einrichtung. Schulträger war das Kloster der Augustinerchorherren. Von ihm wurden die Lehrer eingesetzt, besoldet und pensioniert sowie die Inspektoren berufen. Der Unterricht war unentgeltlich[4]. Diese Verhältnisse bestanden bereits seit Jahrzehnten[5]. Die Weisungen des Abtes für die Schulen der dem Stift gehörigen Dörfer in den folgenden Jahren lassen darauf schließen, daß dort die Verhältnisse ähnlich lagen“[6].

Sehr bald erkannte Felbiger das Zentralproblem: äußerst mangelhaft vorgebildete und in überaus ärmlichen Verhältnissen lebende Lehrer. Auch fehlten weitgehend geeignete Schulräume[7]. Als auch angesehene katholische Eltern ihre Kinder in lutherische Schulen mit der Begründung schickten, „die Schule der Lutheraner wäre weit besser eingerichtet; die Kinder lernten mehr; der Unterricht würde weit besser erteilt; sie hätten unläugbare Vorzüge für den katholischen Schulen“[8], war dies für Felbiger der zündende Funke. Für ihn war es ein Ärgernis, eine „ziemliche Anzahl katholischer Kinder unkatholischen Lehrmeistern zuzuführen zu sehen“, und weil er Lauheit gegen die Religion der Eltern als Folge befürchtete[9], wollte er „... bei zunehmenden Unglauben ... bei der sehr

verdrängte die zentralistische Verwaltung in Form der Königl. Glogauischen Kammer die alte ständische Verfassung, in der die Saganer Äbte noch eine Rolle gespielt hatten – vgl. WORBS, S. 341, 350. Felbiger war die Prälatur auf Vorschlag des schlesischen Etatsministers Schlabrendorff am 18. Sept. 1758 von FRIEDRICH II. verliehen worden (vgl. KRÖMER, S. 8; VOLKMER, S. 6; Kath. Schulblatt 9, 1863, S. 92). Zum Besetzungsrecht des preußischen Königs bei Vakanzen in schlesischen Stiftern vgl. Acta Bor., Beh.O.VI, 2, Nr. 273, S. 515f.; LEHMANN II, Nr. 218, S. 197; LEHMANN III, Nr. 41, S. 33 (Abtwahl in Sagan); Nr. 173, S. 151ff.; Nr. 420, S. 360 (keine Neuerung betr. Abtwahl in Sagan). Zur Zeit Felbigers war die Bevölkerung Sagans und der Umgebung konfessionell gemischt; der „Numerus der kath. Einwohner geringe“ (Felbiger an Schmidt – vgl. OBERTHÜR, Schmidt, S. 76), und Abt Felbiger schreibt an Abt Gerbert von Sankt Blasien, daß „die Anzahl der Lutheraner die Zahl unserer Glaubensgenossen weit übertrifft“ (vgl. PFEILSCHIFTER, Korrespondenz Gerbert II, Nr. 644).

3 „Ausführliche Nachricht“ § 1, S. 429–431.

4 Vgl. Kleine Schulschriften, T. 3, Nr. 2, S. 282f. und T. 1, Nr. 2, S. 21.

5 Nach dem bei JUNGNITZ (Visitationsberichte der Diözese Breslau, Bd. 3, S. 664) aufgeführten Visitationsbericht haben sich die Saganer Verhältnisse von denen anderer Städte hinsichtlich des Lehreranstellungsrechtes unterschieden. Die anderenorts bereits stark eingeschalteten Magistrate waren hier nicht beteiligt; Kirchen- und Schuldiener wurden ohne Zustimmung des „Senats“ angestellt und entlassen.

6 KRÖMER, S. 23.

7 Vgl. KRÖMER, S. 23ff. und die Belege in den Anmerkungen S. 23f., Anm. 4ff.

8 Ausführliche Nachricht, § 1, S. 429–431.

9 Kleine Schulschriften, T. 3, Nr. 1, S. 275.

großen Unwissenheit und Ungelehrigkeit der Leute in Glaubenssachen" durch eine Verbesserung der Schulen „die Jugend auch besser, als wohl sonst geschehen ist, in dem unterrichten, was ihr Seelenheil betrifft"[10]. Dieser Denkansatz entwickelte sich in der Folgezeit zu einer Art Sendungsbewußtsein. Aus dieser Einstellung heraus stellte er z. B. die schlesischen Schulinspektoren auf eine Ebene mit dem Propheten Isaias und dessen Sendungsauftrag[11].

Im Laufe der Zeit identifizierte sich Felbiger immer mehr mit dem Werke der Schulverbesserung. Er gewöhnte sich an, in dieser Arbeit den Sinn seines Lebens zu sehen. Besonders deutlich kommt dies in einem Brief an seinen Prior Strauch in Sagan zum Ausdruck[12]. Felbigers Sendungsbewußtsein und die Überschwenglichkeiten seiner Ausdrucksweise fielen seinen Zeitgenossen anscheinend nicht weiter auf; war doch das ganze Zeitalter von einem pädagogischen Pathos erfüllt. Nicht zu Unrecht hat man die Aufklärung die lehrhafteste Geistesströmung des Abendlandes überhaupt genannt[13]. „Das erzieherische Anliegen gehört zu ihrem Wesen. ... Fragt man nach den geistesgeschichtlichen Hintergründen, so stößt man zunächst auf die anthropozentrische Grundhaltung"[14]. „Vordringlich anthropologisch, nicht theologisch interessiert, galt das vordergründige Interesse jener Zeit nicht Gott, sondern dem Menschen und seiner Stellung in der Welt"[15]. Hatten Mensch und „Lebensordnung" bis dahin eine Einheit gebildet – Lebensordnung verstanden als „das Ganze der Veranstaltungen und Einrichtungen, durch welche der Mensch dem gemeinsamen Leben Zusammenhalt, Festigkeit und Dauer zu geben versucht"[16], eine Einheit also, die letztlich als von Gott gestiftet galt – so nahm jetzt „der Mensch von der Lebensordnung kritisch Abstand, befragte sie auf ihre Rechtmäßigkeit und Brauchbarkeit.

[10] Ein Argument übrigens, das Felbiger auch später benutzte, um die Vorteilhaftigkeit landesherrlicher Bemühungen auch für die kath. Religion zu begründen: vgl. Kleine Schulschriften, T. 3, Nr. 3, S. 296.

[11] Kleine Schulschriften, Teil 3, Nr. 6, S. 318. Vgl. auch den Brief Felbigers an den ersten Direktor des Breslauer Lehrerseminars Schneider vom 25. 10. 1765 (abgedruckt bei MARKS, Geschichte des kath. Schullehrer-Seminars, S. 40).

[12] Wien, 30. Nov. 1777 (AEB, Acta resign. fol. 42 u. 43) – Kernstelle auch bei KRÖMER, S. 25, Anm. 16.

[13] Vgl. die Materialzusammenstellungen im Artikel „Aufklärung" in: Geschichtliche Grundbegriffe. Hist. Lexikon zur politisch-sozialen Sprache in Deutschland, Bd. 1, S. 243ff., bes. 250f., 255ff., 331ff.; P. HAZARD, Die Herrschaft der Vernunft, S. 272ff., 282ff.

[14] KRÖMER, S. 26.

[15] FR. X. ARNOLD, Grundsätzliches und Geschichtliches zur Theologie der Seelsorge, S. 69.

[16] LITT, Wissenschaft und Menschenbildung, S. 11.

Die Gestaltung der menschlichen Dinge" wurde nun „als Sache des für sie verantwortlichen Willens verstanden"[17].

Im Verständnis dieser Epoche bilden die Generationen eine Kette, die sich der vollkommenen Einsicht in die objektive Struktur der Welt immer mehr zu nähern vermeinte. Als Inhalt der Geschichte wurde der Kampf der Vernunft gegen die Widervernunft angesehen. Ziel war eine Lebensauffassung von nicht mehr zu überbietender Vollkommenheit.

Unmittelbarer Anlaß für den Abt, sich mit dem Zustand der dem Stift unterstellten Schulen zu beschäftigen und Möglichkeiten einer Reform zu studieren, waren, wie erwähnt, die Klagen der kath. Eltern in Sagan über den Zustand der kath. Schulen und ihr Hinweis auf die ihrer Meinung nach vorbildlichen protestantischen Schulen[18]. Das war für den Prälaten Anlaß, sich mit dem Zustand dieser Schulen eingehender zu bebeschäftigen. Einen Monat lang studierte er ausschließlich die einschlägige Literatur. Am stärksten beeindruckten ihn die „Ordnung für Schulen auf dem Lande in dem Herzogtum Braunschweig Wolfenbüttel und Fürstenthum Blankenburg" aus dem Jahre 1753[19] und die Schriften der Berliner Realschule[20]. Abt Felbiger wies seine Lehrer auf das Schulbuch hin und verlangte von Rektor und Konrektor ein Gutachten darüber. Auf dieser Grundlage wollte er dann Vorschriften erlassen[21]. Um seine Bedenken zu zerstreuen, das Berliner Schulbuch schildere ein „scholastisches Utopien", ein nicht zu verwirklichendes Projekt[22], wollte er sich persönlich Klarheit verschaffen. Noch vor Ende des Siebenjährigen Krieges – im Mai 1762 – reiste er mit seinem Konfrater Joseph Sucher nach Berlin[23].

Dort besuchte er vor allem die sogenannten deutschen Klassen, weil seine Reformpläne ja auch das Elementarschulwesen betrafen[24]. „Er wurde dabey von den Vorzügen der dort üblichen Lehrart durch den

[17] KRÖMER, S. 27; vgl. auch HAZARD, aaO., S. 60ff., 235ff.

[18] Vgl. oben S. 124 mit Anm. 8 und 9.

[19] Text KOLDEWEY II, S. 299–357 – vgl. HETTWER, Herkunft und Zusammenhang, S. 241ff.

[20] Besonders der 3. Teil des „Schulbuches": Des Berlinischen neu eingerichteten Schulbuches 3. Teil, welcher die Lehrart wornach die im 1. u. 2. Teil befindlichen Sachen der Jugend beizubringen sind, enthält, Berlin 1758.

[21] Vgl. die „Anrede vom 30. 11. 1761 in ‚Kleine Schulschriften'" Teil 3, Nr. 1, S. 277f.

[22] Kleine Schulschriften, Teil 3, Nr. 2, S. 281.

[23] Ausführl. Nachricht, § 1, S. 432f.; Kleine Schulschr. T. 3, Nr. 2, S. 280–281 („Anrede" v. 17. 6. 1763).

[24] Nova acta hist.-eccl. V, S. 348.

Augenschein überzeuget"[25]. Es folgten weitere Besuche bei Hecker in Berlin und bei Heckers Mitarbeiter HÄHN im Kloster Berge. Auch ließ Felbiger mehrere seiner Gehilfen bei Hecker elf Monate lang ausbilden[26]. JOHANN JULIUS HECKER (1707–1768), seine Schriften und seine Schöpfung, die pietistische Realschule in Berlin[27], wurde zum entscheidenden Vorbild der ersten Schulreform des schlesischen Abtes[28]. „Von jetzt an ist Felbigers Wirken ein Anpassen des Berliner Vorbildes an seine Verhältnisse"[29]; der eigenständige Ausbau und das „Durchsetzen des ein für alle Mal entworfenen in Schlesien und Österreich"[30].

II. Erste Maßnahmen, Verordnungen, Schriften und Berichte zur Schulorganisation und Schulaufsicht im Saganer Stiftsbereich

Felbigers Bemühungen um eine Schulreform nahmen ihren Ausgang von dem Bereich, für den er als Abt zuständig war[31]. Als seine erste Verordnung für die Saganer Stadtschule vom 30. Nov. 1761[32] so gut wie keinen Erfolg gezeitigt hatte, fand er, wie bereits erwähnt, den entscheidenden Ansatzpunkt für seine künftigen Arbeiten bei Hecker in Berlin. Neben der neuen Methode, die er dort hatte studieren können, beeindruckte ihn vor allem die vorhandene Möglichkeit, Lehrer ausbilden zu lassen. Er kam auf die ihm von Hecker angebotene Erlaubnis zurück, ein oder zwei Leute im Berliner Seminar als Landschullehrer ausbilden zu lassen[33]. In

[25] Ausführliche Nachricht, § 1, S. 433. Vgl. auch Kleine Schulschriften, T. 1, Nr. 3, S. 32–44: Beschreibung des tiefen Eindrucks, den Schule und Methode in Berlin bei ihm hinterlassen haben.

[26] Vgl. VOLLMER, Pr. Volksschulpolitik, S. 91; VAN DÜLMEN, in: ZbayLG 30, 1967, S. 738; BORMANN, in: Schulblatt für die Provinz Brandenburg 1859, S. 275.

[27] Zu Leben und Werk Heckers vgl. WIEDEMANN, J. J. Heckers pädagogische Verdienste, 1900, und die neuere aus den Quellen erarbeitete Darstellung von GOTTHARD BLOTH, Joh. Jul. Hecker (1707–1768), in: JbVWKiG 61, 1968, S. 63–129 (mit Bibliographie S. 125–129).

[28] Vgl. J. HERZOG, Die Beziehungen des Abtes J. I. v. Felbiger zu dem Stifter der ersten Realschule J. J. Hecker, 1909; KRÖMER, S. 29ff., *34*; VAN DÜLMEN, in: ZbayLG 30, 1967, S. 738; BLOTH, aaO., S. 118.

[29] KRÖMER, S. 34.

[30] Ebenda.

[31] Vgl. KRÖMER, S. 23ff. und oben S. 123f.

[32] Kleine Schulschriften, T. 1, Nr. 1, S. 1ff. Der Anstoß hierzu kam von seinem Prior und Schulkurator Benedikt Strauch – vgl. Ausführliche Nachricht § 1, S. 430.

[33] Kleine Schulschriften, T. 3, Nr. 2, S. 281 – Hecker verband seine Einwilligung mit dem Hinweis auf die Wohltaten, die er als ehemaliger Untertan einer Benediktinerabtei (Werden!) genossen hatte.
Vgl. auch Ausführliche Nachricht, § 1, S. 435; Nova acta hist.-eccl. V, S. 348.

aller Heimlichkeit schickte Felbiger zwei Kandidaten nach Berlin[34]. Am Ende des Jahres 1763 reiste ein dritter Mann nach Berlin, um sich dort ausbilden zu lassen. Treibende Kraft war wiederum Strauch, der auch die Kosten für den Aufenthalt trug[35].
Der nächste Schritt in Felbigers Reformarbeit war die Ausdehnung der neuen Schuleinrichtung auf die zum Saganischen Stift gehörenden Dörfer. Der Prälat ließ acht Schulmeister nach Sagan kommen, damit sie dort die „neue" Methode erlernten[36]. In einer Verordnung vom 10. Nov. 1763[37] wurde die Verbesserung der Stadtschule offiziell auch auf die Dörfer ausgedehnt. Diese Verordnung ist insofern für Felbigers Wirken und für die Entwicklung des Schulrechts bedeutsam, weil hier zum ersten Mal Rechte und Pflichten der Volksschullehrer umschrieben werden und weil knapp zwei Jahre später die Kgl. Kammer den Text wörtlich (ohne Eingang und Schluß) als staatliche Verordnung für die Geistlichkeit ganz Schlesiens und der Grafschaft Glatz publizierte[38]. Die Lehrer wurden angewiesen, sich nach der neuen Lehrart zu richten[39]. Aus der Kenntnis, wie wichtig die Mitwirkung der Pfarrer bei seinen Vorhaben sei, versuchte Felbiger seine Confratres für die neuen Maßnahmen zu gewinnen. In einem Zirkular an seine Mitbrüder vom 25. XI. 1763[40] versuchte er ihnen sein Projekt nahezubringen, indem er sie auf die daraus für ihre Arbeit erwachsenden Vorteile hinwies. Bereits im Frühjahr 1764 konnte der Abt sieben Schulen vorweisen, die nach seinem Plan eingerichtet worden waren und von denen er meinte, sie würden einer Untersuchung standhalten[41].

[34] Ausführliche Nachricht, § 1, S. 434.
Sie waren mit einer eingehenden Instruktion versehen – Kleine Schulschriften, Ausgabe 1775, Teil 1, Nr. 3.

[35] Kleine Schulschriften, Ausgabe 1775, T. 1, Nr. 4; Ausführliche Nachricht, § 1, S. 435.

[36] Vgl. Leipz. Intelligenzblatt v. 10. 9. 1763 (Nr. 13), Art. X, Nr. 2.

[37] Kleine Schulschriften, T. 1, Nr. 3, S. 32ff.

[38] KORNSCHE SLG. VIII, S. 197–212; vgl. auch das Begleitzirkular – aaO., S. 192–197.

[39] Vgl. oben,. Anm. 37.

[40] Kleine Schulschriften, T. 1, Nr. 4, S. 54ff. – Vgl. auch KORNSCHE SLG. VIII, S. 192–197.

[41] Liste der Ortschaften bei LEHMANN IV, Nr. 156, S. 162f. Sie ist enthalten in einem Schreiben Felbigers an den schles. Provinzialminister Schlabrendorff v. 9. März 1764, mit dem der Abt frühere Saganer Reformschriften bzw. Reformverordnungen übersendet: a) „Vorläufige Anzeige von besserer Einrichtung der öffentl. Trivialschule zu Sagan" v. 17. Juni 1763 (abgedr. in Kleine Schulschr., T. 1, Nr. 2, S. 16ff.); b) „Verordnung, nach welcher die Schulen der zum Saganischen Stift gehörigen Dörfer eingerichtet u. verbessert werden sollen", Sagan, 10. Nov. 1763 (abgedr. aaO., S. 32ff.). Vgl. auch die zuversichtl. Äußerung Felbigers in einem Brief an M. J. Schmidt (OBERTHÜR, Schmidt, S. 76).

Im Vordergrund der Reformschriften und -verordnungen standen (neben Ausführungen über Methode und Lehrerverhalten) schul- und unterrichtsorganisatorische Gesichtspunkte. Die erste Verordnung enthielt bereits bindende, z. T. ins einzelne gehende Anweisungen hinsichtlich Stoffverteilung, Anwesenheits- und Fleißkontrolle; den Geistlichen wurde eine regelmäßige Schulaufsicht aufgetragen. So verfügte der Abt, daß „die Scholares denen gleich zu benennenden Inspectoren" von ernsthaften Schwierigkeiten mit den Schülern Nachricht geben sollten, „damit diese den Aelteren der Kinder derentwegen die nöthige Erinnerung machen könnten"[42].

Auswahl und Aufgaben der „Inspektoren" sind in den beiden Schlußparagraphen (25 und 26) der VO vom 30. 11. 1761 festgelegt:

> „Endlich, um dieser auf die Verbesserung des sehr verderbten Schulwesens abzielenden Verordnung einen besseren Nachdruck und gehörige Befolgung zu verschaffen, so verordnen Wir Unsern geliebten Confratrem, den Wohlehrwürdigen Herrn Benedictum Strauch, der Zeit Sub-Priorem und Pro-Parochum hiesiger Herzogl. Residenzstadt, zum Ober- und jedesmaligen Katecheten zum Neben-Inspectore, und haben zu derem eifrigen Bestreben, das Beste des Nächsten möglichst zu befördern, das Zutrauen, daß sie über der Vollstreckung dieser Unserer Anordnung halten, jeder wöchentlich wenigstens einmal nach dem Zustande der Schule sich genau erkundigen, das etwan zu verbessern nöthige Uns hinterbringen, und das darauf zu verfügende zu vollstrecken beflissen seyn werden."(§ 25)
>
> „Ueber dieses verlangen Wir annoch, daß jedes Quartal, ehe die Scholares ihr Salarium erhalten, sie sich mit sämmtlichen Schulkindern zu der ihnen dießfalls bestimmten Zeit bey Uns einfinden, die im 4ten Abschnitt gedachte Anmerkungen, über das Verhalten, und die Zeit, wie lange jeder seine Kinder unterrichtet, Uns überreichen, und der Untersuchung beywohnen, welche Wir, mit Zuziehung der verordneten Herren Inspectoren, über den ertheilten Unterricht anzusteuern vor gut finden werden." (§ 26)[43]

In der Verordnung vom 10. XI. 1763 und dem Begleitzirkular vom 25. XI. 1763[44] schrieb Abt Felbiger öffentliche Examina vor (nicht zuletzt, um für die neue Lehrart zu werben) und einen genauen Stundenplan[45]. Die Ortspfarrer wurden mit der Durchführung der Schulaufsicht beauftragt[46]:

[42] VO v. 30. XI. 1761 – Kleine Schulschriften, Teil 1, Nr. 1, S. 13.
[43] AaO., S. 13f.
[44] Kleine Schulschriften, T. 1, Nr. 3, S. 32ff.; Nr. 4, S. 54ff.
[45] AaO., Nr. 2, S. 28; Nr. 3, S. 38f., 43–50.
[46] AaO., Nr. 3, S. 51; Nr. 4, S. 56. Vgl. auch KORNSCHE SLG. VIII, S. 208.

„Pfarrer und Capelläne ... müssen ... sich den Inhalt der Instruction vor die Schulmeister, so wie dieser Lehr-Art durch fleißiges Lesen des Schul-Buchs und der dabey befindlichen Vorrede aufs beste bekannt machen, um den Schulmeister genau beobachten zu können, wie er derselben nachlebet; Sie müssen hierbey die Hindernisse zu entdecken, anzumerken, und zu heben sich bemühen, die dem guten Fortgange entgegen stehen; vornehmlich aber müssen Sie durch Ermahnen die Eltern bewegen, die Kinder nicht von der Schule ab, sondern fleißig dazu zu halten ... Die Schulmeister desto besser in Obsicht zu haben, müssen sie alle Wochen wenigstens einmal die Schule bebesuchen; dieser Besuch muß stets geschehen, ohne daß es der Schulmeister vermuthe, und daher sich dazu vorzüglich bereite, denn er soll dies alle Tage mit gleichem Fleiße thun. Wenn Sie dergleichen Schul-Besuche vornehmen, müssen Sie eine Zeitlang daselbst sich aufhalten und zuhören, ob der Schulmeister der Verordnung gemäß verfahre, ob er in allen die bestimmte Zeit beobachte; Sie müssen die sich ereignende Mängel zu entdecken und abzuhelfen bemühet seyn ... Sie merken sich in ihrem Directorio, welches ohnedem allemal mit Papier durchschossen, und folglich zu diesem Gebrauch sehr bequem ist, jeden Tag an, an welchem Sie die Schule visitiret, zugleich, was Sie zu erinnern gefunden, und wie dieser Erinnerung nachgelebet worden. Auch der Schulmeister soll den Tag, da die Visitation geschehen, in der monathlichen Tabelle durch Einschreibung eines V in das zu solchem Tage gehörige Quadrat bemerken, damit man im Stande sey abzunehmen, ob und wenn die Besuche wirklich geschehen sind."[47]

Diese Regelung wurde wörtlich ein halbes Jahr später als Staatliche Instruktion für die katholischen Pfarrer Schlesiens und der Grafschaft Glatz publiziert[48].
Im Begleitzirkular hierfür vom 30. Juni / 12. Juli 1764[49] finden sich in der für die Landräte bestimmten Einleitung für die Schulaufsicht und das hierbei gewünschte Zusammenwirken von Staat und Kirche aufschlußreiche Ausführungen[50]:

„Gleichwie aber Eingangs erwehntes General-Schulen-Reglement eigentlich die Einrichtung der evangelischen Schulen betrift, so haben Wir nicht umhin gekonnt, eine besondere Instruction für die catholische Pfarrer und dergleichen vor die Schulmeister zu entwerfen, auch denenselben ein ABC-

[47] Text nach KORNSCHER SLG. VIII, S. 192f.
[48] KORNSCHE SLG. VIII, S. 190ff.
[49] Ebenda.
[50] AaO., S. 191f.

Buchstabier und Lese-Büchlein beyfügen zu lassen, mit dem allergnädigsten Befehl an Euch; jedem Domino, ingleichen Pfarrer und Schulmeister Eures Creißes und zwar denen Dominiis nur die Instructiones vor die Pfarrer und Schulmeister, jedem Pfarrer und jedem Schulmeister aber alle drey Exemplaris zuzufertigen, mit der Aufgabe, sowohl an die Dominia als Pfarrer und Schulmeister diese Schul-Einrichtung sofort zu introduciren und in exacte Befolgung und Ausübung zu bringen; Euch selbst aber bey Bereisungen Eures Creißes in denen Schulen zu erkundigen, inwieferne dieser Lehr-Art Folge geleistet wird, und wann Ihr das Gegentheil findet, sofort davon zu berichten, und haben Wir das Vicariat-Amt, so wie die Decanos der andern Dioecesen beordert, gleichfalls exact darauf zu halten, und in jedem Archi-Presbyterat einen oder mehrere Schulen-Visitatores zu bestellen, welche diese Einrichtung zu ihrem Zweck befördern sollen.

Und gleichwie hierunter das wahre Beste eines jeden Dominii versiret, wann es durch vernünftige Instruction ihrer unterthänigen Kinder vernünftige, gesittete und brauchbare Unterthanen erhält; so müssen die Grundherrschaften absolute darauf halten; daß alle Kinder beyderley Geschlechts von 5 bis 13. oder 14 Jahren ordentlich zur Schule geschickt und daselbst unter richtet werden, ...

An das General-Vicariat-Amt zu Breslau, und an die Decanos der Prager, Ollmützer und Cracauer Dioeces, Seine Königl. Majestät in Preußen lassen dem General-Vicariat-Amte / dem Decano der N. Dioeces hiebey N. Exemplaria von der Instruction an die catholische Schulmeister und Pfarrer, deßgleichen soviel Lese-Bücher zur Unterweisung der catholischen Schul-Jugend mit dem allergnädigsten Befehl zufertigen, sich dessen Innhalt selbst bekannt zu machen, auf die genaue Befolgung dieser Instruction zu halten, sich des Schulwesens besser, wie leider bisher, angelegen seyn zu lassen, und in jedem Archi-Presbyterats-Sprengel ein, 2. oder mehrere Schul-Visitatores zu bestellen, welche sothane Schulen-Einrichtungen und Manuductiones nicht nur sofort im Gang bringen, sondern auch durch oft wiederholte Visitationes der Schulen und Examination, inwieweit Parochi ihre Schuldigkeit leisten, darinn erhalten, und davon quartaliter und sonst, so oft es nöthig, an das Vicariat-Amt / den Decanum referiren; wobey dem General-Vicariat-Amt / dem Decano zur Nachricht dienet, daß denen Pfarrers und Schulmeistern die benöthigten Exemplaria durch die Land- und Steuer-Räthe immediate zugefertiget worden."

Bei einer genaueren Analyse dieser neuen Verordnungen stoßen wir auf Braunschweig und Berlin als Muster und Vorbild. So ist der Stundenplan in der Verordnung von 1763 eine Kombination des § 18 aus dem 2. Kapitel der Braunschweigischen Schulordnung[51] mit dem Lektionsplan der Fuhrmannschen Schulen in Berlin, den Abt Felbiger dort kennengelernt hatte[52]. Eine deutliche Parallele zur Braunschweigischen Schulordnung zeigt sich auch in den Regelungen der kirchlichen Schulaufsicht und öffentlichen Prüfungen[53].

In etwa mit dem Erreichten zufrieden, trug sich Felbiger im Frühsommer 1764 mit dem Gedanken, für die Stadtschule ein Reglement zu verfassen, worin er „deren jetzige Einrichtung auch für die Zukunft recht dauerhaft zu machen" und vor dem Verfall nach seinem Tode „so viel möglich zu bewahren suchen wollte"[54].

Die Ereignisse des Jahres 1764 eröffneten ihm jedoch ein völlig neues Betätigungsfeld.

[51] KOLDEWEY II, S. 326–329.
[52] WIEDEMANN, Hecker, S. 8–10. Entspricht fast wörtlich dem § 19 d. GLR v. 1763.
[53] Ebenda, Kap. 3 und 4 – KOLDEWEY II, S. 339–346.
[54] LEHMANN IV, Nr. 187, S. 194.

§ 5 Der staatsrechtliche Status Schlesiens, das Verhältnis von Staat – Kirche – Schule zur Zeit und im Umkreis Felbigers und die Entwicklung des Schulaufsichtsrechts in Preußen bis zur Mitte des 18. Jahrhunderts

I. Der staatsrechtliche status Schlesiens

1. Vor dem Ausscheiden aus dem österreichischen Staatsverband (1741)[1]

Verglichen mit preußischen Provinzen im Ganzen des preußischen Staatsverbandes nahm das Herzogtum Schlesien (ebenso wie die Grafschaft Glatz) zumal in den ersten Jahrzehnten des 18. Jahrhunderts im Verbande der österreichischen Monarchie eine weitaus selbständigere, entschieden abgesonderte Stellung ein[2]. Schlesien behauptete in der böhmischen Ländergruppe eine weitgehende Selbständigkeit für die Angelegenheiten seiner Landesverwaltung. Die schlesischen Stände haben mit Erfolg dem Versuch widerstanden, durch die Generallandtage die Länder

[1] Eine neuere Darstellung fehlt unseres Wissens. Nach wie vor grundlegend: ARNOLD LUSCHIN VON EBENGREUTH, Österreichische Reichsgeschichte, 1896, S. 288 (Verhältnis zu Böhmen und zum Reich), 369f., 387f. (Rechtsquellen), 418–425 (Kirche und Staat), 426ff. (Behördenorganisation), 505 (Verlust Schlesiens an Preußen); OTTO HINTZE, Einleitende Darstellung der Behördenorganisation und allgemeinen Verwaltung in Preußen beim Regierungsantritt Friedrichs II. (= Acta Borussica, Die Behördenorganisation und die allgemeine Staatsverwaltung Preußens im 18. Jh. VI, 1), 1901 und KARL GUSTAV KRIES, Historische Entwicklung der Steuerverfassung in Schlesien unter Teilnahme der allgemeinen Landtagsversammlungen, 1842. Ergänzend vgl. HEINRICH SIMON, Die ständische Verfassung von Schlesien, 1846, S. 1–23; ders., Das Kirchenrecht und die Kirchenverfassung von Schlesien, 1847, S. 1–4; MAX LEHMANN, Staat und Kirche in Schlesien vor der preußischen Besitzergreifung, in: HZ 50, 1883, S. 193ff.; FRANCISCUS HANUS, Church and State in Silesia under Frederick II., 1944, S. 122–125. Die Rechtsquellen sind in den folgenden Sammlungen erfaßt: CODEX AUSTRIACUS, I u. II, 1704; SAMMLUNG der ältern K.K. Landesfürstlichen Gesetze und Verordnungen IN PUBLICO-ECCLESIASTICIS vom Jahre 1518–1740, 1785; KAISER- UND KÖNIGLICHE, das Erb-Herzogthum Schlesien concernierende PRIVILEGIA, STATUTA UND SANCTIONES pragmaticae, ... Breslau, Christian Brachvogels Erben, 6 Theile, 1731–37; SAMMLUNG DER wichtigsten und nöthigsten, bisher aber noch nicht herausgegebenen kaiser- und königlichen auch herzoglichen PRIVILEGIEN, STATUTEN, RESCRIPTEN und pragmatischen Sanctionen des Landes Schlesien, aus den nach und nach publicirten kgl. Oberamts-Patenten, wie auch aus den wichtigsten Landes-Kanzleien und Archiven ... zusammengetragenen, Crossen und Sorau bei Gottlob Hebold, 2 Bde., 1736–39; Sammlung alter und neuer schlesischer Provinzial-Gesetze zum täglichen Gebrauche für Richter und Advokaten, 1. Teil, Breslau 1771 (enthält die älteren Landesgesetze bis zum Jahre 1740) – Verfasser CARL GOTTLIEB SVAREZ. Der Beitrag von LUDWIG PETRY (Polit. Geschichte unter den Habsburgern) im 2. Bd. der „Geschichte Schlesiens", S. 1–135 (Darmstadt 1973) war erst nach Abschluß des Manuskriptes erreichbar.

[2] Vgl. HINTZE in : Acta Borussica, Behördenorganisation VI, 1, S. 495.

der böhmischen Krone in einen festeren Zusammenhang zu bringen. Das Bestreben, diesen „Sonderstatus" zu wahren, fand immer neue Nahrung in der Religionsfrage[3]. Oberster Grundsatz der Staatsräson war die Ausschließlichkeit der katholischen Kirche[4]. In der Praxis führte dies jedoch nicht etwa zu einer Unterordnung des Staates unter die geistliche Gewalt; vielmehr suchte der Staat selbst die Kirche und durch sie die Untertanen zu beherrschen[5]. Bischofswahl und Abtwahl unterlagen einem vollständigen staatlichen Einfluß. Die geistliche Verwaltung unterstand staatlicher Aufsicht; der geistlichen Gerichtsbarkeit waren enge Schranken gesetzt. Das System der Verwendung kirchlicher Machtmittel zu staatlichen Zwecken fand an der Existenz der „ketzerischen" Gemeinden eine Grenze und rief mit innerer Notwendigkeit Unduldsamkeit und konfessionellen Druck hervor. „Eben darin lag ein Moment, das Schlesien, soweit es protestantisch war, von dem Gesamtstaat innerlich trennte"[6].

Die Andersartigkeit Schlesiens – verglichen mit preußischen Provinzen – wird auch deutlich, wenn wir den inneren Aufbau betrachten und uns die Landesverfassung sowie das System der Verwaltungs- und Behördenorganisation im Umriß vor Augen stellen.

Schlesien zerfiel in mehrere halbselbständige Fürstentümer und Standesherrschaften mit besonderen Behörden und eigenen ständischen Vertretungen, jedoch zusammengehalten durch das Band zentraler Einrichtungen, nämlich durch Oberamt und Fürstentag. Zentralverwaltung und die Verwaltung der einzelnen Fürstentümer, Herrschaften und Städte waren voneinander geschieden. Die territoriale Staatsbildung ist hier nur unvollkommen zum Ziel gelangt, statt eines einheitlichen Territorialstaats begegnen wir in Schlesien einem komplizierten Gebilde, „das auf einen ständisch-föderativen Ursprung zurückweist"[7].

Neben den „königlichen Erbfürstentümern" (1. Schweidnitz und Jauer, 2. Glogau, 3. Oppeln und Ratibor, 4. Breslau – ohne die Stadt – mit

[3] AaO., S. 496.

[4] LUSCHIN VON EBENGREUTH, S. 425 und Acta Bor. aaO.

[5] Zum Verhältnis Staat – Kirche in Österreich in diesem Zeitraum insgesamt vgl. LUSCHIN VON EBENGREUTH, § 51, S. 418ff. sowie oben § 2, S. 87ff. unserer Untersuchung; ACTA BORUSSICA, Behördenorganisation VI, 1, S. 496. Hinsichtlich der Verhältnisse in Schlesien siehe LEHMANN, Staat u. Kirche in: HZ 50, 1883, S. 193ff., bes. 222ff.

[6] So HINTZE, in: Acta Bor., Beh.O. VI, 1, S. 496.

[7] Ein Fixpunkt und gleichsam verfassungsmäßige Grundlage der ständischen Landesfreiheiten Schlesiens bis 1740 war das von König Wladislaus 1498 erteilte, die überkommenen Rechte bestätigende Privileg: Abdruck: SIMON, Ständische Verfassung, S. 8–11.
Zu dieser Entwicklung vgl. RACHFAHL, Die Organisation der Gesamtstaatsverwaltung Schlesiens vor dem 30jährigen Krieg, 1894.

Namslau, 5. Liegnitz, 6. Brieg, 7. Wohlau[8]), in denen die fürstliche Gewalt dem König von Böhmen als oberstem Herzog von Schlesien, d. h. also dem Kaiser zukam, standen im 18. Jh. die „herzoglichen" oder „Mediat-Fürstenthümer" (Teschen, Neiße-Grottkau, Oels und Bernstadt, Troppau, Jägerndorf, Sagan[9], Münsterberg)[10]. Hinzu kamen sechs sogenannte Freie Standesherrschaften[11].

Diese drei Gruppen: Erbfürstentümer, Freie Standesherrschaften, dazu noch die Stadt Breslau und zehn andere „königliche" Städte[12] bildeten die sog. status majores, d. h. die zur Landstandschaft berechtigten auf dem Fürstentag vertretenen Stände. Zuweilen wurde die Bezeichnung „status majores" auch im engeren Sinn nur von den sechs Freien Standesherrschaften gebraucht.

Den „status majores" standen die „status minores und königliche freie Burglehen" gegenüber: größere Güter und Herrschaften ohne das Recht landständischer Vertretung, aber unmittelbar unter der Krone Böhmens, keinem der Partikularfürstentümer, in die sie meist eingesprengt waren, landsässig untertan. Aus diesen Elementen: Fürsten, Herrschaften und Städten, ihren Untertanen, Bürgern, ihrer landsässigen Ritterschaft samt deren Untertanen, setzte sich das schlesische Land zusammen.

Als Schlesien an das Haus Österreich überging, lag die Regierung des Landes noch nahezu vollständig in der Hand ständischer Organe. Kraft Auftrages und in Vertretung des obersten Herzogs übte ein Oberhauptmann die landeshoheitlichen Rechte aus. Als ein jeweils besonders angesehener schlesischer Fürst war er zugleich Obmann der Stände; neben ihm stand mit in früheren Zeiten weitgehenden Rechten der Generallandtag als Vertretung der einzelnen Territorien, der sog. Fürstentag. Die Landesangelegenheiten nahmen noch keinen sehr breiten Raum ein. In den Aufgabenbereich der Zentralgewalt fielen in der Hauptsache die Bewahrung des Friedens nach innen und außen, die Beilegung von Streitigkeiten unter den Fürsten, Herren und Städten, die allgemeine Aufsicht über die Handhabung der Justiz. Für die inneren Angelegenheiten besaßen die einzelnen Fürstentümer noch weitgehende Autonomie[13].

[8] Auf die letztgenannten erhob bekanntlich Preußen Ansprüche.

[9] Im Besitz der Fürsten von Lobkowitz.

[10] Angaben hierzu und zum Folgenden vgl. ACTA BOR., Beh.O. VI, 1, S. 501.

[11] AaO., S. 500f.

[12] Namen der Städte vgl. ACTA BOR., Beh.O. VI, 1, S. 500.

[13] Die rechtliche Grundlage dieser Autonomie war das Privileg König Wladislaus' von 1498 – vgl. SIMON, Ständische Verfassung, S. 7f.; Abdruck ebenda, S. 8ff.

Im Zuge der Maßnahmen zur Entmachtung ständischen Einflusses wandelte der Kaiser bereits 1629[14] die Oberhauptmannschaft in ein Oberamtskollegium um, dessen Mitglieder er selbst ernannte und worin der Oberhauptmann nur die Stelle eines Präsidenten einnahm. Das bedeutete das Ende der ständisch-autonomen Stellung des alten „Oberamts"[15]. Die Landesregierung lag von da an bis zur Annexion Schlesiens durch Preußen in den Händen eines kaiserlichen Beamtenkollegiums unter dem Vorsitz eines nichtfürstlichen, vom Hofe abhängigen Direktors. Der Aufgabenbereich ist vergleichbar mit den alten Regierungen der preußischen Provinzen vor der Errichtung der Kommissariate: Führung der allgemeinen Landesregierung im Namen des Kaisers, Publikation kaiserlicher Verordnungen, allgemeine Justizaufsicht usw. In den Rahmen der wahrzunehmenden Hoheitsrechte gehörten u. a. die Wahl von Bischöfen und anderen Prälaten sowie die Erledigung geistlicher Pfründen als dem Regalienrecht unterliegend[16].

Ähnlich dem „Oberamt" erfuhr der „Fürstentag", die Versammlung der „Fürsten und Stände" Schlesiens, tiefgreifende Veränderungen. Von alters her bestand er aus drei Kurien: den Fürsten der nicht königlichen Gebiete, den Deputierten der Ritterschaft aus den königlichen Erbfürstentümern mit der Stadt Breslau und den Vertretern der zehn übrigen königlichen Städte. Als vierte Kurie gehörte diesem Konvent das Oberamts-Kollegium an. Zusammen bildeten die vier Kurien auch das sog. Ober- oder Fürstenrecht[17]. Dieser Fürstentag entwickelte sich allmählich zu einem Deputiertenkonvent, zum „conventus publicus" (seit 1675)[18]. In dem Prozeß ständiger Abschwächung seiner Befugnisse blieb ihm in den ersten Jahrzehnten des 18. Jahrhunderts eigentlich nur noch das Steuerbewilligungsrecht. Selbst dies wurde schließlich zu einem bloßen „Formular", als 1726 ein kaiserliches Reskript die Verknüpfung von Forderungen mit der Steuerbewilligung (per modum conditionum) untersagte[19].

[14] ACTA BOR., Beh.O. VI, 1, S. 509.

[15] Das die Autonomie garantierende Privileg von 1498 wurde zwar nie formell aufgehoben, aber die Regierungs- und Verwaltungspraxis unter den Habsburgern setzte es de facto außer Kraft – entsprechend dem Vorgehen in den übrigen Ländern des österreichischen Staatsverbandes. Vgl. ACTA BOR., aaO., S. 507–509; LEHMANN, in: HZ 50, S. 222ff., *229*.

[16] Vgl. ACTA BOR., aaO., S. 517.

[17] ACTA BOR., aaO., S. 511, 551.

[18] ACTA BOR., aaO., S. 511.

[19] Reskript v. 26. 3. 1726 – ARNOLDSCHE SAMMLUNG II, S. 215; vgl. ACTA BOR., Beh.O. VI, 1, S. 511f.

Neben dem Oberamt, unabhängig, aber de facto nach Rang und Ansehen ihm nachgeordnet, stand die „Kammer". 1558 begründet und unmittelbar der kaiserlichen Hofkammer in Wien unterstellt, war sie zunächst das bedeutendste landesherrliche Organ in Schlesien gewesen. „Seit der Errichtung des Oberamts ... gingen sehr bald manche die allgemeine Aufsicht über die Verwaltung und die Wahrung landesherrlicher Rechte betreffende Funktionen von den Kammern auf die Oberämter über", so daß die Kammer mehr und mehr auf die eigentlichen ‚kameralgeschäfte', d. h. die landesherrliche Finanzverwaltung beschränkt wurde[20].

Die einzelnen Gebiete, aus denen sich der „Staat Schlesien"[21] zusammensetzte, zeigten hinsichtlich ihrer Verwaltungsorganisation mancherlei Abweichungen, im großen und ganzen aber doch einen übereinstimmenden Typus, den man als verkleinertes Abbild der allgemeinen Landesverwaltungsorganisation in den übrigen österreichischen Erblanden bezeichnen kann.

„Das zentrale Organ der Länder-Verwaltung bildeten die Regierungen oder Ämter oder Landeshauptmannschaften. Der Geschäftskreis dieser ‚Regierungen' läßt sich mit drei Worten bezeichnen: Justiz, Polizei, ‚Publica'". So galten die Regierungen „als die eigentlichen Hauptgerichte des Landes für alle nicht vor die Ortsgerichte gehörenden Personen und Sachen"[22].

In den ständischen Vertretungen lassen sich überall zwei Elemente unterscheiden: das sog. „Landeskollegium" und die eigentliche Landesversammlung. Den Kern des Landeskollegiums bildeten die „Landesältesten"[23]. Für bestimmte Aufgaben und Anlässe (bes. Steuerverteilung und Rechnungsabnahme) erweiterte sich das Landeskollegium durch ad hoc gewählte Deputierte zur Landesversammlung[24].

Der ganze „ständische Apparat" war aber nach dem Urteil Hintzes in diesem Spätabschnitt „mehr Dekoration als wirksames Instrument poli-

[20] ACTA BOR., aaO., S. 532.

[21] Vgl. „Staat von Schlesien", o. O. u. J. (1708).

[22] ACTA BOR., Beh.O. VI, 1, S. 542.
Die Polizei handhabten sie nach den allgemeinen Direktiven des Oberamts und nach den Vorschriften der besonderen Landesordnungen; sie hatten ferner auch die Landesbedienungen zu vergeben, ständische und städtische Wahlen zu bestätigen vorbehaltlich der kaiserlichen Genehmigung, die sie durch einen Bericht „nach Hofe" einholen mußten. An sie gliederte sich die ständische Vertretung an, wie der conventus publicus an das Oberamt zu Breslau.

[23] Vertreter der ritterschaftlichen Kreise oder Weichbilder, neben ihnen gewöhnlich noch ein „Deputierter" für den Kreis. Dazu kommen die Prälaten sowie Vertreter der königlichen Kammergüter, endlich auch hie und da Mitglieder der ständischen Gerichte.

[24] Zu den Einzelheiten vgl. ACTA BOR., Beh.O. VI, 1, S. 543ff.

tischer Macht für die Stände"; ohne den Willen und die Zustimmung der Landesregierung konnte nichts geschehen, die ständischen Einrichtungen bedeuteten eigentlich nur eine Verlängerung des Armes der Regierung in das Land hinein[25].

Im Zusammenhang unserer Arbeit empfiehlt sich ein Hinweis auf die geistlichen Güter. Die Inspektion über die Temporalität hatte im allgemeinen die Kammer. Sie hatte beim Tode eines Prälaten die Sperre zu veranlassen (wegen der Regalien). Prozesse, die geistliche Güter betrafen, gehörten vor das Oberamt[26].

Schon diese wenigen Hinweise auf wichtige Verwaltungsinstitutionen und Strukturen lassen erkennen, daß dieses Staatswesen einen ganz anderen Typus darstellt als das preußische. In Preußen war das vornehmste Instrument der staatlichen Macht das Heer, auf dessen Erhaltung, auf dessen Bedürfnisse die ganze Verwaltung zugeschnitten war; in Österreich und Schlesien erschien in etwa dieser Stellung die vom Staat in der Hauptsache beaufsichtigte katholische Kirche, die durch ihre Prälatur, durch ihren Besitz, durch den konservativen Grundzug ihrer Organisation aufs engste mit der ständischen Verfassung und der durch sie bedingten rückständigen Verwaltungsweise verflochten war. In keiner Institution spricht sich der eigentümliche Geist des preußischen Militärstaates deutlicher aus als in der alten Kommissariatsverwaltung mit ihrer Verbindung von Militär-, Steuer- und polizeilichen Wohlfahrtsinteressen unter ursprünglich militärischer Leitung; durch die Verschmelzung dieses Komplexes mit der landesherrlichen Domänialverwaltung ist man dann in der Hauptsache schon zu einem einheitlichen Finanzsystem gelangt, das den Dualismus des ständischen Staates, den Gegensatz von Fürst und Land zu überwinden im Begriffe war. Hier in Preußen hatten die Kriegs- und Domänenkammern die alten Landesregierungen expropriiert und die Mitwirkung der Stände bei der Verwaltung fast ganz zurückgedrängt. In Schlesien hingegen war „die Verwaltungsorganisation ungefähr auf dem Stande stehengebleiben, den in Preußen die Regierungszeit des Großen Kurfürsten bezeichnet"[27]. Nicht eine organische Fortbildung konnte deshalb erfolgen, vielmehr bedurfte es in der Hauptsache einer Neubildung.

[25] Acta Bor., aaO., S. 545.
[26] AaO., S. 533.
[27] AaO., S. 555.

2. Nach der Annexion durch Preußen (1741/1763)[28]

Als FRIEDRICH D. GR. nach dem Tode Kaiser KARLS VI. (1740) die Ansprüche seines Hauses auf Schlesien[29] auf dem Verhandlungswege nicht mit Erfolg geltend machen konnte, besetzte er Schlesien[30].
Durch den Breslauer Präliminarvertrag vom 11. Juni 1742[31] und den Berliner Frieden vom 18. Juli desselben Jahres[32] trat Österreich nach dem Ersten Schlesischen Kriege Ober- und Niederschlesien, das mährische Gebiet Katscher und die Grafschaft Glatz, jedoch ohne Troppau, Teschen und die jenseits der Oppa gelegenen Gebiete mit voller Souveränität an Preußen ab. Dieses Ergebnis wurde durch den Dresdener Frieden vom 25. Dezember 1745[33] und den Hubertusburger Frieden vom 15. Februar 1763[34] bestätigt[35]. Somit war Preußen in den Besitz von fast ganz Schlesien mit voller Souveränität[36] gelangt. Die zum größeren Teil katholische Provinz mit ihren weitgehenden ständischen Rechten mußte nun mit den Stammlanden verschmolzen werden.
Die vorläufige preußische oberste Verwaltungsbehörde für Schlesien, das Feldkommissariat, sicherte am 25. Januar 1741 zwar die Erhaltung

[28] Insgesamt vgl. C. BORNHAK, Preußische Staats- u. Rechtsgeschichte, 1903, S. 195–199; BRAUBACH, Vom Westfälischen Frieden bis zur Französischen Revolution, in: GEBHARDT, Handbuch der dt. Geschichte, II, 9. A., 1970, hier: §§ 78–82, 85; K. FEIGE, Friedrichs d. Gr. Stellung zu den Kirchen Schlesiens, in: Jb.f.Schles.KiG., 46, 1967, S. 58–64; FRIEDBERG, Gränzen zwischen Staat und Kirche, 1872, S. 267–280; GRÜNHAGEN, Schlesien unter Friedr. d. Gr., 2 Bde., 1890/92; HANUS, Church and State in Silesia under Frederick II., 1944, S. 126–131; G. JAECKEL, Die Bedeutung der konfessionellen Frage für die Besitzergreifung Schlesiens durch Friedrich d. Gr., in: Jb.f.Schles. KiG., 34, 1955, S. 78–121; HINTZE, in: ACTA BOR., Beh.O. VI, 1, S. 7ff.; LEHMANN, Preußen und die kath. Kirche, Bd. 1–5, 1878–1885 (Neudr. 1965); A. THEINER, Zustände der kath. Kirche in Schlesien von 1740–1758, 2 Bde., 1852. Nach Abschluß des Manuskriptes wurde mir die sehr konzise Darstellung von WALTHER HUBATSCH zugänglich: Friedrich der Große und die preuß. Verwaltung, 1973.

[29] Vgl. BORNHAK, Preußische Rechtsgeschichte, S. 195, Anm. 3. Zu den diplomatischen Aktivitäten vgl. R. KOSER, Preußische Staatsschriften, Bd. 1, 1877, S. 41ff.

[30] Vgl. GIESE, Preußische Rechtsgeschichte, S. 67 mit Anm. 1; Bornhak, aaO., S. 195. Zu den kriegerischen Auseinandersetzungen um Schlesien vgl. BRAUBACH, in: Handb. z. dt. Gesch. II, S. 317ff., 324ff.; HUGO HANTSCH, Die Geschichte Österreichs, II. Bd., 2. A., 1953, S. 146ff., 177ff.

[31] Text: KORNSCHE SLG., I, 2, S. 87–93. Zur Statusgarantie vgl. aaO., S. 91 (Art. 4).

[32] Text: KORNSCHE SLG., I, 2, S. 154–163; WENCK I, S. 739ff., Statusgarantie: Art. 6.

[33] Text: KORNSCHE SLG. II, S. 75–83. Zur Garantie des Religionsstatus vgl. aaO., S. 76.

[34] KORNSCHE SLG. VII, S. 179ff.; NEUMANN I, S. 30ff. Zu den Verhandlungen (mit Vertragstext) vgl. v. BEAULIEU-MARCONNAY, Der Hubertusburger Friede, S. 207ff.; Art. 14 auch bei LEHMANN IV, S. 101.

[35] BORNHAK, aaO., S. 195f.

[36] Vgl. BORNHAK, aaO.; SCHNEE, Das Verhältnis Schlesiens zum Deutschen Reiche im Zeitalter Friedrich d. Gr., in: Z. d. V. f. Gesch. Schlesiens 65, 1931, S. 412–429.

der bisherigen Verfassung zu[37]. Bei den Verhandlungen zwischen dem Feldkommissariat und den Deputierten des conventus publicus kam jedoch keine Einigung zustande. Daraufhin hob am 25. Oktober 1741 ein königliches Edikt Generalsteueramt und conventus publicus kurzerhand auf[38]. Damit war die ständische Verfassung für Schlesien als Ganzes förmlich beseitigt. „Die ständischen Landesvertretungen haben in der Folge" dieses „Schicksal geteilt; alles ständische Leben konzentrierte sich später in Kreistagen, die zur österreichischen Zeit wenig bedeutet hatten, unter der preußischen Herrschaft aber zu kräftigem Leben gelangt sind"[39]. In den Weichbildern hatte man ein Stück Verwaltung, das sich fortbilden ließ. Mit einigen Veränderungen sind sie zu den landrätlichen Kreisen umgestaltet worden.

Am 20. November 1741 erfolgte die Einführung der Heeresverfassung; aber noch in demselben Monat, am 25. November, wurde sie durch die neu eingerichteten Kriegs- und Domänenkammern ersetzt[40]. Die Kriegs- und Domänenkammern waren für Schlesien eine völlige Neubildung und erhielten dieselbe Zuständigkeit wie die Kammern der alten Provinzen. Nur die sog. Hoheitssachen (zu denen auch die Kirchen- und Schulsachen gehörten), die infolge der geschichtlichen Entwicklung in den anderen Landesteilen den Regierungen verblieben waren, wurden hier ebenfalls den Kammern übertragen[41].

Die Mediatregierungen der Fürstentümer ließ man als Gerichtshöfe bestehen. An die Stelle des Oberamtes traten erst zwei, dann drei Oberamtsregierungen, „die aber in der Hauptsache auch nur gerichtliche Befugnisse erhielten"[42].

Die „Oberamtregierungen" bedürfen hier einer besonderen Erörterung, weil aus ihrer Mitte unter Hinzuziehung zweier weltlicher und zweier geistlicher Konsistorialräte (eines evangelischen und eines katholischen) die Konsistorien gebildet wurden, denen auch die Aufsicht über Kirchen und Schulen oblag.

[37] KORNSCHE SLG. I, 1, S. 15.

[38] AaO., S. 141.

[39] ACTA BOR., Beh.O. VI, 1, S. 555f.

[40] KORNSCHE SLG. I, 1, S. 164–169.

[41] „... alle jura regalia und alles was die superioritatem ... concernirt" – – Münchow an Cocceji, 5. Nov. 1742 – ACTA BOR., Beh.O. VI, 2, Nr. 273, S. 516.
Vgl. auch den Kab.-Befehl an die Oberamtsregierungen zu Breslau und Glogau v. 16. Okt. 1742 (LEHMANN II, Nr. 218, S. 197): „... Sr. K. M. ... Intention ... ist dahin gegangen, daß alle ... die Jura regalia und territorialia betreffende Sachen vor denen schlesischen Krieges- und Domänen-Kammern tractiret werden sollen".

[42] ACTA BOR., Beh.O., VI, 1, S. 556 – Protokoll der ersten Konferenz in schlesischen Justizangelegenheiten Punkte 1–11; Punkte 11–14 bei LEHMANN II, Nr. 60, S. 41f.

In einer ersten Konferenz in schlesischen Justizangelegenheiten in Berlin am 8. XII. 1741 unter dem Vorsitz der Etatsminister von Cocceji und von Arnim wurde vorgetragen[43]:

Seiner königlichen Majestät Willen ginge dahin,

„1. ... daß alle bis hero etwa in alten und neuen Zeiten in Schlesien substituierte Gerichtsbarkeiten ... aufgehoben sein und mit Ausgang dieses Jahres gänzlich zessieren sollen,

2. ... daß gleich mit dem Anfange des 1742. Jahres, anstatt der suppremierten vielen Jurisdiktionen die Landesjustiz durch zwei zu konstituierende Oberamtsregierungen zu Breslau und Glogau administriert werde“[44].

In derselben Konferenz wurde, was bezeichnend für das Verständnis und für die Konstruktion der Behördenorganisation wie für die Einordnung der Materie ist, gleichfalls die Ordnung des schlesischen Kirchenwesens erörtert und der diesbezügliche königliche Wille und Wunsch dargelegt.

„12. So viel die Res ecclesiasticas betrifft, so bleibet qua Doctrinalia bei denen Römisch-Katholischen alles bei den nach denen Principiis ihrer Religion subsistirenden Verfassungen. Quoad Processualia aber wollen S.K.M. sich derjenigen obersten Gewalt, deren andere evangelische Könige, Kurfürsten und Fürsten in dero Königreichen und Landen nach der von Gott ihnen verliehenen unumschränkten Macht sich zu erfreuen haben, in Dero conquetirten und mit aller Souveränität beherrscheten Herzogthum Schlesien gleichfalls gebrauchen. Dahero dann sich von selbst ergiebet, dass alles dasjenige, welches nach denen vom römisch-katholischen Clero adoptirten Principiis damit nicht harmoniren möchte, gänzlich und auf ewig cessiren müsse. Zu Besorgung aller geistlichen Angelegenheiten tam in Personalibus quam Realibus wollen demnach S.K.M. zwei Consistoria angeordnet wissen, deren eins von der Ober-Amts-Regierung zu Breslau und das andere von der Ober-Amts-Regierung zu Glogau mit versehen werden soll. Es bestehen demnach diese Consistoria hauptzächlich aus denen Praesidenten und übrigen Membris Regiminis, so aber bei denen Consistorial-Sessionibus jedesmal einen römisch-katholischen Praelaten, zwei evangelische Geistlichen und zwei andere weltliche Consistorial-Räte zu sich nehmen, auch alle geistlichen Angelegenheiten (sie mögen diese

[43] Lehmann VI, 2, S. 272ff.
[44] AaO., S. 272.

oder jene Religions-Verwandten angehen) in Cognition ziehen und entscheiden sollen.

13. Die Appellation von denen Consistoriis gehet an das Ober-Appellation-Gericht zu Berlin.
14. Die Dispensationes in Ehe- und andern geistlichen Sachen (cuiuscunque sint generis) können und müssen bei niemand anders denn bei Sr. K.M. in Preussen als alleinigen, obristen Herzog und Herrn von Nieder-Schlesien gesuchet werden"[45].

Die endgültige und umfassende Regelung brachte dann das „Notifikationspatent betr. die Einrichtung, welche S.K.M. bei dem weltlichen und geistlichen Justizwesen in Dero souveränen Herzogthum Nieder-Schlesien gemacht haben" vom 15. Januar 1742[46].

„Von den Oberamtsregierungen müssen in erster Instanz alle die Recht nehmen, die bisher in personalibus et realibus vor den höchsten Landesgerichten gestanden haben ... (§ 9)
Die Jurisdiction dieser Oberamtsregierungen ist in genere in allen causis fundiret, welche nicht an Unsere Kriegs- und Domänenkammer nach dem Edict vom 25. Novembris 1741 verwiesen oder Unsern Consistoriis überlassen sind. Dahero gehören dahin alle causae civiles, tam personales quam reales, alle causae criminales, feudales et fiscales, in specie wann super jure patronatus et decimarum ... gestritten wird, ..." (§ 11).[47]
„Wir haben auch ferner in Breslau und Glogau zwei besondere Consistoria angeordnet, welchen Wir die geistlichen Sachen, so Unsere evangelischen Unterthanen angehen, anvertrauet haben.
Die Ober-Amts-Regierung respiciret hauptsächlich die zu denen Consistoriis gehörige Sachen: nur dass ein katholischer Prälat, ein evangelischer Geistlicher und zwei weltliche Consistorial-Räthe als Assessores darzu gefordert und zu dem Ende ein besonderer Tag ausgemachet werden soll." (§ 18)[48]
„Vor diese Consistoria gehören bloss diejenigen Sachen, welche den geistlichen Staat angehen und zum Aufnehmen der Religion gereichen, als: Aufsicht über die Prediger, Kirchen und Schulen, Examinirung derer Prediger, deren Confirmation und Introduction, item Ehe-Sachen und dergleichen."

[45] LEHMANN II, Nr. 60, S. 41f.
[46] ACTA BOR., Beh.O. VI, 2, S. 341–344; den dortigen Abdruck ergänzend: LEHMANN II, Nr. 83, S. 56–59.
[47] Bei LEHMANN II, S. 56 als § 11 aufgeführt.
[48] Diese und die folg. Paragraphen bei LEHMANN, aaO., S. 57f.

(§ 19)
„Wann jemand sich durch die Urtel des Consistorii graviret ... befindet, stehet ihm frei, an das Tribunal in Berlin zu appelliren ...“ (§ 20)
„Was das geistliche General-Vicariat-Amt betrifft, so wollen Wir aus landesherrlicher Macht und Gewalt solches in denen Stücken, welche ihrer Natur nach dahin gehören und Unserer Souveränität nicht nachtheilig fallen, hierdurch bestätigen; dergestalt und also, dass Wir Unsern katholischen Unterthanen eine völlige Gewissensfreiheit (wie solche in dem Instrumento Pacis etabliret ist) verstatten und nimmermehr zugeben wollen, dass sie darinnen von jemand, wer es sei, beeinträchtiget werden sollen. ... Wir wollen aber auch hoffen, dass der Vicarius generalis sich in seinen Schranken halten und weiter keine Klagen super Jure Patronatus, Decimis et Testamentis Sacerdotum auch nicht über Hospitäler sich anmaassen werde ...“ (§ 23)[49]

Schon bald auftauchende Abgrenzungsschwierigkeiten zwischen Justiz und Verwaltung machten einen Kabinettsbefehl des Königs an die Oberamtsregierungen zu Breslau und Glogau (vom 16. Okt. 1742) notwendig, des Inhalts, daß „alle die dero allerhöchstes Interesse oder die iura regalia und territorialia betreffenden Sachen vor denen schlesischen Krieges- und Domänenkammern ... traktiret werden sollen ... daß die Wahl und confirmationes der Äbte, Prälaten und anderer Geistlicher nicht durch die Oberämter, sondern durch die schlesischen Kriegs- und Domänenkammern besorget, und durch den Graf von Münchow die Kommissarien abgeschicket und hiernächst Sr.K.M. Bericht erstattet werden soll“[50].
Nochmals (am 5. Nov. 1742) mußte eingeschärft werden, „daß die Konfirmation der schlesischen Äbte, Prälaten und anderer Geistlicher und überhaupt alle iura regalia und alles, was die superioritatem territorialem concerniert, von den schlesischen Kriegs- und Domänenkammern respicieret werden solle“[51].
Ein weiterer Schritt im Prozeß der Angleichung Schlesiens an die übrigen preußischen Provinzen bedeutete im Jahre 1741 die Auflösung der Fürstentumsverfassung, die schon wegen der Ungleichheit der Bezirke von 10–100 Quadratmeilen den Bedürfnissen nicht mehr genügte. An ihre Stelle trat die Kreisverfassung[52]. Die kleineren Gebiete blieben als Kreise bestehen, die größeren wurden in mehrere Kreise aufgelöst. An

[49] Vgl. auch §§ 24 (mit Anm. 1), 26ff. – LEHMANN II, S. 58f.
[50] LEHMANN II, Nr. 218, S. 197.
[51] ACTA BOR., Beh.O. VI, 2, S. 516.
[52] KORNSCHE SLG. V, Nr. 77, S. 179.

die Stelle der Landesältesten traten Landräte, die auch in den standesherrlichen Gebieten die Verwaltung übernahmen[53]. „Aus den Ständen der Fürstentümer und Herrschaften wurden Kreisstände. Die schlesische Kreisverfassung war damit der der anderen mittleren Landesteile wesentlich gleichartig gestaltet worden. Die Landräte wie die Steuerkommissare, die zur Beaufsichtigung der Städte auch in Schlesien Eingang gefunden hatten, standen unmittelbar unter der Kriegs- und Domänenkammer. Nur die Grafschaft Glatz wurde als Kreis keiner der beiden Kammern, sondern unmittelbar dem Minister für Schlesien untergeordnet"[54].
Parallel zu diesem Prozeß der Einordnung Schlesiens in den preußischen Staatsverband und der Angleichung an den Verwaltungsaufbau und Behördenapparat der übrigen preußischen Provinzen unter Friedrich d. Gr. können wir einen zum Teil gegenläufigen Vorgang beobachten: Die Entwicklung einer sehr eigenständigen und in den wesentlichen Punkten von der Berliner Zentralverwaltung unabhängigen Provinz Schlesien. Erst wenn wir den Weg der Herausbildung dieses Sonderstatus der Provinz Schlesien mit in unsere Betrachtung hereinnehmen, werden wir ein zutreffendes Bild vom staatsrechtlichen Status Schlesiens in der zweiten Hälfte des 18. Jahrhunderts erhalten.
Die preußische Verwaltung Schlesiens begann im Krieg und wurde in den sich anschließenden Kriegen (Zweiter Schlesischer Krieg, Siebenjähriger Krieg) weiter- und fortgebildet. Das erklärt, weshalb die Verwaltung Schlesiens den von Beginn an stark ausgeprägten Charakter eines militärischen Gouvernements trug.
Seit dem 20. 1. 1741 arbeitete das General-Feld-Kriegs-Kommissariat in Breslau. Es umfaßte die Intendantur-Verwaltung des Heeres, die Finanzverwaltung und die gesamte innere Verwaltung, insbesondere Polizei und Kommunalverwaltung des Landes[55]. Diese Einrichtung stellte gleichsam ein Wiederaufleben des alten brandenburgischen Kriegskommissariatswesens dar[56]. Für Schlesien wurde der Umstand bedeutsam, daß der Kriegskommissar ja als ursprünglich militärische Verwaltungsbehörde ein Kommissar des Königs war, unmittelbar vom Kriegsherrn abhängig, immediat ohne Zwischenschaltung einer anderen obersten Behörde dem Landesherrn direkt unterstellt, keiner zivilen Zentralbehörde Rechenschaft schuldig. Das schlesische Feld-Kriegs-Kommissariat hatte ursprünglich zwei völlig gleichberechtigte und gleichverantwortliche

[53] Instruktion v. 22. Dez. 1741 – KORNSCHE SLG. I, 1, Nr. 17, S. 53.
[54] BORNHAK, Preuß. Staats- u. Rechtsgesch., S. 197f.
[55] Vgl. oben S. 139f.
[56] Vgl. HANS HELFRITZ, Gesch. d. preuß. Heeresverwaltung, 1938, S. 112ff.

Leiter (v. Reinhardt und v. Münchow)[57]. Beide wurden auch die ersten Präsidenten der vom Feld-Kriegs-Kommissariat eingerichteten schlesischen Kriegs- und Domänenkammern zu Breslau und Glogau. Für das Verhältnis der schlesischen Behörden zu den Zentralbehörden in Berlin ist sehr aufschlußreich und richtungweisend das markante eigenhändige Marginal des Königs auf eine Anfrage des General-Direktoriums aus Berlin von Anfang November 1741:

> „... ich bin jetzunder der Dirigirende Minister vom Schlesischen Departement bis es in Ordnung ist"[58].

Dies kann wohl nur so verstanden werden, daß die beiden schlesischen Kriegs- und Domänenkammern die gleiche immediate Stellung unmittelbar unter dem Könige behalten sollten, die schon dem Kommissariat eigen gewesen war[59]. Der nächste Schritt auf dem Wege zur Herausbildung der Sonderstellung der schlesischen Verwaltung innerhalb der ‚Preußischen Staaten' war die Bestellung von Münchows zum Chef und Präsidenten der beiden schlesischen Kriegs- und Domänenkammern mit Beilegung des Charakters und Titels eines „Wirklichen Geheimen Etatsministers"[60] (und gleichzeitiger Rückberufung von Reinhardts nach Berlin). Von diesem Tage ab residierte also in Schlesien ein preußischer Staatsminister, der in Personalunion das gemeinsame Chefpräsidium beider schlesischer Kriegs- und Domänenkammern (Regierung) führte, der immediat unter dem Könige, aber nicht unter, sondern neben dem Berliner General-Direktorium stand; ein Minister also, dessen Geschäftskreis als Provinzialminister örtlich, aber nicht sachlich abgegrenzt war und sich daher auf alle fachlichen Bereiche der Verwaltung dieser Provinz bezog[61]. Staatsverfassungsrechtlich war nunmehr das schlesische Provinzialministerium zu einer neben dem General-Oberfinanz-Kriegs- und Domänen-Direktorium in Berlin stehenden, diesem gleichgeordneten obersten Staatsbehörde geworden. In der Folge wuchs sich die ursprünglich lediglich als Personalunion in der Leitung zweier Kriegs- und Domänenkammern gedachte Position zu einer eigenen Behörde aus[62].

[57] Vgl. WACKE, S. 8.
[58] ACTA BOR., Beh.O. VI, 2, S. 248.
[59] Vgl. WACKE, S. 8.
[60] Vgl. aaO., S. 8, Anm. 24.
[61] Vgl. WACKE, S. 9.
[62] Hier, in Amt und Funktion des schlesischen Provinzialministers können wir übrigens, entgegen geläufiger Vorstellung, die ersten Ansätze für das Amt des „Oberpräsidenten" sehen. Vgl. hierzu WACKE, S. 9 (mit Hinweis auf Akten des Jahres 1743) und S. 16; HELFRITZ, Überblick über die staatsrechtlichen Verhältnisse Schlesiens in 7 Jahrhunderten, in: Unser Schlesien, 1954, S. 9ff., 11; Wörterbuch des Deutschen Staats- und Ver-

Diese Entwicklung wurde noch dadurch gefördert, daß sich die umfangreichen Zuständigkeiten des schlesischen Chefpräsidialamtes gerade auf dem Gebiete der Heeresverwaltung im Zweiten Schlesischen Kriege außerordentlich bewährten. Es war deshalb der König selbst, der die zunächst nur auf die eigene Person bezogene Bezeichnung eines „Dirigierenden Staatsministers von Schlesien" schon bald auf Münchow übertrug; die Praxis schloß sich dieser Handhabung an. Die formelle Gleichstellung der Breslauer Behörde mit dem General-Direktorium in Berlin vollzog Friedrich d. Gr. im Jahre 1748 durch die Übersendung der neuen und sonst völlig geheim gehaltenen Instruktion für das General-Direktorium an Münchow zur Beachtung als dessen eigene Instruktion[63]. Von da ab war rechtlich endgültig geklärt, daß ein Durchgriff' der Berliner Verwaltungsstellen auf die verschiedenen schlesischen Sachbereiche nicht mehr möglich war. Friedrich II. behielt dieses in den Schlesischen und im Siebenjährigen Krieg bewährte Amt für dauernd bei und ernannte nach Münchow noch drei Nachfolger: von Massow, von Schlabrendorff und schließlich Hoym. Ein Oberpräsident und Minister für Schlesien, in unmittelbarer Unterordnung unter den König, der nur einmal am Schlusse des Jahres einige Tage den Beratungen des General-Direktoriums beizuwohnen verpflichtet war[64], bot hier auch eine bessere Gewähr für die Durchführung der königlichen Intentionen in Friedens- und namentlich in Kriegszeiten als die umständlichere Verwaltung des General-Direktoriums.

Diese besondere schlesische Zentralverwaltung, anfangs nur als Übergangsregelung geplant, blieb bis zur Steinschen Verwaltungsreform bestehen[65]. Die immediate schlesische Verwaltung garantierte in ihrer Unabhängigkeit von den Berliner Zentralverwaltungsbehörden der Provinz Schlesien ihren Sonderstatus im Verband der preußischen Staaten.

waltungs-Rechts, 2. A., III, 1914, S. 203. Für die „herrschende Meinung" vgl. HARTUNG, Studien zur Geschichte der preußischen Verwaltung, 3. T.: Der Oberpräsident, in: Staatsbildende Kräfte der Neuzeit. Ges. Aufsätze, 1961, S. 277ff.

[63] Kab.-Ordre v. 31. 7. / 1. 8. 1748 – ACTA BOR. Beh.O. VIII, S. 51ff., bes. S. 51, Anm. 2 u. S. 52.

[64] Vgl. BORNHAK, Preußische Staats- und Rechtsgeschichte, S. 198.

[65] Ebenda.

II. Das Verhältnis von Schule, Kirche und Staat zur Zeit der ersten Reformen Felbigers unter besonderer Berücksichtigung der Denkansätze des Saganer Abtes

Bis zum Regierungsantritt FRIEDRICHS II. war das katholische Kirchenwesen in Preußen für den Staat von untergeordneter Bedeutung. Dies änderte sich, als Schlesien dem preußischen Staatsverband einverleibt wurde[66].

Aus politisch-taktischen Erwägungen heraus hatte der preußische König gleich zu Beginn der kriegerischen Auseinandersetzungen um Schlesien dem Regensburger Reichstag gegenüber und in einer eigens veröffentlichten Staatsschrift den künftigen katholischen Untertanen unbehinderte Ausübung ihres Glaubens zugesagt[67].

Die Friedenspräliminarien vom 11. 6. 1742, Art. VI, hatten die Bestimmung enthalten, daß der König die katholische Religion in Schlesien „in statu quo" belassen wolle, „jedoch mit gänzlichen Vorbehalt der denen dahiesigen Protestanten zu verstattenden ohnumschränkten Gewissens-Freyheit und der dem Souverain des Landes compedirenden Gerechtsame"[68]. Im Berliner Frieden vom 28. 7. 1742[69] wiederholte der König dieses Versprechen, nur mit dem Zusatz: „Indessen sind des Königs v. Preußen Majestät auch nicht gemeynet, Sich solcher Dero Gerechtsame zu bedienen, um in Ansehung des Status quo der Römisch-Catholischen Religion in der Schlesie eine Abänderung zu treffen"[70].

Im Frieden von Hubertusburg vom 15. Febr. 1763 schließlich[71] wurden die bisherigen Bestimmungen der Verträge von 1742 und 1745 insgesamt bestätigt (Art. 12) und den Katholiken Schlesiens die früheren Garantien bekräftigt (Art. XIV). „S.M. le Roi de Prusse, conservera la Religion Catholique en Silésie dans l'état, où elle étoit au temps des Préliminaires de Breslau et du Traité de paix de Berlin, ainsi qu'un chacun des habitans de ce pays dans les possessions, libertés et priviléges, qui lui apartiennent

[66] Zu den Kriegen um Schlesien vgl. BRAUBACH, in: GEBHARDT, Handbuch zur dt. Geschichte, II, §§ 79, 81, 82, S. 317ff., 324ff.; HANTSCH, Gesch. Österreichs, II, S. 146ff., 177ff.

[67] Vgl. PREUSS, Friedrich d. Gr., 1832, I, S. 848ff.; FRIEDBERG, Gränzen, S. 267f.

[68] KORNSCHE SLG. I, 2, S. 91; Text auch bei WENCK I, S. 737.

[69] Art. VI; KORNSCHE SLG. I, 2, S. 159f.; Text auch bei WENCK I, S. 739ff. Vgl. FRIEDBERG, Gränzen, S. 268; nochmalige Zusage im Dresdener Frieden v. 25. Dez. 1745, Art. II (KORNSCHE SLG. II, S. 78).

[70] KORNSCHE SLG. I, S. 160.

[71] KORNSCHE SLG. VII, S. 179ff. Vertragstext auch bei MARTENS I, S. 136ff.; NEUMANN I, S. 30ff.; vgl. BEAULIEU-MARCONNAY, Der Hubertusburger Friede, 1871 (mit Texten). Zu den Verhandlungen betr. den kirchl. status quo LEHMANN IV, Nr. 102, S. 93ff.

légitimement, sans déroger toute fois à la liberté entière de conscience de la Religion Protestante, et aux droits de Souverain."[72]

Die Allgemeinheit und „juristische Unbestimmtheit"[73] dieser Vertragstexte war allerdings nicht dazu angetan, Klarheit über die künftigen Verhältnisse der katholischen Kirche zu schaffen, deren Freiheitsspielraum zwar auch unter österreichischer Herrschaft eingeschränkt war[74], die aber verständlicherweise die Situation in einem katholischen Staate anders empfinden mußte[75] als jetzt in dem sich protestantisch verstehenden Preußen.

Bald zeigte sich, daß FRIEDRICH II. die Bestimmungen des Westfälischen Friedens im Sinne eines ihm auch über die katholische Kirche zustehenden Summepiskopats auslegte. Eine Veranschaulichung dessen stellt die „Stolae-Tax-Ordnung" vom 8. Aug. 1750 mit dem Reglement und dem königlichen Erlaß an den Bischof von Breslau vom gleichen Tage dar[76]. Das Reglement enthält die Anweisungen für die Behandlung der Gravamina der in Schlesien bestehenden Konfessionen und wurde für alle Bekenntnisse gemeinsam erlassen[77]. Des Königs vertrauteste Minister teilten und stützten durchaus diese Ansichten[78]. Die Situation war derart, daß selbst der Breslauer Erzbischof, Kardinal von Sinzendorf, die juristische Basis dieser Anschauungen nicht anzuzweifeln wagte[79].

Der Grundsatz des katholischen Kirchenrechts, daß alle die Kirche angehenden Rechtsverhältnisse auch der kirchlichen Regelung unterliegen, war dem König fremd und unannehmbar. Seine genaue Kenntnis des französischen Staatskirchenrechts mit den darin der Staatsgewalt ge-

[72] Art. XIV; KORNSCHE SLG. VII, S. 194; MARTENS I, S. 141.

[73] FRIEDBERG, Gränzen, S. 268. So ging die Interpretation zu Beginn der 60er Jahre durch den Generalfiskal Schulte dahin, daß sich die Zusicherungen des Königs hinsichtl. der Aufrechterhaltung des status quo „nicht undeutlich auf die Interna religionis beschränke" (FRIEDBERG, Gränzen, S. 271).

[74] Vgl. LEHMANN, in: HZ 50, 1883, S. 193–230, 222ff. und das Gutachten der Breslauer Kriegs- und Domänenkammer v. 18. 12. 1760 betr. die staatskirchenrechtl. Situat. in Schles. vor 1740 – LEHMANN IV, Nr. 93, S. 76ff.

[75] Vgl. die staatl. befohlene VO. des Breslauer Generalvikars u. Weihbisch. v. Strachwitz v. 12. 5. 1764 an die Geistlichkeit, dem König unverbrüchl. Treue zu bezeigen – KORNSCHE SLG. VIII, S. 115.

[76] KORNSCHE SLG. I, 2, Nr. 54, S. 182; ebenda, Nachtrag, S. 433; LEHMANN III, Nr. 322, S. 280ff., Nr. 323, S. 291f.; zu den Vorverhandlungen aaO., Nr. 317, S. 275, Nr. 320, S. 278f., Nr. 321, S. 279.

[77] Reglement, wie „künftig die Gravamina in geistlichen Sachen der in Schlesien subsistirenden Religionen abgemachet und entschieden werden sollen" – LEHMANN III, S. 280.

[78] Vgl. z. B. zu Cocceji: THEINER, Zustände der kath. Kirche in Schlesien I, S. 15, 31, 221.

[79] Vgl. den Bericht Kardinal Sinzendorfs nach Rom – THEINER, aaO., I, S. 30ff., *31*.

währten mannigfachen und reichen Befugnissen über die Kirche stützte und stärkte ihn in seinen Prinzipien[80].
Diese seine Anschauungen kamen sehr deutlich zum Tragen in einem Antwortschreiben vom 30. Dez. 1761 an das Breslauer Domkapitel, worin die Gravamina, die Zehntordnung betr., zurückgewiesen werden[81]:

> „Durch alles obstehende wird also in keiner wege, weder der Römisch-Catholischen Religion noch sonsten dem statu quo derselben, im geringsten prejudiciret so nach Einhalt dessen denselben alle Uebungen der Religion sowohl als die Religion selbst frey bleibet, im übrigen aber und soviel das gemeine beste, auch die Landes-Verfassungen anbetrifft, Sr. Kgl. Majestät wohl Niemand die Befugniss streitig machen wird, nach Dero Souverainen Rechten in Schlesien dergleichen Verfassungen zu machen, welche Sie zu dem allgemeinen Landesbesten vor nothwendig finden. Da im übrigen Sie dem Dohmkapitel gerne frey lassen, in Sachen so das innere und eigentliche der Catholischen Religion betrifft, ihre geistliche Einrichtung zu machen und auf gutte Ordnung zu halten. In erwegung dass ihr Reich darunter nicht so zu sagen von dieser Welt ist, sondern nur sich bloss auf die geistliche Fonctions erstrecket.
> Aus welchen Ursachen dann auch es Sr.K.Maj. angenehm seyn wird, wann so wenig mehrgedachtes Dohmkapitel als der Catholische Clerus sich forthin nicht weiter mit Sachen, so die sonstigen Landes-Verfassungen eigentlich concerniren abgeben oder meliren, sondern sich darunter als treue gehorsame Unterthanen betragen werden."

Die Grenzen für das „innere und eigentliche der katholischen Religion" wurden allerdings seitens des Staates so eng gezogen, daß man durchaus Bornhak zustimmen kann: „Der Staat" nahm „auch gegenüber der katholischen Kirche das Recht der Gesetzgebung selbst in innerkirchlichen Angelegenheiten in Anspruch, das entweder von ihm selbst oder von den kirchlichen Organen mit seiner Genehmigung ausgeübt" wurde. „Die katholische Geistlichkeit" wurde „nach der Dienstpragmatik der Staatsbeamten behandelt"[82]. Ein Beispiel hierfür sind die grotesken Vorgänge bei der Ernennung des Grafen Schaffgotsch zum Koadjutor des Fürstbischofs von Breslau durch den König „aus königlicher ohnumge-

[80] Hierfür aufschlußreich ist sein Brief v. 3. März 1744 – PREUSS. URKUNDENBUCH V, S. 96f.; vgl. FRIEDBERG, Gränzen, S. 270.
[81] Abdruck bei FRIEDBERG, Gränzen, S. 270f.
[82] BORNHAK, Preuß. Staats- und Rechtsgeschichte, S. 232.

schränkter Macht"[83]; gegen den Willen des Domkapitels und des Heiligen Stuhls[84].
Die Krönung der staatlichen Maßnahmen gegenüber der katholischen Kirche sollte die Errichtung eines katholischen Vikariates bringen[85]. Der Plan scheiterte jedoch am Widerstand des Papstes[86]. Daraufhin ordnete der König im einzelnen die Beziehungen des Staates zur katholischen Kirche, insbesondere Schlesiens, im Geiste eines ausgesprochenen Territorialismus. Hier im folgenden nur einige typische Beispiele für eine überaus große Fülle[87]: Es erging das Verbot, schlesische Benefizien mit Ausländern zu besetzen[88] und Wallfahrten außer Landes zu unternehmen[89]. Ebenso wurden Korrespondenzen und Reisen der Geistlichen[90] sowie der Eintritt ins Kloster ohne vorherige staatliche Genehmigung[91] untersagt. Der König besetzte Kanonikate und Abteien[92] und ernannte Bischöfe[93]. Friedrich II. machte seinen Willen deutlich, die unbedingte Beachtung des placetum regii durchzusetzen. So schrieb er 1754 aus Anlaß eines publizierten päpstlichen Breves an Fürstbischof Schaffgotsch von Breslau:

„... so declarire Ich E.Lbd. hierdurch ein vor alle Mal, dass, wann Dieselbe hinfüro dergleichen Sachen Dero unterhabenden Clerisei in Schlesien zu publiciren nöthig haben möchten, Dieselbe alsdann jedesmal den Entwurf dazu Meinen Ministre und Chef der schlesischen Kammern v. Massow vor den Abdruck und vor der Publication zusenden sollen, damit dieser solche von denen darin eingeflossenen anstössigen oder Meinem Dienst und Inter-

[83] Vgl. VO. an das Breslauer Domkapitel vom 4. März 1744 – LEHMANN II, Nr. 529, S. 452. Vgl. auch die königliche „Nomination des Gf. Schaffgotsch zum Coadjutore des Bischthums Breslow und Fürstenthums Neisse" vom gleichen Tage (LEHMANN II, Nr. 527, S. 447ff.): „... nach dem Beispiel anderer Könige und obristen Landesfürsten ... ernennen und denominiren Wir hiermit von obhabender königlicher und obristen landesfürstlicher Macht und Gewalt ..." (S. 448f.).

[84] Vgl. H. HOFFMANN, Breslauer Bischofswahlen in preuß. Zeit, in: ZdVG Schl 75, 1941, S. 158–162 (Lit.: S. 159 Anm. 7); GOTTSCHALK, Forschungsaufgaben, in: ArSKG 30, 1972, S. 98.

[85] Vgl. THEINER, Kirchliche Zustände I, S. 70ff.; Quellen zu diesbezügl. Verhandlungen auch LEHMANN II, passim (s. Register).

[86] Vgl. FRIEDBERG, Gränzen, S. 273.

[87] Vgl. FRIEDBERG, Gränzen, S. 272ff.; LEHMANN (s. Register in allen Bänden) und HANUS, Church and State.

[88] KORNSCHE SLG. XIV, S. 25 und 158.

[89] AaO., VII, S. 135, 288; VIII, S. 182, 567.

[90] AaO., VI, S. 601, 721.

[91] Vgl. THEINER, Kirchl. Zustände I, S. 265.

[92] Vgl. z. B. KORNSCHE SLG. XVII, S. 201; THEINER, aaO., S. 133ff., 259f.

[93] Vgl. den oben erwähnten Fall Schaffgotsch.

> esse nachtheiligen Expressionen zuforderst säubere und darauf alsdann allererst die Publication dergleichen Sachen nach der Censur geschehen müsse. Ich finde demnächst auch bei dieser Gelegenheit nöthig, dass, wann künftighin mehr päpstliche Bullen und Breve an E.Lbd. einkommen, davon zuforderst und vor deren Publication an Mich, ... die durch dazu öffentlich von Mir autorisirte Personen ... vidimiret und attestiret, gedachten Meinen Ministre v. Massow zugestellet werden sollen, damit derselbe von Mir darüber Mein Placet einhole und E.Lbd. weiter bekannt machen müsse".[94]

Diesen Maßnahmen entsprach die Übertragung der Konsistorialverwaltung wie der Aufsicht über die katholische Kirche an die Landesjustizkollegien, d. h. die Oberamtsregierungen, lediglich unter Zuziehung von evangelischen und katholischen Geistlichen wie von weltlichen Konsistorialräten[95]. Für die katholische Kirche wurde zwar die geistliche Gerichtsbarkeit des Bischofs (Generalvikariatsamtes) anerkannt[96], aber eingeschränkt auf rein geistliche Sachen[97].

Von hier fällt notwendigerweise der Blick auf den Ort der Schule. Generalisierend kann gesagt werden, daß die Schule in ihrer geschichtlich überkommenen Verbindung mit der Kirche verblieb, was sich namentlich in dem einheitlichen Verwaltungsorganismus für beide Bereiche ausprägte. Der Ortsgeistliche blieb wie bisher Ortsschulinspektor, der Erzpriester wurde Kreisschulinspektor, die Provinzialkirchenbehörde blieb Provinzialschulbehörde. Nur der katholische Bischof, obgleich nach dem Territorialsystem Staatsorgan zur Verwaltung der kirchlichen Angelegenheiten, wurde nicht zur Schulbehörde. Die Provinzialverwaltung auch der katholischen Schulen erfolgte durch die Konsistorialbehörden unter Zuziehung von katholischen Geistlichen als Mitgliedern.

Sehr aufschlußreich für den Denkansatz des Königs in Sachen Einordnung und Zuordnung der Schule ist ein Ministerial-Erlaß vom 4. Dez. 1745[98] (im Zusammenhang einer päpstlichen Dispensation für den Abschluß einer gemischten Ehe und die dafür geforderte katholische Kindererziehung):

[94] Potsdam, 26. April 1754 – LEHMANN III, Nr. 539, S. 472. Zur weiteren Handhabung des Placets vgl. FRIEDBERG, Gränzen, S. 276, Anm. 3.

[95] Vgl. BORNHAK, Preuß. Staats- und Rechtsgeschichte, S. 234.

[96] Notifikationspatent v. 15. 1. 1742 – KORNSCHE SLG. I, 1, S. 23f. und Reglement v. 8. 8. 1750 – aaO., S. 15 u. V, S. 415.

[97] Vgl. FRIEDBERG, Gränzen, S. 276ff.

[98] Text bei LEHMANN II, Nr. 671, S. 551f.

„... wasmassen Wir so wenig dem Römischen Papst, als einiger andern Puissance einzuräumen gemeinet sind, Unsern schlesischen Unterthanen in Sachen, welche in das Polizei-Wesen einschlagen (dergleichen die Erziehung der Kinder unstreitig ist), Gesetze und Verordnungen ... vorzuschreiben“[99].

Die Ansicht des Königs, daß Kindererziehung „unstreitig ... in das Polizeiwesen einschlage“ und die Inanspruchnahme des Klerus durch den Staat für diese Aufgabe (wie sie in der Zusammenarbeit des Augustinerabtes mit dem Staatsminister – mit deutlicher Weisungsbefugnis des letzteren – sichtbar wurde) machen eines sehr deutlich: der Staat erhob nunmehr in der Praxis (was er in der Theorie bereits vom 17. Jh. an getan hatte) Anspruch auf die Schule[100]. Die Aussage BACONS, Wissen und Macht sei eins, griff der Staat im 18. Jh. gezielt auf: „Die Macht der Fürsten beruht auf der Leistungsfähigkeit der Untertanen; diese wiederum ist abhängig von dem Maß ihrer Ausbildung“[101]. Obwohl sich im 18. Jh. das Schwergewicht der Schulzwecke nach der staatlich-weltlichen Seite hin verschob, dachte man dennoch nicht daran, das niedere Schulwesen von der Kirche zu lösen[102]; schon nicht aus praktischen Erwägungen[103]. Lediglich sollte die Erziehung allein vom Staat abhängen, „da sie ihm wesentlich gehört“, wie schon 1763 Chalotais seine Forderung einer Nationalerziehung begründet hatte[104]. Mit dem Hinweis auf die Erfordernisse der Staatsraison bezog der Staat auch die Religion seiner Untertanen in seine Interessenssphäre ein und leitete daraus das Recht ab, den Kompetenzbereich der Polizei auf die religiöse Unterweisung des Volkes in Religionspflichten – besonders auf dem platten Lande – auszudehnen[105]. Diese sehr utilitaristische, vordergründige, den Gesichts-

[99] AaO., S. 552.

[100] Zur theoretischen Vorarbeit vgl. oben § 3; KRÖMER, S. 106.

[101] KRÖMER, S. 106.

[102] Vgl. oben S. 117ff., 151.
Eine völlige Trennung von Kirche und Staat für den Bereich der Schule wurde in Preußen erst gegen Ende des Jahrhunderts vertreten – vgl. HEPPE, Geschichte des deutschen Volksschulwesens I, S. 180, 182.

[103] Der preußische Staat war offensichtlich weder personell noch finanziell in der Lage, die erforderlichen Mittel für eine rein staatliche Schulaufsicht aufzubringen. Schon beim Vorspann für die Schulinspektoren setzten die Schwierigkeiten ein, vgl. VOLLMER, Preußische Volksschulpolitik, S. 99f.

[104] Essai d'éducation nationale ou plan d'études pour la jeunesse, 1763, S. 20f., 24f. (dt. Übrs. v. A. L. SCHLÖZER, 1771); dazu B. POCQUET, Le duc d'Aiguillon et La Chalotais I, 1900, S. 230: „... à la base de son Plan deux idées ...: l'Etat chargé de l'éducation, et de la laisation de L'enseignement“; KÜNOLDT, Caradeuc de La Chalotais, 1897, S. 8f., 14ff., 31, 37f.; BARTH, Gesch. d. Erzieh., S. 429–456; HAZARD, Die Herrsch. d. Vernunft, 1949, S. 283f.

[105] KRÖMER, S. 106.

punkt persönlicher Entfaltung des Einzelnen völlig außer acht lassende Motivierung zeigte auch der preußische König noch 1779 in seinem Kabinettsbefehl an von Zedlitz:

> „Daß die Schulmeister auf dem Lande die Religion und die Moral den jungen Leuten lehren, ist recht gut und müssen sie davon nicht abgehen, damit die Leute bei ihrer Religion hübsch bleiben und nicht zur Katholischen übergehen, denn die evangelische Religion ist die beste und weit besser wie die Katholische, darum müssen die Schulmeister sich Mühe geben, daß die Leute Attachement zur Religion behalten, und sie so weit bringen, daß sie nicht stehlen und nicht morden. ...
> ... ist es auf dem platten Lande genug, wenn sie ein bisgen lesen und schreiben lernen, wissen sie aber zu viel, so laufen sie in die Städte, und wollen Secretairs und so was werden; deshalb muß man auf'n platten Lande den Unterricht der jungen Leute so einrichten, daß sie das Nothwendige, was zu ihrem Wissen nöthig ist, lernen, aber auch in der Art, daß die Leute nicht aus den Dörfern weglaufen, sondern hübsch da bleiben."[106]

Man wird also bei FRIEDRICH D. GR. die Bemühungen um die Schulreform nicht überschätzen dürfen, „insofern die Ziele nur so hoch gesteckt wurden, als es für die ständische Gliederung und Aufrechterhaltung der Arbeitsteilung" sowie die Beschaffung qualifizierten Nachwuchses für das Heer, vor allem von Unteroffizieren „erforderlich schien"[107]. Die uns überlieferten Berichte über eigene Beobachtungen des Königs im Siebenjährigen Kriege[108] und über die hieraus resultierenden Überlegungen bestätigen diesen Eindruck[109]. Die Aufklärung der großen Masse interessierte den König kaum. Sein persönlicher Anteil an der Schulverbesserung nach 1763 war gering. Ihm erschien die Möglichkeit, über die Schulen seine Macht zu erweitern, als ein Umweg[110]. Sein Hauptver-

[106] Vollständiger Text LEHMANN V, Nr. 405, S. 313ff., *316*; BONA MEYER, S. 167ff., *170*; vgl. dazu CLAUSNITZER, Zur Gesch. der preußischen Volksschule, S. 420ff.

[107] KRÖMER, S. 106f.; vgl. auch ebenda, S. 58ff. DILTHEY hatte noch ein uneingeschränktes, begeistertes Lob ausgesprochen: „Es ist ein Anblick ohnegleichen in der Geschichte, wie jetzt in diesem preußischen Staat alles begeistert zusammenarbeitet, König, Beamte, Prediger, Lehrer und Schriftsteller, an dem einen gemeinsamen Ziel: das Volk zu erziehen, indem man es aufklärt". – Ges. Schriften III, 1927, S. 135.

[108] Brief Heckers an einen Prediger v. 30. Jan. 1764 – Abdruck in: NOVA ACTA hist.-eccl. V, 1764, S. 342ff.

[109] Vgl. WESSENBERG, Die Elementarbildung des Volkes im 18. Jh., 1814, S. 33; VOLLMER, Preuß. Volksschulpolitik, S. 47.

[110] Vgl. RAMBACH, Von der Erziehung zum Patriotismus und über Bürgerschulen, 1802, S. 78f.

dienst dürfte darin gelegen haben, daß er entsprechende Initiativen nicht hinderte[111].

Diese Einstellung FRIEDRICHS D. GR. zur Volksschule, von einigen Autoren nicht ganz zu Unrecht direkt als platte Nützlichkeitserwägung und nicht als wirkliche Sorge um die Bildung des Volkes hingestellt[112], hat Abt Felbiger wohl kaum durchschaut. Wie alle Aufklärer setzte er in den Staat als solchen, in seine Möglichkeiten, großes Vertauen[113]. Für den Prälaten war entscheidend, „daß die Vorteile der katholischen Religion mit der Erfüllung der auf die Schulverbesserung abzielenden Obrigkeitenverordnungen sich sehr wohl vereinigen lasse". Bei der „sehr großen Unwissenheit und Ungelehrigkeit der Leute in Glaubenssachen" sei das Verlangen der Landobrigkeit nach der Schulverbesserung ein großer Trost. Das Lesenlernen sei auch für die Religion wertvoll. Allgemein gebe die Schulverbesserung Gelegenheit, „die Jugend auch besser, als wohl sonst geschehen ist, in dem zu unterrichten, was ihr Seelenheil betrifft ... So kann der weltliche Arm, der die Schulverbesserung bloß zeitlicher Absichten wegen unternimmt, zur Erlangung geistlicher Vorteile, und zum besten der Religion geleitet werden"[114]. Mit Genugtuung erwähnt er seinem Schüler (und ersten Direktor des Breslauer Lehrerseminars) Schneider gegenüber, daß er „es sogar bei der Landesobrigkeit dahin gebracht habe, daß durch die publicirte Instruction alle Kinder jeden Kirchspiels in die Schule zu kommen bemüßiget werden"[115]. Um einen regelmäßigen Schulbesuch und gewisse Mindestforderungen in der Bildung durchsetzen zu können, befürwortete der Saganer Abt auch direkten obrigkeitlichen Zwang[116]. Die Rechte der Kirche sah er dadurch gewahrt, daß ihr personell weitgehend die Schulaufsicht und ausschließlich der Religionsunterricht überlassen blieb bzw. übertragen wurde. Daß das Generallandschulreglement die oberste Aufsicht dennoch einer staatlichen Behörde übertrug, geschah offensichtlich aus der Überlegung heraus, ohne staatlichen Druck keine wirklichen Fortschritte erzielen zu

[111] Vgl. HARTUNG, Der aufgeklärte Absolutismus, in: Entstehung des modernen souveränen Staates, S. 162.

[112] Z. B. VOLLMER, Preuß. Volksschulpol., S. 296f., 299f., 302. Teilweise a. A. CLAUSNITZER, Zur Gesch. der Preußischen Volksschule, S. 421, 425ff.

[113] Felbiger, Eigenschaften, 2. Hauptst., § 3, S. 21f. Allg. vgl. VALJAVEC, Aufklärung, S. 301f., 307.

[114] Kleine Schulschriften, Teil 3, Nr. 3, S. 296. Vgl. hierzu und zum folgenden KRÖMER, S. 107f.

[115] Brief v. 25. Okt. 1765 bei L. MARKS, Gesch. des kath. Schullehrerseminars zu Breslau, 1865, S. 39–46, *46*.

[116] Vorrede zum Katechist, §§ 75 und 85, S. 87ff., 99f.

können[117]. Den im Denken Felbigers durchgängigen Ansatz, es sei legitim und notwendig, den weltlichen Arm für eine effektive Schulreform und Schulaufsicht heranzuziehen, erläuterte der Prälat noch einmal im Jahre 1780 in einem Vortrag vor Geistlichen:

> „Geistliche, denen die Erfüllung ihrer schweren Pflichten, besonders des Lehramts am Herzen liegt, sollten wohl froh seyn, daß Regenten die Unterweisung der Jugend und besonders die Sorgfalt für öffentliche Schulen als eine Angelegenheit des Staates behandeln; was würden wohl eifrige Geistliche ohne Unterstützung des Landesherrn und dessen Regierung heut zu Tage auszurichten vermögen? Ihre Bemühungen würden höchstens nur so lange nützen, als sie selbst im Orte sich befinden und so lange als ihr Eifer anhält. Einzelne Geistliche würden weder die Kosten erschwingen, noch auch Widerspenstige bereden, für Arme Schulen zu erbauen, zu unterhalten, sie zu besuchen, bessere Bücher einzuführen, zu brauchen und sie unentgeltlich in großer Menge zu verteilen u.s.w.“[118].

Die Subsumierung der katholischen Schulangelegenheiten unter dem Titel „Polizei-Sachen“ betrachtete Felbiger unter den gegebenen Umständen nur als vorteilhaft[119].

Der schlesische Reformer dachte in erster Linie vom Effekt her. So machte er in seinem späteren Bericht über den Zustand der katholischen Schulen vom 5. Januar 1769[120] den Vorschlag, zur Überwindung der Stagnation bei den Jesuiten-Schulen in Schlesien sollte ein vom Orden unabhängiger Schulen-Vorsteher über Lehrart und Lehrstoff, über Tauglichkeit und Anstellung der Lehrer bestimmen[121]. Dem Staat gab er damit willkommene Gelegenheit, die Ernennung dieser Schlüsselposition an sich zu ziehen[122]. Aus dem anschließenden Ringen zwischen den kirchlichen und staatlichen Behörden um die Aufsicht über die Schultätigkeit der ehemaligen Jesuiten wird deutlich, „daß der preußische Staat lediglich bereit war, dem Bischof einen Einfluß auf die ‚bloß Geistlichen und mit der cura animarum in unmittelbarer Beziehung stehenden Angelegenheiten‘ einzuräumen“[123]. Die dezidierten Ausführungen

[117] Vgl. KRÖMER, S. 109ff.
[118] Vorlesung von der Schuldigkeit der Geistlichen in Absicht auf die Pfarrschulen gehalten am 9. December 1780, 1782, in: WEISS, Neudrucke, S. 109ff., *135*.
[119] Motive und Gründe Felbigers vgl. KRÖMER, S. 108, Anm. 109.
[120] LEHMANN IV, Nr. 331, S. 347ff.
[121] AaO., S. 352f.
[122] AaO., Nr. 630, S. 635f.
[123] KRÖMER, S. 108; Bezug: Konferenz-Protokoll v. 5. Juni 1776, die Regulierung des schlesischen Schulwesens betreffend – LEHMANN V, Nr. 186, S. 130ff., *134*.

CARMERS in dieser Sache mögen dies hier verdeutlichen: „Die Einrichtung und Anordnung der öffentlichen Erziehungs-Anstalten und die Aufsicht über selbige sei eine der wichtigsten Branchen der allgemeinen Landes-Polizei; dem Staate komme es daher ganz allein zu, für zweckmäßige Vorschriften darin und für die gehörige Befolgung derselben Sorge zu tragen. Dieser Satz sei in unsern gegenwärtigen Zeiten so allgemein anerkannt und so sehr über alle Contestation hinausgesetzt, dass es überflüssig sein würde, sich bei weitläufigen Beweisen desselben aufzuhalten, zumalen selbst die der römischen Kirche am eifrigsten zugethanen Puissancen, wie die zu Tage liegenden neuerlichen Vorgänge in- und außerhalb Deutschlands es bestätigen, diesen wichtigen Theil ihrer Souveränitäts-Rechte, der auf die Ruhe und den Flor des gesammten Staates den unmittelbarsten Einfluss habe, sich aus den Händen spielen zu lassen keineswegs gemeint wären, sondern diese ihre Gerechtsame bei jeder Gelegenheit mit dem grössten Nachdruck und Standhaftigkeit behaupteten. So würden z. E. in kaiserlichen Landen die gesammten Schul-Angelegenheiten durch eine Commission respicirt, worin der dem Polizeiwesen vorgesetzte Ministre das Oberhaupt sei, und die Schulen-Commission in Pohlen sei nicht von den Bischöfen, sondern lediglich von dem König und der Republik abhängig“[124].

III. Die Entwicklung der Schulaufsicht in Preußen vom 17. Jahrhundert bis zur Mitte des 18. Jahrhunderts[125]

1. Allgemeine Entwicklung

Nach den weitgehenden Zerstörungen, auch des Schulwesens, während des 30jährigen Krieges begann sich der Staat während der Regierungs-

[124] Ausführungen des Etatsministers in obiger Konferenz – LEHMANN V, S. 132.

[125] Zum Teilthema insgesamt vgl. LUDWIG VON RÖNNE, Das Unterrichtswesen des Preußischen Staates I, 1855; CONRAD BORNHAK, Das preußische Unterrichtswesen als Staatsinstitut in rechtsgeschichtl. Entwicklung, in: AöR IV, 1899, S. 101–146; ders., Preußische Staats- u. Rechtsgeschichte, 1903; EDUARD CLAUSNITZER, Zur Geschichte der preußischen Volksschule unter Friedrich d. Gr., in: Die Deutsche Schule, 5, 1901, S. 342–366, 411–428; ROBERT STEIN, Die Schule als Staatsanstalt in Schulgeschichte u. Staatslehre bis 1794, 1906; WILHELM KAHL, Zur Geschichte der Schulaufsicht, 1913; EDUARD SPRANGER, Der Zusammenhang von Politik und Pädagogik in der Neuzeit, Umriß zu einer Geschichte der deutschen Schulgsetzgebung und Schulverfassung, in: Die Deutsche Schule, 18–20, 1914–1916 (in Fortsetzungen); FERDINAND VOLLMER, Die preußische Volksschulpolitik unter Friedrich d. Gr., 1918; WERNER HINDAHL, Die Entwicklung der gesetzlichen Grundlagen der geistlichen Aufsicht über die öffentlichen Volksschulen in den Brandenburgisch-Preußischen Staaten vom 17.–19. Jh., 1960; LEONHARD FROESE, WERNER KRAWIETZ, Deutsche Schulgesetzgebung I, 1968. Unsere Darstellung stützt sich besonders auf die Untersuchungsergebnisse von CLAUSNITZER, HINDAHL, SPRANGER und VOLLMER.

zeit FRIEDRICHS (III.) I. (1688–1713) wieder eingehender mit dem Unterrichtswesen zu beschäftigen. Der König ordnete am 16. 4. 1710 eine Generalvisitation der Kirchen, Schulen und Hospitäler in der Monarchie an, wobei auch die Volksschulen auf dem flachen Lande berücksichtigt wurden[126]. Die Visitatoren, teils geistliche, teils weltliche Räte der Konsistorien[127] sollten auf den Dörfern folgendes feststellen[128]:

a) ob ein Schulmeister in einem jeglichen Dorf vorhanden, der die Knaben im Lesen, Schreiben und Katechismus unterweise,

b) ob er die zu seinem Amte erforderte Tüchtigkeit und Fleiß habe,

c) ob er gutes Leben und Wandel führe[129].

Erhebliche Fortschritte machte das Volksschulwesen unter FRIEDRICH WILHELM I. (1713–1740). Zu Beginn seiner Regierungszeit erließ er für alle reformierten Schulen der Monarchie[130] die vom reformierten Kirchendirektorium ausgearbeitete „Koeniglich Preußische Evangelisch-Reformirte Inspections-Presbyterial-Classical-Gymnasien- und Schul-Ordnung" vom 24. Oktober 1713[131].

Eine Grundlage des allgemeinen Bildungswesens in der preußischen Monarchie wurde die Verordnung vom 28. September 1717 über den Schulzwang[132]. Der hier wichtige erste Teil lautet:

> „Wir vernehmen mißfaellig und wird verschiedentlich von den Inspectoren und Predigern bey Uns geklaget, daß die Eltern, absonderlich auf dem Land, in Schickung ihrer Kinder zur Schule sich sehr saeumig erzeigen, und dadurch die arme Jugend in grosse Unwissenheit, so wohl was das lesen, schreiben und rechnen betrifft, als auch in dene zu ihrem Heyl und Seeligkeit dienenden hoechstnoetigen Stuecken auffwachsen lassen. Weshalb wir umb diesem hoechst verderblichen Uebel auff ein mahl abzuhelffen in Gnaden resolviret, dieses Unser General Edict ergehen zu lassen, und darinnen allergnaedigst und ernstlich zu verordnen, daß hinkuenftig an denen Orten wo Schulen seyn, die Eltern bey nachdruecklicher Straffe gehalten seyn sollen Ihre Kinder gegen zwey Dreyer Wochentliches Schuel Geld von einem jeden Kinde, im Winter taeglich und im Sommer wann die Eltern

[126] Text: CCM, Teil I, Abs. I, Nr. 77, Spalte 433ff.; Teilabdruck bei FROESE/KRAWIETZ, S. 84ff.

[127] Vgl. hierzu HINDAHL, S. 42ff.

[128] Vollständiger Abdruck des Fragenkatalogs für den Visitator bei RÖNNE, S. 56 u. bei FROESE/KRAWIETZ, S. 85f.

[129] Nr. 13 des o. a. Fragenkataloges.

[130] Ausgenommen die reformierten Schulen im Herzogtum Kleve und der Grafschaft Mark und Ravensberg.

[131] CCM, I, I, Sp.447ff., Nr. 83; Abdruck bei REINHOLD VORMBAUM, Evangelische Schulordnungen, III, 1864, S. 210ff., Nr. 6.

[132] CCM, I, I, Sp. 527ff., Nr. 97. Voller Text auch bei FROESE/KRAWIETZ, S. 91f.

die Kinder bey ihrer Wirtschafft benoetigt seyn, zum wenigsten ein oder zweymal die Woche, damit sie dasjenige, was im Winter erlernet worden, nicht gaentzlich vergessen moegen, in die Schul zu schicken."

Eine erneute Verordnung in diesem Sinne erging am 29. September 1736[133]. Da die Einführung des Schulzwanges auf die Orte beschränkt war, an denen sich Schulen befanden, und die Zahl der Schulen, insbesondere auf dem flachen Lande, noch sehr gering war, hatten diese Verordnungen zunächst noch keine überaus große praktische Bedeutung. Zu Beginn des 18. Jhs. gab es nämlich, außer in den wenigen Städten, nur in den Kirchdörfern richtige Schulen. Sie hießen „Küster-, Pfarr- oder Kirchspielschulen", weil in ihnen die Kirchendiener (Küster, Kustoden, Mesner) neben ihrer kirchlichen Tätigkeit die Kinder unterrichteten[134].

2. Entwicklung der Schulaufsicht

a) Die Ortsschulaufsicht

Während der Regierungszeit FRIEDRICH WILHELMS I. kam auch erstmalig in Gesetzen zum Ausdruck, daß die Aufsicht der Geistlichen über die Schulen nicht mehr ausschließlich Bestandteil seelsorgerischer Pflichten und damit rein kirchlichen Rechts war, sondern daß die Pfarrer von Staats wegen verpflichtet waren, die Schulaufsicht in ihrer Gemeinde zu führen. Bis Mitte des 17. Jhs. hatte das Schulwesen als eine rein kirchliche Angelegenheit gegolten. Hauptzweck der Schule war, die Kinder in religiösen Dingen zu unterrichten und ihnen daneben die elementaren Kenntnisse zu vermitteln, die für den Gebrauch der Bibel und des Katechismus unbedingt erforderlich waren.
Noch der Westfälische Friede (1648) gab dieser Auffassung Ausdruck[135], indem er die institutio ministeriorum scholasticorum als ein annexum der Religionsausübung behandelte[136]. Der Neuaufbau des Schulwesens nach

[133] CCM, I, I, Sp. 267, Nr. 139.

[134] Vgl. PAUL HINSCHIUS, Das Kirchenrecht der Katholiken u. Protestanten in Deutschl., IV, 1888, S. 578; GEORG V. WIESE, Handbuch des gemeinen in Teutschland üblichen Kirchenrechts als Kommentar über seine Grundsätze desselben, I, 1799, § 385.

[135] IPO, Art. V, § 31: ... Cuiusmodi annexa habentur institutio conciliorum ministeriorum tam scholasticorum quam ecclesiasticorum, jus patronatus aliaque similis jura ..." (Abdruck b. BERNH. HÜBLER, Kirchl. Rechtsquellen, 2. A., 1893, S. 78; vgl. dazu KARL FRIEDRICH EICHHORN, Grundsätze des Kirchenrechts der Katholischen und Evangelischen Religionspartei in Deutschland, I, 1831, S. 286, Anm. 17; HINSCHIUS, Kirchenrecht, IV, S. 578.

[136] Vgl. GEORG MEYER, Lehrbuch des deutschen Verwaltungsrechts, 4. A., 1913, S. 204; V. WIESE, § 384; CHRISTIAN THOMASIUS, Vollständige Erläuterung der Kirchen-Rechts-Gelahrtheit, Anderer Theil, Kap. IV, § 8.

dem Dreißigjährigen Kriege brachte einen Wandel dieser Anschauung. Die Geistlichen führten nunmehr die Schulaufsicht im staatlichen Auftrage durch, sie waren aufgrund ihres geistlichen Amtes „geborene“ Schulaufseher. Der allmähliche Übergang des Schulwesens in den Bereich landesherrlicher Verwaltung änderte zunächst aber praktisch gar nichts an der bestehenden engen Verbindung zwischen Kirche und Schule. Die Schulen wurden auch weiterhin noch lange als kirchliche Institute angesehen[137]. Nach außen trat der Übergang der Sorge für das Schulwesen in den Bereich der weltlichen Obrigkeit zunächst nur durch die Einführung des Schulzwanges sowie dadurch, daß die Ordnung der Schulverhältnisse nicht mehr in Kirchenordnungen, sondern durch landesherrliche Schulgesetze erfolgte, hervor[138].

b) Die Kreisschulaufsicht

In den evangelischen deutschen Territorien und dementsprechend auch in der Kurmark Brandenburg war die Kirchenregierung infolge der Reformation auf den Landesherrn übergegangen. Die Ausübung des Landesherrlichen Kirchenregiments erfolgte im wesentlichen durch neu eingerichtete, zunächst rein kirchliche Behörden, die im Namen und Auftrag des Landesherrn fungierten[139].

Als untere kirchenregimentliche Behörden wurden Superintendenten[140] eingesetzt. Sie unterstanden dem Konsistorium[141]. Die Superintendenten hatten die kirchenregimentliche Aufsicht über die im Superintendantursprengel zusammengefaßten Pfarrgemeinden, Pfarrer, niederen Kirchen-

[137] Vgl. v. WIESE, III, Abt. I, S. 182ff.; 664ff.; HINSCHIUS, Kirchenrecht, IV, S. 577f.

[138] Beispiele: Verordnungen üb. die Einführung des Schulzwanges v. 28. Sept. 1717 u. 29. Sept. 1736; Principia regulativa v. 1. Aug. 1736; Königl. Preuß. Landschul-Ordnung für Minden-Ravensberg v. 6. Sept. 1754; General-Landschul-Reglement v. 3. Nov. 1763. Vgl. dazu MEYER, Verwaltungsrecht, S.205; HINSCHIUS, Kirchenrecht, IV, S. 578; PAUL SCHOEN, Das Evangelische Kirchenrecht in Preußen II, 1906, S. 605; BORNHAK, Unterrichtswesen, S. 105ff., *109*.

[139] Vgl. § 2 dieser Arbeit und v. WIESE, III, Abt. I, S. 255ff.

[140] Auch mit der Bezeichnung: Erzpriester, Dekan, Praepositus, Probst oder Inspektor; vgl. hierzu HERBERT FROST, Strukturprobleme evangelischer Kirchenverfassung. Rechtsvergleichende Untersuchungen zum Verfassungsrecht der deutschen evangelischen Landeskirchen, 1972, § 18, S. 156ff., bes. 162–166, 185f.; LOTHAR FRANCKE, Die Rechtsstellung der Propstei als Mittelinstanz in der Landeskirche Schleswig-Holsteins, ihre geschichtlichen Grundlagen, ihr räumlicher Bereich, 1968, sowie die Kölner juristische Dissertation v. AXEL STREITER, Das Superintendentenamt – Ursprung, geschichtl. Entwicklung u. heutige Rechtsgestalt des mittleren Ephoralamtes in den deutschen evangelischen Landeskirchen (1973), deren Manuskript mir der Verfasser freundlicherweise zugänglich machte.

[141] Vgl. ANDREAS JOSEF SCHNAUBERT, Grundsätze des Kirchenrechts der Protestanten in Deutschland, 1792, S. 119ff.; HINDAHL, S. 34.

diener und das Kirchenvermögen[142]. Zu den kirchenregimentlichen Aufgaben der Superintendenten gehörte es außerdem, die im Superintendantursprengel befindlichen Elementarschulen zu besuchen und zu überprüfen[143]. Diese Einrichtung erhält später die Bezeichnung Kreisschulaufsicht. Für die Entwicklung der Schulaufsicht der Superintendenten in der Kurmark stellt die Visitations- und Konsistorialordnung von 1573[144] einen wichtigen Einschnitt dar. Darin finden wir u. a. den Auftrag an das kurmärkische Konsistorium, die Kirchen, Schulen, Pfarrer und Schulkinder im Lande alle zehn Jahre durch seine Visitatoren überprüfen zu lassen[145]. Im Laufe des 17. Jhs. scheint die jährliche Lokalvisitation zwar für nötig erachtet, aber nur ungenügend durchgeführt worden zu sein, wie sich aus ihrer Neuordnung durch die am 5. März 1715 erlassene Instruktion[146] ergibt. Das Edikt vom 29. Sept. 1736 wies die Inspektoren zusätzlich an, jährlich Führungslisten über die Lebens- und Amtsführung der Schulmeister an das Konsistorium einzusenden[147]. Die Entwicklung hinsichtlich der Einsetzung von Superintendenten als untere Kirchenregimentsbehörden und deren Tätigkeit als Schulaufseher in den Landesteilen, die im Laufe des 17. Jahrhunderts Brandenburg einverleibt wurden, sowie in denen, die später zum Königreich Preußen kamen, verlief im großen und ganzen ähnlich wie in der Kurmark Brandenburg[148]. Für die ganze Monarchie einheitliche Bestimmungen über die Kreisschulaufsicht wurden durch das General-Landschul-Reglement vom 12. August 1763 getroffen[149]. Danach sollten die Superintendenten, In-

[142] HINDAHL, S. 34f., FROST, S. 163.

[143] HINDAHL, ebenda; FRANCKE, S. 45ff. Hier deutet sich auch an, wie die zunächst kirchliche Aufsichtsfunktion des Superintendenten zu einem Teil der Staatsverwaltung wird. Vgl. SCHOEN, I, S. 232ff.; HINDAHL, S. 13ff., 41ff.

[144] CCM I, I, Sp. 273f.; Abdruck der darin enthaltenen Schulordnung bei VORMBAUM, Evg. Schulordnungen I, 1860, S. 226ff., Nr. 20.

[145] In der Folgezeit ergangene daran anschließende Instruktionen: vgl. Auszug aller bisher ergangenen Königl. Preußl.(!) und Kurfürstl. Brandenburgischen Gesetze, Befele und Verordnungen, 1764, S. 86ff.

[146] CCM I, I, Sp. 513ff. Es wurde angeordnet, daß „die Localvisitation in allen Creysen der Chur-Marck, in diesem Jahre, ihren Anfang nehme, und von allen Superintendenten, Pröbsten und Inspectoribus, künfftighin, beständig damit continuiret werde“. Einzelheiten in den §§ 1, 25 und 36 dieser Instruktion.

[147] CCM, I, I, Sp. 570.

[148] Vgl. HINDAHL, S. 37.

[149] Text NCC III, Sp. 265–285. Zur Publikation vgl. VOLLMER, Preuß. Volksschulpolitik unter Friedrich d. Gr., S. 47ff., *50f.* Früher Abdruck; *„Auszug“* (1764), S. 165ff. Später: KARL ADOLPH MENZEL, Die drei Königlich Preußischen Schulreglements, 1833, S. 1ff.; v. RÖNNE, Unterrichtswesen, S. 64ff.; BONA-MEYER, S. 113ff. FROESE/KRAWIETZ, S. 105ff.

spektoren, Praepositen und Erzpriester einmal jährlich das Landschulwesen ihres Amtsbezirks überprüfen. Gemäß § 13 hatten sie festzustellen, ob sich die Landschulen in einem ordentlichen Zustand befanden und ob die Landschulmeister die nötige Befähigung für ihren Beruf hatten. Ausführungsbestimmungen über die Schulvisitationen der Schulinspektoren ergingen durch Rundschreiben vom 1. März 1764[150]. In diesen waren auch die Fragen festgelegt, die von den Schulinspektoren bei den jährlichen Visitationen zu stellen waren[151].

c) Die Schulaufsichtsbehörden auf Provinzialebene

In der preußischen Monarchie gab es bis zu den im Jahre 1808 beginnenden Staats- und Verwaltungsreformen keine einheitlich geregelte Provinzialverwaltung. Jeder Landesteil hatte vielmehr seine eigentümlichen obersten Verwaltungsbehörden behalten, wenn auch deren Zuständigkeiten durch die neuen zentralstaatlichen Behörden stark eingeschränkt worden waren.

Im preußischen Kernbereich (Brandenburg, Ostpreußen und Pommern) lag die oberste Verwaltung und Beaufsichtigung des Kultus- und Unterrichtswesens zunächst vornehmlich bei den Konsistorien. Durch diese nach der Reformation ursprünglich als rein kirchliche Behörden eingerichteten Institutionen übten die Landesherren das ihnen zustehende Kirchenregiment aus[152].

In der Kurmark Brandenburg kam es im Jahre 1543 zur Gründung eines Konsistoriums[153], das unmittelbar dem Landesherrn unterstand. Organisation und Aufgaben wurden in der Visitations- und Konsistorialordnung von 1573 festgelegt[154]. Danach war das Konsistorium kollegialisch organisiert. Zum Kollegium gehörten 4–5 vom Kurfürsten ernannte Mitglieder, einschließlich des Generalsuperintendenten. Den Vorsitz führte ursprünglich der Generalsuperintendent. Seit 1598 wurde jedoch stets ein Jurist zum Präsidenten des Konsistoriums ernannt. Zum Aufgabenbereich des Konsistoriums gehörte es u. a., das Land zu bereisen und Kirchen- und Schulvisitationen durchzuführen[155]. Als im Jahre 1750 das

150 *„Auszug"* (1764), S. 192ff.; Text auch bei HINDAHL, S. 157ff.
151 Fragenkatalog abgedr. in: *„Auszug"* (1764), S. 194–196.
152 Wozu auch die Aufsicht über das Elementarschulwesen gehörte. Vgl. WIESE III, 1, S. 83; OTTO MEIER, Lehrbuch des Deutschen Kirchenrechts, 3. A., 1869, S. 177.
153 Vgl. ADOLF STÖLZEL, Brandenburg-Preußens Rechtsverwaltung und Rechtsverfassung I, 1888, S. 182; ALBERT NAUDÉ, Forschungen zur Brandenburgischen und Preußischen Geschichte, V, 1892, S. 92.
154 CCM I, I, Sp. 272ff.
155 Vgl. HINDAHL, S. 44f.

Lutherische Oberkonsistorium gegründet wurde, übernahm dieses auch die Funktionen des kurmärkischen Provinzialkonsistoriums[156].
Die besondere Situation Schlesiens erforderte auch eine spezielle Regelung[157]. Nach dem Anfall an das Königreich Preußen wurden in Schlesien keine selbständigen Konsistorien mehr eingerichtet. Die Neuorganisation der äußeren Kirchenverfassung erfolgte Hand in Hand mit der Neuorganisation der weltlichen Regierungsbehörden. Die durch das Notifikations-Patent vom 15. Januar 1742[158] an Stelle der zersplitterten schlesischen Obergerichte errichteten zwei Oberamtsregierungen fungierten unter Hinzuziehung zweier weltlicher und zweier geistlicher Konsistorialräte gleichzeitig als Konsistorien. In dieser Eigenschaft sollten sie die Aufsicht über die evangelischen Kirchen und Schulen führen[159]. Sie wurden insoweit nicht dem Lutherischen Oberkonsistorium, sondern teils dem lutherischen Chef des geistlichen Departements, teils wegen ihres Zusammenhangs mit den Oberamtsregierungen dem Justizdepartement unterstellt und daher als mit den Oberamtsregierungen „kombinierte Oberkonsistorien" bezeichnet. Im Jahre 1744 wurde für Oberschlesien ein gleichartiges Konsistorium, ebenfalls mit einer Oberamtsregierung verbunden, errichtet[160].

d) Die Zentralschulaufsicht

In Brandenburg, dem Stammland der preußischen Monarchie, wurde der Kurfürst infolge der Reformation Träger des evangelischen Kirchenregiments. Die Ausübung der kirchenregimentlichen Befugnisse erfolgte teils durch den Kurfürsten persönlich, teils durch das im Jahre 1543 gegründete kurmärkische Konsistorium[161]. Das Konsistorium hatte demgemäß als oberste kirchliche Behörde auch die Aufsicht über die geistlichen und Schulangelegenheiten im Lande zu führen[162]. Es blieb auch oberste Kirchenbehörde, als im Jahre 1604 der Geheime Rat, auch Geheimes Etatministerium genannt, gegründet wurde[163]. Das Kirchen-

[156] CLAUSNITZER, S. 343ff.; VOLLMER, S. 19f.

[157] Vgl. oben Abschnitt I, 2.

[158] Text der einschlägigen Passagen bei LEHMANN II, S. 56ff. Vgl. BORNHAK, Preußische Staats- und Rechtsgeschichte, S. 198.

[159] „Unsere Ober-Amtsregierungen und denen nunmehr mit selben combinirten Ober-Consistoriis oblieget, auf alle Kirchen und Schulen, deren Lehrer und Bediente besonders Acht zu haben ..." – ACTA BOR., Beh.O. VIII, S. 834 (Schles. Ressortreglement v. 1. Aug. 1750, aaO., S. 807ff.); KORNSCHE SLG. V, S. 304ff.

[160] Vgl. SCHOEN, I, S. 36.

[161] Vgl. NAUDÉ V, S. 92; CLAUSNITZER, S. 343; VOLLMER, S. 17f.; HINDAHL, S. 43ff.

[162] Vgl. BORNHAK, Preußische Staats- und Rechtsgeschichte, S. 58.

[163] Vgl. HEINRICH FRIEDRICH JACOBSEN, Geschichte der Quellen des Kirchenrechts des Preußischen Staates, T. 1, Bd. 2, S. 81; RÖNNE, Das Staatsrecht der Preußischen Monarchie II, 1, 2. A., 1865, S. 34.

wesen der im Laufe des 17. Jahrhunderts zur Kurmark Brandenburg gekommenen Landesteile[164] wurde nicht dem kurmärkischen Konsistorium unterstellt. Jeder Landesteil behielt vielmehr seine Konsistorial- oder im Falle der reformierten Gemeinden seine örtliche Presbyterialverfassung. Somit gab es mehrere geistliche Oberbehörden nebeneinander. Über allen, auch über denen, die im Laufe des 17. Jahrhunderts zu Brandenburg gekommen waren, stand der Kurfürst als Inhaber der kirchenregimentlichen Gewalt.

Ein zentrales „Geistliches Departement", das für die geistlichen Unterrichtsangelegenheiten des ganzen Staates zuständig war, gab es im 17. Jahrhundert noch nicht, sondern erst seit etwa 1736. Im Jahre 1730 erhielt von Knyphausen den bisherigen Legationsrat Reichenbach zum Mitarbeiter. Reichenbach wurde gleichzeitig Vizepräsident des kurmärkischen Konsistoriums. Er hatte lediglich geistliche und Schulangelegenheiten zu bearbeiten. Die Anstellung Reichenbachs kann als Zeitpunkt für das Entstehen des Geistlichen Departements genannt werden. Die Bezeichnung Geistliches Departement wurde am 1. März 1736 erstmalig in einer Urkunde verwandt[165]. Das Geistliche Departement, als oberste kirchenregimentliche Behörde, war zu dieser Zeit jedoch noch nicht völlig selbständig. Es war vielmehr mit dem Justizministerium des Geheimen Rats verbunden, und zwar dadurch, daß einem Justizminister gleichzeitig das Geistliche Departement unterstellt wurde. Die Verbindung beider blieb bis zu der im Jahre 1808 beginnenden Neuordnung der obersten preußischen Staatsverwaltung bestehen[166]. Lediglich von 1738–1748 und noch einmal für etwa ein Jahr durch Erlaß FRIEDRICHS DES GROSSEN vom 31. Oktober 1763[167] erhielt jedes Departement einen eigenen Minister. Dem Geistlichen Departement unterstanden die drei nebeneinander bestehenden geistlichen Oberbehörden der Monarchie. Es waren dies das Französische Oberkonsistorium, das Reformierte Kirchendirektorium und das Lutherische Oberkonsistorium. Das Reformierte Kirchendirektorium und vor allem das Lutherische Oberkonsistorium bildeten den eigentlichen Schwerpunkt in der Ordnung der Kirchen- und Schulsachen. Das Lutherische Oberkonsistorium war 1750 gegründet

[164] Ostpreußen, Kleve, Mark und Ravensberg, Hinterpommern, Minden, Magdeburg.

[165] ACTA BORUSSICA, Behördenorganisation VI, 1, S. 135ff., *136*. Zur Entwicklungsgeschichte vgl. RÖNNE, Unterrichtswesen, S. 241ff.; HINDAHL, S. 55ff.
Es gliederte sich in ein geistlich-lutherisches und ein geistlich-reformiertes Departement, je von einem Justizminister geleitet. Vgl. RÖNNE, Staatsrecht III, S. 60; BORNHAK, Staatsrecht II, S. 404; CLAUSNITZER, S. 343; VOLLMER, S. 18.

[166] Vgl. HINDAHL, S. 117ff.

[167] Vgl. ERNST MÜSEBECK, Das preußische Kultusministerium vor 100 Jahren, 1918, S. 6.

worden[168]. Seiner Leitung und Aufsicht unterstanden alle lutherischen Provinzialkonsistorien der Monarchie. Zusätzlich hatte es die Funktionen des kurmärkischen Konsistoriums mit zu übernehmen[169]. Die Aufgaben des Lutherischen Oberkonsistoriums bezüglich der Schulen nennt § 7 der Instruktion vom 4. Okt. 1750: „Das Oberkonsistorium muß auch auf die Schulen, in Sonderheit in der Kurmark, achthaben, damit dieselbe mit tüchtigen Schulmeistern bestehet, und die Jugend wohl angeführet werde."

Für den katholischen Bereich war das Lutherische Oberkonsistorium mit zuständig. Hinsichtlich Schlesiens ist anzumerken, daß für das Schulwesen dieser Provinz ein dem Geistlichen Departement unmittelbar unterstelltes, mit der Oberamtsregierung verbundenes Oberkonsistorium in Breslau die Aufsicht auszuüben hatte[170].

Zusammenfassend läßt sich sagen, daß sich vor allem in der ersten Hälfte des 18. Jahrhunderts eine Form der Schulaufsicht herausentwickelte, die man als geistliche Schulaufsicht im staatlichen Auftrag bezeichnen könnte. Im Denken der Zeit blieb die inhaltliche und personelle Zuordnung der Schule zur Kirche zunächst noch weitgehend eine Selbstverständlichkeit[171]; nicht zuletzt aus praktisch-utilitaristischen Erwägungen[172]. Der Staat praktizierte aber schon eine (kaum ernsthaft bestrittene) oberste Zugriffs- und Aufsichtskompetenz im Schulwesen. Im Zuge weitergehender Zentralisierungstendenzen und lautwerdender Kritik an der geistlichen Schulaufsicht kam es dann schließlich auf Initiative des Freiherrn von Zedlitz im Jahre 1787 zur Gründung des „Oberschulkollegiums"[173]. Da sein Modell aber nur in einer sehr modifizierten und auch „durchlöcherten" Form in die Praxis umgesetzt wurde, führte die Gründung des Oberschulkollegiums lediglich zu einer Verminderung des geistlichen Einflusses auf das Unterrichtswesen[174].

[168] „Instruction vor das über alle Königlichen Lande errichtete Lutherische Ober-Consistorium" vom 4. Oktober 1750 – CCM, Cont. IV, Nr. 106, S. 291ff.; RABE, Bd. 1, Abt. 2, S. 275ff. Zu den Vorverhandlungen vgl. ACTA BOR., Beh.O. VIII, Nr. 377, S. 742–745 („Plan des Lutherischen Kirchen-Directorii" v. 17. Mai 1750 = Erstfassung d. „Instruktion" v. 4. Oktober); Nr. 158 u. 159 (GA Süßmilch u. Baumgarten), bes. S. 394, 407 u. 418.
Betr. Schulen: aaO. VIII, S. 407, 418, 743; IX, S. 57f. Vgl. auch RÖNNE, Unterrichtswesen, S. 242; CLAUSNITZER, S. 343ff.; VOLLMER, S. 19f.; HINDAHL, S. 58f.

[169] ACTA BOR., Beh.O. VIII, S. 742; IX, S. 55f. Vgl. JACOBSEN, T. 1, Bd. 2, S. 111; RÖNNE, aaO., S. 242; CLAUSNITZER, S. 343; VOLLMER, S. 19.

[170] Vgl. oben S. 162; RÖNNE, aaO., S. 242; CLAUSNITZER, S. 343.

[171] Vgl. oben § 3, S. 106ff., besond. 117ff.

[172] Vgl. oben § 5 II, S. 151ff.

[173] „Instruction für das errichtete Ober-Schul-Kollegium" vom 22. Februar 1787 – NCC VIII, S. 617ff.; vgl. HINDAHL, S. 59ff.

[174] Vgl. HINDAHL, S. 62f.; MÜSEBECK, S. 9ff.

§ 6 Die Schulaufsicht im Königlich preußischen General-Land-Schul-Reglement für die Römisch-Katholischen in Städten und Dörfern des souveränen Herzogtums Schlesien und der Grafschaft Glatz vom 3. Nov. 1765

I. Vorarbeiten, Entwurf und Publikation

1. Preußische Schulreformprojekte und das Wirken Johann Julius Heckers in Berlin

Für die ersten drei Jahrzehnte der Regierungszeit Friedrichs II. war – wenn man vom katholischen Schlesien absieht – Johann Julius Hecker (1707–1768) der geistige Kopf in den preußischen Schulreformarbeiten[1]. Ihm folgten seit 1770 Freiherr von Zedlitz und Eberhard von Rochow. Bereits im Jahre 1741 hatte Hecker auf den miserablen Zustand des Volksschulwesens hingewiesen und Verbesserungsvorschläge eingereicht; drei Jahre später äußerte er erneut seine Sorge und legte seine Reformabsichten dar[2]. U. a. weist er auf die fehlende, seines Erachtens aber äußerst notwendige Aufsicht hin und machte den Vorschlag, Männer anzustellen, welche die Schulen visitieren, Unterweisung über die Methode erteilen, Konferenzen abhalten und über die Versetzung der Kinder entscheiden sollten. Seine Vorschläge hatten zunächst so gut wie kein Echo. Seiner Initiative und seiner Tatkraft gelang es jedoch, sein Reformkonzept teilweise in seinen eigenen Dreifaltigkeitsschulen in Berlin zu verwirklichen[3]. Am 30. Januar 1748 kam es zwar zu einer Audienz Heckers beim König. Hecker konnte über seine Schulen berichten und erhielt die Anweisung, Vorschläge zur Verbesserung des Schulwesens einzureichen. Einer seiner Vorschläge enthielt die Forderung, nach dem seit 1736 in Kloster Bergen bei Magdeburg praktizierten Vorbild auch in Berlin und anderen Orten Schullehrerseminare „zur Hebung der Volksbildung und Förderung des Seidenbaus"(!) zu gründen. Aber auch diesmal blieb die Resonanz aus, und eine königliche Beschlußnahme erfolgte nicht. Daraufhin eröffnete Hecker selbst am 14. Dezember 1748 bei den o.g. Schu-

[1] Zu Leben und Werk vgl. G. Bloth, Johann Julius Hecker, in: JbVWKiG 61, 1968, S. 63–129 (Bibliogr.: S. 125–129); Clausnitzer, Geschichte, S. 344ff.

[2] Bericht v. 2. Mai 1744 (vermutl. an das Geistliche Departement) – Abdr.: Schulblatt f. d. Provinz Brandenburg, 12. Jg., 1847, S. 535ff.; eingesehen im fast gleichlautenden Abdruck bei Hecker, Nachrichten v. d. gegenwärtigen Einrichtung der dt. Schulen bei der Dreifaltigkeitskirche, 1744.

[3] Clausnitzer, Geschichte, S. 345.

len ein Seminar[4]. Eine gewisse Unterstützung stellte die Kabinettsorder vom 23. Jan. 1750 dar[5]. Danach sollten alle königlichen Stellen im Umkreis von 8–10 Meilen von Berlin mit Heckerschen Seminaristen besetzt werden. Die Motivation für diese Kabinettsorder ist allerdings mehr die Förderung der merkantilistischen Seidenkultur als die Anhebung der Volksbildung gewesen[6]. Dem 1750 gegründeten lutherischen Oberkonsistorium in Berlin[7] war zwar die Sorge für die Schulen in der Kurmark und der Entwurf eines Reglements übertragen worden, worin auch die Stellenbesetzung an den Schulen geregelt werden sollte. Die Realisierung blieb jedoch auch diesmal aus und erfolgte erst dreizehn Jahre später im General-Landschul-Reglement von 1763. Weitere Entwürfe, Gutachten und Vorlagen Heckers blieben im Zuständigkeitsgestrüpp der Berliner Behörden und am Widerstand derjenigen, denen die Aufbringung der dafür nötigen Mittel oblegen hätte, ebenso hängen wie seine früheren diesbezüglichen Aktivitäten[8]. Einen deutlichen Impuls scheinen die Vorstöße der Minden-Ravensbergischen Regierung ausgeübt zu haben. Die dortigen Behörden hatten bereits am 10. Sept. 1727 den Entwurf einer Schulordnung nach Berlin gesandt[9] und um die königliche Bestätigung gebeten. Trotz mehrfacher Nachfragen blieb die Sache liegen. Im Januar 1753 holten die Mindener Behörden den alten Entwurf aufs neue hervor und legten ihn als „neuen" Entwurf wieder in Berlin vor[10]. Nach einer Überarbeitung wurde diese Schulordnung am 6. April 1754 vom König vollzogen[11]. Auf die besondere Bedeutung dieser Schulordnung für die preußische Schulgesetzgebung in der 2. Hälfte des 18. Jhs. und damit auch für die Arbeit Felbigers[12] wird später noch einzugehen sein. Der Siebenjährige Krieg beanspruchte alle Kräfte der Staatsverwaltung und führte zu einer fast völligen Erschöpfung der staatlichen Ressourcen. Für

[4] Vgl. HIENTZSCH, Geschichte des ehemaligen churmärkischen Schullehrerseminars, 2. Aufl., 1847; RENISCH, Geschichte des Volksschullehrerseminars zu Cöpenick, 1898.

[5] Text bei STADELMANN, Preußens Könige in ihrer Tätigkeit für die Landeskultur, Teil 2, 1882, Nr. 87; entsprechendes Reskript an die Domänenkammern vom 8. Apr. 1750 bei HEPPE, III, 1858, S. 31.

[6] Dies zeigen auch die späteren Erlasse, z. B. v. 25. Sept. 1752 u. v. 1. Okt. 1753 – NCC, 1752, S. 371 u. III, S. 1315. Bezügl. des Zusammenhangs von Seidenanbau (Seidenraupenzucht) und Lehrerausbildung vgl. SCHMOLLER u. HINTZE, Die preuß. Seidenindustrie im 18. Jh. I, 1892, S. 283; III, 1892, S. 131f., 275f.

[7] Instrukt. v. 12. Okt. 1750: CCM, Cont. IV, 1751, S. 291ff.

[8] Vgl. CLAUSNITZER, Geschichte, S. 346, 357.

[9] Text bei VOLLMER, S. 304.

[10] Vgl. VOLLMER, S. 26ff., *27*.

[11] Vgl. VOLLMER, S. 35; Text: NCC I, S. 1099; Abdr. auch: BONA-MEYER, S. 98ff.

[12] Vgl. STANZEL, Zur Geschichte der Hauptschule, S. 248.

die Schulreformbemühungen bedeutete das Stagnation und Rückschlag. Das noch vor dem Hubertusburger Frieden von FRIEDRICH D. GR. für die Landschulen bekundete Interesse muß lediglich als Reflex auf den großen Mangel an qualifiziertem Soldatennachwuchs nach den blutigen Schlachten gewertet werden[13]. Das erste Friedensjahr brachte dann jedoch den Durchbruch[14]. In der Beratung des Geistlichen Departements vom 24. März 1763 erhielten Hecker und Propst Süssmilch aufgrund königlichen Befehls den Auftrag, Gutachten über die Verbesserung des Landschulwesens einzureichen, was auch umgehend geschah. Süssmilch suchte kennzeichnenderweise die Ursachen für den mangelhaften Zustand der Schulen nicht im Fehlen von Edikten und Anordnungen, sondern in deren Nichtbefolgung[15]. Große Bedeutung maß er einer konsequenten Aufsicht zu. Neben der Beaufsichtigung der Schulen durch die Prediger sei Aufsicht und Berichterstattung an die Konsistorien seitens der Inspektoren selbstverständlich. Vorbedingung sei allerdings, daß Prediger und Lehrer durch die Amtsleute und Gerichtsobrigkeiten auch die nötige Unterstützung fänden. Anordnung von Zwangsmitteln erschien ihm notwendig; denn „die Natur, die Dummheit, der Eigensinn und der Stolz des Bauers, des Pächters, des Landedelmannes machen den Zwang notwendig, wie ich leider aus mehr als zwanzigjähriger Erfahrung gelernt habe“[16].

Vermutlich aufgrund dieses Gutachtens und der am 29. März eingereichten Gutachten Heckers erließ der König durch Kabinettsorder vom 1. April 1763 den Befehl an das Geistliche Departement, ein Schulreglement auszuarbeiten[17]. Bei der Abfassung sollte insbesondere vorgesehen werden, „dass die Superintendenten und Inspektoren jedes Kreises die Landschulen ihrer Inspektion selbst bereisen und mit Attention den Zustand der Landschulen examinieren, und untersuchen sollen, ob die Schulmeister von der nötigen Kapacität seien und nach den Umständen

[13] „Vor Beendigung des 7jährigen Krieges hatte der eigene Vorteil des Militärdienstes den König von der Notwendigkeit einer Verbesserung der Volksschulen überzeugt. Man hatte nämlich Mühe, unter den Eingeborenen der preußischen Regimenter zu Unteroffizieren Subjekte zu finden, die schreiben und rechnen konnten“ – so IGNAZ HEINRICH V. WESSENBERG, Die Elementarbildung des Volkes im 18. Jh., 1814, S. 33. Eine überzeugende Begründung für diese Wertung bringt m. E. VOLLMER, S. 46f. Ergänzende Aspekte bei BLOTH, aaO., S. 114ff.

[14] Vgl. HEUBAUM, Geschichte des dt. Bildungswesens seit der Mitte des 17. Jhs. I, 1905, S. 329ff.; CLAUSNITZER, Geschichte, S. 352ff.; VOLLMER, S. 47ff. und BLOTH, S. 113ff.

[15] Vgl. CLAUSNITZER, Geschichte, S. 352.

[16] CLAUSNITZER, aaO., S. 354.

[17] CLAUSNITZER, aaO., S. 355 mit Angabe von teilw. schon sehr konkreten Forderungen f. d. Entwurf. Vgl. auch VOLLMER, S. 50.

der Schuljugend gehörige Unterweisung und Anführung geben, oder ob solche untüchtig seien, und was sonsten deshalb zu erinnern und zu verbessern stehe". Das Reglement sollte überall veröffentlicht und von den Kanzeln verlesen werden. Zwei wichtige Aspekte bringt diese Kabinettsorder zum Ausdruck, die Aufsicht über die Schulen durch besonders beauftragte Persönlichkeiten, sowie die staatliche Aufsicht auch über Schulen adligen Patronats[18]. Das Kollegium übertrug die Ausarbeitung des Reglements Hecker. Im Juni lag der Entwurf vor und zirkulierte bis Anfang Juli bei den Mitgliedern des Oberkonsistoriums. Der revidierte Entwurf wurde unter dem Namen General-Landschulreglement auf den 12. August 1763 datiert[19], am 19. an den König zur Vorlage abgesandt; am 23. gelangte er, vom König bestätigt, wieder in die Hände des Ministers von Danckelmann und wurde am 2. Oktober an die Regierungen und Konsistorien versandt[20].

2. Die Entwicklung in Schlesien

Die neuen preußischen Zentralbehörden in Schlesien ergriffen bereits inmitten der kriegerischen Auseinandersetzungen Initiativen, um das darniederliegende Schulwesen in besseren Stand zu bringen.
Noch vor dem oft angeführten Aufmerksamwerden des Königs (im Herbst 1759) wurde das Breslauer Oberkonsistorium tätig. So erging am 22. Februar 1759 seitens des Oberkonsistoriums eine Verfügung[21] an die Stadtmagistrate und ländlichen Schulpatrone, zweimal im Jahre eine Prüfung der Schuljugend abzuhalten und über das Ergebnis am Anfang jeden Jahres zu berichten. Die eingegangenen Berichte waren der Anlaß für den Erlaß vom 26. April 1759[22]. Das Oberkonsistorium war zur Überzeugung gelangt, daß der Unterricht unzureichend erteilt wurde. Die Gründe hierfür sah es teils in der Halsstarrigkeit vieler Eltern, die ihre Kinder nicht in die Schule schicken wollten, teils in ihrer Armut, so daß Schulgeld und Bücherkosten nicht erschwinglich waren, und teils in der Notwendigkeit, die Kinder schon frühzeitig zur Arbeit heranzuziehen. Um eine effektive Kontrolle zu erzielen, befahl die Behörde den Predigern, die Schulen zweimal wöchentlich zu besuchen und dabei den

[18] Zitate nach CLAUSNITZER, aaO., S. 355.
[19] Vgl. CLAUSNITZER, Geschichte, S. 356 mit Anm. 1. Text: NCC III, S. 265ff. Weitere Abdrucke: RÖNNE, Unterrichtswesen I, S. 64ff.; BONA-MEYER, S. 113ff.; FROESE/KRAWIETZ, S. 105ff.
[20] Vgl. VOLLMER, S. 50ff.; CLAUSNITZER, S. 356.
[21] Vgl. CLAUSNITZER, aaO., S. 348.
[22] AaO., S. 348 mit Anm. 4.

regelmäßigen Schulbesuch und die Lehrart zu revidieren. Außerdem wurde die Anlage eines Schulkatalogs angeordnet. Er sollte in drei Übersichten Auskunft über Schulverfassung, Schüler und das Urteil des Predigers bzw. des geistlichen Inspektors über die Schule geben. Unter der „Schulverfassung" verstand man Angaben über den Lehrer, sein Gehalt, den Beginn und Schluß der Schule und den Lektionsplan. Dieser schlesische Schulkatalog wurde zum Muster für den am 27. Juni 1765 allgemein eingeführten[23].

Die Inspektoren und Geistlichen sollten sich besonders die Heranbildung fähiger junger Leute zum Lehrerberuf angelegen sein lassen. Bei den unnachsichtig vorzunehmenden Visitationen sollte der Inspektor in allen Fächern dem Unterricht beiwohnen, auch einer Katechese des Ortsgeistlichen. Über die Visitation war ein Protokoll aufzunehmen und möglichst umgehend an das Oberkonsistorium zu senden. Ebendahin waren auch regelmäßig zu Ostern und Michaelis sämtliche Schulkataloge der Visitationsbezirke einzureichen[24]. Diese hoffnungsvollen Ansätze scheinen nicht allzuviel Erfolg gehabt zu haben; sah sich doch am 13. Dezember 1759 die Breslauer Oberamtsregierung genötigt, den ländlichen Schulpatronen und den städtischen Magistraten die Beachtung und Durchführung der bisher ergangenen Verordnungen nachdrücklich einzuschärfen[25]. Diese Kurrende enthielt eine eindringliche Mahnung an alle staatlichen und kirchlichen Instanzen bei der Schulverbesserung (Pfarrer, Prediger, Grundherrschaften, Magistrate, Gemeinden) zur Zusammenarbeit. In diesem Sinne nannte die Behörde folgende auch für die weitere schulaufsichtsrechtliche Entwicklung bedeutsame Forderungen: 1. Kreisinspektoren haben die ihnen von den Patronen präsentierten Schulamtsbewerber zu prüfen, auch selbst Schulmeisternachwuchs auszubilden, um dann geeignete Kandidaten den präsentationsberechtigten Grundherrschaften und Magistraten in Vorschlag zu bringen. 2. Ländliche Patrone und städtische Magistrate sind zur Amtshilfe verpflichtet (zur Realisierung des Schulbesuchs und bei der Durchführung der Schulaufsicht seitens der Ortsgeistlichen). 3. Patrone und Magistrate dürfen bei der Anstellung von Lehrern keine „Nebenabsichten" verfolgen[26]. Das von der Behörde geforderte Zusammenwirken staatlicher und kirch-

[23] Letzterer abgedr.: NCC III (1766), S. 937ff.

[24] AaO., S. 349.

[25] KORNSCHE SLG. VI, S. 788–790; Vgl. CLAUSNITZER, S. 349f.

[26] CLAUSNITZER weist auf die kritischen Anmerkungen Propst Süssmilchs aus dem Jahre 1756 zu dieser Frage hin (aaO., S. 350, Anm. 1). Als Krebsübel nennt dieser die Vetternwirtschaft der „omnipotenten" Magistrate.

licher Stellen bei der Schulverbesserung und Schulaufsicht wird in dem gleichzeitigen Erlaß des Breslauer Oberkonsistoriums an die Inspektoren deutlich[27], wenn verfügt wird, daß der wesentliche Inhalt der Erlasse vom April 1759 und vom Dezember dieses Jahres in eine für die Bevölkerung verständliche Form gebracht werden sollte, um so anschließend von den Kanzeln verlesen zu werden. In diesem Erlaß an die Inspektoren[28] finden wir im Hinblick auf die lokalen Gegebenheiten auch die für die Schulwirklichkeit dieser Zeit aufschlußreiche Empfehlung, in den langgestreckten Gebirgsdörfern, wo es kleine und schlechtgekleidete Kinder zu weit zur Schule haben, an verschiedenen Stellen Unterricht zu halten. In so einer Situation sollte es den Eltern auch erlaubt sein, ihre Kinder selbst zu unterrichten, sofern der Pfarrer sich von der Befähigung der Eltern überzeugt hatte und sich darüber hinaus alle vier Wochen von den Fortschritten dieser Kinder vergewisserte.

Die Anordnungen bezogen sich zunächst nur auf Landschulen und solche Stadtschulen, die lediglich die Elementarkenntnisse vermittelten. Zusätzlich wünschte aber die Behörde, daß sich die Geistlichen auch um die Förderung der anderen Stadtschulen bemühten.

Die Last des Siebenjährigen Krieges scheint weitere Reformarbeiten zunächst zum Stillstand verurteilt zu haben. Wie bereits erwähnt, setzten im März 1763 in Berlin verstärkte Anstrengungen zu einer Hebung des darniederliegenden Schulwesens ein. Gleichzeitig mit Ordres an die Konsistorien der übrigen preußischen Landesteile erging ein Kabinettsbefehl an das Geistliche Departement in Schlesien und eine Kabinettsorder an den Weihbischof zu Breslau[29]. Dem Weihbischof wurde aufgetragen, „die Verordnung zu treffen, daß die vorgesetzte Geistliche in denen Districten, die ihnen untergeben und anvertraut sind, die erforderliche Untersuchung anstellen und von sechs zu sechs Monaten an Euch, zu Erhaltung der löblichen Anstalten bei denen katholischen Schulen in Schlesien oder allenfalls sicher Remedur, ihre Berichte richtig erstatten müssen“. Die Kernstelle des Kabinettsbefehls an das Geistliche Departement in Schlesien lautet: „Da S.K.M. in Preußen usw. nach dem glücklich hergestellten Frieden die Aufrechterhaltung der Schulen im Lande und die gute Ordnung bei solchen Sich mit zum Hauptaugenmerk in Gnaden zu nehmen geruhen, als hat das Departement der evangelischen

[27] CLAUSNITZER, S. 350.

[28] Inhaltsangabe bei CLAUSNITZER, aaO.

[29] Kabinettsbefehl an d. Geistl. Departement in Schles. v. 20. März 1763 – LEHMANN IV, N. 110, S. 108; Kab.Order a. d. Breslauer Weihbischof v. 20. März 1763 – NCC III, Sp. 203f.

Sachen in Schlesien zur Erhaltung dieses Zwecks die Verordnung zu machen, daß die Superintendenten in denen ihnen untergebenen Districten dieserhalb die erforderliche Untersuchung anstellen und von sechs zu sechs Monaten oberwähnten Departement zu Erhaltung der guten Anstalten bei den Schulen oder zu benöthigter Remedur ihre Berichte richtig erstatten müssen. Auch hat das Departement dafür zu sorgen, daß die in Betracht der katholischen Schulen dem Weihbischof zu Breslau gestellte Ordre gehörig executiret werde". Hier wird schon die typische Konstruktion sichtbar: Evangelische und katholische Kirchenbehörden wurden angewiesen, kraft staatlichen Auftrags tätig zu werden; die Oberaufsicht über beider Tätigkeit war der staatlichen Zentralbehörde übertragen.

Der aufgrund der Verordnungen vom März 1763[30] und vom April dieses Jahres eingegangene Bericht des Glogauer Oberkonsistoriums vom Juni 1763 läßt erkennen, wie sich so manches schöne Reformprojekt an der desparaten finanziellen Situation der Gemeinden und der Schulmeister zerschlug. Daran konnte auch das General-Landschulreglement vom 12. August 1763, das ja den Anspruch erhob, für die Landschulen sämtlicher Provinzen zu gelten (§ 26), zunächst nichts ändern.

Zu den großen wirtschaftlichen, finanziellen und sozialen Problemen, die die Wirkung gesetzlicher Maßnahmen stark minderten, wenn nicht ganz vereitelten, kam eine weitere Schwierigkeit. Nicht nur konnte das General-Landschulreglement 1763 gegenüber dem Provinzialrecht lediglich subsidiäre Geltung beanspruchen[31]; es war seinem ganzen Charakter nach ein evangelisches Gesetz. Unter diesem Gesichtspunkt meldete bereits am 11. November 1765[32] die Geldernsche Kommission dem Oberkonsistorium, daß sich das Gesetz für die Provinz nicht eigne, man habe es deshalb nur den beiden protestantischen Predigern zu Geldern und den Reformierten zu Viersen übersandt.

Mit Datum vom 2. Oktober 1763 war das General-Landschulreglement von Berlin aus der Breslauer Oberamtsregierung zugesandt worden. Auch Minister Schlabrendorff erhielt es bald darauf und reichte es an die Kammer weiter. Ihm selbst wurde es im Februar 1764 noch einmal zugeschickt, und zwar durch den ihm ja persönlich bekannten Oberkonsistorialrat Hecker aus Berlin. Der Oberkonsistorialrat war offenbar

[30] Vgl. VOLLMER, S. 84f.; CLAUSNITZER, S. 351f.

[31] H. MAIER, Die ältere deutsche Staats- und Verwaltungslehre, 1966, S. 74.

[32] Vgl. VOLLMER, S. 63; CLAUSNITZER, S. 356. Zur Aufnahme des GLR v. 1763 in den übrigen preußischen Landesteilen vgl. VOLLMER, S. 62–83.

der Ansicht, daß das Reglement nicht ohne weiteres für Schlesien Geltung habe, und überließ es deshalb dem Minister, wie weit er davon Gebrauch machen solle und könne. Die Nichtanwendbarkeit in dieser Form für die katholischen Gemeinden hatte die Regierung längst vorher erklärt, als nämlich die Kammer sich auf Schlabrendorffs Anweisung hin im November 1763 wegen der Durchführung des Reglements bei ihr erkundigte. Hinsichtlich der protestantischen Untertanen und soweit es sich um überwiegend protestantische Gemeinden handelte, hielt die Kammer zusätzlich Abänderungen für nötig. Daraufhin erhielt der Inspektor BURG den Auftrag, in einem Gutachten die Stellung der schlesischen Schulverwaltung zum Schulreglement zu begründen. Bereits am 23. November legte er seine „Unvorgreifliche Anzeige deren Punkte in dem Generallandschulreglement, die schwierig auf hiesige Landesumstände zu appliciren" vor[33]. Seine Bemerkungen liefen in der Hauptsache auf folgendes hinaus: Der Paragraph 4 sei unter den gegebenen Umständen nicht praktikabel; man werde sich mit dem herkömmlichen Sonntagsunterricht begnügen müssen. Auch bezüglich des Vor- und Nachmittagsunterrichtes werde es in Anbetracht der vielen langgestreckten Gebirgsdörfer Durchführungsschwierigkeiten geben. Wo Kinder besonders weit verstreut und entfernt wohnten, sei es eine Härte, alle Winkelschulen generell zu verbieten (§ 15), und es sei auch eine Härte und Zumutung, von den Inspektoren zu verlangen, daß sie alle Schulen ihres Bezirks jährlich bereisten (§ 26). Darüber hinaus sei zu bedenken, daß die Kirchen seines Kreises (BURG war selbst Inspektor) vier bis zehn Meilen voneinander entfernt seien und zu jeder wieder acht bis zehn Dörfer gehörten. Weitere Anmerkungen bezogen sich auf inhaltliche Fragen des Unterrichts, auf Schulbücher und Ferien[34].
Drei Monate später, im Februar 1764, erhielt Burg vom Präsidenten der Breslauer Oberamtsregierung VON CARMER den Auftrag, aufgrund der älteren schlesischen Verfügungen das General-Landschulreglement von 1763 zu einem neuen Entwurf umzuarbeiten. Das Ergebnis der Umarbeitung scheint aber trotz zustimmender Gutachten mehrerer Konsistorialräte in Berlin die königliche Bestätigung nicht erhalten zu haben[35]. Für die evangelischen Schulen wurde somit in diesen Jahren nur Unvoll-

[33] Vgl. VOLLMER, S. 86.
[34] Zum Vergleich GLR und schles. Entwurf BURGS siehe CLAUSNITZER (S. 359), der das Original des Entwurfs noch eingesehen hat.
[35] So VOLLMER, S. 87.
Anderer Ansicht CLAUSNITZER (S. 360): „Jedenfalls überreichte das Breslauer Oberkonsistorium die wohl nunmehr genehmigte Umarbeitung des General-Landschulreglements für das evangelische Schlesien im Juli 1765".

kommenes erreicht. Zur gleichen Zeit war aber der dirigierende Minister von Schlabrendorff auf die Probleme und die staatspolitische Bedeutsamkeit des katholischen Schulwesens, nicht zuletzt in den ganz oder überwiegend polnisch sprechenden Landesteilen, aufmerksam geworden. Im Mai 1763 hatte er von der Kammer verlangt[36], daß sie sich besonders um die Beseitigung der barbarischen Zustände Oberschlesiens bemühen sollte, insbesondere mit Hilfe der Verbreitung der deutschen Sprache. Die deutsche Sprache sollte die Oberschlesier den anderen Bewohnern der Provinz „communicable" machen, während das Latein, dessen Elemente aus kirchlichen Gründen dem Volke beigebracht wurden, Schlabrendorff ein Dorn im Auge war: „Mir ist überdem von verschiedenen Landesräthen versichert worden, dass diejenige Schulen in ihren Kreisen, welche in ihrer Jugend die lateinische Sprache erlernet, die allerschlimmste und obstinateste wären"; gleich als ob sie mit dem Latein auch „die renitenz und Arglistigkeit derer Pfaffen" eingesogen hätten[37]. In etwas gemilderter Form mußte sich der Breslauer Weihbischof von Strachwitz dasselbe anhören, als er im September 1763 nach mehrfachem Mahnen den geforderten Bericht über den Zustand des katholischen Schulwesens vorlegen konnte. Auch nach ihm litt die Schule am meisten unter den ungenügenden Lehrergehältern, die dadurch noch vermindert worden waren, daß die Beiträge der Protestanten aufgehört hatten, so daß der Lehrer sich nach einer Nebenbeschäftigung umsehen mußte. Seines Erachtens wünschten weder die Herrschaften noch die Eltern, und zwar diese aus Furcht vor der Werbung, einen regelmäßigen Schulbesuch und damit eine bessere Bildung der Dorfkinder. Über das Problem der unzureichenden Lehrereinkünfte und deren nachteiligen Einfluß auf den Schulbetrieb setzte sich allerdings Schlabrendorff in seiner Antwort ziemlich leicht hinweg: Es müßten nur über die Gehälter genaue Nachrichten eingezogen und die fehlenden Summen von Kirchen und Patronen ergänzt werden. Den letzteren werde man ihre Widerspenstigkeit untersagen; die Bemerkung über die Werbung aber verdiene gar keine Beachtung. Im übrigen scheint der Minister aus dieser Korrespondenz den Eindruck gewonnen zu haben, daß vom bischöflichen Vikariatsamt wenig zu erwarten sei, und damit hing es wohl zusammen, daß von nun ab die Kriegs- und Domänenkammer entscheidend in die Schulreformfrage eingriff. An diese Behörde richtete Schlabrendorff immer dringendere Vorstellungen, namentlich als er auf einer Reise nach

[36] Lehmann IV, N. 119, S. 113f.
[37] Lehmann aaO., S. 114 und Vollmer, S. 88.

Oberschlesien seine schlimmsten Befürchtungen noch übertroffen fand[38]. Er wünschte, daß die Landräte an die Stelle der nach seiner Überzeugung unfähigen und unzuverlässigen Geistlichen treten sollten und so rasch wie möglich die nötigen Erkundigungen in ihren Kreisen einzuziehen hatten, damit bis Michaelis – ein Beweis für den starken Optimismus SCHLABRENDORFFS – die fehlenden deutschen Schulmeister unbedingt angestellt werden konnten. In den Überlegungen und Maßnahmen SCHLABRENDORFFS stand die Sprachfrage, d. h. die Einführung der deutschen Sprache, im Vordergrund. Dies ging so weit, daß er z. B. vorschlug, „daß keine Weibsperson eher heiraten soll, kein Kerl eher Wirt oder Bauer werden kann, bevor sie nicht teutsch können, und daß es eine Art von Schande wird, wer nicht teutsch kann und die Schule nicht frequentiert“[39].

Immerhin erreichte der Minister, daß noch im Mai verschiedene Erlasse der Breslauer Kammer an die katholischen Oberen sowie an die oberschlesischen Landräte und diejenigen niederschlesischen, in deren Kreisen polnisch gesprochen wurde, hinausgingen. Auch ihnen wurde eingeschärft, für die Anstellung der fehlenden katholischen Lehrer bis zum Herbst zu sorgen.

Der weitere Verlauf der Schulreform erhielt seine Prägung durch die Begegnung zwischen SCHLABRENDORFF und Abt Felbiger und die sich anschließende Zusammenarbeit[40].

3. Die Entstehung des General-Landschulreglements von 1765 und die Zusammenarbeit zwischen Felbiger und SCHLABRENDORFF.

Als HECKER dem schlesischen Minister am 14. Februar 1764 das General-Landschulreglement von 1763 übersandte, rühmte er[41] Felbigers „vortreffliches Reglement“ für die katholischen Dorfschulen in den zum Saganischen Stifte gehörigen Dörfern vom 10. November 1763[42]. Durch einen Bericht HECKERS über die Neueinrichtung der Saganer Schulen[43] hatte SCHLABRENDORFF bereits vorher von Felbigers Tätigkeit erfahren[44]. SCHLABRENDORFF erbat daraufhin umgehend von Felbiger diese Verordnung vom November 1763. Der Abt kam dieser Bitte sofort nach. Seinem

[38] LEHMANN IV, Nr. 177 u. 178, S. 182ff.

[39] VOLLMER, S. 89.

[40] Vgl. KAHL, S. 13ff.; REIMANN, Niederes Schulwesen, S. 325ff.; VOLLMER, S. 91ff.; KRÖMER, S. 99ff.

[41] LEHMANN IV, Nr. 147, S. 151f.

[42] Kleine Schulschriften, Teil I, Nr. 3, S. 32ff. KORNSCHE SLG. VIII, S 197ff.

[43] NOVA ACTA hist.-eccl. Bd. V, S. 342–353.

[44] Über seinen Sohn, der Heckers Schüler war – Ausführl. Nachricht, § 2, S. 445, 450f.

Schreiben fügte er das Begleitzirkular für die vorstehende Verordnung vom 25. November bei und bot dem Minister seine Dienste für das Werk der Schulreform an[45]. Die Felbigersche Verordnung scheint den Minister überzeugt zu haben. Am 4. Juli desselben Jahres schreibt er an den Abt[46]: „Ich habe die Instructiones vor die Pfarrer und Schulmeister auf alle katholische Schulen im Lande applicable machen ... lassen, da dann solches sämmtlichen Pfarreren und Schulmeisters sowie dem General-Vicariat-Amte und denen Decanis der auswärtigen Diöcesen zugefertiget werden soll". Felbiger berichtet, daß die Saganer Verordnung für die Dorfschulen am 30. Juni für die ganze Provinz vorgeschrieben wurde[47]. In demselben Schreiben übertrug SCHLABRENDORFF Abt Felbiger die Aufgabe, die Verordnung (vom November 1761)[48] für die Saganer Stadtschule für eine Ausdehnung auf sämtliche katholischen Stadtschulen Schlesiens umzuarbeiten: „... wünschte ich wohl, dass E.p. die Mühe über Sich nehmen und annoch denjenigen Entwurf, welchen Dieselben vor die Sagannische Stadt-Schulen gemacht, auf die sämmtlichen katholischen Stadt-Schulen einzurichten belieben wollten ..."[49]. In Erledigung dieses Auftrages legte Felbiger am 15. Oktober 1764 ein „pro Memoria betreffend die Verbesserung der Dorff- und so genannten Trivial-Schulen in Städten" vor[50]. Als Vorbedingungen jeder durchgreifenden Schulreform und -verbesserung nannte er darin den Erlaß eines Generalschulreglements, Einführung und Durchführung einer geeigneten Lehrart, Gründung eines Seminars, um geeigneten Lehrernachwuchs heranzubilden, und die Durchführung einer geordneten Schulaufsicht. Er wies aber auch darauf hin, daß bestimmte Grundmängel und Schwierigkeiten zunächst beseitigt oder doch gemildert werden müßten: Kinderarbeit, Büchermangel, Interessenlosigkeit von Eltern und Herrschaften, zu geringes Einkommen der Lehrer, die damit zusammenhängenden Nebenbeschäftigungen der Lehrer, fehlende eigene Schulräume und nicht zuletzt die unzureichende oder überhaupt nicht vorhandene Schulaufsicht[51]. Gleichzeitig unterbreitete der Saganer Abt dem Weihbischof in

[45] Schreiben vom 9. 3. 1764 – LEHMANN IV, Nr. 156, S. 162f.
[46] LEHMANN IV, Nr. 186, S. 193f.
[47] Kleine Schulschriften, S. 263. Am 12. 7. 1764 in Glogau publiziert: KORNSCHE SLG. VIII, S. 197–212; vgl. KRÖMER, S. 258.
[48] Kleine Schulschriften, Teil I, Nr. 1, S. 1ff.
[49] LEHMANN IV, S. 194.
[50] Kleine Schulschriften, Teil 2, A.
[51] Promemoria, Abschnitte I, III, IV. Vgl. VOLLMER, S. 93; KRÖMER, S. 99f. Vgl. auch LEHMANN IV, Nr. 187 u. 188, S. 194f.

Breslau „Gedanken und Vorschläge“ für das, was kirchlicherseits getan werden müßte, um das Werk einer Schulreform zu fördern[52]. Im Vordergrund seiner „Gedanken und Vorschläge“ stand die Sorge um eine zielgerichtete und effektive Schulaufsicht, die er mit großer Selbstverständlichkeit der Ortsgeistlichkeit anvertraute. Dem Generalvikariat legte er ans Herz, den Pfarrern die Verpflichtung zum gündlichen Besuch in der Schule (in den Schulen der Mutterpfarre wöchentlich, in den Filialen alle 14 Tage) einzuschärfen und Halbjahresberichte anzufordern. Als neues Element in Felbigers Ausführungen erscheint die Aufsicht über die Aufseher durch die Erzpriester[53]. Im Promemoria begegnen wir auch schon Überlegungen zur Kompetenzabgrenzung zwischen weltlicher und geistlicher Behörde in Sachen Schulaufsicht. Landesherrliche Gesetze sollten die Existenz der Schule und die Erteilung des Unterrichts insgesamt[54] sichern und ermöglichen. Der kirchlichen Behörde oblag in diesem Denkansatz die Regelung und Kontrolle der „geistlichen“ Seite der Schule[55]. Für die Praxisnähe in den von Felbiger ausgearbeiteten Formen der Schulorganisation und Schulaufsicht dürfte seine Tätigkeit als Schulinspektor des Archidiakonats Glogau, die er seit dem 1. 9. 1764 ausübte[56], mitursächlich gewesen sein.
Mit guten Gründen hatte der Saganer Abt in seinen „Gedanken und Vorschlägen“ die Sorge für geeignete Lehrer als eine zentrale Aufgabe für die Schulreform bezeichnet. Daraus ergab sich zwangsläufig die Forderung nach einer organisierten Lehrerbildung. Konsequenterweise schlug der Abt die Errichtung von Seminaren in jedem Archidiakonat der Diözese vor. Ohne auf die Geschichte der schlesischen Lehrerseminare einzugehen[57], sei hier nur auf ein wichtiges Motiv für Felbigers intensive Anstrengungen in dieser Sache hingewiesen. Er versuchte, die Geistlichen zu einer aktiven Mitarbeit für seine Reformbemühungen zu gewinnen[58],

[52] Kleine Schulschriften, T. 2, B; s. auch Ausführl. Nachricht, § 2, S. 454.
[53] Abschnitte VI und VII.
[54] Dazu zählte er vor allem die Schulpflicht und Schulbesuchskontrolle, Schulgeld, Schulausstattung, Eignungsprüfung v. Lehrern, Methodenfestlegung, Abschaffung v. Winkelschulen, Amtshilfe u. sonstige Unterstützung durch Grundherrschaften.
[55] Hierzu rechnete er besonders die Katechese und Einzelfragen, wie Festlegung der Zeit für den Gottesdienst und der Termine für die sog. Schulkollekten (um armen Eltern zu Schulgeld u. Büchern zu verhelfen).
[56] Ausführl. Nachricht, § 2, S. 369 u. 485.
[57] Vgl. hierzu Felbigers Berichte in den „Kl. Schulschriften“ u. in der „Ausf. Nachricht“. Darüber hinaus vgl. MARKS, Gesch. des kath. Schullehrerseminars zu Breslau, 1865, u. neuerdings zusammenfassend KRÖMER, S. 101ff.
[58] Kl. Schulschriften, T. 3, Nr. 3, S. 295.

weil er eingesehen hatte, daß er nicht nur qualifizierte Katecheten brauchte, sondern auch geschulte Confratres als Schulaufseher.
Felbigers Promemoria traf in Breslau ein, als die Kammer damit beschäftigt war, den Zustand sämtlicher Schulen statistisch zu erfassen und Projekte auszuarbeiten, um die Lehrergehälter zu verbessern und Materialien für neue Schulbauten zu beschaffen. In dieser Situation und für diese Vorhaben bildeten Felbigers Vorschläge und das in diesen Vorschlägen praktisch schon in Umrissen ausgearbeitete Reglement eine willkommene Grundlage und Ergänzung. So lag es nahe, ihm Anfang November den Auftrag zu erteilen, das dringend erforderliche Schulreglement abzufassen. Er übernahm diesen Auftrag auch, wie es scheint, recht gern, erbat aber vorher die beiden Instruktionen zurück, die er früher dem Minister übersandt hatte und die von diesem weiter nach Berlin geschickt worden waren, um sie bei seinem ihm übertragenen Projekt mitzuverwenden. Um sich eine möglichst breite Erfahrungsbasis zu verschaffen, beantragte er bei Schlabrendorff die Erlaubnis, sich auf einer mehrwöchigen Reise nach Berlin und Kloster Bergen ausreichende Informationen zu holen. Im Mai 1765 trat er die Reise an[59]. Auf dieser breiten Grundlage: Erfahrungen aus eigenen Reformarbeiten und -verordnungen und bei den evangelischen Kollegen in Berlin und im Kloster Bergen gesammelte Informationen, brachte Felbiger sein Werk zum Abschluß. Mitte Oktober übersandte er sein Konzept dem Minister, der es am 30. Oktober in fast unveränderter Form dem König vorlegte, von welchem es am 3. November in Potsdam vollzogen wurde[60].

II. Übersicht und Aufbau

Das Schulreglement beginnt mit dem Kernstück, wie es Felbiger sah, nämlich den Bestimmungen über die nun nachzuweisende Lehrerausbildung (§§ 1–11). In den §§ 12 und 13 wird für die Neuerrichtung von Schulen der wichtige Grundsatz vorgeschrieben, daß kein Ort weiter als eine halbe Meile von der Schule entfernt sein dürfe und jeder Lehrer eine eigene Schulstube habe. Die Kosten des Baues und der Einrichtung

[59] Ausführliche Nachricht, § 2, S. 477; LEHMANN IV, Nr. 230, S. 235; VOLLMER, S. 93.
[60] LEHMANN IV, Nr. 254, S. 254f. (Begleitschreiben Schlabrendorffs v. 30. Oktober); Nr. 255, S. 255–273 (GLR v. 3. Nov. 1765). Zeitgenössische bzw. autorisierte Abdrucke: Kleine Schulschriften (1772), S. 345ff.; KORNSCHE SLG, VIII, S. 780ff. Weitere Abdrucke: Siehe die Angaben bei KRÖMER, S.258; zuletzt bei J. SCHEVELING (1958), S. 5ff.

sollen Gemeinden und Grundherrschaften tragen. Der Unterhalt des Lehrers wird in den §§ 14–16, 37 und 49, Schulgeld und Bücherbeschaffung in den §§ 38–41 geregelt. Im § 17 wird bezüglich Lehr- und Stundenplan in Dorfschulen auf eine bereits publizierte Instruktion verwiesen[61]. Für die Städte folgt ein ausgearbeiteter Stoffverteilungsplan (§§ 18–24), der auch die Arbeitsteilung zwischen mehreren Lehrern berücksichtigt (19ff.)[62]. Gemäß § 50 steht der Erlaß von Vorschriften über den Religionsunterricht dem Generalvikar zu. Fragen der Schulpflicht und ihre Gewährleistung finden ihre Behandlung in den §§ 25–28 und 35, 36. Auch die Erfassung der schulpflichtigen Kinder wird geregelt (§§ 29, 30). Hauslehrer sind erlaubt (§ 33), aber nur für die Kinder der eigenen Familie, um der Stadtschule keine Konkurrenz erstehen zu lassen; und sie müssen ein Zeugnis des Seminardirektors vorweisen. Winkelschulen sind aufzuheben (§ 31). Eine Entlassung aus der Schule vor dem 13. Jahr ist möglich unter bestimmten Bedingungen (§§ 33, 34).

Das letzte Drittel der Schulordnung behandelt die Schulaufsicht: vorgeschriebene Führung von Katalogen durch den Lehrer (§ 42), regelmäßige Visitation (mindestens einmal pro Woche) durch den Pfarrer (§§ 43–49), jährliche Visitation durch den Erzpriester (§§ 51–61). Die Bestellung und die Amtspflichten der Vorgesetzten der Erzpriester, d. h. der Schulinspektoren, regeln die §§ 62–70. Halbjährlich zu erstattende Berichte der kirchlichen Behörde an die Kriegs- und Domänenkammern sind schließlich nach § 71f. vorgeschrieben.

Die Verwandtschaft zum Heckerschen Reglement ist deutlich erkennbar. Felbiger geht vor allem ins praktische Detail, was schon aus dem Umfang deutlich wird (1763: 26 Paragraphen, 1765: 71 Paragraphen)[63]. Das Reglement ergänzte die bereits früher publizierten Stundenpläne, setzte das Schulpflichtalter ein Jahr herauf und schrieb „Wiederholungsstunden" für die am Schulbesuch verhinderten Kinder und alle Schulentlassenen bis zum 20. Lebensjahr vor (§ 28)[64]. Zu einem gänzlichen Verbot der Nebenbeschäftigung für Lehrer kam es jedoch noch nicht (§§ 14 und 15).

[61] Wohl die VO. v. 10. Nov. 1763 in: Kleine Schulschriften, T. 1, Nr. 3.

[62] Für die Übereinstimmungen mit Hecker vgl. WIEDEMANN, J. J. Heckers pädagogisches Verdienst, 1900, S. 20, 23.

[63] Vgl. VOLLMER, Preußische Volksschulpolitik, S. 51ff., 93ff.

[64] Vgl. KRÖMER, S. 104f.

III. Organisation, Träger, Formen und Inhalt der Schulaufsicht im General-Landschulreglement von 1765

1. Konzeption und Organisationsschema

Für das Verständnis und die Interpretation von Rechtsordnungen und Rechtsvorschriften war und ist es förderlich, auch die mens legislatoris zu kennen. In unserem Falle sind wir in der glücklichen Lage, Ausführungen Felbigers zu besitzen, in denen er im Zusammenhang und im Hinblick auf das General-Landschulreglement (GLR) seine Vorstellungen über Zielsetzung, Aufbau und Träger einer Schulaufsicht entwickelt hat. Es handelt sich um den Schlußvortrag einer Vorlesungsreihe, die er für Geistliche als künftige Schulaufsichtsbeamte gehalten hat[65]. Weil der staatliche Gesetzgeber diese Konzeption in die von Felbiger entworfene Schulordnung übernommen hat, seien hier die Kernstellen des Felbigerschen Vortrags wiedergegeben.

> „Die besten Einrichtungen in der Welt sind von keinem Bestande, und gerathen gar bald in Verfall, wenn nicht dafür gesorget wird, daß jemand sey, der für deren Erhaltung beständig wache.
> Es kann demnach auch bey der Schulverbesserung nicht genug seyn, wenn man sich den Endzweck derselben bekannt macht, wenn man die Hindernisse zu entdecken, zu heben, und die besten Mittel ausfündig zu machen suchet, die diesen Endzweck zu erhalten dienen. Es ist nöthig, daß man diese Mittel wirklich anwende.
> Um den Gebrauch und die Anwendung davon dauerhaft zu machen, muß man Leute haben, die darnach sehen, und darauf dringen, daß davon Gebrauch gemacht werde. Es ist Aufsicht nöthig, die zu dem Ende geschehen muß, damit Ordnung in der Schule erhalten, und die zu deren Besten gegebene Gesetze befolget werden.
> Aufsicht ist nöthig in Absicht auf die Lehrer, die ist nöthig in Absicht auf die Schüler.
> Lehrer müssen zur Treue in ihrem Amte, zur sorgfältigen Beobachtung ihrer Pflicht, angehalten werden. So sehr, und vielleicht noch viel mehr, als Menschen andrer Stände, sind Schulleute geneigt, von ihren Pflichten abzuweichen. Nichts als die Aufsicht, kann sie bey Erfüllung derselben erhalten.
> Nur allzusehr ist es, leider ! bekannt, wie höchst elend es um unsere Schulen aussehe. Die Verbesserung, und alle gute Gesetze, würden bald ohne Nutzen, und alles, ohne Aufsicht, wieder den alten Schlendrian gehen, zu-

[65] Rede beym Beschlusse der Vorlesungen an Geistliche und Candidaten zum geistlichen Stande, in: Kleine Schulschriften, S. 307ff.

malen dieser für die Lehrer bequemer ist, und weil die Verbesserung sogar jenen verdächtig und unnöthig scheinet, denen aus Pflichten oblieget, am mehresten darüber zu halten. ...
Die Aufsicht ist nöthig in Ansehung der Lernenden; denn da diese ohne solche vernachläßiget, und nicht so weit, als vorgeschrieben ist, gebracht, oder so gut, als nöthig ist, unterrichtet werden würden, so kann man Lernende nicht bloß ihren Lehrern überlassen. ...
Soll ... Aufsicht in Schulen recht vorteilhaft und nützlich seyn, so muß eine genaue S u b o r d i n a t i o n eingeführet werden. ...
In den Entwürfen zur Schulverbesserung in unserm Vaterlande hat man die Aufsicht nach diesem Grundsatze geordnet:

> Der Schulmeister, und in den Städten die Schulbedienten, stehen unter der Aufsicht ihres Pfarrns, oder des Caplans, wenn der Pfarr demselben hierinn seine Stele zu vertreten aufgiebt; dieser ist, so zu reden, der natürliche und gebohrne Inspector. Wem anders, als dem Seelenhirten, liegt die Besorgung der Heerde, und also auch der jungen Heerde, in Absicht auf die Ertheilung der nothwendigsten Erkenntnisse, ob?
> Der Pfarr ist seinem Erzpriester, und dieser seinem Schulinspector subordiniret: dieser beobachtet, wie jener seiner Schuldigkeit überhaupt, und besonders in Absicht auf die Schule, nachkömmt.
> Da der Oberhirte, der Bischof, ... nicht minder für das Wohl seiner Schäflein zu sorgen hat, und diese Sorgfalt wegen Weitläufigkeit und Menge der zu besorgenden Schäflein nicht wohl anders, als mittelst untergeordneter Aufseher bezeigen kann; so ist billig, daß, nachdem dergleichen unter dem Namen des Inspectoris bestellet worden sind, diese, wo nicht dem Bischof selbst, doch dessen Verweser, von dem Zustande der ihnen empfohlenen Schulen, Nachricht ertheilen. Diese bestellte Aufseher, oder ... Inspectores, bemüßigen die Erzpriester, Pfarrherren und Capläne zu Bezeugung der ihnen aufgetragenene Sorgfalt, und weil sie selbst wieder dem General-Vicario des Bischofs, oder dem geistlichen Amte, davon Red und Antwort zu geben verbunden sind, so können sie selbst nicht unterlassen, das zu besorgen, was ihnen aufgetragen ist. ...
> Wie in den Schulen junge Leute dahin anzuführen sind, daß sie zu rechtschaffenen Christen werden, so müssen sie auch angehalten werden, das zu lernen, was sie zu wissen nöthig haben, um brauchbare Glieder des Staates, und gute Bürger zu werden.
> Es zeuget von der Weisheit der Regenten eines Landes, wenn sie sich darum bekümmern, wie die Jugend zu diesem Zwecke geleitet werde.

Unser Vaterland hat den höchst schätzbaren Vorzug, daß nicht nur der Souverain in Person die Schulverbesserung zu befehlen sich gewürdiget, sondern daß auch die von ihm gesetzte Obrigkeit darauf mit ganz ungemeinem Ernste dringen, und von halben zu halben Jahren von dem Fortgange dieser höchst wichtigen Sache benachrichtiget zu seyn verlangen. ...“[66].

In derselben Rede äußerte sich Felbiger auch über den Unterschied zwischen Oberaufsicht und den Aufgaben der unteren Aufsichtsebene.

„Oberaufseher besorgen das Allgemeine, sie fordern zu der gesetzten Zeit von allem, was geschehen soll, Rechenschaft; die Aufseher, Inspectores, besuchen wenigstens das Jahr einmal die ihnen anvertrauten Schulen, und zwar die Erzpriester alle Schulen der ihnen untergebenen Pfarren, die Inspectores aber wenigstens die Schulen der Erzpriester, wo nicht alle, doch die vornehmsten und zahlreichsten, um zu sehen, wie alles steht; sie betrachten das Hauptsächlichste persönlich mit sehr aufmerksamen Augen, aber auch mit großem Nachdruck.“[67]

DieRegelung der Schulaufsicht nimmt im GLR von 1765 einen ungewöhnlich breiten Raum ein. Von den insgesamt 74 Paragraphen befassen sich 32 (§§ 43–74) ausschließlich mit dem Problem der Schulaufsicht.
Für Felbiger war die Ortsschulaufsicht Herzstück und Basis einer erfolgversprechenden Schulaufsicht. So begegnet sie uns auch in dem von ihm konzipierten Reglement für Schlesien (§§ 43–50). Und sie wird dem Ortspfarrer als dem „natürlichen und geborenen Schulinspektor“[68] übertragen.
Im System des GLR bildet die Ortsschulaufsicht die unterste Stufe eines in drei bzw. vier Ebenen gestaffelten, hierarchisch aufgebauten Schulaufsichtssystems, dessen Funktionszusammenhang und Auftrag § 51 GLR nennt:

„Um die Uns so sehr am Herzen liegende Schul-Verbesserung so dauerhaft als möglich zu machen, können Wir es dabey nicht bewenden lassen, den Pfarrern jedes Orts die besondere Obsorge der Schule nachdrücklichst empfohlen zu haben. Wir finden noch vor nöthig deshalben zu verfügen, dass Unsere Krieges- und Domänen Cammern das Bischöfliche Vicariat-Amt und die in Unserm Schlesisch und Glatzischen Landen bestellten Vicarien auswärtiger Diöcesen, letztere zwar durch die Erzpriester und noch beson-

[66] AaO., S. 307–310.
[67] AaO., S. 311.
[68] AaO., S. 293, 309.

> ders zu bestellende Schul-Inspectores alle Attention und zwar nach folgender Vorschrift, auf diesen für den Staat so wichtigen Gegenstand verwenden."

Die der Ortsschulaufsicht übergeordnete Ebene war die Kreisebene. In der Praxis entsprachen die Kreisaufsichtsbezirke den Archipresbyteraten oder Dekanaten.

So ergab sich weitgehend eine Deckungsgleichheit zwischen der alten kirchlichen Dekanatsebene und der durch das GLR eingeführten Schulaufsicht auf Kreisebene (vgl. §§ 52–61 GLR). Das kam auch in der Personalunion Erzpriester (Dechant) und Kreisschulaufseher zum Ausdruck.

Zwischen der Kreisebene und der Provinzialebene finden wir noch die Institutionen der „Schulinspektoren" eingefügt (§§ 62–70). Die Amtsbezirke der Schulinspektoren scheint man in Anlehnung an die Archidiakonate gebildet zu haben. So war ja Felbiger selbst Schulinspektor für das Archidiakonat Glogau (und gleichzeitig – als Erzpriester des Archipresbyterates Sagan – Kreisschulinspektor).

Vorgesetzte Schulaufsichtsbehörde für die Inspektoren war das Breslauer Generalvikariat bzw. die Vikare oder Dekane auswärtiger Diözesen (§§ 70–72).

Diese obersten kirchlichen Behörden in der Provinz Schlesien und der Grafschaft Glatz waren wiederum ihrerseits in Schulaufsichtsfragen den staatlichen schlesischen Kriegs- und Domänenkammern zu- und untergeordnet und zur Berichterstaatung verpflichtet (§§ 71ff.).

2. Zur Schulaufsicht im System des Generallandschulreglements von 1765 im einzelnen

a) Die Ortsschulaufsicht

Ausgehend von der Überzeugung, daß „bey allen Verfügungen eine genaue Obsicht das beste Mittel ist, dadurch man die Beobachtung am sichersten erhält"[69] und im Hinblick auf die nüchterne Tatsache, daß zumindest in den Pfarreien mit Schulen auf dem Lande die Ortsgeistlichen in der Regel die einzigen Personen waren, bei denen man die nötige Mindestvorbildung für das „Schulverbesserungsgeschäft" voraussetzen konnte, übertrug der Staat im § 43 des Generallandschulreglements dem Ortspfarrer die Sorge um die Schule und das Recht, vor allem aber die Pflicht, zur Schulaufsicht bezüglich der Schulen in seinem Pfarrbezirk.

[69] So Felbiger 1764 in seinen „Gedanken und Vorschlägen" für Weihbischof Strachwitz (VII, Punkt 53), in: Kleine Schulschriften, S. 146.

> „Es ist die Pflicht eines Pfarrern, Sorge zu tragen, dass die Jugend seines Kirchspiels in der Schule wohl unterrichtet werde. Wir befehlen demnach sämmtlichen sowohl Stadt- als Dorf-Pfarrern aufs Ernstlichste und bei der schweresten Verantwortung, dahin zu trachten, dass diesem Reglement überhaupt ein völliges Genügen geschehe" (§ 43).[70]

Der Pfarrer konnte diese Verpflichtung aus Altersgründen oder wegen Amtsüberlastung einem Kaplan delegieren, war aber dann immer noch für dessen diesbezügliche Amtsführung verantwortlich (§ 44).

Als Hauptinstrument für die Durchführung der Schulaufsicht waren nach § 45 regelmäßige Visitationen der Schule durch den Pfarrer bzw. den damit beauftragten Kaplan vorgesehen. Die Visitation hatte am Wohnort des Pfarrers, d. h. also am Kirchort, wöchentlich wenigstens einmal und in den Schulen der eingepfarrten Ortschaften vierzehntäglich zu geschehen, worüber der Schulmeister einen Vermerk in seinen Schulkatalog eintragen mußte.

Für die Durchführung dieser Visitationen enthält die Felbigersche Schulordnung von 1765 in den §§ 46–50 einen reichhaltigen und ins einzelne gehenden Katalog von Anweisungen. So war der Pfarrer zunächst verpflichtet, darauf zu achten, ob

a) der publizierte Stundenplan eingehalten,
b) die vorgeschriebene Methode angewandt,
c) die verordneten Kataloge (betreffend Schulbesuch und Fleiß der Schüler) gehörig geführt wurden und ob
d) der Schulmeister mit seinen Strafen das vertretbare Maß überschreite,
e) Schulgerät- und Bücherordnung und
f) die Schule reinlich hielt;

schließlich, ob der Lehrer, sofern er einen eigenen Wohnraum besaß, die Schule auch nur zum Schulehalten und nicht zu Geschäften oder gewerblichen Arbeiten gebrauchte (§ 46). Des weiteren war der Pfarrer gehalten, darauf zu achten, ob alle Schulpflichtigen auch regelmäßig den Unterricht besuchten, aber auch, ob die Schüler durch eine zweckentsprechende Klasseneinteilung und planvolles methodisches Vorgehen Fortschritte machten (§ 47 a–d) und nicht etwa durch die verbotene Inanspruchnahme für „häusliche Geschäfte" des Lehrers während der Schulzeit vom Lernen abgehalten wurden (§ 47 e).

[70] Vgl. den Hirtenbrief des Breslauer Weihbischofs vom 29. Dez. 1765 (LEHMANN IV, Nr. 262, S. 279–282), der diesen Gedanken aufgriff und worin der Bischof kraft oberhirtlicher Autorität seinen Geistlichen die vom Staate befohlene Schulaufsicht (nun mit religiöser Motivation) einschärfte.

Darüber hinaus gehörte es zur Aufsichtspflicht des Pfarrers, auf einen guten Zustand des Schulgebäudes und seiner Einrichtung zu sehen sowie dafür zu sorgen, daß „das Schul-Reglement, Bücher, Tafeln und was sonst für die Schule erforderlich ist, vorhanden" waren (§ 48 Satz 1). Ergaben sich bei dieser regelmäßigen Bestandsaufnahme und Überprüfung Beanstandungen oder Mängel, so war es zunächst Aufgabe des Ortsschulaufsehers selbst, d. h. also des Ortsgeistlichen, „allen Mängeln und Hindernissen ... durch diensame Mittel abzuhelfen ..." (§ 48). Dafür sah das Reglement Anträge und „Vorstellungen" bei „Magistrat, Dominio oder den Gerichten und den Eltern, die ihre Kinder (zur Schule) zu schicken unterlassen", vor. Erst wenn dies ohne Erfolg blieb, sollte der Ortsschulinspektor seine Beanstandungen schriftlich niederlegen und sie bei der nächsten Visitation durch den Erzpriester (§§ 52ff.) oder den Inspektor (§§ 62ff.) diesen zur weiteren Veranlassung vorlegen (§ 48). Für die genannten Visitationen durch die oberen Schulaufsichtsbeamten (Erzpriester, Inspektor) mußten aus den Fleißtabellen (die der Schulmeister monatlich dem Pfarrer zu übergeben hatte) durch den Lehrer Extrakte gefertigt werden, um sie dem Erzpriester oder Inspektor vorzulegen (§ 48). Bedeutsam und aufschlußreich für das Denken Felbigers und auch anderer, um Schule und Schulreform bemühter Persönlichkeiten dieser Zeit, sind die Aussagen des Schulreglements über das Verhältnis zwischen Ortspfarrer, Ortsschulinspektor und Lehrer. Einerseits übernimmt Felbiger in seinem Schulreglement die preußische Schulrechtstradition (vgl. z. B. § 20 Schulordnung Minden-Ravensburg 1727/54; § 24 Generallandschulreglement von 1763) und geht ganz selbstverständlich von einer Unterordnung des Lehrers unter den Ortspfarrer aus:

> „Der Schulmeister muß dem Pfarrn als seine erste Obrigkeit in Schulsachen zu respectiren angewiesen werden. Von ihm muß er sich weisen lassen; er muß sich bey ihm Raths erholen, und ihn in Sachen, die die Schule angehen, gehorsamen ..."[71].

Auch im Begleitzirkular vom 29. Januar 1766, mit dem Felbiger das Schulreglement der Geistlichkeit in seinem Saganer Archipresbyterat bekannt macht und es gleichzeitig interpretiert, geht er von diesem Ansatz aus[72]. Andererseits enthält § 49 doch auch neue Denkansätze und Tendenzen. Bei aller harten hierarchischen Subordination des „Schulmeisters" unter den „Pfarrherrn" begegnen uns hier doch bei Felbiger

[71] Gedanken und Vorschläge, aaO., S. 140.
[72] Kleine Schulschriften, S. 64ff., *73*.

Verständnis für die Situation des Lehrers und vor allem, wie es scheint, pädagogischer Takt. Kernstellen aus der bereits bekannten Vorlesung des Saganer Abtes für „Geistliche und Kandidaten zum geistlichen Stande“ (die sich zu einem Kurs zur Ausbildung als künftige Schulinspektoren 1766 in Sagan eingefunden hatten) mögen dies belegen[73].

> „Wie es fast unmöglich ist, daß nicht zuweilen hie und dort etwas versehen werde, der Sache manchmal zu viel, oder zuwenig gescheh, so ist der, dem die Besorgung der Schule obliegeet, dabey nicht gleichgültig; er schweigt nicht stille: den die Verantwortung leigt auf ihn; er verbessert, er ermahnet, verweiset, aber mit Sanftmuth, ohne Bitterkeit; nicht öffentlich, sondern in geheim; nicht, um den Lehrer zu beschämen, oder auf ihn seine Galle auszuschütten, sondern ihn liebreich auf den rechten Weg zu führen, von dem er sich verirret hatte. So hat man Aufsicht auf die Lehrer. Aber man muß dergleichen auch auf die Schüler verwenden....
> ... fleißige und ordentliche ermuntern sie, nach Befinden, öffentlich und in geheim; sie ziehen sie hie und da andern mindern fleißigen vor, sie beschenken sie. Aber auch die Nachläßigen, und die, so schlechte Gaben haben, vergißt der Aufseher nicht; er warnet, er bittet, er arbeitet an ihnen mit Geduld, nicht anders, als ein sorgfältiger Gärtner einen unfruchtbaren Baum wieder aufzuhelfen sucht....
> Er sieht sich als einen Hirten an, der die Schwachen, die Kranken in seiner Heerde so lange mit vieler Geduld wartet, bis es sich mit ihnen völlig gebessert hat. Er läßt nur Bosheiten strafen, und zwar bloß solche, die anhaltend sind, und zum Verderben anderer gereichen können. Doch läßt er Maaße halten, und stuffenweise verfahren, um wiederholte Bosheiten nachdrücklicher bestrafen zu können. Er erschöpft sich nicht bald Anfangs, um gleichsam im Rückhalt noch empfindlichere Strafen zu haben. Niemals gestattet er aus Rache, oder im Zorn zu strafen, sondern weil gelindere Mittel nichts verfangen....“

Dieses Denken hat auch seinen Niederschlag im Schulreglement von 1765 gefunden: „dem Schulmeister muß“ der Pfarrer „seine Fehler (doch nicht in Gegenwart der Kinder, sondern besonders) verweisen, ihn zu bessern und in Stücken, darin es ihm etwa fehlt, zu unterrichten suchen“ (§ 49, Satz 1).
Die neue Tendenz umschließt zweierlei. Zum einen will man das Ansehen der „Schulmeister“ heben und zum andern ist man nun bemüht, die Lehrer von schulfremden Tätigkeiten und Verpflichtungen zumin-

[73] Kleine Schulschriften, S. 307ff., *312f.*

dest allmählich freizustellen. Zwar konnte man sich noch nicht entschließen, nicht zuletzt aus finanziellen Erwägungen, Nebentätigkeiten ganz zu verbieten (§ 14), sondern es wird lediglich die Schankwirtschaft, das Handeln und Aufwarten in Gastwirtschaften bei Hochzeiten und anderen Gelegenheiten verboten (§ 15). Eine erste gewisse Erleichterung stellt die Dispensierung von den bisherigen Pflichten als Gemeindebote dar (§ 16). Wichtiger aber für die künftige Entwicklung dürfte das in § 49 enthaltene an die Pfarrer gerichtete Verbot gewesen sein, den Schulmeister zu schulfremden Aufgaben (auch kirchliche Dienste z. B. Versehgänge) oder gar „zu seinen eigenen Diensten" in Anspruch zu nehmen.

Den Bereich der Katechese klammert das Schulreglement aus und reserviert bzw. überläßt ihn der bischöflichen Behörde zur Regelung, und zwar unter Hinweis auf den diesbezüglichen Hirtenbrief des Breslauer Weihbischofs vom 29. Dezember[74].

Zur Kontrolle, Intensivierung und zentralen Zusammenfassung der Schulaufsicht an der Basis etablierte das Schulreglement noch weitere Ebenen einer Oberaufsicht[75].

> „Wir finden noch vor nötig, deshalben zu verfügen, daß Unsere Krieges- und Domänen-Kammern, das bischöfliche Vicariat-Amt und die in Unsern schlesisch- und glatzischen Landen bestellten Vicarien auswärtiger Dioecesen (letztere zwar durch den Erzpriester und noch besonders zu bestellende Schul-Inspectores) alle Attention und zwar nach folgender Vorschrift, auf diesen für den Staat so wichtigen Gegenstand anwenden."

b) Die Kreisschulaufsicht durch die Erzpriester

Das General-Landschulreglement übertrug den Erzpriestern/Dechanten in ihrem kirchlichen Amtsbezirk, dem Archipresbyterat / Dekanat, die Aufgaben und Pflichten eines Kreisschulaufsehers.

> „Was die Erzpriester betrifft, so befehlen Wir, daß jeder derselben gegen Fastnacht alle Schulen seines Kreises visitiere" (§ 52, Satz 1).
>
> „Der visitierende Erzpriester hat zwar alles das bey seyner Visitation zu beobachten, was oben dem Pfarrer für die wöchentlichen Schulbesuche vorgeschrieben worden ist, er muß aber insbesondere noch Folgendes in Acht nehmen:" (§ 53).

[74] Kornsche Slg. VIII, S. 848ff.; Lehmann IV, Nr. 262, S. 279ff.
[75] Vgl. § 51 GLR.

Hierzu zählte das General-Landschulreglement einmal Schul- und Unterrichtsrevision, und zwar in Anwesenheit des Pfarrers, der Herrschaftsverwaltungen oder einiger Gemeindevertreter (§ 55). Zum anderen hatte der Erzpriester nachzuprüfen, ob der Ortspfarrer seinen Schulaufsichtspflichten (insbesondere seiner Visitationspflicht) regelmäßig nachgekommen war (§ 56) und ob er auch insgesamt der Schule Hilfe und Förderung hatte angedeihen lassen (§§ 56 und 54).

Folgende Verfahren und Maßnahmen zur Erreichung einer exakten Übersicht gab das General-Landschulreglement dem Erzpriester dabei an die Hand:

a) Einsichtnahme in die vom Lehrer erstellten und beim Pfarrer deponierten Schulkataloge und daraus gefertigten Extrakte sowie eine Überprüfung dieser Unterlagen auf ihre Zuverlässigkeit (§ 54, Satz 1).

b) Erforschung der Ursachen bei vorgefundenen Mängeln; insbesondere bei mangelndem Schulbesuch. Einwirken auf dafür Verantwortliche (besonders Eltern); Mahnungen an Ortsobrigkeiten und Pfarrer, für diesbezügliche Verbesserungen zu sorgen.

c) Feststellen, wie der Lernstand der Kinder war und ob er mit den Angaben im „Fleiß-Katalog" übereinstimmte (§ 55).

d) Einziehen von Erkundigungen bei „Gerichten" und zuverlässigen Gemeindebewohnern, ob die vorgeschriebenen Unterrichtszeiten eingehalten wurden (§ 57).

e) Überprüfen der Amts- und Lebensführung der Lehrer, insonderheit ihres Verhaltens gegenüber der Ortsgeistlichkeit. Bei vorliegenden diesbezüglichen Beschwerden, gleichgültig von welcher Seite, sollte ihnen nachgegangen und für Abhilfe gesorgt werden (§ 58).

f) Schließlich oblag auch dem Erzpriester die Sorgepflicht für einen guten Zustand der Schulen einschließlich ausreichender Ausstattung sowie für die Sicherung des den Lehrern zustehenden Unterhalts (§ 59).

§ 60 schrieb die Abfassung eines Visitationsprotokolles vor; als Grundlage für den daraus zu erstellenden Bericht für den Schulinspektor und als Kontrollbasis für die nächste Visitation.

Bei der Durchsicht dieses Aufgaben- und Pflichtenkataloges fällt ins Auge, daß dem Erzpriester als staatlichem Schulaufsichtsbeamten in erster Linie Kontroll- und Revisionsaufgaben übertragen waren. Die Zielrichtung war, eine möglichst lückenlose Kontrolle der Tätigkeit der auf der Ortsebene Wirkenden zu erreichen: der Ortspfarrer hinsichtlich ihrer Schulaufsichtstätigkeit, der Lehrer hinsichtlich Amts- und Lebensführung, und der Eltern und Ortsobrigkeiten hinsichtlich eines regelmäßigen Schulbesuchs der dazu verpflichteten Kinder.

Auch hier wird wieder die Generallinie der Staatspragmatik Friedrichs II.[76] gegenüber der Kirche sichtbar: Die Religion und ihre Diener hatten im Staate dieses Königs in erster Linie öffentliche staatliche Aufgaben zu erfüllen[77].

c) Die Schulaufsicht durch die „Inspektoren"

> „Zu Inspectoren der Schulen sollen Geistliche von dem General-Vicariat-Amte und den Vicarien auswärtiger Diöcesen bestellet werden, die eine vorzügliche Erkenntniß vom Schulwesen der für die Schlesischen Schulen beliebten Lehrart entweder bereits besitzen, oder sich in irgendeiner wohleingerichteten Schule zu erwerben geneigt sind, beynebenst aber müssen sie zur Förderung derselben Lust und Eifer haben. Einem jeden ist ein gewisser Distrikt anzuweisen" (§ 62).

Bereits vor Erlaß des Generalschulreglements von 1765 und zwar im Zusammenhang mit der Ausweitung der saganischen Reformen auf ganz Schlesien durch diesbezügliche staatliche Erlasse kam es zur Ernennung von Schulinspektoren[78]:

> „Sind in jedem Kreise Schul-Inspectores bestellt, welche von denen Mängeln (wie zuvor erwähnt) zuforderst an das General-Vicariat-Amt referieren; und wann dieses seinen Bericht an mich davon abgestattet, so werden solche redressiret"[79].

Der Breslauer Weihbischof hatte die Auswahl vorgenommen und sie der Kriegs- und Domänenkammer nominiert und auch schon entsprechende Instruktionen in Druck gegeben. Die Ernennung der Inspektoren selbst hatte sich die staatliche Behörde vorbehalten:

> „Sobald übrigens nur die schon zum Druck beförderte Instructiones für die Schul-Inspectores hier anlangen und Ihr solche gesehen, wird es darauf ankommen, ob es bei der Denomination derer in Vorschlag gebrachten Inspectorum sein Bewenden behalten könne; dahero es denn mit deren Agrément so lange in suspenso bleiben muß"[80].

[76] Vgl. BORNHAK, Preußische Staats- und Rechtsgeschichte, S. 232f., 234f.

[77] Vgl. HUBATSCH, Friedrich d. Gr. und die preußische Verwaltung, S. 190, 204ff.

[78] Vgl. FELBIGER, in: Kleine Schulschriften, S. 218ff., 486ff.

[79] Immediat-Bericht Schlabrendorffs v. 30. Okt. 1765 – LEHMANN IV, Nr. 254, S. 254, 255. Vgl. auch den Bericht des Weihbischofs auf einer gemeinsamen Konferenz der staatlichen und kirchlichen Oberbehörde in Breslau (unter Leitung Schlabrendorffs und in Anwesenheit Felbigers) – Kleine Schulschriften, S. 486; Hinweis auf Konferenz in Brief Felbigers an Schlabrendorff v. 16. Dez. 1765 (LEHMANN IV, Nr. 259, S. 276) über die früher erfolgte Bestellung von Schulinspektoren.

[80] Erlaß der Kriegs- und Domänenkammer zu Breslau an den Breslauer Weihbischof vom 28. Nov. 1764 – LEHMANN IV, Nr. 210, S. 213f.

Der Weihbischof hatte für den preußischen Anteil der Breslauer Diözese fünfundzwanzig Schulinspektoren ausgewählt und ihnen ihre meist aus mehreren Archipresbyteraten zusammengelegten Amtsbezirke zugewiesen[81]. Gleichlautend hierzu hatte Dechant Rathmann im Glatzer Bezirk die dortigen vierzig Pfarreien der Grafschaft in vier Schulinspektionen aufgeteilt und die entsprechenden Inspektoren ausgewählt[82].

Auf diesem Hintergrund und dieser Grundlage kam es zur Formulierung des § 62 GLR: „Zu Inspectoren der Schulen sollen Geistliche von dem General-Vicariat-Amte und den Vicarien auswärtiger Diözesen bestellet werden ...".

Dieser Ebene der Schulaufsicht und ihren Funktionsträgern war nicht so sehr die Kleinarbeit der Schulaufsicht zugedacht, sondern vielmehr die eigentliche Oberaufsicht, verbunden mit der Aufgabe, für die Durchsetzung in größeren, aber noch überschaubaren Distrikten Sorge zu tragen. „Oberaufseher besorgen das Allgemeine ... sie betrachten das Hauptsächlichste ..."[83].

Daß für eine solche Aufgabe besondere Voraussetzungen in der Person der Schulinspektoren erfüllt sein mußten, hat der Gesetzgeber, genauer der Verfasser des Reglements, sehr wohl erkannt. Felbiger hat seine Vorstellungen hierüber in mehreren Vorträgen und Vorlesungen seinen nach Sagan zur Ausbildung gekommenen geistlichen Confratres erläutert. Sie sind uns u. a. in einer Zusammenfassung in den „Kleinen Schulschriften" erhalten:

> „Inspectores sollen:
>
> I. Eine vorzügliche Erkenntniß vom Schulwesen, und der für die schlesischen Schulen beliebten Lehrart, entweder bereits besitzen, oder sich in irgend einem Seminario, oder einer wohl eingerichteten Schule, zu erwerben geneigt seyn. Sie sollen überdieß zu Beförderung dieses nützlichen Werkes Lust und Eifer haben.
>
> II. Sie sollen die Verbesserung in den Districten einführen, die ihnen anvertrauet sind.
>
> III. Sie sollen dahin trachten, daß die eingeführte Verbesserung in den ihnen untergebenen Kreisen erhalten werde, und folglich sollen sie bedacht seyn, zu machen, daß die Schulverbesserung von Dauer sey"[84].

[81] Liste der Inspektoren und Aufsichtsbezirke (mit Angabe der zugehörigen Archipresbyterate) in: Kl. Schulschriften, S. 486ff.

[82] Ebenda, S. 218.

[83] Rede beym Beschlusse der Vorlesungen an Geistliche und Candidaten zum geistlichen Stande, in: Kl. Schulschriften, S. 311.

[84] Abschnitt: „Pflichten der Schul-Inspectoren", S. 218ff., *218f.* Vgl. auch „die letzte Anrede an die zu Sagan in der Präparation gewesene geistlichen Herrn Inspectores der Schul-seminarien zu Leubus, Grüssau, Rauden etc." in: Kleine Schulschriften, S. 314ff.

Das General-Landschulreglement konkretisierte und spezifizierte die Aufgaben der Schulinspektoren in den §§ 63–70. Zunächst wurde von ihnen erwartet, daß sie gründliche Kenntnisse vom Schulwesen und der „schlesischen Lehrart“ besaßen oder sich umgehend erwarben (§ 62).
In ihrem Amtsbezirk mußten sie für die Einrichtung und Ordnung des Schulwesens persönlich oder durch Verordnungen sorgen (§ 63). Die nächste ihnen übertragene Amtspflicht bestand in der Heranbildung und Schulung qualifizierter Personen für die Aus- und Fortbildung von Lehrern und für die unteren Ebenen der Schulaufsicht. Die Eigenwilligkeit des Verfahrens dürfte eine kurze Skizze rechtfertigen. Vorab mußte sich der Inspektor bemühen, daß die Lehrer in seinen eigenen Schulen möglichst bald in der neuen Lehrart ausgebildet waren. Dann aber waren die Inspektoren verpflichtet, „aus jedem Archipresbyterat ihrer Inspection einen oder zwei der muntersten und geschicktesten Schulleute, ... zu sich kommen zu lassen, um ihm das Wesentlichste und Notwendigste, nämlich die Buchstaben-Methode, das Zusammen-Unterrichten, den Gebrauch der Schul-Bücher und Tabellen, das Einrichten und Führen der Catalogorum bekannt zu machen. Wenn sie dies begriffen haben, und wieder nach Hause entlassen worden, muß er ihnen befehlen, zuerst ihre Schule einzurichten, dann aber muß der Schulinspektor jedem Erzpriester aufgeben, daß er nach und nach alle Schulmeister seines Kreises ... zu demjenigen zu gehen beordert, der nun erwähnter Maaßen in der Schule des Inspectoris das wesentlichste der beliebten Lehrart sich bekannt gemacht hat; diese müssen von jenen ebenso unterwiesen werden, wie jener selbst in der Schule des Inspectoris unterwiesen worden ist“ (§§ 65 und 66). Darüber hinaus war es Aufgabe der Inspektoren, den „Erzpriestern alles begreiflich zu machen ..., was zu guter Einrichtung der Schulen gehöret, und diese aus gegenwärtigem Reglement oft erwähnte Instruction und aus den Büchern von selbst einzusehen nicht vermögen“ (§ 68). Damit hatte der Staat den Inspektoren die Aufgabe übertragen, parallel zur Lehrerbildung in den Seminaren qualifizierte Ausbildungslehrer im Rahmen ihres Inspektionsbezirks im kleinen auszubilden und auch dafür zu sorgen, daß die ihnen unterstellten Kreisschulinspektoren, die Erzpriester, auf dem erforderlichen Wissensstand blieben bzw. darauf gebracht wurden.
Natürlich hatten auch die Schulinspektoren Visitationen abzuhalten, und zwar im Anschluß an die Visitationen der Kreisschulinspektoren (§ 68, Satz 1). Um dabei ökonomisch vorzugehen, waren sie nur verpflichtet, die Schulen der ihnen unterstellten Erzpriester zu visitieren, auch um zu sehen, „inwieferne dieselben bey ihren Visitationen aufmerksam, und

in den erstatteten Berichten zuverlässig sind" (§ 68). Darüber hinaus sollten sie lediglich stichprobenweise einige Pfarrschulen revidieren und hierbei das beachten, was für die Visitationen durch die Erzpriester vorgeschrieben worden war (§ 68 am Ende). Nicht zuletzt sollten sie die Erzpriester in ihrem Bemühen unterstützen, Hindernisse und Mängel im Schulwesen zu beheben und auch den unteren Schulaufsichtsinstanzen bei ihren diesbezüglichen Verhandlungen mit den örtlichen weltlichen Behörden und Grundherrschaften ihre Hilfe zu leihen. In Halbjahresberichten, denen die entsprechenden Gutachten, Tabellen, Extrakte und Schemata beizuschließen waren, hatten schließlich die Inspektoren über ihre gesamte Aufsichtstätigkeit dem Generalvikariat Rechenschaft zu geben (§ 69).

d) Die Oberaufsicht durch die bischöfliche Behörde

Stellung und Aufgaben des Breslauer bischöflichen Generalvikariats bzw. der entsprechenden kirchlichen Behörden in den zu auswärtigen Diözesen gehörenden Landesteilen beschreibt § 71 GLR:

> „Das General-Vicariat-Amt, und die Vicarii oder Decani auswärtiger Dioecesen, haben aus den eingegangenen Berichten der Schul-Inspectoren jährlich 2 Mal, und zwar mit Ende Mayi und Ende Novembris an Unsere Krieges- und Domainen-Kammern über den Zustand der Schulen Bericht zu erstatten ..."

Die geforderten Berichte hatten folgende Punkte zu behandeln:
1) Verstöße gegen die Bestimmungen des GLR durch die Magistrate, Grundherrschaften und „Untertanen", soweit sie nicht bereits durch die Erzpriester oder Inspektoren bereinigt werden konnten;
2) Hindernisse, die einer Verbesserung des Schulwesens im Wege standen;
3) Verbesserungsvorschläge;
4) Meldung der um die Schulreform besonders verdienten Pfarrer und Lehrer, damit diese für bessere Pfründen staatlicher Kollatur in Vorschlag gebracht werden konnten;
5) Meldung „incorrigibler" Lehrer in den königlichen Amts- oder Kammerdörfern zur weiteren Veranlassung.

Aus dieser Aufgaben- und Pflichtenliste läßt sich auch die Position der kirchlichen Oberbehörden im System der Schulaufsicht erkennen. In Analogie zur „Auftragsverwaltung" im heutigen Verwaltungsrecht machte sich der Staat die kirchliche diözesane Organisation „zu eigen" und setzte die kirchlichen Amtsträger für seine öffentlichen Aufgaben hier im Schulaufsichtsbereich ein. Die kirchliche Oberbehörde bildete in dieser personell zwar „geistlichen", de jure aber staatlichen Schulaufsicht die „Anlaufstelle" und „Durchlaufinstanz". Die in den Berichten der unteren Schulaufsichtsebenen enthaltenen Ergebnisse waren zu sammeln und zu sichten und nach Maßgabe der Anweisungen des § 72 GLR der *staatlichen* Zentralaufsichtsbehörde zuzuleiten. Entsprechend waren die von der staatlichen Zentrale erlassenen Verordnungen nach „unten" weiterzuleiten. Der Staat erreichte auf diese Weise, daß seine Gesetze und Verordnungen nicht nur den weltlichen Behörden (Landräten, „Gerichten", Magistraten und Gemeindeobrigkeiten) zur Realisierung übergeben wurden, sondern daß auch die „geistliche Autorität" sich in ihren verschiedenen Amtsebenen dahinterstellte. Die bischöfliche Behörde war zu einem unselbständigen Glied in einer staatlichen Schulverwaltungs- und Schulaufsichtsorganisation geworden[85]. Und auch die Katechese, die der Kirche als in eigener Verantwortung zu ordnen überlassen blieb (§ 50 GLR), war dies nur durch einen Akt staatlicher Rechtssetzung.

e) Die Kriegs- und Domänenkammern als oberste Schulaufsichtsbehörde für die katholischen Schulen Schlesiens

In § 51 GLR erscheinen die Kriegs- und Domänenkammern als Spitze der Schulaufsichtspyramide. Den ausdrücklichen und ausführlichen Auftrag des Staates an diese staatliche Behörde zu einer zentralen und umfassenden Schulaufsicht für die gesamte Provinz Schlesien und die Grafschaft Glatz finden wir im § 73.

> „Wir befehlen Unsern Krieges- und Domänen-Kammern, dafür zu sorgen, daß nicht allein den angezeigten Gebrechen durch dienliche Mittel und Verordnungen ungesäumt abgeholfen, den Hindernissen gestemmet, incorrigible Schulmeister abgeschafft, taugliche an deren Stelle gesetzt, die sich um's Schulwesen eifrig erweisenden Inspectores, Directores der Seminarien, Pfarrer und Capläne bey sich ereignenden Vacanzen einträglicher Beneficien vor andern versorgt und mithin andere zu gleichem Fleiße und Eifer encouragiert werden mögen.
>
> Dem bischöflichen General-Vicariat-Amte, den Vicaren und Decanen auswärtiger Dioecesen, den Magistraten, Dominien und sämmtlichen Unserer Unterthanen geist- und weltlich Standes, welche diese Unsere Verordnung angeht, besonders aber den römisch-katholischen Schul-Inspectoren, Erzpriestern, Seminar-Directoren, Pfarrern, Caplänen und Schulmeistern befehlen Wir aufs Ausdrücklichste und Ernstlichste, auch bei Androhung

[85] Zur Stellung d. zentr. Schulaufsichtsbehörden im System der preußischen Zentralverw. und der besonderen schlesischen Provinzialverwaltung vgl. oben § 6 I, 2 u. III.

Unserer Ungnade und nach Befinden gebührender Strafe, über deren Befolgung nach ihrem ganzen Inhalt ernstlich und mit aller Attention zu halten und die nach Anweisung derselben einem jeglichen besonders obliegende Pflicht auf das exakteste zu erfüllen."

Die Berliner Zentralbehörden besaßen für die schlesische Schulverwaltungs- und Schulaufsichtsorganisation kaum Bedeutung. Dies nicht nur wegen des besonderen Status' der schlesischen Provinzialverwaltung und der immediaten Stellung des schlesischen Provinzialministers, sondern mehr noch wegen der „personellen und sachlichen Zersplitterung" innerhalb des Berliner Geistlichen Departements, welches deswegen von Anfang an „gar nicht in der Lage" war, „der dringend nötigen und bald einsetzenden Kirchen- und Schulreform gewachsen zu sein"[86].

Erst mit der Gründung des „Oberschulkollegiums" i. J. 1787[87] auf Initiative des Freiherrn von Zedlitz gelang in Preußen eine effektive Zentralisierung der Schulaufsicht, wie dies die Präambel der Instruktion für das neuerrichtete Oberschulkollegium zusammengefaßt zum Ausdruck bringt:

„Da Uns äusserst daran gelegen ist, dass in Unsern Landen überall durch zweckmässigen Unterricht der Jugend gute Menschen und brauchbare Bürgerr für jeden Stand erzogen werden, dieser wichtige Endzweck aber nicht besser erreicht werden kann, als durch einerley allgemeine Oberaufsicht, welche über das Ganze des gesammten Schulwesens Unserer Länder sich erstreckt, und dabei nach einerley geprüften Grundsätzen verfährt, so haben Wir gut gefunden, ein Ober-Schul-Kollegium über alle Unsere Königliche Lande anzuordnen, und dasselbe mit nachfolgender Instruction zu versehen"[88].

[86] HUBATSCH, aaO., S. 197.

[87] Instruction v. 22. Febr. 1787 – NCC VIII, S. 617ff.

[88] Vgl. auch § 8, Satz 1: „Das Ober-Schul-Kollegium muss seiner Pflicht zu Folge für die beständige Verbesserung des Schulwesens unablässig sorgen. Zu dem Ende muss dasselbe die Schulen oft visitieren lassen ...".
Die Tendenz verdeutlichte insbesondere die Denkschrift des Freiherrn von Zedlitz vom 22. Febr. 1787 (Text bei RETHWISCH, Staatsminister Frhr. v. Zedlitz und Preußens höheres Schulwesen im Zeitalter Friedrichs d. Gr., 1881, S. 184ff.):
„Das Kollegium würde aus dem Ressortminister als seinem Chef, mehreren ‚praktischen Schulmännern' und einem der Landesverwaltung kundigen höheren Beamten zu bestehen haben und als Immediatbehörde unmittelbar unter den König zu stellen sein. Seine Amtsgeschäfte hätten sich zu erstrecken auf die Beaufsichtigung der gesamten äusseren und inneren Verfassung aller Unterrichtsanstalten, von den Universitäten und Gymnasien bis zur letzten Dorf- und Winkelschule hinab, auf die Lehrerprüfungen und endlich auf die zur Verbesserung des Schulwesens zu treffenden allgemeinen Einrichtungen."

IV. Vergleichende und zusammenfassende Betrachtung der Bestimmungen über die Schulaufsicht in den Schulordnungen von 1727/1754, 1763 und 1765

1. In der Schulordnung für Minden-Ravensberg[89] vom 6. April 1754[90]

In den Bestimmungen über die Schulaufsicht in den §§ 20 und 22 ging die Schulordnung für Minden-Ravensberg von der fehlenden oder zumindest mangelhaften Vorbildung der Schulmeister aus[91]. Deshalb machte

[89] Der Landesteil Minden-Ravensberg war aus der Grafschaft Ravensberg und dem Fürstentum (Bistum) Minden zusammengefügt worden. Ravensberg, seit 1343 mit dem Hause Jülich verbunden, ging 1609 durch Erbfall an die Häuser Brandenburg/Pfalz/Neuburg und fiel im Teilungsvertrag von 1614 endgültig (zusammen mit Kleve-Mark) an Brandenburg (vgl. JACOBSON, Geschichte, S. 45, 109; ders., Kirchenrecht I, S. 67); bestätigt durch Erbvergleich mit Nebenrezeß 1666 u. d. Religionsvergleich mit Rezeß v. 1672/73 (Religionsvergleich bes. Art. X, §§ 2–4; Rezeß v. 1666, Art. IV, §§ 2–6; vgl. SCOTTI, Kleve-Mark I, 436f., 454f.; Inhalt bei JACOBSON, Kirchenrecht I, S. 176f.; vgl. auch HÖMBERG, Westfäl. Landesgeschichte, 1967, S. 248). Im Frieden von Osnabrück (1648) (Art. XI, § 4) war auch das Fürstentum Minden brandenburgisch geworden (ZEUMER, Quellensammlung II, S. 395ff., 421). Zu dieser Periode Minden-Ravensbergs insgesamt: SPANNAGEL, Minden und Ravensberg unter Brandenburg-Preußischer Herrschaft (1648–1719), 1894. Der preußische König verfügte im Jahre 1719 f. d. beiden Territorien eine administrative Vereinigung sowie die Einführung einer gemeinschaftl. Regierung und vier Jahre später die Einrichtung einer gemeinsamen Kriegs- und Domänenkammer (ACTA BOR., Beh.O. VI, 1, S. 438; JACOBSON, Geschichte, S. 215f., 563f.; ders., Kirchenrecht I, S. 69). Zur Behördenorganisation um 1740 und hinsichtlich ihres Ortes in der preuß. Gesamtmonarchie vgl. ACTA BOR. aaO., S. 438ff. Friedrich II. bestätigte zwar 1740 das Herkommen des Territoriums; in der Praxis wurde jedoch weitgehend das Recht der älteren Provinzen angewandt (vgl. JACOBSON, Geschichte, S. 566, 568).

[90] Abdruck: NCC I, Suppl., S. 1099; BONA-MEYER, S. 98ff. Text des Jahres 1727 bei VOLLMER, Volksschulpolitik, S. 304ff. Bereits 1727 in Berlin vorgelegt; blieb dort unerledigt liegen; 1753 unverändert aber als „neu" eingereicht. Zu Entstehung, Inhalt, Aufnahme und z. Problem der Konkurrenz zwischen den Bestimmungen dieser SchO und denen des GLR von 1763 vgl. VOLLMER, aaO., S. 26ff., 63f. und das diesbez. Zirkular v. 16. Januar 1766 (letzteres bei VORMBAUM III, S. 537ff.).

[91] Für den Zeitraum vor Erlaß der Schulordnung ist hinsichtlich der rechtlichen Regelung und Organisation der Schulaufsicht in Minden-Ravensberg zu beachten, daß die „Reformierte Inspections-Presbyterial-Classical-Gymnasial- und Schulordnung" v. 24. Okt. 1713 neben Kleve und Mark auch Ravensberg ausgenommen hatte (CCM I, 447; vgl. JACOBSON, Geschichte, S. 262). Nach JACOBSON (aaO., S. 564f.) oblag die „Inspektion, Visitation, Examination und Introduktion der Prediger und Schulbedienten … den Superintendenten". Sie hatten „für Verbesserung und Mahnung zu sorgen sowie regelmäßig dem Konsistorium zu berichten". 1740 erhielten die Kreisinspektoren eine besondere Instruktion (JACOBSON, aaO., Anhang Nr. 260). Pfarrer-, Küster- und Schulmeisterstellen wurden vom geistlichen Departement auf Vorschlag des Konsistoriums besetzt (nur die Gemeinden in Minden und Lübbecke besaßen das Pfarrerwahlrecht) – JACOBSON, Geschichte, S. 564, 567f.

man einen jeden Ortspfarrer für die Lehrer seines Kirchspiels, für deren Amtsführung und Lehrart verantwortlich. Auch hatten die Ortsgeistlichen dafür Sorge zu tragen, daß Mißbräuche und Mängel im Schulwesen abgestellt und Verbesserungen eingeführt wurden (§ 20). § 22 forderte von den Pfarrern regelmäßige Revision ihrer Schule: bei der „Hauptschule" ihres Ortes wöchentlich einmal, bei den Nebenschulen mindestens alle Vierteljahre. Sie hatten sich dabei vom Stande des Unterrichts zu überzeugen und zu diesem Zwecke mindestens zweimal im Jahre eine öffentliche Prüfung zu veranstalten. Diese Prüfungen waren in Gegenwart von Vertretern der Gemeinde, in Anwesenheit des benachbarten Predigers und des Schuldieners abzuhalten. Über die Revision hatte der Pfarrer einen Bericht abzufassen und an den Superintendenten und Inspektor weiterzuleiten. Diese oder notfalls das Konsistorium[92] hatten weiteres zu verfügen.

Die Oberaufsicht blieb gemäß Abs. 2 des Schlußartikels noch ein Annex der Kirchenvisitation:

> „... eine der vornehmsten Verrichtungen ..., die Unsere Deputati Consistorii, Superintendens und Inspectores bey denen Kirchen-Visitationen in Acht zu nehmen haben, daß Sie nach der Erziehung der Jugend fleißig fragen, und sich erkundigen: Ob von denen ..., welchen die Erziehung der Kinder gebühret, dieser Unserer Land-Schul-Ordnung ein allerunterthänigstes Genügen gescheh."

Am Schlusse des Edikts wurden alle Beamten, alle Obrigkeiten auf dem Lande und in der Fassung von 1727 das „Officium Fisci" angewiesen, auch ihrerseits für die Durchführung der Schulordnung Sorge zu tragen. Damit sich niemand mit seiner Unkenntnis entschuldigen konnte, sollte das Schulreglement gedruckt und dem Katechismus beigeheftet werden.

2. Im Generallandschulreglement vom 12. August 1763[93]

Das Schul-Reglement von 1763 faßte die grundlegenden Normen für die Regelung der Schulaufsicht in den letzten drei Paragraphen zusammen

[92] Die vorliegenden Untersuchungen über die Schulverwaltung und Schulaufsicht dieser Zeit sind hinsichtlich Minden-Ravensberg kaum ergiebig. Wir wissen, daß die Schulaufsichtsorganisation der kirchlichen Verwaltungsorganisation angeglichen war, ja z. T. in Personalunion ausgeübt wurde. Dem Konsistorium unterstanden die Superintendenten, denen wiederum Inspektoren zu- und untergeordnet waren. Die Basis bildeten die vier Zirkel der Landgemeinden, deren Kirchenvorstand sich jeweils aus Prediger und zwei bis vier Vorstehern, den „Alterleuten" zusammensetzte (vgl. JACOBSON, Geschichte, S. 567). Für die Kreisinspektoren vgl. die Instruktion von 1740 (JACOBSON, aaO., Anhang Nr. 260).

[93] Text: NCC II, S. 265ff.; BONA-MEYER, S. 113ff.; FROESE/KRAWIETZ, S. 105ff.

(§§ 24–26)[94]. Prediger, Superintendenten und Konsistorium sollten durch einmütiges Zusammenwirken die Bestimmungen des Gesetzes durchführen (§ 24). Insbesondere wurden die Prediger ermahnt, auf nachlässige Schulmeister einzuwirken; wenn nötig, sollte die Hilfe der Gerichtsobrigkeit in Anspruch genommen werden und gleichzeitig den Superintendenten, Inspektoren, Praepositis oder Erzpriestern davon Nachricht gegeben werden. Äußerstenfalls war das Konsistorium anzurufen und Suspension und Remotion anzudrohen. Dem Prediger wurde als staatliche Amtspflicht aufgetragen, die Schule am Ort zweimal in der Woche zu revidieren und monatlich mit allen Lehrern des Kirchspiels (in Matre und in den Filialen) eine Konferenz abzuhalten (§ 25). § 26 schärfte den Superintendenten und Inspektoren (bzw. Praepositi und Erzpriestern) in jedem Kreise dringlich ein, alle Schulen ihrer Inspektion „jährlich selbst zu bereisen", gleichgültig ob königlichen, adeligen oder städtischen Patronats; sich bei dieser Gelegenheit über alle Umstände, besonders über die Tauglichkeit des Schulmeisters zu unterrichten und ihre dabei gemachten Beobachtungen in einem Bericht dem Oberkonsistorium regelmäßig mitzuteilen.

Zum Schluß dieses umfänglichen § 26 forderte das Edikt alle Regierungen, Konsistorien, Patronate, Beamten, Gerichtsobrigkeiten usw. auf, daß jeder seinen Teil dazu beitrage, den Inhalt des Gesetzes zu verwirklichen. Damit niemand sich mit Unkenntnis entschuldigen konnte, war es ausreichend zu publizieren und öffentlich von allen Kanzeln zu verlesen.

Die genannten Schulaufsichtsbestimmungen des Generallandschulreglements überließen somit die Schulaufsicht den kirchlichen Organen, die sie stets besessen hatten, allerdings jetzt unter der Oberhoheit des Staates (in der Person des Königs); wie es sich in einem protestantischen Staate zu dieser Zeit von selbst verstand. Der Denkansatz dieses Systems war der Einbau der kirchlichen Verwaltungsorganisation in den staatlichen Verwaltungsapparat. Die Verwaltungs- und Gerichtsbehörden hatten die Aufgabe, die kirchlichen Organe hierbei nur zu unterstützen, denen dafür nunmehr die Verpflichtung auferlegt wurde, die Schulaufsicht straffer als bisher durchzuführen. Der Prediger sollte die Schule am Orte wöchentlich zweimal besuchen – wie oft die Filialen, blieb offen – und mit seinen Lehrern monatlich Konferenzen abhalten; letzteres hatte

[94] Zum GLR von 1763 insgesamt: VOLLMER, Volksschulpolitik, S. 47ff.; BLOTH, S. 63ff.; FROESE/KRAWIETZ, S. 25f. Zur Schulaufsicht: VOLLMER, aaO., S. 55f., 106ff.; HINDAHL, S. 17ff., 37.
Vgl. auch oben § 5 III und § 6 I, 1.

allerdings bereits das Reglement für die Privatschulen aus dem Jahre 1738 gefordert. Am wichtigsten aber war die Vorschrift, daß der Inspektor persönlich alle Schulen seines Bezirks innerhalb eines Jahres zu bereisen und darüber regelmäßig an das Konsistorium zu berichten habe. Früher pflegte er sich nur bei Gelegenheit der Kirchenvisitationen auch in der Schule umzusehen, jetzt trat er in lebendigen Verkehr mit ihr und den an ihr wirkenden Männern; eine Neuerung, die nur heilsam wirken konnte. Sie ging, soweit es sich feststellen läßt, auf den König selbst zurück. FRIEDRICH II. hatte am 8. Februar und am 1. April 1763 je eine Kabinettsorder erlassen, die sich mit der Besetzung der königlichen Stellen in der Kurmark und mit der Schulaufsicht befaßt hatten. Diese beiden Kabinettsordern sind die Basis gewesen für die Erweiterung der Schulordnung von 1754. Diese Schulaufsichtsbestimmungen sind auch die einzige wesentliche Erweiterung der Schulordnung von 1754, verglichen mit dem Reglement von 1763. „Mit anderen Worten: es war das alte Edikt von 1727/54, das jetzt (1763) wieder auflebte und in dem Generalschulreglement über die ganze Monarchie ausgedehnt wurde“[95].
Wenn FRIEDRICH D. GR. durch die Schulordnung von 1763 die althergebrachte Aufsicht und damit Bestimmungsgewalt der von ihm so oft und bitter verhöhnten Geistlichen über die Schule bestätigte, so scheint dies aus dem System seiner sonstigen Anschauungen über das Verhältnis von Staat, Kirche und Schule herauszufallen. „Wem konnte er ... aber die Schule anders anvertrauen als den Organen der Kirche? Für eine rein staatliche Schulaufsicht fehlte jede Vorbedingung, sie hätte außerdem gewaltige Summen erfordert und konnte schon deshalb für den König nicht in Frage kommen. Er mußte also seiner geistlichen Behörde die Ausarbeitung des Reglements überlassen und sich damit begnügen, daß die Forderungen seiner beiden Kabinettsordern darin aufgenommen wurden“[96].

3. Im Generallandschulreglement für die Katholiken Schlesiens vom 3. November 1765[97]

In genauer Parallelität zum Schulreglement von 1763 (§ 25) legte das Reglement für die katholischen Einwohner Schlesiens die Ortsschulaufsicht in die Hände des Ortsgeistlichen (§§ 43ff.). Dieser hatte die Schule an seinem Wohnort mindestens einmal wöchentlich, die Schulen in den Nebenorten alle 14 Tage zu besuchen und jede Visitation in den Schul-

[95] VOLLMER, Volksschulpolitik, S. 60.
[96] VOLLMER, S. 59.
[97] Jüngster Abdruck bei SCHEVELING, S. 5ff.

katalog einzutragen. Aus den monatlichen Fleißtabellen mußte der Pfarrer halbjährlich einen Auszug für den Erzpriester zusammenstellen, der wiederum seinerseits alle Schulen seines Bezirks einmal jährlich zu revidieren hatte. Dabei hatte er sich durch allseitige Erkundigungen ein möglichst genaues Bild von der Tätigkeit des Pfarrers wie des Schulmeisters zu verschaffen und hierüber wieder an den Inspektor, einem mit dem Schulwesen besonders vertrauten Geistlichen, zu berichten. Der Inspektor revidierte stichprobenweise einige Schulen in seinem Amtsbereich (§§ 62ff.), wenigstens aber die der Erzpriester, und teilte seine Beobach- in einem Bericht regelmäßig dem Generalvikariat in Breslau, in den zu anderen Diözesen gehörenden Landesteilen den zuständigen Vikaren oder Dekanen mit. Abschluß und höchste Instanz bildeten die Kriegs- und Domänenkammern, die somit die Spitze der Schulverwaltungs- und Schulaufsichtsorganisation darstellten.
Vollmer hat bereits überzeugend nachgewiesen, daß das Schulreglement von 1763, eine Arbeit Heckers, in weiten Passagen eine fast wörtliche Übernahme der Bestimmungen der Schulordnung für Minden-Ravensberg von 1754 bzw. 1727 darstellt. Der schlesische Abt Johann Ignaz von Felbiger hat seinerseits mehrfach darauf hingewiesen, daß das von ihm entworfene Schulreglement von 1765 aufbaut auf dem Reglement von 1763. Eine vergleichende Analyse der Schulaufsichtsbestimmungen im Reglement von 1765 (§§ 43–73) mit den entsprechenden Paragraphen des Reglements von 1763 läßt erkennen, daß einerseits Felbiger die verschiedenen Ebenen der Schulaufsicht (Ortsebene, Distrikt, Kreis, Provinz) deutlicher, konkreter und detaillierter herausgearbeitet hat (vor allem hinsichtlich der Inspektoren) und andererseits der Staat analog zu seiner Praxis im evangelischen Bereich die Organisation der katholischen Kirche, die Hierarchie mit ihren Institutionen und Trägern, für die Durchführung der Schulaufsicht übernommen und in Anspruch genommen hat. Zwar blieb die katholische Kirche, anders als im evangelischen Bereich, qua Institution unabhängig, aber ihre Indienstnahme für staatliche Aufgaben erfolgte in Parallelität zu den evangelischen Kirchen. Auch hier gilt, was bereits beim Reglement von 1763 aufgezeigt worden ist: die katholischen Geistlichen bis hinauf zum Bischof und seiner Behörde führten ihre Schulaufsicht im Namen und Auftrag des Staates durch.

V. Ausgestaltung, Probleme, Hindernisse und erste Bilanz

Drei Jahre nach Erlaß des General-Landschul-Reglements von 1765 äußerte sich Felbiger in der „Ausführlichen Nachricht von der erst zu Sagan, dann aber in ganz Schlesien und in der Grafschaft Glatz unternommenen Verbesserung der katholischen Schulen“[98] wenig optimistisch über die Ergebnisse der bisherigen Arbeit. Es war ihm „beynahe unbegreiflich, daß die nachdrücklichsten Befehle eines so großen Monarchen, auf deren Erfüllung ein königlicher Minister und zwei hohe Landeskollegia alle ihre Aufmerksamkeit durch eine Reihe von 5 Jahren verwendet haben, nur an sehr wenig Orten von der gehofften Wirkung gewesen sind“[99]. Eine Hauptursache dafür, „daß bey allen ... Anstalten und Bemühungen der Erfolg so wenig mit dem Endzweck und den zu dessen Erlangung angewendeten Mitteln übereinkomme“, sah er in den weitverbreiteten und fast unüberwindbaren Vorurteilen. „Wenn sich irgendwo die Macht des Vorurtheils in seiner völligen Größe gezeiget hat, so ist es gewiß hier geschehen. Das Mißvergnügen über dieses Unternehmen war allgemein. Katholiken und Protestanten, Geistliche und Weltliche, Vornehme und Geringe, waren dawider eingenommen“[100].

Bei dem sonst doch recht ausgeprägten Optimismus Felbigers überraschen derartige Aussagen.

Es wird also zu untersuchen sein, ob die pessimistische und etwas resignierende Zwischenbilanz des Abtes nur als eine verständliche Reaktion auf den Versuch zu werten ist, daß man in kürzester Zeit alles erreichen wollte, oder aber, ob die großen Anläufe der ersten Zeit legislatorische Postulate blieben. Die Ausgangslage für eine Schulverbesserung und Schulreform erschien in Schlesien, verglichen mit anderen Provinzen, günstig.

Im Jahre 1755 hatte Ernst Wilhelm von Schlabrendorff[101] die Leitung der Geschäfte des schlesischen Provinzialministeriums übernommen. Rastlos, mit großer Tatkraft, aber auch mit Rücksichtslosigkeit war er bemüht, die durch die Kriegseinflüsse schwer belastete Provinz zu fördern. Der katholischen Geistlichkeit gegenüber zeigte er ablehnendes

[98] In: Kleine Schulschriften, S. 425–536.
[99] AaO., S. 525.
[100] Ebenda.
[101] Zu ihm vgl. die Kurzbiographie von Hermann v. Petersdorff, in: Schles. Lebensbilder, Bd. 2, 1926, S. 1–14.

Mißtrauen und Feindseligkeit[102]. Dies hinderte ihn aber nicht, natürlich aus anderen Motiven, die Verbesserung und Reform des katholischen Schulwesens in Kooperation mit dem Saganer Abt mit großer Energie in Angriff zu nehmen[103]. In einer Fülle von Anweisungen und Mahnungen versuchte er, die Konsistorien (Schulaufsichtsbehörden) und die Kammern zu immer noch eifrigerer Aktivität anzuspornen. Sein erster großer Immediatbericht vom 30. Okt. 1765[104] über die bisherigen Erfolge auf dem Gebiete der Verbesserung des Landschulwesens, den er zusammen mit dem Felbigerschen Entwurf des Schulreglements eingesandt hatte, klang dann auch recht eindrucksvoll. Bei näherem Hinsehen stellten sich aber doch Zweifel ein. Der Immediatbericht war auf der Grundlage einer von der Breslauer Kriegs- und Domänenkammer am 20. Juli 1765 dem Minister eingesandten Übersicht zusammengestellt worden[105]. SCHLABRENDORFF führte in seinem Bericht als Erfolg an: verbesserte Lehrergehälter, die Anstellung geeigneter Lehrer und u. a., daß „annoch 251 neue Schulen angeleget worden“[106]. Im Bericht der Breslauer Kammer vom 20. Juli finden wir zwar auch die Zahl von 251 Schulen, aber es heißt dort: „dass 174 katholische neue Schulen und 77 evangelische neue Schulen, summa 251 neue Schulen, errichtet werden sollen, davon 62 katholische und 29 evangelische, summa 91 errichtet sind, mithin 112 katholische und 48 evangelische, summa 160 fehlen“[107]. Man ist versucht, Schlabrendorff Zweckoptimismus zu unterstellen, denn der Minister konnte schwerlich ernsthaft annehmen, daß die fehlenden 160 Schulen bis zum Herbst (dem Zeitpunkt seines Berichtes) wirklich erbaut waren. Dies selbst dann, wenn man berücksichtigt, daß in Schlesien, verglichen mit anderen alten Provinzen, die Behörden sich sehr intensiv hinter die Forderungen stellten[108]. Die Schwierigkeiten bei der Realisierung der von oben kommenden Initiativen werden durch den Bericht der Breslauer Kammer

[102] Vgl. VOLLMER, Preuß. Volksschulpolitik, S. 98f. Mit gleicher Schärfe trat er jedoch auch gegen seine eigenen Standesgenossen auf und setzte sich für die Bauern ein, wenn er dies in seinem Verständnis von Staatsräson für geboten hielt – was ja auch gegen Ende seines Wirkens und Lebens zu einer Entfremdung zwischen ihm und dem König führte. Vgl. HUBATSCH, Friedr. d. Gr. u. d. preuß. Verwaltung, S. 84f.
Zur sozialen Lage der Bevölkerung, insbesondere der Bauern vgl. J. ZIEKURSCH, Hundert Jahre schles. Agrargeschichte, 1927 und KOSLER, Preuß. Volksschulpolitik in Oberschlesien, 1929.

[103] Vgl. oben § 6, I, 3. Für den davorliegenden Zeitraum vgl. VOLLMER, S. 42ff.

[104] LEHMANN, IV, Nr. 254, S. 254f.

[105] LEHMANN IV, Nr. 247, S. 248–250.

[106] LEHMANN IV, S. 254.

[107] LEHMANN IV, S. 248.

[108] Vgl. VOLLMER, Volksschulpolitik, S. 99, Anm. 2.

vom Juli 1765 erhellt. Als Beweis für die aufgewandte Mühe werden die vom Referenten im Detail durchgearbeiteten „39 Volumina Spezial-Akten ohne die Generalia“ angeführt. Sehr plastisch werden die Probleme vor Augen geführt, wenn es z. B. in dem Bericht heißt: „Die Sache an und vor sich ist ohnmöglich auf einmal zustande zu bringen. Sie hat zu viele Hindernisse. Wir haben mit vielen Landräten nicht anders als durch Commination der nachdrücklichsten Strafen zum Zweck kommen können, um nur die nötigen Nachrichten zur ersten Einrichtunng zu erhalten“. Ein guter „Effekt dependiret von denen nötigen Subjectis (Lehrern) und zwar von tüchtigen Subjectis. Diese lassen sich durch Strafe nicht auftreiben ... Denn es werden die Dominia, der Strafe zu entgehen, Leute ansetzen, welche bloß die Gestalt von Schulmeistern hätten, dazu aber gar nicht capabel wären. Die nötigen geschickten Subjecta hiezu sind im Lande rar; und ehe man nicht brauchbare Subjekta hat, lassen sich auch nicht einmal die schlechteren removiere, weilen sonst gar viele Dörfer ohne Schulmeister sein würden“[109].

Wohl aus der inzwischen selbst gewonnenen Erkenntnis, daß die Dinge nicht in so kurzer Zeit zum Besseren zu wenden waren, bat SCHLABRENDORFF im Dezember 1765 die Kammer „inständigst“, wenigstens für einen Baubeginn im nächsten Frühjahr zu sorgen[110] und drohte durch die Landräte den Herrschaften eine Strafe von 50 Talern an, wenn nicht bis Ende Mai die Schulbauten fertiggestellt seien.

Gleiche Überlegungen haben ihn wohl bewogen, im März 1766 eine Konferenz nach Breslau einzuberufen, um die Reformarbeiten im katholischen Schulwesen voranzutreiben[111], wobei er auf Felbigers Anwesenheit großen Wert legte[112]. Die in der Konferenz zur Sprache gekommenen Themen kennzeichnen sehr gut die inzwischen aufgetauchten Probleme. So erklärte der Breslauer Weihbischof sein Unvermögen, in so kurzer Zeit die erforderliche Zahl von Schulmeistern zu beschaffen. Er müsse dies den einzelnen Grundherrschaften überlassen und könne seinen Geistlichen lediglich befehlen, die Dominien beim Auffinden tüchtiger und geeigneter Personen zu unterstützen. Ein besonderer Verhandlungsgegenstand waren die Schulinspektoren. Dem Weihbischof

[109] LEHMANN IV, S. 249.
[110] Vgl. VOLLMER, S. 114f.
[111] 20. März 1766. Vgl. Ausführliche Nachricht, in: Kleine Schulschriften, S. 485f.
[112] Er mußte allerdings erst die Besorgnisse des Abtes zerstreuen, sein Erscheinen könnte „des Herrn Weihbischof Jalousie“ erregen – LEHMANN IV, Nr. 259, S. 276f. und Nr. 263, S. 283.

wurde aufgetragen, Amtssitz und Amtsbezirk jedem einzelnen Inspektor zuzuweisen[113]. Erneut kam auch die Frage zur Sprache, wer für die Vorspanndienste für die Schulinspektoren zu sorgen und aufzukommen habe. Die Konsistorien hatten diese Forderung für sich schon früher des öfteren abgelehnt; sie waren der Meinung, Gemeinden und Patrone hätten diese Verpflichtung zu übernehmen[114], und eine königliche Verfügung bestätigte diese Ansicht[115]. Abt Felbiger konnte somit nur darum bitten, diese königliche Order noch einmal nachdrücklich bekanntzumachen[116]. In der Praxis führte dieser scheinbar nebensächliche Streit teilweise zu einer Blockierung der Schulaufsicht durch die Inspektoren. Der Versuch, die zum Teil nicht durchführbare Visitationsarbeit der Inspektoren mit Hilfe des sogenannten Schulkataloges zu ersetzen, hatte nur teilweise Erfolg[117]. Auf dieser Konferenz kam schließlich auch das spannungsreiche Verhältnis zwischen den geistlichen Schulaufsichtsbeamten und den weltlichen Behörden zur Sprache. Die vollausgespielten Machtbefugnisse der Kammern, verbunden mit Fehl- und Übergriffen einzelner untergeordneter Behörden (z. B. Landräte), provozierten gereizte Proteste, die aber weitgehend ins Leere liefen, weil die andere Seite meist am (auch finanziell) stärkeren Hebelende saß[118].
In den nächsten Monaten gelang es zwar, insgesamt 114 Schulneubauten fertigzustellen, aber inzwischen war die Zahl der erforderlichen Neubauten von 251 auf 272 gestiegen. Erhebungen im Juni und im darauf folgenden Frühjahr zeigten eher einen wachsenden Unterschied zwischen Soll und Haben.
Abt Felbiger war unermüdlich auf Visitationsreisen unterwegs, um durch persönliche Überprüfung und Intervention am Ort sein Werk voranzutreiben und das General-Landschul-Reglement in die Wirklichkeit umzusetzen. Kurze Zeit nach Erlaß des General-Landschul-Reglements begann er mit einer Inspektion der Schulen seines eigenen Archipresbyterates; anschließend inspizierte er das Seminar Leubus und die Schulen des Archidiakonats Glogau[119]. Nach der erwähnten Konferenz vom März 1766 erhielt er vom Weihbischof den Auftrag, die Seminare, Schu-

[113] Vgl. Ausführl. Nachricht, in: Kleine Schulschriften, S. 486ff.; VOLLMER, Volksschulpolitik, S. 115.
[114] Vgl. VOLLMER, S. 99.
[115] Publ. v. d. Glogauer Kriegs- und Domänenkammer a. 26. Juni 1766 – abgedr. in: Kl. Schulschriften (Ausführl. Nachricht), S. 490f.
[116] Ebenda.
[117] Zum „Schulkatalog", auch in den übrigen Landesteilen, vgl. VOLLMER, S. 100ff.
[118] Vgl. VOLLMER, S. 116f.
[119] Vgl. Ausf. Nachricht, in: Kl. Schulschriften, S. 484f.; KRÖMER, S. 109.

len und Inspektoren zu revidieren[120]. Er inspizierte zunächst die Anstalten in Breslau und Grüssau und reiste im Sommer 1766 auf Wunsch der königlichen Kammer in die Grafschaft Glatz, wo der dortige Dechant der recht schwierigen Situation nicht mehr Herr wurde. In der Grafschaft Glatz scheint man in jenen Jahren der Schulreform überhaupt sehr viel Feindseligkeit entgegengebracht zu haben, so daß es im Jahre 1768 bei Gelegenheit einer Revision durch den Dekan zu Beschimpfungen durch den Pöbel und sogar zu Tätlichkeiten gekommen sein soll, die ein Eingreifen des Prager Bischofs und auch Felbigers erforderlich machten[121]. Auf seinen Reisen berief der Saganer Abt Dekanatskonferenzen ein, um mit den Geistlichen (in ihrer Funktion als Schulaufseher) Probleme der Schulverbesserung zu beraten. Bei dieser Gelegenheit untersuchte er auch jeweils den Zustand der Schulen[122].

Welch große Schwierigkeiten ihm auch auf der Rückreise durch Oberschlesien begegneten, hat er selbst am Beispiel Ratibors beschrieben, wo er einen Aufenthalt von 14 Tagen einlegen mußte, um die gröbsten Probleme zu bereinigen[123]. Am 15. Dezember traf er wieder in Breslau ein und erstattete Bericht[124]. Im Frühsommer 1768 reiste er ein zweites Mal in die Grafschaft Glatz, um mit dem Prager Bischof, der sich gerade dort auf Visitationsreise befand, akute Probleme der Schulreform zu besprechen[125]. Felbiger war zwar in staatlichem Auftrag und mit staatlicher Vollmacht tätig und unterwegs. In kluger Einschätzung seiner schwierigen Mission und möglicher Empfindlichkeiten kirchlicherseits achtete er stets sorgfältig darauf, sich auch von der zuständigen kirchlichen Obrigkeit jeweils die entsprechenden Vollmachten erteilen zu lassen[126].

„Die Sorgen der Schulreformer kreisten in der Hauptsache um die Haltung der Beteiligten (Geistliche, Lehrer, Eltern, Kinder, Beamte, Grundherrschaften) und um das Geld (Besoldung der Lehrer, Schulbauten)“[127]. So klagte Felbiger darüber, daß zu wenige Erzpriester, Pfarrer und Schulmeister von der Schulverbesserung die „richtigen Begriffe“ hätten[128]. Er wandte viel Zeit auf, um bei seinen Mitbrüdern diese „richti-

[120] Vgl. REIMANN, Niederes Schulwesen, S. 344ff., *345*. Sein Inspektionsbericht betr. sein eigenes Inspektorat Glogau vom 23. Mai 1766 in: Kleine Schulschriften, S. 413–422.
[121] Vgl. den Bericht Felbigers, in: Kl. Schulschriften, S. 493ff.; VOLLMER, S. 118.
[122] Vgl. Kl. Schulschriften, S. 493, 498–501.
[123] Ebenda.
[124] AaO., S. 507.
[125] Vgl. LEHMANN IV, Nr. 316, S. 331f.; Kleine Schulschriften, S. 521f.
[126] Vgl. LEHMANN IV, Nr. 259, S. 276f.; Nr. 263, S. 283. Vgl. auch Kl. Schulschriften, S. 494–96, 498f.
[127] KRÖMER, S. 109.
[128] Kl. Schulschriften, Anhang, S. 419.

gen Begriffe" einzuprägen. Allein in Habelschwerdt verbrachte er deswegen sechs Wochen, um den Pfarrern und Kaplänen in der Grafschaft Glatz die neue Lehrart zu zeigen. Die Resonanz seiner Bemühungen ließ jedoch häufig sehr zu wünschen übrig[129]. Und Felbiger gelangte zu der Überzeugung, daß ein Teil der Geistlichen die Last der Schulaufsicht nur widerwillig und unter dem Druck der staatlichen Behörde übernahm. Dem mit ihm befreundeten MICHAEL IGNAZ SCHMIDT in Würzburg schrieb er, „daß niemand mehr als die Geistlichen, vom höchsten bis zum niedrigsten darüber (d. h. über die Schulverbesserung) aufgebracht sind. Ich nehme davon 3 Zisterzienserklöster aus. Sonst geschieht nichts mit gutem Herzen. Man tut nur etwas zum Schein, weil die weltliche Obrigkeit so eifrig darüber hält. Und man will nichts weniger als dieses glauben, daß so eine Unterweisung zum Besten unserer Religion gedeihe ... Ich würde sehr gerne von den Bemühungen unseres Herrn Vicarii apostolici gesagt haben, wenn nur was mehreres zu sagen gewest wäre"[130]. Diese kritische Auslassung eines Geistlichen über seine geistlichen „Mitarbeiter" dürfte nicht übertrieben haben, wenn wir erfahren, daß der Prager Weihbischof seinen nachlässigen Geistlichen in der Grafschaft Glatz drohte, sie mit kanonischen Zwangsmitteln zur Erfüllung ihrer Schuldigkeit anzuhalten[131].

Natürlich gab es auch viele Geistliche, die die ihnen aufgetragene Bürde der Schulaufsicht ernst nahmen[132].

Außerdem war es selbst für Felbiger manchmal nur schwer herauszufinden, ob die bei seinen Visitationen vorgefundenen Mängel am Lehrer oder an den Schülern lagen, so daß er in dieser Frage den Rat von Rochows erbat[133].

Immerhin muß man es den damals für die schlesische Schulreform Verantwortlichen als Verdienst und auch als Erfolg anrechnen, daß sie sich intensiv bemühten, die Durchführung der Inspektionen zu realisieren und auch zu sichern, als man bei den evangelischen Schulen in Preußen schon vor den praktischen Schwierigkeiten kapitulierte[134].

[129] Vgl. KRÖMER, S. 109f.

[130] OBERTHÜR, M. I. Schmidt, S. 73f.

[131] LEHMANN IV, Nr. 316, S. 331f. (hier Schreiben vom 4. Juli 1768).

[132] Beispiel bei KOSLER, S. 75f.

[133] JONAS, Korrespondenz Rochow, S. 18.

[134] Die Verweigerung des Vorspanns durch Gemeinden und Patrone ließ 1765 die Konsistorien auf den Gedanken kommen, die Tätigkeit der Inspektoren durch „Kataloge" mit Fragebogen auf 16 Folioseiten ersetzen zu wollen, die halbjährlich in dreifacher Ausfertigung auszufüllen waren! Schlesien bildete insofern eine Ausnahme, als man hier wenigstens versuchte, die Vorspannpflicht mit Hilfe der Kammern durchzusetzen – Ausführliche Nachricht, in: Kl. Schulschriften, S. 490. Vgl. auch VOLLMER, S. 99ff.

Einer der Gründe für die häufig anzutreffende Abneigung der Schulverbesserungs- und Reformarbeit gegenüber dürfte – außer der damit verbundenen Mehrarbeit – die finanzielle Belastung gewesen sein, die den Pfarrern aufgebürdet wurde. *Der Minister* hatte ja zur Finanzierung der Seminare von allen neu ernannten Pfarrern die Zahlung eines Viertels von ihrem ersten Jahreseinkommen verlangt[135]. Abt Felbiger bezeichnete dies zwar als einen „üblen Einfall“[136]; die dem Minister schriftlich hierüber geäußerten Bedenken drangen jedoch nicht durch, und Schlabrendorff übergab Felbigers Schreiben am 12. Dezember 1764 lediglich der Breslauer Kriegs- und Domänenkammer mit der Bitte, dem Abt „die geäußerte Besorgnis wegen der Vorwürfe, die er deshalb zu erdulden haben würde, auf eine gute Art auszureden ...“[137]. Nach Felbigers Überzeugung „brachte (diese Maßnahme) den kleinen Clerum dergestalt auf, daß kaum einer von der Schulverbesserung, die ihn zu so ungelegener Zeit zu Ausgaben bemüßiget hatte, etwas hören, oder deshalb etwas mehr, denn die äußerste Notwendigkeit erforderte tun wollte“[138]. Einzelne Vertreter der Geistlichkeit haben möglicherweise auch SCHLABRENDORFF Anlaß zu der Feststellung gegeben, den katholischen Geistlichen sei „bekanntlich mehr daran gelegen, daß sie ihre Glaubensgenossen in eine crasse Unwissenheit erhalten, als daß sie darauf denken sollten, ihren Verstand zu entwickeln“[139]. Es muß aber auch gesehen werden, daß die Pfarrer gezwungen waren, mit den die Schulverbesserung meist ablehnenden Gutsbesitzern[140] als ihren Kirchenpatronen gut auszukommen. Die Abneigung gegenüber jeder Verbesserung und jedem Fortschritt im Schulwesen kleidete man z. B. in Einwände gegen Felbiger als Ordensmann, oder man deklarierte sie als Sorge, es könne mit der von der anderen Religionspartei entlehnten Lehrart auch die Glaubenslehre selbst verändert werden. So hatte man sogar versucht, in Rom Felbigers Bemühungen als Untergrabung der katholischen Religion zu diskreditieren[141].

[135] Zum Vorgang vgl. LEHMANN IV, Nr. 209, S. 211ff.; Nr. 213, S. 217ff.; die entsprechenden Erlasse: KORNSCHE SLG. VIII, S. 326–329; Ausf. Nachricht, in: Kl. Schulschriften, S. 457f. Zu den erzielten Einnahmen vgl. REIMANN, Niederes Schulwesen, S. 364f.
Diese Quarta seminaristica wurde bis weit in das 19. Jh. erhoben (vgl. Erziehungs- und Schulrat, 1820, H. 20, S. 15).

[136] Felbiger an M. I. Schmidt, in: OBERTHÜR, M. I. Schmidt, S. 74f.

[137] LEHMANN IV, Nr. 213, S. 217f., *217*.

[138] Felbiger an Schmidt, in: OBERTHÜR, M. I. Schmidt, S. 93; vgl. auch Ausf. Nachricht, in: Kl. Schulschriften, S. 461f.

[139] Schlabrendorff a. d. Kriegs- und Domänenkammer zu Breslau am 15. Mai 1764 – LEHMANN IV, Nr. 177, S. 182ff., *185*. Vgl. hierzu AdtBth, Bd. 9, S. 178–180.

[140] Vgl. KOSLER, Preuß. Volksschulpolitik, S. 37.

[141] Ausf. Nachricht, in: Kl. Schulschriften, S. 525, 526.

Ein Kernproblem bildete der natürlich so schnell nicht zu behebende Mangel an qualifizierten Lehrern. Auf einer Inspektionsreise des Jahres 1766 fand Felbiger viele Lehrer „träge und ungeschickt"[142]. Er mußte jedoch zugeben, daß vielen von ihnen nicht nur die Ausbildung fehlte, sondern auch Zeit und Kraft, weil sie sich um das tägliche Brot sorgen mußten[143]. Zwar dürften in den Jahrzehnten nach dem Erscheinen des Generallandschulreglements die meisten Lehrer die Ausbildungsstätten aufgesucht haben[144], jedoch reichten in vielen Fällen dann die Mittel nicht aus, um einen ausreichend langen Aufenthalt zu bezahlen[145]. Dennoch wollte Felbiger sein hohes Anspruchsniveau nicht senken. Er tat dies in der Hoffnung, daß sich wenigstens einige über das Niveau des „gemeinen Haufens" erheben würden; aber auch in der richtigen Erkenntnis, daß man sonst nie weiterkäme[146].

Ursprünglich sollten nach Felbigers Meinung die Gemeinden oder Schulpatrone den Lebensunterhalt während der Ausbildung bestreiten[147]. Weil sich dies jedoch vorerst nicht durchsetzen ließ, schlug er vor, den Kandidaten eine Unterstützung aus der Seminarkasse zu gewähren[148]. Nur allzuoft zeigte es sich, daß die Hauptschwierigkeiten zwar auch, aber nicht in erster Linie in der Haltung der Lehrer und Präparanden zu suchen waren, sondern daß die allgemeine finanzielle Misere vielen Bemühungen nur allzu enge Grenzen setzte. Das zeigt sich besonders deutlich bei den Seminaren. Wo kein Kloster oder Stift mit seinen Mitteln und mit seinem Interesse an der Sache im Hintergrund stand, drohten oft

[142] AaO., S. 500.

[143] Kl. Schulschriften, S. 110, 125f., 530.

[144] Für Oberschlesien vgl. KOSLER, aaO., S. 68; für die Landshuter Gegend vgl. den Reisebericht in den Schlesischen Provinzialblättern, Bd. 21, 1795, S. 115ff.

[145] Ein längerer Aufenthalt wäre aber bei der oft völlig fehlenden Vorbildung vieler Kandidaten erforderlich gewesen. Die Kritik daran, daß solche Leute überhaupt aufgenommen wurden (vgl. z. B. schon ABthSE, Bd. 2, 1774, S. 333f.) geht allerdings an den Realitäten vorbei: andere (besser vorgebildete) waren nicht da. – Vgl. auch den Kabinettsbericht d. Provinzialministers Hoym (Schlabrendorffs Nachfolger) vom 16. Juni 1772 – LEHMANN IV, Nr. 439, S. 441f.

[146] Felbiger, in: Eigenschaften, Vorrede u. Einl., § 1, S. 1f. Vgl. KOSLER, aaO., S. 66ff.; VOLLMER, aaO., S. 216ff.

[147] Kleine Schulschriften, S. 132.

[148] Ausführliche Nachricht, in: Kleine Schulschriften, S. 514; die Kammer erklärte ihre Bereitschaft: Zirkular der Breslauer Kriegs- und Domänenkammer an die oberschlesischen Landräte v. 22. 7. 1767 – KORNSCHE SLG. X, S. 73f.; auch bei LEHMANN IV, Nr. 302, S. 317; der Provinzialminister legte jedoch Wert darauf, daß die Gemeinden und Herrschaften die eigentlichen Zahlungsverpflichteten blieben: Schlabrendorff an Felbiger, 4. Febr. 1769 – LEHMANN IV, Nr. 332, S. 356f.; vgl. auch aaO., Nr. 352, S. 372 und Nr. 439, S. 441f.

schon die ersten Anstrengungen fruchtlos im Sande zu verlaufen[149]. Solange man den Lehrern keine ausreichende Existenzgrundlage bieten konnte[150], mußte alles Werben um qualifizierten Nachwuchs und alle Forderungen nach besseren Leistungen ins Leere laufen. Von Seiten des Staates blieb zunächst noch für längere Zeit jede grundlegende finanzielle Hilfe und Maßnahme aus. König Friedrich II. hat wohl auch nicht beabsichtigt, größere Investitionen im Schulwesen vorzunehmen. So befahl er zwar 1768 eine Revision des Schulwesens in der ganzen Monarchie. Als sich aber herausstellte, daß zu den Angelpunkten einer Schulverbesserung und Schulreform die Sicherung der Visitationsreisen und die spürbare Verbesserung der Hungerlöhne gehörte, ließ er die Sache auf sich beruhen[151].

Einen wichtigen Schritt auf dem Wege zu einem festen und ausreichenden Lehrergehalt bedeutete der Vorstoß Felbigers, d. h. seine Forderung, die Schulgeldregelung grundlegend zu ändern. Die bis dahin vorgeschriebene und praktizierte Form, nach der jedes Schulkind am Wochenende einen bestimmten Betrag (seiner Klasse entsprechend) dem Lehrer zu bezahlen hatte[152], bedeutete eine Benachteiligung für die kinderreichen Familien. Felbiger hatte die diesem System innewohnende soziale Ungerechtigkeit längst erkannt, sich aber um der Gleichförmigkeit willen nach Heckers Vorbild gerichtet[153]. In der Praxis führte dies dazu, daß dem Lehrer unter hundert Ausreden seine Bezahlung vorenthalten wurde[154]; dem halfen auch die angedrohten Strafen nicht ab, die übrigens in den seltensten Fällen vollzogen wurden[155]. In dieser Misere versuchten die

149 Besondere Finanzierungsprobleme ergaben sich für das Seminar der Grafschaft Glatz in Habelschwerdt – vgl. Ausf. Nachricht, in: Kl. Schulschriften, S. 505, 522; LEHMANN IV, Nr. 316, S. 331f.; VOLLMER, S. 52f. Ähnliche Schwierigkeiten bestanden in Ratibor – vgl. Ausführl. Nachricht, in: aaO., S. 507f.; LEHMANN IV, Nr. 263, S. 283; REIMANN, Niederes Schulwesen, S. 345.

150 Vgl. den Visitationsbericht Felbigers v. 23. Mai 1766, mit Aufzählung der Orte, in denen Lehrer vom Schulgeld nicht leben konnten, aber auch keinen Zuschuß erhielten – Kleine Schulschriften, Anhang, S. 415, 419. Dasselbe Problem war Gegenstand einer Besprechung Felbigers mit dem Prager Weihbischof betreffend die Grafschaft Glatz im Sommer 1768 – vgl. das Schreiben Felbigers an Schlabrendorff, worin er über die Konferenz v. 29. Juni berichtete: LEHMANN IV, Nr. 316, S. 331f.

151 Vgl. VOLLMER, Preußische Volksschulpolitik, S. 131f. Zur Schulrevision von 1768 insgesamt vgl. VOLLMER, aaO., S. 106ff.

152 § 37 GLR; vgl. auch Kleine Schulschriften, S. 52.

153 Ausführl. Nachricht, § 3, in: Kl. Schulschriften, S. 534f.

154 Kleine Schulschriften, S. 529.

155 Vgl. die Strafbestimmungen in § 36 General-Landschul-Reglement. Zu den diesbezüglichen Mißerfolgen im Bereich des General-Landschul-Reglements von 1763 vgl. VOLLMER, Preußische Volksschulpolitik, S. 63–83.

Klöster Heinrichau und Grüssau einen anderen Weg zu gehen[156]: sie erhoben einen festen Betrag – je nach Stand, ohne Rücksicht auf die Zahl der Kinder. Der Erfolg war, daß die Eltern nicht umsonst ihr Schulgeld bezahlen wollten und deshalb die Kinder zur Schule schickten. Zwar bekamen die Lehrer dadurch etwas weniger, als ihnen nach den Bestimmungen des General-Landschul-Reglements zugestanden hätte; sie waren aber mit der festen und ihnen sicheren Einnahme zufrieden. Dennoch erhob sich aus der Bevölkerung Widerspruch dagegen, und die betreffenden Landräte entschieden, es müsse bei dem Buchstaben der Schulordnung bleiben[157]. Daraufhin unternahm Felbiger beim Minister einen Vorstoß, um eine entsprechende Änderung des General-Landschul-Reglements zu erwirken[158]. Seine hauptsächlichsten Argumente lauteten: die Schulmeister könnten nichts dagegen haben, weil bis dahin wohl an keinem Ort alle Kinder die Schule besuchten bzw. ihr Schulgeld bezahlten. Den Kinderlosen ließe sich entgegenhalten, daß Schulmeister ohne oder ohne ausreichende Einnahmen ohnedies von der Allgemeinheit unterstützt werden müßten. Auch brauche ein Fixum dem Fleiß der Lehrer keinen Abbruch zu tun, wenn die Schulaufsicht gut sei[159]. Diesem Vorschlag stimmte der Minister im Grundsatz zu[160]. Felbiger stellte sich die Regelung so vor, daß etwa der Betrag, welcher von sämtlichen schulfähigen Kindern laut General-Landschul-Reglement zu entrichten wäre, auf alle Wirte der Gemeinde umgelegt, in monatlichen Raten eingezogen und quartaliter dem Schulmeister ausgehändigt werden sollte[161].

[156] Vgl. Kleine Schulschriften, S. 35f.

[157] AaO., S. 535.

[158] Felbiger an die Kriegs- und Domänenkammer zu Breslau, 26. Sept. 1768 – LEHMANN IV, Nr. 321, S. 335–339.

[159] Vgl. auch Ausführliche Nachricht, § 3, in: Kleine Schulschriften, S. 536.

[160] Schlabrendorff an Felbiger, 21. Dez. 1768 – LEHMANN IV, Nr. 327, S. 345.

[161] Vgl. die behördlichen Anordnungen, in denen sich Felbigers Vorschlag niedergeschlagen hatte: Das Zircular der Breslauer Kriegs- und Domänenkammer an die Landräte (Abdruck in: Kleine Schulschriften, S. 404ff.) und Erlaß der Kriegs- und Domänenkammer zu Breslau an das Fürstbischöfliche Generalvikariatsamt v. 31. Dez. 1768 (Abdruck in der KORNSCHEN SLG. X, S. 332f.; auch bei LEHMANN IV, Nr. 330, S. 346): „Nachdem Wir aus vielen Anzeigen wahrnehmen müssen, daß das in dem emanirten katholischen Schul-Reglement festgesetzte Schulgeld den Schulmeistern auf dem Lande entweder gar nicht oder mit vielen Schwierigkeiten oder von wenigen nach der Vorschrift bezahlet wird ..., so haben Wir nöthig gefunden, in Ansehung des Schulgeldes eine Abänderung des Schul-Reglements zu machen und denen Dominiis und Gemeinden nachzugeben, ein solches Geld-Quantum als ohngefähr das von sämmtlichen schulfähigen Kindern jeden Orts nach dem Schul-Reglement zu entrichtende Schulgeld zusammenbetragen wird, auf sämmtliche Wirthe der Gemeinden nach gewissen Sätzen zu repartiren, solches in monatlichen Ratis einzuheben und quartaliter dem Schulmeister statt des Schulgeldes auszuzahlen".

Dies bedeutete im Prinzip die Umwandlung der Pflicht zur Schulgeldzahlung in eine Gemeinlast. Der Gedanke war noch neu und für viele ungewohnt. Deshalb stieß er in einer Reihe von Fällen auf heftigen Widerstand. So mußte der Abt selbst 1771 deswegen eine Fehde mit den Dörfern seines eigenen Stiftes durchfechten. Die Bauern gingen bis nach Berlin, drangen aber nicht durch[162]. Der Weg zu einer befriedigenden Lösung erwies sich als noch weit[163]. Felbiger gab den „hundert Hindernissen auf seiten der Präparanden und derjenigen, welche dergleichen Leute präparieren lassen" die Schuld daran, daß die Ausführung der Schulverbesserung nicht sofort dem Entwurf gemäß gelang[164].
Von Anfang an bildete die Einstellung vieler Eltern und Grundherren eine schwer zu beseitigende Barriere für den zügigen Fortgang der Schulreformarbeiten. Eltern und Grundherren hielten in vielen Fällen die Schule weithin für überflüssig. Die Eltern nahmen auch häufig die Kinder für häusliche Arbeiten in Anspruch. Die Grundherren wiederum sorgten nicht oder nur gezwungenermaßen und dann nachlässig für Ordnung, weil sie der Überzeugung waren, die Kinder würden durch die Schule ihrem Dienst entzogen oder könnten gar ihre Vernunft gebrauchen, um sich dem Dienste zu entziehen, den ihre Vorfahren geleistet hatten[165]. Eine nicht zu unterschätzende Rolle bei der Abneigung gegenüber einer verbesserten Schulbildung dürfte die finanzielle Belastung gespielt haben[166]; für die Eltern in der Form des Schulgeldes, für die Grundherren bzw. Schulpatrone durch die anteilige oder volle Baulast an der Schule. Nach Felbigers Überzeugung war allerdings weniger der Geldmangel an der Vernachlässigung der Schulpflicht schuld als das Vor-

[162] Vgl. VOLLMER, Preußische Volksschulpolitik, S. 252, 118f.

[163] Vgl. die Hinweise in den Schlesischen Provinzialblättern, Bd. 1, S. 503; KOSLER, S. 70. Noch 1789 mußte bei Gelegenheit einer Revision der Auftrag erteilt werden, das Schulgeld möglichst in ein Fixum abzuändern (LEHMANN VI, Nr. 375), und im Jahre 1801 mußte angeordnet werden, daß wenigstens für jeden neuangestellten Lehrer ein Minimum an Gehalt festgesetzt werden sollte. Die Beträge sollten von da ab von den Steuerämtern eingezogen werden, um die Unabhängigkeit der Lehrer zu sichern (LEHMANN VIII, Nr. 280). Die praktische Situation illustriert die streitbare Äußerung eines Pastors aus dem Jahre 1800 gegen die doch seines Erachtens überholte Sitte, daß die Lehrer an bestimmten Terminen von Haus zu Haus zogen und sangen und dabei ihren Lohn einsammelten (Schlesische Provinzialblätter, Bd. 31, S. 320–336).

[164] Felbiger an Schlabrendorff, 16. Dez. 1765 – LEHMANN IV, Nr. 159, S. 276f., *276*.

[165] Vgl. Kleine Schulschriften, S. 33 (Nov. 1763), 112f. (Okt. 1764). Die Befürchtungen der Grundherren standen wohl auch vor dem Hintergrund der Aufstände der Landbevölkerung, wie sie 1765/66 in Oberschlesien und anderen schlesischen Landesteilen vorgekommen waren (vgl. KOSLER, Preußische Volksschulpolitik, S. 36).

[166] Vgl. hierzu den Bericht Felbigers in seinem Schreiben an Schlabrendorff v. 4. Juli 1768: LEHMANN IV, Nr. 316, S. 331f.; ergänzend ABthSE, Bd. 2, S. 112.

urteil, daß „der gemeine Mann ... nicht zugeben (will), daß seine Kinder etwas lernen, was er nicht gelernt hat“[167]. Wohlhabenden Eltern wiederum war die öffentliche Schule nicht gut genug[168]. Die Abneigung mancher Kreise steigerte sich bis zur Halsstarrigkeit, die teilweise in Tätlichkeiten gegenüber visitierenden Dechanten auszuarten drohten[169]. An dieser aus mehreren Motiven gespeisten Ablehnung einer Schulverbesserung konnten auch die vielen Mahnungen und Mißfallenskundgebungen der königlichen Kammern nicht viel ändern[170]. Es dauerte Jahrzehnte, bis sich die Schulpflicht durchsetzte[171]. Felbiger konnte Beispiele anführen, daß die Bevölkerung junge Lehrer bei Regimentern anzeigte, um die Lehrer durch Einziehung zum Militärdienst loszuwerden[172].

Die gutgemeinten Aktivitäten der Zentralbehörden, die sich in einer Fülle von Erlassen dokumentierten, liefen zu einem großen Teil ins Leere, weil die Passivität oder sogar der Widerstand der Behörden auf der unteren Ebene eine Transformation der Rechtsnormen in Rechtswirklichkeit erschwerten oder ganz verhinderten. Auf seiner zweiten Glatzer Reise hatte Felbiger mit dem Prager Weihbischof unter anderem den „Mangel gehöriger Assistance von seiten der Dominiorum und deren Beamten“ besprochen[173]. Er mußte später noch deutlicher werden und den Landrat anzeigen, dessen Untätigkeit selbst gegenüber den wider-

[167] Ausführliche Nachricht § 3, in: Kleine Schulschriften, S. 528. Zu anderen möglichen Motiven vgl. KOSLER, Preußische Volksschulpolitik, S. 75; Kleine Schulschriften, Anhang, S. 419, 410, 512.

[168] ABthSE, Bd. 2, S. 109f.

[169] Vgl. REIMANN, Niederes Schulwesen, S. 344.

[170] Vgl. z. B. die Zirculare v. 6. Jan. 1767 (KORNSCHE SLG. X, S. 1ff. und LEHMANN IV, Nr. 294, S. 311f.) und v. 9. März 1768 (KORNSCHE SLG. X, S. 152f. und LEHMANN IV, Nr. 312, S. 326f.) und den Kabinettsbefehl v. 30. Dez. 1768 (LEHMANN IV, Nr. 329, S. 346).

[171] Vgl. VOLLMER, Preußische Volksschulpolitik, S. 256; KOSLER, Preußische Volksschulpolitik, S. 71f. (KOSLER berichtet von der löblichen Ausnahme im Kreise Leobschütz).

[172] Vgl. Ausführliche Nachricht, § 2, in: Kleine Schulschriften, S. 528f. In Zusammenarbeit mit der Kriegs- und Domänenkammer gelang es Felbiger in einigen Fällen erfolgreich gegen solche Aktivitäten vorzugehen. Wie schwierig die Situation war, verdeutlichen uns die Kriterien, die die Breslauer Kriegs- und Domänenkammer den oberschlesischen Landräten für die Auswahl von Lehramtsbewerbern an die Hand gab: „... damit hierdurch nicht zum Ackerbau taugliche Leute entzogen, auch nicht zu besorgen, daß dergleichen Subjekta zum Soldatenstand gezogen werden, so sind die Herrschaften angewiesen, hierzu einige Bedienten, einen Professionisten oder Studenten auszusuchen. Ihr aber habt dahin zu sehen, daß nicht dergleichen Leute hierzu genommen werden, welche wegen ihres Maasses, ihrer Jahre und Umstände der Enrollirung und Einziehung unter die Soldaten exponirt sind, damit denen hierdurch zu besorgenden Schwierigkeiten vorgebeugt und dieses nicht als ein Mittel angesehen werde, sich dem Enrollment zu entziehen ...“ (KORNSCHE SLG. X, S. 73f.; LEHMANN IV, Nr. 302, S. 317).

[173] LEHMANN IV, Nr. 316, S. 331f., *331*.

spenstigsten und aufsässigsten Bauern die Schulreformarbeiten zur Erfolglosigkeit verurteilten[174]. Diese Taktik der Landräte ist nicht weiter verwunderlich, wenn man bedenkt, daß sie meist aus den Kreisen der Grundherren stammten. Bei der Beschaffung von Schulraum war man aber nun einmal auf ihre Assistenz angewiesen; denn an vielen Orten unterrichtete der Lehrer noch in seiner Wohnstube[175]; und auf seiner Reise im Sommer 1766 traf Felbiger noch viele verfallene Schulgebäude an, zu deren Wiederherstellung die Gemeinden „unlustig oder unvermögend" waren[176]. Der Abt konnte jedoch diese Mißstände oder Notlagen nur aufzeigen, das weitere war Sache der weltlichen Behörden. Die königlichen Kammern ihrerseits waren mehr Initiatoren und Aufseher und weniger ausführende Organe[177]. Sie hatten zwar Erhebungen darüber angestellt, wo neue Schulen notwendig waren, und drängten auch die Landräte, für die Ausführung der Neubauten zu sorgen[178]. Im Ergebnis waren auch eine ganze Reihe von Neubauten zu verzeichnen, die aber für den Bedarf bei weitem nicht ausreichten[179].

Für eine Zwischenbilanz der Reformarbeiten im katholischen Schulwesen Schlesiens sind die Jahre 1768 und 1769 von großer Bedeutung.

Johann Ignaz von Felbiger publizierte, wie bereits erwähnt, im Jahre 1768 eine erste zusammenfassende Darstellung der Bemühungen um eine Schulverbesserung, die sogenannte „Ausführliche Nachricht von der erst zu Sagan dann aber in ganz Schlesien und in der Grafschaft Glatz unternommenen Verbesserung der katholischen Schulen" (Sagan 1768)[180]. Am

[174] Felbiger an Schlabrendorff, 26. Jan. 1769 – LEHMANN IV, Nr. 334, S. 354ff., 355. Zu den auch andernorts vorgebrachten Klagen über die Landräte vgl. REIMANN, Niederes Schulwesen, S. 342.

[175] Vgl. Kleine Schulschriften, Anhang, S. 419 (Felbigers Bericht v. 23. 5. 1766); ähnlich lautende Berichte in: Kleine Schulschriften, S. 410 u. KOSLER, Preußische Volksschulpolitik, S. 63f.

[176] Ausführliche Nachricht, § 2. in: Kleine Schulschriften, S. 499f.

[177] Die Baulast war in der Regel auf Grundherrschaften und Gemeinde verteilt (§§ 12 u. 13 GLR). Zur besonderen Situation in Ratibor vgl. Kleine Schulschriften, S. 343f.

[178] Wir finden allein aus den 60er Jahren eine Fülle diesbezüglicher mahnender Verfügungen: Vgl. z. B. LEHMANN IV, Nr. 254, S. 254f.; Nr. 294, S. 311f.; Nr. 333, S. 354. Vgl. hierzu auch Ausführl. Nachricht § 2, in: Kl. Schulschriften, S. 486; VOLLMER, Preuß. Volksschulpolitik, S. 121; REIMANN, Niederes Schulwesen, S. 343; KOSLER, Preuß. Volksschulpolitik, S. 29f.

[179] Zwanzig Jahre später konnte zwar von einer Besserung gesprochen werden, jedoch nur unter gleichzeitigem Hinweis auf noch viele vorhandene schlechte Schulgebäude (LEHMANN VI, Nr. 375 u. 394).

[180] In der vorliegenden Arbeit konnte nur die spätere Auflage in dem Sammelband der „Kleinen Schulschriften" (Bamberg–Würzburg 1772) benutzt werden. Zur 1. Auflage vgl. KRÖMER, S. 263.
In demselben Jahre veröffentlichte Felbiger auch sein bedeutendes (methodisches) Handbuch „Eigenschaften, Wissenschaften und Bezeigen rechtschaffener Schulleute ..."

12. November desselben Jahres erging auf des Königs Veranlassung ein Kabinettsbefehl an das Geistliche Departement[181], „noch dieses Jahr eine Revision sämmtlicher Schul-Anstalten in Dero Landen durch die Inspectores anzustellen und hiernächst von dem Befund ... ausführlichen, pflichtmäßigen und unmittelbaren Bericht zu erstatten und dabei die angemerkten Mängel nicht zu verschweigen ...“. Das Geistliche Departement gab den königlichen Befehl durch Erlasse an die einzelnen Provinzialbehörden weiter, für Breslau unter dem 9. Dez. 1768 an die drei schlesischen Oberamtsregierungen[182] und interessanterweise unmittelbar an Abt Felbiger zu Sagan[183]. Minister Schlabrendorff erhielt eine entsprechende an ihn selbst gerichtete Verfügung am 30. Dez. 1768[184]. Dem königlichen Befehl, durch eine sofortige außerordentliche Revision seitens der Inspektoren festzustellen, inwieweit die bisherige Fürsorge für eine verbesserte Schule Früchte getragen und die neuen Einrichtungen sich bewährt hätten, verdanken wir nach Umfang und Qualität sehr unterschiedliche Berichte[185] aus den verschiedenen Provinzen. Für Schlesien interessieren hier neben den Äußerungen der Behörden und dem Bericht des in ihnen für das evangelische Schulwesen verantwortlichen Oberkonsistorialrats F. E. Rambach[186] besonders die Ausführungen über das katholische Schulwesen aus der Feder Felbigers[187]. Zu Be-

[181] Kabinettsbefehl vom 12. Nov. 1768 – LEHMANN IV, Nr. 323, S. 340; vgl. CLAUSNITZER, Zur Geschichte der preuß. Volksschule, S. 411; VOLLMER, Preuß. Volksschulpolitik, S. 106ff.

[182] Mit dem Auftrag, über das evang. Schulwesen zu berichten – vgl. LEHMANN IV, S. 342, Anm. 2.

[183] LEHMANN IV, Nr. 325, S. 342.
Felbiger erhielt darin den Befehl, „binnen 14 Tagen Unserm Geistlichen Departement mit pflichtmässiger Aufrichtigkeit den Zustand des katholischen Schulwesens in Schlesien auf dem Land und in denen Städten umständlich anzuzeigen; die grössern Stadt-Schulen Eurer Confession zu benennen; wie weit die jungen Leute darinnen gebracht; nach welcher Methode und Ordnung und was für Schulbüchern durch alle Abtheilungen sie unterrichtet werden; von welcher Geschicklichkeit und Fleiss ihre Lehrer sind; ob die jungen Leute daraus sofort auf die Universitäten entlassen werden können oder, wo ihnen in der Präparation zu academischen Studiis nachgeholfen wird, zu detailliren; überhaupt die Hindernisse des Schul-Unterrichts auf dem Land und in denen Städten und wie Eurer Einsicht nach solchen am besten abgeholfen und der Schul-Unterricht allenthalben auf guten Fuss gesetzt werden könne, ohn alle Verhehlung, wie sie in der Wahrheit liegen, Uns vorzutragen. Die von Euch zeithero auf das Schulwesen Eurer Glaubens-Verwandten in Schlesien geführte Aufsicht wird es Euch möglich machen, in diesem Auftrag Uns eine völlige Genüge zu thun; ...“.

[184] Vgl. LEHMANN IV, S. 354, Anm. 1.

[185] Vgl. VOLLMER, S. 107.

[186] Vgl. VOLLMER, S. 120.

[187] Bericht v. 5. 1. 1769 – LEHMANN IV, Nr. 331, S. 347–353.

ginn wies der Abt auf zwei Anlagen seines Berichtes hin, nämlich die von ihm im Vorjahr publizierten Schriften, die „Ausführliche Nachricht" und das Methodik-Handbuch (die „Eigenschaften, Wissenschaften und Bezeigen rechtschaffener Schulleute ..."). Felbiger wiederholte hier seine Klagen über den allzu langsamen Fortgang der Arbeiten und ihren geringen Erfolg[188]. Zu den Haupthindernissen gehörten seiner Meinung nach die schlechte finanzielle und rechtliche Situation der Lehrer und die ablehnende Stellung der meisten Herrschaften und vieler Eltern[189]. Außerhalb bedrückten ihn die Schwierigkeiten in der Schulgeldfrage und das Scheitern seiner Bemühungen, das Niveau der Stadtschulen (soweit sie sich nicht in den Händen der Jesuiten befanden) über dasjenige der Landschulen hinaus anzuheben. In den von ihm unterbreiteten Hauptvorschlägen zu einer Beseitigung der bestehenden Hindernisse forderte er erneut die Änderung des § 37 des GLR und fügte die Unterlagen über seine früheren Verhandlungen mit der Breslauer Kriegs- und Domänenkammer bei. Im Anschluß daran begegnet uns in Felbigers Ausführungen wiederum ein Grundproblem damaliger Schulaufsicht und Schulreform. Felbiger erbat einen ausdrücklichen „Befehl an die Herrschaften und deren Beamte, besonders im Glatzischen und Ober-Schlesien, ingleichen in den Gegenden, die unter auswärtige Bisthümer (nämlich unter Ollmitz und Cracau) gehören. Die königliche Kammer hat es daran wohl niemals fehlen lassen; wenig Personen aber glauben es, daß dies der Befehl E. K. M. selbst sei". Einer effektiven Schulaufsicht, zu der in damaliger Zeit ganz wesentlich die Aufgabe der Transformation staatlichen Wollens und staatlicher Initiativen in Verwaltungs- und Rechtswirklichkeit gehörte, stellten sich auf der mittleren und unteren Ebene ganz erhebliche Barrieren in den Weg. Dazu gehörte zunächst die Bewußtseinslage der einfachen Bevölkerung, aber ebenso der meisten Gutsbesitzer und Landräte, dann aber auch, nicht zuletzt infolge der langen Kriegsjahre, die sehr angespannte wirtschaftliche und finanzielle Situation. Eine weitere Barriere bildete das Partikularrecht, das durch Provinzialgesetze oder durch für den Gesamtstaat erlassene Gesetze (wie z. B. die beiden Schulreglements von 1763 und 1765) nur ergänzt, aber nicht ersetzt und beseitigt werden konnte. Angesichts der beeindruckenden Machtkonzentration im absoluten Staat auch des aufgeklärten Absolutismus wird oft übersehen, daß die Reichweite und Durchsetzungskraft

188 Wie er es bereits in § 3 der Ausführl. Nachricht vom Vorjahr getan hatte (in: Kl. Schulschriften, S. 524ff.).

189 Im evang. Bereich bestanden in dieser Hinsicht die gleichen Probleme; vgl. die Ausführungen bei VOLLMER, S. 120f. (unter Bezugnahme auf den Bericht Rambachs).

der Zentralorgane dieses Staates oftmals schon bei den Kreisen aufhörte. Da Schule, Schulreform und Schulaufsicht auf der unteren und untersten Ebene, an der Basis, realisiert werden und ihre Effektivität beweisen mußten, muß man sagen, daß der Staat, der das Schul- und Erziehungswesen als Aufgabe seiner Behördenorganisation neben vielem andern souverän bis zur untersten Ebene handhabte, im 18. Jahrhundert noch nicht vorhanden war. „Er wurde aus dem Zwang der ... Verhältnisse erst Zug um Zug geschaffen“[190]. Schließlich machte sich bei allen Bemühungen, zu einer effektiven Schulreform und Schulaufsicht zu kommen, die Tatsache bemerkbar, daß die Schule im Staatsdenken des aufgeklärten Absolutismus und auch im Denken Friedrichs II. und in den Vorstellungen seiner zentralen Verwaltungsbehörden doch nur einen begrenzten Stellenwert einnahm. Die drei tragenden Säulen der Machtpyramide dieses Staates waren die Armee, das „Commercium“ (Wirtschafts- und Finanzsystem) und die Bürokratie (Beamtentum und Justiz). Wenn Eduard Spranger im Machtgebäude dieses Staates „von innen gesehen“ „ein realistisch gedachtes Erziehungssystem“ zu erkennen glaubte[191], so wird man ihm darin insoweit zustimmen können, als er diesen drei Säulen jeweils ganz bestimmte funktionsbezogene Schulen als Basis und Nährwurzel zuwies. Für die Armee, die im Staate einen geschlossenen Körper für sich dartellte, hatte man besondere „berufs“bezogene Schulen eingerichtet. Hierzu gehörten die Ritterakademien und die Kadettenschulen für die Offiziere, die Garnisonsschulen für die Kinder der Unteroffiziere und ständigen Soldaten. Sehen wir auf das Wirtschafts- und Finanzsystem im Sinne des Merkantilismus[192], so erkennen wir, daß es auf einem ausgebildeten Zoll- und Steuersystem beruhte, das einen scharfen Unterschied zwischen der Stadt und dem platten Lande in wirtschaftlicher Hinsicht festhielt. Dem Steuer- und Wirtschaftssystem entsprach folgerichtig eine scharfe Trennung zwischen Stadt- und Landschulen, so daß von einer einheitlichen elementaren Volksschule dieser Zeit nicht gesprochen werden kann. Die charakteristischen Neubildungen der städtischen Schule (Industrieschulen, Gewerbeschulen, Real-

[190] Maier, S. 94.

[191] In: Der Zusammenhang v. Politik u. Pädagogik in der Neuzeit, S. 157; vgl. auch aaO., S. 291: „Die Staatsraison ist ihm das Höchste, die Religion ein pädagog. Mittel für das Volk, die Moral ein wohlverstandener Egoismus, die Nützlichkeit das höchste Prinzip auch für die Politik.“

[192] Vgl. Schmoller, in: Umrisse und Untersuchungen zur Verfassungs-, Verwaltungs- u. Wirtschaftsgeschichte, 1898 (bes. Aufsatz üb. den Merkantilismus); ders., Preuß. Verfassungs-, Verwaltungs- u. Finanzgeschichte, 1921, bes. Abschn. III, S. 133ff.

schulen, Handwerkerschulen) standen in engstem Zusammenhang mit der Förderung der städtischen Wirtschaft. Die Landschule zeigte gleichfalls deutliche Spuren ihrer wirtschaftlichen Aufgabe. Neben eine elementare religiöse und geistige Bildung traten agrikulturtechnische Aufgaben und die für die damalige Zeit so charakteristische Seidenraupenzucht. Das nach Spranger wiedergegebene graphische Schema soll der Veranschaulichung dieser hier notwendigerweise kurzgefaßten Hinweise dienen.

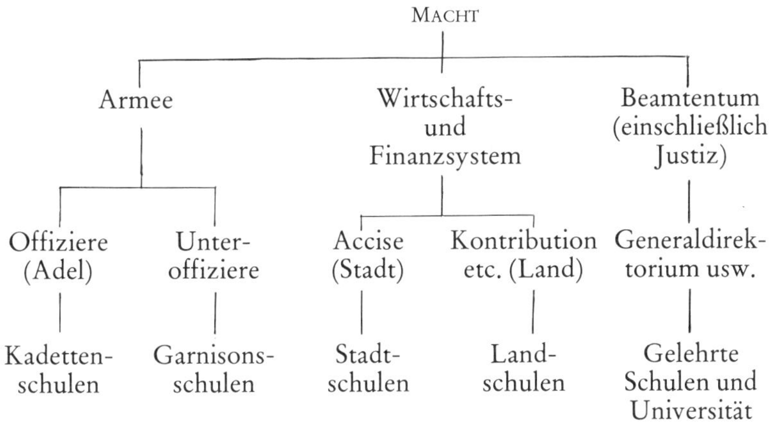

Richten wir unseren Blick von der gesamtstaatlichen Betrachtung wieder zurück auf Schlesien, so müssen wir bei aller Berechtigung der Klagen über den langsamen Fortgang der Arbeiten, die geringen Erfolge und die fast unüberwindlichen Schwierigkeiten[193] doch sagen, daß die Schulreformarbeiten im katholischen Schulwesen Schlesiens in Relation gesetzt zu den Ergebnissen in den anderen Provinzen (auch bez. des evangelischen Schulwesens Schlesiens) der geleisteten Aufbau- und Aufsichts-

[193] Vgl. die Äußerung Felbigers in seinem Gutachten über die Jesuitengymnasien Schlesiens und die Universität Breslau (LEHMANN IV, Nr. 331, S. 347ff., *348f.*; Nr. 334, S. 354ff., 355; hier S. 351): „Haß, Verfolgung, hundert Widerwärtigkeiten von seiten solcher Personen, die den Schlendrian verehren, würde die gewisse Belohnung meiner Aufrichtigkeit und meines Wohlmeinens sein. Ich hab' diese bittere Früchte meiner bisherigen Bemühungen schon in vollen Überfluß genossen und genieße sie noch täglich ... Der geringe Erfolg meiner beschwerlichen Arbeit in Verbesserung der niedrigsten Schulen (dabei ich bereits durch ganzer sechs Jahre meine beste Zeit, Kräfte und Ruhe nebst einer nach meinen Umständen nicht geringen Summe Geldes dem Publico aufgeopfert hab') läßt mich voraus sehen, wie wenig bei höheren Schulen auszurichten sein würde."

arbeit ein gutes Zeugnis ausstellen[194].

Der frühe Tod Schlabrendorffs[195] am 13. Dezember 1769 bedeutete für die Schulverbesserung und Reform der katholischen Schulen in Schlesien einen schmerzhaften Einschnitt. Felbiger hatte die uneingeschränkte und energische Unterstützung dieses Ministers erfahren, und auch Schlabrendorff rühmte den Fleiß des Abtes, der mit seinen „soliden Wissenschaften" dem Staat nützlich sei[196].

Schlabrendorffs Nachfolger[197] führten die Schulpolitik nicht mit derselben Tatkraft weiter[198]. Wir gewinnen den Eindruck, daß in der Folge auch Felbigers Wirken teilweise zum Stagnieren gebracht worden ist. Jedenfalls können wir in den lezten drei Jahrzehnten des 18. Jahrhunderts in Schlesien keinen wesentlichen Fortschritt gegenüber 1765 und den ersten Jahren danach verzeichnen[199].

Der rechtshistorische Stellenwert und die zentrale bildungsgeschichtliche Bedeutung des Generallandschulreglements von 1765 (und auch schon des GLR von 1763) liegt „in der dadurch vollzogenen bildungspolitischen und -rechtlichen Weichenstellung. In ihnen spricht sich nicht nur der große Seckendorffsche Gedanke aus von der Volksschule als Staatsanstalt, vielmehr damit zugleich die Idee vom Öffentlichkeitscharakter des gesamten Bildungswesens als einer ‚der staatlichen Gesetzgebung und Verwaltung gleichmäßig unterworfenen Staatsangelegenheit' (Lorenz von Stein) ..."[200]. Das Schulwesen war in Bewegung geraten und „dem überkommenen Recht ‚des örtlichen Schulwesens und der provinziellen und grundherrlichen Herrschaft der ständischen Classen' trat damit ein ent- und geschlossener Wille entgegen"[201].

[194] Vgl. CLAUSNITZER, Zur Geschichte d. preuß. Volksschule, S. 415; VOLLMER, Preuß. Volksschulpolitik, S. 114f., 129ff.

[195] Vgl. REIMANN, Niederes Schulwesen, S. 349; PETERSDORFF, in: Schles. Lebensbilder II, S. 10ff., *13*; zur allmählichen Entfremdung zwischen ihm und dem König vgl. PETERSDORFF, aaO., S. 11f. und VOLLMER, aaO., S. 122.

[196] LEHMANN IV, Nr. 254, S. 254f., *255, Anm. 2.*

[197] Heinrich Kasimir Graf Carmer übernahm das Schulwesen; schlesischer Justizminister 1768–80 (GRÜNHAGEN, Schlesien, Bd. 2, S. 359). Carmer unterzeichnete auch das Schulreglement für die höheren Schulen von 1774 und erscheint 1774/75 als Verhandlungspartner Felbigers; siehe LEHMANN IV, Nr. 566, 599, 608, 626, 630; V, Nr. 9. – Als Etatminister fungierte Hoym. Mit ihm verhandelte Felbiger 1770; Hoym unterzeichnete den Schulbericht 1772 für Berlin; siehe Lehmann IV, Nr. 368, 439; er führte auch 1777/78 die Verhandlungen bei der Resignation Felbigers und der Wahl seines Nachfolgers; siehe AEB, Acta resignationis. Zu Hoym siehe VOLLMER, Preuß. Volksschulpolitik, S. 253f.

[198] Ergebnis der Durchsicht der Quellen bei LEHMANN; vgl. für Oberschlesien KOSLER, Preuß. Volksschulpolitik i. OS, S. 63.

[199] Wie unter 198.

[200] FROESE/KRAWIETZ, S. 26.

[201] Ebenda.

DRITTER TEIL

Die Schulaufsicht in den Reformen Felbigers in Österreich (1774–1778) unter der Regierung Maria Theresias und Josephs II.

§ 7 Zur Situation des „Österreichischen Staates“ unter der Regierung Maria Theresias (1740–1780) und Josephs II. (1780(65)–1790)[1]

I. Auf dem Wege zum modernen Staat[2]

Zu den Wendepunkten, „an denen die Entwicklung mit einem Ruck vorangetrieben werden konnte“[3], gehört die Haugwitzsche Reform von 1749, die in wesentlichen Punkten mit Erfolg den Versuch unternahm, aus den deutschen Erblanden und den Ländern der böhmischen Krone einen Staat zu schaffen, „in dem der Landesfürst alle Macht in seiner Hand versammelt hatte“[4]. Geht man, wie JOSEPH REDLICH, von der Vorstellung aus, daß Verwaltung nur die „arbeitende Verfassung“ vorstelle[5], so gilt es, diese Doppelgleisigkeit in der Ausbildung der Struktur des modernen Staates in Österreich im Auge zu behalten, wenn man sein Werden im vollen Umfange begreifen will.

[1] Im Vordergrund der Betrachtung stehen die deutsch-böhmischen Länder.

[2] Das einschlägige Quellenmaterial ist aufgearbeitet in den Veröffentlichungen der Kommission für neuere Geschichte Österreichs: Die österreichische Zentralverwaltung (DÖZ), I. Abteilung, Bd. 1 (Geschichtl. Übersicht), Bd. 2 (Aktenstücke 1491–1681), Bd. 3 (Aktenstücke 1683–1789). Vgl. auch LUSCHIN V. EBENGREUTH, Österreichische Reichsgeschichte, 1896; FRIEDRICH WALTER, Österreichs Weg zum modernen Staat (1500–1848), in: Österreich in Geschichte und Literatur 3, 1959, S. 7–20; WALTER/WANDRUSZKA, Österreichische Verfassungs- und Verwaltungsgeschichte von 1500–1955, 1972, bes. Abschn. IV, S. 48ff.

[3] WALTER, Österreichs Weg zum modernen Staat, S. 7.

[4] Ebenda.

[5] Vgl. REDLICH, Das österreichische Staats- und Reichsproblem I, 1 (1920), S. 30.

Für den mittelalterlichen Staat noch des ausgehenden 15. Jahrhunderts galt OTTO BRUNNERS Formulierung: „Landesherr und Landleute zusammen sind das Land im vollen und ursprünglichen Sinn. Sie beide verfügen über die Gesamtheit der Herrschaftsrechte, die im Lande geübt werden. Für beide ist das Landrecht verbindlich"[6]. In der anschließenden Verfassungsentwicklung hat sich das Landesfürstentum „langsam, ganz unsystematisch, Schritt für Schritt und nicht immer gleich erfolgreich in Bezirke vorgeschoben, die bis dahin unbestritten ständisch waren"[7]. Das gilt vor allem auf dem weniger ins Auge fallenden Gebiet der unteren und mittleren Verwaltung. Im wirtschaftlichen Bereich wirkte sich der Merkantilismus, das Wirtschaftssystem des politischen Absolutismus, als „Einheitsbildner" aus. Immer stärker trat im staatlichen Leben Österreichs die bewußte Entschlossenheit des Landesherrn zutage, die Vollendung seiner Souveränität zu betreiben. Auch und nicht zuletzt wurde diesem Ziel die landesfürstliche Kirchenpolitik dienstbar gemacht. Die Gegenreformation, eine ursprünglich rein religiös ausgerichtete staatliche Überwachungstätigkeit, wurde auf diesem Wege zum Schrittmacher landesfürstlicher Verwaltungspflege[8]. So kam es fast unmerklich in allen Zweigen des öffentlichen Lebens zu einer Aushöhlung des den Ständen verbliebenen Machtbereichs, bis schließlich Maria Theresia, gestützt auf ihren großen Minister Friedrich Wilhelm Graf von Haugwitz, den integralen Beamtenstaat des Absolutismus errichten konnte[9].

Das Handeln Maria Theresias, Josephs II. und ihrer Ratgeber war nicht ausschließlich durch die jeweilige politische Lage ihrer Länder bestimmt worden. Es wurde – wenn auch vielleicht mehr mittelbar als unmittelbar – mitgeprägt von der großen geistigen Bewegung des rationalistischen Naturrechts und der Aufklärung, die, wie wir ja bereits aufgezeigt haben[10], das Staatsdenken und die Staats- und Verwaltungspraxis des aufgeklärten Absolutismus in Preußen wie in Österreich wesentlich beeinflußt haben.

Zu den starken Einflüssen aus den protestantischen Territorien des Reiches traten nicht nur bedeutende Einwirkungen aus den westlichen Staaten Europas hinzu, sondern auch aus Italien[11]. Stellvertretend und exem-

[6] OTTO BRUNNER, Land und Herrschaft, 1943, S. 485.
[7] WALTER, Österreichs Weg zum modernen Staat, S. 14.
[8] AaO., S. 14f.
[9] AaO., S. 15.
[10] Vgl. oben §§ 1–3.
[11] Vgl. ADAM WANDRUSZKA, Österreich und Italien im 18. Jahrhundert, 1963, bes. S. 6ff. u. S. 59ff.: „... In beiden Ländern (erfolgte) die Rezeption der westeuropäischen – vor-

plarisch sei hier nur das Werk LUDOVICO ANTONIO MURATORIS (1672–1750)[12] näher angesprochen, weil es auch für unsere Fragestellung wichtige Aspekte enthält. Bereits in der 1742 erschienenen und Benedikt XIV. gewidmeten Schrift „Dei difetti della giurisprudenza“ begegnen wir der Forderung nach einer Reform der Gesetzgebung[13] und in „Della pubblica felicità“ führte er aus: „Nichts ist für ein Volk nötiger und von größerer Bedeutung als die Gesetze, weil sie das überaus weise Regulierungsinstrument zur Verwaltung der Gerechtigkeit ... enthalten“[14]. In „Della pubblica“ hat MURATORI auch das Programm und große Gesamtkonzept eines idealen Staates entworfen. Er zeichnete darin das Bild eines Wohlfahrtsstaates, „in dem der Fürst nicht nur Gott und seinem Gewissen verantwortlich, sondern auch dem Volk gegenüber vertraglich gebunden ist, in erster Linie die Interessen seiner Untertanen, vornehmlich der armen, zu vertreten. Seine Gedanken muten bis zu einem gewissen Grad wie eine Vorwegnahme des erst eineinhalb Jahrzehnte später erschienenen Contrat social Rousseaus an“[15].

Weil wir wissen, daß Muratori durch Memoranden für den Herzog von Modena (zur Verteidigung kaiserlicher und estensischer Rechte auf Comacchio) am Wiener Hofe früh bekannt geworden war[16] und daß bedeutende Naturrechts- und Staatslehrer in Wien sowie die großen Reformatoren des Studienwesens unter Maria Theresia fast alle die Werke MURATORIS hoch schätzten und sie als Norm für ihre eigenen Bemühungen betrachteten[17], erscheint es angebracht, die diesbezüglichen Positionen MURATORIS knapp zu kennzeichnen. MURATORI entwickelte eine rechtliche

nehmlich französischen, aber auch englischen, norddeutsch-protestantischen und niederländischen bzw., vornehmlich in Italien, auch spanischen – Einflüsse und Ideen der Aufklärung etwa gleichzeitig und mit der gleichen, wenn auch teilweise durch verschiedene Faktoren bedingten ‚Verspätung‘ nach der Jahrhundertmitte“ (S. 60).

[12] Zu Werk und Persönlichkeit vgl. ELEONORE ZLABINGER, Lodovico Antonio Muratori und Österreich, 1970.

[13] Vgl. ZLABINGER, S. 137 mit Anm. 62.

[14] „Nulla é piu necessario ed importante al Popolo, quanto le Leggi, perchè in queste si contengono i piu saggi regolarmenti per l’amministrazion della Giustizia in tanti diversi casi.“ Della pubblica felicità oggetto dei buoni principi, Lucca (Venedig) 1749, S. 52. In mehreren Übersetzungen erschienen; vgl. ZLABINGER, S. 208f. Für freundliche Hilfe bei der Übertragung italienischer Texte ist Frau Ammende-Hering zu danken.

[15] ZLABINGER, S. 141.

[16] Vgl. ZLABINGER, S. 73.

[17] Z. B. GIOVANNI BATTISTA GASPARI (1702–1786), Kirchenhistoriker und seit 1760 Professor für Geschichte an der Universität Wien und Mitglied der Studienhofkommission – vgl. ZLABINGER, S. 27, 32f., 162; Zu Johann Ignaz v. Felbiger – vgl. aaO., S. 142f.; KARL ANTON VON MARTINI – vgl. aaO., S. 39, 245; FRANZ STEPHAN RAUTENSTRAUCH, OSB. (1734–1785) – vgl. aaO., S. 130f., 142, 247.

Begründung für kirchliche Reformen durch den Staat. KARL ANTON VON MARTINI hatte im achten Kapitel seines Werkes „Positiones de iure civitatis" (Wien 1768) dem Staat aus seiner Gesetzgebungsgewalt heraus gewisse Rechte im kirchlichen Bereich zugesprochen. Er berief sich dabei, neben GROTIUS und WOLFF, ausdrücklich auf MURATORI, und zwar auf das sechste Kapitel des Werkes „De la pubblica felicità"[18]. In dem genannten Kapitel umriß MURATORI das Verhältnis von Staat und Kirche mit folgenden Worten: „Es dient der Gerechtigkeit, daß, wer auch immer die öffentliche Ruhe und das Gemeinwohl liebt, eine vollkommene und beständige Harmonie zwischen Kirche und Staat (sacerdotium und imperium) wünschen muß, derart, daß der eine die wahren (und nicht nur in der Einbildung bestehenden) Rechte des anderen unangetastet läßt und beide geloben, in Eintracht die Völker im geistlichen und weltlichen Bereich glücklich zu machen ..., da die Religion Jesu Christi eingesetzt wurde, um den Staaten der Völker zu nützen und nicht etwa, um ihnen zu schaden"[19]. Daraus folgerte Muratori für den Staat überall dort ein Einspruchs- und Bestimmungsrecht in kirchlichen Dingen, wo religiöse Bräuche oder gar Mißstände das Staatsinteresse gefährden könnten.

Konsequent haben dann MARIA THERESIA und erst recht JOSEPH II. oftmals auch ohne vorherige Fühlungnahme mit den kirchlichen Autoritäten das religiöse Leben betreffende Angelegenheiten in eigener Machtvollkommenheit entschieden. Dahinter stand die Überzeugung, daß alle Regelungen, die nicht direkt und im Kern die kirchliche Lehre betrafen, in den Kompetenzbereich des Landesfürsten fallen. So hieß es im Hofdekret vom 17. Okt. 1770, in welchem das Profeßalter festgesetzt wurde: „Da die Verbreitung des christlichen Glaubens, die Aufnahme der katholischen Religion, das Ansehen der geistlichen Personen und das gegen diese höchstnötige Vertrauen ungemein befördert wird, wenn die von Zeit zu Zeit aus menschlicher Schwachheit eingeführten Mißbräuche in zufälligen Dingen des äußeren Kirchenwesens abgestellt werden, so haben Ihre Majestät unter den Ihnen von Gott auferlegten Pflichten bloß und allein zur gesicherten Erreichung des berühmten Endzweckes hierauf die möglichste Sorgfalt gerichtet"[20].

[18] Vgl. MARTINI, Positiones, 2. A., 1773, S. 110.

[19] „Giusto sacrà, che chiunque ama la pubblica tranquillità e il pubblico bene, desideri una perfetta costante armonia fra il Sacerdozio, e l'Imperio, sicchè l'uno lasci intatti i diritti veri, e non imaginari dell'altro, e amendue concordemente cospirino a rendere spiritualmente, e temporalmente felici i Popoli." ... „giacchè la Religione di Gesù cristo fu istituita per giovare anche allo stato civile de' Popoli, e non già per nuocergli." MURATORI, Della pubblica felicità, Kap. VI, S. 35 u. 34.

[20] MThGS VI, S. 294.

Im Denken MURATORIS nimmt die Sorge für die Ausbildung und Erziehung der Jugend im Pflichtenkatalog des Staates einen vorderen Platz ein. In „Della pubblica felicità“ ist den Fragen der Erziehung der Jugend ein ganzes Kapitel gewidmet. Dort heißt es: „Ein ruhmreiches und außerordentlich nutzbringendes Werk wird es für den Fürsten sein, wenn er seinen Eifer auf die Erziehung der Jugend richtet ... Es ist leicht einzusehen, wie sehr es sich für den Fürsten lohnt, alle Kollegien, Seminare und Konservatorien für die Jugend des Adels, der Bürger und des einfachen Volkes unter seine Obhut zu nehmen, ... Der wäre blind, der nicht erkennen würde, wie lobenswert und wie nützlich für jedes Volk und jede Stadt die Gründung solcher Einrichtungen für die Erziehung der Jugend ist“[21].

Wie andere Schulreformer kannte und schätzte auch Felbiger die Schriften MURATORIS. In einem Brief aus dem Jahre 1772 an den Theologen und Professor der deutschen Reichsgeschichte und späteren Direktor des Haus-, Hof- und Staatsarchivs in Wien M. I. SCHMIDT[22] drückte er den Wunsch aus, die Professoren und Oberen von Studienhäusern mögen die „Epistola paraenetica ad superiores religiosorum ... pro emendatione studiorum monasticorum“ von Muratori eifrig studieren[23]. Wir wissen auch, daß Felbiger bei der Abfassung der „Allgemeinen Schulordnung“ Vorarbeiten benutzte, die aus der Feder des Muratori-Anhängers KARL ANTON VON MARTINI stammten[24]. Insbesondere in der Einleitung dieser Schulordnung treten uns Muratorische Gedankengänge entgegen: „Da Uns nichts so sehr als das wahre Wohl der von Gott Unserer Verwaltung anvertrauten Länder am Herzen liegt, und Wir auf dessen möglichste Beförderung ein beständiges Augenmerk zu richten gewohnt sind, so haben wir wahrgenommen, daß die Erziehung der Jugend, beiderlei Geschlechts, als die wichtigste Grundlage der wahren Glückseligkeit der Nationen ein genaueres Einsehen allerdings erfordere“.

[21] S. 18: „Opera gloriosa e sommamente profittevole al ... Principe sacrà, s'egli impiegherà il suo zelo per l'educazione della Gioventù ... Facile è il conoscere, quanto convenga ai Principi il proteggere tutti Collegi, Seminari, e Conservatori della Gioventù tanto Nobile, che Civile, e Plebea, dell'uno e dell'altro sesso. Cieco sarebble, chi non conoscesse, quanto sia lodevole, quanto giovevole in ogni Popolazione e Città l'istituzione di si fatti Luoghi, dove è tenuta in educazione la Gioventù.“

[22] Über SCHMIDT vgl. LThK IX, Sp. 437f.; ADB XXXII, 6f.; v. WURZBACH, XXX, 303–308; weitere Hinweise bei ANNEMARIE LINDIG, Franz Oberthür als Menschenfreund, 1963, S. 123f.

[23] Brief v. 29. März 1772, in: OBERTHÜR, M. I. Schmidts Lebensgeschichte, S. 98.

[24] Zum Zusammenhang vgl. FRASS, Quellenbuch II, 1959, S. 342, Anm. 1 (ohne Quellenangabe).

Auf der Suche nach den gedanklichen Wurzeln der Maria Theresianischen und Josephinischen Staats- und Verwaltungsreformen stoßen wir ebenfalls auf die großen Vertreter der rationalistischen Naturrechtslehre wie GROTIUS, PUFENDORF und CHRISTIAN WOLFF (vgl. oben § 1). Auf sie griff auch die das spättheresianisch-josephinische Österreich mitbestimmende Staatslehre JOSEPH VON SONNENFELS' und der Kameralisten WILHELM V. SCHRÖDER und JOHANN HEINRICH GOTTLOB JUSTI[25] zurück. Vor allem von den Lehren WILHELM V. SCHRÖDERS zeigte sich die führende Persönlichkeit der ersten Phase der theresianischen Reformarbeiten, GRAF HAUGWITZ, beeinflußt.

II. Österreichische Staats- und Verwaltungsreformen unter Maria Theresia und Joseph II.[26]

1. Die frühen Reformen Maria Theresias

Bereits während des Erbfolgekrieges hatten die Kaiserin und ihre Ratgeber die Notwendigkeit einer grundlegenden Umgestaltung im Sinne einer Reform des Staates, nicht bloß seiner Verwaltungsorganisation erkannt. „Der Zwang der augenblicklichen Lage, die Erkenntnis der Fehler, an welchen das Staatswesen erkrankte, und der vor einschneidenden Änderungen nicht zurückschreckende kräftige Wille der Herrscherin (trafen) zusammen, und auch der richtige Ratgeber war vorhanden, Graf

[25] SOMMER, Die ö. Kameralisten, 2 Bde., 1920/25; H. MAIER, D. ältere dt. Staats- u. Verwaltungslehre, S. 46, 211f. (Schröder), 218ff. (Sonnenfels, Justi); FRENSDORFF, Justi, 1904; OSTERLOH, Sonnenfels, 1970.

[26] Das maßgebliche Quellenmaterial steht in den Gesetzessammlungen (vgl. Quellen- u. Literaturverzeichnis) und in den Quellenpublikationen „Die österreichische Zentralverwaltung", hier: II. Abt., Bd. 1, 1. Halbbd. (Geschichte d. ö. Zentralverw. i. d. Zt. Maria Theresias 1740–80), Bd. 1, 2. Halbbd. (Gesch. ... 1780–1840, 1. Teil: Die Zeit Josephs II. u. Leopolds II.); Band 2 (Die Zeit d. Directoriums ..., Aktenstücke), Bd. 3 (Vom Sturz d. Directoriums ... bis zum Ausgang d. Regierung M. Th., Aktenstücke) zur Verfügung, ergänzt durch FERD. MAASS, Der Josephinismus I–III, 1951–56) z. Thema „Staat u. Kirche").
Unser Überblick stützt sich außerdem hauptsächlich auf die Verarbeitung der Quellen in den Darstellungen von LUSCHIN VON EBENGREUTH, Österreichische Reichsgeschichte, §§ 61ff.; ders., Grundriß; FRIEDRICH WALTER, Die theresianische Staatsreform von 1749, 1958; WALTER/WANDRUSZKA, Österreichische Verfassungs- und Verwaltungsgeschichte, Abschn. VI, S. 89ff.; HEINRICH OTTO MEISNER, Das Regierungs- und Behördensystem Maria Theresias und der preußische Staat, 1941, zuletzt abgedr. in: Die Entstehung des modernen souveränen Staates, 1967, S. 209ff.

Friedrich Wilhelm von Haugwitz, der, wie die Kaiserin selbst schrieb, ihr ‚wahrhaftig durch die Providenz zugeschicket worden‘ (war)“[27]. In den harten Jahren des Erbfolgekrieges war ein solches Werk natürlich nicht durchzuführen.

Auch in den darauf folgenden Jahren kam es jedoch nur zu einer Kette von im Ergebnis unbefriedigenden Einzelmaßnahmen. Lediglich bei „der Durchorganisierung des der Monarchie zuletzt angegliederten Südostraumes gelangte Maria Theresia zu einer im ganzen befriedigenden Lösung“[28]. Die Königin errichtete 1745/47 eine ihr unmittelbar unterstellte „Hofdeputation in Banaticis, Transsylvanicis et Illyricis“. Ihre Tätigkeit führte zu einem starken geistigen und materiellen Aufschwung der betreuten Gebiete. Die Tätigkeit und Organisation dieser Hofdeputation wird im einzelnen noch anzusprechen sein bei der Darstellung der Übertragung und der Übernahme des Felbigerschen Reformmodells in den Südostraum und nach Rußland. Insgesamt wird man bei einer Betrachtung dieser ersten Reformperiode jedoch sagen müssen, daß man an das Kernproblem des Staates des 18. Jahrhunderts, den landesfürstlich-ständischen Dualismus, nicht herankam[29].

2. Die Haugwitz'sche Staatsreform von 1749

Die auch für unsere Fragestellung bedeutsamen Maßnahmen brachte erst die Staatsreform von 1749. Es ist das Verdienst des Grafen Friedrich Wilhelm von Haugwitz, daß er die Zusammenhänge zwischen Staats- und Verwaltungsreform in allen Verzweigungen als erster klar erkannt und Wege aufgezeigt hat, die Ringmauer aufzubrechen, die in Gestalt der mittleren und unteren Verwaltung eine Zugriffsbarriere zwischen Landesfürst und Untertan darstellte[30].

Auf der Suche nach den Wurzeln der Haugwitz'schen Reform stoßen wir auf die Lehren und die Gedankenwelt der österreichischen Kameralisten. Vor allem zeigt sich Haugwitz von den Lehren Wilhelm von Schröders beeinflußt[31]. Eine andere Wurzel liegt in der Kenntnis der fortschrittlichen Verwaltungsarbeit der preußischen Nachbarn, die Haugwitz bei seiner Tätigkeit als Präsident der Königlichen Kammer in Troppau, nahe der preußischen Grenze, hatte gewinnen können. Zur öster-

[27] Nach: von Ebengreuth, Grundriß, S. 314.
[28] Walter/Wandruszka, aaO., S. 94.
[29] Vgl. Walter/Wandruszka, aaO., S. 94.
[30] Vgl. Heinrich Otto Meisner, Das Regierungs- u. Behördensystem Maria Theresias und der preußische Staat, in: Die Entstehung des modernen souveränen Staates, S. 209ff.
[31] Walter/Wandruszka, aaO., S. 95.

reichischen Theorie trat daher das Beispiel der preußischen Praxis. Das in seiner schlesischen Landesadministration entwickelte und erprobte Modell[32] wollte von Haugwitz auf die Zentralverwaltung übertragen wissen. Nach unleugbaren Erfolgen seiner Reformen in Schlesien, einer zusätzlichen Erprobung in Krain und Kärnten, entschloß sich Maria Theresia, das so bewährte Haugwitz'sche System in der ganzen Monarchie einzuführen. Die Entscheidung fiel in der denkwürdigen Sitzung des Kronrats vom 29. Januar 1748[33]. Mit kaiserlichem Handschreiben vom 2. Mai 1749 wurde die so „durchgesetzte Neuordnung des ganzen mittleren und oberen Behördensystems" bekanntgemacht[34].

Diese Neuordnung brachte insbesondere die Trennung der „Publica, Provincialia et Cameralia", d. h. der politischen und der Finanzverwaltung vom Justizwesen und ihre Überweisung an das unter das Präsidium von Haugwitz gestellte „Directorium in Publicis et Cameralibus". Im Vollzug dessen wurde das Direktorium zur entscheidenden Schaltstelle.

Parallel zur Neuordnung der Zentralstellen lief die Neueinrichtung in den Ländern. Alle Geschäfte, die in der Zentrale den Wirkungsbereich der Konferenz in Internis bzw. des Direktoriums ausmachten, gingen in den Ländern auf die Deputationen über, die nun bei ihrer endgültigen Installierung die Bezeichnung Repräsentationen und Kammern erhielten, weil sie den Landesfürsten zu vertreten und neben der politischen auch die Finanzverwaltung zu führen hatten. Die alten Landesstellen wurden ganz auf die Justizsachen zurückgedrängt[35].

Haugwitz hatte beim Studium des benachbarten preußischen Beispiels in den sogenannten Kriegs- und Domänenkammern die Verbindung alter Kammergutsverwaltung und unumschränkter kriegskommissarischer Gewalt kennengelernt[36] und ihre Bedeutung für den Ausbau und Sieg des absoluten Staates sehr wohl erkannt. Diese Kriegs- und Domänenkammern bildeten die Planungsvorlage für die Repräsentationen und

[32] Vgl. das Patent v. 12. März 1744, durch welches das Haugwitzsche System in Schlesien eingeführt wurde (aufgrund einer Hofentschließung v. 21. Febr. 1744) – DÖZ II, 2, S. 150, Anm. 1.

[33] Konferenzprotokoll in: DÖZ II, 2, S. 195–206. Zum Zusammenhang und zum Gesamten der Verhandlungen vgl. ARNETH, Maria Theresia, IV, S. 16ff. Vgl. hierzu auch die Denkschriften der Kaiserin; wiedergegeben bei ARNETH, aaO., S. 311f. u. im Auszug in: DÖZ II, 2, S. 206.

[34] DÖZ II, 2, S. 269ff.

[35] Zum Verlauf dieser Verhandlungen vgl. die Aktenstücke in: DÖZ II, 2, S. 269ff., 282ff. Zur Auswirkung dieser ganzen Neueinrichtung auf die mittleren und unteren Instanzen aaO., S. 292ff.

[36] Vgl. oben § 5 I 2.

Kammern im österreichischen Bereich. Entsprechend fand die zentrale Spitze in Berlin, das Generaldirektorium, ihr Gegenstück in dem neuen Direktorium in Publicis et Cameralibus in Wien.
Zu Recht sieht man in der Reform von 1749 den staatsrechtlichen Umbruch, „der aus den deutschen Erbländern und den Ländern der böhmischen Krone einen Einheitsstaat machte und die Zusammenfassung aller zisleithanischen Provinzen erreicht“ hat[37]. Die Durchsetzung in den unteren Ebenen ließ jedoch noch lange auf sich warten.

3. Fürst Kaunitz und die Reform von 1760/1761

Kaunitz, der bedeutendste und taktisch klügste Gegner der Haugwitzschen Reform, schilderte in den schwierigen Monaten November/Dezember 1760 die krisenhafte Lage der Monarchie der Kaiserin in düstersten Farben[38]. Als sicheres Instrument, um dieser Krisensituation Herr zu werden, schlug er die Einrichtung eines ständigen Staatsrates vor. Sein Wirkungsbereich sollte alle inneren Angelegenheiten der Erbländer umfassen, allerdings unter Beschränkung auf die Beratung der Kaiserin und auf die Überwachung der Hofstellen. Nach Zustimmung der Kaiserin[39] konnte am 26. Januar 1761 der Staatsrat seine erste Sitzung halten und sich eine Geschäftsordnung geben[40]. Die erste ihm gestellte Aufgabe war dann die Untersuchung, „was für eine Gestalt und Vorschrift denen gesamten Stellen nach und nach in der Folge zu geben sei“[41]. Damit hatte sich die immer stärker gewordene Opposition gegen Haugwitz und sein Reformsystem unter Führung von Kanzler Kaunitz eine wichtige Basis geschaffen. Bereits am Ende dieses selben Jahres fiel dieser Opposition der von Haugwitz geschaffene Aufbau der Zentralverwaltung mit dem Direktorium zum Opfer: vom 29. Dez. 1761 datiert das entscheidende Handschreiben an den Oberst Hofmeister Grafen Uhlfeld mit dem Auftrag zur Ausfertigung der notwendigen Erlasse[42]. Dieses Handschreiben verfügte zwar die Aufrechterhaltung der Trennung der Publica und Politica von der Justiz, „löst(e) aber aus der obersten politischen Stelle, die als ‚Böhmische und österreichische Hofkanzlei‘ bezeichnet wird, die kameralen Kommissariatsgeschäfte heraus“[43]. Wider die Hoff-

[37] WALTER/WANDRUSZKA, aaO., S. 101.
[38] Vortrag v. 9. Dez. 1760 – DÖZ II, 3, S. 3ff.
[39] AaO., S. 12 oben.
[40] DÖZ II, 3, S. 15ff.
[41] Agenda des Staatsrats, Punkt 3 – DÖZ II, 3, S. 16.
[42] DÖZ II, 3, S. 122ff.
[43] WALTER/WANDRUSZKA, aaO., S. 105.

nung der ständischen Opposition stellte sich jedoch heraus, daß „das eigentlich Essentielle des Haugwitzschen Systems, seine staatsrechtlichen, das Verhältnis Landesfürst – Stände im Kern treffenden Auswirkungen" unberührt blieben[44].

4. Die Reform von 1765

Die von Kaunitz betriebenen und erreichten Umbauten im Behördenapparat führten jedoch nicht zum erhofften und gewünschten Erfolg. Die Diskussion um die Reform des Behördenapparats ging intensiv und erbittert weiter. Am 14. Mai 1765 traf Maria Theresia endlich die grundsätzliche Entscheidung[45]: Die weitgehende Aufgliederung namentlich der Finanzverwaltung sollte durch eine an 1749 erinnernde Zentralisation ersetzt werden. Zusammen mit dem abschließenden kaiserlichen Handschreiben vom 26. August 1765[46] gelangte man zu einer neuen Ordnung, die im Ergebnis ein Stück zurückführte, d. h. die 1761 erfolgte Auflockerung der zum Teil überspitzten Haugwitzschen Behördenkonzentration wieder zurücknahm.

5. Die Verwaltungsreformen Josephs II.[47]

Des Kaisers Verwaltungsreformpläne zielten auf Vereinfachung und Beschleunigung des Verfahrens. Er setzte mit seinen Maßnahmen bei den Länderstellen an. 1783 wurde so die Administration verschiedener Erbländer zusammengelegt. Damit parallel ging die Beseitigung aller ständischen Kollegien. Hinsichtlich der Zentralverwaltung griff Joseph II. auf einen Plan zurück, den er bereits in einer Denkschrift des Jahres 1765 entwickelt hatte[48]. Er schuf eine neue Zentralstelle (am 24. Dez. 1782) mit umfassendem Kompetenzbereich, wie bereits der neue Name erkennen läßt: Vereinigte böhmisch-österreichische Hofkanzlei, Hofkammer und ministeriale Deputation[49]. Joseph II. war damit nicht nur zum System des Haugwitzschen Direktoriums zurückgekehrt, ja er war in der Frage der Konzentration noch darüber hinausgegangen. Nur drei Agen-

[44] AaO., S. 105. Vgl. den diesbezüglichen Vortrag des Staatskanzlers Kaunitz (Teilabdruck bei ARNETH, Maria Theresia VII, 1876, S. 29ff.; vgl. dazu WALTER/WANDRUSZKA, aaO., S. 304, Anm. 30).

[45] Handschreiben, in: DÖZ II, 3, S. 253ff.

[46] AaO., S. 271 u. 359.

[47] Vgl. WALTER/WANDRUSZKA, S. 107ff.

[48] AaO., S. 111.

[49] Instruktion für die Vereinigte Böhmisch-österreichische Hofkanzlei, in: DÖZ II, 4, S. 41ff.

dengruppen waren nicht in diese große vereinigte Hofstelle mit einbezogen, sondern eigenen Hofkommissionen zugewiesen[50].

„Überblickt man die verwaltungsorganisatorische Leistung Josephs II. ..., so wird man wohl sagen müssen, daß das persönliche Regiment des Kaisers und seine Abneigung, sich in seiner Handlungsfreiheit auch durch von ihm selbst erlassene Ordnungen einengen zu lassen, einer überlegten, zielstrebigen Organisationsarbeit wenig günstig war“[51]. Die zahlreichen Pläne, mit denen Joseph sich ständig trug, und seine Ungeduld mußten die Verwaltung, die eine möglichst unbeirrte Konsequenz erforderte, empfindlich stören. Eine der wirklich originellen Schöpfungen Josephs II. auf dem Gebiet des Behördenwesens war die Einrichtung einer staatlichen Polizei. Sie ist einer besonderen Erwähnung wert, weil in ihr die Übereinstimmung josephinischer Staatspraxis und zeitgenössischer Lehre deutlich ist, während im übrigen „die Staatsaufassung des Kaisers ein vollkommen undogmatisches, von den herrschenden Theorien wohl stark beeinflußtes, aber von keiner völlig geformtes Gebilde ist, das aus einer tiefen Religiosität und dem naturrechtlichen Gedankenkreis zu einem einheitlichen System eigenartiger Prägung erwuchs“[52].

III. Verwaltungs- und Behördenaufbau in den Reformen der Jahre 1748–1765 unter Graf Haugwitz und Staatskanzler Fürst Kaunitz-Rietberg[53]

1. In der ersten Reformperiode unter Graf Haugwitz (ca. 1748–1760)[54]

Die organisatorische Neuordnung nahm ihren Ausgang von der Mittelinstanz, den Landesverwaltungen. Im Sommer und Herbst 1748 wurden in den Ländern eigene Stellen zur Besorgung des „militaris mixti, contributionalis et cameralis“ unter dem Namen ‚Deputationen‘ (auch Reprä-

[50] Dies betraf die geistlichen Sachen, die Stiftungsangelegenheiten und das gesamte Schul- und Zensurwesen (letzteres war der „Studienhofkommission“ zur Bearbeitung übertragen).

[51] WALTER/WANDRUSZKA, aaO., S. 113, 26.

[52] Ebenda.

[53] Vgl. die Quellen- und Literaturangaben zu § 7 II, Anm. 1; ergänzend BALTL, Österr. Rechtsgeschichte, 2. A., 1972, 178–182; HELLBLING, Österr. Verfassungs- u. Verwaltungsgeschichte, 1956, S. 290ff., 302ff.

[54] Vgl. zum Verlauf: DÖZ II, 1, 1, S. 92–243; Aktenstücke: DÖZ II, 2.

sentationen, Landeshauptmannschaften, Kammern) eingerichtet[55]. Ihnen unterstanden die in Böhmen bereits vorhandenen, in den österreichischen Ländern neu zu bestellenden Kreishauptleute[56]. Den alten Landesstellen gleichgeordnet, repräsentierten die neu organisierten Länderstellen die Person des Landesfürsten und waren auch ihm unmittelbar verantwortlich – sie hatten „von niemanden als von uns selbst ihre dependenz zu erkennen“[57]. Das Eigentümliche ihrer Einordnung in das Behördensystem war, daß die Person des Herrschers zwischen die neuen Mittelstellen und die Zentralstellen eingeschoben wurde. Damit war gleichsam eine Umlegung des Dienstweges erfolgt. Gingen früher die Berichte von der Landesstelle an die Zentralstelle und von dieser mit Votum an den Monarchen zur Entscheidung, so berichteten jetzt die Deputationen unmittelbar nach Hof. Auf diese Weise erhielten die Zentralstellen von den Dingen erst Kenntnis nach der Entscheidung, deren Durchführung ihnen dann übertragen wurde[58]. Damit sanken die Zentralbehörden hinsichtlich des Agendenkreises der Länderstellen zu bloßen Ausführungsorganen herab.
Im Zusammenhang mit der Umorganisation der Länderstellen sind die Kreisämter anzuführen. Sie wurden im Jahre 1748 nach böhmischem Vorbild den Deputationen zu- und untergeordnet[59]. Das böhmische Vorbild wurde insoweit abgewandelt, als statt der bisher bestellten zwei Hauptleute nur ein Kreishauptmann von der Regierung ernannt wurde[60]. Den Kreishauptleuten fiel zunächst die Aufgabe zu, in ihrem Kreis die militärische Erfassung und Rekrutierung („Seelenkonskription“) durchzuführen, insgesamt für die öffentliche Sicherheit und Wohlfahrt sowie für die Vollziehung der landesfürstlichen Anordnungen in direkter Unterordnung unter die Deputationen zu sorgen; dazu gehörte auch die Überwachung der Gemeinden und ebenfalls des Verhaltens der Geistlichleit[61]. Allmählich entwickelte sich so eine echte Verwaltungsbehörde als Mittelstufe zwischen den Landesbehörden auf der einen und

[55] DÖZ II, 1, 1, S. 157; zu den einzelnen Deputationen aaO., S. 159f.; II, 2, S. 210ff.
[56] DÖZ II, 1, 1, S. 157; II, 2, S. 210ff.
[57] DÖZ II, 1, 1, S. 157.
[58] DÖZ II, 1, 1, S. 157f.
[59] DÖZ II, 1, 1, S. 159f.; BALTL, Österr. Rechtsgeschichte, S. 180; HELLBLING, Österr. Verf.- u. Verwaltungsgeschichte, S. 291. Zur Kreisverwaltung mit dem Blick auf preuß. Parallelen vgl. MEISNER, Regierungs- u. Behördensystem, S. 216f.
[60] Vgl. HELLBLING, aaO., S. 291.
[61] DÖZ II, 1, 1, S. 158, 160; HELLBLING, aaO., S. 291.

den Gemeinde- bzw. Grundobrigkeiten auf der anderen Seite[62]. Für die Stände bedeuteten diese Maßnahmen einen weitgehenden Verlust ihres bisherigen Einflusses; die herrschaftlichen Beamten waren von da ab in allen öffentlichen Angelegenheiten unter die Kontrolle der Kreisämter gestellt.

Die Spitze der Verwaltungsbehörden bildete ab 1749 das „Directorium in publicis et cameralibus". Die neue Behörde trat an die Stelle der österreichischen und böhmischen Hofkanzlei[63]. Ihr oblag die politische Verwaltung (innere Verwaltung) und die Finanzverwaltung. Die Einrichtung einer solchen Zentralbehörde war nach Fertigstellung der Deputations- und Kreisamtsverfassung in den Ländern als organisatorische Entsprechung in der Zentralverwaltung dringlich geworden. Es hatte sich nämlich sehr schnell aus den Beratungen der von den Deputationen eingereichten Berichte ein regelmäßig funktionierendes zentrales Organ mit dem Namen einer „Hauptdeputation" entwickelt[64]. So entstand eine Doppelgleisigkeit, auf deren negative Folgen Haugwitz hinwies[65]. Deshalb betrachtete man die Hauptdeputation bloß als eine Zwischenlösung, der eine endgültige Zusammenfassung der Agenden in einer Behörde folgen sollte.

Am 2. Mai 1749 kam es dann auch zur Neuordnung[66], wonach „die publica[67], provincialia et cameralia von dem justizwesen vollkommen separiret, die bisherige böhmisch- und österreichische canzlei vollends aufgehoben, die provincialia, publica et cameralia unter des kaisers Mt. geschrieben und Liebden, dann meiner eigenen direction, die justizangelegenheiten aber nebst etlichen mixtis durch eine aus beeden canzleien zuzusammengesetzte obriste justizstelle hinfüro werden besorget werden"[68].

Über der gesamten politischen und Finanzverwaltung stand noch eine „Konferenz in internis", ein Rat ohne Vollzugsgewalt, in dem die Kaiserin den Vorsitz bekleidete und entschied[69].

[62] Vgl. BALTL, aaO., S. 180. Zum Kompetenz- u. Aufgabenbereich vgl. die Instruktionen – DÖZ II, 2, S. 211ff.
[63] Vgl. HELLBLING, aaO., S. 290. Zur Organisation davor vgl. BALTL, aaO., S. 178.
[64] Vgl. DÖZ II, 1, 1, S. 161.
[65] AaO., S. 171, 174f.
[66] Vgl. DÖZ II, 1, 1, S. 175f. Die entsprechenden Handschreiben der Kaiserin in: DÖZ II, 2, S. 169ff.
[67] Zur Terminologie „publica", „publica et politica", „publico-politica" vgl. MEISNER, Regierungs- u. Behördensystem, S. 421f., Anm. 27.
[68] Aus dem Handschreiben an Graf Uhlfeld v. 2. Mai 1749 – DÖZ II, 2, S. 272f., *272*.
[69] DÖZ II, 1, 1, S. 176.

Gemäß dem Haugwitzschen Grundgedanken der unbedingten Zusammengehörigkeit von politischer und Kameralverwaltung erfolgte die Arbeitsteilung innerhalb des Directoriums nicht nach Sach-, sondern nach Länderreferaten[70].

2. In der Reformperiode unter Staatskanzler Graf (ab 1763 Fürst) Wenzel Kaunitz-Rietberg[71]

Im Zuge der Auseinandersetzungen zwischen den Vertretern der Haugwitzschen Konzeption und ihren Gegnern, repräsentiert durch den Staatskanzler Kaunitz-Rietberg[72], kam es 1760 zur Errichtung einer obersten, gesamtstaatlichen, beratenden und antragstellenden Behörde, des Staatsrates[73], dem die „Wahrung der Konsequenz von Gesetzgebung und Verwaltung" oblag[74]. Der nächste Schritt bestand in der Ersetzung des Direktoriums durch die „Kaiserlich-Königliche Vereinigte Böhmisch-österreichische Hofkanzlei" und in der Übertragung der Finanzkompetenz an eine gesonderte Behörde[75].
Infolge verschiedener Unzulänglichkeiten dieses neuen Systems entschloß sich die Kaiserin im Verlaufe ausgedehnter Beratungen und Verhandlungen in den Jahren 1764/65 und danach, die im Rahmen der Kaunitzschen Reformen erfolgten Auf- und Ausgliederungen weitgehend wieder rückgängig zu machen, und zwar im Sinne der Haugwitzschen Vorstellungen[76]. Am Ende der Regierungszeit Maria Theresias bestanden schließlich folgende Zentralbehörden: Staatskanzlei, Staatsrat, k.k. vereinigte böhmisch-österreichische Hofkanzlei, Hofkriegsrat, oberste Justizstelle, Hofkammer, Hofrechenkammer, Generalkasse und Kommerzienrat.

Bei den Mittelbehörden wurde die Eingliederung der „landschaftlichen" Verwaltung in die allgemeine Verwaltung weiter vorangetrieben[77] nach dem Grundsatz der Kaiserin, „dass dem capo des landesgoverno die obereinsicht und die obergewalttragung über alle theile und geschäfte der

[70] Vgl. den „Geschäfts- u. Arbeitsverteilungsplan" d. J. 1751 – DÖZ II, 2, S. 320ff.
[71] Zum Verlauf DÖZ II, 1, 1, Abschnitte V–VII.
[72] Zu Kaunitz vgl. WALTER, in: DÖZ II, 1, 1, S. 261ff. u. d. dort angegebene Literatur.
[73] Vgl. insgesamt HOCK/BIDERMANN, Der österreichische Staatsrath (1760–1848), 1879. Ergänzend u. präzisierend DÖZ II, 1, 1, S. 265ff., 309ff., 425ff.; vgl. auch BALTL, aaO., S. 181; HELLBLING, aaO., S. 291f.
[74] BALTL, aaO., S. 181.
[75] DÖZ II, 1, 1, S. 314f.
[76] AaO., S. 366ff., 419–421 (Ergebnisse).
[77] AaO., S. 358ff.

ganzen landesregierung eingeraumet" wird[78]. Das Ergebnis war die Vereinigung der Stellen des ständischen ‚Capo' und des Chefs der landesfürstlichen Verwaltung in einer Person. Dies geschah nach dem Vorbild und Muster Niederösterreichs, wo diese Organisation bereits 1759 Platz gegriffen hatte[79].

Zwei Ergebnisse dieser Reformen erscheinen besonders bedeutsam: „Die Ausschaltung der Stände aus fast allen Bereichen der politischen und der Finanzverwaltung und die Vernichtung der Eigenstaatlichkeit der Länder der böhmischen Krone"[80]. Die Schaffung eines zentralistischen Einheitsstaates als Ergebnis zu nennen, dürfte nur sehr eingeschränkt möglich sein; zumindest in der Verwaltungswirklichkeit der unteren Ebene und insbesondere im Hinblick auf die Spannung zwischen der ungarischen Krone und den übrigen unter habsburgischer Herrschaft stehenden Ländern[81]. Immerhin fiel in diese Reformperiode der entscheidende verfassungsrechtliche und verwaltungsmäßige Umbruch. Der Neubau erfolgte von unten nach oben. Das österreichische Restschlesien diente Haugwitz als Probierland und Modell (so wie später „Preußisch-Schlesien" für die Carmersche Justizreform). Österreichische Deputationen und das kommissarische Stadium der Verwaltung in Preußen entsprachen sich. Sehen wir Deputationen und Kreishauptleute zusammen, so haben wir auch in Österreich „jene entscheidende Dreieinigkeit der Funktionen ..., die das Charakteristicum der preußischen Verwaltung bildete dieselben Behörden, die sich um die militärische Administration zu kümmern hatten, waren für das Aufkommen der Militärlast, aber auch für das Wohl der Untertanen, der ‚Energiequellen' ... verantwortlich"[82]. Die Bezeichnung der neuen Länderbehörden als „Repräsentationen", „Kammern" bedeutete ein Programm. Die „Repräsentationen" waren materiell und formell die politischen Hoheitsbehörden zweiter Instanz[83]. Das Verfahren bei der Reform ist für Preußen und Österreich durchaus vergleichbar. „Durch fortgesetzte Entziehung von Zuständigkeiten wird der ständische Behördenapparat ausgehöhlt; in Preußen war das allmählich geschehen, in Österreich geschieht es" aus den Zwängen der Zeit heraus „schnell und stoßweise"[84].

[78] AaO., S. 358.
[79] Ebenda.
[80] AaO., S. 498.
[81] Vgl. BALTL, aaO., S. 179.
[82] MEISNER, Regierungs- u. Behördensystem, S. 215.
[83] Vgl. MEISNER, aaO., S. 216.
[84] MEISNER, Regierungs- u. Behördensystem S. 216. Der stürmische Umbau läßt den Ausspruch des Oberhofmeisters Fürst KHEVENHÜLLER-METSCH von der „gänzlichen Ver-

Die Errichtung des „Directoriums in publicis et cameralibus“ führte zu einer „Verstaatlichung“ der politischen Verwaltung – eine Voraussetzung des absolutistischen Machtstaats. Somit führte insbesondere die Periode Haugwitz den entscheidenden verfassungsrechtlichen und verwaltungsmäßigen Umbruch herbei, „der den österreichischen Absolutismus überhaupt erst in Front mit den Regierungssystemen anderer großer Kontinentalstaaten gebracht hat“[85]. Die letzte Phase theresianisch-josephinischer Behördengeschichte hat das organisatorische Bild der mittleren und zentralen Instanzen nicht mehr wesentlich verändert[86]. Die Entscheidungen fielen in den Jahren 1749, 1761 und 1765.
Joseph II. versuchte (allerdings mit nicht sehr großem Erfolg) die in seiner großen Denkschrift von 1765 formulierten Reformideen zu realisieren[87]. Davon sind in unserem Zusammenhang von Interesse die Reform des Staatsrates und die Vereinigung von politischer und Finanzverwaltung. Insgesamt strebte er eine Straffung des Staatsapparates und eine Beschleunigung der Arbeit seiner Behörden an.
Seine wichtigsten Maßnahmen waren:

Die Errichtung der böhmisch-österreichischen Hofkanzlei[88];
die Reform des Staatsrates[89];
die Beschränkung der Zahl der Gubernien[90];
eine Erweiterung des Aufgabenkreises der Kreisämter[91];
die Angliederung der Studienhofkommission an die Hofkanzlei[92].

Sein überstürztes politisch-dogmatisches Vorgehen, das für historisch Gewachsenes keinen Sinn hatte, führte zu derartigen Verhärtungen und Emotionen in der Bevölkerung, daß die positiven Seiten seiner Reformen oft nicht mehr gesehen wurden. Gegen Ende seiner Regierung und seines Lebens sah er sich gezwungen, selbst einen Teil seiner Maßnahmen zurückzunehmen.

kehr- oder Umgießung einer durch viele Saecula und von Anbeginn des durchlauchstigsten Ertzhauses üblich gewesenen Regierungsform“ verständlich erscheinen (in: Tagebuch d. Fürsten J. J. KHEVENHÜLLER-METSCH 1742–1776, Bd. II (1908), S. 322).

[85] MEISNER, aaO., S. 227.

[86] MEISNER, aaO., S. 223.

[87] Text der Denkschrift in: DÖZ II, 1, 1, S. 422ff. Zur Periode der Mitregentschaft und Alleinregierung Josephs II. vgl. DÖZ II, 1, 1, Abschn. VIII (S. 422–497). Vgl. auch BRADLER-ROTTMANN, Die Reformen Kaiser Josephs II., 1973, S. 37ff.

[88] Vgl. die für die „Generallinie“ aufschlußreiche Instruktion – in: DÖZ II, 4, S. 41f.

[89] Vgl. DÖZ II, 1, 1, S. 425ff.

[90] Vgl. BRADLER-ROTTMANN, aaO., S. 39.

[91] AaO., S. 40; DÖZ II, 1, 1, S. 451ff. Zu den neuen Aufgaben gehörte auch die Schulaufsicht auf Kreisebene.

[92] Vgl. DÖZ II, 1, 1, S. 497.

„Dafür fallen in diese Zeit interessante theoretische und praktische Bemühungen um die Frage der Regierungseinheit und Regierungsform, an denen der Unterschied zwischen den Absolutismen Österreichs und Preußens sich besonders gut studieren läßt. Veranlassung dazu gibt die nun beginnende Mitregentschaft des jungen Kaisers. Als verkörperter Widerspruch gegen die Ansichten und Maßnahmen der Mutter wühlt er in rücksichtslosem Eifer, Menschen und Dinge zu bessern, Probleme auf, die man bisher nicht anzurühren, höchstens verschleiert anzudeuten gewagt hatte“[93].

[93] MEISNER, Regierungs- u. Behördensystem, S. 223.

§ 8 Zur Entwicklung des Schulaufsichtsrechts in Österreich bis zum Jahre 1770

I. Ansätze und Etappen auf dem Wege zur staatskirchlichen Einordnung des Schulwesens

1. Der Beitrag der Stadtschulen zur Ausbildung nichtkirchlicher Schulaufsicht[1]

Die Städte Deutschlands waren die ersten, die ganz offen die Hand auf kirchliche Pfarrschulen legten und diese zu „Stadtschulen" umänderten[2]. Dafür waren zwei Momente ausschlaggebend. Erstens konnten die kirchlichen Schulen den Anforderungen der aufblühenden großen Städte nicht mehr genügen. Zweitens vermochte sich das kirchliche Schulrecht gegenüber dem selbstbewußten Geist des deutschen Städtetums nicht durchzusetzen. So wie die mächtig und kraftvoll gewordenen Städte eigene Pfarren errichteten, so wollten sie auch eigene Schulen haben. Der Lehrberuf wurde in der Sicht der städtischen Verwaltungen wie ein Handwerk eingestuft, die Arbeitsstube war das Schulzimmer, und der Magistrat führte als Gewerbebehörde die Aufsicht[3]. Diese vom kirchlichen Verständnis sich stark abhebende Auffassung vom Wesen der Schule führte zum Konflikt. Es kam zu dem sogenannten „Schulstreit im Mittelalter"[4]. Die für die Ansprüche der Städte und Märkte auf das Scholarchat angeführten Rechtstitel sind recht unterschiedlich. Wir stoßen auf Dotationen, die als Korrelat Patronats- und Visitationsrechte mit sich gebracht haben, und wir begegnen Patronatsrechten der Magistrate für die Schulen[5]. Städtische Dienstverhältnisse, in denen viele Stadtschullehrer standen, mögen eine weitere Ursache des Laieneinflusses auf die Schule gewesen sein. Hinzu kommen gemeindliche Rechtsansprüche auf die Schule als Ausfluß der niederen Gerichtsbarkeit. Neben diesen nach Zeit und Ort recht unterschiedlich anzutreffenden Titeln können wir in den Städten des österreichischen und bayerischen Bereichs zumindest

[1] Vgl. die Literaturangaben bei § 3 I 3; außerdem HINDRINGER, Kirchliches Schulrecht; HÖSLINGER, Rechtsgeschichte; KAHL, Zur Geschichte der Schulaufsicht.

[2] Vgl. HINSCHIUS, System des katholischen Kirchenrechts IV, 1 (1886), S. 575; KOLLER, Deutsch-österreichisches Schulwesen vor der Reformation, in: Beiträge zur österreichischen Erziehungs- und Schulgeschichte XV, 1914, S. 9; STRAKOSCH-GRASSMANN, Geschichte des österreichischen Unterrichtswesens, 1905, S. 5.

[3] Vgl. HÖSLINGER, aaO., mit weiterem Material.

[4] Vgl. oben § 3 III 3 und ergänzend MEISTER, Die deutschen Stadtschulen und der Schulstreit, 1868; LURZ, in: MGPaed. 41, 1907, S. 55.

[5] Vgl. HINDRINGER, Kirchliches Schulrecht, S. 66f.

durchgängig den landesherrlichen Auftrag für die rechtliche Begründung des magistratischen Scholarchats heranziehen. Höslinger hat das für Wien und eine Reihe anderer österreichischer Städte im einzelnen untersucht und dargestellt[6]. Infolge der Bestrebungen der Städte nach eigener Schulherrschaft hatte der Landesherr die oberste Schulherrschaft im Lande in Anspruch genommen. „Das Schulwesen gehörte bald in den Kreis der von ihm zu vergebenden Privilegien"[7].

2. Befestigung und Erweiterung des landesherrlichen Hoheitsrechtes im Schulwesen durch das Eintreten des Landesherrn für die katholische Kirche in der Gegenreformation[8]

Der Einfluß der Landesherren auf das kirchliche Schulwesen konnte vor allem in Nieder- und Oberösterreich sehr schnell und stark anwachsen. Durch das Fehlen eines unabhängigen Bischofssitzes fielen die kirchlichen Reformmaßnahmen dem Landesfürsten zu. Visitationen wurden durchgeführt und Erlasse in kirchlichen Angelegenheiten gingen hinaus, teils mit, teils ohne Zustimmung der zuständigen kirchlichen Oberbehörden[9]. Die Zerrissenheit der Kompetenzen in Schulangelegenheiten im kirchlichen Bereich führte dazu, daß der Landesfürst als Nutznießer dieser Zustände in allen Fragen der Schule das letzte Entscheidungsrecht in Anspruch nahm. „Die Bischöfe, denen die Leitung des kirchlichen Schulwesens von Rechts wegen zugekommen wäre, hatten nurmehr die Rolle eines Referenten in Schulangelegenheiten beim Kaiser"[10].

Die Gesetzgebung des Landesherrn in Schulsachen beschränkte sich auf Einzelverfügungen[11]. Das hatte für das kirchliche Schulrecht Vorteile und Nachteile. Einen Vorteil mag man darin sehen, daß das kirchliche Schulrecht den Nimbus eines latenten Rechtes erhielt, das zwar in diesen schweren Zeiten gegenüber den Notverordnungen des Landesherrn in den Hintergrund getreten war, in besseren Zeiten aber wieder zur Geltung kommen konnte. Ein weiterer Vorteil bestand darin, daß die Kirche die Anwendung von Zwangsmitteln dem Staat überlassen konnte.

In den zur Durchführung der Gegenreformation ergangenen landesherrlichen Verfügungen können wir auch die Wurzeln des neuzeitlichen Schulzwanges sehen. Im Erlaß des oberösterreichischen Statthalters v.

[6] Rechtsgeschichte, S. 51ff.
[7] AaO., S. 55f.
[8] Allgemeine Einführung in das Thema, s. o. § 3 I 4.
[9] Vgl. HÖSLINGER, Rechtsgeschichte, S. 75f.
[10] Vgl. HÖSLINGER, aaO., S. 79; HINDRINGER, Kirchliches Schulrecht, S. 59, 65.
[11] Vgl. HÖSLINGER, aaO., S. 75–81 passim.

20. Mai 1627, durch welchen den Bauern der Besuch des katholischen Gottesdienstes in der eigenen Pfarrkirche und die Beschickung der katholischen Schule durch ihre Kinder zur Pflicht gemacht worden war, sah Höslinger zu Recht eine Parallele zum Schulmethodus (1642), dessen Urheber, Herzog Ernst zu Gotha, häufig als Begründer des modernen Schulzwanges angesehen wird[12].

Den Vorteilen standen aber auch reale Nachteile gegenüber. Die Entwicklung führte zu einer Entfremdung der Schule von der Kirche und zu einer Stärkung der landesfürstlichen Oberhoheit über das gesamte Schulwesen, „wodurch das kirchliche Schulrecht zu einer Art Staatskirchenrecht wurde“[13].

Auf dem Wege über Schulordnungen wurden auch die Schulträger und Schulerhalter zu rechtserzeugenden Faktoren. Der nächste Schritt, die Schaffung einer einheitlichen Schulordnung für die einzelnen Länder, blieb jedoch weitgehend aus. Die Landesherren sahen dafür aber zunächst keine besondere Veranlassung, weil sie der Schulfrage keine allzu große Bedeutung beimaßen. Sie glaubten, den jeweils auftauchenden Fragen und Problemen durch die Unterrichtspolizei hinlänglich begegnen zu können. Im Anschluß an Rudolf Höslinger wird man mit der Bezeichnung „Unterrichtspolizei“ die Periode etwa von Ferdinand I. bis Maria Theresia am besten kennzeichnen können[14]. Nur in wenigen Ländern war das Interesse der Obrigkeit an der Schule so groß, daß man es unternahm, die auf der Basis von Ratke, Comenius, Francke und anderen entwickelten Erziehungssysteme in Schulordnungen und Schulpraxis umzusetzen[15].

Die Tiroler Schulordnung Erzherzog Ferdinands II. v. 16. Dez. 1586 ist ein singuläres Beispiel dafür. Gleichzeitig zeigt diese Schulordnung, wie der Landesherr als oberster Schulherr unter sorgfältiger Wahrung seiner Rechte die katholische Lehre in der Schule sichern wollte und dafür unter anderem eine aus Ortspfarrer und lokaler (weltlicher) Schulbehörde (Schulherren oder Scholarchen) paritätisch zusammengesetzte Schulaufsicht vorsah[16].

[12] AaO., S. 81.

[13] Ebenda.

[14] Der Terminus dürfte späteren Datums sein – vgl. Zobel, Polizei, „Wörterbuch“ Teil II, S. 505 und Spranger, Die wissenschaftlichen Grundlagen der Schulverfassungslehre und Schulpolitik, 1927, S. 7.

[15] Vgl. Klement, Die Österreichische Volksschule von ihren Anfängen bis zur Schulgesetzgebung 1962, 1970, S. 48.

[16] Vgl. Höslinger, Rechtsgeschichte, S. 82f.

II. Erste systematische Aktivitäten zum Ausbau der staatlichen Kompetenz im Schulwesen durch organisatorische Maßnahmen in den Jahren 1760–1770

In den ersten Jahren ihrer Regierung hatte Maria Theresia wie ihre Vorgänger versucht, das Schulwesen durch Einzelverfügungen und Entscheidungen in Streitsachen zu ordnen[17]. Sehr bald sah sie jedoch das Unzulängliche dieser Methode ein und erwog den Plan einer allgemeinen Rechtsordnung für den schulischen Bereich. Um Grundlagen zu schaffen, ordnete sie 1751 umfassende Erhebungen über die Schulen in den Ländern an[18]. Die nächsten Jahre bestanden in einem noch unsicheren Tasten und Versuchen; es fehlte das zielsichere Planen. Im Vordergrund des Interesses standen ja auch, nach den schweren Kriegsjahren, die Probleme der Staats- und Verwaltungsreform und erste Reformversuche im höheren Schulwesen und im Universitätsbereich[19].

1. Die Errichtung der Studienhofkommission als oberste Beratungs- und Aufsichtsbehörde in Studien- und Schulfragen[20]

Die Hofentschließung vom 25. Juni 1752[21], im Anschluß an die Schulordnung für Universitäten, Akademien und Gymnasien vom 16. Nov. 1735[22], ließ schon erkennen, daß sich in Studiensachen die staatliche Kompetenz zumindest im Ansatz durchgesetzt hatte. Bald folgten auch die organisatorischen Konsequenzen. Nach dem Tode des Kardinal Erzbischofs Graf Trautsohn (10. 3. 1757) wurde der neu ernannte Erzbischof von Wien, Graf Migazzi, nicht mehr wie sein Vorgänger mit dem Studienprotektorat betraut. Man gliederte die Studiengeschäfte in den Wirkungsbereich des Direktoriums ein[23]. Innerhalb des Direktoriums

[17] Siehe die Zusammenstellungen in den „Regesten“ B I 1 u. II 1; vgl. auch HÖSLINGER, Rechtsgeschichte, S. 84, Anm. 5f. und HELFERT, aaO., S. 48ff.
Zur Situation insgesamt vgl. HELFERT, Die Gründung der österreichischen Volksschule, S. 1ff.; HÖSLINGER, Rechtsgeschichte, S. 84ff.; GÖNNER, Die österreichische Lehrerbildung, S. 23ff.; KLEMENT, aaO., S. 64ff.

[18] Vgl. HÖSLINGER, aaO., S. 85, Anm. 7.

[19] Vgl. oben § 7; KLINGENSTEIN, Vorstufen d. Theres. Studienreformen; KINK, Gesch. d. Univ. Wien; MEISTER, Entwicklung u. Reformen; ders., Österreichs Unterrichtsverwaltung; EBERT, Juristenfakultät.

[20] AVA, Akten der Studienhofkommission, insbes. Fasz. 1 u. Fasz. 63 (mit „Nachlaß PERGEN“); DÖZ II, 1, 1, S. 355ff.; II, 2, S. 433ff.; SPREITZER, 200 Jahre oberste Schulbehörde, in: Erziehung und Unterricht, 1960, S. 129–137.

[21] CODEX AUSTRIACUS V, S. 667–669.

[22] CODEX AUSTRIACUS IV, S. 887–890; Abdruck b. TOMBERGER, S. 6f.

[23] Vgl. SPREITZER, aaO., S. 130.

bildete sich sehr bald eine Kommission zur Beratung der Studiengeschäfte, der u. a. Erzbischof Migazzi, Kanonikus v. Stock, Professor v. Martini und Professor Gaspari angehörten[24]. Die Studienkommission definierte sehr bald ihre eigenen Aufgaben und legte das Ergebnis der Kaiserin vor. Das Schriftstück erhielt am 22. März 1760 das Placet Maria Theresias und löste ein Hofdekret an Erzbischof Migazzi als Präses aus, in dem, nach Aufzählung der bisherigen Maßnahmen der Landesfürstin in Studiensachen, die Studienkommission zu einer eigenen Hofkommission erhoben und ihr die in der Vorlage definierten Aufgaben übertragen wurden: „... Hinfüran alles, was in Studiensachen vorfallet, gemeinschaftlich zu überlegen zu dem Ende allmonatlich wenigstens eine Zusammentretung abzuhalten, dabey die Verbesserung deren Studien stets vor Augen haben und auf die Festhaltung deren in Studiensachen erlassenen und weiter ergehenden Verordnungen ein beständig obachtsames Aug tragen ...“[25].

2. Der Schulplan des Grafen Pergen vom 26. August 1770[26]

Johann Anton Graf Pergen war im Jahre 1766 nach fast 20jähriger diplomatischer Tätigkeit in Deutschland nach Wien zurückberufen worden. Während seines Aufenthaltes in Mainz, Hannover und Frankfurt hatte er sich Einblick in die dortigen Schulverhältnisse und diesbezüglichen Reformbestrebungen verschafft. Diese Erfahrungen legte er seiner Arbeit und seinen Reformplänen zugrunde. Wir finden sie endgültig gefaßt in seinem „Plan zur Verbesserung des Schul- und Erziehungswesens in den kaiserlichen Erblanden“[27], den er am 26. Aug. 1770 der Kaiserin vorlegte. Seine Konzeption ging von folgenden Grundgedanken aus[28]:

(1) „Es muß ein möglichst vollkommen ausgearbeiteter Plan über das gesamte Schul- und Erziehungswesen durch landesherrliches Ansehen festgestellt werden, welcher in allen seinen Theilen auf den großen Endzweck gerichtet ist, wahre aber zugleich aufgeklärte und zu den Diensten des Vaterlandes so fähige als willige Christen zu ziehen.“

(2) „Unterricht und Erziehung müßen den Händen der Ordensgeistlichen, denen sie bisher ... fast ausschließlich anvertraut gewesen,

[24] Ebenda.
[25] DÖZ II, 1, 1, S. 536.
[26] Vgl. Helfert, Die Gründung der österreichischen Volksschule, S. 183–251.
[27] Text bei Helfert, S. 619–626.
[28] Zusammenfassung nach Helfert, S. 196ff.

durchaus abgenommen und die Schulen nur mit weltlichen oder doch weltgeistlichen bewährten Lehrern besetzt werden"....
„Diese Notwendigkeit ergibt sich aus der doppelten Erwägung: erstens dass die Heranbildung der Jugend in den von religiösen Orden geleiteten Schulen in keiner Weise die Anforderung befriedigt, ... welche der Staat stellen muß, ... und zweitens dass ... auch nicht zu erwarten ist dass diese Anforderungen je werden befriedigt ... werden."

(3) „Die Aufsicht und Leitung über das Schul- und Erziehungswesen ... muß völlig und beständig der Staat an sich ziehen."

Auch empfahl er die Einrichtung eines Schulenoberdirektoriums (wie es später Felbiger übertragen worden ist). Sein Plan fand auch gute Aufnahme. Die Kaiserin wünschte eine Umarbeitung in eine verkürzte Fassung und wollte Details über das von Pergen vorgeschlagene Amt eines Schulenoberdirektors wissen. In der Frage der Beteiligung oder Nichtbeteiligung der Ordensgeistlichkeit im Schulwesen kam es jedoch zwischen Graf Pergen und der Kaiserin zu unüberbrückbaren Meinungsverschiedenheiten. Und „mehr als drei Monate später wurden die Akten, die sich über die Vorschläge des Grafen Pergen seit August 1770 zu einem gewaltigen Stoße angehäuft hatten, zusammengebunden, ein Umschlag darüber gemacht und darauf geschrieben: ‚Diese sammetliche Acta sind auf allerhöchsten Befehl reponirt worden; den 26. Okt. 1772'"[29].

3. Das Promemoria des Fürstbischofs von Passau vom Mai 1769, die Einsetzung der niederösterreichischen Schulkommission vom 19. Mai 1770 / 22. Oktober 1770 und die Errichtung der Wiener Normalschule

Im Jahre 1769 wurde die Aufforderung an den Staat, die Sorge für gute Schulen mit Nachdruck in seine Hand zu nehmen, von einer Seite an die Kaiserin herangetragen, von der es wohl nicht zu erwarten gewesen war. Anfang des Jahres hatte der Passauer Fürstbischof Leopold Ernst von Firmian der Kaiserin ein Promemoria über die Notwendigkeit der Verbesserung des Schulwesens in den k.k. Erbländern überreicht[30]. In dem Promemoria geht der Bischof von der staatlichen Zuständigkeit im Bildungswesen aus. Er bittet die Kaiserin, „daß der Unterricht der Jugend in den Schulen mit aller Aufmerksamkeit befördert auch mittelst aller-

[29] Helfert, S. 251.
[30] Text bei Helfert, aaO., S. 617.

höchst landesfürstlicher Verordnungen auf die besten Wege eingeleitet werde". Im Staatsinteresse (wegen „Nutzbarkeit guter Schulen für den Staat") empfiehlt er, „Eure Majestät wollen allermildest zu verfügen geruhen, daß die allgemeinen Schulen mittelst allerhöchst landesfürstlicher Anordnungen in gute Ordnung gesetzt und nachdrucksam befördert werden möchten". Wenngleich den Passauer Bischof in erster Linie gegenreformatorische Absichten zu diesem Schritt veranlaßt haben[31], so kam doch in diesem Promemoria ein Zugeständnis der Kirche zum Ausdruck bzw. der bedeutungsvolle Wandel in der Auffassung zumindest einzelner führender Persönlichkeiten des Klerus über die Stellung der Kirche im Staate.
Die Kaiserin übersandte das Promemoria am 30. Mai 1769 ihrem Kanzler Graf Chotek, welcher es am 3. Juni an die niederösterreichische Regierung mit der Anweisung weiterleitete, „dass die bei denen allgemeinen Schulen in Österreich unterwaltenden Gebrechen mit Vernehmung der geistlichen Behörden untersucht, und, wie diese verbessert auch überhaupt das Schulwesen in eine gute Ordnung gesetzt werden möge, der gutächtliche Vorschlag abgegeben werden solle". Ein gleichlautender Auftrag ging am selben Tage an die Landeshauptmannschaft ob der Enns[32]. Am 9. Febr. 1770 beriet die niederösterreichische Regierung über die eingegangenen Gutachten der geistlichen Behörden, ohne daß die Beratungen zu einem konkreten Ergebnis führten. Die Landeshauptmannschaft ob der Enns hingegen setzte zur Beratung des Gegenstandes eine eigene Kommission ein, welche unter Hinzuziehung eines Vertreters des Passauer Ordinariats (Graf Engel, Dechant zu Enns) in mehreren Sitzungen über den Gegenstand verhandelte. Im Ergebnis erhob die Kommission vier grundsätzliche Forderungen: Erhöhung der Lehrergehälter, verschärfte Zulassungsbedingungen zum Lehramt, verschärfte Ermahnung der Eltern, ihre Kinder zur Schule zu schicken, und eine allgemeine Schulordnung[33]. Die Berichte beider Landesstellen lagen um die Monatswende der böhmisch-österreichischen Hofkanzlei vor, die sich dringend für eine Schulreform aussprach[34]. Das nächste wichtige Glied in der Kette der ersten Reformberatungen und Maßnahmen bildeten die Schulreformpläne des Schulleiters bei St. Stephan in Wien, Joseph Messmer, die Staatsrat Gebler zusammen mit anderen Drucksachen

[31] Vgl. Höslinger, S. 85. Zu Firmian vgl. Helfert, aaO., S. 120f.; hinsichtl. seiner Beziehung zu Muratori vgl. Zlabinger, S. 38, 122f., 179.
[32] Vgl. Helfert, S. 122f.
[33] Vgl. Klement, Die österr. Volksschule, S. 65.
[34] Vgl. Helfert, S. 126ff.

(u. a. dem schlesischen Schulreglement v. 1765) auf der nächsten Sitzung der Hofkanzlei seinen Kollegen vorlegte. Die Hauptpunkte des Meßmerschen Entwurfes waren: Einrichtung von Schuldistrikten, Erfassung der Eltern und Kinder in Distrikten, Schultabellen zur Auskunft über den Lernfortschritt der Schüler, Bildung eines Schulfonds, Errichtung einer Normalschule (am besten zu St. Stephan), die gleichzeitig zur Ausbildung geistlicher und weltlicher Lehrer dienen sollte, und die Einsetzung einer landesfürstlichen Schulkommission[35]. Am 19. Mai ordnete die Kaiserin die Einrichtung einer „eigenen Kommission in Schulsachen" an. Ihre wichtigste Aufgabe sollte darin bestehen, daß „nicht nur in Österreich ob und unter der Enns eine gute Schulordnung zustande gebracht, sondern auch diese sodann für alle Erblande adaptiret werde"[36].
Die Landeshauptmannschaft ob der Enns wurde gleichfalls angewiesen, eine Schulkommission zu bestellen, sie mit einer Instruktion zu versehen und ihr die Aufgabe ständiger Schulaufsicht in eigener Verantwortung zu übertragen. Die niederösterreichische Schulkommission, in Zukunft federführend in den Schulreformarbeiten, traf sich am 14. Juli 1770 zur ersten Sitzung. Man stellte sich die Aufgabe, eine zeitgemäße Schulordnung festzulegen, geeignete Schultabellen abzufassen und Instruktionen für eine Studienkommission zu erlassen.
Das Ergebnis der Beratungen schlug sich in dem Dekret vom 22. Oktober 1770 für die gesamten deutschen Erblande nieder[37]. Dieses Hofdekret enthielt die Rechtsgrundlage für die Errichtung einer zentralen, überregionalen Schulaufsichtsbehörde und die Einrichtung einer „Normalschule" (Musterschule und Lehrerausbildungsstätte):

> „Ihre kaiserl. königl. apostol. Majestät von den wichtigen Vortheilen, welche dem Staate durch die glückliche Bildung guter Christen, und nützlicher Bürger verschaffet werden, überzeugt, haben die künftige Erziehung der gesammelten Jugend dero Unterthanen in diesem Erzherzogthume Oesterreich ... zu einem Hauptgegenstande ihrer weisesten Regierung gemacht, und daher zu Hindannhaltung derjenigen Nachtheile, welche gemeiniglich aus den Gebrechen einer vernachläßigten Schulverfassung entstehen, die

[35] AaO., S. 136.
[36] Ebenda.
[37] COD.AUSTR. VI, S. 1381; MThGS VI, S. 299f.
Der Text im CODEX AUSTRIACUS enthält die Publication der landesfürstlichen Anordnung seitens der n.ö. Regierung für den Bereich „dieses Erzherzogtums", während der Abdruck im „Maria-Theresianischen Gesetzbuch" das Hofdekret „in den Erbländern" publiziert.

obere Aufsicht über das ganze gemeine deutsche Schulwesen hierlandes einer eigenen aus geistlichen und weltlichen Rathsgliedern zusammengesetzten Kommission anvertrauet, damit nach und nach eine gute Ordnung, und Schulverbesserung eingeführet wird, ...
Um diese auf die allgemeine Wohlfahrt gerichtete Absicht in voller Maß, und mit einem ungezweifelten Erfolge zu erreichen, haben Ihre Majestät weiter zu verordnen geruhet, daß der Anfang dieses heilsamen Werkes mit Errichtung einer Normalschule ... gemacht werde."

Damit war eine wesentliche Grundlage für die Weiterarbeit gelegt worden, und zwar sowohl für eine inhaltliche Schulreform als auch für den rechtlichen Ausbau der staatlichen Schulhoheit und für formelle wie materielle Weiterentwicklung staatlichen Schulaufsichtsrechts.
Nach anfänglichen, überschwenglich gefeierten Erfolgen stellten sich sehr bald in der Arbeit der Schulkommission und in der Leitung der Normalschule Querelen und Stagnation ein[38].
Der endgültige Durchbruch gelang erst durch den Machtspruch der Kaiserin, die Berufung Felbigers nach Wien.

III. Ein exemplarischer Längsschnitt: Zur Genese der Hofresolution vom 13. Oktober 1770: „Die Schule ist und bleibt allezeit ein Politikum"[39]

Der Streit darüber, welchem Kompetenzbereich Schule und Lehrer angehörten, reicht, wie wir gesehen haben, weit vor die Zeit Maria Theresias zurück. Jurisdiktion sowie das Recht der Ernennung und der Amovierung waren die Angelpunkte der Diskussion[40]. Eine nähere Betrachtung zeigt, daß die Ebene der Zentralgewalt, die untere Ebene der Grundherrschaften und Gemeinden sowie die entsprechende untere kirchliche Ebene auseinandergehalten werden müssen.
In den ersten drei Jahrzehnten der Regierung Maria Theresias begann wohl die Staatsverwaltung einen Sachbereich um den anderen an sich zu ziehen. Das gilt auch für das Studienwesen. Der Bereich des Elementarschulwesens bildete jedoch den Schluß[41].

[38] Vgl. Helfert, Die Gründung der Volksschule, S. 146ff., 252ff.; Klement, Die österr. Volksschule, S. 65ff., 70ff.
[39] MThGS VI, S. 293f.; Helfert, S. 117f.; zum Problem insgesamt vgl. Helfert, S. 47ff., 117f.
[40] Vgl. Apih I, S. 48.
[41] Vgl. Helfert, S. 46f.

In der ersten Phase wird erkennbar, daß die Wiener Hofstellen durch diese ganze Zeit hindurch noch immer in der hergebrachten Anschauung lebten und verfuhren, welche das „gemeine" Schulwesen wesentlich als Sache der Geistlichkeit, der Gemeinden und Grundobrigkeiten auffaßte[42].

Ein Beispiel bietet der Regierungserlaß Kaiser KARLS VI. vom 11. Juli 1732, worin auch schon das Interesse der Regierung an der Erziehung deutlich wird. Die Kernstellen lauten: Uns ist „an der Auferziehung in der Jugend, sonderbar bey gemeinen Leuten, zuförderst gelegen: ... solle ... die Regierung, mit ... Erzbischöflichem Herrn Ordinario sich vernehmen, daß mittelst der bereits veranstalteten ... Kinderlehren in den ... (Wiener) Vorstädten die Gottesfurcht eingepflanzt, und die Jugend dadurch der Unwissenheit, Müßiggang und Üppigkeit entzogen werden; ... hierzu sämtliche Closter Geistliche, samt den Pfarrern in den Vorstädten, in der Stadt; aber sonderheitlich die Mendikanten Clöster zu verhalten; sie, Regierung, habe auch denselben alle hülfliche Hand anzubieten, anbey den Grundrichtern in den Vorstadtgründen die Obsicht unter anderen dahin aufzutragen ..."[43].

Zwei Jahre später, in der kaiserlichen Verordnung vom 16. November 1735, eine Schulordnung für Universitäten, Akademien und Gymnasien betreffend[44], ging man bereits einen Schritt weiter und auch in Einzelheiten. Für das niedere Schulwesen war die Verordnung insofern von Bedeutung, als darin sowohl die Vorbedingung zur Aufnahme in die höheren Schulen als auch allgemeine pädagogische Grundsätze enthalten waren. Für die rechtliche Organisation ist u. a. aufschlußreich die Aussage: „... wessentwegen auch Regierung an die von Wien und übrige Grundobrigkeiten in den Vorstädten verfügen, und der Superintendens Universitatis die Einsicht haben wird, daß geschickte, ... geübte Schul- und Lehrmeister aufgestellet werden". D. h. die Regierung hatte die Durchführung dieser Instruktion zu überwachen und „wider Verhoffen entdeckende Gebrechen zu remidiren"; das bedeutete die Einsetzung einer staatlichen Schulaufsicht im Ansatz.

Die staatlichen Maßnahmen und Eingriffe beschränkten sich jedoch noch darauf, zum einen die Anordnungen der Kirche zu stützen und mit Hilfe des staatlichen Arms durchzusetzen und zum anderen Einzelmißstände und Zwistigkeiten zwischen kirchlichen Instanzen und Gemein-

[42] Vgl. HELFERT, S. 117.
[43] COD.AUSTR. IV, S. 776–782, *777*; Abdruck bei TOMBERGER, Beiträge, S. 7.
[44] COD.AUSTR. IV, S. 887; Abdr. TOMBERGER, Beiträge, S. 6f.

den bzw. weltlichen Vogteiherrschaften zu schlichten[45]. Der Staat behielt sich also lediglich das Richteramt bei vorkommenden Streitigkeiten sowie das Recht der obersten Aufsicht vor[46].
Die Kontrahenten und den Streitgegenstand in dieser Frage beleuchten die Berichte über Konflikte um Anstellung und Amotion von Lehrern zwischen Magistraten bzw. Grundherrschaften auf der einen Seite und Pfarrern bzw. Dekanen oder Ordinarien auf der anderen Seite aus den ersten Jahren der Regierungszeit Maria Theresias[47]. Erstere beanspruchten das „Zugriffsrecht“ auf Lehrer und Schule ausschließlich für sich. Letztere wollten in der Regel wenigstens ein Mitspracherecht.
Aus Anlaß dieser häufigen Differenzen erging eine Entscheidung in der Form eines kaiserlichen Patentes vom 2. November 1750[48]. Das Patent setzte für die Zukunft fest:
1. Das Recht der Anstellung des Lehrers stehe ausschließlich der Obrigkeit zu – auch wo sie nicht das Patronat besitze; der Lehramtskandidat ist vor der Anstellung vom Pfarrer zu prüfen. Bei Ablehnung durch den Pfarrer wegen Untauglichkeit stehe der Obrigkeit die Gestellung eines anderen oder die Appellation an das bischöfliche Konsistorium frei.
2. Bei Beschwerden über den Lehrer „in Sachen seines Amtes oder in moribus“, hat der Pfarrer das Recht der ersten „Cognition oder correction“, im Falle der Verhinderung der Obrigkeit auch das Recht „ad suspensionem ab officio“. In wichtigen, das spirituale nicht betreffenden Fällen, ist die Obrigkeit allein und unmittelbar zuständig.

Das schnelle Fortschreiten auf dem Weg zur staatlichen Kontrolle des Schulwesens zeigt bereits die Schulordnung für die Wiener Vorstädte vom 3. Februar 1748[49]. Die Gründe für die beklagte Verwahrlosung der Jugend wurden teils in der Pflichtvernachlässigung seitens der Lehrer, teils in deren fehlender Qualifikation gesehen; teils auch darin, daß die Lehrer öfters ohne Prüfung die Lehr- und Unterrichtserlaubnis erhielten. Deshalb wurde verordnet, daß die Lehrer in Zukunft nicht mehr „nach freier Willkür der Grundobrigkeit oder Richter, sondern mit Vorwissen der Regierung“ anzustellen und sowohl die im Amt befindlichen,

[45] Vgl. HELFERT, S. 47; TOMBERGER, S. 11.
[46] Vgl. HELFERT, S. 117.
[47] Vgl. z. B. f. Böhmen/Mähren aus dem Jahre 1748 den Konflikt zwischen der Pernsteiner Obrigkeit und dem zu dieser Herrschaft gehörigen Pfarrer von Roschenau betreffend das Anstellungs- und Amotionsrecht für Lehrer und auch die Auseinandersetzung v. folgenden Jahre (1749) zwischen Graf Zierotin zu Ullersdorf und dem Olmützer Konsistorium in einer ähnlich gelagerten Sache – vgl. HELFERT, S. 48.
[48] Vgl. HELFERT, S. 48; D'ELVERT, Studienanstalten, S. 141f.; APIH I, S. 48.
[49] COD.AUSTR. V, S. 281 (Bestätigend u. einschärfend vgl. aaO., V, S. 1270f.).

als auch die Amtsbewerber vom „Rektor (scholarum) civicarum ... bey St. Stephan“[50] zu examinieren seien. Der „Direktor scholarum Civicarum“ erhielt „die Befugnis alle und jede Schulen auf den Vorstadtgründen von Zeit zu Zeit zu visitieren“. Die Grundobrigkeiten schließlich hatten sich an diese Vorschriften zu halten, die Winkelschulen abzustellen und über alle Vorfälle der Regierung zu berichten. Bereits zu diesem frühen Zeitpunkt also erließ die Kaiserin bindende Vorschriften über Prüfung, Anstellung und Beaufsichtigung der Lehrer sowie die Schulaufsicht, desgleichen über die Abstellung von Winkelschulen.

Für den weiteren Weg[50a] sind kennzeichnend und aufschlußreich die Beratungen einer Schulreform-Kommission bei der Landeshauptmannschaft in Kärnten im November 1765 aus Vertretern der Regierung, der Stände und der Ordinarien. Am 26. Nov. 1765 kam man u. a. zum Beschluß, durch die Geistlichen „mittels der beihabenden Messner“ deutsche Schulen einzurichten, sowie die Vogteiherrschaften aufzufordern, „daß künftighin kein Messner angenommen werden soll, welcher nicht des Lesens und Schreibens kundig und zur Abhaltung der Schulen ... sich verbindlich macht“[51].

Dies bedeutete wohl eine Vindizierung des Rechts der Ernennung der Mesner (und da aus diesen sich die Schulmeister rekrutieren sollten, auch der Lehrer) für die Vogteiherrschaften; zweifellos eine der damaligen Übung im Lande widersprechende Einschränkung des diesbezüglichen Rechts der Kirchenvorstände (konkret meist der Pfarrer) und eine generelle Verquickung der Ämter des Mesners und Schulmeisters, während dies bisher zwar in der überwiegenden Zahl der Fälle, jedoch keineswegs aufgrund einer gesetzlichen Anordnung stattgefunden hatte. Die Aufsicht sollten nach diesen Beschlüssen die Pfarrer als „geborene“ Aufseher ausüben. Der Unterhalt der Mesner und also auch der Lehrer sollte aus kirchlichen Mitteln bestritten werden (ein jährlich zugestandener staatlicher Zuschuß bald auf die Landstände abgewälzt werden).

Als Antwort auf eine in dieser Frage am 22. April 1766 nach Wien eingereichte gutachtliche Äußerung der Landeshauptmannschaft traf eine Hofresolution vom 16. August ein, deren Kernsätze lauteten: „In Bezug

[50] Zur Sonderstellung des Rektors der St. Stephan-Schule in Wien, seinen Rechten und Pflichten (bereits seit 1296 Ernennungsrecht, Oberaufsicht und Disziplinargewalt über sämtliche Schulen der Stadt) und seinem Verhältnis zu Landesherr, Magistrat, Universität und Bischof vgl. MAYER, Geschichte des dt. Volkes II, S. 406; HÜBL, Gesch. des Unterrichts im Stifte Schotten in Wien, S. 7–9 und oben § 3 I 3.

[50a] Vgl. Regesten B II 2.

[51] Vgl. APIH I, S. 53f.

auf die Gerichtsbarkeit über die Messner und Schulmeister verbleiben diese nach der bisherigen Verfassung, falls sie Häuser oder Grundstücke besitzen, den betreffenden Grundobrigkeiten, in deren Entstehung aber gleich anderen unansässigen Parteien den Landgerichten oder Realburgfrieden unterworfen"[52]. Ergänzend hierzu ist eine Äußerung der Regierung von Inner-Österreich – auf Anfrage des Wiener Hofes – zu beachten, wonach die Aufnahme und Abdankung der Mesner und Schulmeister und anderer Kirchenbedienter „von der Vogteiobrigkeit und den Pfarrern conjunctim getragen werden" sollte „annebens doch auch dem Pfarrer zu wissen und zu sorgen obliegt, daß die Kirchen mit tauglichen Beamten versehen werden"[53]. Im gleichen Sinne und fast gleichzeitig äußerte sich das Gubernium[54].

Im September desselben Jahres erfolgte die Einvernahme der Ordinariate durch die Kaiserin in dieser Angelegenheit. Nach Meinung der Ordinariate habe bisher nur dort der Pfarrer gemeinsam mit der Vogteiobrigkeit den Mesner und Schulmeister ernannt und amoviert, wo dieser ganz oder vorwiegend von der Vogteiobrigkeit unterhalten werde; meistens sei die Ernennung und Absetzung privative von den Pfarrern vollzogen worden und so möge es bleiben, weil sonst derlei Kirchenbediente sich trotz „geistlicher Ermahnungen nicht bessern und die Kirchendienste, Instruierung der Jugend, dann die Christenlehre sehr nachlässig verrichten, wie auch von derlei Leuten die Geistlichkeit (welcher doch die Obsorge auf all dies obliegt) der Gehorsam versagt werden würde"[55].

Eine etwas andere Ansicht vertrat die parallel dazu nochmals befragte inner-österreichische Regierung: „daß zwar regulariter die Aufnehmung und Abdankung der Messner und Schulmeister von der Geistlichkeit und der Vogtei conjunctim geschehen sollte, weil derlei Leute weltliche Beamte nicht der Pfarrers sondern der Kirchen seien, über welch letzterer Administration (exceptis rebus spriritualibus) die Obsorge auch conjunctim erfolge, gleichwie solches die inner-österreichische Regierung in dem wegen der Gerichtsbarkeit der Messner und Schulmeister unter dem am 25. August vorigen Jahres erstatteten Bericht schon angeführt hat". Jetzt sei jedoch zu bedenken, „daß die meisten Verrichtungen sonderbar der Messner in der Kirche quoad spirituale et in administratione sacramentorum bestanden", und es daher ratsam sei – „um derlei Kir-

[52] Apih I, S. 49f.
[53] Apih I, S. 54.
[54] Apih I, S. 50.
[55] Apih I, S. 54.

chenbediente in stetem Gehorsam der Geistlichkeit zu erhalten und zwischen ihr und den Vogteien alle Zwistigkeiten zu verhindern, wie auch die spiritualia besser zu besorgen" – „daß die Aufnehm- und Abdankung der Messner und Schulmeister regulariter der Geistlichkeit privative allergnädigst verstattet werden könnte und hie von allein jene Örter auszunehmen sein, an denen die Messner und Schulmeister qua tales einige der weltlichen Obrigkeiten dienstbare Häuser oder Gründe besitzen, in welchem Falle derselben Aufnehm- und Abdankung von der Geistlichkeit und von der Grundobrigkeit cumulative ex eo zu geschehn hätte, damit der letzteren gegen ihren Willen keine untauglichen Grundbesitze aufgedrungen würden"[56].

Am 3. Januar 1767 faßte dann der Wiener Hof den Diskussionsstand und seine eigene Position hierin in einer Hofresolution zusammen: „Messner und Schulmeister bleiben in causis debiti et contractuum der bisherigen Landesverfassung gemäß entweder dem Grundherrn oder dem Gerichtsherrn unterworfen"[57]. Dem in Wien Beschwerde führenden Bischof wurde von der ad hoc aufgestellten Kommission lediglich die mündliche Zusage erteilt, daß „den Messnern und Schulmeistern in Sachen, die den Kirchendienst und ihr dies fälliges Verhältnis betreffen, der Gehorsam und die schuldige Folgeleistung aufgetragen werden soll"[58]. Damit wurde die Jurisdiktion von der Disziplinargewalt losgelöst.

In diesen Zusammenhang gehört die Hofresolution Maria Theresias vom 16. Januar 1767, daß „Messner und Schulmeister in Kirchen und anderen Dienstverrichtungen bloß von den geistlichen Vorstehern die Abhängigkeit haben und dahin zur Parition angewiesen werden"[59] sollen, mit einer erweiternden Erläuterung vom 23. Januar, „... daß die Aufnehm- und Abdankung der Messner und Schulmeister allein von den geistlichen Vorstehern abzuhangen habe"[60]. Dies bedeutete zunächst einen vollständigen Sieg der kirchlichen Position: Mesner und Schulmeister wurden ganz und ungeteilt ohne Unterscheidung zwischen Kirchendienst und Lehramt ausschließlich der kirchlichen Diziplinargewalt unterworfen; Ernennung und Abdankung der Mesner und Lehrer sollten den Kirchenvorstehern zustehen. Im April 1767 bestätigte der Wiener Hof noch einmal den Grundsatz, „daß die Aufnehm- und Abdankung der Messner und Schullehrer alleinig von den

[56] Apih I, S. 55.
[57] AaO., S. 51f.
[58] AaO., S. 51.
[59] Apih I, S. 52f.
[60] Vgl. Apih I, S. 56f.

geistlichen Vorstehern abzuhangen habe", wobei auf die Resolution vom 16. Januar, sie bekräftigend, rückverwiesen wurde[61].
Sehr bald schon wird jedoch deutlich, daß damit die Auseinandersetzung keineswegs beendet war. Der Fürstbischof von Salzburg beantragte in Wien, die bisher unterlassene Publikation der Hofresolution vom 16. bzw. 23. Januar 1767 durch die Kärntnerische Landeshauptmannschaft zu veranlassen, und zwar mit der Begründung: „Um an durch den vorkommen mögenden ungleichen Ausdeutungen der allerhöchsten Resolution vom 16. Jänner allergnädigst vorzubeugen"[62]. Die Kaiserin stimmte zu. Die Anspielung auf die „ungleichen Ausdeutungen" läßt einen Fall passiver „Obstruktion" seitens der Landesstelle vermuten. Wir brauchen nur das Gutachten der Landeshauptmannschaft von Kärnten vom 17. Februar 1768 zu analysieren. Darin wurde stärker als früher die Überzeugung betont, daß das Schulwesen ein „publicum" sei, d. h. eine öffentliche Angelegenheit[63]. Diese im Gutachten aufgestellte Forderung nach einer unbeschränkten staatlichen Leitung des Schulwesens wurde jedoch von der Kaiserin, die hierin dem Votum der Hofkanzlei beistimmte, auch hier – noch einmal – abgelehnt: Die Kaiserin „ließe es bei der unterm 23. Jänner letzthin erlassenen Verordnung, daß die Aufnahme und Abdankung der Messner und Schullehrer alleinig von den geistlichen Vorstehern abzuhangen habe, folglich die Vogteiobrigkeiten hievon ausgeschlossen seien, fernerhin gnädigst bewenden"[64].

[61] Hofresolution vom 4. 4. 1767; vgl. Apih I, S. 57.

[62] Apih I, S. 57.

[63] Vgl. Apih I, S. 57f., *58*. Im folgenden stichwortartig der für uns wichtigste Inhalt: Unterscheidung zwischen Lehrern, die nicht zugleich Mesner waren, und zwischen Mesnern, die noch nicht Schulmeister waren, es jedoch noch werden konnten. Aufgrund dieser Unterscheidung Forderung, daß „die Aufstellung der Schulmeister von dieser politischen Landesstelle abzuhangen habe", und daß in Zukunft jene Mesnerstellen, die mit einem Gehalt von der Mutterkirche oder einer sonstigen Stiftung versehen sind, nur mit Personen, die zugleich zur Schulhaltung tauglich sind, zu besetzen seien, und zwar von den geistlichen Behörden und den Vogteiherrschaften.
Begründung: Man müsse einesteils auf die bessere Besorgung des Schulwesens ein besonderes Augenmerk richten (dies um so mehr, als Schulhalten und Schulbesuch von den Pfarrern „utpote scholasticis natis meistenteils ..." unterlassen worden ist). Anderntei ls eben mittels dieser Kombination („Anklebung") von Schulmeisterei und Mesnerei eine größere Verbreitung der Schulen leichter und mit sehr geringen Mitteln erreicht werden könnte. Hier kommt der Kern der Sache zum Ausdruck: – daß die Aufsicht über das Schulwesen sowie über die Lebensführung und den Unterricht der Schulmeister ein ausschließliches Recht der politischen Landesstelle sein müsse.

[64] Hofkanzleidekret v. 23. 1. 1768; Bezugnahme auf Hofkanzleidekr. v. 23. 1. 1766 – Apih I, S. 59f.

Damit steht ein wichtiges Ergebnis fest: Der konkurrierende Faktor, die Vogteiherrschaft, ist ausgeschaltet; an dessen Stelle tritt der Staat in Gestalt der Landeshauptmannschaft: Die Kaiserin wolle der Landeshauptmannschaft, „in Anbetracht, daß selbter die Oberaufsicht und Direction über das Schulwesen von Amts wegen obliegt, keinerdings benommen haben, bei sich äußernden wahrhaften Gebrechen die schuldig befindenden Schulmeister und die unter einstens das Schulmeisteramt vertretenden Messner ihres Schuldienstes zu entsetzen und mittels der Geistlichkeit taugliche anstellen zu lassen". Der Staat also nahm jetzt die Oberleitung des Schulwesens in Anspruch sowie das Recht der Abdankung der Lehrer, d. h. der Entlassung aus dem Dienste, mochten die Betroffenen nur Schulmeister oder unterrichtende Mesner sein; den kirchlichen Vorstehern blieb unverkürzt das Ernennungsrecht. Die Besetzung von Mesnerstellen blieb stillschweigend ausschließlich der Kirche überlassen; erst im Jahre 1770 versuchte die Landeshauptmannschaft auch in dieses Recht eine Bresche zu schlagen, „indem sie in der Verfügung vom 22. Mai 1770 von den anzustellenden Messnern die Kenntnis des Lesens der deutschen Schrift, des Schreibens und des Rechnens forderte"[65].

Diese Entwicklung näherte sich nun ihrem Höhe- und Entscheidungspunkt mit der Vorlage des Protokolls der Kärntnerischen Polizeikommission über die Durchführung der das Schulwesen betreffenden Verfügungen bei der Landeshauptmannschaft am 22. Mai 1770[66]. Die Landeshauptmannschaft hatte folgende Stellungnahme beigefügt und mit dem Protokoll bei der Wiener Hofstelle vorgelegt: „Nun, ob wir zwar ganz unmaßgeblichst erachten, daß die Aufnahme der Schulmeister nicht privative der Geistlichkeit einzuräumen sei, solche vielmehr von der politischen Stelle als ein publicum zu besorgen sei, und um so mehr als der Unterricht und die Unterweisung der Jugend, dann die hievon abhangende Kinderzucht hauptsächlich ein Objectum der politischen Stelle ist, folglich auch derselben zu wissen obliegt, was für Subjecta als Lehrer angestellt werden, so stehen dem die allerhöchsten Resolutionen vom 23. Jänner 1767 und 5. März 1768 entgegen." Die hierauf ergehende Resolution vom 1. September 1770 erläuterte die frühere Resolution vom 16. Januar 1767 „ausdrücklich und maßgebig dahin, daß nur in jenen Fällen die Aufnehmung und Abdankung der Schulmeister privative von den geistlichen Vorstehern abzuhangen habe, wenn der Schulmeister

[65] Vgl. APIH I, S. 60.
[66] Vgl. APIH I, S. 60ff.

auch den Messnerdienst versieht, ansonsten aber diese Aufnahme und Abdankung von der weltlichen Obrigkeit vorzunehmen sei"[67]. So wurde die Ernennung und Amtsentsetzung der nicht zu Kirchendiensten verpflichteten Lehrer der weltlichen Obrigkeit übertragen. Unter weltlicher Obrigkeit verstand man aber nicht mehr die Vogtei und Grundobrigkeiten, sondern die Staatsgewalt selbst.

Gleichzeitig aber und unabhängig davon legte am 1. September 1770 der Bischof von Lavant Beschwerde ein betreffend die seines Erachtens unrechtmäßige Ernennung eines Lehrers durch den kaiserlichen Pfleger gegen den Widerspruch des Pfarrers und Dechanten[68]. Daraufhin verlangte Kaiser Joseph II. von der Hofkanzlei Aufklärung darüber, „wie es mit dem in Kärnten der Geistlichkeit privative überlassen worden sein sollenden Aufnehmen und Abdanken der Schulmeister für Beschaffenheit hat"[69].

Die Hofkanzlei entsprach der Aufforderung noch am selben Tage; ihr Bericht rekapitulierte die Geschichte der Resolutionen vom 3. und 16. 1. 1767 und versuchte, die Resolution vom 1. September zu rechtfertigen: „Weil das Schulwesen ein politicum ist, dessen Einrichtung den politischen Landesstellen oft aufgetragen worden ist", so habe die Hofkanzlei die Resolution vom Januar „dahin eingenommen, daß nur jene Schullehrer, deren Schuldienst mit dem Messnerdienst vereinbart ist, bloß, d. h. privative vom geistlichen Vorsteher die Abhängigkeit haben, folglich von demselben anzustellen seien"[70]. Am 28. September und 7. Oktober fanden erneut Beratungen der Vorlage vom 15. September statt, zwischenzeitlich (2. Oktober) wurde der Entwurf einer Hofresolution durch Hofrat von Stuppan vorgelegt[71].

In diese Beratungsphase (28. September / 7. Oktober 1770) fällt noch die Antwort der Landeshauptmannschaft vom 6. Oktober an den Bischof von Lavant auf dessen Beschwerden vom 1. September 1770. Bezugnehmend auf die Hofresolution vom 1. September weist die Landeshauptmannschaft darauf hin, daß der betreffende Schulmeister keinen Mesnerdienst versehe, „da hiezu ein eigner Messner aufgestellt ist". Deshalb könne man auch „hieort von der letzten, unter den 1. September

[67] Apih I, S. 60f.
[68] Vgl. Apih I, S. 61f.
[69] Vgl. Apih I, S. 62f., 63.
[70] Apih I, S. 63.
[71] Helfert, S. 117; Apih I, S. 63; Die endgültige Fassung vom 7. Oktober geht höchstwahrscheinlich auf ein unmittelbares Eingreifen Josephs II. zurück, der zu dieser Zeit seine Mutter vertrat: vgl. Apih I, S. 62.

jüngsthin nachgefolgten, allerhöchsten Erläuterungsresolution keineswegs abgehen, somit auch die vom besagten Oberamtmann von Andlau vorgenommenen Aufnehmung des Schulmeisters in Wolfsberg weder mißbilligen, weder aber demselben solchen Fürgang verheben. Im Falle aber bemelter Stadtpfarrer von Wolfsberg ein begründetes Recht hiezu aufzuhaben dennoch glaubt, so steht demselben frei, solches allenfalls im Rechtswege auszutragen."[72] Der Bischof gibt sich nicht damit zufrieden und überreicht daraufhin eine Eingabe bei Hofe.
In der erneuten Beratung der Vorlage der Hofkommission vom 15. September am 7. Oktober fällt dann die bekannte und bedeutsame Entscheidung:

> „Die angeführte von Mir hinabgegebene Resolution vom Jahre 1767 hat niemalen dahin eingenommen werden können, daß die Aufnehmung und Abdankung der Schulmeister in Kärnten der Geistlichkeit privative überlassen worden sei. Meine Intention war und ist, daß Messner und Schulmeister, (wenn sie in einer Person bestehen)[73] in den Kirchen- und Dienstverrichtungen des ersteren das ist des Messners bloß von der Geistlichkeit abhängen und derselben mit Parition angewiesen werden sollen: Das Schulwesen aber ist und bleibet allezeit ein politicum, folglich kann ein solcher, welcher zugleich Messner und Schulmeister ist, von der Geistlichkeit allein aufgenommen und abgedanket werden; da hingegen, wenn der Messnerdienst und jener des Schulmeisters abgesondert ist, hanget jener allein von der geistlichen wie dieser von der weltlichen Obrigkeit ab."[74]

Am 13. Oktober wurde diese Resolution per Hofdekret der Kärntnerischen Landeshauptmannschaft[75] und auch den anderen Gubernien zugestellt.
Damit hatte der Staat die niederen Schulen sowohl der Kirche wie den Ständen aus der Hand genommen und die Schulhoheit an sich gezogen.

[72] Apih I, S. 62.
[73] Diese einschränkende Klausel fällt in der als allgemeine Hofresolution publizierten Fassung weg! – MThGS VI, S. 293.
[74] MThGS VI, Nr. 1244, S. 293; vgl. Apih I, S. 63; Helfert, S. 117f.
[75] Apih I aaO.

§ 9 Die Schulaufsicht im System der „Allgemeinen Schulordnung für die deutschen Normal-, Haupt- und Trivialschulen in sämtlichen kaiserlich-königlichen Erbländern“ vom 6. Dezember 1774

I. Berufung Felbigers nach Wien und Eintritt in die Studienkommission

Bereits im Hin und Her der Auseinandersetzung um „Pläne“ und „Grundzüge“ war mehrfach und von verschiedener Seite der Name Felbigers gefallen[1]; und in einer Sitzung des Staatsrates im Oktober 1771 äußerte man die Meinung, es wäre ein besonderes Glück, könnte man Felbiger für die Reformarbeiten gewinnen[2]. In den sich überstürzenden Dissonanzen und Divergenzen der Jahre 1770–1774 war man aber im Kreise der mit den Schulreformarbeiten betrauten Persönlichkeiten (in der Studienhofkommission, niederösterreichischen Schulkommission und Normalschulleitung) offenbar nicht mehr fähig, zu einem diesbezüglichen Entschluß zu kommen. Hinzu kam, daß Joseph II. auswärtige Berufungen zunächst als verfrüht bezeichnete[3]. So erfolgte der konkrete Anstoß für die Berufung nicht aus den Reformgremien, obwohl Felbiger dort seit Jahren als Autorität galt[4]. Allem Anschein nach[5] war es Maria Theresia selbst, die nun die Berufung Felbigers nach Wien betrieb. Am 22. Januar 1774 ging in ihrem Auftrag ein Schreiben des Fürsten Kaunitz an den österreichischen Gesandten Gottfried van Swieten in Berlin ab mit der Anweisung, Friedrich II. den Wunsch der Kaiserin vorzutragen, „daß sich der Hr. Probst zu Sagan auf einige Zeit hierher verfügen möchte, um ihn über verschiedene, das Schulwesen betreffende Gegenstände zu Rathe ziehen zu können“[6]. Bereits mit Datum vom 1. Februar traf die Antwort des preußischen Ministers Graf Finkenstein beim österreichischen Gesandten ein, worin der König von Preußen „dem Probsten von Sagan gern die Erlaubnis“ erteilte, „sich nach Wien zu begeben und sich allda solange aufzuhalten, als Ihre Majestät die Kaiserin zur Erfüllung ihrer lobwürdigen Absicht es für nützlich halten würden; es seye alsogleich der Befehl an erwähnten Probsten ergangen und der König wünschte nur mehrere Gelegenheiten

[1] Vgl. HELFERT, S. 306ff., 308; KRÖMER, S. 126, Anm. 32 u. 33.
[2] Vgl. HELFERT, S. 232; KRÖMER, S. 126f.
[3] Vgl. KRÖMER, S. 127, Anm.33.
[4] Vgl. HELFERT, S. 307.
[5] Die Aktendurchsicht ergab keinen direkten Hinweis.
[6] HHStA, Staatskanzlei, Preußen, fasc. 50, Korrespondenz, 22. 1. und 2. 2. 1774; vgl. HELFERT, S. 309; KRÖMER, S. 127 u. Anm. 34.

zu erhalten, sich Ihro Majestät gefällig bezeigen, und von dero wahrer Freundschaft überführen zu können"[7].
Nicht zuletzt wohl im Sinne eines allgemeinen Ausgleichs mit Österreich war Friedrich II. an einem Erfolg der Felbigerschen Mission gelegen[8]. Am 6. 2. 1774 gab Felbiger in einem Schreiben an den Preußischen König seine Zustimmung[9]. Für die Zeit bis zum Eintreffen des Abtes wies Maria Theresia ihren Staatskanzler an, „er mögte nichts davon hier melden bis er (Felbiger) da ist"[10]. Die Abreise mußte Felbiger jedoch wegen abzuwickelnder Geschäfte, insbesondere wegen eines laufenden und sich in die Länge ziehenden Prozesses zweimal verschieben[11], bevor er am 6. 3. dem österreichischen Gesandten mitteilen konnte: „Für das Künftige, aber hätte er seine Geschäfte also geordnet, daß so lange, als es Ihre KKMaj. gefällig seyn würde, ihn zu brauchen, er vom Hause abwesend seyn könne"[12].
Am 10. April 1774 schließlich brach Felbiger mit seinem Konfrater Sucher und dem Lehrer Kauschke auf und traf am 1. 5. in Wien ein[13]. Seine Aufgabe und seine Kompetenzen waren nicht sofort klar umrissen.

[7] HHStA, Staatskanzlei, Preußen, fasc. 50, Relationen d. kaiserl. Gesandten, 1. 2. 1774; vgl. auch die weiteren Verhandlungen unter d. 12. 2., 22. 2., 6. 3. 1774; vgl. HELFERT, S. 309; KRÖMER, S. 127; Ordre Friedrichs II. an v. Felbiger vom 31. 1. 1774 – AEB, Acta resignationis, fol. 15. Vgl. KRÖMER, S. 127.

[8] Vgl. die im Kabinettsschreiben v. 23. 2. – Acta resignationis, fol. 17 – Felbiger zugesagte Belohnung für den Fall, daß eine solche von österr. Seite nicht erfolgen sollte; hierzu KRÖMER, S. 127, Anm. 38. Der Eindruck wird verstärkt durch ein eigenhändiges Schreiben Friedr. II. an den Abt von Montserrat in Wien vom 27. 4., worin der Abt ersucht wird, von Felbiger bei Hofe zu fördern. „Wir versehen uns demnach, daß die unseren Prälaten von Sagan, welcher wegen Einrichtung der Normal-Schull von uns ist anverlanget worden, bei Allerhöchst ihro May. soutenieren werden ..."; Abdruck: ORTMEYR, in: Wiener Geschichtsblätter 7 (67), 1962, Nr. 1, S. 5–7. Zur Fehldeutung des Briefes durch ORTMEYR vgl. KRÖMER, S. 127, Anm. 40 am Ende.

[9] Zum Ablauf der Verhandlungen:
31. 1. 1774: Ordre des Königs v. Preußen an v. Felbiger – AEB, Acta resign., fol. 15.
6. 2. 1774: V. Felbigers Zusage; Schreiben an Friedrich II. – AEB, Acta resign., fol. 16.
9. 2. 1774: Vortrag des Kanzlers Kaunitz u. Äußerung der Kaiserin – HHStA, Vorträge, Staatskanzlei, fasc. 172.
12. 2. 1774: Schreiben des österr. Gesandten in Berlin an v. Felbiger – vgl. KRÖMER, S. 127, Anm. 37.
17. 2. 1774: Antwort v. Felbigers – HHStA, Staatskanzlei, Preußen, fasc. 50, Korrespondenz.
6. 3. 1774: Schreiben Felbigers an den österr. Gesandten in Berlin – HHStA, Preußen, fasc. 50, Korrespondenz, 6. März.

[10] HHStA, Vorträge, Staatskanzlei, fasc. 172, 9. 3. 1774.

[11] HHStA, Staatskanzlei, Preußen, fasc. 50, Relationen, 22. 2., 6. 3. 1774; vgl. KRÖMER, S. 127, Anm. 37.

[12] HHStA, Preußen, fasc. 50, Korrespondenz, 6. März.

[13] Vgl. KRÖMER, S. 127f.

Auf Vorschlag der „zu Verbesserung des erbländischen Studienwesens niedergesetzten Commission“ vom 4. Mai und einer a. h. Resolution vom 27. Mai 1774[14] wurden ihm zunächst alle das Normalschulwesen betreffenden Akten vorgelegt, damit, „nach vorgenommener Prüfung durch den Abten von Sagan, die Studienhofkommission der Kaiserin einen weiteren Vorschlag unterbreiten könne“[15]. Hierfür hatte der Abt einen Zeitraum von drei Monaten als ausreichend und erforderlich genannt. Felbiger geriet mit der Aufnahme seiner Arbeit natürlich in die Auseinandersetzung (vor allem um den Gruberschen Schulplan und die Normalschule), die ihm bereits aus seiner Korrespondenz mit Tangl und Felkel vertraut waren (die Genannten hatten Abt Felbiger mehrfach und in verschiedenen Sachfragen als unparteiischen Richter angegangen)[16]. Nach einigem Hin und Her[17], einem Votum der Studienhofkommission zugunsten Grubers und seines Plans und einer gutachtlichen Stellungnahme Felbigers über Plan und Votum beschied die Kaiserin kurz und bündig am 27. August, „... ihn (Abt Felbiger) gehen zu lassen ohn Vorschrift“[18]. Bereits am 1. September 1774 übertrug Maria Theresia „die Einrichtung des hiesig deutschen Schulwesens sowohl in Absicht auf die hiesige Normalschule als die weitere Verbreitung des Instituts in dem Lande“ der „Leitung und Direktion“ des Abtes von Sagan, „in gnädigstem Zutrauen, daß er nach seiner in diesem Fach erworbenen stattlichen Kenntnis und Geschicklichkeit zu der für den Staat so wichtigen Verbesserung des ersagten Schulwesens mit wirksamem Eifer sich verwenden wollen“[19]. Rechenschaft abzulegen und Berichte abzugeben hatte Felbiger der niederösterreichischen Regierung, welche ihrerseits die Protokolle über die böhmisch-österreichische Hofkanzlei der Kaiserin vorlegen und von dort auch die jeweiligen Anordnungen empfangen sollte[20]. Diese Regelung entsprach dem Antrag Felbigers, Hofrat Greiner[21] wollte hingegen lieber die niederösterreichische Regierung ausgeschaltet

[14] Vgl. HELFERT, S. 311.
[15] Ebenda.
[16] Vgl. KRÖMER, S. 128.
[17] Vgl. KRÖMER, S. 128f.
[18] Vgl. HELFERT, S. 314.
[19] AVA, Fasz. 71, 17 N.Ö. in gre (Normalschuloberdirektor), Z. 126 ex 1774; vgl. HELFERT, S. 316; KRÖMER, S. 129.
[20] Vgl. HELFERT, S. 316; Handbillet Maria Theresias an Felbiger v. 1. 9. 1774 – Dekret der niederösterr. Landesregierung v. 2. 9.
[21] Hofrat Franz Salesius v. Greiner, Jurist, Mitgl. der Studienhofkommission. – Vortrag v. 26. 8. 1774 – AVA, aaO. Vgl. HELFERT, S. 285f., 295; SPREITZER, 200 Jahre ..., S. 133; KRÖMER, S. 129.

wissen. Chef der böhmisch-österreichischen Hofkanzlei war seit Dezember 1771 Graf Heinrich Cajetan von Blümegen[22].
Hägelin, Protektor Grubers und Referent bei der Schulkommission, wurde dieses Postens enthoben; an seine Stelle trat Hofrat von Gaya[23]. Kurz darauf erhielt Felbiger noch den Beisitz in der niederösterreichischen Schulkommission[24], „die in allen Dingen seine Meinung zu hören hatte"[25]. Präsident der niederösterreichischen Schulkommission war seit etwa Mitte 1773 Graf von Herberstein[26]. Ständiges Mitglied der Studienhofkommission wurde Felbiger erst mit Erlaß der Schulordnung von 1774, und zwar in seiner Eigenschaft als Generaldirektor des Normalschulwesens[27].

II. Entwurf und Publikation der Allgemeinen Schulordnung von 1774

In der nun erlangten Position hatte Felbiger freie Hand und konnte die angefangene Arbeit ungehindert fortsetzen. Den bereits im Frühsommer 1774 ausgearbeiteten „Entwurf zum General Land Schul Reglement in den Kaiserl. Königl. Ländern"[28] hatte Abt Felbiger unter Berücksichtigung dessen erstellt, was bereits in anderen Staaten verordnet worden war und auf dem Hintergrund seiner eigenen zwölfjährigen Erfahrung[29].
Er übergab den Entwurf bereits Ende September 1774 der niederösterreichischen Schulkommission. Die endgültige Fassung sowie die Bestimmung, wo in den Provinzen Normal- und Hauptschulen zu errichten seien, überließ er der Kommission[30]. Die Schulkommission ging in ihrer Sitzung vom 17. Oktober den Entwurf Paragraph für Paragraph durch, und der Referent von Gaya[31] brachte ihn in die Form eines Patents, das durch Joachim B. Wilkowitz noch sprachlich überarbeitet wurde. Das

[22] Vgl. KRÖMER, S. 129, Anm. 48; HELFERT, S. 237; HOCK-BIDERMANN, Staatsrat, S. 25–27; KANN, Kanzel und Katheder, S. 230.
[23] Dekret v. 2. 9. – vgl. KRÖMER, S. 129, Anm. 49.
[24] Dekret der böhmisch-österr. Hofkanzlei v. 29. 9. 1774; Acta resign. fol. 22.
[25] HELFERT, S. 316.
[26] HELFERT, S. 301, Anm. 2.
[27] Vgl. SPREITZER, 200 Jahre ..., S. 131 u. 133.
[28] ANÖ, K.-Akten, Nr. 68, K 10 ex 1774.
[29] Begleitschreiben v. 21. Sept. 1774 aaO.; vgl. KRÖMER, S. 50.
[30] Begleitschreiben, aaO.
[31] Ein Schüler Christian Wolffs in Halle – Vgl. HELFERT, S. 110 u. 318.

Ergebnis dieser Kommissionsarbeiten unterzog Felbiger einer nochmaligen Revision und Adjustierung[32]. Am 29. November konnte die Böhmisch-Österreichische Hofkanzlei der Kaiserin vortragen, daß sie „bei dem Inhalte des Patentaufsatzes, welcher eigentlich das Werk des Abtes von Sagan und ein Beweis seines geprüften und auf alles ausgebreiteten Kenntnisses im allgemeinen Unterrichte der Jugend ist, nichts wesentliches zu erinnern" finde[33]. Unter dem Titel „Allgemeine Schulordnung für die deutschen Normal-, Haupt- und Trivial-Schulen in sämtlichen kaiserlich-königlichen Erbländern" erhielt die Schulordnung am 6. Dezember 1774 die Unterschrift Maria Theresias[34].

III. Aufbau und Gliederung der Schulen nach der Schulordnung von 1774

1. Zur besseren Orientierung sei zunächst eine kurze Inhaltsangabe der 24 §§ der Schulordnung vorangestellt.

Eine Präambel enthält wichtige Motive und Ziele für Schulreform und die Schulordnung selbst.

In § 1 wird die Bestellung einer Schulkommission als Aufsichts- und Verwaltungsorgan bei der Regierung einer jeden Provinz verfügt.

§ 2 enthält die Bestimmungen über die Gliederung der niederen Schulen, § 3 über die Schulträger und § 4 über den Bau von Schulen.

Den eigentlichen Unterrichtsbetrieb behandeln hauptsächlich die §§ 5–11: §§ 5 und 11 den Lehrstoff, 8 und 9 Lehramt und Methode, 7 und Beilage E einheitliche Bücher, 6 und 10 Stundenpläne. Einheitliche Lehrerbildung sehen die §§ 2, 19 und 20 vor.

Die Aufsicht ist insbesondere in den §§ 17, 18 und 23 geregelt. Vorschriften zur Effektivitätskontrolle mit Hilfe von Listenführung, Prüfungen und Berichten enthalten die §§ 16, 22, 23 und 24.

[32] ANÖ, K.-Akten Nr. 68, K 10 ex 1774 – Protokollauszug der n.ö. Schulkommission v. 17. Okt. 1774 und Protok.-Ausz. d. n.ö. Regierung v. 16. Nov. 1774 (ebenda); Vgl. HELFERT, S. 318; KRÖMER, S. 50.

[33] HELFERT, aaO.

[34] Die Originalausgabe erschien als Foliodruck desselben und auch der darauf folgenden Jahre (vgl. HELFERT, S. 318; KRÖMER, S. 265); danach in MThGS VII, S. 116–137. Spätere und vor allem neuere Abdrucke hat KRÖMER (S. 265) verzeichnet. Wohl am leichsten zugänglich bei JOH. PANHOLZER, J. I. v. Felbigers Methodenbuch, 1892 (S. 295–325) und in den „Nachdrucken pädagogischer Schriften" (Hsg. A. Richter), Nr. XV, 1896 (Hsg. A. Weiß).

Die §§ 12–14 betreffen die Schul- bzw. die Unterrichtungspflicht.
§ 15 schließlich sieht auch für bereits Schulentlassene Wiederholungsstunden vor, und
§ 21 verbietet Personen im Lehramt gewisse Nebentätigkeiten.

2. Die Schulordnung sah gemäß § 2 eine dreistufige Gliederung des niederen Schulwesens vor.

a) Normalschulen

„Normalschulen heißen nur diejenigen Schulen, welche die Richtschnur aller übrigen Schulen in der Provinz sind. Daher soll in jeglicher Provinz eine einzige Normalschule, und zwar an dem Orte, wo die Schulkommission ist, angeleget werden, nach welcher sich alle übrigen Schulen des Landes zu richten haben; in derselben müssen die Lehrer für andere deutsche Schulen gebildet, in allen nöthigen Dingen wohl unterwiesen, oder wenigstens die anderwerts gebildeten genau geprüfet werden, wenn sie irgendwo in der Provinz wollen angestellt werden; Jede Normalschule muß mit einem Direktor, und mit 4. bis 5. Lehrern, worunter ein geistlicher Katechet seyn soll besetzet seyn.“ (§ 2 I)

b) Hauptschulen

„Deutsche Hauptschulen werden in größeren Städten, auch wohl in Klöstern, wo es darzu Gelegenheit gibt, anzulegen, und dergestalt zu vertheilen seyn, damit in jedem Viertel, Kreise, oder Distrikte des Landes wenigstens eine solche Hauptschule vorhanden sey.“ (§ 2 II)

c) Trivialschulen

„Gemeine Deutsche, oder Trivialschulen endlich sollen in allen kleineren Städten, und Märkten, und auf dem Lande, wenigstens an allen Orten seyn, wo sich Pfarrkirchen, oder davon entfernte Filialkirchen befinden.“ (§ 2 III)

Diese Dreiteilung greift auf einen Plan von 1772 zurück, welchen man seinerzeit als verfrüht abgelehnt hatte[35]. Die Unterschiede betreffen den Lehrstoff.

IV. Die Schulaufsicht im System der Schulordnung von 1774

1. Allgemeines

Mit Aufbau und Durchführung der Schulaufsicht wollte Felbiger für sein Werk Effizienz erreichen und Dauer gewährleisten[36].

[35] Vgl. HELFERT, S. 259–262; ARNETH, Geschichte IX, S. 244–260; KRÖMER, S. 50.

[36] Vgl. Entwurf zur Schulordnung, ANÖ K.-Akten, K 10, Nr. 68 v. Jahre 1774; Schulordnung § 17; HELFERT, S. 561, 562.

Die Schulordnung bestimmte für jede Schule am gleichen Ort ansässige Aufseher; bei Normal- und Hauptschulen den Direktor oder einen vom Magistrat beauftragten Bürger; in kleineren Orten den Pfarrer, „imgleichen einen herrschaftlichen Beamten oder einen verständigen Mann aus der Gemeinde“[37]. Außerdem hatten sog. Oberaufseher einen gewissen Bezirk zu bereisen (§ 18). Das ins Auge fallende Nebeneinander von geistlichen und weltlichen Aufsehern hatte Felbiger schon im Entwurf aus rein praktischen Gründen vorgesehen[38]. Bei der Diskussion über den Entwurf verlangte die Schulkommission, auch Oberaufseher müßten geistlich und weltlich sein[39]. Dahinter stand das Mißtrauen in den Eifer der Geistlichkeit[40]. Die Schulordnung selbst sagte jedoch darüber nichts. Die Erfüllung dieser Forderung der Schulkommission dürfte wohl an den Kosten gescheitert sein[41]. Die Durchführung der Schulaufsicht in Wien und Niederösterreich leitete Felbiger selbst. Weil er damals nur vorübergehend in Wien bleiben wollte, beantragte er Anfang 1775 die Ernennung eines Oberaufsehers für sämtliche Stadt- und Vorstadtschulen Wiens, „damit er an meinem (d. h. Felbigers) Beispiel praktisch sehe, wie die Verbreitung des Unterweisungsinstituts zu betreiben sei, dannen auch daß durch Nachsehen alsogleich die Befolgung der Vorschriften erhalten würde“[42]. Aufgrund der Wiener Verhältnisse setzte Felbiger eine besondere Abgrenzung der Kompetenzen zwischen dem Oberaufseher Stetter und dem Normalschuldirektor Meßmer durch[43]. Für die nächstniedrigere Instanz der Bezirksaufseher hatte Felbiger im Januar 1777 eine Aufstellung fertig[44]. Weitere Vorschläge legte der Abt 1778 vor[45]. Für die Besetzung der Aufseherstellen hatte er absichtlich nicht die kirchlichen Vorgesetzten ausersehen[46], sondern solche Geistliche ausgesucht, die den Anforderungen der Schulordnung genügten. Das gelang nur teilweise[47]. Zwei ‚Umläufe‘ 1779 und 1780 an die Visitatoren in Niederösterreich spiegeln die Notwendigkeit wieder, daß sich die Aufseher erst in ihre Aufgaben hineinfinden mußten[48].

[37] § 17; vgl. KRÖMER, S. 139, 147.
[38] Vgl. Instruktionen für die Ortsaufseher, Methodenbuch S. 349; PANHOLZER, S. 282; KRÖMER, S. 139, 147.
[39] KRÖMER, S. 140, 148.
[40] Vgl. LENTNER, S. 135f.
[41] Vgl. HOCK-BIDERMANN, Staatsrat, S. 527.
[42] KRÖMER, S. 140, 156.
[43] KRÖMER, S. 140, 157.
[44] Vgl. HELFERT, S. 561, 562 mit Anmerkungen.
[45] KRÖMER, S. 140, 159.
[46] Vgl. HELFERT, S. 372f.
[47] KRÖMER, S. 141, 161.
[48] KRÖMER, S. 141, 162; HELFERT, S. 373–376; PLEYER, passim.

Die zentralen Texte, die Schulaufsicht betreffend, finden wir in den folgenden Paragraphen:

§ 17: „Um auf die Befolgung der in Schulsachen getroffenen Anordnungen stetshin Obsicht zu tragen, sollen in jedem Orte, wo eine Schule ist, von den Obrigkeiten eigene Aufseher benannt, und der Schulkommission in den Schulberichten namhaft gemacht werden. Bey Normal- und Hauptschulen kömmt die Aufsicht ordentlicher Weise dem Direktor zu: Doch ist es billig, daß auch von dem Magistrate des Ortes ein Bürger, der ein Schulfreund ist, den Auftrag erhalte, nach dem Zustande der Schule zu sehen, und zu bemerken, ob alles Vorgeschriebene mit wirklichem Nutzen der Schüler geschehe, ob diese fleißig oder nachlässig erscheinen, ob jeder Schullehrer sich eifrig, geschickt, oder nachlässig, und zweckwidrig bezeige.
Es muß aber das Nachsehen der Aufseher zu keiner bestimmten Zeit, sondern nach derselben Belieben, ohne es vorher zu melden, mithin unversehens geschehen.
In den kleinen Städten, Märkten, und auf dem Lande ist der Pfarrer des Ortes, imgleichen ein herrschaftlicher Beamter, dann ein verständiger Mann von den Gerichtsgeschwornen, oder sonst aus der Gemeinde zum Aufseher zu bestellen, welchem eben dasjenige, was von derley Aufsehern in den Städten ist gesagt worden, zu beobachten obliegt.
Endlich hat jeder Aufseher von dem Zustande der ihm zur Obsicht aufgetragenen Schule seinen Bericht nach der Wahrheit an den Oberaufseher zu erstatten."

§ 18: „Hiernächst aber werden die Schulkommissionen den Bedacht nehmen, taugliche Männer zu Oberaufsehern ausfindig zu machen,
und jedem derselben gewisse Bezirke anzuweisen, damit sie solche bereisen, die darinne befindliche Schulen einrichten, die eingerichteten untersuchen, die sich äußernde Gebrechen entdecken, und verbessern, zu dem Ende auch besondere Prüfungen der Schüler vornehmen, oder durch den Schullehrer in ihrer Gegenwart vornehmen lassen.
An diese Oberaufseher haben die in dem vorhergehenden Absatze bemeldten Ortsaufseher ihre Berichte, ein jeder über den Zustand, der seiner Obsicht untergebenen Schule, gleich nach dem Ende der Schulzeit, nämlich zu Ostern, und Michaelis zu erstatten, welche Berichte sofort die Oberaufseher an die Landesstelle zu weiteren Abgebung an die Schulkommissionen nebst einem aus den Tabellen, welche sie mit erwähnten Berichten der Aufseher erhalten haben werden, gezogenen tabellarischen Extracte fördersam einzubegleiten, und dabey über folgende Punkte ihre Anmerkungen zu machen haben.

1mo. Wo, und in welchen Punkten wider diese Landschul-Ordnung von Magistraten, Herrschaften, und Unterthanen gehandelt werde.

2do. Was für Hindernisse dem guten Fortgange des Schulwesens im Wege liegen.

3tio. Ob, oder wo etwa nicht die nöthige Erbauung, oder Reparationen der Schulgebäude vorgenommen, ingleichen wo den Schulbedienten ihre Gebühr gereicht werde.

4to. Was zu besserer Einrichtung des Schulwesens dienlich wäre.

5to. Welche Pfarrer, Vikarien, Katecheten und Schulmeister sich durch ihren Fleiß, und Eifer um das Schulwesen besonders hervorthun, und einer Belohnung würdig gemacht haben.

6to. Welche Schulmeister ihre Pflichten vernachlässigen, oder etwa gar unverbesserlich, mithin zu bestrafen, oder gar abzusetzen wären."

§23: „Die Aufseher jedes Orts haben zu Ostern, und Michaelis dem Oberaufseher von dem Zustande der Schulen worüber sie bestellt sind, und von allem, was sie hierinfalls angeht, Bericht zu erstatten, welchem Berichte sie jedesmal einen Tabellenextract nach dem Schema H. beyfügen müssen.
Sodann hat der Oberaufseher aus allen eingelauffenen Nachrichten, des ihm angewiesenen Bezirkes und aus seinen eigenen bey den Schulbesuchen aufgeschriebenen Anmerkungen die Generaltabelle nach eben dem Schema H. zu verfassen, und mit Beylegung der Berichte von den Aufsehern den 1ten May über die Winterschulen, und den 1ten November über die Sommerschulen an die Landesstelle einzusenden."

Ergänzende Bestimmungen finden sich in den §§ 1, 19 III, 22 I, II.

2. Schulverwaltungs- und Aufsichtsbehörden; Aufbau und Organe[49]

a) Die Spitze der Schulbehörden bildete die Studienhofkommission, am 22. 3. 1760 aus einer beratenden Kommission der politischen Zentralbehörde, des Direktoriums in publicis et cameralibus zu einer selbständigen Studienhofkommission erhoben[50]. In ihren Aufgabenkreis fielen alle Studienangelegenheiten. Ihr war die Aufsicht über das Schulwesen sowie die

[49] Vgl. die schematisch-graph. Darstellung der Schulaufsichtsorganisation in der Anlage.

[50] Aktenstücke zur Geschichte der Studienhofkommission (1760–1778) in: DÖZ II, 3, S. 433–442, hier: S. 433f. – nicht erst 1774, wie HELFERT (S. 287) angibt. Im Jahre 1774 erfolgte anläßlich der Aufhebung des Jesuitenordens eine Umorganisation des Studienwesens – DÖZ II, 3, S. 438ff.; 1778 wurde die StHK der Hofkanzlei einverleibt – aaO., S. 441f. Vgl. HANTSCH, in: 200 Jahre österr. Unterrichtsverwaltung, S. 13; E. MAYER, aaO., S. 50; SPREITZER, 200 Jahre oberste Schulbehörde in Österreich, S. 129ff.; STRAKOSCH-GRASSMANN, Gesch. des österr. Unterrichtswesens, S. 87f.; vgl. auch oben § 8 II 1.

Koordinierung und Planung der vielfältigen Unternehmungen übertragen, die Maria Theresia im Unterrichtsbereich begonnen hatte: „... daß diese ... Kommission alles, was in Studiensachen vorfallet, gemeinschaftlich zu überlegen, ... die Verbesserung deren Studien stets vor Augen haben und auf die Festhaltung deren ... erlassenen und weiter ergehenden Verordnungen ein beständig obachtsames Aug tragen ...“[51]. Als Referenten für das Normalschulwesen (bzw. für die deutschen Schulen im allgemeinen) waren Felbiger und seine Nachfolger geborene Mitglieder dieser Hofkommission[52]. Konstruktion und Arbeitsweise der Studienhofkommission lassen sich etwa so umschreiben: Sie hatte die ihr zugewiesenen oder „amtserinnerten“[53] Studien- und Schulangelegenheiten aufgrund eines Referentenvorschlages zu beraten, zur kaiserlichen Entschließung vorzubereiten; nach Vorlage und Rückleitung der Entscheidung über Direktorium bzw. Hofkanzlei (ab 12. Jan. 1778) – wegen deren Begutachtung – einen Erledigungsentwurf zu verfassen und diesen wiederum zur Approbation an das Direktorium bzw. an die Hofkanzlei weiterzuleiten[54]. Diese für unsere Begriffe recht umständliche und häufige Verzögerung verursachende Arbeitsweise führte bald zur Kritik und entsprechenden Reformvorschlägen[55].

b) Parallel mit der „Zuweisung der Studiensachen an das ‚Direktorium‘ (der Funktion nach das cisleithanische Innenministerium) erhielten die politischen Landesbehörden Studienreferenten, denen wiederum Studienkommissionen zugeordnet wurden[56]. Ihnen oblag die Beratung der Studienangelegenheiten der Länder, die bei der politischen Landesbehörde zur Entscheidung kamen. Grundsätzliche und generelle Fragen gingen an das Direktorium (bzw. später an die Vereinigte Hofkanzlei) und von dort in die Kompetenz der Studienhofkommissionen“[57].
Den Anfang mit dieser Einrichtung machte Oberösterreich 1769, 1770 folgte Niederösterreich, und allmählich schlossen sich auch die übrigen Länder an[58]. Die Allgemeine Schulordnung von 1774 schrieb Schulkom-

[51] Hofdekret an Erzbischof Migazzi vom 22. März 1760 – DÖZ II, 3, S. 434ff.
[52] SPREITZER, 200 Jahre, S. 131, 133.
[53] E. MAYER, in: 200 Jahre österr. Unterrichtsverwaltung, S. 50; SPREITZER, aaO., S.131, 133.
[54] DÖZ II, 3, S. 436f.; vgl. hierzu SPREITZER, 200 Jahre, S. 131.
[55] DÖZ II, 3, S. 436f.
[56] SPREITZER, 200 Jahre, S. 135; vgl. K. E. MAIER, Das Werden der allgemeinbildenden Pflichtschule, S. 37ff., *38*.
[57] SPREITZER, aaO., S. 135.
[58] SPREITZER, aaO., S. 135; K. E. MAIER, S. 50.

missionen für jede Provinz verpflichtend vor (§ 1)[59]. Die niederösterreichische Schulkommission hatte an der Volksschulreform unter Felbiger entscheidenden Anteil[60]. In die Verantwortlichkeit der Schulkommissionen bei den Gubernien fielen vor allem die Einhaltung der Schulordnung und die Anstellung der Lehrer[61]. In Verfolgung seiner zentralistischen Absichten löste Joseph II. im Jahre 1783 diese Schulkommissionen auf und übertrug ihren Wirkungsbereich in die politische Landesverwaltung[62].

c) Zwischen Landesbehörden und den unmittelbaren Orts- und Distriktsverwaltungs- und Aufsichtsbehörden wurde 1785 eine zusätzliche Ebene der Schulverwaltungs- und Schulaufsicht eingeschoben: Zur Festigung und Förderung der schulreformatorischen Tätigkeit schuf Joseph II. eine eigene und zusätzliche weltliche Schulaufsicht bei den einzelnen Kreisämtern[63]. Der hierfür bestimmte Beamte führte die Bezeichnung Kreiskommissär in Schulsachen, meist kurz Kreisschulkommissär[64] und hatte seinen Amtssitz bei der Kreishauptmannschaft, wo er als Konzeptsbeamter dem Kreishauptmann unmittelbar unterstellt war[65].

d) Die unterste Ebene der Schulaufsicht bildete die Lokal- und Bezirksaufsicht, zu deren geborenen Vertretern der Pfarrgeistliche gehörte, ergänzt durch Magistratsangehörige oder -beauftragte und Vertreter der Grundherrschaft; eine Modifizierung bzw. Ergänzung in der personellen Zusammensetzung brachte die Allgemeine Schulordnung (§ 17 und § 18)[66].

3. Die Schulaufsicht im einzelnen

a) Die Ortsschulaufsicht

Die Schulordnung von 1774 forderte die Einrichtung einer Schulaufsicht für jeden Ort, in dem sich eine Schule befand (§ 17 I). Normal- und

[59] Die Bildung der Kommissionen vollzog sich rasch. 1775 bestanden sie in fasr allen ‚Erbländern' – vgl. HELFERT, S. 384, 434–489; STRAKOSCH-GRASSMANN, S. 128. Zum Personalbestand und den Standorten vgl. HELFERT, S. 390–394, 414f. Weitere Hinweise bei KRÖMER, S. 129, Anm. 53 und S. 157.

[60] Vgl. HELFERT, S. 136ff., 384f., 390 (Personalstand); SPREITZER, 200 Jahre, S. 136; KRÖMER, S. 124f., *129f.*

[61] Vgl. AVA, 17 Niederösterreich in genere, Nr. 121 ex 1775; vgl. HELFERT, S. 377–379; KRÖMER, S. 129/130.

[62] SPREITZER, aaO., S. 136f.

[63] Vgl. SPREITZER, 200 Jahre, S. 136; ders., Praxis der Schulaufsicht, S. 390.

[64] SPREITZER, Praxis, S. 390.

[65] SPREITZER, aaO., S. 390.

[66] Vgl. HELFERT, S. 369ff.; KRÖMER, S. 139ff.

Hauptschulen erfuhren eine andere Regelung als die übrigen (Trivial-) Schulen. Bei Normal- und Hauptschulen war neben dem Direktor, dem „ordentlicherweise die Aufsicht zukommt", ein vom Magistrat bestellter Bürger hinzuzuziehen. Für die Trivialschulen war zunächst der Ortspfarrer kraft seines geistlichen Amtes als Seelsorger „geborener" Visitator der Schulen seines Sprengels. Diese Stadt- und Landschulen waren außer dieser geistlichen Aufsicht noch einer weltlichen unterworfen. Dies zunächst aus praktischen Erwägungen. So sollte die Vernachlässigung der Aufsicht infolge Arbeitsüberlastung der Geistlichen vermieden werden; man hatte jedoch auch die Entlegenheit vieler Filialorte im Sinn. Deshalb sollte in jedem Orte, wo sich eine Schule befand, ein eigener Aufseher bestellt werden, und zwar in den größeren Städten ein vom Magistrat bestellter Bürger, ein sogenannter „Schulfreund", in kleineren Städten, Märkten und Dörfern ein von der Obrigkeit benannter herrschaftlicher Beamter; dazu ein von den Gerichtsgeschworenen oder sonst aus der Gemeinde bestellter „verständiger Mann".

Diesen Schulaufsehern war aufgetragen, regelmäßig und nachdrücklich nach dem Zustande der Schulen zu sehen und darauf zu achten, ob alles Vorgeschriebene wirklich sinnvoll eingehalten werde. Die Visitationen hatten unangemeldet und öfters zu geschehen (§§ 17 und 20).

Nach einer Verordnung (in Böhmen) vom 27. VI. 1776 sollten zu weltlichen Schulaufsehern in Städten ein oder mehrere Magistratspersonen, in Dörfern Richter[67] bestellt werden. In der sogenannten Militärgrenze[68] oblag die unmittelbare Schulaufsicht über die Regimentsschulen dem Stationskommandanten, über die Gemeindeschulen einem Ratsangehörigen, der dazu die meiste Fähigkeit besaß[69].

Im allgemeinen war vorgesehen, daß die ‚weltlichen' Schulvisitatoren den Schwerpunkt ihrer Arbeit mehr auf ökonomische und juristische Fragen, d. h. auf Schulverwaltung und Schulleitung legen sollten, die geistlichen Schulaufseher mehr die unterrichtlichen und katechetisch-pastoralen Aspekte im Auge halten sollten. Der weltliche „Ortsaufseher" hatte vorzüglich darauf zu sehen, ob die nötigen Schulräume und Wohnräume des Lehrers vorhanden und ausreichend eingerichtet waren, ob der Lehrer mit einem Lehrbefähigungsattest versehen war und ein Exemplar der

[67] Vgl. HELFERT, S. 370.

[68] Vgl. K. WESSELY, Die österreich. Militärgrenze, in: Festschrift RIEDL, 1971, S. 75–108 (Lit. S. 75, Anm. 1) und Die k.k. Militärgrenze, 1972, bes. Beitrag v. F. KAINDL, S. 9ff.

[69] Vgl. die Instruktion f. einen Schulaufseher in Grenz- u. Regiments- u. Kommunitätsschulen, genehmigt mit Hofkriegsratserlaß an das Slawonische Generalkommando v. 8. Jan. 1780 – HELFERT, S. 370.

Schulordnung besaß. Er hatte weiter darauf zu achten, daß sich der Lehrer in seinem Amt „eifrig" und „geschickt" und nicht „nachlässig und zweckwidrig bezeige" (§ 17), daß die Privatlehrer den vorgeschriebenen Unterricht an einer Musterschule absolviert und darüber das erforderliche Zeugnis erhalten hatten. Bei den Visitationen war darauf zu achten, daß die Kinder die vorschriftsmäßigen Schulbücher besaßen und vor allem, daß die Armen dieselben unentgeltlich erhielten. Die Überwachung des Schulbesuchs war eine Hauptobliegenheit der weltlichen Schulaufseher. Sie sollten die Kinder zu regelmäßigem Besuch anhalten, Herumstreunende notfalls mit angemessenen Zwangsmitteln zum Schulbesuch bringen. Zur Kontrolle hatte acht Tage nach dem Schluß der Schule ein jeder Schullehrer den Visitatoren einen nach seinem Fleißkataloge zusammengestellten Auszug einzuschicken, woraus namentlich ersichtlich war, wie oft während des letzten Schuljahres jedes Kind die Schule besucht, versäumt oder sich verspätet hatte[70].

Auch Magistrate und sonstige Ortsobrigkeiten sowie die Dominialverwaltungen waren für die Beaufsichtigung der Ortsschulen mitverantwortlich. Ihnen kam die Auswahl der Ortsaufseher zu (§ 17), und sie waren für deren Dienstführung verantwortlich. Verordnungen in Schulsachen erhielten die Lehrer über diese Stellen und den Ortsaufseher. Magistraten und Ortsobrigkeiten war weiterhin die Sorge für allgemeinen und regelmäßigen Schulbesuch übertragen (§ 13). Besonders eifrige Schulaufseher sollten „höheren Orts" gemeldet werden (§ 24).

b) Die Bezirks- und Kreisschulaufsicht

Nach § 18 SchO hatte die Schulkommission[71] „taugliche Männer zu Oberaufsehern ausfindig zu machen" und ihnen „gewisse Bezirke anzuweisen". Die Oberaufseher hatten die ihnen zugewiesenen Bezirke zu bereisen, um an Ort und Stelle Schulen einzurichten, bereits bestehende Schulen zu untersuchen, eventuelle Mängel aufzudecken und abzustellen. Zu diesem Zwecke hatten die Oberaufseher „Prüfungen der Schüler" vorzunehmen „oder durch den Schullehrer in ihrer Gegenwart vornehmen (zu) lassen".

Während die „Normalschulen" (und zum Teil auch „Hauptschulen")

[70] §§ 16, 17, 22 mit Formular „Lit. G.". Vgl. hierzu die Instruktion an die Inspektoren der „prager städt. Schulen" (Einladungsschrift Aug. 1778), die „Instruktion f. d. Schulaufseher auf d. Lande" (Wien 1779) = Zusatz zur „Instruktion f. Aufseher in Städten u. Märkten" (enthält auch die Instruktionspunkte d. „Methodenbuches"). Spätere Instruktion aufgeführt bei HELFERT, S. 371.

[71] Oberste Schulaufsichtsbehörde einer Provinz – § 1 SchO.

von der Oberaufsicht der Bezirksschulaufseher ausgenommen waren[72], unterstanden ihr uneingeschränkt die Trivialschulen und auch die Hauptschulen mit eigenen Direktoren. Bei der Aufsicht über die Hauptschulen durch die Oberaufseher mußte es jedoch zu Mißverständnissen, Reibungen und Kollisionen zwischen den Hauptschuldirektoren und den Oberaufsehern „wegen der eigentlichen Gränzen ihrer Besorgungen“[73] kommen, weil die Schulordnung keine eindeutige Abgrenzung enthielt. So überreichte z. B. am 10. Juli 1779 das Mährische Gubernium zwei von seinem Referenten Johann Nepomuk Freiherrn von Hauspersky entworfene Instruktionen, eine für die Schulaufseher und die andere für die Direktoren und Lehrer der Hauptschulen. Nachdem Felbiger sie überarbeitet hatte, wurden sie durch die Böhmisch-Österreichische Hofkanzlei der Kaiserin vorgelegt und mit Dekret vom 31. Dezember an das mährische Landesgubernium „zur genauen Nachachtung“ weitergereicht[74].

Auf dem Lande deckten sich, wie es scheint, in der Praxis die Schulbezirksgrenzen mit denen der Dekanate. Auch fielen meist die Funktionen und darum auch die Namen des Schulbezirksaufsehers oder Visitators mit jenen des Kreisdechanten zusammen, oder man bestellte Pfarrer, Vikare, geistliche Direktoren oder Katecheten von Hauptschulen als Visitatoren[75]. Ein anschauliches Beispiel dafür finden wir in Böhmen, und zwar in der „Einladungsschrift“, Herbstmonat 1777[76], wonach von der Böhmischen Schulkommission das Land „zur Ausbreitung der verbesserten Lehrart und zur Verbesserung der Landschulen“ in 72 Bezirke „soviel als Kreisdechanteien oder Vicariatus foranei sind“ aufgeteilt und die Kreisdechanten als Oberaufseher und Visitatoren aller in ihrem Bezirke vorhandenen Schulen bestellt wurden.

Über die diesbezügliche Praxis im Lande ob der Enns gibt uns guten Aufschluß ein Bericht des Landeshauptmanns Grafen von Thürheim vom 21. September 1779[77], wonach im Jahre 1779 eigene „Bezirksaufseher“ aufgestellt wurden, und zwar die Kreisdechanten in ihren Dekanatsbezirken über alle Schulen in Pfarren sowohl der Weltgeistlichen und auch der auswärtigen Klostergeistlichen, und die Äbte über alle Schulen in den Pfarreien ihrer Stifter. Von dieser Bezirksaufsicht wurden „ledig-

[72] Sie kam der Schulkommission zu – vgl. HELFERT, S. 372.
[73] So Zitat bei HELFERT, S. 372.
[74] Ebenda.
[75] Vgl. HELFERT, S. 372.
[76] S. 46. Vgl. auch BÖHM, Normalinstitut in Böhmen, S. 30.
[77] Vgl. HELFERT, S. 372.

lich die Normal-, Haupt- und Stadtschulen der landesfürstlichen Städte, welche der landesfürstlichen Aufsicht unterliegen, dann die der salzoberämtlichen Bezirksaufsicht unterstehenden Kammergutsschulen" ausgenommen.

In Niederösterreich kam es infolge von Ungeschicklichkeiten zu Auseinandersetzungen zwischen Hierarchie und staatlichen Behörden. Man setzte als „Visitatoren"[78] einerseits zwar geistliche Personen ein, aber ohne Rücksicht auf die Dekanatseinteilung und ohne sich vorher mit der geistlichen Oberbehörde verständigt zu haben. So kam es zu Unannehmlichkeiten mit den geistlichen Behörden, namentlich im Passauer Diözesananteil[79]. Aufschluß gibt ein Schreiben der Böhmisch-Österreichischen Hofkanzlei vom März 1777 an das Passauer Konsistorium wegen eines Vorfalls, „wodurch selbes sich gleichsam eine ausschließende Gerichtsbarkeit über geistliche Personen, auch in Fällen, welche mit dem geistlichen Stande keinen Zusammenhang haben, anmaßen will"[80]. Zu einer schärferen Kontroverse kam es im Jahre 1779 zwischen der niederösterreichischen Regierung und Kardinal Firmian von Passau selbst. Die niederösterreichische Regierung entschied schließlich[81], es habe „bei denen von der Regierung bestellten Visitatoren der Landschulen zu verbleiben", und das Passauer Konsistorium dürfe die bestellten Personen in keiner Weise behindern; im übrigen stehe es dem Konsistorium frei, „die Schulen durch ihre Dechanten ebenfalls so oft sie wollen, visitieren zu lassen"[82].

Für die Trivialschulen in Wien hatte man die Regelung getroffen, daß die Visitatoren aus dem Personal der Normalschulen benannt wurden und einem jeden eine bestimmte Anzahl von Stadt- und Vorstadtschulen zugewiesen wurde. Demnach hatte der Oberaufseher der Normalschule auch die übrigen Stadtschulen, außerdem die drei Piaristen-Hauptschulen, die Trivialschulen im Waisenhaus, im Invalidenhaus und noch einige Vorstadtschulen zu visitieren; dem Normalschuldirektor war die Auf-

[78] Vgl. Instruktion für Visitatoren der Landschulen – nach HELFERT, aaO.

[79] Der weitaus größere Teil des Passauer Bistumsgebietes lag zu diesem Zeitpunkt auf österreichischem Territorium, das dem Gebiet der heutigen Diözesen Linz, St. Pölten, und dem nördlich der Donau gelegenen Teil der Erzdiözese Wien entspricht. Vgl. BERNLEITHNER, Kirchenhistorischer Atlas von Österreich I, 1966, Karten 1 und 4. Zu den Auseinandersetzungen vgl. PLEYER, passim.

[80] Nach HELFERT, S. 373.

[81] AaO.

[82] Ebenda und vgl. PLEYER, passim.

sicht über die Schule im Bürgerspital und 16 Vorstadtschulen anvertraut[83].
Die Visitation der Schulen in der sog. Militärgrenze regelte eine besondere „Instruction für die Visitatoren der Regiments- und Communitätsschulen in der slawonischen Gränze": „Zur Visitierung der Schulen sind zwar in der Militärgränze eigentlich die Oberlehrer bestimmt, denen auch in diesem Geschäfte alle mögliche Hilfe zu leisten ist. Allein die Oberlehrer haben auch ihr eigenes Lehramt zu versehen; da sie jedoch des Jahres zweimal und zwar in den Regimentsbezirken in Begleitung eines Oberoffiziers gesammte Schulen besuchen und alldort die Schüler prüfen müssen: so sind es eigentlich diese Prüfungs-Commissionen für welche der gegenwärtige Unterricht entworfen ist"[84].
Die Oberaufsicht über die Schulen eines Bezirks erstreckte sich materiell auf alle Gegenstände, die der geistlichen und weltlichen Aufsicht über die einzelnen Schulen unterworfen waren. So hatte der Oberaufseher dafür Sorge zu tragen, daß die Ortsschulaufseher seines Bezirks die Schulordnung besaßen. Im Besitz der Schulordnung mußten auch die Lehrer sein und zuzüglich das Methodenbuch erwerben und gebrauchen. In seine Sorgepflicht fiel weiter die Aufgabe, mit Nachdruck dafür zu sorgen, daß die Schüler die vorgeschriebenen Bücher erwarben und auch daraus unterrichtet wurden. Mittellose Kinder mußten die Bücher unentgeltlich bekommen. Zu den Aufgaben des Oberaufsehers gehörte es weiterhin, den Lehrern ihr Gehalt zu sichern, sie auf die ordnungsgemäße Einhaltung ihrer Schulpflichten hinzuweisen und zu überprüfen, ob Seelsorger und Katecheten die ihnen vorgeschriebenen zwei Visitationen pro Woche in ihren Schulen auch praktizierten. Ein Hauptpunkt seiner Aufsichtspflicht bestand in der Nachprüfung, ob Bewerber um erledigte Schulstellen einen Prüfungsnachweis vorgelegt hatten. Zu diesem Zwecke mußten sich alle neu anzustellenden Landschulmeister beim Kreisdechanten, Aspiranten für die Stelle eines Stadtschullehrers beim Oberaufseher der Normalschulen melden, der ihre Zeugnisse zu untersuchen, ihre Kenntnisse zu prüfen und sie notfalls anzuweisen hatte, Fehlendes nachzuholen. Ungeprüfte, aber schon im Amt befindliche Lehrer sollte er zum Nachholen ihrer Qualifikation anhalten. Insgesamt hatte er „ein wachsames Auge darüber zu halten, daß in allen Stücken nach den Normalvorschriften vorgegangen" werde[85].

[83] Vgl. Wiener Schul-Almanach 1780, S. 72–84.
[84] Nach HELFERT, S. 373.
[85] Vgl. Gub.VO v. 24. Febr. 1780 („Einladungsschrift" April 1780, S. 4); Instruktion an die Kreisdechanten als Oberaufseher der Landschulen v. 1777 (f. Böhmen). Besonders deut-

Die effektive Durchführung der Oberaufsicht sollte dadurch gewährleistet werden, daß ein jeder Oberaufseher die Schulen seines Distrikts (Dekanates) wenigstens einmal im Jahr zu besuchen hatte, um sich persönlich von ihrem Zustand zu überzeugen. Es erging Anweisung, ihnen an allen Orten „gehörige Assistenz zu leisten“[86]. Zur Gewährleistung eines ökonomischen Verfahrens sollten dort, wo die Schulaufsichtsbezirke mit den Dekanaten zusammenfielen, Schulvisitation und kanonische Visitation verbunden und die Prüfung im Beisein des Ortsschulaufsehers vorgenommen werden. Im Anschluß daran hatten Kreisdechant, Ortsschulaufseher und Gemeindedeputierte in einer Konferenz sich über Amtsführung und persönliche Führung des Schulmeisters sowie über die Beachtung der Schulpflicht seitens der Eltern zu informieren. Außerdem sollten äußere Schulangelegenheiten besprochen und Konflikte geschlichtet werden.
Weitergehende Einzelheiten enthält eine Instruktion für die Visitatoren der Landschulen für Niederösterreich aus dem Jahre 1777: Sie ordnete an, daß der Visitator jeweils vor dem Palmsonntage alle Schulen seines Bezirks untersucht haben müsse. Den Tag der Visitation habe er jedem Schulmeister „schriftlich entweder durch eine Currende oder einen Brief“ bekanntzumachen, „entweder den Abend zuvor oder doch wenigstens eine Stunde vor der Zeit, da die Schule anfängt“. Beim Eintreffen im Schulort sei es seine Pflicht, sich bei der Herrschaft und dem Pfarrer zu melden und „letzteren sowohl als den Richter nebst wenigstens einem Geschwornen einzuladen bei der Untersuchung gegenwärtig zu sein“[87].

Unverzüglich nach Ende der Schulzeit (nämlich zu Ostern und zu Michaelis) hatten die Ortsschulaufseher die ihnen vorgeschriebenen Berichte (§ 17 a. E.) über den Zustand der ihnen anvertrauten Schule an den Oberaufseher zu übersenden und ihnen eine Tabelle beizufügen, aus denen die Namen der Schulorte, der bei jeder Schule befindlichen geistlichen und weltlichen Lehrer, deren Fleiß oder Unfleiß sowie die Zahl der schulfähigen und schulbesuchenden Kinder zu ersehen war. Zusätzlich hatten diese Berichte eine Aufstellung der noch notwendigen Schulverbesserungen zu enthalten. Aus diesen von allen Ortsschulaufsehern des Bezirks eingereichten Unterlagen mußten die Oberaufseher einen

lich die Gub.VO f. Böhmen v. 29. Jan. 1783. Sie enthält Anweisungen an die Kreisdechanten als Schulen-Oberaufseher für die Schulvisitationen und anschließende Berichte (Handbuch Jos. II. I, S. 353).

86 Nach Helfert, S. 374.

87 Nach Helfert, S. 375.

tabellarischen Extrakt erstellen und darin zu folgenden Punkten ihre Stellungnahme beifügen[88]:

1. Verstöße gegen die Schulordnung seitens der Magistrate, Herrschaften und Untertanen, aufgegliedert nach Orten und Einzelpunkten.
2. Hindernisse für den Fortgang der Schulreform.
3. Notwendige Schulbauten oder Reparaturen an Schulgebäuden und Angaben darüber, ob die Lehrer ihren Unterhalt nach Gebühr erhielten.
4. Vorschläge für Verbesserungen im Schulwesen.
5. Benennung der Pfarrer, Vikare, Katecheten und Schulmeister, die sich durch besonderen Fleiß und Eifer hervorgetan hatten und einer besonderen Belohnung für würdig gehalten wurden.
6. Benennung der Schulmeister, die ihren Dienst nachlässig versehen hatten oder wegen „Unverbesserlichkeit" zu bestrafen oder abzusetzen seien.

Diesen tabellarischen Extrakt mit einer Stellungnahme hatten die Kreisdechanten als Oberaufseher (zusammen mit den von den einzelnen Ortsschulaufsehern eingesandten Berichten) bis spätestens 14 Tage nach Ostern bzw. Michaelis an das Kreisamt weiterzuleiten.
Den Kreisämtern stand als politischen Behörden die Aufsicht über das Schulwesen der einzelnen Städte und Dominien, über die Magistrate und Wirtschaftsämter[89] des ganzen Kreises zu. So wie die Kreisämter als politische Mittelinstanz zwischen Ortsbehörden einerseits und Provinzialbehörde andererseits eine Neuerung im Rahmen der Maria Theresianisch/Josephinischen Verwaltungsreform darstellten, so ergänzte konsequent die Einrichtung der Kreisschulaufsicht durch Joseph II. (1785/1786)[90] als Mittelinstanz zwischen den Schulkommissionen der Landesgubernien und der Ortsschulaufsicht einschließlich der Distriktsaufsicht (die ja nur eine distriktsmäßige verwaltungsökonomische Zusammenfassung der Ortsschulaufsicht darstellte) die Schulaufsichtsorganisation.

Den Kreisämtern in der Person des Kreisschulkommissars war die Aufgabe übertragen, die Anstellung der Schulleute zu überwachen. Zu diesem Zwecke hatten alle Personen und Behörden, denen ein Anstellungsrecht zustand, den Kreisämtern jeden Wechsel im Schuldienst mitzu-

[88] Wortlaut dieser sehr typischen und die Situation treffenden Liste (bes. Punkt 1–3) in § 18 SchO.
[89] D. h. Verwaltung der Dominialbezirke.
[90] HANDB. JOS. II., X, S. 565f. Vgl. SPREITZER, Zur Praxis d. Schulaufsicht, S. 390f.

teilen und zusätzlich halbjährlich einen Bericht hierüber zu erstatten. Neuangestellte Lehrer sollten sich mit ihrem Zeugnis den Kreisämtern vorstellen. Bei fehlenden oder lückenhaften Zeugnissen waren Bewerber zurückzuweisen oder innerhalb einer festgelegten Frist wieder vorzuladen. Zur Aufsichtskompetenz der Kreisämter gehörte auch die Überwachung des Schulbesuchs. Deshalb waren die Obrigkeiten angewiesen, die von den Lehrern über den Schulbesuch bzw. die Schulversäumnisse der Kinder erstellten Verzeichnisse an die Kreisämter weiterzuleiten, mangelhafte Verzeichnisse zur Komplettierung zurückzusenden[91].

c) Die Schulaufsicht auf Provinzialebene[91a]

Durch die Schulkommissionen bei den Ländergubernien zur Durchführung, Festigung und Sicherung der Schulreform für die Zukunft mußte gemäß § 1 SchO. „in jeder Provinz aus der Landesstelle eine eigene Schulkommission bestellet werden". Sie setzte sich aus mindestens zwei, möglichst aber drei Räten der genannten Landesstelle, einem Bevollmächtigten des Ordinariates, einem Sekretär und dem Direktor der Normalschule zusammen. Diese Mitglieder waren der Kaiserin zur Genehmigung namhaft zu machen. Nach Maßgabe der dieser Kommission von Zeit zu Zeit von der obersten Zentralstelle zu erteilenden Instruktionen sah die Schulordnung im § 1 folgende Aufgaben für die Tätigkeit der Schulkommission vor: die Aufsicht über die deutschen Schulen des ganzen Landes insgesamt unter besonderer Berücksichtigung der Aufgaben der Einleitung einer Schulverbesserung, der Errichtung von Schulen und des Vollzugs der Schulordnung.

Die Geschäfte der Schulkommission bestanden im einzelnen darin, dafür zu sorgen, daß die vorgeschriebene Lehrart befolgt, die einheitlich genehmigten Schulschriften gebraucht und die vorgesehenen Stoffe gelehrt wurden. Ein qualifizierter Nachwuchs sollte dadurch gewährleistet werden, daß nur Lehrer angestellt werden durften, die das von einem Normalschuldirektor ausgestellte Zeugnis vorlegen konnten.

Das setzte eine stete und umfassende Information der Mitglieder der Schulkommission über das Schulwesen des ganzen Landes voraus. Um dies zu erreichen, sollte die Schulkommission zu den halbjährlichen Prüfungen in den Normalschulen einen oder mehrere aus ihrer Mitte abord-

[91] Hofentschließung v. 14. Sept. 1786: Kreisschulkommissare als neue Ebene der Schulaufsicht (HANDB. JOS. II., X, S. 565f.). Weitere Angaben s. Regesten B I u. III.

[91a] Vgl. Anweisung an Schulkommissionen betr. Instruktionen für Schulaufseher v. 11. Mai 1776 (MThGS VII, S. 519ff.); Hofdekret betr. Oberaufseher v. 7. Febr. 1781 (HANDB. JOS. II., I, S. 339f.); Instruktion für die Superintendenten der Kirchengemeinden A. C. v. 29. Okt. 1785 (Jb. Gesch. d. Prot. Oest., 6, 1885, S. 14ff.).

nen, welche anschließend über Stand und Fortgang des Unterrichts ein Votum abgeben und ggfs. Verbesserungsvorschläge einreichen sollten. In die Kompetenz und in den Aufgabenbereich der Schulkommission gehörte es fernerhin, die Oberaufseher der Schulen zu bestellen, ihnen ihre Amtsbezirke anzuweisen und von ihnen die über die Kreisämter eingereichten tabellarischen Extrakte mit Anmerkungen halbjährlich zu fordern.

Ein besonderes Augenmerk hatte die Schulkommission auf alle Gebrechen und Schäden im Schulwesen zu richten, wie sie ihr insbesondere aus den Berichten der Oberaufseher bekannt wurden, um auf dieser Grundlage und unter Berücksichtigung der von der Zentralstelle erlassenen Generalien wirksame Anordnungen zu treffen. Hierbei sollte darauf geachtet werden, daß mit Anfang des neuen Winter- oder Sommerkurses die Schäden des vorhergehenden Halbjahres in Ordnung gebracht werden konnten. Schließlich oblag den Schulkommissionen die Verwaltung des Schulfonds, der in jedem Lande begründet werden mußte. Der Schulfonds hatte insbesondere auch die Bestimmung, verdiente Lehrer durch Belohnung und Prämien anzuspornen, bedürftige zu unterstützen – jeweils aufgrund eines positiven Votums des Oberaufsehers.

Stellten sich im Schulwesen besonders schwere Mängel heraus, so hatte die Landeskommission bei der Landesstelle Anzeige zu erstatten und die entsprechenden Weisungen abzuwarten. Wo Pfarrer oder Vikare nicht in der Lage oder willens waren, die Katechese ordnungsgemäß durchzuführen, sollte eine entsprechende Meldung an die Landesstelle weitergegeben werden, damit von dort aus die Oberen eines am Ort vorhandenen Klosters angewiesen wurden, einen oder mehrere Geistliche zur Katechese abzustellen. Für den Geschäftsgang der Kommission schließlich schrieb eine die Schulordnung interpretierende Instruktion der Schulkommissionen vom Jahre 1774 vor, sich nach Erfordernis der Geschäfte wöchentlich zu versammeln, die anfallenden Sachen gemeinschaftlich zu beraten und zu beschließen. Hierbei hatte der Referent der Kommission die eingelaufenen Sachen nach Nummern geordnet vorzutragen; er hatte sein Gutachten zu eröffnen, und wenn über jeden Gegenstand von sämtlichen Mitgliedern der Kommission das Votum abgegeben worden war, nach Anweisung des Präsidenten einen Beschluß zu entwerfen, wonach dann der Sekretär die Protokolle verfassen und expedieren, die Akten sammeln und in gehöriger Ordnung ablegen und erhalten mußte.

Den Schulträgern beließ die Schulordnung (§ 3) das Recht, Schulen zu halten und zu unterhalten, so wie es bisher gehandhabt worden war. Sie, d. h. die Schulträger, wurden lediglich den Anordnungen der Schulkommission unterstellt. Diese in § 3 vorgesehene Unterstellung der Schulträger unter die Anordnungen der Schulkommission wollte Felbiger in seinem Entwurf der Schulordnung eingeschränkt wissen; die Unterstellung sollte nur stattfinden „... in allen Dingen, welche die Religion nicht betreffen“[92]. Darunter wollte Felbiger die „credenda et agenda“ verstanden wissen und damit zeigen, daß die Schulordnung keinesfalls in die geistliche Gewalt eingreifen wollte. Dennoch befürchtete die Kommission, die Geistlichkeit werde diese Bestimmung zum Anlaß nehmen, die Schulverfügungen zu vereiteln. Die Bischöfe seien ja durch abgeordnete Beisitzer in jeder Schulkommission vertreten, folglich auch an allen Beschlüssen beteiligt. Somit habe sich der Klerus zu fügen. Die Kommission einigte sich schließlich auf den Zusatz: „In maassen dasjenige, was Religion betrifft mit Einverständnis der zwei Ordinarien (d. h. Passau und Wien) verfügt wird“. In der endgültigen Fassung blieb jedoch auch dieser Zusatz weg.

d) Die zentrale Schulaufsicht

Oberste Schulaufsichtsbehörde war die Studienhofkommission in Wien, später die Böhmisch-Österreichische Hofkanzlei[93]. In den ersten Jahren der Reformberatungen und -arbeiten in Wien (ab 1770) und auch noch nach Inkrafttreten der Schulordnung von 1774 war die niederösterreichische Schulkommission nicht nur federführend mit den Reformarbeiten betraut, sondern auch de facto oberste Schulaufsichtsbehörde. Die Hofstelle hatte lediglich darüber zu wachen, daß keine Normalschule von den allgemeinen Vorschriften abwich und so die über alles gestellte „Gleichförmigkeit“ in Frage stellte. Zu diesem Zwecke wurden alle Verordnungen, welche für Niederösterreich ergingen, durch die Landesstellen allen übrigen Schulkommissionen zur Beachtung übersandt. In Zweifelsfragen von größerer Bedeutung hatten die Provinzialschulkommissionen einen gutachtlichen Bericht an die Hofstelle zu erstatten und entsprechende Weisung bzw. Entscheidung von dort abzuwarten; dies vor allem in den Fällen, in denen Landesstellen gegen einen Antrag der Schulkommission Einwendungen erhoben. Zwar hatten die Schulkommissionen nach der Schulordnung von 1774 das Recht, Angelegenheiten, die nicht direkt von der Schulordnung erwähnt oder entschieden waren, nach eigenem Ermessen zu regeln. Derartige Verfügungen mußten aber

[92] Ziffer 5 im „Entwurf zum General-Land-Schul-Reglement“ – ANÖ, K.-Akten Nr. 68, K 10 v. 21. Sept. 1774 (Ende Sept. 1774 der n.ö. Schulkomm. übergeben, vgl. HELFERT, S. 318); vgl. hierzu KRÖMER, S. 50.

[93] Vgl. oben S. 232, 237f.

vorher der Wiener Hofstelle entweder vorgeschlagen oder doch angezeigt werden (§ 1 a.E. und § 3 a.E. SchO).

Mit der Ernennung Abt Felbigers zum „Oberdirektor" des gesamten k.u.k. Schulwesens[94] verschob sich die Aufsichtshierarchie etwas. Im Dezember 1777 genehmigte die Kaiserin „mit Freuden" den Antrag Felbigers, „die Direction und respective Oberaufsicht des gesammten Normal-Schulen Geschäfts gleichsam wie ein Ober-Director auf sich zu nehmen und ohne Unterbruch fortzuführen"[95]. Abt Felbiger war von jetzt ab nur noch der Böhmisch-Österreichischen Hofkanzlei verantwortlich. Damit war die Zuständigkeit der niederösterreichischen Schulkommission auf das Maß der anderen Schulkommissionen zurückgeschnitten. Ihre Versuche, die alte Stellung zu behaupten, gingen letzten Endes ins Leere. Felbiger setzte durch, daß ihm die Fortführung seiner bisherigen Tätigkeit unter alleiniger Abhängigkeit von der Hofkanzlei bestätigt wurde[96].

1780 instruierte ihn die Hofkanzlei, er habe in dieser seiner Eigenschaft als Oberdirektor die Länder zu bereisen, um eine Untersuchung des deutschen Schulwesens durchzuführen und um die Normal- und möglichst auch die Hauptschulen zu visitieren[97].

Ziel dieser so eingerichteten „Generaldirektion des deutschen Schulwesens" war es, daß zunächst einmal alle Normalschulen in den Provinzen mit der Hauptnormalschule in Wien in engen Zusammenhang gebracht und darin erhalten blieben. Die Generaldirektion war in Schulsachen begutachtendes Organ der Hofstelle. Alle das Schulwesen betreffenden Angelegenheiten wurden dem „Oberdirektor" mitgeteilt, und seine Stellungnahmen gelangten auf dem Wege über den Schulreferenten der Hofstelle an dieselbe zurück und nach Erledigung als Vorlage auf den Tisch der Monarchin[98].

Ein wichtiges Anliegen der Maria Theresianischen Schulreformarbeiten (auch und noch mehr in der Phase unter Joseph II.) war die „Gleichförmigkeit". Dieser Zielsetzung sollten auch die von den Oberaufsehern an die Kreisämter überreichten Zustandsberichte dienen, die in einen „Hauptbericht über das Schulwesen des ganzen Landes" (nach vorgeschriebenem Formular) zusammengefaßt an die Hofstelle gingen. „In

[94] Vgl. KRÖMER, S. 152f.

[95] AVA, 17 NÖ in genere (Normalschuldirektor), ad 133 de 1778, Handschreiben M. Theresias v. 18. 12. 1777; auch bei HELFERT, S. 565 u. PANHOLZER, S. 74.

[96] AVA, 17 NÖ in genere (Normalschuldirektor), Nr. 137 de 1778.

[97] AaO., Nr. 100 v. 29. 7. 1780.

[98] Felbiger, Beschaffenheit u. Größe, 1781, abgedr. b. WEISS, Beiträge, S. 261f., *281*.

solcher Weise ist das gesamte deutsche Schulwesen zu einem wohlgeordneten ineinandergreifenden, in einem gemeinsamen obersten Mittelpunkte sich vereinigenden Ganzen verbunden" worden. „So wie alle deutschen Schulen einer Provinz mit der Normalschule, alle Normalschulen aber durch die Generaldirektion mit der Wiener Hauptnormalschule verbunden" waren: so traf „die Tätigkeit aller Schulkommissionen durch das Organ der Hofstelle vor den Stufen des allerhöchsten Thrones zusammen"[99].

Die Schulordnung von 1774 stellt sich unter schulrechtlichem Aspekt insgesamt als Kodifizierung des Bestehenden dar. Das gilt auch für die staatliche Schulhoheit.

Neuschöpfungen waren

die Normierung einer einheitlichen Lehrerbildung,

der obligatorische Befähigungsnachweis für das Lehramt in Form einer Prüfung und

die Organisation der Schulaufsicht.

Bei der Schulaufsicht fällt die kollegiale Struktur der einzelnen Ebenen ins Auge. Dahinter standen praktische Erwägungen und die Rücksichtnahme auf die rivalisierenden Kräfte. Die Bezirksschulaufsicht stellte eine Ausnahme dar. Hier handelte es sich um eine neue Instanz, auf die keine Gruppe alte Rechte anmelden konnte. Zunächst war auch diese Aufsichtsebene noch eine personelle Domäne der Kirche infolge der Personalunion zwischen Dechant und Schulaufseher.

[99] HELFERT, S. 381f.; vgl. Felbiger, Beschaffenheit u. Größe, aaO., S. 281 und 262.

§ 10 Ausgestaltung und Weiterentwicklung in Gesetzgebung und Schulverwaltungspraxis während der Regierungszeit Josephs II.

In den zehn Jahren der Alleinregierung Josephs II.[1], von 1780–1790, waren für die Entwicklung des Schulrechts, insbesondere für Inhalt und Organisation der Schulaufsicht, folgende legislatorische und verwaltungsorganisatorische Maßnahmen von Bedeutung:

I. Die Neuordnung und Neuzuordnung der Studienhofkommission,
II. der Erlaß des Toleranzedikts,
III. die Einführung der Kreisschulaufsicht,
IV. die Einführung des Schulzwanges,
V. die Durchführung der Pfarregulierung und
VI. die Einführung des Schulpatronates.

I. Die Neuordnung und Neuzuordnung der Studienhofkommission

Unberührt von den die sechziger und siebziger Jahre erfüllenden Reformversuchen in der zentralen Staatsverwaltung[2] hatte die Studienhofkommission weitergearbeitet[3]. Trotz verschiedener Versuche, die Sonderstellung[4] dieser Hofkommission zu beseitigen, blieb ihre Position unerschüttert. Mit dem Erlaß der Schulordnung von 1774 kam der Oberdirektor des Normalschulwesens, Abt Felbiger, als ständiges Mitglied in die Studienhofkommission[5]. Vier Jahre später wurde allerdings eine wesentliche Umorganisation vorgenommen. Mit Handschreiben vom 12. Januar 1778 gliederte die Kaiserin die Studienhofkommission der Böhmisch-Österreichischen Hofkanzlei ein:

> „Ich habe meines dienstes zu seyn befunden, die bisher besonders gestandene studien-hofcommission der canzley auf eben die art, wie die censurs-commission, einzuverleiben. Selbe wird also künftig auch bey der canzley in

[1] Zu den Reformen Josephs II. insgesamt vgl. HANTSCH, Gesch. Österreichs Bd. II, S. 219ff., 227ff., 250ff.; BRADLER-ROTTMANN, Die Reformen Josephs II.; BRAUBACH, in: Handb. d. dt. Gesch., Bd. II, § 86, S. 343ff.
[2] Siehe oben § 7 II und III.
[3] Vgl. HELFERT, S. 284ff.; ARNETH, Maria Theresia, IX, S. 283; DÖZ II, 1, 1, S. 495ff.; II, 3, S. 438ff.; vgl. auch oben § 9 IV.
[4] Vgl. oben § 8 II 1; vgl. DÖZ II, 3, S. 438ff.
[5] Vgl. SPREITZER, 200 Jahre, S. 131, 133.

besondern sizungen, und zwar nachdeme als besonders wichtige gegenstände ... abgehalten werden. ... ich will zu gewinnung der zeit und besserer beförderung des geschäfts, dass diese commission authoritatem pleni haben und mit ihre protocolla unter seiner, des obersten canzlers, unterschrift unmittelbar, ohne solche nochmals in pleno consilii vorzutragen, solle vorlegen können."[6]

Mit dieser Maßnahme hatte die Kommission zwar ihre Sonderstellung verloren; die ihr zugebilligte „authoritas pleni" sicherte ihr jedoch die Möglichkeit, ihre Protokolle unmittelbar der Kaiserin vorlegen zu lassen. Man hatte sich von der neuen Zuordnung der Kommission „ersparung der zeit" und „bessere beförderung des geschäfts" versprochen[7]. Diese Erwartung scheint sich erfüllt zu haben. Unter Joseph II. erfuhr die Kommission zunächst eine Belebung durch einen neuen Präsidenten, den jüngeren van Swieten[8]. Am 8. April 1782 wurde ihr die Zentralhofkommission unterstellt[9]. Im Dezember 1783 übertrug Joseph II. der Studienhofkommission zusätzlich das bisher völlig gesonderte Studienwesen von Ungarn und Siebenbürgen. In den letzten Regierungsjahren Josephs II. setzte dann eine allmähliche Entmachtung ein. Den Schlußstrich bildete die kaiserliche Verordnung vom 8. Dezember 1791: „die Rumpfstudienhofkommission wurde aufgehoben. Die Restagenden gingen an die Hofkanzlei (mit einem besonderen Studienreferenten)"[10].

II. Das Toleranzpatent Josephs II. vom 13. Oktober 1781[11]

Das Toleranzpatent gestattete den Protestanten (Augsburgischen und Helvetischen Konfessionsverwandten) und den nicht unierten Griechen (orthodoxen), „wo deren eine genugsame Anzahl vorhanden und es nach den Kräften derselben tunlich ist, das Exercitium religionis privatum"[12]. In Anwendung der Grundsätze des Toleranzediktes war es von da ab

[6] DÖZ II, 3, S. 442.
[7] DÖZ II, 1, 1, S. 497.
[8] Vgl. SPREITZER, aaO., S. 132.
[9] Ebenda.
[10] Ebenda.
[11] MAASS, Josephinismus, II, Nr. 104 a, S. 278f.; HANDB. JOS. II., II, S. 249ff.; für Ungarn: aaO., S. 261ff.; Slg. i. Publ. Eccl., S. 154ff.
[12] MAASS, aaO., S. 279; zum Toleranzpatent vgl. FRANK, Das Toleranzpatent Kaiser Josephs II., 1882, S. 62f. (zum kath. Schulwesen); APPELT, Die Idee der Toleranz unter Kaiser Jos. II., 1951; zur Toleranzgesetzgebung vgl. MAASS, aaO., S. 63ff.; CONRAD, Religionsbann, Toleranz u. Parität am Ende des alten Reiches, in: RQs 56, 1961, S. 167ff.

auch den Akatholischen gestattet, eigene Schulen zu errichten. Akatholiken konnten in Ermangelung solcher Schulen katholische Schulen und umgekehrt Katholiken akatholische Schulen besuchen[13]. Die nichtkatholischen Schulen blieben allerdings der Aufsicht der (katholischen) Kreisschulkommissare bzw. Kreisdechanten unterstellt[14]. Für die jüdischen Schulen geschah dies generell: „Die Ein- und Aufsicht über die jüdischen Schulen ... gebührt der christlichen Schuldirektion"[15]. Bei den protestantischen Schulen verblieb den Pastoren die Ortsschulaufsicht[16]. Im übrigen wurden auch diese Schulen grundsätzlich[17] der vorhandenen Schulaufsichtsorganisation eingefügt.

Die Heranziehung katholischer Geistlicher als Schulaufseher für nichtkatholische oder nichtchristliche (jüdische) Schulen erscheint im Kontext der übrigen Maßnahmen Josephs in erster Linie als ein ökonomisches Problem; sie entsprach den sonstigen Sparmaßnahmen des Kaisers[18]. Ein prägnantes Beispiel hierfür ist der Erlaß aus dem Jahre 1787[19], durch welchen der Kaiser für die Zukunft festlegte, daß die von seiner Mutter im Jahre 1743 gestiftete Domscholasterie in Wien jeweils mit dem Schulenoberaufseher im Bereich der Diözese zu besetzen sei[20], auch für den Fall, daß der Oberaufseher kein Kleriker sei[21].

III. Die Kreisschulaufsicht

Die Einführung einer zusätzlichen Ebene in der Schulaufsichtsorganisation fügte sich durchaus in den Rahmen der gesamten Entwicklung der Kreisämter unter Joseph II.[22]. Der Kaiser hatte die Aufgaben und Kom-

[13] Vgl. HÖSLINGER, Rechtsgesch. S. 94.
[14] Vgl. Hofdekret v. 17. X. 1784 (HANDB. JOS. II., VI, S. 608): Hofentschl. v. 14. IX. 1786 (aaO., X., S. 569).
[15] Hofdekr. v. 19. Oktober 1781 (HANDB. JOS. II., I, S. 351).
[16] Vgl. HÖSLINGER, S. 94, Anm. 45; allerdings sollten auch hier die (kath.) Kreisdechanten halbjährlich visitieren (JAKSCH, Gesetzeslexikon V, S. 328ff.).
[17] Lokale oder regionale Sonderregelungen vgl. JAKSCH, Gesetzeslexikon V, S. 328f.
[18] Vgl. HÖSLINGER, S. 94.
[19] Vom 24. Februar: Inhaltswiedergabe bei DE LUCA, Politischer Codex, VIII (1789), S. 227f.
[20] Vgl. HÖSLINGER, Rechtsgesch., S. 95, Anm. 48 (mit Angabe der Quellen). Inhalt des Hofdekretes Maria Theresias v. 21. 6. 1743 bei DE LUCA, Polit. Codex, VIII, S. 227.
[21] Dann stehe dem weltlichen Schulaufsichtsbeamten jedenfalls die Pfründe zu.
[22] Vgl. oben § 7 II 2.

petenzen des Kreisamtes beträchtlich erweitert[23], so wie er ja bereits in seinen früheren Denkschriften gefordert hatte, daß den Kreisämtern „künftig eine mehrere activität eingeraumet und ihre amtshandlungen unbeschränkter würden“[24]. Diese Zielvorstellungen führten dann auch am 6. Dezember 1785 zu der kaiserlichen Verordnung, für jedes Kreisamt einen eigenen mit der Schulaufsicht im Kreise betrauten Kommissar zu ernennen[25]. Die kaiserliche Verordnung vom 6. September 1785 enthielt auch Gründe und Zielsetzungen:

> „Zur besseren Handhabung aller dieser Anordnungen und überhaupt zu ununterbrochener Aufsicht, Besorgung und Leitung des Schulwesens haben hiernächst Se. Majestät in jedem Kreise, noch einen Kreiscommissär, bloß für die Schulsachen ... aufzustellen geruhet, welcher dem Herrn Kreishauptmann in Schulsachen, so wie die übrigen Kreiscommissäre, in anderen Amtsgeschäften zugegeben ist, und der eben so wie jene seine Berichte im Namen des Herrn Kreishauptmannes mit dessen Mittwissen, Gutachten und Unterschrift an die Regierung zu erstatten hat. Und da Se. Majestät die Verbesserung des Schulwesens, und der gute Fortgang des öffentlichen Unterrichtes so nahe am Herzen liegt, und ... die hiezu dienenden vorgeschriebenen Anstalten mit allem Nachdrucke befördert, und ausgeführt wissen wollen, so wird den Kreisämtern hiemit nachdrucksamst anempfohlen, ... die vorgeschriebenen Anstalten kräftigst zu unterstützen, und zu der zweckmässigen Ausführung aus allen Kräften mitzuwirken; den Herrschaften, Gemeinden, und den Pfarrern alle möglich gleichmässige Unterstützung

[23] Vgl. die Exemplifizierung für Tirol und Vorarlberg in den Untersuchungen von BUNDSMANN, Die Entwicklung der politischen Verwaltung in Tirol und Vorarlberg seit Maria Theresia bis 1918, 1961, S. 66f. und DÖRRER, Probleme rund um die Theresianische Kreiseinteilung Tirols, in: Schlern-Schriften 207, 1959, S. 59ff.

[24] DÖZ II, 1, 1, S. 451. Zu den Denkschriften der Jahre 1765 u. 1773 vgl. DÖZ II, 1, 1, S. 423 u. ARNETH, Maria Theresia u. Joseph II., III, S. 335ff. (betr. 1765) sowie DÖZ II, 1, 1, S. 445; II, 3, S. 48–73 (betr. 1773).

[25] Text bei RIEHL/RHEINÖHL, Kaiser Joseph II. als Reformator auf kirchl. Gebiete, 1881, S. 78–82. EDUARD WINTER (Ferdinand Kindermann, 1926, S. 170, Anm. 2) nennt als Datum f. d. Einführung der Kreisschulkommissare ein Hofdekr. v. 23. 8. 1763, das aber nicht verifiziert werden konnte. Allerdings heißt es in d. Hofverordnung v. 24. März 1785 (HANDB. JOS. II., VIII, S. 474ff., *478*) im § 14: „Wird dem in jedem Kreise anzustellenden Visitatoren der den ersten Kreiskommissarien ausgemessene Gehalt ... bewilliget“. Dieselbe HofVO nahm wiederum Bezug auf eine VO v. 16. Sept. 1783, deren Text jedoch auch nicht greifbar war. Da noch im Mai 1784 in einer VO f. Böhmen die Vicarii foranei (oftmals synonym gebraucht mit Kreisdechant/Dechant) aufgefordert wurden, ihre Berichte an die Kreisämter einzusenden, und dies durchaus der Praxis der Jahre davor entsprach, dürfen wir das Datum 6. 9. 1785 als gesichert betrachten.

und Mitwirkung bei allen Gelegenheiten einzubinden, sie zu genauer und schleuniger Befolgung der ... Vorschriften, wenn gelinde Erinnerungen nichts fruchten, mit Schärfe zu verhalten, und besonders den in die Visitation ausgehenden Kreisschulcommissär behörig anzuleiten, wie er sich ... zu Beseitigung der sich ergebenden Hindernisse zu benehmen habe, damit der Endzweck dieser Visitation nicht verfehlt werde, und solche nicht fruchtlos ablaufen möge"[26].

Die Absicht des Kaisers war es demnach, Erreichtes zu festigen, Ausstehendes zu fördern und besonders noch lückenloser als bisher zu kontrollieren; dies alles durch eine staatliche (weltliche) Behörde mit weltlichen Beamten. Der „Kreiskommissär in Schulsachen" stand im Range den übrigen Kreiskommissaren gleich[27]. Er hatte seinen Amtssitz bei der Kreishauptmnnschaft und war dort als Konzeptsbeamter dem Kreishauptmann unmittelbar unterstellt. Er war zu eingehenden Schulberichten verpflichtet, und zwar aufgrund regelmäßiger Visitationen und ausführlicher Inspektionsprotokolle. Gegenstand seiner „Amtssorge" und seiner Berichterstattung waren die inneren und äußeren Schulangelegenheiten (Schulgebäude, Schuleinrichtung, Àmts- und Lebensführung der Lehrer). In diese Berichte gehörten seine Verhandlungen über die Verbesserung der Schulverhältnisse (der Schulhäuser, Schuleinrichtung, Lehrerbesoldung usw.) mit den zur Teilnahme an den Inspektionen geladenen und verpflichteten Vertretern der Herrschaften, Ortsgerichte, den Pfarrern und Schullehrern; darüber hinaus seine Vorkehrungen zur Überwachung der getroffenen Vereinbarungen und seine Schlichtungstätigkeit in Streitigkeiten zwischen Schulträgern (Schulhaltern) und den anderen an der Schule „Beteiligten". D. h. er war zuständig und verantwortlich dafür, daß „die unaufhörlichen Weltverbesserungspläne Jo-

[26] § 9 Abs. III der VO v. 6. Sept. 1785. Vgl. auch Hofentschließung v. 14. Sept. 1786, veröffentlicht als GubVO Böhmen am 29. Sept. 1786 (HANDB. JOS. II., X, S. 565f.). Vgl. für Böhmen auch den Vortrag der „Studien- u. Zensurhofkommission": „Über die Anstellung der Kreisschulkommissare in Böhmen v. 10. Juni 1787 – AVA, StHK Fasz. 64, 17 Böhmen in genere (Kreisschulkommissare, Normalschulkommission 1775–1791) und ebenda: Erlaß an das böhm. Gubernium v. 29. Aug. 1787 – No. 372 v. J. 1787 (mit Angabe der 16 Kreise). Vgl. auch Fasz. 67, 17 Innerösterreich in gre (Kreisschulvisitationen, Schulenoberaufseher) 1773–1789.

[27] Die personelle Zusammensetzung des Kreisamtspersonals hat KROPATSCHECK (Buch f. Kreisämter, Bd. IV (1790), S. 841) wie folgt angegeben: Ein Kreishauptmann, drei od. vier Kreiskommissare, zusätzl. ein Schulkommissar, ein Sekretär, zwei Kanzlisten, Praktikanten, drei Kreisdragoner, ein Arzt oder Kreisphysikus, ein Chirurgus und eine Hebamme.

sephs II. in konkrete Anweisungen für die ewig säumigen Dorfgewaltigen gefaßt wurden“[28].

Das Instrumentarium für die regelmäßige Visitation und Kontrolle durch die Kreisschulkommissare stellten die vorgeschriebenen Kreisbereisungen dar: „... Um das Schulwesen in guter Ordnung und vorschriftsmäßiger Fortübung desto gewisser zu erhalten, (sind) Kreisvisitationsschulkommissäre angestellt worden ..., welche durch ihre beständigen Reisen die nötigen Lokalaugenscheine einnehmen, und sowohl die Fassionen der Schullehrer berichtigen, als auch die Orte, wo Schulen nötig sind, genau bestimmen, dann den Vollzug der in Schulangelegenheiten ergehenden Verordnungen – die sie ohnehin bei Händen haben – befördern müssen“[29]. Für diese Kreisbereisungen waren den Kreiskommissaren, nicht nur den Kreisschulkommissaren, umfängliche und sehr detaillierte Listen und Schemata an die Hand gegeben, nach denen sie bei ihrer Inspektionstätigkeit vorzugehen hatten und die gleichzeitig die Berichtsgrundlage darstellten[30].

Man war bemüht, für dieses Amt nur entsprechend vorgebildete Personen zu benennen, wie wir aus dem von Kropatschek aufgeführten Qualifikationskatalog erkennen können[31]: Es „werden hiezu nur jene Subjekte gewählet, welche mit Attestaten über die zur Hauptschuldirektorstelle erforderliche Fähigkeit versehen sind, und auch sonst ihrer zurückgelegten Studien wegen die Zeugnisse beibringen können“. Auch scheint man die Bewerber einer Prüfung unterzogen zu haben: „Dann haben sie einige auf Pädagogik, Lehrmethode und andere auf das Lehramt sich beziehende Fragen bei dem Konkurse sowohl schriftlich als auch mündlich zu beantworten und sich bei ihrer Prüfung sowohl durch schriftlichen als auch mündlichen Vortrag auszuweisen, welche theoretischen und praktischen Kenntnisse sie sich im Normalschulfache erworben, und wie weit sie wirklich imstande seien, nicht nur das Normalschulwesen überhaupt einzuleiten, zu dirigieren und sich darüber mit den Kreisämtern, der Schuldirektion und auch der Landesstelle zu benehmen und die erforderlichen Berichte an die Behörde zu erstatten, sondern auch wieviel Ge-

[28] HANS SPREITZER hat die konkrete Schulsituation im Inspektionsbezirk eines Kreisschulkommissars unmittelbar nach Einrichtung der Kreisschulaufsicht aufgrund der Berichte dargestellt. Es handelt sich um den Kreis Korneuburg (in: Erziehung u. Unterricht, 1960, S. 390ff.).

[29] KROPATSCHECK, Buch für Kreisämter, Bd. I, S. 519.

[30] Mit Erläuterungen wiedergegeben in dem vierbändigen Werk Kropatschecks; vgl. bes. Bd. I, „Vorbericht“, S. 3 und Bd. IV, S. 837ff. („Anhang, was die Länderstellen bei Kreisbereisungen zu beobachten haben“); betr. Schule vgl. Bd. I, S. 512ff.; IV, S. 856ff.

[31] KROPATSCHECK, aaO., I, S. 856f.

schicklichkeit sie besitzen, alle einzelnen Lehrgegenstände der Trivial-, Stadt- und Hauptschulen richtig zu beurteilen, dieselben mit der Vorschrift gehörig zu kontrollieren, die etwa eingeschlichenen Fehler wider die Lehrart zu entdecken und durch das eigene echte Verfahren beim wirklichen Kinder- und Präparandenunterrichte zu verbessern, und die nötige Schulzucht durch zweckmäßige Mittel einzuführen."

Um den Kreisschulkommissaren bei ihrer Tätigkeit den nötigen Rückhalt zu geben, erließen die Behörden Einführungszirkulare. Darin wurde den Betroffenen „Dominien und Ortsobrigkeiten sowie Pfarrern, Schulaufsehern und Schullehrern von Kreisamts wegen auf das schärfste eingebunden, dem von seiner Majestät gnädigst ernannten Schulkommissär ... die tätigste Mitwirkung, gebührende Achtung und genauesten Gehorsam in Absicht auf die Vollziehung der allerhöchsten Befehle also zu leisten und seine Verfertigungen (d. h. Anordnungen) also anzusehen, als ob sie von dem Kreisamte, welches er auf seinen Untersuchungen vorstellet, selbst wären erlassen worden"[32].

Die Einführung der Kreisschulkommissare stellte einen weiteren Schritt zur Verstaatlichung und Laisierung der Schule dar.

Bereits ein Jahr nach der Einführung der Kreisschulkommissare, in einer Hofentschließung vom 9. Oktober 1786[33], begegnet uns der Satz „Die für das Schulwesen angestellten Kommissäre sind nach Maß der erübrigenden Zeit zu den kreisämtlichen Verrichtungen zu verwenden". Dies deutet darauf hin, daß die eigentlichen mit dieser Einrichtung verbundenen Intentionen in der Verwaltungspraxis doch abgeschwächt wurden, weil das Schulwesen, verglichen mit anderen Sektoren der Staatsverwaltung, in der Sicht zumindest der mittleren und unteren Behörden einen untergeordneten Platz einnahm.

IV. Die Einführung des Schulzwanges

Die Schulordnung von 1774 hatte im § 12 die Schulpflicht als Programmsatz und als Zielvorstellung aufgenommen. „Kinder, beiderlei Geschlechts, ... gehören ohne Ausnahme in die Schule ...; daher Wir denn

[32] Aus dem Einführungszirkular für den Kreisschulkommissar Maximilian Falter im „Viertel unterm Manhartsberg" (Kreis Korneuburg) v. 26. Okt. 1785 (nach SPREITZER, Zur Praxis der Schulaufsicht, aaO., S. 390f.).

[33] Als GubVO für Böhmen publiziert am 23. Okt. 1786 (Handb. Jos. II., X, S. 568). Vgl. auch KROPATSCHECK, aaO., IV, S. 856.

gerne sähen[34], daß Eltern ihre Kinder wenigstens durch 6 oder 7 Jahre in die deutschen Schulen ließen." In den Jahren danach versuchte der Staat in immer wiederkehrenden und immer dringlicheren Verordnungen diesen Programmsatz zu realisieren. Die Ergebnsse waren allerdings recht unbefriedigend[35]. Deshalb führte Kaiser Joseph II. im Jahre 1781 den Schulzwang ein, indem er die von Maria Theresia erlassenen Bestimmungen über die Schulpflicht (§ 12 Schulordnung v. 1774) mit Sanktionen versah[36]. Die Pfarrer erhielten den Befehl, diese Vorschriften von der Kanzel zu verkünden und die Eltern zum Schulbesuch der Kinder zu ermahnen[37]. Die Sorge um einen regelmäßigen Schulbesuch und seine laufende Kontrolle gehörte zu den Hauptpflichten der Schulaufsichtsbeamten auf den verschiedenen Ebenen der Schulaufsicht. Dies und die übergroße Fülle von Hofdekreten und mittleren und niederen Verwaltungsanordnungen beweisen uns die Notwendigkeit des Schulzwanges, aber auch die damit verknüpften Schwierigkeiten[38].

[34] Zu den Gründen für die Wahl einer solchen „Sollvorschrift" vgl. HELFERT, Gründung der österr. Volksschule, S. 344.

[35] Slg. i. Publ. Eccl., Nr. 135, S. 140ff.; *141*; vgl. die Übersicht üb. den Schulbesuch b. STRAKOSCH-GRASSMANN, Gesch. d. österr. Unterrichtswesens, S. 130.

[36] Hofdekr. v. 20. Okt. 1781 (HANDB. JOS. II., I, S. 348) u. v. 6. Sept. 1785 (Text b. RIEHL/REINÖHL, S. 80): „Die Eltern, die ihre Kinder nicht richtig und fleißig in die Schule schicken, sind nach den schon bestehenden Generalien zu bestrafen, nämlich: die Vermögenden mit dem doppelten Schulgelde, wovon aber das Dupplum auf Schulbücher und dergleichen Unterrichtserfordernisse für Arme, nach Anweisung der Kreisschulcommissarien zu verwenden, und daher von der Obrigkeit derselben zu verrechnen ist. Die Unvermöglichern sind durch behörige Zwangsmittel, und im Widersetzungsfalle mit Verrichtung einer öffentlichen Arbeit zu bestrafen." Vgl. HELFERT, aaO., S. 344ff.; BEIDTEL, Gesch. der österr. Staatsverw. I, S. 111; HÖSLINGER, Rechtsgesch., S. 93; ein Vorschlag der niederösterr. Schulkommission, mit § 13 SchO eine Sanktion zu verbinden, setzte sich nicht durch (vgl. HELFERT, aaO., S. 346, Hofdekr. v. 21. Sept.).

[37] Hofdekr. v. 21. Sept. 1782 und v. 29. Sept. 1783 (HANDB. JOS. II., I, S. 349). Siehe auch VON MITROFANOV, Joseph II., 2. T., S. 816, Anm. 2.

[38] Vgl. die Nachweise im Repertorium von HEMPEL/KÜRSINGER, s.v. „Schulbesuch", S. 194–200 und die diesbez. Verhandlungen bei HELFERT, aaO., S. 344ff.

V. Die josephinische Pfarregulierung und ihre Auswirkungen auf Schulreform und Schulorganisation[39]

Die große Pfarregulierung des 18. Jahrhunderts wurde eingeleitet durch eine Entschließung Maria Theresias vom 31. August 1771[40], worin dem Bischof von Passau, Leopold Ernst Graf von Firmian, aufgegeben wurde, einen Vorschlag zur Verbesserung der Seelsorge vorzulegen, „da wegen der hierländigen ungleichen Einteilung der Pfarreien die Seelsorge nicht überall ihre Wirkung hervorbringt und so auch die Jugend auf dem Lande wegen der Entfernung von dem Unterricht in dem katholischen Glauben den erwünschten Anteil nicht nehmen könne". Der Staat sah sich genötigt, dieses Problem anzugehen, weil die Seelsorge ihren Aufgaben in einem von der Kaiserin für nötig gehaltenen Ausmaß nicht nachkommen konnte, seitens der zuständigen kirchlichen Instanzen aber keine diesbezüglichen Initiativen vorlagen. Die Pfarregulierung war auch deshalb keine rein kirchliche Angelegenheit, da verschiedene „weltliche" Bereiche, wie z. B. die Konskription und auch das Schulwesen damit in engem Zusammenhang standen. Der Geistliche Rat, dem Bischof Leopold Ernst den landesfürstlichen Befehl zur Vornahme des „Pfarr-Einrichtungsgeschäftes" vorlegte, bezeichnete jegliche Art von Umpfarrungen als völlig unnötig[41]. Erste Anstöße datieren bereits aus dem Jahre 1756. In diesem Jahre hatte der Ordinarius der Passauer Diözese für den niederösterreichischen Anteil Richtlinien für Umpfarrungen ausarbeiten lassen. In einer „Regula directiva" waren die Fälle für notwendige Umpfarrungen listenmäßig zusammengestellt[42]. In Punkt 8 dieser Regula wurde eine Richtung deutlich, wie sie auch in dem späteren Promemoria des Salzburger Bischofs enthalten ist.

> „Ist in dieser Angelegenheit am schwersten, den gehorsamen Bedacht auf die Schulmeister zu nehmen, welche gemeiniglich arme Leute sind und doch durch derlei Separation die Stolam, die Sammlung und das Schulgeld verlieren weder per acta et conventiones zwischen beiden Schulmeistern einer oder anderen Pfarre deren immerwährenden Klagen und Händel nicht ge-

[39] Grundlegend zu diesem Thema: HEINRICH FERIHUMER, Die kirchliche Gliederung des Landes ob der Enns im Zeitalter Josephs II., 1952; ders., Das niedere Schulwesen i. Zeitalter Maria Theresias u. Josephs II., in: Oberösterr. Heimatblätter 12, 1960, S. 21–38. Die Ergebnisse dieser Arbeiten liegen unseren Ausführungen zugrunde.

[40] Hofdekret vom 31. August 1771 – vgl. hierzu und zum Folgenden FERIHUMER, Gliederung, S. 29.

[41] Vgl. den Bericht Propst WITTOLAs an Maria Theresia vom 11. August 1778 – vgl. FERIHUMER, aaO., S. 30.

[42] Text der „Regula directiva" bei FERIHUMER, Gliederung, S. 31ff.

> nugsam vorgebeugt werden könne. Diese Sache wäre dem Landesfürsten zu überlassen, wie er den hieraus notwendig entstehenden Beschwerden der Schulmeister Abhilfe schaffen wolle, wobei in Vorschlag gebracht werden könnte, daß derjenige Schulmeister, dem etwas zuwachst, dem anderen ad dies vitae 2Drittel von der Stol, Sammlung und Schulgeld in barem jährlich ersetze, das 3. Drittel aber für sich wegen der Collecta und Einbringung solcher Gebühren behalte, hingegen nach dessen Tod alle vorerwähnten Emolumenta vollends genießen solle"[43].

Eine Durchsicht dieser Directivregeln zeigt, daß die Hindernisse, die sich der Umpfarrung entgegenstellten, in erster Linie materieller Art waren: Sicherung des Einkommens des Pfarrers der Mutterpfarre und Finden einer Geldquelle für das Gehalt der neuen Schulmeister. Als nun Leopold Ernst Graf von Firmian 1771 die „Regula directiva" von 1765 umformen ließ, wurde sinnvollerweise die Erleichterung der Seelsorge in den Vordergrund gerückt. Dies zeigen die „Punkte, worauf bei dem neuen Plan des Umpfarrungswerkes vorzüglich zu sehen ist"[44], in denen allerdings der Aspekt der Schule, wie er in Punkt 8 der alten Regula directiva enthalten war, direkt nicht angesprochen wurde.
Als auch dieser neue Anlauf wieder im Sande zu verlaufen drohte, griff die Kaiserin ein, indem sie dafür sorgte, daß die Böhmisch-Österreichische Hofkanzlei vom Hochstift Passau konkrete Umpfarrungsanträge anforderte[45]. Von nun an entwickelte sich das Verfahren zügiger.

Die eingangs zitierte Entschließung der Kaiserin macht deutlich, daß als gewichtiges Motiv für die drängend betriebene neue kirchliche Einteilung die Reform des Schulwesens dahinterstand. So wie die initiierte und geplante Schulreform den Anlaß zur Reform der Pfarrorganisation und die später vollzogenen Neupfarrungen lieferte, so war dann diese neue Pfarrorganisation die Grundlage für eine neue Organisation des Schulwesens, wie sie unter dem Sohn der Kaiserin zur Durchführung kam. „Die josephinische Schulorganisation ist ohne die neue Pfarreinteilung undenkbar"[46].

[43] Sperrung nicht im Original.
[44] Textwiedergabe aaO., S. 34f.
[45] Handbillet der Kaiserin an den Präsidenten der Böhmisch-Österreichischen Hofkanzlei, Graf Blümegen, v. 14. April 1773; Hofdekret an Hochstift Passau v. 17. April 1773 – vgl. FERIHUMER, Gliederung, S. 35, Anm. 10 u. 11.
[46] FERIHUMER, aaO., S. 174.

Die Entschließung Kaiser Josephs II. vom 30. August 1783[47] regelte das gesamte Schulwesen in den Erbländern nach einem einheitlichen Gesichtspunkt. Er ordnete an, daß in einer jeden Pfarrei oder Lokalie ein Schulmeister, der zugleich den Mesnerdienst zu versehen hatte, angestellt werde. Der dieser kaiserlichen Entschließung zugrunde liegende Gedankengang dürfte umgekehrt gewesen sein: In jeder Pfarre gab es einen Mesner, der vom Pfarrer unter anderem zur Hilfe bei der Matrikelführung, Anlage von Beichtregistern und anderen Schreibarbeiten herangezogen wurde, also lesen und schreiben konnte. So stand nichts im Wege, daß er auch die Schulkinder unterrichtete. Um eine gewisse Qualifikation zu erreichen, war die erfolgreich abgelegte Prüfung an einer Normalschule Voraussetzung für die Erlangung einer Schulmeisterstelle. Aus dem geistlichen Fonds sollten dem Lehrer jährlich 150 bis 200 fl. gesichert werden. Die großen Schullasten versuchte der Kaiser auf die Schulpatrone abzuwälzen, wofür er den Patronen das Recht der Präsentation von Schulmeisteraspiranten zubilligte. Da bei einer Personalunion von Schulmeister und Mesner die Sorge für die Wohnung entfiel, weil zumindest in der Regel eine Mesnerwohnung als Zubehör der Pfarre schon vorhanden war, hoffte man, nochmals wichtige Kosten einzusparen. So wurde, als an der Frage der Finanzierung so manche hochfliegenden Pläne des Kaisers in Sachen Schulreform zu scheitern drohten, in der Praxis wieder etwas rückgängig gemacht, wofür man in den Jahrzehnten vorher lange Auseinandersetzungen durchgestanden hatte: die Trennung von Kirchen- und Schuldiensten. Wir begegnen bei Joseph II. einem Konzept, in dem sich die Pfarrorganisation mit der Organisation des Trivialschulwesens praktisch deckte. Primär war das Pfarrnetz; das Schulwesen baute darauf auf. Damit lag auf der Ortsebene hinsichtlich der Träger kirchlicher und schulischer Dienste eine zweifache Personenidentität vor: Mesner – Lehrer, Pfarrer – Ortsschulaufseher. Hinzu kamen Anweisungen, die zu einer noch engeren Zusammenarbeit von Kirche und Schule bei der Durchführung der Schulverordnungen führten. Pfarrer und Ortsrichter hatten gemeinsam dafür Sorge zu tragen, daß alle Knaben vom 6. bis zum 13. Lebensjahr die Schule besuchten. Die Verzeichnisse stellte meist der Mesner zusammen. In der Person des Dorfschulmeisters vereinten sich eine Menge wichtiger Funktionen: Erziehung der Jugend, Verantwortlichkeiten für Meldungen und Berichte und die übrigen bereits genannten Funktionen als Kantor und Mesner.

[47] Gleichlautende Hofentschließungen v. 2. Dez. 1783 u. 14. Jan. 1784 – vgl. FERIHUMER, Niederes Schulwesen, S. 31.

Im Zuge der Ausarbeitung von Durchführungsverordnungen für die Schulordnung im kaiserlichen Auftrag kam die Studienhofkommission zum Ergebnis, daß das Netz der Trivialschulen – wenn es sich an die kirchliche Einteilung hielte – viel zu weitmaschig wäre[48], und empfahl, um die Länge des Schulweges vor allem für die kleinen Kinder in erträglichen Grenzen zu halten, Trivialschulen in kleinen Abständen zu errichten. Dem stellten sich jedoch große Finanzierungsprobleme entgegen. Als sich in den Beratungen ergab, daß die Großgrundbesitzer und die anderen Patronatsherren gern auf das Schulpatronat und das damit zusammenhängende Recht der Bestellung eines ihnen genehmen Schulmeisters verzichteten, wenn damit größere finanzielle Opfer verbunden waren, ventilierte man Pläne, diese Lasten auf einen öffentlichen Fonds abzuwälzen[49].

Das Ergebnis war ein Kompromiß. In der kaiserlichen Entschließung vom 22. September 1784[50] ordnete Joseph II. an, daß Trivialschulen zunächst an den Sitzen von Pfarreien oder Lokalien errichtet werden sollten; zusätzlich auch in Ortschaften mit 90 oder 100 schulpflichtigen Kindern. Diese „Ableger“ der Pfarrschulen in kleinen Ortschaften oder Ortsteilen wurden als „Gemeinschulen“ bezeichnet. Auf diese Weise sollte gesichert sein, daß das Schulnetz dichter wurde. In die Lasten für die Errichtung und Unterhaltung der Schulen hatten sich die Gemeinden, Grundobrigkeiten und Patronatsherren zu teilen, und zwar mit dem Schlüssel, daß die Gemeinden Fuhren und Handarbeiten zu übernehmen hatten, Obrigkeiten das Baumaterial lieferten und die Patrone die Bezahlung der Professionisten übernahmen. Dieser gewiß gutgemeinte Wunsch und Befehl des Kaisers ging ebenso wenig in Erfüllung wie viele andere seiner Pläne. Ungefähr ein volles Jahrhundert hielt sich jedoch ein Ergebnis der josephinischen Kirchen- und Schulpolitik: Die Übereinstimmung der untersten Stufe kirchlicher und schulischer Organisation, des Seelsorge- und Schulbezirks.

VI. Exkurs: Das josephinische „Schulpatronat“

Diese Sonderschöpfung des Patronats- und Schulrechts bedarf wegen ihrer Auswirkungen auf die rechtlichen Regelungen von Lehreranstel-

[48] Vortrag der Studien- und Zensurhofkommission v. 18. Aug. 1784 – vgl. hierzu FERIHUMER, Gliederung, S. 176.

[49] FERIHUMER, aaO., S. 176.

[50] Ders., ebenda.

lung, Lehrer- und Schulunterhaltung einer gesonderten Darstellung[51].

1. Formulierung des Instituts „Schulpatronat" durch Joseph II., die Studienhofkommission und die Gubernien

Am 16. Oktober 1783, bei Gelegenheit einer Kritik an den nach Meinung des Kaisers unzulänglichen Vorschlägen der Studienhofkommission für die Hebung des Volksbildungswesens[52], wies Joseph II. sämtliche Länderstellen in einem Erlaß an, nach den folgenden Grundsätzen zu verfahren:

> „Um ... die Sache in das wahre Gleis zurückzuführen, muß ..., damit jedermann Gelegenheit und Mittel finde, seine Kinder im Lesen und Schreiben unterrichten lassen zu können, die Vorsehung in folgende Art getroffen werden, daß nämlich in einer jeden Pfarre oder local Kaplaney, wo das Pfarrbuch gehalten wird, ein Schulmeister dergestalten angestellet werde, daß er zugleich die Meßners Stelle gegen dessen Benützung versehe, anbey aber, ihm aus dem geistlichen Fond 200 oder 150 fl. verabreicht werden ... Was die Schule so wie die Wohnung angelangt, diese zu verschaffen, mit allem zu unterhalten und erstere zu beheitzen, ist der Patronus schuldig, wenn er das Patronats Recht erhalten will, dem zufolge er aus den hiezu fähigen Subjekten sich einen Schulmeister zu wählen berechtigt ist ... Die Unkosten für Wohnung, Heitzung, Bücher, und übrige Geräthschaften dieser normal Schulen müssen in den königlichen Städten und Märkten ex fundo domestico bey den unterthänigen aber von der Grundobrigkeit bestritten werden ..."[53].

[51] Zur Geschichte des Patronatsrechts unter bes. Berücksichtigung Österreichs vgl. PH. MAYER, Das Patronatsrecht, 1824, §§ 71–73, S. 167–174; P. HINSCHIUS, Landeskirchliches Patronat, 1856; L. WAHRMUND, Das Kirchenpatronat und seine Entwicklung in Österreich, 2 Bde., 1894/96; U. STUTZ, Kirchenrecht, in: Holtzendorff-Kohlersche Encyclopädie der Rechtswissenschaft, 6. A., 2. Bd., 1904, IV, 4, S. 809–972; E. FRIEDBERG, Lehrbuch des Kirchenrechts, 6. A., 1909, §§ 117–122, S. 374ff.; J. SCHLENZ, Das Kirchenpatronat in Böhmen, 1928; J. R. KUŠEJ, Die öffentlichen Patronate im kaiserlichen Österreich und ihre Schicksale in seinen Nachfolgestaaten, in: ZRG (C) 50, 1930; R. HÖSLINGER, Rechtsgeschichte des kath. Volksschulwesens in Österreich, 1937, S. 89ff.; E. FEINE, Kirchl. Rechtsgeschichte, § 39, S. 498, § 42, S. 541f., § 45, S. 584ff.
Zum Schulpatronat vgl. MAYER, aaO., §§ 71ff., S. 167ff.; WAHRMUND aaO. II, S. 190, 192–195; SCHLENZ, aaO., S. 369ff., 428, 435f.; HÖSLINGER, S. 89ff. (dem wir seit MAYER (1824!) die einzige neuere, auch Wiener Archivalien einbeziehende Bearbeitung verdanken). HÖSLINGERs Untersuchung ist die Materialgrundlage für unseren Exkurs ergänzt durch die Akten der StHK und vor allem böhmische Rechtsquellen.

[52] Vgl. S. ADLER, Die Unterrichtsverfassung Kaiser Leopolds II. und die finanzielle Fundierung der österreichischen Universitäten nach den Anträgen Martinis, 1917, S. 32.

[53] Akten des Archivs des Bundesministeriums für Unterricht, jetzt AVA, StHK, Z. 132 aus 1783, 17 in genere; erwähnt auch im HANDB. JOS. II., I, S. 397; abgedr. bei HÖSLINGER, Rechtsgeschichte, S. 89.

Mit der Hofverordnung vom 24. März 1785 wurden diese Vorschriften, aufgrund eines Berichtes der niederösterreichischen Regierung, dahin ergänzt, daß auch außerhalb von Pfarr- und Kaplaneiorten bei genügender Kinderzahl „Gemeinschulen“ zu errichten seien, daß zur Errichtung dieser Schulen die Grundobrigkeiten, die Gemeinden und die Patrone je zu einem Drittel beitragen sollen, und daß dort, „wo bisher aus dem Abgange der Schulen das Patronatsrecht nicht bestanden hat“, es den Gemeinden und Grundobrigkeiten freigelassen werde, dasselbe anzunehmen[54].

2. Interpretationsprobleme und Schwierigkeiten in der Praxis

Die ersten Bedenken in dieser Sache meldete die Studienhofkommission an. Im Anschluß an die o. a. Hofverordnung vom 24. März 1785 bemerkte sie: „Sollte unter dem Patrone, wie es scheine, derjenige verstanden seyn, der den Schuldienst zu vergeben habe, so würde bei dem Schulbaue auf sehr viele Gemeinden, die dieses Recht haben, die doppelte Last ... fallen ...“ Auch „sey zu besorgen“, meinte man, „daß ein so andere dieses Patronatsrecht anzunehmen sich weigern werden ...“[55]. Die vielen einlaufenden Anfragen gaben der Studienhofkommission recht. Sie versuchte deshalb, den Begriff des Schulpatronats eindeutiger zu definieren. Eine für die weitere Entwicklung wichtige Umschreibung enthielt der Erlaß vom 11. 2. 1787[56], veröffentlicht in der Gubernialverordnung für Böhmen vom 23. 10. 1788[57]. Darin rückte die Studienkommission von der Ansicht ab, daß derjenige Schulpatron sei, „der den Schuldienst zu vergeben“, also den Lehrer zu bestellen habe, und erklärte, daß das Schulpatronat dem Pfarrpatronat „anklebe“. Das ursprüngliche Votum des Referenten lautete: „In Österreich und den übrigen deutschen Erblanden wird das Schulpatronat von dem Pfarr-Patronat nirgends getrennt, wer also das eine übernimmt, kann des anderen sich nicht entschlagen. Eben das muß aus der Gleichförmigkeit der Ursachen auch in Böhmen, und hauptsächlich aus dem Grunde beachtet werden, weil den Pfarrern eigentlich, und ursprünglich die Unterweisung der Jugend obgelegen, und die Last der zum Schul(gebäude?)bau zu leistenden Beyträge auf (der?) Professionisten (Handwerker) Bezahlung von dem Pfarr-Patronat nicht getrennt und hier zu einer ohnehin nicht

[54] HANDB. JOS. II., VIII, S. 840; AVA, StHK, Fasz. 88, 25 in genere, Dekret an die n. ö. Regierung v. 13. Okt. 1784.

[55] AVA, StHK, aaO., Z. 120; vgl. HÖSLINGER, Rechtsgesch., S. 90.

[56] AVA, StHK, Fasz. 88, 25 in genere, Z. 340 ex 1787.

[57] Veröffentlicht in HANDB. JOS. II., XVI, S. 1216.

zu erreichenden Erleichterung des Religions Fonds einer Absonderung zwischen den Pfarr- und Schulgebäuden ebensowenig gemacht werden kann, als solcher bey Privat Patronaten statt hat; welche, wenn dieser Unterschied für die Religions Fonden gelten sollen, mit ähnlichen Gesuchen billig hervortretten, und die Beyträge zu dem Baue ihrer Pfarr-Patronats-Schulen auch auf die Schulfonden wälzen würden ...“[58]. Dieser etwas gewundene Entwurf wurde gestrichen und von anderer Hand durch folgenden straffer gefaßten ersetzt, der dann auch den Text des Dekretes bildete: „Das Schulpatronat ist von dem Pfarrpatronate nicht zu trennen, und wem dieses zusteht oder zugefallen ist, hat auch, was jenes mit sich bringet, zu leisten. Über die neuen Pfarren und Lokalcaplaneyen erhält der Religionsfonds[59] das Patronat, wenn es die Obrigkeit nicht annimmt, und damit auch die dem Patronate anklebende Obliegenheit, zu den Schulgebäuden den allerhöchst bestimmten Teil der Kosten beyzutragen, so wie es jedem anderen Fonds da oblieget, wo er Patronats- oder Obrigkeitsrechte ausübet. Den Schulfundus können also Auslagen dieser Art nur an solchen Oertern treffen, wo demselben das Pfarrpatronat oder die Grundobrigkeit zustände ...“[60].

Den Berichten der Landesstellen mußte die Studienhofkommission jedoch entnehmen, daß die Konstruktion für die Beamten der unteren Behörden wenig durchsichtig war und daß sich ihrer Durchführung in den Schulorten die tatsächlichen Verhältnisse entgegenstellten[61]. Aus Anlaß eines konkreten Falles erging deshalb am 19. Oktober 1787 an das böhmische Gubernium folgende Weisung, die den Versuch einer präziseren Definition darstellt: „Aus den Nummern ... des zurück angeschloßenen Protokolls[62] in Normalschul-Sachen ... hat man entnommen, daß die Schuldirection von dem Patronate, welchem der Beytrag zu den Schulgebäuden obliegt, noch den ächten Begriff nicht gefaßt habe, und, weil der Gegenstand die Schule ist, immerfort ein von dem Pfarrpatronate abgesondertes Schulpatronat sich vorstelle; selbst das Gubernium ... scheint die Sache nicht aus dem rechten Gesichtspunkte anzusehen. Um also die Begriffe hierüber deutlich, und genau zu bestimmen, wird hiermit nochmals erkläret, daß die Pflicht des Beytrages zu den Schulgebäuden aus dem Rechte, die Pfarre zu besetzen, entspringe, sie daher

[58] AVA, StHK aaO; Abdruck bei HÖSLINGER, Rechtsgeschichte, S. 90.

[59] Vgl. hierzu FEINE, Kirchl. Rechtsgeschichte, S. 589.

[60] AVA, StHK, Fasz. 87, 25 in genere – Z. 340 ex 1788. Abdr. HÖSLINGER, Rechtsgesch., S. 90.

[61] HÖSLINGER, aaO., S. 90.

[62] War nicht auffindbar.

dem Pfarrpatronate einzig und allein anklebe, von diesem in jedem Falle zu erfüllen ist, und daraus kein neues besonderes Patronat über die Schule erwachse, welches man erst annehmen, oder ausschlagen könnte, sondern daß derjenige, dem das Recht zustehet, den Pfarrer zu bestellen, überall, wo sein Recht sich hin erstrecket und eine Schule nach den Direktiv-Regeln nöthig ist, den für den Patron ausgemessenen Beytrag zu leisten, ohne weitere Erklärung verbunden ist. Diese Unterweisung hat für die aus dem Protokolle bemerkten, und alle künftigen Fälle zur Richtschnur zu dienen, und von einem Schulpatronate, in soweit von dem Beytrage zu Schulgebäuden die Rede ist, soll nicht einmahl Erwähnung mehr geschehen."[63]

Der weitere Verlauf zeigte, daß nach wie vor Unklarheiten bestanden. So gab es z. B. Mißverständnisse hinsichtlich der Dreiteilung der Schulbaulasten[64] und insbesondere Zweifel, „ob das Normale, welches die Beyträge der Grundobrigkeit, des Pfarrpatrons, und der Gemeinde zu den Schulgebäuden bestimmt, nur auf solche Oerter anwendbar wäre, wo vor dessen Bekanntmachung noch keine Schulen bestanden". Das Dekret vom 29. März 1788 verneinte dies und eröffnete dem böhmischen Gubernium, daß dieses „Normale" allen Schulen zur Richtschnur dienen solle[65]. Dadurch wurde die bedeutsame Frage akut und auch von den Behörden gesehen, ob und inwiefern den bisherigen Schulerhaltern und Schulherren noch ein Einfluß auf die Schule zustände. Ein Beispiel hierfür ist eine Anfrage des böhmischen Guberniums v. 3. Juni (beinhaltend die Anfrage der Normalschuloberdirektion Böhmens vom April), worin die Meinung vertreten wurde, „daß dort, wo vor der allerhöchsten Verordnung: daß das Schulpatronat von dem Pfarrpatronate nicht zu trennen sey, ein Schulpatronat war, und nach dieser Verordnung eine Pfarre, oder Lokalie errichtet wurde, das Schulpatronat so, wie vorhin für sich zu bestehen habe" – „um dem Rechte der bisherigen Patrone nicht zu nahe zu treten". Die Antwort vom 13. September 1788[66] konzedierte dann auch, „daß an solchen Oertern, wo vor dem Normale vom 11. Feber 1787 die Schule mit einem eigenen Patronate versehen war, dieses, wenn auch die damit verbundenen Pflichten erfüllet werden, allerdings noch ferner bestehen mag". Dieser Erlaß war deshalb so bedeutungs-

[63] AVA, StHK, Fasz. 88, 25 in genere, Z. 381 aus 1787 – Hinweis im HANDB. JOS. II., XIII, S. 508; vgl. Abdr. bei HÖSLINGER, Rechtsgeschichte, S. 90.

[64] Vgl. z. B. die Dekrete v. 30. April, 31. Juli u. 9. Okt. 1787 – HANDB. JOS. II., XIII, S. 504–507.

[65] AVA, StHK, Fasz. 88, 25 in genere, 306 aus 1788.

[66] Erlaß v. 13. 9. 1788 – AVA, StHK, Fasz. 88, 25 in gre, Z. 334 aus 1788; – vgl. HANDB. JOS. II., XV, S. 853.

voll, weil darin dem Erlaß vom 11. II. 1787[67] rechtsbegründende Wirkung zugeschrieben wurde und nunmehr auch den früheren Schulerhaltern und Schulherren die Eigenschaft von Schulpatronen zugesprochen wurde. Ihre bisher freiwilligen Leistungen wurden, wenn sie ihre Rechte an der Schule erhalten wollten, zu Pflichtleistungen[68]. In der Sache war jedoch die Studienhofkommission selbst nicht ganz sicher, wie aus dem ursprünglichen Votum zur Anfrage des Guberniums hervorgeht. Dort wurde erklärt, „daß die Verordnung vom 11. II. 1787 ... nur in jenen Ortschaften anzuwenden ist, wo vor Errichtung einer Pfarre oder Lokalkaplaney noch keine Schule (!) und also auch kein Schulpatronat bestand ...“[69]. Eine solche Auskunft stand allerdings in Widerspruch zu dem erwähnten Dekret vom 29. III. 1788. Noch die Verhandlungen zur „Politischen Verfassung der deutschen Volksschule für die k.k. österreichischen Provinzen“ von 1805[70] zeugen von den nach wie vor vorhandenen Unklarheiten über das Schulpatronat[71]. Immerhin wurden die Interpretationserlasse der Studienhofkommission in die politische Verfassung der deutschen Volksschule übernommen (§§ 370ff.), wodurch sie Gesetzeskraft erhielten[72].

Die Unsicherheit in der Gesetzgebung und Rechtsprechung auf diesem Gebiet muß man zuvörderst darauf zurückführen, daß „dem Gebäude des österreichischen Schulpatronates das Fundament fehlte“[73]. Joseph II. ging wohl in seinen ersten Volksschulerlassen von der Annahme aus, daß die Volksschulen auf dem Lande durchweg Mesnerschulen wären und daher die Pfarrpatrone einen direkten Einfluß auf den Lehrer und somit die Schule besäßen. Diese unrichtige Annahme belastete die Schulgesetzgebung mit einem Entstehungsfehler, der zu immer wieder neuen Komplikationen führte.

Das „angeklebte“ Schulpatronat gewährte dem Patron zwar nicht direkt das Vorrecht der Lehrerbestellung, führte aber im Zusammenhang mit

[67] Vgl. Gub. VO f. Böhmen v. 23. X. 1788 (HANDB. JOS. II., XVI, S. 1216, worin der Erlaß publiziert wurde.)

[68] Hierzu und zum Folgenden vgl. HÖSLINGER, Rechtsgeschichte, S. 91f.

[69] Ders., aaO., S. 91.

[70] HÖSLINGER, aaO., S. 91. Zur Politischen Verfassung der deutschen Schule von 1805 vgl. ANTON WEISS, Geschichte der österreichischen Volksschule 1792–1848, 2 Bde. 1904.

[71] Die Interpretationsschwierigkeiten und die Versuche, sie zu beheben, setzen sich durch die Jahrzehnte hindurch fort. Noch aus dem Jahre 1926 nennt HÖSLINGER (Rechtsgeschichte, S. 92) eine Entscheidung des Verwaltungsgerichtshofes, die sich mit dieser Frage beschäftigte.

[72] Vgl. HÖSLINGER, aaO., S. 91.

[73] Ders., aaO., S. 92.

der staatlichen Oberaufsicht zu einem neuen Institut im Schulwesen, der „Präsentation".

Schon durch die Schulordnung Maria Theresias von 1774 (§ 19) waren diejenigen Personen, die bisher das Recht der Lehrerbestellung innehatten, gehalten und berechtigt, Lehramtskandidaten der Schulkommission anzuzeigen (zu präsentieren), die dann ihrerseits im Genehmigungsfalle ein förmliches Anstellungsdekret aushändigte. Diese Doppelgleisigkeit bei der Bestellung von Lehrern wurde weiterhin aufrechterhalten[74]. Nach HÖSLINGER[75] bestand sie in Österreich noch in den dreißiger Jahren unseres Jahrhunderts.

Wir stoßen hier auf die interessante Tatsache, daß einige, noch in den ersten Jahrzehnten unseres Jahrhunderts aktuelle Bestimmungen des Schulrechtes ihre Wurzeln im Kirchenrecht haben. Schulpatronat und Präsentationsrecht waren dem kanonischen Recht nachgebildet[76]. Die Übernahme kirchenrechtlicher Einrichtungen anläßlich der Neuorganisierung des Schulwesens war die Folge der Reformmaßnahmen Josephs II. auf kirchlichem Gebiete im allgemeinen und der Pfarrregulierung[77] im besonderen. Das Schulwesen wurde in diese Maßnahmen in summarischer Weise einbezogen; es fiel daher unter die damals geltenden staatskirchenrechtlichen Regeln und unter den damaligen weiten Begriff vom Patronat[78]. Man kann schließlich annehmen, daß für die kirchenrechtliche Behandlung des Schulwesens „auch das Bewußtsein der kirchlichen Herkunft der Schule, und – nicht zuletzt – die Absicht maßgebend" gewesen sind, „die Beitragsleistung der Kirche für die Schule aufrecht zu erhalten"[79].

[74] Vgl. z. B. die Verordnung vom 11. V. 1781 – HANDB. JOS. II., I, S. 399. Siehe auch 11. 5. 1776 (MThGS VII, S. 519) und 13. IX. 1777 (MThGS VIII, S. 74).

[75] Rechtsgeschichte, S. 92.

[76] Vgl. FRIEDBERG, Kirchenrecht, § 380, S. 380ff. – Heute entsprechend CodJCan. cc. 1448ff., 1546ff.
Schon den Bestimmungen der Salzburger Synode v. 1549 kann entnommen werden, daß die Kirche die „Präsentation" der Lehrer zur Überprüfung ihrer Tauglichkeit verlangt. Für „Präsentation" wurde auch der Terminus „Nomination" gebraucht, den man mit „Benennung", später mit „Ernennung" übersetzte – vgl. HÖSLINGER, aaO., S. 92.

[77] Vgl. oben den Abschnitt „Pfarregulierung".

[78] Vgl. WAHRMUND II, S. 25ff.; BEIDTEL, Staatsverwaltung I, S. 5, 112, 278; HÖSLINGER, Rechtsgeschichte, S. 93.

[79] In diese Richtung weisen die Verordnungen betr. die Verwendung entbehrlicher Kircheneinkünfte für die Schule: VO v. 31. XII. 1777 u. VO v. 17. VIII. 1781 (mit Bezug auf 31. XII. 1777) – HANDB. JOS. II., I, S. 340.
Zwar versuchte man, Kirchen- und Schuldienst zu trennen, die Einkünfte des Kirchendienstes jedoch dem Schulmeister zu erhalten: Hofdekret v. 17. V. 1789 – HANDB. JOS. II., XVIII, S. 761 (betr. Ersatz für entgangene Taufgebühren); in diesem Sinne bereits

Durch das josephinische Schulpatronat entstand somit eine merkwürdige Art von Pfarrschulen, auf die der Pfarrer selbst meist nur noch sehr wenig Einfluß hatte. Die Verbindung mit der Pfarre bestand lediglich darin, daß der Pfarrpatron auch die Schule zu erhalten hatte. Aus dieser Rollenverteilung ergab sich allerdings, daß die Schulen in den Pfarren der Klöster und Stifter ihren rein kirchlichen Charakter weiterhin bewahrten. Bei diesen Schulen könnte man von einem „vollständigen" Schulpatronat sprechen, da hier Rechte und Pflichten vereinigt waren. Die Vorstände der Klöster und Stifter hatten zumeist das Lehrerbestellungsrecht inne. Und dadurch, daß sie auch „Pfarrpatrone" waren, wurden sie nunmehr auch Schulerhalter (falls sie dies nicht ohnehin schon waren) und als solche „Schulpatrone"[80].

Unter dem Blickwinkel der Entscheidungskompetenz im Schulwesen bewirkte das Schulpatronat eine Stärkung der Position der Kirche. In dem jahrhundertealten Ringen um das Lehreranstellungsrecht[81] hatte die Kirche stets versucht, den von ihr vertretenen Rechtsanspruch durchzusetzen[82]. Die Konstruktion des josephinischen Schulpatronats stützte diese kirchliche Forderung insoweit, als hier die Schöpfer dieses Instituts die innere Verbindung von Kirche und Schule offiziell bestätigten; allerdings in der sehr begrenzten Form des Präsentationsrechts und sicherlich überwiegend aus Gründen leichterer Finanzierung der Schule durch Abwälzung der Unterhaltslasten auf die Pfarrpatrone. Durch das lawinenartige Anwachsen der Zahl der Schulpatronate in Händen des Landesfürsten bzw. des Religions- und Schulfonds (durch die Aufhebung des Jesuitenordens und die Welle der folgenden Klosteraufhebungen, besonders unter Joseph II.) führte das Schulpatronat letztlich doch zu einer Stärkung der staatlichen Aufsicht über das Schulwesen.

Die Probleme und Schattenseiten der Reformarbeiten Josephs II., auch im Schulwesen, mit ihrem Absolutheits- und Perfektionsanspruch, hat Bischof Ferdinand Kindermann, der seinem Lehrer Felbiger durchaus

Hofdekr. vom 26. November 1783 (Handb. Jos. II., VI, S. 557f.) und vom 13. Juni 1785 (aaO., VIII, S. 683); Dekret v. 14. IV. 1786 – SLG. IN PUBLICO-ECCLESIASTICIS V, 24 (betr. Subordination des Lehrers unter den Pfarrer).

80 Vgl. die in diesem Sinne ergangenen Verordnungen: Hofdekret v. 7. II. 1781 – HANDB. JOS. II., I, S. 339f. und Hofdekret v. 31. VII. 1787 – HANDB. JOS. II., XIII, S. 504–506.

81 Vgl. HINDRINGER, Das kirchliche Schulrecht in Altbayern, S. 3ff., *3*, *5*; HÖSLINGER, Rechtsgeschichte, S. 80.

82 CorpJCan., c. 3, X, 3, 1 – vgl. dazu HINDRINGER, aaO., S. 6; Conc. Trident., de reform. sess. XXV, cap. 4 – vgl. HINDRINGER, S. 72 mit Anm. 4–7, S. 8ff, 16.

ebenbürtige böhmische Schulreformator[83], als pädagogischer Praktiker sehr genau erkannt. In seinem Schreiben „An die Herren Schulvisitatoren und Schulaufseher über einen wichtigen Gegenstand der allgemeinen Schulverbesserung im Königreiche Böhmen“ v. 16. Juli 1788[84] hat er diese Bedenken präzis und anschaulich formuliert. Zunächst wandte er sich gegen die Anschauung, man könne Schulreform, wie er sie sah, mit behördlichem Zwang erreichen. „Wer den Menschen kennt, und die Schulverbesserung in Beziehung auf Menschenbesserung unternimmt, ... diesem ist es einleuchtend bekannt, daß man mit Zwange noch keinen Sterblichen gebessert hat“[85]. Die Schulpflicht könne und solle man nicht durch scharfe behördliche Sanktionen durchsetzen. Nach dem Grundsatz, „das Gute empfiehlt sich ja auch von sich selbst“, empfahl er statt dessen den Schulvorstehern, für qualifizierte, angemessen bezahlte Lehrer zu sorgen und das Interesse der Geistlichen für die Schule zu gewinnen. Einen weiteren „Fehler bei der Leitung des Schulgeschäfts“ sah er darin, „daß manche Schulvisitatoren und Vorsteher ihre Ver- und Anordnungen, Vorschriften und Instruktionen an die untergeordneten Lehrer und Aufseher stets vermehren“[86]. „Alle Kleinigkeiten bestimmen, vorschreiben, und bis auf den geringsten Umstand erschöpfen wollen“, sei ermüdend, für den Lehrer demütigend und ersticke jede Initiative[87]. Er empfahl, die Verordnungen für die Schulen nur mit äußerster Behutsamkeit zu vermehren. Verordnungen für die Schulen des einfachen Volkes müßten einfach und der Zahl nach wenige sein.

Die sich überstürzenden Maßnahmen und Verordnungen in der Regierungszeit Josephs II. veranlaßten ihn zu der Bemerkung: „Allein wir sind in dem Rachetenjahrhunderte, es muß krachen, brausen, blitzen, funken; es macht nichts, wenn auch die ganze Maschine plötzlich zerspringt, und nichts als ein bißchen Rauch hinterläßt“[88].

Das war eine treffende Satire auf die bittere Situation Josephs II., als dieser am Vorabend seines Todes selbst noch eine Reihe seiner Maßnahmen zurücknehmen mußte, weil deren Nichtakzeptation durch Teile der Be-

[83] Zu Leben und Werk vgl. die immer noch grundlegende Untersuchung von EDUARD WINTER, Ferd. Kindermann Ritter von Schulstein (1740/1801), der Organisator der Volksschule und Volkswohlfahrt Böhmens, 1926. Ergänzend vgl. HANZAL, in: Päd. Rdschau 1967, S. 813ff. und ZEIL (s. Lit.-Verz.).

[84] Abgedr. bei A. WEISS, Gesch. d. Theresian. Schulreform in Böhmen I (1905), S. 503ff.

[85] AaO., S. 504.

[86] AaO., S. 509.

[87] AaO., S. 510.

[88] In einem Schreiben an den befreundeten Oberamtsverwalter der ehem. Jesuitenherrschaft Schurz (Ostböhmen) vom 18. Januar 1789 (WINTER, Kindermann, S. 169).

völkerung in offenen Widerstand umzuschlagen drohte (z. T. auch umschlug – Österr. Niederlande!). Dennoch muß gesagt werden, daß der „Revolutionär auf dem Throne" seinem Staate durch seine „pacifica rivoluzione"[89] eine andere Revolution erspart hat.

[89] Vgl. LÉSNODORSKI, Eléments juridiques et administratifs dans les transformations de l'Etat moderne, S. 5f.

VIERTER TEIL

Übernahme und Übertragungen

§ 11 Ausstrahlungen der Felbigerschen Reformen

I. Echo und Reichweite der Felbigerschen Reformen im Überblick[1]

Bereits die ersten Reformansätze Abt Felbigers im Saganischen Stiftsbereich und die hierfür publizierten Schriften erregten die Aufmerksamkeit des Leipziger Intelligenzblattes vom September 1763[2]. In dem Artikel „Des Fürstlichen Stifts zu Sagan in Schlesien Bemühungen um die Schulanstalten" wird mit besonderer Anerkennung vermerkt, daß es sich hier um eine Initiative aus dem katholischen Bereich handele und die Aktivitäten eines katholischen Abtes eigentlich nicht hätten erwartet werden können. Felbiger selbst registriert in seiner „Ausführlichen Nachricht" voller Genugtuung weitere Zustimmung[3]. Dazu gehörte auch seine Ernennung zum Ehrenmitglied der Kurbayerischen Akademie der Wissenschaften zu München im Frühjahr 1766[4]. Bald fanden sich auch die ersten Besucher in Sagan ein[5]. Im Juli 1765 stattete auch der Vizepräsident des Kursächsischen Oberkonsistoriums der Saganer Schule einen Besuch ab[6]. Johann Julius Hecker in Berlin wies die evan-

[1] Vgl. hierzu die Zusammenstellungen bei WILHELM ZIMMERMANN, Die Anfänge und der Aufbau des Lehrerbildungs- und Volksschulwesens am Rhein ... I, 1953, S. 13ff.; KRÖMER, Johann Ignaz von Felbiger, 1966, S. 118ff. und 158f.; ergänzend vgl. M. RENNER, Fuldaer Einfluß auf die Würzburger Schulreform Fürstbischof Franz Ludwigs von Ertal 1781, in: ZbLG 28, 1965, S. 368–391; R. VAN DÜLMEN, Die Prälaten Franz Töpsl aus Polling und Johann Ignaz v. Felbinger aus Sagan, in: ZbLG 30, 1967, S. 731–812, *773–779*; J. STANZEL, Zur Geschichte der Hauptschule, in: Festschrift J. SCHEVELING, 1972, S. 249, 254, Anm. 27.

[2] Nr. 13 vom 10. September.

[3] Ausf. Nachr. S. 427, Anmerkung.

[4] Ausführliche Nachricht, § 2, S. 492f. Vgl. hierzu den Briefwechsel Felbiger/Kennedy der Jahre 1766–68 im Archiv der Bayerischen Akademie der Wiss., hier: Kennedy an Felbiger, 20. März 1766; Felbiger an Kennedy, 22. April u. 9. Mai 1766; vgl. hierzu HAMMERMAYER, Gründungsgeschichte, S. 217ff. Eine Kopie des Briefwechsels befindet sich im Besitz des Verfassers dieser Studie.

[5] VAN DÜLMEN, Prälaten, S. 761; OBERTHÜR, M. I. Schmidt's Lebensgeschichte, S. 79, 99f.

[6] Ausführliche Nachricht, § 2, S. 481, Anm.

gelischen Prediger anerkennend und empfehlend auf Abt Felbiger in seiner Sorge um die Schulen hin[7]. 1766 erschien in den „Nova acta historico-ecclesiastica" ein Verzeichnis der Felbigerschen Schulschriften[8]. In den Jahren 1769–1773 besprach Friedrich Nicolai in der Allgemeinen Deutschen Bibliothek sehr wohlwollend die Saganer Veröffentlichunden[9]. Basedow berief sich ausdrücklich auf die Zustimmung Felbigers zu seinen eigenen Schulsachen[10], und der Protestant Walch räumte dem Thema der Schulreformen Felbigers in Schlesien ein eigenes Kapitel in seiner „Neuesten Religions-Geschichte" ein[11]. Starke Beachtung fand in den zeitgenössischen Publikationsorganen das Interesse Katharinas II. an Felbigers Arbeit[12], worüber im folgenden noch besonders zu sprechen sein wird.

Es fehlte aber auch nicht an ersten kritischen Stimmen. So wurde die Allgemeine Deutsche Bibliothek spürbar zurückhaltender, als sie merkte, daß für den als Aufklärer gefeierten Felbiger die integre katholische Glaubenslehre selbstverständliche Voraussetzung war[13].

Gewisse Vorbehalte meldete auch die Allgemeine Bibliothek für das Schul- und Erziehungswesen im 2. und 4. Band an[14]. Im März 1770 führte Felbiger Klage bei Minister Hoym über einen ihn und seine Reformarbeiten in Schlesien verleumdenden Zeitungsartikel[15]. Eine 1773 anonym erschienene Schrift „Gedanken über die schlesisch-katholischen Schulen überhaupt"[16] ging kritisch auf das Auseinanderklaffen von Schulrecht und Schulwirklichkeit ein und übte vor allem Kritik an Inspektoren und Lehrern.

Schließlich glaubte sich Felbiger gegen den Berliner Probst Süßmilch zur Wehr setzen zu müssen, der nach Felbigers Ansicht versucht hatte, den Felbigerschen Vorhaben die Unterstützung durch die Landesregierung

[7] Nova acta historico-ecclesiastica 5, S. 342f.

[8] AaO., Bd. 6, S. 784–791.

[9] Vgl. z. B. 11., 1770, S. 365ff.

[10] Vgl. J. SCHMITT, Der Kampf um den Katechismus, S. 200.

[11] Teil 2, 1772, S. 217f., 230, 257.

[12] AdtBth Bd. 61, S. 512, 518–524; AdtBth Anhang zum 37.–52. Bd., S. 233; Bd. 9, S. 195; Im Zusammenhang mit der Berufung des Schuldirektors Janković nach Rußland – vgl. P. POLZ, Th. Janković, 1970; ders., Th. Janković, in: Aufklärung in Ost- u. Südosteuropa, 1972, S. 119ff.

[13] Bd. 29, 1776, S. 97f.; vgl. hierzu KRÖMER, S. 118 u. Anm. 196.

[14] So z. B. Bd. 2, S. 333–355; weitere – anerkennende – Besprechungen aaO., S. 508–511 u. Bd. 4, S. 90–100.

[15] Vgl. LEHMANN IV, Nr. 368, S. 390f.; ergänzend vgl. VOLLMER, Preußische Volksschulpolitik, S. 252.

[16] Vgl. KRÖMER, S. 109, Anm. 122, S. 119.

zu entziehen, weil Süßmilch die Aktivitäten des Saganer Abtes für die evangelische Religion nachteilig und für die katholische Religion zu vorteilhaft hielt[17].
Bei dieser angeführten Übersicht fällt auf, daß die Stimmen fast ausschließlich aus protestantischen Ländern und entsprechenden Publikationsorganen kamen. Das war nicht zuletzt darin begründet, daß auf katholischer Seite einschlägige Publikationsorgane so gut wie ganz fehlten[18]. Auch Felbiger hat dies empfunden. Nachdrücklich ermunterte er den Benediktiner Placidus Sprenger in Kloster Banz in seinem Vorhaben, die „Litteratur des katholischen Deutschland" herauszugeben[19]. Wie stark auch und gerade katholischerseits die Reformen Felbigers Resonanz fanden, „beweisen die mannigfachen Anläufe und Anstrengungen zur Schulverbesserung, die sich Sagan zum Vorbild nahmen. Eine lückenlose Darstellung, wie weit Felbigers Wirkung über den schlesischen Bereich hinausgereicht hat, würde jahrelange Untersuchungen erforderlich machen"[20]. Eine Durchsicht und listenmäßige Auswertung des einschlägigen Schrifttums nach Orten und Territorien ergibt folgendes Bild:

Hochstift *Augsburg*[21]: relativ früh wurde die Normalschule rezipiert. Initiator war der Fürstbischof und Vetter Maria Theresias Kurfürst Clemens Wenzeslaus (1768–1794). Nach Felbigerschem Konzept ließ er bereits 1774 eine Normalschule einrichten. Führende Staatsmänner aus Trier und Augsburg pflegten einen diesbezüglichen intensiven Gedankenaustausch[22].
Bayern: Dort begann der später laisierte Benediktiner Heinrich Braun seine Schulreforminitiativen unter bewußter Verwendung der Felbigerschen Ideen[23]. Er ist der Verfasser der bayerischen Schulordnungen von

[17] Ausführl. Nachr., § 3, S. 526; hierin schließt sich die AdtBth Felbiger an, vgl. die Rezension der kleinen Schulschriften in Bd. 31, 1777, S. 286–289.

[18] Vgl. KRÖMER, S. 119.

[19] Vgl. SCHMITT, Kampf, S. 281; zunächst unter dem Titel „Die fränkischen Zuschauer". Zu Banz als einem Zentrum der kath. Aufklärung vgl. W. FORSTER, Die kirchl. Aufklärung bei den Benediktinern der Abtei Banz, in: StMBO 63/64, 1951/52, S. 172–233, 110–234.

[20] KRÖMER, S. 119.

[21] Vgl. ZIMMERMANN, I, S. 19; KRÖMER, S. 158 mit Anm. 292 (Lit.).

[22] ZIMMERMANN, aaO., S. 19.

[23] Vgl. WIEDEMANN, Felbiger, S. 48f.; ZIMMERMANN I, S. 19f. mit weiterer Lit.; ROSENBAUM, Untersuchungen, 1970, S. 117ff.; VAN DÜLMEN, Prälaten, S. 783f.; K. E. MAIER, Das Werden der allgemeinbild. Pflichtschulen in Bay. u. Österr., 1967, S. 25ff.; zum geringen Erfolg der ersten Reformanläufe vgl. HELFERT, S. 187ff., *588*; AdtBth., Bd. 52, S. 207.

1770, 1774 und 1778[24]. Durch die intensive Korrespondenz zwischen Felbiger einerseits und dem in Reformfragen maßgeblichen Prälaten und Abt Franz Töpsl sowie mit dem Sekretär der jungen Bayerischen Akademie der Wissenschaften Ildephons Kennedy OSB andererseits vollzog sich ein intensiver Austausch von Informationen und Ideen[25].

Böhmen: Ferdinand Kindermann, die tragende und prägende Persönlichkeit der Schulgeschichte und Schulreform Böhmens zur Zeit Felbigers, ging selbst nach Sagan, wo er von Felbiger privat unterwiesen wurde und auch dessen vorzüglichste Mitarbeiter, den Prior Benedikt Strauch und den Lehrer Kauschke kennenlernte[26]. Kindermann lehnte sich an das Felbigersche Vorbild an, verarbeitete es aber selbständig im Sinne der damals aufkommenden „Industriepädagogik".

Bistum *Eichstätt*: Fürstbischof Johann Anton Freiherr von Zehmen (1781–1790) schickte zwei Geistliche zum Studium nach Würzburg und Wien, damit sie dort die Praxis der Normalschulen kennenlernten[27].

Hochstift *Fulda*: Unter Fürstbischof Heinrich von Bibra (1759–1788) erfolgte eine sehr intensive Schulgesetzgebungsarbeit auf der Grundlage von Felbigers Vorstellungen, deren Höhepunkte die von Johann Nikolaus Trimbach verfaßte „Allgemeine Ordnung für die niedern Schulen des Bistumes und Fürstentumes Fuld" vom 2. April 1781 darstellt, die dann ihrerseits über Würzburg große Ausstrahlungen erzielt hat[28].

[24] An der endgült. Fassung der SchO v. 1774 u. 1778 sind auch andere beteiligt. Abdruck in: A. BOCK, Päd. Quellenschriften 1, 1916 (für 1770), 3, 1916 (f. 1774 u. 1778).

[25] Vgl. oben S. 60, Anm. 21 sowie VAN DÜLMEN, Prälaten insges.

[26] Vgl. „Nachricht von der Landschule in Kaplitz in Böhmen, herausgegeben von F. KINDERMANN", 1774. Neudr. in: Beiträge zur österr. Erziehungs- und Schulgesch. 6, 1905, S. 39–82, hier bes. 54f. u. 78–80. Zur böhm. Schulreform unter Kindermann insgesamt vgl. AIGNER, F. Kindermann, 1867; HELFERT, Gründung d. österr. Volksschule, bes. S. 175ff., 414ff.; PANHOLZER, S. 91–104; WEISS, Geschichte der Theresianischen Schulreform in Böhmen, in: Beiträge zur österr. Erziehungs- und Schulgesch. VII, 1906, S. XI; X, 1908, passim; E. WINTER, Ferdinand Kindermann, 1926; L. ZEIL, Die Volksbildungsbestrebungen der josefinischen Aufklärung in Böhmen 1774–1805, Berlin (Ost) 1965; dies., Zur Bedeutung der josefinischen Volksbildungsbestrebungen für die nationale Wiedergeburt der Slawen in der Habsburger Monarchie, in: Wiss. Zft. d. Humboldt-Univ. zu Berlin, Gesellschafts- u. sprachwissenschaftl. Reihe XVII, 1968, S. 289–296; JOSEF HANZAL, Ferd. Kindermann u. die dt. Pädagogik der 2. Hälfte des 18. Jhs., in: Päd. Rundschau 21, 1967, S. 813–822.

[27] Vgl. F. X. BUCHNER, Schulgeschichte des Bistums Eichstätt vom Mittelalter bis 1803, 1956; vgl. zu diesem Werk die kritische Bemerkung von RENNER, S. 390; ergänzend ZIMMERMANN I, S. 21 Anm. 71.

[28] Vgl. WIEDEMANN, Felbiger, S. 50; ZIMMERMANN I, S. 19; HEPPE, Geschichte, Bd. 2; FLÜGEL, Das Schulwesen im Hochstift Fulda, 1886; M. L. HUTH, Fürstbischof Heinrich VIII. von Bibra und die Schulreform im Hochstift Fulda, in: Fuldaer Geschichtsblätter 39, 1963, S. 169–186; zu den Beziehungen Fulda–Würzburg im Hinblick auf die schul-

Kurköln[29]: Wie in Kurtrier setzte auch in Kurköln und dem damit in Personalunion verbundenen Fürstentum Münster die Verbesserung des Schulwesens erst nach 1770 ein. Für das Erzstift war in der ersten Phase der Minister Kaspar Anton von Belderbusch († 1784) die führende Persönlichkeit, für das Fürstentum Münster der Minister von Fürstenberg[30]. Bereits die ersten Ansätze unter Kurfürst Max Friedrich (1761–1784) griffen auf Felbiger zurück. Die 1783 in Bonn errichtete Normalschule blieb im Unterschied zu Münster allem Anschein nach in den Anfängen stecken. Kurfürst Max Franz (1784–1794), jüngster Sohn Maria Theresias, hatte schon als Sechzehnjähriger (1777) und noch einmal 1780 die Wiener Normalschule kennengelernt; darüber hinaus 1784, schon als Hochmeister, von Mergentheim aus zweimal die Würzburger „Reform"-schulen besucht. Die „neue Lehrart" führte er zunächst in den Schulen des Ordensgebietes ein. Nach seinem Regierungsantritt in Kurköln und Münster war er bemüht, die in Wien und Würzburg bewährten Reformen auch hier zu übernehmen. Zu diesem Zwecke nahm er den ersten Normalschullehrer Gareis auf einer Reise des Jahres 1788 mit nach Würzburg, um ihm Gelegenheit „zum Studium der Schulen und des Seminars"[31] zu geben (Brief Oberthürs an seinen Bruder). Zur führenden Persönlichkeit seiner Reformpläne und Aktivitäten wurde der aus Würzburg berufene Bonifaz Oberthür, dessen Bruder der Kurfürst bereits in Würzburg als angesehenen Professor der Dogmatik kennengelernt hatte. Die für das Schulrecht und die Schulpraxis relevantesten Ereignisse waren der Plan Oberthürs von 1785[32], die Errichtung einer Schulkommission im Jahre 1786[33] und die Errichtung einer deutschen Stadtschule (neben der Münsterschule) als Musterschule in Bonn[34], sowie schließlich die Verordnung vom 24. 11. 1787 betr. Vorbildung und Prüfung der Lehrer[35].

reformerischen Bemühungen vgl. RENNER, S. 368ff., vor allem den dort abgedruckten aufschlußreichen Bericht des Fuldaischen Schuldirektors Johann Nikolaus Trimbach, den er der Fuldaischen Schulkommission am 9. Juli 1781 vorgelegt hatte.

[29] Grundlegend ZIMMERMANN I, S. 47–151; ergänzend vgl. BRAUBACH, Max Franz; ders., Bonner Akademie; OLDENHAGE, Kurfürst Erzherzog Maximilian Franz als Hoch- und Deutschmeister 1780–1801.

[30] Vgl. ZIMMERMANN I, S. 47.

[31] AaO., S. 94.

[32] AaO., S. 71.

[33] AaO., S. 83.

[34] AaO., S. 86f.

[35] AaO., S. 94, Anm. 106.

Kurmainz: Zwischen Mainz und Felbiger bestand noch vor dem Tode des Kurfürsten Emmerich Josef († 1774) eine Verbindung[36]. Die Schulordnung aus dem Jahre 1773, nach Felbigers Muster, ist ihrerseits zur Vorlage für Wiener Reformarbeiten, vor allem für den Entwurf Grubers, geworden[37].
Kurtrier: Für Kurtrier wie auch für Speyer, St. Blasien und eine Reihe württembergischer Städte und Herrschaften läßt sich der Einfluß des Felbigerschen Vorbildes auf die Schulordnungen und die Schulbücher deutlich machen[38]. Unter Kurfürst Klemens Wenzeslaus, Landesherr im Hochstift Augsburg und Fürstbischof und seit 1777 Propst der Propstei Ellwangen, fanden die Felbigerschen Gedanken und Schulorganisationsformen Eingang und Förderung. Die Verordnung vom 5. November 1776 brachte die offizielle Einführung[39].
Mergentheim/Deutschordensstaat: Im Deutschordensstaat mit der Residenz Mergentheim, dem seit 1789 die Ballei Franken (Sitz Ellingen b. Weißenburg) angegliedert war, wurde unter dem Hoch- und Deutschmeister Max Franz, Kurfürst von Köln, das Felbigersche Modell auf dem Wege über Würzburg eingeführt[40]. Die Mergentheimer Schulordnung von 1788 nahm das Wiener Vorbild auf[41].
Stadt und Fürstentum *Münster*: In Bernhard Overberg (gefördert durch Fürstenberg) fand das Felbigersche Normalschulinstitut nicht nur einen überragenden Vertreter; durch ihn erfuhr es auch eine eigenständige Weiterentwicklung. Für die Weiterwirkung Felbigerscher Vorstellungen und Modelle über Bernhard Overberg in eine große Zahl westfälischer und kurkölnischer Territorien und Städte liegen viele Zeugnisse vor[42]. Die Münstersche Normalschule wurde auch Vorbild für Paderborn (1788) und Hildesheim (1798)[43].

[36] Vgl. KRÖMER, S. 120 mit Anm. 211, 214; ergänz. vgl. A. WENZEL, Die Schule zw. Kurstaat u. Säkularstaat, 1963, S. 8; HANS MICHAEL ELZER (Hsg.), Zwei Schriften der Kurmainzer Schulreform v. 1770–1784, 1967, S. 24; ANTON PHILIPP BRÜCK (Hsg.), Kurmainzer Schulgesch., 1960, S. 14.

[37] HELFERT, S. 230.

[38] Grundlegend ZIMMERMANN I, S. 29ff.; vgl. auch ANDREAS SCHÜLLER, Die Volksbildung im Kurfürstentum Trier z. Zt. der Aufklärung, in: Trierer Jahresber. IV (1911), 1913, S. 65–105.

[39] ZIMMERMANN, aaO., S. 30.

[40] Vgl. RENNER, S. 391; Bildungswesen: Klaus OLDENHAGE, Kurfürst Maximilian Franz als Hoch- und Deutschmeister 1780–1801, S. 231.

[41] Vgl. JOSEF LINK, Das Schulwesen in der ehemaligen Deutschordensballei Franken, 1935; ZIMMERMANN I, S. 104, Anm. 71.

[42] Vgl. KRÖMER, S. 159 mit Anm. 295; ergänz. vgl. ZIMMERMANN I, S. 59 u. NAARMANN, S. 5; Journal von u. für Deutschland 1789, I, S. 96, 105f.

[43] ZIMMERMANN aaO.

München: Siehe *Bayern*.
Neresheim: Schon 1769/70 fanden hier Felbigers Gedanken und Vorstellungen sowie seine Schriften Eingang und Nachahmung. Nach Neresheimer Art wurden danach in einer Reihe anderer Klosterherrschaften Schulen reformiert[44].
Grafschaft *Rietberg*: Dieses kleine westfälische Territotium, durch Heirat in den Besitz des Fürsten Kaunitz gelangt, führte auf dessen Anweisung die Wiener, d. h. die Felbigersche Schulordnung und Normalschulmethode ein[45].
Salzburg: Nach ersten wenig erfolgreichen Ansätzen erfuhren nach Felbigerschem Vorbild die Reformmodelle eine sehr eigenständische Weiterentwicklung insbesondere durch Franz Michael Viertahler[46].
St. Blasien: Vor allem durch die Korrespondenz zwischen Abt Felbiger und Fürstabt Gerbert von St. Blasien waren die Ideen und Vorstellungen Felbigers, seine Maßnahmen und Bücher dort bekannt geworden; eingeführt wurde aber nur der Katechismus, während die anderen Bücher erst später von Wien übernommen wurden[47].
St. Urban, Schweiz: 1778 wurde im dortigen Benediktinerkloster eine Normalschule eingerichtet, gleichsam das erste Lehrerseminar der Schweiz[48].
Fürstentum *Schwarzenberg*: Fürst Johann I. (1782–1789) führte die Würzburger Schuleinrichtung in seinem Territorium ein[49].
Speyer: Vgl. oben zu Kurtrier. Die „Allgemeine Schulordnung für die niedern deutschen Schulen" von 1785 macht die Verwandtschaft deutlich[50].

[44] Vgl. KRÖMER, S. 120 mit Anm. 215 u. 216; neuerdings vgl. RUDOLF W. KECK, Gesch. der mittl. Schule in Württemberg, 1968, bes. S. 111ff.
[45] Vgl. H. SCHERL, Die Grafschaft Rietberg unter dem Geschlecht Kaunitz, 1962; FRANZ FLASKAMP, Schlesische Didaktik in der Grafschaft Rietberg, in: Westfälische Zeitschrift 114, 1964, S. 356–359.
[46] Vgl. K. WAGNER, Zur Geschichte der Schulverbesserung in Salzburg, in: Mitteilungen der Gesellschaft für Salzburger Landeskunde 1915, S. 151–222, *156*; 1916, S. 95–182, *165*; 1924, S. 97–128; GLÖCKEL (Hsg.), Franz Michael Vierthalers ausgewählte pädagogische Schriften; WESSENBERG, Elementarbildung, S. 58; KRÖMER, S. 121.
[47] Vgl. GG. PFEILSCHIFTER, Korrespondenz des Fürstabtes Martin II. Gerbert von St. Blasien, 2 Bde., 1931/34, hier: Korrespondenz I, 1931, Nr. 576; II Nr. 648 u. 772; weitere Lit. VAN DÜLMEN, Prälaten, S. 735, Anm. 29.
[48] Vgl. A. BERZ, Geschichte des Katechismus im Bistum Basel, 1959, S. 32f.; KRÖMER, S. 159, Anm. 298.
[49] Vgl. JOHANN MICHAEL FEDER, Magazin zur Beförderung des Schulwesens im katholischen Teutschland, Würzburg, Bd. 1, Heft 3, S. 72 u. Bd. 1, Heft 2; N. KONRAD, Franz Ludwig von Erthal, ein Organisator der Volksschule der Aufklärung, 1932 (basiert auf Feder); RENNER, S. 390.
[50] ZIMMERMANN I, S. 21 u. Anm. 70.

Tirol: Schon in den 60er Jahren studierten Tiroler Priester (z. B. Tangl, Agsthofer u. a.) Heckersche und Felbigersche Schulreformschriften und versuchten, sie in die Praxis von Innsbrucker Schulen umzusetzen. Im Jahre 1770 reiste Tangl mit drei weiteren Mitbrüdern nach Breslau, wo er sich mit Hilfe des eigens aus Sagan angereisten Abtes Felbiger mehrere Wochen über die schlesischen Schulreformen informierte; und nach seiner Rückkehr arbeitete er zunächst in der Schulreform-Kommission und in der Normalschule in Wien mit, um später die oberste Schuldirektion und Schulaufsicht in Innsbruck für Tirol zu übernehmen[51].
Würzburg: Über das seinerseits von Felbiger geprägte Vorbild Fulda und den Schriftwechsel zwischen Felbiger und dem Würzburger Schulfachmann und Professor Michael Ignaz Schmidt waren die Gedanken und das Reformwerk Felbigers gut bekannt[52]. Durch mehrere Phasen und über mehrere Anläufe hinweg wurde nach dem Saganer und später Wiener Vorbild intensiv an der Schulverbesserung und Schulreform in Würzburg gearbeitet. Zu Beginn der 70er Jahre begannen auch im kaiserlichen Hochstift Bamberg, das seit 1757 mit Würzburg unter Fürstbischof Adam Friedrich Graf von Seinsheim in Personalunion verbunden war, die Schulreformen nach Würzburgischem Vorbild[53].
Das in Würzburg Erarbeitete wirkte nachweislich ebenfalls auf benachbarte evangelische Territorien[54].
Unter den evangelischen Orten und Ländern, in denen sich Felbigerscher Einfluß feststellen läßt, seien hier nur Dresden, Göttingen, Meiningen und Sachsen-Weimar genannt[55].
Göttingen ist von besonderem Interesse, weil es guten Aufschluß gibt über die Traditionslinien Felbigerscher und Kindermannscher Schul-

[51] Zur Übernahme Heckerscher und Felbigerscher Methoden sowie zur Breslau-Reise vgl. „Schulgeschichte", fol. 52ff. DE LUCA, Geogr. Handbuch v. d. österr. Staaten II, 1791, S. 426f.; HELFERT, S. 116f.; KRÖMER, S. 122; GÖNNER, Die österr. Lehrerbildung, S. 27; STOLL, Geschichte (I), S. 67; ders., Geschichte (II), S. 52ff.
Briefwechsel betr. die Vorbereitung der Reise: LaRegArch. Tirol, Gubernium an Weihbischof J. M. von Strachwitz – Gub.-Arch. Sept. 1770, Auslauf, Konzept v. 1. Sept. 1770; v. Strachwitz an Gubernium, 26. Sept. 1770 – Gub.-Arch. Einlauf 18. Dez. 1770; vgl. auch ebenda, Ratsprotokolle 1770, Pars III, 22. Dez. 1770, fol. 789.

[52] OBERTHÜR, M. J. Schmidt, S. 73 (Brief Felbigers an Oberthür) – Vgl. dazu KRÖMER, S. 121 mit Anm. 219; ZIMMERMANN I, S. 14–18; A. LINDIG, Franz Oberthür, 1963, S. 20f., 55; RENNER insges.; KRÖMER, S. 121.

[53] Vgl. GG. HÜBSCH, Die Reformen und Reformbestrebungen auf dem Gebiete der Volksschulen im ehemaligen Hochstift Bamberg, 1891; J. NIEDIECK, Das Erziehungs- und Bildungswesen unter ... Maximilian Franz (1784–1801), 1910, S. 11, Anm. 2; ZIMMERMANN I, S. 17f.; RENNER, S. 380f.

[54] Vgl. RENNER, passim; KRÖMER, S. 121.

[55] Vgl. KRÖMER, S. 121 mit Anm. 222; RENNER passim.

reformen und ein anschauliches Beispiel bietet für die Verflechtungen hinsichtlich Herkunft und Zusammenhang von Schulreformen und Schulreformordnungen. Der Göttinger Pfarrer Ludwig Gerhard Wagemanns[56] hatte Fulda und Würzburg besucht und auf der Basis dieser Anregungen eine „Industrieschule" eingerichtet[57]. Diese Industrieschule und ihr Gründer wurden wiederum im Sommer 1794 von dem katholischen Pfarrer und späteren Normalschuldirektor aus Rüthen/Westfalen auf einer Studienreise nach Göttingen, Fulda und Würzburg besucht[58]. Auf diese Reise hatte ihn der Kölner Kurfürst und Hoch- und Deutschmeister Max Franz gesandt. Schließlich sind hier eine Reihe von teils evangelischen Städten im süddeutsch-bayerisch-schwäbischen Raum zu nennen, die mit Interesse das Felbigersche Reformvorbild (im benachbarten Österreich – Vorderösterreich, Oberschwaben, Vorarlberg) registrierten, studierten und zum Teil übernahmen[59], z. B. Lindau, Ravensburg, Leutkirch, Isny[60].

Einige Anläufe blieben ohne Erfolg: 1763 schickte ein Kaufmann aus Friedland einen Kandidaten nach Sagan. „Wegen mancher Verdrießlichkeiten" verlief die Sache jedoch, wie es scheint, im Sande[61]. Aus einem Bericht Felbigers an Schlabrendorff vom Sommer 1768 über eine Konferenz mit dem Prager Weihbischof betr. den Fortgang in der Reform der Glatzer Landschulen (die der Bischof eben visitiert hatte) erfahren wir von der Absicht des Prager Erzbischofs, auch in anderen Teilen der Prager Diözese Schulverbesserungen auf dem Lande nach Felbigerschem Vorbild durchzuführen, ohne daß wir über das Ergebnis etwas wissen[62]. Wir kennen auch eine Anfrage des Markgrafen August Georg von Baden-Baden über den Bischof von Worms an Felbiger, ob er bereit sei, die Schulen des Landes nach Saganer Muster umzugestalten[63]. Ebenfalls

[56] Vgl. LINDIG, Oberthür, S. 67 und 128 (biogr. Angaben).

[57] Vgl. FR. TROST, Die Göttingische Industrieschule, 1930. Seinen Würzburger Aufenthalt erwähnt Wagemanns in seinem „Göttingischen Magazin für Industrie und Armenpflege" 1, 1789, S. 407; vgl. auch RENNER, S. 383.

[58] Vgl. ZIMMERMANN I, S. 21, Anm. 72; RENNER, S. 383ff.

[59] Vgl. STOLZE, Schulen, S. 62, 134, 138ff.

[60] Das Folgende gilt für den Zeitraum um 1770–1780. Lindau: Ausbildung von Normalschullehrern an der Normalschule in Freiburg/Br. – STOLZE, aaO., S. 62; Ravensburg: Anreiz zur Schulverbesserung durch österr. Vorbild, Ausbildung eines Lehrers im „österr." Freiburg – aaO., S. 139f., 134; Leutkirch: Unterricht nach der „österreichischen Lehrmethode" – aaO., S. 149; Isny: ein evang. Pfarrer erhielt den Auftrag (1777), die österr. Normalschule zu studieren, und ein kath. Lehrer aus Gestraz wurde zu einer Besprechung darüber gerufen – aaO., S. 152. Weitere Beispiele bei KECK, Geschichte, S. 112ff.

[61] Vgl. KRÖMER, S. 121; Ausführl. Nachricht, S. 452 Anm.

[62] LEHMANN IV, Nr. 316, S. 331f.

[63] VOLLMER, S. 57; KRÖMER, S. 121.

ist eine Einladung aus dem April 1774 an Felbiger nach Salzburg erhalten, verbunden mit der Bitte, bei der Reform des Schulwesens im dortigen Erzbistum seine Hilfe und seinen Rat zur Verfügung zu stellen. Felbiger versprach auch einen Besuch, ohne daß er diese Absicht ausführte[64].

Eine Notiz in der Allgemeinen Deutschen Bibliothek erwähnt die Absicht des Saganer Prälaten, die Normalschulschriften für die Akademie in Sevilla ins Spanische übersetzen zu lassen[65], wozu es aller Wahrscheinlichkeit nach nicht gekommen ist.

Schließlich wirkte die Arbeit des schlesischen Prälaten über die Wiener Normalschule wieder auf sein Ursprungsland zurück. Die schlesischen Provinzialblätter berichteten über den Gebrauch Wiener Lehrbücher in der Abtei Grüssau[66].

Einer besonderen Erwähnung bedürfen die Ausstrahlungen, teilweise im Sinne von Übernahmen, teilweise im Sinne von Übertragungen der Reformideen und Reformmodelle Felbigers, einmal nach Tirol und zum anderen in den ost- und südosteuropäischen Raum, mit letzteren teilweise in den sog. „außerdeutschen" Raum.

Während die Ausstrahlungen nach Tirol, Luxemburg, die österreichischen Niederlande[67] und auch nach Transleithanien, nach Ungarn, das Banat, Serbien[68] und die „Militärgrenze"[69] den habsburgischen Staatsverband betreffen, bedeutet die Übernahme der Reformen in das Rußland Katharinas II., durch und über die Person des Serben und österreichischen Staatsangehörigen Theodor Janković[70] ein Hinausgehen über die Grenzen des „Reiches" und die deutschen Sprachgrenzen.

Bei diesen stichwortartigen, notwendigerweise sehr grob skizzierenden

[64] Vgl. WAGENER, in: Mitt. d. Ges. f. Salzb. Landeskunde 55, 1915, S. 156; 56, 1916, S. 165; KRÖMER, S. 121.

[65] Anhang z. 37.–52. Bd., S. 233.

[66] Schles. Provinzialblätter, Bd. 21, 1795, S. 123, 133.

[67] Für diesen Bereich liegt jetzt die aus den Quellen erarbeitete, die bisherige Lit. enthaltende Untersuchung von M. DE VROEDE (Van schoolmeester tot onderwijzer, 1970) vor.

[68] Vgl. H. WOLF, Das Schulwesen des Temešvarer Banats im 18. Jh., 1935; HEINRICH F. SCHMID, Die Bedeutung des österr. Bildungswesens f. Ost- und Südosteuropa, in: 200 Jahre österr. Unterrichtsverwaltung, 1960, S. 31ff.; P. POLZ, Theodor Janković de Mirjevo. Der erste serbische Pädagoge oder die Theresianische Schulreform bei Serben und in Rußland, 1970.

[69] Vgl. HELFERT, Die Gründung d. österr. Volksschule, S. 74ff., 476ff., 479ff.; WESSELY, Die öst. Militärgrenze, in: Festg. RIEDL, S. 75ff.

[70] Vgl. die Untersuchungen von P. POLZ.

und verkürzenden Hinweisen[71] wird deutlich, daß wir bei den Ausstrahlungen der Felbigerschen Reformidee und Reformmodelle unterscheiden müssen zwischen direkten Übertragungen bzw. Übernahmen auf der einen Seite und dem Phänomen der Wechselwirkung zwischen den einzelnen Staaten, von denen einer (oder beide!) das Felbigersche Modell übernommen hatten, auf der anderen Seite. Die bisherige Forschung untersuchte vor allem den führenden Einfluß Felbigers auf die Gestaltung des niederen Schulwesens in den katholischen Staaten des Reiches. Die Wechselwirkungen zwischen den einzelnen Staaten dagegen wurden bislang meist nur am Rande oder in der Anmerkung erwähnt. Der große Schulreform-Praktiker aus Schlesien hat jedoch nicht nur unmittelbar geistig befruchtend auf die Pädagogen und Staatsmänner vornehmlich katholischer Staaten gewirkt, sondern diese Persönlichkeiten ihrerseits wiederum wirkten vor allem durch ihre Reformgesetzgebung weiter und traten untereinander in einen regen Gedankenaustausch durch gegenseitigen Besuch und nicht zuletzt durch literarische Tätigkeit.

II. Die Übernahme des schlesischen Reformkonzeptes nach Tirol (1768–1770)

1. Der Brückenschlag Tirol – Schlesien und die Beziehungen der Tiroler Schulreformer zu den Wiener Reformarbeiten der Jahre 1770–1774

Mehrere Jahre vor Felbigers Eintreffen in Wien wurde von Innsbruck aus die Brücke zwischen Tirol und dem schlesischen Schulreformer Felbiger geschlagen.

Diejenigen Tiroler Schulreformer, welche am Brückenschlag Tirol – Schlesien beteiligt waren, haben auch in Wien an der ersten und zweiten Phase der Schulreformbemühungen mitgewirkt. Noch bevor man also in Wien die Schaffung eines einheitlichen österreichischen Schulgesetzes in Angriff nahm, hatte man in Tirol aus eigener Initiative begonnen, das niedere Schulwesen den neuen Bestrebungen der Zeit entsprechend zu

[71] Das Desiderat EDUARD SPRANGERS ist noch keineswegs erfüllt: „Es ist zu bedauern, daß wir noch keine Gesamtdarstellung der weit ausstrahlenden Wirksamkeit Felbigers besitzen" (An FR. VILSMEIER – in: Festschr. J. DOLCH, 1964, S. 272, Anm. 10).

verbessern[72]. Dies geschah unter Führung des Staates, der das Unterrichtswesen im Sinne seiner politischen und wirtschaftlichen Ziele umzugestalten und für das ganze Staatsgebiet einheitlich zu ordnen versuchte[73].
Der Anstoß für die Schulreform in Tirol kam vom damaligen Gubernial-Präsidenten Kassian Ignaz von Enzenberg. Im Jahre 1766 forderte er die Innsbrucker Schulvisitatoren auf, einen Schulverbesserungsplan auszuarbeiten und ihm vorzulegen; eine Reaktion der Angesprochenen ist nicht feststellbar[74]. Ein Jahr später übertrug er dem Geistlichen Karl Agsthofer, von dessen eifrigen und erfolgreichen Bemühungen um die Verbesserung der Schule in Fulpmes im Stubaital er Kenntnis bekommen hatte, im Einverständnis mit dem zuständigen Bischof von Brixen die Reform der deutschen Schule in Innsbruck[75]. Zu ihm stießen noch im selben Jahr seine Amtsbrüder Philipp Jakob Tangl und Georg Sixtus Demoser[76]. Noch im gleichen Jahre legten die drei Geistlichen einen „Entwurf der neuen deutschen Schulen" dem Gubernium vor, das ihn im Juli 1767 für die Stadt Innsbruck als verbindlich publizierte[77].
Aus der Einsicht heraus, daß organisatorische Verbesserungen nicht ausreichten, erweiterte Tangl seine Studien auf die inhaltlichen und methodischen Aspekte des Unterrichts („Es muß eine ganz andere und vorteilhaftere Lehrart eingeführt werden")[78]. Hierbei stieß er zunächst auf ein Schulbuch der Berliner Realschule und erarbeitete im Anschluß daran einen neuen „Schulverbesserungsplan", den er noch im Herbst der Tiroler Landesstelle unterbreitete. Als Zeichen der Zustimmung und

[72] Vgl. „Schulgeschichte von Innsbruck und der ganzen gefürsteten Grafschaft Tirol vom Jahre 1766, als dem Zeitpunkt der ersten Schulverbesserung bis Ende dieses 1779 Jahres. Von einem patriotischen Schulfreunde" (im Archiv des Bundesrealgymnasiums in Innsbruck); I. DE LUCA, Geographisches Handbuch von dem österreichischen Staate, Bd. 2, S. 426f.; HELFERT, Die Gründung der österreichischen Volksschule, S. 116f.; FR. REITBÖCK, Die kulturellen und sozialen Reformen unter der Regierung der Kaiserin Maria Theresia in Tirol, Phil. Diss. Innsbruck, 1943, S. 101ff.; A. STOLL, Geschichte der Lehrerbildung in Tirol. Von den Anfängen bis 1876, 1968, S. 48ff. (= Stoll II); ders., Geschichte ..., Phil. Diss. Innsbruck, 1964 (Ms), S. 62ff. (= Stoll I); R. GÖNNER, Die österreichische Lehrerbildung ..., 1967, S. 26ff. Zu der o. a. Schulchronik vgl. STOLL, I, S. 62, Anm. 2; ders., II, S. 48; GÖNNER, aaO., S. 282, Anm. 12.

[73] Vgl. STOLL II, S. 48.

[74] Vgl. STOLL II, S. 48.

[75] Ebenda.

[76] Vgl. „Schulgeschichte", fol. 8ff.

[77] Vom 6. Juli: LaRegA, Catt. 485, Fasc. 40; Gub.RatsPr. v. 7. 7. 1767, fol. 50. Vgl. „Schulgeschichte", fol. 10–17.

[78] Bei STOLL II, S. 49.

der Anerkennung wurde Tangl mit der Leitung der deutschen Schule in Innsbruck beauftragt[79].

Im Verlaufe stetiger Weiterarbeit und aus der Erkenntnis, daß auch die Einführung der „Berliner Lehrart" nicht genügte, studierte Tangl im Sommer 1768 das schlesische „General-Landschul-Reglement" von 1765; hierdurch lernte er die dortige Schulorganisation und die für die katholische Schule Schlesiens vorgeschriebene Lehrart Felbigers kennen. Bereits im Schuljahr 1769/70 führte Tangl mit seinen Kollegen Agsthofer und Demoser die sog. „Saganische Lehrart" in allen Klassen ein[80]. Da die schematische und mechanische Übertragung und Anwendung der schlesischen Methoden letztlich doch nicht den gewünschten Erfolg zeitigte, entschlossen sich die Innsbrucker Schulpriester zu einer Reise nach Breslau, um die neuen Methoden an Ort und Stelle kennenzulernen[81].

Nach einer Anfrage beim Direktor des Hauptseminars in Breslau, Ignaz Schneider, ob auch Ausländer in seiner Anstalt die neue Lehrart studieren könnten und einer ermutigenden Antwort[82], trugen sie ihr Anliegen der Tiroler Landesstelle vor und baten um Reiseerlaubnis und Unterstützung. Das Gubernium genehmigte das Ersuchen und setzte sich mit dem Breslauer Weihbischof von Strachwitz ins Benehmen, damit dem „Director der deutschen Schulen" Philipp Tangl während seines Aufenthaltes in Breslau die Zustimmung und Unterstützung des Bischofs sicher sei[83].

Anfang September 1770 traten Jakob Tangl, Georg Sixtus Demoser, Benedikt Winkler und der Priester Norz aus Brixen die Reise nach Schlesien an. Freundlich aufgenommen und auf Anweisung des Bischofs in alle Fragen, die „zum Besten der Schulen und der katholischen Jugend eingeführt worden" sind[84], eingewiesen, studierten die Gäste 5 Wochen lang die schlesischen, unter der Leitung Felbigers angefangenen, Reformeinrichtungen. Abt Felbiger selbst war eigens nach Breslau gekommen, um die Tiroler Besucher persönlich über seine Organisations- und Unterrichtsmethoden zu informieren[85].

[79] Vgl. STOLL II, S. 49. Abdruck des „Entwurfes" in einer Zusammenfassung in „Der Patriot von Baiern", 6. Stück v. 17. 2. 1769, S. 113ff.

[80] Vgl. STOLL II, S. 51 mit Anm. 7.

[81] Über Vorbereitung und Durchführung der Reise vgl. „Schulgeschichte", fol. 56–59, 69, 72–76; DE LUCA, Geographisches Handbuch II, S. 426f.; STOLL II, S. 52ff.

[82] STOLL I, S. 67.

[83] Konzept v. 1. Sept. 1770 i. LaRegA, GubA, Auslauf Sept. 70; Antwort des Breslauer Weihbischofs v. 20. Okt. 1770 i. LaRegA, GubA, Einlauf; siehe auch GubRatsPr. v. 22. 12. 1770, fol. 789.

[84] Schreiben des Bischofs v. 20. Okt.

[85] Vgl. STOLL II, S. 53.

Die Rückreise führte über Wien, wo man gerade mit der Errichtung der Normalschule beschäftigt war. Auf Wunsch der nieder-österreichischen Schulkommission und auf Weisung des gerade in Wien weilenden Tiroler Gubernialpräsidenten blieb Tangl in Wien, um für einige Zeit am Aufbau der dortigen Normalschule mitzuwirken[86].
In der ersten öffentlichen Schulprüfung nach der Rückkehr nach Innsbruck, im September 1771, zeigten sich die ersten Erfolge.
Das Tiroler Gubernium konnte, als im April 1772 die Wiener österreichische Hofkanzlei den Länderstellen nahelegte, in ihrem Bereich eine Normalschule nach dem Vorbild der seit 1770 in Wien bestehenden einzurichten, mit Genugtuung antworten: „Eine dergleichen Normalschule besteht hier schon seit längerer Zeit mit bestem Erfolg"[87].

2. Zur Tiroler Schulrechtstradition

Um die, wie wir sehen werden, starke Position der weltlichen Obrigkeiten, d. h. des Guberniums, des städtischen Magistrats und der sog. Schulherren oder Scholarchen in den einzelnen Orten in Tirol zu verstehen, ist ein kurzer Rückblick auf die Schulgesetzgebung Tirols erforderlich.
In relativ dicht aufeinanderfolgenden Schulverordnungen und Schulordnungen im Zeitraum nach der Reformation bis zur Mitte des 18. Jh. können wir feststellen, wie sich im Tiroler Bereich die weltliche Obrigkeit einen ständig wachsenden Anteil und Einfluß im Schulwesen zu sichern wußte.
Über die Tendenz der weiteren Entwicklung geben besonders folgende Schulrechtsquellen Aufschluß:
Die Schulordnung Erzherzog Ferdinands II. vom 16. 12. 1586[88],
die „Schul- und Zuchtordnung für die Jugend allhie zu Innsbruck anno 1633"[89],
ein Gutachten aus dem Jahre 1649[90] und
die Schulordnung vom 27. April 1747[91].

[86] AaO., S. 53f.; GÖNNER, Lehrerbildung, S. 27 mit Anm. 14.
[87] Hofresolution v. 11. 5. 1772 – LaRegA, Hofresolutionen 1772, fol. 99. Siehe auch GubRatsPr. in Politicis v. 24. 4. 1772, fol. 278. Vgl. STOLL II, S. 54.
[88] LaRegA, Causa Domini, 110 v. 1747 fol. 393ff.; 396ff.; Abdruck in: Diözesan-Archiv v. Schwaben 2, 1885, S. 36f., 44, 52f., 58, 70, 78; vgl. STOLL II, S. 333.
[89] Vgl. STOLL II, S. 26.
[90] AaO., S. 26f.
[91] LaRegA., Normaliensammlung Schule; Abdr. in: Österreichischer Schulbote 6, 1856, Nr. 39, S. 334ff.; Nr. 40, 344f.

Der schulrechtsgeschichtliche Rückblick soll mit dem Hinweis auf einen gutachtlichen Vorschlag der Tiroler Regierung vom 3. Februar 1576 an Kaiser Ferdinand einsetzen, weil darin das immer wieder auftauchende Motiv für die erstarkende Stellung der Landesherren in Schulsachen aufscheint; nämlich die Aufgabe und Funktion des Landesherrn als advocatus ecclesiae. Zur „Erhaltung der alten, wahren, katholischen Religion" sei es erforderlich, „daß die Schulen im Lande mit katholischen, tauglichen und geschickten Schulmeistern besetzt und versehen werden". Gleichzeitig wurde auf die Voraussetzungen für die Anstellung hingewiesen: Examen und Glaubensbekenntnis[92]. Bereits seit 1586 wurde am Grundsatz festgehalten, daß die Anstellung der Lehrer staatlich zu regeln sei. Die Aufnahme bzw. Anstellung erfolgte durch die Gemeinde (in Innsbruck nahm die praktische Prüfung der Rat der Stadt vor). Die Prüfung hatte der Ortsseelsorger abzunehmen, und die Oberaufsicht als Garantie für die Beachtung der gesetzlichen Vorschriften wurde durch die Obrigkeit (zumeist das Stadt- oder Landgericht) wahrgenommen[93]. In der Schulordnung v. 16. Dezember 1586 begegnen wir auch „weltlichen" „Scholarchen" oder „Schulherren", Schulaufsichtsorganen, den Ortspfarrern gleich- und nebengeordnet:

> „Ambt der scolarchen oder schuelherrn.
> ... sollen die für und nachgesetzte obrigkaiten auf ain oder zwai taugliche und der sachen verstendige personen bedacht sein, welche sie sambt und neben jedes orts pfarrherren zu scolarchen oder schuelherren verordnen, die ... des jars ... wenigist viermal ... die schuelen visitieren ... und ob solcher ordnung durchaus gelebt und nachgesetzt werde ... nachfrag und erkundigung haben"[94].

Die Schulordnung vom 27. April 1747 stützte sich auf die Schulordnung von 1586 und ging teilweise darüber hinaus:

> „Zwölfftens: So verfaßte Ordnung zu ihren behörigen Vollzug gebracht ..., wird unter der Ober-Aufsicht und Direction des Geheimden Raths dem Amt deren Schul-Herren dise ohnmittelbare Obsorg überlassen, worzu ... die vorgesetzte Obrigkeiten zwey taugliche, eyfrige Personen ... bestellen werden, welche mit Beyzug jeden Orts Pfarr-Herrns ... fleißige Nachfrage und Erkundigung halten. ... Zu diesem Ende werden ... Schul-Herren wenigstens einmals des Monats, ... die unversehene Schul-Visitation vornehmen"[95].

[92] Vgl. STOLL I, S. 18 mit Anm. 69.
[93] Vgl. STOLL II, S. 27.
[94] Diözesan-Archiv v. Schwaben 1885, S. 53.
[95] Österreichischer Schulbote 1856, 6, S. 337.

3. Die Schulaufsicht im „Entwurf einer neuen Schulordnung im Lande Tyrol" vom 23. Februar 1772[96]

Für unsere Überlegungen kommt besonders der sog. Schulplan Tangls vom Februar 1772 in Betracht[97]. Einem bereits im Juni 1777 geäußerten Wunsch der Tiroler Landesstelle nach einem praktischen Plan für die Durchführung der Schulreformen in Tirol konnte Tangl erst im Herbst 1771, nach seiner Rückkehr aus Wien, durch die Vorlage eines Gutachtens entsprechen. Sein „unmaßgeblicher Plan samt weiters beigefügten Erinnerungen, wie eine allgemeine Schulordnung für das ganze Land Tirol einzurichten sein dürfte", vom Februar 1772, wurde, vom Gubernium geprüft und gutgeheißen, in Abschrift an die bischöflichen Ordinariate Tirols mit dem Ersuchen versandt, die Verwirklichung voranzutreiben, die Geistlichkeit zur Mitarbeit anzuregen und besonders den angehenden Klerus anzuweisen, „sich die neue Lehrart soviel möglich bekanntzumachen"[98].

Aufgrund einer Aufforderung der österreichischen Hofkanzlei an die Länderstellen, Vorschläge einzubringen, wie das deutsche Schulwesen verbessert werden könne, ließ das Tiroler Gubernium den von Tangl verfaßten Plan nochmals überprüfen und in Form eines Gesetzes bringen. Das Ergebnis, den „Entwurf eines neuen deutschen Schuleinrichtungs Normalis für das Land Tirol", übersandte die Landesstelle an die Hofkanzlei zu Wien. Im Begleitschreiben finden wir einen für den Denkansatz in dieser Frage und in dieser Zeit ganz zentralen und aufschlußreichen Hinweis. Nach Meinung und Überzeugung der Landesstelle müßten für eine effiziente Schulverbesserung in Tirol besonders zwei Bedingungen erfüllt werden:

1. müßte die Geistlichkeit „wesentlich" zur Mitwirkung herangezogen werden. Dies sei notwendig, um den Vorurteilen und Widerständen seitens des „gemeinen Mannes" gegen Neuerungen im Schulwesen wirkungsvoll begegnen zu können;
2. seien eigene, aus Staatsmitteln besoldete Schulvisitatoren nötig, um auch zu gewährleisten, daß die Schulverbesserung überall durchgeführt und ihr Fortgang sorgfältig überwacht werde[99].

Ohne Gesetz zu werden, diente dieser Entwurf in Tirol bis zum Erscheinen der Allgemeinen Schulordnung von 1774 als Richtschnur für die

[96] LaRegA., Catt. 485, fasc. 41 (67 Folio-Blätter beidseitig beschrieben).
[97] Vgl. STOLL II, S. 59f.
[98] STOLL II, S. 60, Anm. 42.
[99] STOLL II, S. 60, Anm. 43.

Praxis der Reformarbeiten. Der Erlaß der Schulordnung von 1774 bedeutete für Tirol auch keine wesentliche Umstellung, weil Tangls Plan von 1772 mit der Wiener Schulordnung von 1774 weitgehend übereinstimmte. Die Erklärung hierfür ist einfach: Beide Schulpläne waren ganz im Geiste Felbigers und nach dem Muster des schlesischen Reglements von 1765 abgefaßt. Bei der Abfassung der allgemeinen Schulordnung hat Tangl außerdem selbst mitgewirkt und dadurch Inhalt und Form derselben im Sinne seines eigenen vorher abgefaßten Planes mitbestimmt.

Die zentralen Aussagen der Schulordnung zum Problem der Schulaufsicht sind enthalten im 11. Hauptstück „Von Aufrechterhaltung der Schulen und derer Aufsicht". Ausgehend von einer Zusammenstellung aller „Hindernisse bey der Schulverbesserung" (§ 1) wurde in § 2 der Personenkreis der „Schulaufseher" bestimmt:

„... von seiten geistlicher und weltlicher Vorstehung", also nach Abstimmung und im Einverständnis mit der kirchlichen Behörde, „werden zur Schulaufsicht hiemit bestimmt:

A die Dechante, oder die Erzpriester, Pfarrer, Curaten, und Seelsorger.
B besondere geistliche Schulvisitatoren.
C die untergesetzten Gerichtsobrigkeiten und Vorsteher jedes Orts".

Hieran schloß sich an eine Umschreibung des Aufgaben- und Pflichtenkreises für die Schulaufseher: § 3 „Was dabey zu beobachten".

Der Aufsicht des oben genannten Personenkreises wurden alle im Kirchspiel befindlichen Schulen unterstellt, verbunden mit der Aufgabe, alle der Förderung dieser Schulen dienlichen Maßnahmen zu treffen. Kern der Aufsichtstätigkeit war im Verständnis der Schulordnung die Visitation, und zwar am Wohnort des Pfarrers wöchentlich und alle 14 Tage in den zur Pfarre gehörenden Gemeinden. Der Pfarrer konnte sich durch einen ihm untergeordneten tüchtigen Geistlichen vertreten lassen. Für die Durchführung dieser Visitationen enthielt die Schulordnung einen umfangreichen und detaillierten Katalog von Einzelaufträgen, und zwar gruppiert um die Adressaten der Visitationen: Schulmeister, Kinder (Eltern), Schuleinrichtung überhaupt und neue tabellarische Lehrart. Im Zusammenhang mit der Visitation angetroffene Mängel sollten nach Möglichkeit abgestellt werden, falls erforderlich durch Amtshilfe seitens Gerichtsobrigkeit und Ortsvorstehern. Für Maßnahmen, die über die Möglichkeiten und Kompetenzen der Ortsschulaufsicht hinausgingen, forderte die Schulaufsicht einen schriftlichen Bericht an den „besonderen Schulvisitator" oder an die deutsche Schuldirektion nach Innsbruck.

Die in § 4 vorgesehenen „besonderen geistlichen Schulvisitatoren" deuten auf das schlesische Vorbild im General-Landschul-Reglement von

1765 hin, nämlich auf die „Inspektoren der Schulen" (§§ 62ff. GLR). Die Verwandschaft bestätigt gleich der erste Satz des § 4: „Um die neue Lehrart desto sicherer im ganzen Tyrol einzuführen, und die einmal eingeführten mehr zu festigen, werden drey besondere geistliche Schulvisitatoren im Bisthum Brixen bestellet. Auch um den in auswendigen Bisthümern befindlichen Schulen hiemit zulängliche Vorsehung zu thun, wird in jeder derselben von der hier einschlagenden Dióces ein geistlicher Schulvisitator verlanget, und zu bedeutendem Ende aufgestellt werden." Für diesen „besonderen geistlichen Schulvisitator" (von dem „gehörige Eigenschaften" und „priesterliche Rechtschaffenheit" erwartet wurden) enthielt dann der § 5 einen umfänglichen Aufgabenkatalog. So mußten als Visitatoren bzw. Direktoren vorgesehene Priester neben der Neigung „zum Unterrichte der kleinen Jugend" gründliche Kenntnisse vom Schulwesen und der Lehrart für die neue Innsbrucker Schule besitzen oder sich diese umgehend erwerben. Dies sollte mit Hilfe des „Handbuches für rechtschaffene Lehrmeister" geschehen. Danach hatten sich die genannten Personen in die ihnen zugewiesenen Bezirke zu begeben, wo sie die folgenden Aufgaben erwarteten:

1. Errichtung der für ihren Bezirk vorgesehenen Hauptschulen. Dies hatte zu geschehen im Einverständnis mit Dechant und Pfarrer sowie den weltlichen Vorstehern und Gerichtsobrigkeiten, denen sorgfältige Unterstützung dieser Verordnung befohlen wurde. Besondere Schwierigkeiten waren schriftlich oder mündlich der deutschen Schuldirektion zu Innsbruck vorzulegen.

2. Ausbildung von Lehrern nach der „neuen Lehrart". Sobald die Hauptschulen errichtet und gut eingerichtet waren, sollte der Visitator zwei bis drei der bestgeeigneten Lehrer aus seinem Inspektionskreise in der eingerichteten neuen Hauptschule nach der neuen Lehrart und Methode ausbilden lassen, um nach erfolgreich abgeschlossener Ausbildung gemeinsam mit dem Lehrer in den einzelnen Orten die neue Schuleinrichtung vorzunehmen.

Nach und nach sollten auch die übrigen Lehrer und Gemeinden mit der neuen Schuleinrichtung bekannt gemacht werden. Unwillige oder unfähige Lehrer waren der weltlichen und geistlichen Ortsobrigkeit zu melden, damit sie der Verordnung gemäß durch taugliche ersetzt werden konnten.

3. Visitationen. Der Visitator hatte die Schulen seines Bezirks jährlich wenigstens einmal (am besten im Winter) zu besuchen und dabei besonders auf nötige Änderungen und Verbesserungen zu achten; dies wiederum im Benehmen mit Seelsorgern und Ortsvorstehern. In wichtigen

Sachen war die deutsche Schuldirektion in Innsbruck zu befragen. Auch das Jahr hindurch hatte der Visitator schriftlich von Seelsorgern und Lehrern Informationen einzuholen. Jährlich zweimal (Ende Mai und Ende November) mußten der deutschen Schuldirektion in Innsbruck detaillierte Berichte über Hindernisse und Mängel vorgelegt werden, ergänzt durch eine eigene gutachtliche Stellungnahme. Auf die Gefahr der Hintergehung der Visitatoren durch die Deputierten und die Gemeindeausschüsse wurde eigens aufmerksam gemacht.

Gegenüber der schlesischen Schulordnung von 1765 und auch der späteren österreichischen Allgemeinen Schulordnung von 1774 enthielt die hier behandelte Tiroler Schulordnung insofern eine Besonderheit, als hier neben den geschilderten Schulaufsichtsorganen, parallel und unabhängig davon, eine Schulaufsicht der Gemeinden, Städte und Grundherrschaften vorgesehen war. In § 7 des 11. Hauptstückes wurden die „Gerichtsobrigkeiten, Pfleger, Richter und Stadtmagistrate" angewiesen, den Ortsseelsorgern als Ortsschulaufsehern und den besonderen geistlichen Schulvisitatoren bei allen der Schulverbesserung dienenden Angelegenheiten, insonderheit bei der zwangsweisen Amtsenthebung untauglicher Lehrer, ausreichende Amtshilfe zu gewähren. Außerdem aber, und das ist das Besondere im Rahmen dieser Schulordnung, erhielten die Städte, Gemeindeverwaltungen und die Verwaltungen der Grundherrschaften ein eigenes Visitationsrecht (und natürlich in der Sicht des Staates die Visitationspflicht) für die Schulen in ihrem Jurisdiktionsbereich: „Müssen sie selbst ... des Jahres wenigstens einmal während (der) Schulzeit die in ihrer Jurisdiktion befindlichen Schulen ordentlich ... besuchen" ... und zwar „im Beyseyn eines Pfarrers oder Curaten, die hierum jederzeit zu ersuchen sind". Der Schulmeister sollte Gelegenheit erhalten, seine Beschwerden vorzutragen, Kataloge und Tabellen vorzulegen, um vor allem hinsichtlich der Schulversäumnisse Unterstützung und Hilfe der Ortsobrigkeit zu erbitten. Zu dieser Visitation waren darüber hinaus „zween oder drey vornehme aus der Gemeinde" hinzuzunehmen. In deren Beisein hatte dann auch die Prüfung der zu entlassenden Schüler stattzufinden. Über die Visitation und den „Zustand der Schulen, die sich in ihrem Distrikte befinden", hatte die genannte „weltliche Obrigkeit alle Jahre gegen Ende des Monats Mai" einen Bericht zu erstellen und dem Landesgubernium einzureichen.

So vereinigen sich in dieser Schulordnung Elemente Tiroler Schulrechts- und Schulaufsichtstradition mit schlesischen (und damit auch preußischen) Einflüssen und Anregungen.

III. Die Übertragung des österreichischen Schulreformmodells nach Rußland

1. Einflüsse westlicher Schulreformideen im Rahmen der Ausstrahlungen westeuropäischer Aufklärungsideen nach Rußland

Zu Beginn des Jahres 1764 arbeitete Iwan Iwanowitsch Beckij (1704–1795) im Auftrage der Zarin Katharina II. einen Reformentwurf für das Schulwesen in Rußland aus, der am 12. März desselben Jahres von der Zarin bestätigt wurde[100]. Beckij sah darin u. a. einen verpflichtenden Schulbesuch vom 5. bzw. 6. Lebensjahr bis zum 18. bzw. 20. Lebensjahr vor und vertrat vor allem den Grundsatz, daß eine Erziehung nur wirksam sein könne „fernab des schädlichen Einflusses der Familie und der Gesellschaft". Zu einer Realisation dieses Entwurfes und auch vieler weiterer kam es jedoch nicht[101].

In einem zweiten Anlauf griff man nun auf das preußische Schulreformmodell zurück. 1767 trat, einberufen durch die Kaiserin, die große Gesetzgebungskommission zusammen[102]. In der für diese Kommission verfaßten berühmten Instruktion (Nakaz)[103] ist auch die Schule erwähnt[104]. Es wurde Bezug genommen auf die Grundidee Montesquieus, „die Erziehung sei die erste Grundlage des Staatsbürgertums"[105].

Am 8. April 1768 unterschrieb Katharina II. die „Vorschrift für die Beendigung der Kommission zur Ausarbeitung des Plans einer neuen Ulozenie" („Načertanie o privedenii k okončaniju Kommisii o sostavlenii proekta novago uloženija")[106], worin eine öffentliche Erziehung durch die Schule gefordert wurde. Danach sollte es drei Schultypen geben: Elementarschulen, Gymnasien und Universitäten. Aus der Delegiertenversammlung wurde eine Unterkommission „für Schulen und die der Fürsorge Bedürftigen" ernannt, die die Details der durchzuführenden Maßnahmen ausarbeiten sollte.

[100] In: SORJIS 41, 1886, Nr. 2, S. 1.

[101] Vgl. hierzu und zum Folgenden P. POLZ, Theodor Janković und die Schulreform in Rußland (= Janković/Rußland), in: Die Aufklärung in Ost- u. Südosteuropa, 1972, S. 119ff., hier: 119f.

[102] Vgl. POLZ, aaO., S. 120; SACKE, Die Gesetzgebende Kommission Katharinas II., 1940.

[103] Vgl. ANDREAE, Beiträge z. Gesch. Katharinas II., 1912, S. 9ff. Zur Terminologie der russ. Rechtssprache vgl. RÖSLER, in: Archivar und Historiker, 1956, S. 471–495.

[104] Vgl. POLZ, aaO., S. 120.

[105] ANDREAE, Beiträge, S. 71.

[106] POLZ, Janković/Rußland, S. 121.

Die Schulkommission legte einige Entwürfe vor[107], die sich u. a. eingehend mit der Organisation der Elementarschulen befaßten und die Errichtung von Dorf- und Stadtschulen vorsahen. Der Unterricht sollte für alle Kinder männlichen Geschlechts zwischen 8 und 12 obligatorisch sein; die Mädchen sollten auf ausdrücklichen Wunsch der Eltern die Schule besuchen. Auf jeweils 100–250 Familien wäre eine Dorfschule für etwa 30 Kinder zu errichten. Als Lehrer wären die Diakone und nur in Ausnahmefällen weltliche Personen heranzuziehen. Bau und Unterhalt der Schulen sei Sache der Gemeinde, die Aufsicht Aufgabe der Erzpriester in Verbindung mit den Gouverneuren.

„An der Ausarbeitung dieser Pläne, denen das preußische Schulsystem als Vorbild diente, beteiligte sich auch die von Peter I. begründete Russische Akademie der Wissenschaften. Sie entwarf vor allem Richtlinien für die organisatorischen Vorarbeiten. So forderte man u. a. die Schaffung eines zentralen staatlichen Unterrichtsressorts, dem die Kontrolle der Reform und die Leitung der Schulen zu unterstehen hätte“[108]. Auch diese Projekte wurden jedoch nicht verwirklicht. Deshalb gelangte Katharina allmählich zu der Überzeugung, daß sie die Aufgabe nicht aus eigenen Kräften zu lösen vermochte, weshalb sie sich an das Ausland wandte. Einer der ersten, den sie befragte, war ihr Briefpartner Diderot, der ihr 1775 den „Plan einer Universität für die russische Regierung oder Projekt der Volksbildung in allen Wissenschaften“ übermittelte. Diderot wandte jedoch sein Hauptinteresse den mittleren Lehranstalten zu. Deshalb versuchte die Zarin nochmals, auf dem Verwaltungswege zu einer Lösung zu gelangen.

Am 7. November erließ sie eine Instruktion, in der sie den Gouvernements die Errichtung und Erhaltung von Schulen abverlangte. Jede größere Ortschaft sollte eine Schule bekommen, der Unterricht allerdings nicht obligatorisch, sondern freiwillig sein. Aber auch dieser Versuch führte zu keinem Ergebnis[109]. Nun wandte sich Katharina erneut um Rat ans Ausland. Eine besonders rege Korrespondenz zur Frage der Schulreform führte sie mit Friedrich Melchior Grimm, der dem Kreise der Pariser Enzyklopädisten angehörte[110]. Sie machte ihm im Februar 1777 das Angebot, nach Rußland zu kommen und die Schulreform in die Wege zu leiten. Grimm lehnte jedoch ab. Er empfahl ihr dagegen, das

[107] Vgl. ROŽDESTVENSKIJ, in: Žurnal ministerstva narodnago prosveščenija 1906/1908, S. 173ff., 194f.; TOLSTOJ, Vzgljad, S. 77.

[108] Hierzu und zum Folgenden: POLZ, Janković/Rußland, S. 121ff.

[109] POLZ, Janković/Rußland, S. 121ff.

[110] Vgl. TOLSTOJ, in SORJIS 41, S. 3.

Philantropin des Barons Karl von Dalberg in Würzburg als Muster für die künftige russische Schule zu nehmen. Dalberg hatte in seiner Anstalt die Normalmethode Felbigers eingeführt[111].

Einen entscheidenden Einfluß auf den weiteren Verlauf der Entwicklung in der Reformtätigkeit Katharinas II. nahm der ehemalige Astronom des Berliner Observatoriums Ulrich Theodor Aepinus, der in die Dienste der Russischen Akademie der Wissenschaften getreten und von Katharina zum Staatsrat ernannt worden war[112].

2. Das Gutachten des Staatsrates Aepinus und die Entscheidung Katharinas II. zur Übernahme der österreichischen Schulreform

Nachdem sich Katharina II. auf der Grundlage des Gutachtens des Staatsrates Aepinus zur Übernahme des Felbigerschen Modells entschlossen hatte und dieser Entschluß durch eine Empfehlung des Großfürsten Pavel Petrovic, der im Verlauf seiner Europareise im Jahre 1781 die Wiener Normalschule zu St. Anna besucht hatte[113], bestärkt worden war, kam es im Verlauf der politischen Gespräche zwischen Katharina II. und Kaiser Joseph II. in Mogilev auch zu einem Gedankenaustausch über Schulreformprobleme. Die Zarin schrieb darüber am 25. Mai 1780 an Grimm: „Ich sage, daß gestern die Normalschulen einen unserer Gesprächsgegenstände bildeten, und daß, soferne ich nach dem Erzählen ein Urteil abgeben kann, diese Normalschulen eine wunderbare Einrichtung sind“[114].

Joseph II. zeigte Interesse und Hilfsbereitschaft und ließ noch im selben Jahre per Kurier zwei Exemplare aller vorhandenen Schulbücher Felbigers an die Zarin schicken. Zu Beginn des Jahres 1782 bat Katharina Joseph II., ihr einige geeignete Fachleute, wenn möglich Serben, zu schicken, die die Reform in Rußland in die Wege leiten könnten[115]. Die Auswahl der Personen übertrug der Kaiser Felbiger. Dieser schlug, ohne lange zu zögern, Theodor Janković vor: „Alle Eigenschaften, welche die russische kaiserliche Majestät von dem Lehrer nach der Normalmethode fordert, weiß ich in keinem anderen Manne beisammen zu finden, als in dem Direktor der Temesvarer Normalschule von Janković“[116].

[111] Vgl. GROT, in: SORJIS 21, 1881, Nr. 4, S. 32.
[112] Vgl. POLZ, Janković/Rußland, S. 122–124.
[113] POLZ, Janković/Rußland, S. 125.
[114] Vgl. GROT, in: SORJIS 20, 1880, Nr. 5, S. 22.
[115] Diesbezügl. Briefwechsel Katharina II. – Joseph II., in: ARNETH, Joseph II. u. Katharina v. Rußland, 1869, S. 141ff., 159ff.
[116] Anekdoten z. Gesch. des Angriffes u. d. Vertheidigung der Normalschulen in den k.k. Staaten, 1784, S. 31ff. Zu Person u. Werk von Theodor Janković vgl. die masch. schr. Diss. von PETER POLZ, Theodor Janković Mirjevski, Graz 1970.

Bald darauf teilte die Preßburger Schulkommission Felbiger die Verfügung Josephs II. mit, daß „der bisherige Director der illyrischen Schulen zu Temesvar Janković nach Rußland mit einem Gehilfen, den er sich selbst zu wählen hätte, um die Normallehrart allda einzuführen, auf ein Jahr abgeschicket ..., indessen sein Platz für ihn offengelassen werden solle[117]. Im Juli 1782 reiste Janković, mit einem Geleitbrief seines Monarchen versehen, nach Rußland ab. Bereits am 4. September meldete Graf Cobenzl, der österreichische Gesandte am Zarenhof, Janković sei angekommen und bitte um eine Audienz bei der Zarin, die bereits vier Tage später erfolgte. Tags darauf bedankte sich die Zarin bei Joseph II. für den Mann, dessen Kenntnisse und Wissen in ihr Anerkennung und ein Gefühl der Verbundenheit erweckten[118].

Schon am 7. September erließ Katharina ein Dekret, worin sie ihren Willen kund tat, in ganz Rußland das Elementarschulwesen zu organisieren. Zu diesem Zwecke, hieß es in dem Dekret, habe man Theodor Janković ins Land geholt, einen Mann mit großer Erfahrung in Schulsachen[119].

In ähnlichem Sinne schrieb die Zarin auch an Grimm: Janković sei ein Kenner seines Geschäftes, sei orthodoxen Glaubens und spreche russisch so gut wie sie, ja sogar besser als sie[120].

3. Der Reformplan von 1782

Janković hatte sich noch vor seiner Abreise nach Rußland mit Plänen auseinandergesetzt, wie das russische Elementarschulwesen organisiert werden könnte und sollte. Das Ergebnis war ein „Entwurf des Vorschlages der Normalschulen in Rußland", der die Zustimmung der Studienhofkommission fand[121].

Diesen Entwurf[122] legte er nun in Rußland der durch Dekret Katharinas II. v. 7. Sept. 1782 bestellten „Kommission zur Errichtung von Lehranstalten" (komissija ob učreždenii učilišč) vor [123], von welcher er am 17. Sept. gebilligt wurde[124]. In seinem Entwurf verlangte Janković, daß „bey der Einführung der Normalschulen in einem Lande" insbesondere

[117] Anekdoten, S. 34ff.
[118] Vgl. Tolstoj, in: SORJIS 41, S. 35.
[119] Vgl. Polz, Janković/Rußland, S. 127.
[120] Vgl. Tolstoj, in: SORJIS 41, S. 91.
[121] Vgl. Polz, Janković/Rußland, S. 128f.
[122] AVA, Ungarische Stiftungsangelegenheiten, Fasc. 107, Nr. 34, 95 ex 1782.
[123] Vgl. E. Amburger, Geschichte der Behördenorganisation Rußlands von Peter dem Großen bis 1917, 1966, S. 188; N. Hans, History of Russian Educational Policy, 1964, S. 23f.
[124] Tolstoj, in: SORJIS 41, 1886, Nr. 2, S. 202 (Priloženie H).

„die didaktischen, politischen und ökonomischen Gegenstände" zu beachten seien[125].

Organisatorisch sah er ein dreigestuftes Schulwesen vor: zweiklassige Dorfschulen „auf dem glatten Lande", eine dreiklassige Hauptschule in größeren Ortschaften und als höchste Stufe der Elementarschule die vierklassige Stadtschule. Die drei von ihm vorgeschlagenen Schultypen benannte man „malye" (kleine), „srednie" (mittlere) und „glavnye učilišča" (Haupt-Lehranstalten ...)[126].

„Aus dem Entwurf des Schuldirektors Janković geht hervor, daß ihm bei der Planung der russischen Schulreform keine neuen Ideen vorschwebten. In allen Detailfragen stützte er sich auf die Erfahrungen der österreichischen Schulgesetzgebung, die er, getreu den Lehren seines Vorbildes Felbiger, unverfälscht auf Rußland zu übertragen trachtete. Die Übereinstimmung ist besonders augenscheinlich in der Schultypeneinteilung, in der Bestimmung der Unterrichtsgegenstände und in der Übernahme der Normalmethode"[127].

Aber auch der von ihm geforderte organisatorische Aufbau der Schulverwaltung und Schulaufsichtsbehörden verweist auf das österreichische Vorbild: oberste Schulbehörde am Hofe, Bezirksschulkommissionen, Bezirksinspektoren oder Oberaufseher, Schuldirektoren, Ortsaufseher und Visitatoren[128].

Die oben erwähnte Schulerrichtungskommission entwickelte unter Katharina II. eine rege Reformtätigkeit[129]. „Gegen Ende der Regierungszeit Katharinas nahm die Aktivität der Kommission jedoch mehr und mehr ab, und sie beschränkte sich in zunehmendem Maße auf eine rein administrativ-organisatorische Arbeit"[130]. Die Schuleinrichtungskommission ist im Laufe ihres Bestehens zur Keimzelle des am 8. Sept. 1802

[125] Bei POLZ, Janković/Rußland, S. 128.

[126] Vgl. HANS, History, S. 24; POLZ, aaO., S. 132.

[127] POLZ, aaO., S. 131.

[128] POLZ, aaO.,S. 130.

[129] Staatsrat AEPINUS schrieb am 22. Juni 1783: „Seitdem Hr. Jankowitsch angekommen und die Schulcommission ernannt worden, haben wir uns mit alle dem beschäftigt, was zur Gründung der ersten Normal-Schule, die von Ihro Kaiserlichen Majestät Absicht, die Mutter vieler 1000 anderer in Rußland werden soll, nöthig ist ... Schon vor 3 Jahren hatten Ihro Kaiserliche Majestät in Petersburg 7 öffentliche kleine Trivial Schulen errichten lassen. Da wir eine zureichende Zahl von Leuten ausgefunden, so zu Lehrern in denselben, auf den Normalischen Fuß, vorbereitet werden konnten; hat sich Hr. J... bemüht, sie in den Methoden zu üben und sie geschickt zu machen nützliche Lehrer dieser Schulen abzugeben ... Unterdeß gehen wir immer auf dem geraden Wege fort, zur Errichtung einer guten, ihrem Endzweck Genüge leistenden, Mutterschule ... zu gelangen" – in: Russ. Bibliothek IX, 1784, S. 182ff.

[130] POLZ, Janković/Rußland, S. 132.

gegründeten ersten russischen Ministeriums für Volksaufklärung geworden[131].

Zu den vordringlichen Anliegen einer Schulreform zählte Janković die Ausbildung von Lehrern. Am 1. Juli 1783 legte er deshalb der Kommission einen Entwurf für die Organisation einer Lehrerbildungsanstalt vor, der auch Zustimmung fand, so daß am 13. Sept. 1783 die offizielle Gründungsfeier der Normalschule stattfinden konnte. Die Anstalt wurde in Petersburg errichtet und erhielt die Bezeichnung „Hauptnationalschule"[132] (Glavnoe narodnoe učilišče).

Erster Direktor der Anstalt und Leiter aller Schulen des Petersburger Gouvernements wurde Theodor Janković[133]. Bis 1786 bildete die Lehrerbildungsanstalt eine Einheit mit der Petersburger Hauptnationalschule und war daher nicht nur den Lehramtskandidaten zugänglich, sondern auch anderen Schülern. Sie glich darin der Wiener Normalschule Felbigers. 1786 wurde das Petersburger Lehrerseminar eine selbständige Anstalt und diente von nun an allein der Ausbildung von Lehrern[134].

Noch vor der Eröffnung der ersten russischen Normalschulen wurde am 29. 8. 1783 die Schule der evangelisch-lutherischen St. Petrikirche in St. Petersburg zur deutschen Normalschule erklärt[135] und am 3. 5. 1785 eröffnet. Im Ukas der Zarin hieß es u. a.:

„Da aber unter den Unserm Scepter unterworfenen Provinzen auch solche sind, deren Einwohner die deutsche Sprache sprechen, so haben Wir für gut befunden, Unsere Fürsorge für die Errichtung öffentlicher Schulen auch über diese unsere Unterthanen auszubreiten." Es möge daher die in St. Petersburg bestehende protestantische Schule „zur Haupt-Normalschule Unserer die deutsche Sprache sprechenden Unterthanen" werden[136].

[131] Vgl. AMBURGER, Behördenorganisation Rußlands, S. 188f.; POLZ, aaO., S. 171f. (= Anm. 46).

[132] Vgl. POLZ, aaO., S. 134.

[133] Ebenda. Vgl. auch den Brief Th. Janković' an Graf Esterhazy vom 16. Okt. 1782: „Die allergnädigste Monarchinn geruhete die Herrn Zawodowsky, Epinus und Pasztuchow, drey würdigsten Männer des Reiches zu wählen und die Handhabung des Normalschulwesens ihnen anzuvertrauen. Wir haben den 13. September die erste Zusammentrettung in Form einer Commission gehalten ... ich fange morgen mein Vorlesungen mit den Praeparanden an. Mein eingereichter Entwurf zur Einrichtung des Normalschulwesens ist von dem Allerhöchsten Hofe bestättiget worden; ... Eurer Excellenz unterhänigst gehorsamster Theodor Jankovics von Miryevo. – St. Petersburg, den 16. October st. vet. 1782." – UHK 1782, Nr. 8175. Abdruck: ARHIVSKA GRADJA V, S. 139f.

[134] POLZ, Janković/Rußland, S. 136.

[135] Poln. sobr. Zakonov Rossijskoj imp. I, 21 Nr. 15826. Vgl. AMBURGER, Behördenorganisation, S. 188.

[136] Nach POLZ, Janković/Rußland, S. 153.

Katharina verlangte, daß in dieser Schule die Normalmethode eingeführt würde und von hier auch auf alle übrigen deutschen Lehranstalten des russischen Reiches zu übertragen sei.
Bei der protestantischen Schule in St. Petersburg wurde ein Direktorium der Deutschen Schulen eingerichtet, bestehend aus dem Seelsorger der lutherischen St.-Petri-Kirche, aus zwei Predigern derselben, dem Inspektor der Schule und einem gewählten Mitglied der Kirchengemeinde. Die Aufsichtsgewalt dieses Direktoriums wurde auch auf die Schulen in Russisch-Finnland ausgedehnt. Das Direktorium selbst erhielt seine Weisungen von der Schuleinrichtungskommission[137].

4. Das „Statut der Volksschulen" von 1786[138]

Trotz anfänglicher Erfolge geriet die Schulreform bald in eine Phase der Stagnation. Es fehlten ja auch, sieht man von Janković' „Entwurf" ab, im ganzen Lande die gesetzlichen und materiellen Grundlagen für eine wirksame Organisation des Elementarschulwesens. Die einzigen konkreten Ergebnisse der ersten vier Jahre waren die Errichtung einer Lehrerbildungsanstalt und die Begründung der Schulliteratur. Katharina II. beauftragte deshalb die Schuleinrichtungskommission mit der Abfassung eines detaillierten Programms für die Ausbreitung des Volksschulsystems über das ganze Land. Janković übernahm diese Aufgabe und legte am 10. Febr. 1786 der Kommission das „Statut der Volksschulen" (ustav narodnych učilišč) zur Begutachtung vor. Am 5. Aug. desselben Jahres erhielt es die Zustimmung Katharinas[139] und „erlangte in Rußland eine ähnliche Bedeutung wie die ‚Allgemeine Schulordnung' in Österreich"[140]. Das Statut löste sich etwas vom österreichischen Vorbild und berücksichtigte stärker die sozialen Verhältnisse in Rußland.
Die Schuleinrichtungskommission, jetzt unter dem Namen „Hauptschuldirektorium" (Glavnoe učiliščnoe pravlenie) war der Zarin unmittelbar unterstellt und sollte die Reform im ganzen Reich überwachen sowie als Organ der Zarin die Schulgesetzgebung übernehmen. Die Leitung der Schulen eines Gouvernements übertrug der „Ustav" den betreffenden Gouverneuren, die ihrerseits wieder den Generalgouverneuren verantwortlich waren. Der Gouverneur war auch das oberste Aufsichts-

[137] AMBURGER, Behördenorganisation, S. 188; POLZ, aaO., S. 153.
[138] Vgl. DRUŽININ, Der aufgeklärte Absolutismus in Rußland, in: Der aufgeklärte Absolutismus, 1974, S. 315ff., *333f.*
[139] Vgl. ROŽDESTVENSKIJ, in: ZIFF 54, 1912, S. 557; Polnoe sobranie zakonov Rossijskoj imperii, T. 22, No. 16421.
[140] Vgl., auch zum Folgenden, POLZ, Janković/Rußland, S. 157f.

organ für alle Schulen seines Gouvernements. Die unmittelbare Aufsicht und Leitung oblag dem Direktor der Volksschule, der vom Generalgouverneur ernannt wurde (Art. 69). Einmal wöchentlich mußte er die Hauptvolksschule des Gouvernements und einmal im Jahr die Schulen in den Bezirksstädten visitieren. Für die einzelnen Schulen ernannte der Gouverneur einen Inspektor (smotritel), dem die Lehrer monatlich Bericht zu erstatten hatten. Der Inspektor seinerseits war dem Volksschuldirektor berichtspflichtig[141].

Eine wichtige Neuerung im „Statut der Volksschulen" war die Beschränkung auf zwei Schultypen. Von nun an sollte es nur noch zwei Arten der Elementarschulen geben: „Hauptvolksschule" und „kleine Schule"; die eine in den Zentren der Gouvernements, die andere in den Zentren einzelner Bezirke. Diese Entscheidung bedeutete für die Landbevölkerung – also die Masse des russischen Volkes – den Ausschluß von der Schulreform. Die Dorfschule hatte keine gesetzliche Grundlage mehr. Der „Ustav" sah auch keine mit Sanktionen verknüpfte Schulpflichtbestimmungen vor. Bedeutsam war auch die Bestimmung des Volksschulenstatus, welche den Religionsunterricht weltlichen Lehrern anvertraute und damit die Geistlichkeit aus der Schule ausschloß. Selbst die Abfassung der Religionsbücher für den Schulunterricht blieb nicht den Geistlichen überlassen, sondern diese Aufgabe wurde Janković übertragen[142].

5. Schulorganisation und Schulaufsicht in der russischen Schulreform auf dem Hintergrund des österreichischen Modells

Janković führte in Rußland das „österreichische Modell" ohne Abweichungen ein. Dies gilt jedoch nur hinsichtlich Methode, Inhalt und Bildungszielen. Wichtiger als die weitgehende Übereinstimmung zwischen der österreichischen und russischen Schulreform, auf die immer wieder hingewiesen wurde, sind die Unterschiede. Eine der wichtigsten Abweichungen war die Beschränkung der Reform auf die Städte und größeren Ortschaften und das Fehlen eines obligatorischen Unterrichts. Das Organisationsschema der Reformleitung und der Reformkontrolle in beiden Staaten war in der Zentralinstanz das gleiche, in den unteren Ebenen aber traten entscheidende Abweichungen auf. Sowohl in Rußland als auch

[141] Tolstoj, in: SORJIS 41, 1886, Nr. 2, S. 96; Polz, aaO., vgl. hierzu Družinin, aaO., S. 334.

[142] Ein wesentlicher Unterschied gegenüber Österreich und Preußen, wo nicht nur der Bereich des Religionsunterrichts der kirchlichen Regelung vorbehalten blieb, sondern wo auch personell die Kirche in Schulaufsicht und Schulpraxis führend engagiert blieb – allerdings kraft staatlichen Auftrags.

in Österreich wurde die Reform im ganzen Staat von einer Zentralschulkommission (Studienhofkommission bzw. Reichsschulkommission) überwacht, praktisch jedoch von einer einzigen Person (hier Janković, dort Felbiger) geleitet.

In Österreich waren der Zentralschulkommission (= Studienhofkommission) Provinzialkommissionen untergeordnet, die gemeinsam mit den politischen Landesbehörden den Aufbau und die Erfolge der Reform zu überwachen hatten und damit die treibende Kraft darstellten. Sie hatten auf die politischen Behörden einzuwirken, wodurch ein gegenseitiges Kontrollverhältnis entstand. Das aber fehlte in Rußland. Hier war die alleinige Kompetenz für die Reform Gouverneuren und Generalgouverneuren übertragen, die sich zwar an die Richtlinien der Reichsschulkommission zu halten hatten, trotzdem aber weitgehend unabhängig blieben.

Die nächste Instanz darunter waren die Volksschuldirektoren. In Österreich wurde der Schuldirektor von der Schulkommission nur aufgrund seiner Qualifikation anerkannt, während er in Rußland von den Generalgouverneuren nach Gutdünken und oft nach sachfremden Gesichtspunkten ernannt wurde.

Ein weiteres wichtiges Merkmal der russischen Schulreform war der völlige Ausschluß des Klerus aus der Organisation des Schulwesens. In Österreich dagegen war der Normalschuloberdirektor, also der oberste Aufsichtsbeamte der Reform, Felbiger, ein katholischer Geistlicher, und Angehörige des Klerus wurden, wenn auch in beschränktem Maße, zu Unterricht und Lehrerausbildung herangezogen.

6. Ergebnisse

Die Schulstatistik der Jahre 1782–1800 zeigt, daß erst mit der durch das Statut von 1786 geschaffenen gesetzlichen Grundlage und mit dem Hinausgreifen der Reform über die Grenzen des Petersburger Gouvernements[143] ein spürbarer Fortschritt eintrat[144].

Die Landbevölkerung blieb davon allerdings praktisch ausgeschlossen. Trotz des zu dieser Zeit von Katharina II. in Rußland rigoros praktizierten Absolutismus gelang es der Zarin nicht, die Schulreform dem widerstrebenden Landadel aufzuzwingen. „Solange sich die Bojaren gegen die

[143] Vgl. POLZ, Janković/Rußland, S. 162.
[144] AaO., S. 161f.

Normalschule und den obligatorischen Unterricht sträubten, war es illusorisch, die breite Masse der Bauern aufklären zu wollen"[145].
Dennoch war insgesamt die Schulreform Katharinas II. ein erster Schritt, um den Anschluß an die westliche Entwicklung zu gewinnen. Wir können dem Urteil des Staatsrates Aepinus zustimmen: „Es ist ein schwacher aber guter Anfang, der den gehörigen Grad der Vollkommenheit in der Folge voraussehen läßt"[146].

[145] AaO., S. 163.

[146] AEPINUS an Schlözer, 22. 6. 1783, abgedr. bei POLZ, aaO., S. 161.
Zu den von vornherein begrenzten Reformabsichten der Kaiserin selbst vgl. das Schreiben Katharinas an den Moskauer Gouverneur: „... An jenem Tage, da unsere Bauern anfangen werden, nach Aufklärung zu verlangen, werden weder Sie noch ich auf unseren Plätzen bleiben" – zit. nach FROESE, Ideengeschichtl. Triebkräfte d. russ. u. sowjet. Pädagogik, 2. A., 1963, S. 39.

§ 12 Vergleichende Betrachtung und Zusammenfassung

Im folgenden soll versucht werden, in Felbigers Reformwerk die rechtliche Ordnung und Praxis der Schulaufsicht der ersten und zweiten Phase im Kontext des preußischen bzw. österreichischen Staates vergleichend und zusammenfassend zu betrachten. Dies soll geschehen im Sinne eines In-Bezug-Setzens von vergleichbaren Problemlösungen in verschiedenen Rechtsordnungen[1].
Im Verlauf der bisherigen Untersuchung haben wir versucht, der Forderung Rothackers „... Vergleichung auf einem bestimmten Kulturgebiet unter methodischen Seitenblicken auf" die übrigen Bereiche „zu betreiben"[2], wenigstens in Ansätzen Genüge zu tun. Im Anschluß an René David[3] sollte „das Eindringen in die philosophischen, sozialen und ökonomischen Vorstellungen" des betreffenden staatlich territorialen Bereichs und die Aneignung einer gründlichen „Kenntnis des Milieus, in dem das herangezogene Recht zur Anwendung gelangt", zu eben diesem Ziel führen[4].
Sicher ist es eine Selbstverständlichkeit, daß die vergleichende Analyse die Unterschiede der Lösungen herausarbeitet. Dennoch wäre es zu vordergründig, bei einem Katalog von Unterschieden stehenzubleiben. „Wenn nämlich die Rechtsvergleichung auch ‚morphologische' Aufgaben hat, wenn sie also hinter den Verschiedenheiten die reinen, d. h. von zufälligen Attributen gereinigten „Gestalten" der Rechtsinstitute ermitteln und zur Darstellung bringen will, so muß sie weiter fragen"[5].

I. Parallelen und Unterschiede im System der Schulaufsicht des General-Land-Schul-Reglements von 1765 und der Schulordnung von 1774

1. In den hier untersuchten „Schulordnungen" wurde möglichst auf jeder örtlichen und überörtlichen Ebene den dort bereits vorhandenen

[1] Gewiß sollen hierbei auch die Unterschiede herausgestellt werden, aber „prinzipielle Bedeutung gewinnt die vergleichende Methode erst, wenn sie nicht so sehr auf Unterschiede, sondern auf Gemeinsamkeiten hin verglichen wird; denn erst dann stehen wir vor einer Methode genereller Wesensforschung"; ROTHACKER, Die vergleichende Methode, S. 102.
[2] AaO., S. 31.
[3] Vgl. ZWEIGERT, S. 196, Anm. 12.
[4] „Die Vergleichung, die sich an das Bündel von Länderberichten anschließt, ... entzieht sich fast völlig dem Versuch, sie in Regeln einzufangen"; ZWEIGERT, S. 198.
[5] ZWEIGERT, S. 198.

Amtspersonen und Institutionen eine entsprechende Verantwortung für die Schule übertragen. Meist ist von „Obrigkeiten“ die Rede. Es sind dies die Inhaber der niederen Gerichtsbarkeit und die Stadtmagistrate. Die Geistlichen treten als die eigentlichen Schulfachleute neben die anderen Teilhaber am Schulregiment. Die kirchlichen Amtsträger erscheinen überwiegend als ausführende Organe des Staates und werden kaum noch aus eigenem (kirchlichen) Recht und Auftrag tätig[6].
Diese als ganz normal auftretende und auch weitgehend so empfundene Bündelung verschiedener Zuständigkeiten sollte aber nicht zu dem zumindest vordergründig naheliegenden Schluß führen, die Schule sei zu einem bestimmten Zeitpunkt des Untersuchungszeitraumes ganz in den Händen der Kirche gewesen oder sie hätte ab einem bestimmten Datum als reine Staatsangelegenheit gegolten.
2. Die vielen Parallelen in Aufbau, System und Praxis der Schulaufsicht im Reformwerk Felbigers, genauer gesagt in seinen Schulordnungen von 1765 bzw. 1774, sind nicht zu übersehen und leicht zu verstehen, nicht nur aus der Personalunion in der Autorenschaft, sondern auch aus der sehr großen Verwandtschaft im Selbstverständnis und in der Praxis des aufgeklärten Staatsabsolutismus Preußens und Österreichs. Daneben sind aber doch Unterschiede nicht zu übersehen; wenn sie sich auch z. T. nur in Nuancen äußern, die aber von Bedeutung zu sein scheinen.
In der Schulordnung von 1765 für die Katholiken Schlesiens kommt das „Laienelement“ in der personellen Besetzung der Schulaufsicht relativ schwach zur Geltung, expressis verbis eigentlich nur bei der Aufforderung an den Erzpriester, bei seinen Visitationen Vertreter der Ortsobrigkeit mit hinzuzuziehen, sowie in der Spitze der Schulaufsichtsbehörden in Schlesien, in den Kriegs- und Domänenkammern. In Österreich hingegen erscheint das Laienelement in Form von Nicht-Geistlichen, *vom Staate* bestimmten und ausgewählten Vertretern auf allen Ebenen. Während auf der Orts- und Bezirksebene – wohl aus praktischen Erwägungen heraus – der Geistliche (Ortspfarrer und Dechant bzw. Erzpriester) noch an erster Stelle genannt wird, wenngleich auch hier schon die Vertreter der weltlichen Behörden in der Überzahl sind, so ist es auf der Provinzial- und auf der Gesamtstaatsebene schon umgekehrt; hier sind Vertreter der Kirche (des Generalvikariats / Bischofs) nur noch beratend hinzugezogen, wohl um dem kanonischen Recht in etwa Genüge zu tun. Bei dem unter Kaiser Joseph II. neu eingeführten Kreisschulkommissar schließlich handelt es sich um eine Ebene der Schulaufsicht ohne

[6] Mit Ausnahme der Katechese; und auch dies nur mit staatlicher Duldung.

Beteiligung kirchlicher Vertreter. Wenn später aus praktischen, besonders finanziellen Erwägungen fast nur noch Dechanten oder eigens zu Kreisschulkommissaren ernannte Geistliche dieses Amt bekleideten, so ändert das nichts am Denkansatz. Gleichfalls tritt für den österreichischen Bereich das kollegiale Element stärker in Erscheinung[7]. Dies gilt mit einer Ausnahme für alle Ebenen: für die Ortsebene, die Bezirksebene, die Provinzebene und für die oberste Behörde in Wien. Die Ausnahme war die von Kaiser Joseph II. 1786 neugeschaffene Kreisebene (mit dem Kreisschulkommissar). Den auf alter Tradition (vor allem in Böhmen) beruhenden Kreisbehörden wurde durch Joseph II. 1786 die Institution einer Kreisschulkommission mit dem ausführenden Organ des Kreisschulkommissars zugeordnet. Der Kreisschulkommissar, vom Staate ernannt, zunächst in der Regel ein Laie, blieb auch in Zukunft eine nicht kollegial verfaßte Schulaufsichtsbehörde.

II. Das Institut der Schulaufsicht in seiner rechtlichen Eigenqualität

Der von uns untersuchte Zeitraum, die zweite Hälfte des 18. Jahrhunderts, vor allem im Bereich Preußens und Österreichs, erweist sich als wichtiger Ansatzpunkt auch für die heutige Schulaufsichtsrechtsdiskussion, und nicht erst der Zeitpunkt des Inkrafttretens des Allgemeinen Landrechts. Dieses war vielmehr der Schlußpunkt einer sich über ein halbes Jahrhundert erstreckenden Entwicklung. Die Begründungen für die Schulreformen und die Aktivitäten des Staates im Schulwesen und der Versuch ihrer Effizienzsicherung über die Schulaufsicht lassen erkennen, daß der Staat sich bereits um die Jahrhundertwende bewußt wird, daß er das Schulwesen beherrschen muß, um auf dem Wege über die Kinder seine „Ideologie" im Bewußtsein des Volkes verankern und dadurch für die Zukunft sichern zu können.

Der Staat erkennt, daß für ihn die inhaltliche Bestimmung des schulischen Erziehungswesens existenznotwendig ist. Das bedeutet auf der anderen Seite, daß der Inhalt von Schulrechtsbestimmungen nur exakt ermittelt werden kann auf dem Hintergrund der jeweiligen gesamten Staats- und Sozialordnung[8].

[7] Die Beteiligung von Nicht-Geistlichen und das kollegiale Element waren besonders in Tirol stark ausgeprägt. Vgl. oben § 11 II.

[8] Vgl. WOLFF, Rechtsgrundsätze, S. 40, 50f. und STEFFANY, S. 29.

Der begriffliche Inhalt von „Schulaufsicht läßt sich nicht eindeutig auf einen engeren oder weiteren Sinn festlegen. Es dürfte aber zulässig sein, im Anschluß an Weissenrieder (S. 259) den damaligen Inhalt der Schulaufsicht am adaequatesten mit dem Begriff der „Schulhoheit“ zu erfassen. Ein Ausgehen von der umschreibenden Definition der „inneren“ und „äußeren“ Schulangelegenheiten, wie sie heute unbestritten Allgemeingut der schulrechtlichen Literatur ist[9], würde hier nicht weiterführen. Die seit langem gängige Unterscheidung fungierte und fungiert als Kriterium für die Zuständigkeitsverteilung zwischen Staat und Gemeinde im Schulwesen, indem sie die „äußeren“ Angelegenheiten der kommunalen, die „inneren“ der staatlichen Schulaufsicht zuweist.

Einen Schritt weiter dürfte eine funktionale Betrachtungsweise führen. Die Schulaufsicht in den Schulordnungen Felbigers umfaßte eine Fülle recht verschiedenartiger „Staatstätigkeiten“, von der Schulorganisation über die Gestaltung der „inneren Schulangelegenheiten“ bis hin zum Dienstrecht der Lehrer, der technischen und personellen Verwaltung und zur Aufsicht im engeren Sinne über nichtstaatliche Schulträger.

Zunächst zeichnet sich eine vertikale Kompetenzverteilung ab. Hierbei fallen einige Aspekte besonders auf:

a) Der „subsidiäre“ Aufbau der verschiedenen Ebenen, vor allem deutlich in der Schulordnung von 1765 für Schlesien und der Tanglschen Schulordnung für Tirol von 1772, die ja unmittelbar auf dem Felbigerschen Vorbild von 1765 fußt.

b) Die Heranziehung kirchlicher Amtsträger (Pfarrer, Erzpriester/Dekane, bischöfliches Generalvikariat) als staatliche Mandatsträger in verschiedenen funktionellen Einordnungen und Zuordnungen.

c) Der dritte Aspekt wird deutlich, wenn wir die Schule in ihrer Doppeltheit einerseits als pädagogische Einrichtung mit einer ihr zukommenden Sachlogik sehen und sie andererseits als Einrichtung mit einem gesellschaftlichen Träger und Organisator betrachten. Dies in die Zeit Felbigers übertragen, dürfte deutlich machen, daß die Schulaufsicht als Norm konzipiert ist, die dem Staate die Kompetenz zum Zugriff auf das Schulwesen verlieh. Dieser staatliche Zugriff bedeutete ein Zweifaches: Der Staat machte sich den pädagogischen Eigenbereich auf zeittypische Weise untertan und übte gleichzeitig Macht und Einfluß aus auf die historisch vorgegebene nichtstaatlichen Schulträger.

d) Zu alledem kommt die selbständige Entwicklung eines Staatsschulwesens. Der Staat beschränkte sich nun nicht mehr darauf, staatsfremde

[9] Vgl. HENNECKE, S. 22, Anm. 17 (mit Lit.).

Schulen zu kontrollieren, sondern veranstaltete die Unterrichtstätigkeit zunächst auch, später überwiegend als Träger in eigener „Regie" (vgl. die spätere Formulierung des Allgemeinen Landrechts: „Schulen ... sind Veranstaltungen des Staates ..." II,12, § 1). Zwar hat dieses selbständige Schule-Halten seitens des Staates mit Schulaufsicht begrifflich nicht unmittelbar zu tun. Aber wir müssen sehen, daß beide Bereiche – die Schulaufsicht im eigentlichen Sinne und die originär-staatliche Schulträgerschaft – aufeinander zuwachsen. Im Endergebnis wurde die Schulaufsicht verstärkt und verfestigt, das Staatsschulwesen vergrößert und ausgebaut. Wir sehen, wie der Staat Aufsicht über staatsfremde Schulen und Schulträger ausübte und gleichzeitig verstärkt begann, selbst „Schule zu halten".

III. Staatsbürgerliches Erziehungsprogramm als Element und Teil des Programms zur Überführung des ständisch-korporativen Gemeinwesens in eine moderne Staatlichkeit (Sonnenfels)

Rechtliche Regelung und Praxis der Schulaufsicht sowohl in Schlesien als auch später in Österreich sind Spiegel und zugleich Ergebnisse eines für den Zeitraum des aufgeklärten Absolutismus in Preußen (unter Friedrich II.) und in Österreich (schon unter Maria Theresia, aber besonders unter Joseph II.) kennzeichnenden Prozesses: Umgestaltung von Kirche und Schulwesen im Sinne einer neu verstandenen Religions- und Unterrichtspolizei und ihre Indienstnahme für ein neues staatsbürgerliches Erziehungsprogramm.

Mit der fortschreitenden Individualisierung der Gesellschaft erhält auch die (Sitten-)Polizei einen neuen Charakter. An die Stelle der bloßen staatlichen Kontrollfunktion mit abwehrender und bewahrender Tendenz tritt die positive Erziehungsanstalt. Der Staat übernimmt nun auf dem Erziehungssektor weitgehend die Rolle von Kirche und ständischem Erziehungswesen mit dem Bestreben der erzieherischen Umformung des Untertanen zum modernen Staatsbürger. Gleichsam exemplarisch können wir diese systematisch ausgeformte neue Position im Werke von Sonnenfels ablesen. Bei ihm erhält das Bündnis von Thron und Altar einen neuen Charakter. Nicht mehr die Herrschaft über die Kirche, sondern ihre Integration in das moderne Staatsgefüge ist bei ihm Ziel der Religionspolizei. In seinem auch für viele andere Denker seiner Zeit exemplarischen Gedankensystem soll die Kirche zu einer Institution zur Bildung und Förderung staatlicher Gesinnung werden. In engster Anlehnung an die Gesetzgebung hat darin der Pfarrer vor allem ein pflichtbewußter Anwalt, ein Sprachrohr des Staates zu sein und den Gesetzen dadurch zu Ansehen und Wirksamkeit zu verhelfen, „daß sie von dem Orte vorgetragen werden, von welchem das Volk die heiligsten Lehren und Pflichten zu hören gewohnt ist“[10].

Neben der Kirche und ihr jetzt vom Staat zur „Obsicht“ anvertraut, steht sinngemäß die Schule als wichtige Instanz der staatsbürgerlichen Erziehung. War die erste Phase der Studien- und Ausbildungsreform unter Maria Theresia durch den Versuch geprägt, durch verbesserte Studienanstalten (Gymnasien, Universitäten, Akademien) dem Mangel an für eine moderne Staatsform erforderlichen und geeigneten Beamten abzuhelfen, so tritt in der zweiten Phase der Bürger selbst in den Mittelpunkt des staatlichen Erziehungsprogramms, als dessen wichtigste Aufgabe die staatsbürgerliche Bildung des Einzelnen betrachtet wird[11]. Die Grundlage der staatsbürgerlichen Erziehung bildet nunmehr das niedere Erziehungswesen. Wieder können wir bei Sonnenfels die Forderung sehen, daß der Staat nicht nur in den Hauptstädten, sondern auch „auf dem kleinsten Dorfe“ Erziehungsstätten zu schaffen und auf öffentliche Kosten zu unterhalten habe[12]. Bei der Einrichtung dieser staatlichen Schulen müsse „hauptsächlich darauf gesehen werde(n), daß die Jugend vorzüglich in demjenigen unterrichtet werde, was zu den Pflichten des bürgerlichen Lebens gehöre, die sie dereinst auszuüben verbunden sein wird“[13].

Der Bildungs- und Wissenschaftsgedanke wird in diesem Denken von den praktischen Erfordernissen der Zeit, nämlich der erzieherischen Eingliederung des Menschen in einen neuen Funktionszusammenhang, aufgesogen. Ausdruck dieses Denkens ist dann auch die Resolution der Kaiserin vom 2. November 1770, in der das gesamte Schulwesen zum „Politikum“ erklärt wird. Die neuen „Volksschulen“ erhalten die Aufgabe, „für die Bildung des für seine Geschäfte hinlänglich aufgeklärten Bürgers überhaupt zu sorgen“[14].

[10] SONNENFELS I, S. 102f.; vgl. hierzu die Anordnung Josephs II. v. 1782 an die Pfarrer, alle wichtigen staatlichen und kirchlichen Erlasse zu sammeln, was bis in die Mitte des 19. Jhs. regelmäßig durchgeführt wurde – vgl. WINTER, Josephinismus, S. 126.

[11] Vgl. MEISTER, Entwicklung und Reformen, S. 25.

[12] SONNENFELS I, S. 117.

[13] SONNENFELS I, S. 116.

[14] So, mit Bezug auf die niederen Schulen, im „Entwurf zur Einrichtung der Gymnasien in den k.k. Erbländern“ – MEISTER, Nationalerziehung, S. 6; vgl. dazu auch OSTERLOH, Sonnenfels, S. 71.

ANHANG

Anhang 1 (Anlage zu § 6 II)

Inhaltsverzeichnis des General-Landschulreglements von 1765

Präambel

§ 1 Anstellung neuer Lehramtsbewerber nur noch mit dem Nachweis ausreichender Befähigung

§ 2 Bestimmung von Schulen, die gleichzeitig der Lehrerausbildung dienen

§ 3 Bezeichnung dieser Schulen als Seminarien. Bestellung von Lehrerkollegium und Direktor; Pflichten des Direktors

§ 4 Vorschriften für den Direktor betr. die „Lehrart" (methodische und didaktische Hinweise) in den Seminarien

§ 5 Buchstaben- und Tabellarmethode sowie das „Zusammenunterrichten" verbindlich vorgeschrieben

§ 6 Pflicht der Direktoren zum Informations- und Erfahrungsaustausch untereinander und zum Studium der einschlägigen pädagogischen Literatur

§ 7 Weitere Vorschriften für den Direktor hinsichtlich Präparandenausbildung

§ 8 Laufende Überprüfung der Fortschritte der Präparanden sowie ihrer Lebensführung durch den Direktor; beim Abgang ist darüber ein Zeugnis auszustellen

§ 9 Seminarabsolventen haben ihr Zeugnis dem Generalvikariat und dem Hauptseminardirektor vorzulegen

§ 10 Nachweis über Ausbildung im Breslauer Hauptseminar Vorbedingung für die staatliche Genehmigung zum Eintritt in den geistlichen Stand bzw. zur Erlangung einer Pfründe

§ 11 Lehramtsbewerber aus polnisch-sprachigen Landesteilen müssen deutsche Sprachkenntnisse nachweisen; jedoch auch ausreichende polnische

§ 12 Anweisungen betr. die Errichtung neuer Schulen und die Anstellung der Lehrer

§ 13 Beim Bau neuer Schulen sind gesonderte Schulräume einzurichten. Schulbau- und -ausstattungskosten tragen Gemeinde und Grundherrschaften

§ 14 Sicherung des Unterhalts für Lehrer; Bestimmungen über Nebentätigkeit

§ 15 Den Lehrern untersagte verbotene Tätigkeiten:
Betreiben von Schankwirtschaften, Handel, Betätigung als Musikanten (im Wirtshaus, auf Hochzeiten)

§ 16 Freistellung der Lehrer von berufsfremden Diensten (z. B. Austragen von Currenden)

§ 17 Beachtung bereits publizierter Verordnungen

§ 18 Unterschiedliche Schul- und Unterrichtszeiten im Sommer und Winter bei Stadtschulen nicht zulässig

§ 19 Arbeitsteilung bei mehreren Lehrern in einer Schule

§ 20 Anweisungen (insbesondere Stoffplan) für die Lehrer der unteren (Anfangs-) Stufe

§ 21 Anweisungen für den Lehrer der oberen Stufe (Klasse)

§ 22 Anweisungen für einen evtl. dritten Lehrer

§ 23 Seminardirektoren haben für Nachwuchs an Ausbildungslehrern zu sorgen

§ 24 Tabellen A und B (im Anhang) mit Stoff-, Lehr- und Stundenplänen für die verschiedenen Schulen (Stadt- und Landschulen, ein- und mehrklassige Schulen)

§ 25 Schulpflicht vom 6. bis 13. Lebensjahr

§ 26 Strafen für säumige Eltern bzw. sonstige Erziehungsberechtigte

§ 27 Unterrichtsbefreiung für „ältere Dorfkinder", die notwendig in der Landwirtschaft gebraucht werden, vom Georgitag bis Martini

§ 28 Diese und auch die bereits entlassenen Schüler (bis zum 20. Lebensjahr) müssen vom Georgitag bis zum Sonntag nach Michaelis an der sonntäglichen Christenlehre und der anschließenden zweistündigen Übung im Lesen und Schreiben teilnehmen.
Verpflichtung der Dienstherren, sie dafür freizustellen.
Anlage eines Verzeichnisses über die Teilnahme durch den Schulmeister (Formular F);
Weiterleitung über Pfarrer, Erzpriester an den Schulinspektor (Vgl. § 69)

§ 29 Dorfschulmeister müssen Verzeichnis der schulpflichtigen Kinder auf der Grundlage des Taufbuches anlegen

§ 30 Verpflichtung der Hausbesitzer in den Städten, dem Magistrat Zahl, Namen und Alter der Kinder zu melden; Weiterleitung dieser Angaben an den Pfarrer zur Anfertigung des Schulregisters

§ 31 Vermögenden Einwohnern von Städten sind Hauslehrer erlaubt, aber nur für die eigenen Kinder. Winkelschulen sind unerlaubt und gelten als aufgehoben

§ 32 Für das Studium (an Jesuitengymnasien) geeignete Kinder können vor dem 13. Lebensjahr abgehen. Voraussetzung: Zeugnis über erfolgreiche Prüfung durch Erzpriester oder Inspektor

§ 33 Hauslehrer müssen sich vor Indienstnahme einer Prüfung vor Pfarrer und Lehrern des Orts stellen

§ 34 Bei Vorlage eines Zeugnisses über erfolgreiche Prüfung durch den Pfarrer können begabte Kinder mit Erlaubnis des Inspektors vor dem 13. Lebensjahr entlassen werden

§ 35 Auch bei evtl. ortsüblichem „Dienstzwang“ ist Kindern unter 13 Jahren Schulbesuch zu ermöglichen. Kinder ab 8 zwar zum Viehhüten heranziehbar, aber zur Teilnahme an sonntäglichen Wiederholungsstunden freizustellen

§ 36 Bauern müssen „Mietkinder“ zwischen Andreastag und Fastnacht wenigstens halbtägig zur Schule schicken

§ 37 Regelung betreffend Schulgeld

§ 38 Schulkollekten für arme Kinder

§ 39 Verwaltung und Verwendung dieser Kollektengelder. Erforderliche Zuschüsse durch Gemeindekasse bzw. Konfessionsangehörige in der Gemeinde

§ 40 Feststellung der Bedürftigkeit und Verteilung der Kollektengelder an die bedürftigen Kinder

§ 41 Aus Kollektengeldern beschaffte Bücher sind in der Schule zu verwahren

§ 42 Dienstpflichten der Lehrer; insbesondere Führung von Katalogen; Erstellung von Halbjahresextrakten

§§ 43–50 Amtspflichten der Pfarrer als Schulaufseher

§ 43 Sorgepflicht des Pfarrers für Unterricht und Schule in seinem Kirchspiel

§ 44 Pfarrer kann diese Aufgabe auf Kaplan delegieren

§ 45 Visitationspflichten des Pfarrers

§ 46 Einzelanweisungen für die Visitation hinsichtlich Lehrer und Schule

§ 47 Einzelanweisungen für die Visitation hinsichtlich der Schüler

§ 48 Weitere Pflichten des Pfarrers betr. Schulgebäude und Schulausstattung. Aufgaben der Mängelbeseitigung und Schulverbesserung in Zusammenarbeit mit Magistrat, Grundherrschaft und Eltern. Erforderliche Berichte an übergeordnete Schulaufsichtsinstanzen. Führung der vorgeschriebenen Tabellen und Extrakte

§ 49 Maßnahmen für Kontrolle und Förderung von Lehrern und Schule als Aufgabe des Ortspfarrers

§ 50 Katechese der Regelung und Kontrolle durch kirchliche Obrigkeit überlassen. Pflicht des Katecheten (gegenüber dem Staat), Schüler zu Treue, Gehorsam und Ergebenheit gegenüber Souverän und Obrigkeiten zu erziehen

§ 51 Sicherung der Schulreform durch gestaffelte Schulaufsicht von oben (Kriegs- und Domänenkammern, bischöfliches Vikariatsamt, Schulinspektoren und Erzpriester)

§§ 52–62 Amtspflichten der Erzpriester als Kreisschulaufseher

§ 52 Visitationspflichten der Erzpriester

§ 53 Inhalt der Visitationspflicht der Erzpriester ist analog zu der des Ortsgeistlichen zu sehen

§ 54 Einzelanweisungen für diese Visitationen; insbesondere Kontrolle des Schulbesuches

§ 55 Unterrichtsrevision durch den Erzpriester in Gegenwart von Vertretern der weltlichen Obrigkeiten

§ 56 Einholen von Auskünften durch den Erzpriester über die Aufsichtstätigkeit des Ortsgeistlichen

§ 57 Erkundigungen des Erzpriesters betr. vorgeschriebene Unterrichtszeiten

§ 58 Erkundigungen über die Amts- und Lebensführung des Lehrers und das Verhältnis Pfarrer – Lehrer; entsprechende Maßnahmen

§ 59 Überprüfung der Ausstattung der Schule; evtl. notwendige Maßnahmen

§ 60 Anweisungen für das Visitationsprotokoll

§ 61 Halbjährliche Berichterstattung durch den Erzpriester an den Schulinspektor

§ 62 Auswahl und Ernennung von Schulinspektoren. Zuweisung von Amtsdistrikten

§§ 63–70 Amtspflichten der Schulinspektoren

§ 63 Information über den Zustand der Schulen ihres Amtsbezirks

§ 64 Im Amt befindliche Lehrer durch geeignete Maßnahmen auf den neuen Stand bringen lassen

§ 65 Ausbildungslehrer selbst heranbilden

§ 66 Den Erzpriestern aufzutragen, die Lehrer ihrer Amtsbezirke nach und nach bei den neuen Ausbildungslehrern unterweisen zu lassen

§ 67 Ausreichende Instruierung der Erzpriester

§ 68 Eigene Visitationen im Anschluß an die Visitationen der Erzpriester

§ 69 Beseitigung von Hindernissen und Mängeln. Halbjährliche Berichte an die vorgesetzte Schulaufsichtsbehörde (Generalvikariat bzw. Vikare oder Dekane auswärtiger Diözesen)

§ 70 Publikation und Durchführung der Verordnungen auf dem Wege über die Erzpriester

§§ 71/72 Die kirchliche Oberbehörde als staatl./kirchl. Schulaufsichtsorgan

§ 71 Halbjährliche Berichterstattungspflicht des Generalvikariats (bzw. der Vikare oder Dekane auswärtiger Diözesen) an die Kriegs- und Domänenkammern auf der Grundlage der eingegangenen Inspektorenberichte

§ 72 In diese Berichte aufzunehmende Punkte

§ 73 Zusammenfassender mahnender Befehl an alle zur Schulverbesserung und Schulaufsicht Verpflichteten: Kriegs- und Domänenkammern, Generalvikariatsamt, Vikare und Dekane auswärtiger Diözesen, Magistrate, Dominien und andere Obrigkeiten, Schulinspektoren, Erzpriester, Seminardirektoren, Pfarrer und Kapläne

ANHANG 2 (Anlage zu § 9 III)

Inhaltsverzeichnis der Schulordnung von 1774

§ 1 Schulkommissionen
§ 2 Gliederung des niederen Schulwesens
§ 3 Errichtung und Unterhalt von Schulen; Schulträgerschaft
§ 4 Bauliche Beschaffenheit der Schulen
§ 5 Lehrstoff
§ 6 Wer welchen Stoff zu lehren hat
§ 7 Vorgeschriebene einheitliche Bücher
§ 8 Lehrmethode
§ 9 Klassen- und Unterrichtsorganisation
§ 10 Unterrichtszeiten
§ 11 Zeitliche Einteilung des Lehrstoffs („Stoffverteilungsplan")
§ 12 Schul- bzw. Unterrichtspflicht
§ 13 Diesbezügliche Pflichten von Eltern und Ortsobrigkeiten (Magistrat)
§ 14 Waisendienste und Schulbesuchspflicht
§ 15 Unterricht für Schulentlassene (Wiederholungsstunden)
§ 16 Führen von Fleiß- und Erfolgskatalogen
§ 17 Ordentliche Schulaufsicht
§ 18 Oberaufseher
§ 19 Durchführung der Schulreform
§ 20 Pfründenbewerber und Ordenskandidaten zum Besuch der Normalschule verpflichtet
§ 21 Verbotene Nebentätigkeiten für Lehrer
§ 22 Prüfungen und Belohnungen
§ 23 Berichte der Aufseher
§ 24 Berufliche Leistungen im Lehramt und Beförderungen

ANHANG 3

Behördenaufbau in Preußen nach der Reform von 1723[1]

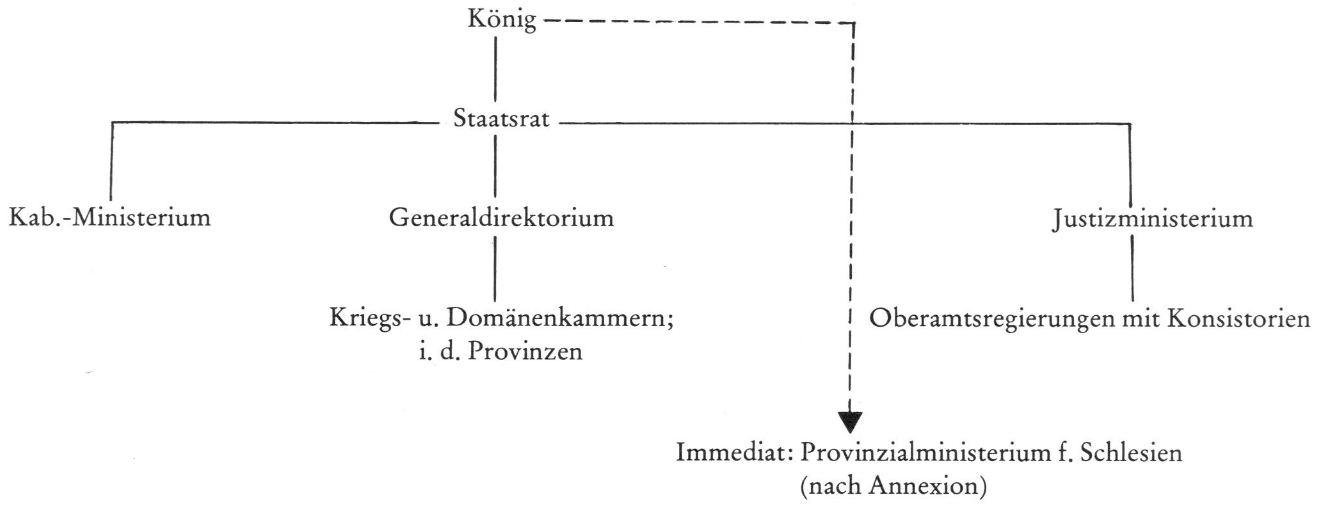

[1] Vgl. Notifikationspatent v. 24. 1. 1723 – CCM VI, 2, Nr. 153; BORNHAK, Preuß. Staats- u. Rechtsgesch., S. 173ff.

ANHANG 4

Behördenaufbau in Preußen um 1775[1]

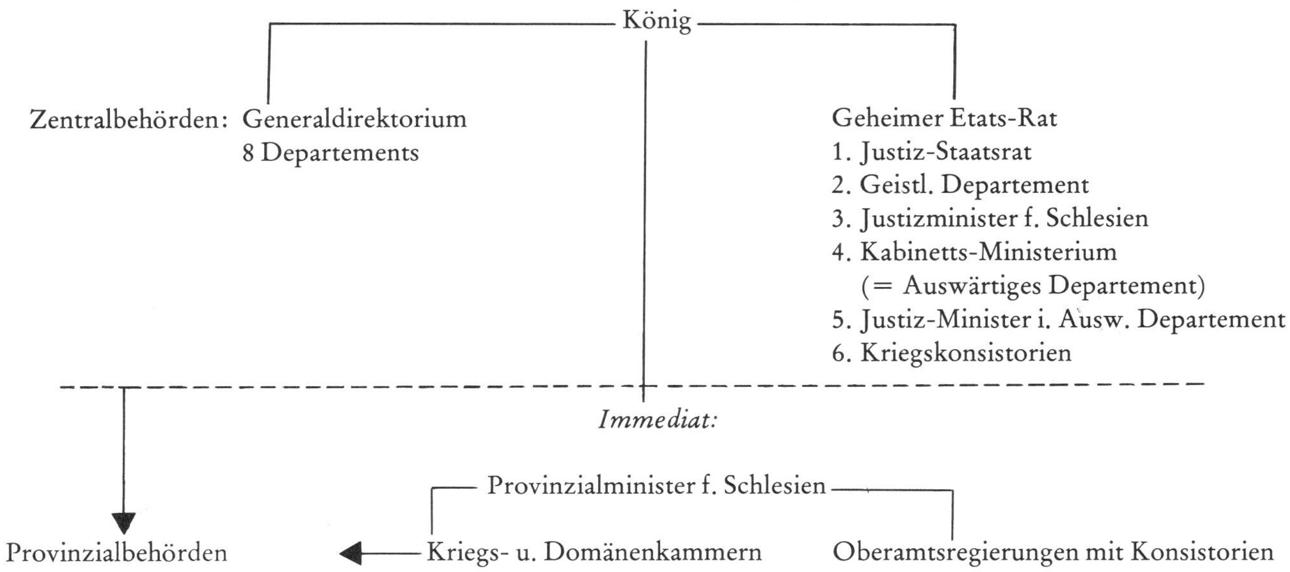

[1] Nach ACTA BORUSSICA; H. O. MEISNER, Regierungs- u. Behördensystem; ergänzt durch HUBATSCH, Friedr. d. Gr. u. d. preuß. Verwaltung, S. 240ff.

ANHANG 5

Ort der Schulverwaltungs- und Schulaufsichtsbehörden im System des preußischen Verwaltungsapparates unter Friedrich dem Großen[1]

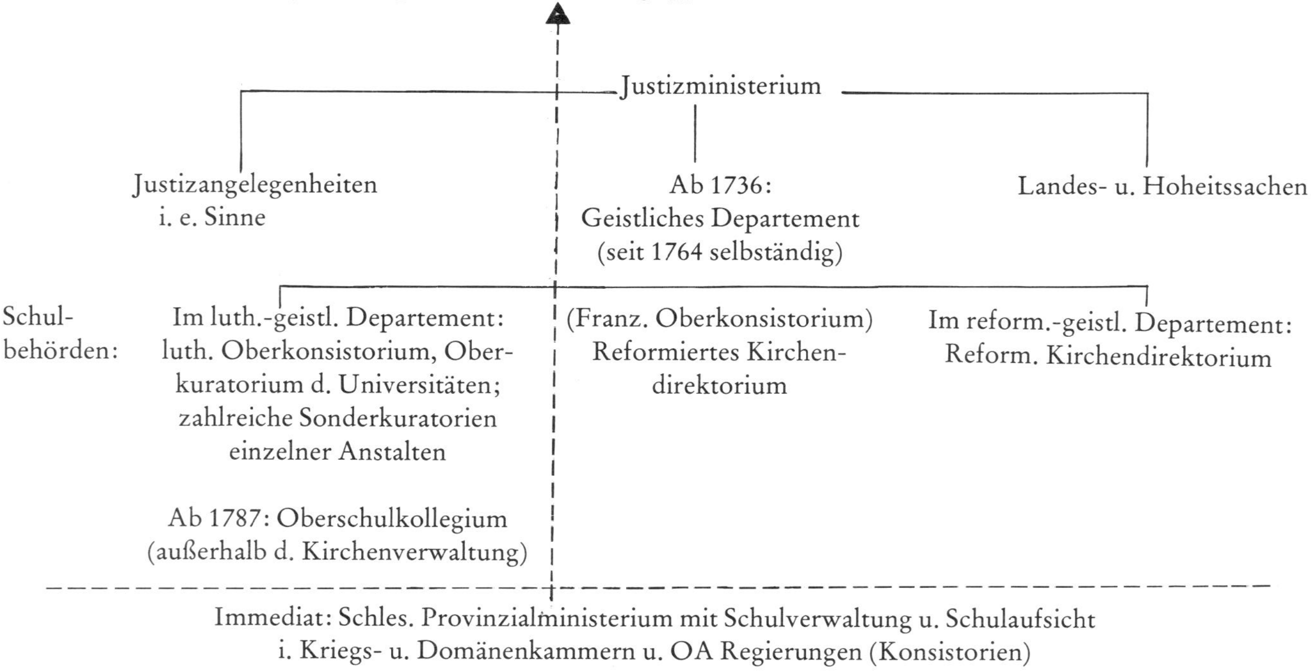

[1] Nach SPRANGER, Zusammenhang von Politik und Pädagogik in der Neuzeit, S. 423; ergänzt durch BORNHAK, Pr. Staats- u. Rechtsgeschichte; HINDAHL, Entwicklung u. HUBATSCH, Friedr. d. Gr. u. d. preuß. Verwaltung.

ANHANG 6

Aufbau der Schulaufsichtsorganisation für die katholischen Trivial-Schulen Schlesiens unter Friedrich dem Großen

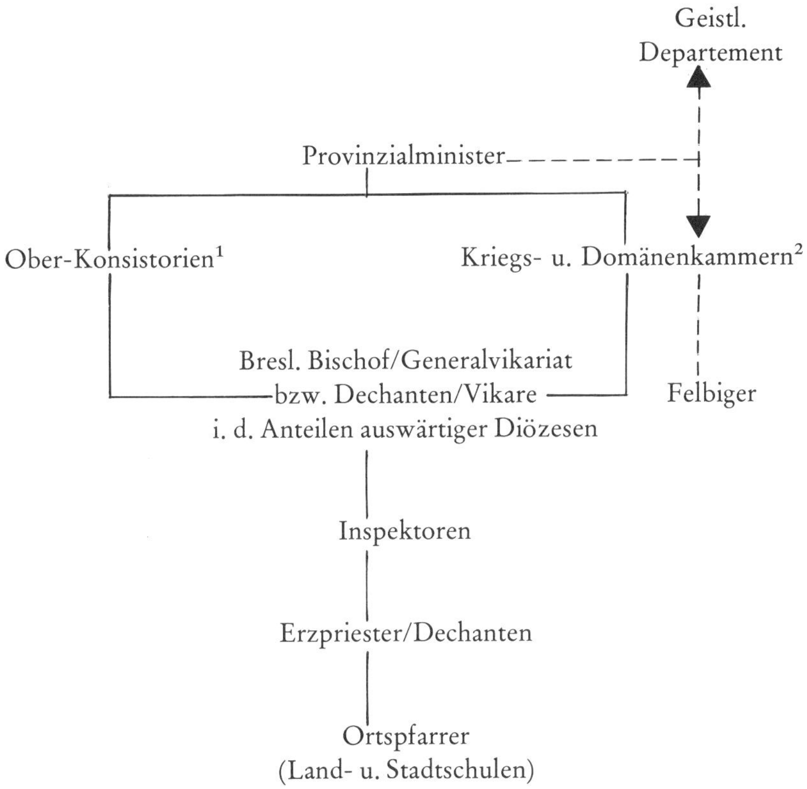

[1] Gemäß Notifikationspatent v. 15. 1. 1742 f. d. Kirchen- und Schulaufsicht zuständig.

[2] Gem. GLR v. 1765 (§§ 71ff.) u. auf dem Wege d. Verwaltungspraxis Spitze d. Schulaufsichtorganisation; vgl. VOLLMER, S. 114ff., *115f.*

ANHANG 7 (Anlage zu § 5 I 2)

Einwohnerzahlen des preußischen Staates im Jahre 1776[1]

Insgesamt[2]	4.760.519
Schlesien mit der Grafschaft Glatz	1.372.754
Zum Vergleich: die Kurmark als „alte" Provinz mit der größten Einwohnerzahl	618.463

[1] Aufstellung nach HUBATSCH, Friedrich d. Gr. u. d. preuß. Verwaltung, S. 244 u. den dort angegeb. Quellen.
[2] Ohne Militärpersonen mit Anhang.

Anhang 8

Aufbau der Schulaufsichtsorganisation nach der Allgemeinen Schulordnung von 1774

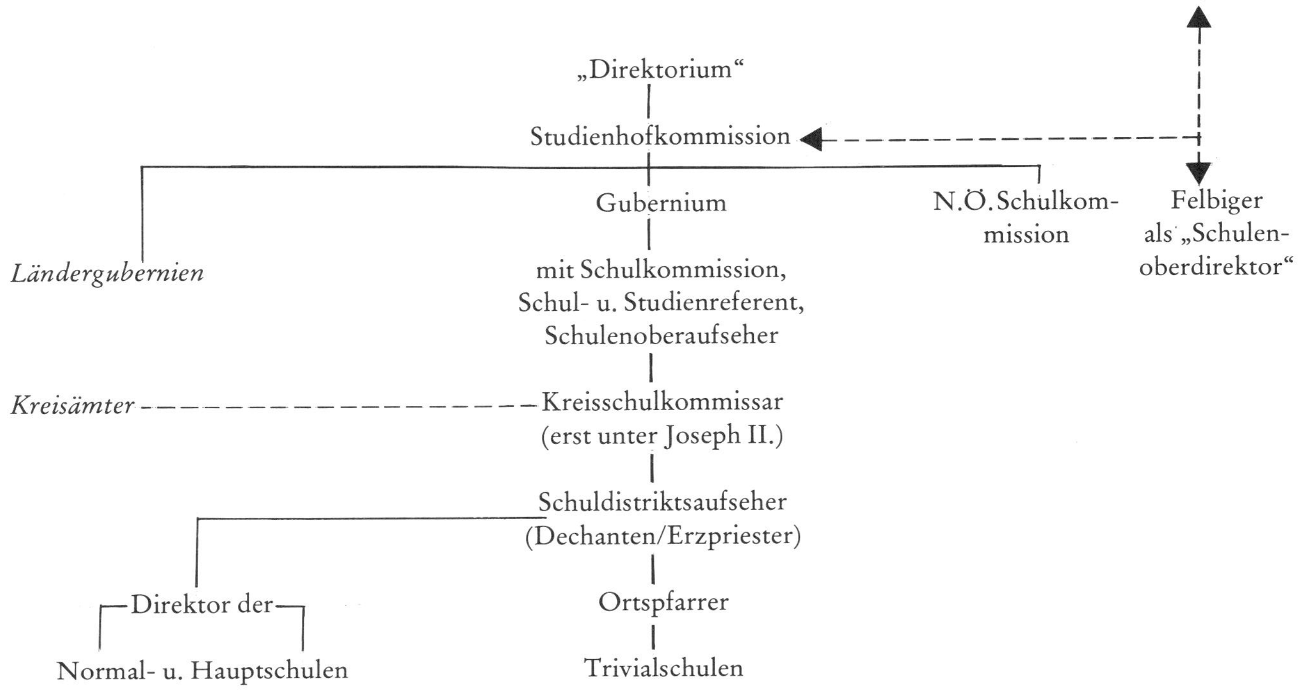

Regesten

A Regesten, das Verhältnis von Staat, Kirche und Schule in Schlesien (ab 1740) betreffend, unter besonderer Berücksichtigung des Schulaufsichtsrechtes

I. Allgemeine Entwicklung

1740, 15. Juni
Randverfügung des Königs auf Immediatbericht des Generaldirektoriums – Religiöse Indifferenz
LEHMANN II, Nr. 1, S. 3
„alle Religionen Seindt gleich und guht wan nuhr die leüte so sie profesiren Erliche leüte seindt, und wen Türken und Heiden kähmen und wolten das Land Pöpliren, so wollen wier sie Mosqueen und Kirchen bauen".
Vgl. die spätere, davon abweichende Aussage vom 5. 9. 1779 (LEHMANN V, Nr. 405, S. 313ff., *316*)

1741, 29. Oktober
Kabinettschreiben an Kardinal Sinzendorf, Bischof von Breslau, kirchenpolitisches Programm des Königs.
LEHMANN II, Nr. 51, S. 34f., *35*
„La tranquillité de l'exercise libre de la religion faisant selon l'opinion des hommes une partie de leur félicité, je ne me départirai jamais de la ferme résolution, que j'ai prise se maintenir chaque religion dans ses droits et ses libertés."

1741, 25. November
Notifikationspatent: Einrichtung von zwei Kriegs- und Domänenkammern in Schlesien (in Breslau und Glogau)
KORNSCHE SLG. I, 1, S. 164–169

1741, 8. Dezember
Konferenzprotokoll – in schlesischen Justizangelegenheiten – hier: Ordnung des Kirchenwesens in Niederschlesien
ACTA BOR., Beh. O. VI, 2, Nr. 143, S. 271–275; LEHMANNII, S. 41/42
Einleitung und Punkt 12–14 bei LEHMANN II, 40/41; kompletter Anfang, Punkt 1ff. in ACTA BOR., aaO., S. 271ff.
„... So viel die Res ecclesiasticas betrifft, so bleibet qua Doctrinalia bei denen Römisch-Katholischen alles bei den nach denen Principiis ihrer Religion subsistirenden Verfassungen. ...
... Zu Besorgung aller geistlichen Angelegenheiten tam in Personalibus

quam Realibus wollten demnach S.K.M. zwei Consistoria angeordnet wissen, deren eins von der Ober-Amts-Regierung zu Bresslau und das andere von der Ober-Amts-Regierung zu Glogau mit versehen werden soll."

1742, 15. Januar
Notifikationspatent betr. Einrichtung des weltlichen und geistlichen Justizwesens in Niederschlesien
Vollständiger Wortlaut:
Kornsche Slg. I, 2, S. 16–25; Slg. Svarez II, 1 (1772), S. 3/12;
Zusammenfassung und Paraphrase der §§ 1–29: Acta Bor., Beh.O. VI, 2, S. 341–343;
§ 10, §§ 18–29 i. Wortlaut: Lehmann II, Nr. 83, S. 56–59
Schulaufsicht durch das Konsistorium – § 19;
Einrichtung evangelischer Schulen – § 29

1742, 22. Januar
Schreiben des Kabinettsministeriums an das „Geistliche Departement", staatliche Beaufsichtigung und Bestätigung „geistlicher" Wahlen betr.
Lehmann II, Nr. 85, S. 59f.

1742, 15. Januar/10. März
Denkschrift der Bevollmächtigten Kardinal Sinzendorfs
Gravamina, betr. die Verfügungen v. 15. Januar (s. o.!)
Lehmann II, Nr. 103, S. 72–80, *76f.*
Vgl. hierzu auch 9. Februar 1743 (Lehmann II, Nr. 245, S. 245–254).

1742, 23. Mai
Notifikationspatent, betr. geistliche und weltliche Rechtsangelegenheiten in der Grafschaft Glatz:
Kornsche Slg. I, 2, S. 85–87
Niederschlesische Oberamtsregierung und Oberkonsistorium in Breslau zuständig

1742, 10. Juni
Präliminar-Friedensvertrag, Breslau
Kornsche Slg. I, 2, S. 87–93, *91*
Art. 4: *„Die Catholische Religion in Statu quo … ohngekränkt lassen"*

1742, 28. Juli
Definitiv-Friedensvertrag, Berlin
Art. 6: *„Die Römisch-Catholische Religion … in statu quo … ohnbeeinträchtigt lassen"*

Kornsche Slg. I, 2, S. 154–163, *159f.*

1742, 28. August
Patent, Kardinal Sinzendorf an Diözesanen
Aufruf zu religiöser Toleranz
Kornsche Slg. I, 2 (1742), S. 171–174

1742, 13. September
Evangelisch-Lutherische Inspektions- und Presbyterialordnung für das Herzogtum Schlesien
Kornsche Slg. I, 2 (1742), S. 182–191

1742, 16. Oktober
Kabinettsbefehl an die Oberamtsregierungen zu Breslau und Glogau
Lehmann II, Nr. 218, S. 197
Kammern, nicht Regierungen haben geistliche Wahlen zu bestätigen

1743, 2. Februar
Ministerialerlaß an beide Oberamtsregierungen und Oberkonsistorien
Lehmann II, Nr. 273, S. 241–242
„Endzweck der Schulen ...: junge Leute zum Dienst des Vaterlandes tüchtig und geschickt zu machen ...“
Gutachten betr. Reform der Schulen angefordert
Gleichzeitig Abschrift an Kardinal Sinzendorf (Lehmann II, Nr. 274, S. 242f., *243*)
„... so haben Wir Ihro hiemit gnädigst committiren wollen, in Unserm Namen die behörige Obsicht zu tragen, damit Unserer deshalb hegenden landesväterlichen Intention, so weit es die Jesuiter- und andere römisch-katholische Schulen angehet, genau und eigentlich nachgelebet werde“.

1743, 9. Februar
Projekt eines preußischen Vikariats; hier:
Entwurf einer Instruktion für den Bischof von Breslau als Generalvikar der preußischen Katholiken – kam nicht zur Durchführung
Lehmann II, Nr. 278, S. 245–254

1743, 9. April
Erlaß an Oberamtsregierung von Breslau
Auf strenge Aufrechterhaltung des status quo ist zu achten
Lehmann II, Nr. 298, S. 272f.

1743, 25. Mai
Mandat betr. Bekanntmachung staatlicher Edikte, Patente, Verordnungen
Kornsche Slg. I/3, S. 85–95
Nr. 22: Publikation an Institutionen der kath. Kirche (Stifter, Klöster und andere pia corpora) über/durch das Generalvikariat, ausgenommen Stiftsdörfer (durch Landräte!) (S. 94).

1743, 24. September
Kardinal Sinzendorf an Etatminister Cocceji
Denkschriften im Zusammenhang mit Notifikationspatent und geistlicher Gerichtsbarkeit etc.
Lehmann II, Nr. 411, S. 361–365

1743, 17. Dezember
Kabinettsschreiben an Kardinal Sinzendorf
Lehmann II, Nr. 458, S. 398f., *399*
Forderung der Wahl des Prälaten Schaffgotsch zum Koadjutor – Eigenhändige Nachschrift des Königs
„Le St. Esprit et Moy nous avons resolus ensemble que Le Prelat Schafgotsch seroit elu Quadjuteur de breslau, et Ceux de Vos Chanoines qui si oposeront seront regardéz Comme des Ames Devouées à la Cour de Viene et au Diable, et qui resistant au St. Esprit Meritent le plus haut periode de Damnation."
„Der Hl. Geist und ich haben zusammen beschlossen, den Prälaten Schafgotsch zum Koadjutor von Breslau zu machen. Jene Domherren, die sich dessen weigern, werden als Anhänger des kaiserlichen Hofes in Wien und des Teufels betrachtet, und verdienen solche, die dem Hl. Geist widerstreben, die höchste Verdammung." (Nach Hoffmann, in ZdVfGSchles. 75, 1941, S. 159 u. Gottschalk, in ArSKG 30, 1972, S. 123).

1745, 25. Dezember
Definitiv-Friedensvertrag von Dresden
Kornsche Slg. II, S. 75–83, *76*; de Garden III, S. 346f.; Wenck II, S. 191–203
Verträge vom 11. 6. 42 und 28. 7. 42
Grundlage dieses Vertrages, auch bezüglich des Religionsstatus.

1746, 10. September
Denkschrift des Generalfiskals Gloxin, schlesisches Kirchenstaatsrecht vor 1740 betr.

LEHMANN II, Nr. 747, S. 607–611, *610*
Darin u. a. gutachtliche Äußerung zum Problem freie Wahl geistlicher Oberer.
„Uebrigens da es an und vor sich selbst etwas Contradictionarisches ist, in einem souveränen Lande eine freie Wahl zu statuiren (als wodurch eben status in statu formiret wird), so ist solche vorgegebene freie Wahl besonders hier in Schlesien eine pure Unmöglichkeit. Alldieweilen einem souveränen obersten Herzoge in Schlesien dergleichen Gerechtsame über die Geistlichkeit zustehen, als sich kein anderer Potentat in der Welt rühmen kann“.

1747, 23. Februar
Kabinettsbefehl an Etatminister von Arnim
LEHMANN II, Nr. 801, S. 646
Unterrichtswesen in Schlesien; Zusammenwirken von Kirche und Staat: Reskripte an Oberämter in dieser Sache stets auch an Kardinal, damit dieser seinerseits auf bessere Schuleinrichtung dränge.

1747, 28. Februar
Erlaß an Oberamtsregierung und Oberkonsistorien zu Breslau und Glogau
LEHMANN II, Nr. 803, S. 647
Erneute Anmahnung des vor vier Jahren angeforderten Berichtes über Schulverbesserung.
Zur Beantwortung s. 10. April und 29. Juni

1747, 10. April
Bericht der Oberamtsregierung zu Oppeln
Gutachten wegen Verbesserung der Gymnasien und Schulen
LEHMANN II, Nr. 811, S. 655f., *656*
Den *„Dorf- und Trivial-Schulen“* … nur *„durch eine Fundation aufzuhelfen: worzu wir unseres Ortes keinen Fonds absehen“*.

1747, 29. Juni
Bericht des Oberkonsistoriums zu Glogau: Vorschläge zur Hebung des schlesischen Schulwesens:
LEHMANN II, Nr. 837, S. 673–678
1. *„General-Kirchen- und Schulen-Visitation“*
2. a) *„Zu … Schul-Aemtern“* … (nur) *„geschickte und tüchtige Leute“* annehmen
b) *„alle Candidati vor … Confirmation durch den Superintendenten … examinieren.“*

3. *a) „Schul-Bedienten eine bessere Salarirung und Unterhaltung verschaffen."*
b) Hier *„Stadt-Kämmereien der natürlichste Fonds ... da fast überall die Städte und derselben Magisträte das ius patronatus über jedes Ortes Stadt-Schule exerciren".*
4. *„inspectores scholarum"* müssen fleißig visitieren. Hierfür *„mit der gebührenden Autorität ... versehen ... In Sachen von einiger Wichtigkeit an das Ober-Consistorium ... berichten."*
5. Winkelschulen abschaffen oder wenigstens sehr einschränken.
6. Den Eltern nachdrücklich die Schulbesuchspflicht ihrer Kinder einschärfen.
7. Kinder, *„welche ... hernach ... Feld- und Hausarbeit treiben ..., vornehmlich in den Principiis der Tugend und Gottesfurcht nebst Lesen und Schreiben ... unterrichten; ... welche zu einem Handwerk destiniret sind, ... noch zu ... Arithmetik und ... Aufsetzung eines Briefes anleiten".*
8. Reform der „Schul-Lectionen" und der Auswahl von Schulbüchern.
9. *„wenigstens alle halbe Jahr öffentlich(e) examina ... mit Zuziehung des inspectoris scholae und ... einiger Rathsglieder ... zu gleicher Zeit die Translocationes".*
10. *„Kalligraphie"* fördern.
11. Wegen der *„Armuth der Eltern ... vier Mal des Jahres ... öffentliche Collecte in den Kirchen".*
12. *„Errichtung einer besonderen Universität in Schlesien".*
Vgl. Mahnung v. 28. Februar 1747

1748, 22. Februar
Evangelisch-lutherische Visitationsordnung
Kornsche Slg. III, S. 187–194; V (= Nachtrag), S. 260–266
Bezug: Inspektions- und Presbyterialordnung v. 13. September 1742, § IX. Schule: §§ VII und XII
VII: Es ist Gelegenheit zu geben, daß Wünsche und Beschwerden von Pfarrer, Lehrer und Küster (bzw. über diese drei) vorgebracht werden können. Entscheidung trifft jedoch nur das Oberkonsistorium (S. 190 bzw. V, S. 263).
XII: „Was nach dieser Untersuchung (Kirchenvisitation) noch an Zeit übrigbleibt, ist vom Inspektore teils zur Nachsehung der Schule, teils zu einer mit dem Pastore ... anzustellenden besonderen Unterredung oder Erinnerung ... anzuwenden." (III, S. 193 bzw. V, S. 265).

1749, 19. April
Erlaß an Bischof Fürst Schaffgotsch von Breslau
LEHMANN III, Nr. 277, S. 244f.
Auftrag, Appellationsinstanz für „*die geistlichen Processe*“ einzurichten.

1749, 29. April
Königliche Resolution
LEHMANN III, Nr. 278, S. 245f., *245*
Collation des Amtes eines Generalvikars für die Grafschaft Glatz. Übertragung dieses Amtes „*kraft des Uns als souveränen Grafen von Glatz competirenden iuris patronatus*“.

1750, 1. August
Reglement, Prozeßordnung
KORNSCHE SLG. V (= Nachtrag), S. 304–329, S. 326f.
Aufsicht über Kirchen und Schulen obliegt Oberamtsregierungen bzw. den mit diesen „*kombinierten*“ Oberkonsistorien (§ 15).

1750, 8. August
Reglement, nach welchem künftig die Gravamina in geistlichen Sachen ... entschieden werden sollen.
KORNSCHE SLG. V (= Nachtrag), S. 415–432
Notwendige Neubauten oder Reparaturen von Kirchen- und Schulgebäuden sind dem Patronatsherren zu melden (§ 11 a); die Höhe des Beitrags hierzu aus dem Kirchenvermögen setzt die Oberamtsregierung fest (§ 11f.) (S. 422f., 432 auch SLG. SVAREZ, II, 2, S. 412ff., 417f.).

1751, 24. September
Immediat-Bericht des Etatministers Münchow; Entscheidung des Königs
LEHMANN III, Nr. 380, S. 333
Auf Bitten der Eltern wird Errichtung einer katholischen Schule genehmigt.

1756, 25. Februar
Schlabrendorff an die schlesischen Kriegs- und Domänenkammern zu Breslau und Glogau
LEHMANN III, Nr. 740, S. 629
Schulen in Oberschlesien:
In polnisch-sprachigen Ortschaften sollen in Zukunft nur solche Schulmeister angestellt werden, welche sowohl polnisch als deutsch sprechen.

1756, 15. März
General-Leutnant La Motte Fouqué an Schlabrendorff
Lehmann III, Nr. 744, S. 632f.
Die kirchlichen Verhältnisse der Grafschaft Glatz: Besetzung geistlicher Stellen und Eintritt in den „geistlichen" Stand nur mit behördlicher Genehmigung.

1757, 31. Dezember
Kabinettsbefehl an die Breslauer, Glogauer und Oberschlesische Oberamtsregierung und das Konsistorium
Lehmann III, Nr. 824, S. 702; Kornsche Slg. VI, S. 701; Zeitschr. f. Kirchenrecht 7, S. 382f.
U. a. Anweisung, kath. Geistliche und Lehrer aus ganz evangelischen Dörfern zu entfernen

1758, 17. März
Schlabrendorff an das Domkapitel zu Breslau
Lehmann IV, Nr. 22, S. 18
Wahrung der landesherrlichen Rechte bei der Vergebung von Domherrenstellen: Mahnung, das landesherrliche Placet einzuholen und zu beachten; Domkapitel fügt sich.

1759, 26. April
Generale des Breslauer Oberkonsistoriums
Vollmer, S. 43f., 100
Anordnung verschärfter Schulaufsicht; Einführung von Schulkatalogen

1759, 2. Mai
Breslauer Oberamts-Kurrende
Geistliche Gerichte für weltliche Sachen nicht mehr zuständig
Kornsche Slg. VI, S. 767f. Lehmann IV, Nr. 80, S. 68f.

1759, 13. Dezember
Kurrende der Breslauer Oberamtsregierung „... *wegen Verbesserung der Schulanstalten in den Städten und auf dem platten Lande*".
Kornsche Slg. VI, S. 788–90, Abdr. auch: Slg. Svarez, II, 2 (1773), S. 843–845
Mahnung zum Zusammenwirken bei der Schulverbesserung an: Pfarrer, Prediger, Grundherrschaften, Magistrate, Gemeinden.
Aufruf zur Bestellung ausgebildeter Schulmeister – geprüft durch Kreisinspektoren.

1760, 16. Mai
Edikt betr. Untersuchung und Bestrafung von durch Prediger und Schulmeister begangenen Verfehlungen
Kornsche Slg. VI, S. 818–822
Zuständig: Oberkonsistorium und Provinzialkonsistorien

1760, 7. Juni
Placet und Nominationsdekret
Der Prälat und Domkapitular Mauriz von Strachwitz zu Breslau wird zum Weihbischof und Suffragan des Herzogtums Schlesien ernannt.
Lehmann IV, Nr. 92, S. 76. Vgl. Nrs. 87, 88, 90, 91
„*Wir Friedrich ... thun kund ..., dass Wir ... den ... Prälaten Mauritz v. Strachwitz ... zum Weihbischof in Schlesien hinwiederum allergnädigst ernennet haben.*"

1760, 18. Dezember
Kriegs- und Domänenkammer zu Breslau an Minister Schlabrendorff
Lehmann IV, Nr. 93, S. 76–89
Visitation der Stifter und Klöster unter den vorigen österreichischen Regierungen; zu beachtende Gesichtspunkte: Bezugnahme auf Kammerinstruktionen der österreichischen Herrscher Ferdinands I., Maximilians II., Leopolds und Karls VI.

1761, 30. November
Erste Verordnung zur Verbesserung der katholischen Trivialschule zu Sagan.
Kleine Schulschriften, 1, 1, S. 1ff.
Erlassen von Johann Ignaz von Felbiger, Abt des gefürsteten Augustiner-Chorherren-Stifts zu Sagan, „*Hochfürstbischöflicher Commissarius in geistlichen Sachen und Erzpriester des Saganischen Fürstenthums*"
Erste Schulreformverordnung Felbigers; enthält Stundenplan, Stoffverteilungsplan, methodische Anweisungen, Lehrerdisziplinarrecht.

1762, 30. Juli
Minister Schlabrendorff an die schlesischen Kriegs- und Domänenkammern
Lehmann IV, Nr. 100, S. 92
Der König behält sich die Besetzung sämtlicher katholischer Pfarrstellen vor.

1762, 31. Dezember
Verhandlungen über den Frieden zwischen Preußen und Österreich
Kirchlicher status quo in Schlesien
LEHMANN IV, Nr. 102, S. 93–101
Berichte Hertzbergs aus Hubertusburg. Ringen um Formulierung der Garantie des kirchlichen status quo für das katholische Schlesien (bes. aaO., S. 96ff.; BEAULIEU-MARCONNAY, S. 234).

1763, 20. März
Kabinettsbefehl an das Geistliche Departement in Schlesien
LEHMANN IV, Nr. 110, S. 108
Schlesisches Schulwesen: „S.K.?. ... Hauptaugenmerk auf Aufrechterhaltung der Schulen im Lande und die gute Ordnung bei solchen." Das Departement weist die Superintendenten bzw. den Weihbischof an, die erforderlichen Untersuchungen anzustellen und halbjährlich dem Departement Berichte über Zustand der Schulen und erforderliche Reformen einzureichen.
Diesbezügliche Verordnung für den Weihbischof von Breslau vom gleichen Tage
NCC 3, Sp. 203

1763, 30. März
Schlabrendorff an Danckelmann
LEHMANN IV, Nr. 114, S. 11
Von Strachwitz Bischöflicher Generalvikar
(vgl. auch diesbezügliches Schreiben Schlabrendorffs an Danckelmann v. 25. März – aaO., Nr. 113, S. 110f.)

1763, 18. Mai
Schlabrendorff an die Kriegs- und Domänenkammer zu Breslau
LEHMANN IV, Nr. 119, S. 113f.
Zustand des schlesischen Schulwesens. Einführung der deutschen Sprache in Oberschlesien. Erinnerung an die Kabinettsbefehle vom 20. März.

1763, 17. Juni
„Vorläufige Anzeige von besserer Einrichtung der öffentlichen Trivialschule zu Sagan" –
Kleine Schulschriften T. I, Nr. 2, S. 16ff.
Verordnung Abt Felbigers
Erster Bericht über Ansätze einer Schulverbesserung.

1763, 12. August
Kgl. Preuß. General-Land-Schul-Reglement, wie solches in allen Landen Sr. Kgl. Maj. von Preußen durchgehens zu beobachten
NCC 3, Sp. 265ff.; Menzel, S. 1ff.; Froese/Krawietz, S. 105ff.; Rönne, Unterrichtswesen I, S. 64ff.; Bona Meyer, S. 113ff.

1763, 27. September
Schlabrendorff an die beiden schlesischen Kriegs- und Domänenkammern
Lehmann IV, Nr. 131, S. 128
Die bisher von den evangelischen Herrschaften an die kath. Parochianen gezahlten Abgaben („Decimen und Offertoria") sollen zur Verbesserung des in schlechtem Zustand befindlichen evangelischen schlesischen Schulwesens auf den Herrschaftsgütern verwendet werden.

1763, 10. November
J. I. von Felbigers „Verordnung, nach welcher die Schulen der zum Saganschen Stifte gehörigen Dörfer eingerichtet und verbessert werden sollen"
Kleine Schulschriften T. I, Nr. 3, S. 32ff.; Kornsche Slg. VIII, S. 197–212
Abdruck dieser VO (ohne Eingang und Schluß) als *„Instruction für die katholische Schulmeister"* für die kath. Geistlichkeit in ganz Schlesien einschließlich der Grafschaft Glatz als Kammerverordnung des Jahres 1765
Aufzählung der Hindernisse für eine Schulreform, Anweisungen und Mahnungen.

1763, 25. November
Begleitzirkular für die vorstehende Verordnung
Kleine Schulschriften T. I, Nr. 4, S. 54ff.; Kornsche Slg. VIII, S. 192–197

1764, 14. Februar
Joh. Jul. Hecker an Schlabrendorff
Lehmann IV, Nr. 147, S. 151f.
Hecker übersendet General-Land-Schul-Reglement von 1763, weist empfehlend auf den Prälaten von Sagan hin: von Felbiger habe die Schuleinrichtungen in Berlin studiert und ein vortreffliches Reglement für seine kath. Dorfschulen angefertigt.
Schlabrendorff antwortet (7. März): werde sich Felbigers Plan kommen lassen.

1764, 5. März
Ministerielle Entschließung für das Domkapitel zu Breslau
Lehmann IV, Nr. 153, S. 157–159, 158
Zurückweisung der Religionsbeschwerden. Erörterung des status quo. Vgl. Eingabe des Domkapitels vom 10. Februar (aaO., Nr. 146, S. 145–151).

1764, 5. März
Entwurf eines Edikts betr. Pfarrrechte für Schlesien und Glatz
Lehmann IV, Nr. 154, S. 159–161
Einschränkung der Pfarrechte auf die eigenen Glaubensverwandten. Sorge für die Schule: *„Nicht weniger werden wir ... dahin Vorsehung tun, dass Unsere katholischen Unterthanen mit tüchtigen Kirchen - und Schuldienern ihres Glaubensbekenntnisses, so sie und ihre Kinder neben andern christlichen Tugenden auch zur Treue und Rechtschaffenheit gegen Uns als ihre Landesobrigkeit anführen, versehen und diese bei Verwaltung ihres Amtes auch mit dem erforderlichen Unterhalt versorget werden müssen" (aaO., S. 161)*
Vgl. auch aaO., Nr. 148, S. 152f., *152*

1764, 9. März
Felbiger an Schlabrendorff
Lehmann IV, Nr. 156, S. 162f.
Übersendung der Saganer Schulreformverordnungen; Hinweis auf bisherige Tätigkeit.

1764, 9. April
Etats-Ministerium an Schlabrendorff
Einrichtung eines staatl. Schul-Fonds
Lehmann IV, Nr. 169, S. 173f., vgl. Antw. v. 28. 4. aaO., Nr. 171, S. 175f.; Nr. 173, S. 177ff., *178f.*

1764, 15. Mai
Schlabrendorff an Kriegs- und Domänenkammer zu Breslau
Lehmann IV, Nr. 177, S. 182–185
Kläglicher Zustand der Schulen, namentlich in Oberschlesien. Anweisungen für Reformmaßnahmen (Abschrift an Kammer in Breslau)

1764, 17. Mai
Schlabrendorff an die Kriegs- und Domänenkammer zu Breslau
Lehmann IV, Nr. 178, S. 185f.
Für effektive Schulverbesserung und Einführung der deutschen Sprache

soll Klerus, vor allem in Oberschlesien, binnen eines Jahres Deutsch lernen. Pfarrstellen künftig nur an Kandidaten, die sowohl Deutsch wie auch Polnisch verstehen. Die bisher für die Schulen auf dem Lande erlassenen Reformvorschriften sollen auf die Städte ausgedehnt und zu diesem Zweck den Steuerräten übersandt werden.

1764, 22. Mai
Anschlußerlasse an die Verfügung vom 17. Mai: an das Bischöfliche Generalvikariat zu Breslau, die Dekane der Olmützer und Krakauer Diözese, die oberschlesischen Klöster, die oberschlesischen Land- und Steuerräte
KORNSCHE SLG. VIII, S. 127ff.; vgl. Anm. zu Nr. 178. LEHMANN IV, S. 186f.

1764, 4. Juli
Schlabrendorff an Felbiger
LEHMANN IV, Nr. 186, S. 193f.
Minister läßt die Land-Schul-Verordnung des Saganer Abtes für alle Landschulen Schlesiens umarbeiten. Auftrag, den Entwurf des Saganer Stadtschul-Reglements für sämtliche kath. Stadtschulen Schlesiens umzuformulieren.
Vgl. Felbigers Antwort v. 9. Juli (aaO., Nr. 187, S. 194f.)

1764, 26. Juli
Schlabrendorff an Felbiger
LEHMANN IV, Nr. 188, S. 195
Felbiger soll seine Ausarbeitung vorerst auf die Einrichtung von Trivialschulen in den Städten beschränken, und zwar dergestalt, daß sie späterhin generaliter auf alle Schulen ausgedehnt werden könne.

1764, 14. September
Schlabrendorff an die beiden schlesischen Kriegs- und Domänenkammern
LEHMANN IV, Nr. 198, S. 203f.
Interesse Sr. K. M. an Förderung der deutschen Sprache in den polnischsprachigen Gemeinden; Zusammenhang mit der notwendigen Schulverbesserung

1764, Oktober
Felbiger an Schlabrendorff
Inhaltsangabe: VOLLMER, Pr. Volksschulpolit. S. 92f.
Übersendung des *„Pro Memoria betr. die Verbesserung der Dorff- und so genannten Trivial-Schulen in Städten“*

1764, 3. Oktober
Schlabrendorff an Kriegs- und Domänenkammer zu Glogau
Lehmann IV, Nr. 202, S. 207
Äußert Zufriedenheit über Fortschritte in der Verbesserung des Schulwesens. Kinder aus Ortschaften des Saganer Bezirks dürfen nicht in Schulen „außer Landes“ geschickt werden, sondern sind in benachbarte Landschulen einzuteilen.
Bericht über Schul- und Lehrersituation angefordert.

1764, 5. November
Schlabrendorff an Kriegs- und Domänenkammer zu Breslau
Lehmann IV, Nr. 206, S. 209
Mahnung zur Eile in Sachen der Schulverbesserung. Über das vom Saganer Prälaten übergebene Reformprojekt zur Einrichtung der Trivialschulen umgehend gutachtliche Äußerung angefordert.

1764, 6. November
Schlabrendorff an Felbiger
Lehmann IV, Nr. 207, S. 210
Bittet um intensive Befassung mit dem ihm von der Kammer übertragenen Entwurf eines „General-Schulen-Reglements“

1764, 8. November
Verordnung – Schlabrendorff an die Kriegs- und Domänenkammer zu Breslau
Lehmann IV, Nr. 209, S. 211–213; vgl. Bezugserlaß v. 12./27. 1. an d. Bisch. Generalvik.
Kornsche Slg. VIII, S. 326ff. mit Abschr. an die Dekane der Krakauer, Olmützer u. Prager Diözese, – aaO., S. 328f.
Einrichtung von Seminarien zur Verbesserung des Schulwesens auf Vorschlag Felbigers. Finanzierung: Erhebung eines Quartalsbetrags von den Pfarreinkünften bei jeder neuen Pfarrbesetzung. Anweisung an sämtl. Pfarrer, sich mit der neuen Lehrart im Seminar bekanntzumachen. Verpflichtung für alle Pfarramtskandidaten, Zeugnis über den Besuch des Seminars vorzuweisen – entsprechendes habe zu gelten für alle Theologie-Kandidaten. Anweisung an alle im Amt befindlichen Lehrer, sich sukzessive mit der neuen Lehrart vertraut zu machen.

1764, 28. November
Erlaß der Kriegs- und Domänenkammer zu Breslau an Weihbischof Strachwitz

Lehmann IV, Nr. 210, S. 213f. Kornsche Slg. VIII, S. 355f.
Einrichtung kath. Schulseminare. Lob für bisherige Maßnahmen, Anweisung, weitere Seminare einzurichten
(Oppeln, Ratibor, Oberglogau, Stift Grüssau, Stift Rauden und Kloster Heinrichau).
Hinweis auf in Vorbereitung befindliche Instruktion für Inspektoren (Zirkulare an die genannten Magistrate, Herrschaften und Stifter – aaO., S. 356f.).

1764, 12. Dezember
Schlabrendorff an die Kriegs- und Domänenkammer zu Breslau
Lehmann IV, Nr. 213, S. 217f.
Bezug: VO v. 8. Nov. – s.o.
Seminare für die kath. Lehrer. Felbigers Vorschäge, Bitten und Bedenken (hinsichtlich Quartalsbetrag).

1765, 3. März
Schlabrendorff an die Kriegs- und Domänenkammer zu Breslau
Lehmann IV, Nr. 225, S. 229
Kammer soll sich der Verbesserung des Schulwesens mit Eifer annehmen. Angeforderte Berichte werden angemahnt.

1765, 13./16./20. März
Schlabrendorff – Kriegs- und Domänenkammern – Friedrich d. Gr.
Lehmann IV, Nrs. 226ff., S. 229f.;
Päpstliche Verordnungen und landesherrliches Placet
Ausführungsbestimmungen (Kornsche Slg. VIII, S. 530ff.)

1764, 10. April
Felbiger an Schlabrendorff
Lehmann IV, Nr. 230, S. 235; Vollmer, Pr. Volksschulpol. S. 93
Reiseerlaubnis nach Magdeburg und Berlin in Schulangelegenheiten. Antritt der Reise im Mai.

1764, 24. Juli
Schlabrendorff an die Kriegs- und Domänenkammer zu Breslau
Lehmann IV, Nr. 248, S. 251
Mahnung, in der Schulreformarbeit fortzufahren trotz großer Beschwerlichkeiten (S p e z i a l akten bereits auf 39 Bände angewachsen!)

1765, ca. Juli/August
J. I. Felbiger

„Das Allgemeine und Wesentliche von Verbesserung der Trivialschulen in Schlesien ...“
Kleine Schulschriften, T. 2, Nr. G, S. 175ff.; Nova agenda scholastica V, 1765, S. 372ff.
Materialsammlung über bisherige Reformarbeiten aus der Hand Felbigers

1765, 30. Oktober
Immediatbericht Schlabrendorffs
Lehmann IV, Nr. 254, S. 254f.
Bericht über die bisherigen Bemühungen um eine Verbesserung des Schulwesens: Versuche, die Lehrerbesoldung zu verbessern; Entfernung unqualifizierter und Anstellung besserer Schullehrer; Sorge um die Einführung der deutschen Sprache; Einrichtung von 251 neuen Schulen; Errichtung von Schulseminaren zu Breslau, Sagan, Frankenstein, Neiße, Habelschwerdt, Oppeln, Ratibor, Grüssau, Leubus, Heinrichau und Rauden; Bestellung von Schulinspektoren in jedem Kreise; Mitfinanzierung der Schulen über die sogenannten Quartalsbeträge; Lob für Felbiger; Übersendung des von Felbiger entworfenen „General-Schul-Reglements für die kath. Schulen in Schlesien“.

1765, 3. November
Königlich-Preußisches-General-Landschul-Reglement für die Röm. Kath. in Städten und Dörfern des souveränen Herzogtums Schlesien und der Grafschaft Glatz
Kornsche Slg. VIII, S. 780ff.; Felbiger, Kleine Schulschriften, S. 345ff.
Menzel, S. 26ff.; Rönne, Unterrichtswesen I, S. 131ff.
Lehmann IV, Nr. 255, S. 255–73;

1765, 18. Dezember
Kab.-O. an schlesische Landräte
Kornsche Slg. VIII, S. 842f.
„Erbauung neuer Schulhäuser und Anstellung brauchbarer Schulmeister“ eingeschärft.

1765, 28. Dezember
Hirtenbrief des Breslauer Weihbischofs (v. Strachwitz)
Kornsche Slg. VIII, S. 849ff.; Lehmann IV, Nr. 262, S. 279–282
„Nothwendigkeit und Nutzen der neu einzuführenden Trivial-Schulen“ betr.

1766, 3. Januar
Schlabrendorff an Felbiger
Lehmann IV, Nr. 263, S. 283
Einladung an Felbiger, nach Breslau zu kommen, um Schulreformfragen am Ort zu besprechen. U. a. um den bestellten Schulinspektoren und Visitatoren die Sache im Detail zur Kenntnis zu bringen.
Vgl. Schlabrendorff – 16. Dezember 1765 (aaO., Nr. 259, S. 276f.)

1766, 3. Januar
J. I. v. Felbiger – Begleitzirkular für das Archipresbyterat Sagan zum General-Landschul-Reglement
Kl. Schulschriften, T. 1, S. 64–79
Begründungen und Erklärungen zu Inhalt und Methode der Verbesserungsarbeiten.

1766, 21. April
Zirkular an Land- und Steuerräte
Kornsche Slg. IX, S. 95f.
Anstellung von Schulmeistern; Gespann für Inspektoren.

1767, 6. Januar
Zirkular der Kriegs- und Domänenkammer zu Breslau an die oberschlesischen Landräte
Kornsche Slg. X, S. 1f.; Lehmann IV, Nr. 294, S. 311f.
Sorge wegen nachlässigen Schulbesuchs (§§ 25–27 des Schul-Reglements). Grundherrschaften der Kreise werden angewiesen, für besseren Schulbesuch zu sorgen und die Lehrer sukzessive in das Seminar zu schicken.
Vgl. auch die Zirkulare vom 3. 5. 1767 und 17. 7. 1768 (Kornsche Slg. X, S. 54 und 265).
Gleichzeitige Zirkulare der Kammer zu Breslau (Kornsche Slg. X, S. 1f.) an die oberschlesischen Steuerräte und an die oberschlesischen Land- und Steruerräte: a) Sorge um Wiederaufbau von Schulen; b) kein Junge darf ohne Attest des Schulinspektors über ausreichend besuchten Unterricht als Lehrling angenommen werden.

1767, 3. Mai
Zirkular an Land- und Steuerräte im Breslauer Kammer-Departement
Kornsche Slg. X, S. 54f.
Schlechter Fortgang der Schulreformarbeiten – besonders von seiten der Dominien und Bürger: Schulberichte werden angefordert; Schulbauten vorgeschrieben; Schulrevision durch Inspektor angekündigt.

1767, 22. Juni
Zirkular der Kriegs- und Domänenkammer zu Breslau an sämtliche Landräte der oberschlesischen Kreise
Kornsche Slg. X, S. 73f.; Lehmann IV, Nr. 302, S. 317
Anstellung tauglicher Lehrer: Geeignete Personen sollen ins Seminar geschickt werden; Zuschuß aus der Seminarienkasse. Jedoch: „Damit ihnen (d. h. den Grundherrschaften) hierdurch nicht zum Ackerbau taugliche Leute entzogen werden ... so sind die Herrschaften angewiesen, hierzu einige ihrer Bedienten, einen Professionisten oder einen Studenten auszusuchen." Militärdiensttaugliche Personen dürfen nicht genommen werden.

1768, 9. März
Zirkular der Kriegs- und Domänenkammer zu Breslau an die Landräte des Breslauer Kammerbezirks
Kornsche Slg. X, S. 152f.; Lehmann IV, Nr. 312, S. 326f.
Probleme der Realisierung der Schulbesuchspflicht: Anweisung, nachdrücklich auf die Grundherrschaften einzuwirken.
Abschrift an das Bischöfliche Generalvikariat mit dem Befehl, „die Schulinspectores ebenfalls zu instruieren, daß sie die Besuchung deren Schulen möglichst urgieren; auch die Pfarrer und Geistlichen dahin anzuweisen, daß sie den Einwohnern das Anhalten ihrer Kinder zur Schule zum öfteren einschärfen, ihnen das Vorurteil und den Widerwillen gegen die Schule benehmen ..." (vgl. Lehmann IV, S. 326 unten).

1768, 4. April
Schlabrendorff an Felbiger
Lehmann IV, Nr. 313, S. 327f.
Dank für seine Verdienste um das schlesische Schulwesen

1768, 4./8. Juli
Schriftwechsel zwischen Felbiger und Schlabrendorff
Lehmann IV, Nr. 316, S. 331f.; 332
Verbesserung der Schulen in der Grafschaft Glatz, Unterstützung durch den Prager Weihbischof
Felbiger, Glatz, 4. Juli:
Bericht über die durch den Prager Weihbischof durchgeführte Lokalvisitation; abschließende Konferenz über Probleme der Schulverbesserung; Ausführung von Einzelproblemen. Hinweise auf von ihm selbst geplante Visitation und die beabsichtigte Verbesserung des Seminars.
Schlabrendorff, Kolzig, 8. Juli: Anerkennung für Felbigers Vorgehen.

1768, 26. September
Felbiger an die Kriegs- und Domänenkammer zu Breslau
Lehmann IV, Nr. 321, S. 335–339
Felbiger schlägt Änderung für Zahlung des Schulgeldes vor: Im Anschluß an das Vorbild der Stifte Grüssau und Heinrichau empfiehlt er die Vorauszahlung des Schulgeldes quartaliter. Die guten Erfahrungen führten dazu, daß bereits andere Grundherrschaften und Distrikte sich diesem Vorbild anschlossen. Felbiger widerlegt im einzelnen die Angriffe gegen diese Regelung.

1768, 12. November
Kabinettsbefehl an das Geistliche Departement
Lehmann IV, Nr. 323, S. 340, vgl. Erlaß v. 9. Dez.
Anweisung an das Geistliche Departement, für eine Revision sämtlicher Schulanstalten durch die Inspektoren zu sorgen (worüber sie einen „unmittelbaren" Bericht vorzulegen haben).

1768, 9. Dezember
Erlaß des Geistlichen Departements an Felbiger
Lehmann IV, Nr. 325, S. 342
Anweisung, über das kath. Schulwesen Schlesiens zu berichten (gleichzeitige entsprechende Anweisung an die drei schlesischen Oberamtsregierungen).
Beantwortet am 5. Januar 1769. Vgl. den Kabinettsbefehl v. 12. November und Felbigers Schreiben v. 16. Dezember 1768

1768, 16./21. Dezember
Schriftwechsel zwischen Felbiger und Schlabrendorff
Lehmann IV, Nr. 327, S. 344f.
Felbiger, Sagan, 16. Dezember: überreicht den Erlaß des Geistlichen Departements v. 9. Dezember; fragt an, ob er auf miserablen Zustand des Gymnasialwesens eingehen solle.
Schlabrendorff, Breslau, 21. Dezember: empfiehlt Beibehaltung der im Schul-Reglement enthaltenen Regelung für die Zahlung des Schulgeldes.

1768, 30. Dezember
Kabinettsbefehl an Schlabrendorff (beantwortet am 18. 1. 1769)
Lehmann IV, Nr. 329, S. 346
Anweisung, Kammern aufzufordern, die Eltern auf die Schulbesuchspflicht hinzuweisen.

1768, 31. Dezember
Erlaß der Kriegs- und Domänenkammer zu Breslau an das Fürstbischöfl. Generalvikariat
Lehmann IV, Nr. 330, S. 346
Schulgeldprobleme: Diesbezügliche Regelung im Schul-Reglement dahingehend abgeändert, daß Herrschaften und Gemeinden verpflichtet sind, nach dem Schul-Reglement zu entrichtendes Schulgeld auf sämtliche Grund- und Hausbesitzer der Gemeinden anteilmäßig aufzuteilen, in monatlichen Raten einzuheben und quartaliter dem Lehrer statt des Schulgeldes auszuzahlen. Hinweis auf gleichzeitiges Zirkular an sämtliche Landräte zur Bekanntmachung an die Schulinspektoren und Einschärfung an die Pfarrer (Abdruck bei Felbiger, Kleine Schulschriften, S. 404ff.).

1769, 5. Januar
Bericht Felbigers (= Antwort auf den Erlaß vom 9. Dezember 1768) an den König
Lehmann IV, Nr. 331, S. 347–353
Zustand der kath. Schulen.
Änderungs- und Verbesserungsvorschläge auch für die Pfarrschulen in Städten und für die Gymnasien. Harte Kritik am Zustand der Gymnasien.

1769, 18. Januar
Immediat-Bericht Schlabrendorffs
Lehmann IV, Nr. 333, S. 354
Verbesserung des schlesischen Schulwesens: Hinweis u. a. auf das Schul-Reglement von 1765, auf 238 eingerichtete evgl. und 240 kath. Schulen in Schlesien.

1769, Januar/Februar
Schriftwechsel zwischen Felbiger und Schlabrendorff
Lehmann IV, Nr. 334, S. 354–358
Felbiger, Sagan, 26. Januar:
Klage über mangelnde Unterstützung seitens der Behörden bei der Lösung des Schulgeldproblems; Hinweis auf Zustand der Gymnasien; kurzes Eingehen auf seinen Bericht v. 5. Januar über den Zustand der Trivialschulen.
Schlabrendorff, Breslau, 4. Februar: Erhofft sich vom Bericht Felbigers Erfolge; verspricht verschärfte Reskripte an den Landrat der Grafschaft Glatz; will die eingehenden Nachrichten der Schulinspektoren der Graf-

schaft entsprechend auswerten; aus der angewachsenen Hauptseminarienkasse sollen Schullehrer-Kandidaten unterstützt werden; bezüglich Universität und Jesuitengymnasien Übereinstimmung mit Felbiger.
Schlabrendorff, Breslau, 23. Februar: Dank für den Bericht vom 5. Januar; erhofft sich Fortschritte bezüglich Gymnasial-Reform.

1769, 21. Oktober
Schlabrendorff an die Kriegs- und Domänenkammer zu Breslau
Lehmann IV, Nr. 352, S. 372
Mahnung zur Verbesserung des Schulwesens

1769, 30. Dezember
Zirkular der Kriegs- und Domänenkammer zu Breslau an sämtliche Landräte des Breslauer Kammerbezirks
Kornsche Slg. XI, S. 305f.; Lehmann IV, Nr. 360, S. 381f.
Verfügungen der Kammer betreffend die kath. Schulen dürfen nicht auf evgl. Schulen ausgedehnt werden (Betr. Verordnung vom 31. Dezember 1768 bzw. vom 17. Januar 1769).

1770, 12./26. März
Schriftwechsel Felbiger – Etatminister Hoym
Lehmann IV, Nr. 368, S. 390f.
Felbiger weist unwahre Nachrichten über das schlesische Schulwesen zurück, schickt entsprechende Zeitungsmeldungen ein; bittet um Veranlassung eines Widerrufs; Widerruf genehmigt.

1772, 16./21. Juni
Schriftwechsel zwischen Hoym und dem Kabinett
Lehmann IV, Nr. 439, S. 441–443
Hoym beklagt das Fehlen geeigneter Lehrer; Seminarkasse sei gewachsen, so daß sukzessiv Kandidaten unterstützt werden können; bewährte Schulinspektoren sollen bei freiwerdenden Kollegiat-Benefizien berücksichtigt werden.
Kabinettsbefehl, Potsdam, 21. Juni: Lob für Hoyms Bericht; Inspektoren sind entsprechend dem gemachten Vorschlag zu behandeln.

1772, 10. August
Etatminister Carmer an Justiz-Departement des königl. Etat-Ministeriums zu Berlin (Antwort am 18. September)
Lehmann IV, Nr. 444, S. 447–453
Rechte und Pflichten der Kirchenpatrone in Schlesien – Empfehlung: Befreiung von Patronatslasten durch Verzicht auf Patronatsrechte nicht zuzulassen.

1774, Januar–März
Schriftwechsel Felbiger und Etatminister Carmer
LEHMANN IV, Nr. 566, S. 587–89
Reform der schlesischen Gymnasien. U. a. Hinweise auf Schulreformvorhaben anderer Territorien
Felbiger, Sagan, 31. Januar
Carmer, Breslau, 9. Februar
Felbiger, Sagan, 18. Februar
Carmer, Breslau, 15. März

1774, 15. August
Schriftwechsel zwischen Carmer und Kabinett, betr. die Jesuiten und die schlesischen Schulen
LEHMANN IV, Nr. 599, S. 610f.
Vorlage des Entwurfs für ein Reglement. Vgl. auch aaO., Nr. 566 und 603

1774, 14. September, Wien
Felbiger an Carmer
LEHMANN IV, Nr. 608, S. 615f.
Bericht über Unterredung mit dem Päpstlichen Nuntius über die Jesuiten. Anerkennung der Königswürde von seiten Roms.

1774, 11. Dezember
Schul-Reglement für die Universität in Breslau und die kath. Gymnasien in dem Herzogtum Schlesien und der Grafschaft Glatz
LEHMANN IV, Nr. 630, S. 630–637; KORNSCHE SLG. XIX, S. 354ff.

II Schulaufsicht / staatliche Kompetenz(ansprüche) im Schulwesen

1662
Allg. Puncte d. Fürstl. Kirchen-Ordnung i. d. Fürstentümern Liegnitz, Brieg und Wohlau
BRACHVOGELSCHE SLG., 3. Teil, S. 743–48, *744/45*
Lehensherrschaften und Collatoren haben die Pfarrer zu sorgfältiger Aufsicht über Schulen und deren Schreiber anzuhalten

1669, 10. Juli
„Kayserliche Resolution in Religiosis ...“
Arnoldsche Slg. II, S. 123ff.
Das *„uncatholische Schulhalten ist eine vorhin durchgehends abgeschaffte Sache“*

1702, 1. April
Kaiserliches Reskript
Arnoldsche Slg. II, S. 237ff.
1. In bestehende Patronatsrechte darf nicht eingegriffen werden.
2. Nomination und Bestellung von Kirchen- und Schulbedienten steht nicht Ortspfarrer, sondern Inhaber des Kirchenpatronates zu.

1706, 23. Juni
Oberamts-Patent
Arnoldsche Slg. II, S. 270f.
Zugunsten der Breslauer Universität Verbot der *„Lateral-Schulen“* (der Dominikaner und Minoriten)

1742, 15. Januar
Notifikationspatent – Einrichtung des weltlichen und geistlichen Justizwesens in Niederschlesien
Kornsche Slg. I, 2, S. 16–25; Slg. Svarez II, 1 (1772), S. 3–12; Teilabdr. Lehmann II, Nr. 83, S. 56ff.
„§ 19. Vor ... Consistoria gehören ... Aufsicht über die Prediger, Kirchen und Schulen“ (S. 57)
Vgl. auch § 29 (S. 59).

1742, 13. September
Ev.-Luth. Inspektions- und Presbytherialordnung für das Herzogtum Schlesien
Kornsche Slg. I, 2, S. 182–191
Für die Aufsicht über Pastoren, Kirchen und Schulen werden Superintendenten bzw. *„Pastores Primarii“* bzw. Senioren als Inspektoren *„verpflichtet“* und *„autorisiert“*. Die Aufsicht erstreckt sich auf Lehre, Leben und Amtsführung (§ 2). Konkrete Anweisung hierzu in den §§ 3 (Schlichtung von Streitfällen), 4 (Sorge für Anstellung tauglicher Lehrer; Schulbesuch), 9 (Visitationen), 15 (Prüfung von Lehramtskandidaten), 16 (Berichte und Protokolle).

1743, 2. Februar
Erlaß an Kardinal Sinzendorf
Lehmann II, Nr. 274, S. 242f.

Anweisung, die staatlichen Schulverbesserungsbestrebungen zu unterstützen und für Realisierung im kath. Bereich zu sorgen.
Vgl. Bezugserlaß an die schlesischen Oberamtsregierungen und Oberkonsistorien vom gleichen Tage (aaO., Nr. 273, S. 241f.)
sowie den Kabinettsbefehl an Etats-Minister von Arnim in dieser Sache vom 23. Februar 1747 (aaO., Nr. 801, S. 646).
Vgl. auch Mahnung in dieser Sache vom 28. Februar 1747 (aaO., Nr. 803, S. 647).

1747, 23. Februar
Kabinettsbefehl an Etats-Minister von Arnim
LEHMANN , Nr. 801, S. 646
Inpflichtnahme der kath. Kirchenbehörde für die staatlichen Schulverbesserungsvorhaben.
Anweisung: Diesbezügliche Reskripte dem „*Cardinal communiciren lassen und denselben zugleich aufgeben ..., seines Ortes dahin zu sehen, daß allen denjenigen, so darinnen befohlen worden, von seiten der Katholiken ... ein exactes Genügen geschehen müsse*".

1747, 29. Juni
Vorschläge zur Hebung des schlesischen Schulwesens im Bericht des Glogauer Oberkonsistoriums
LEHMANN II, Nr. 837, S. 673–678
1. „*General-Kirchen- und Schulen-Visitation*"
...
4. Die Schulinspektoren für ihre Visitationstätigkeit „*mit der gebührenden Autorität ... versehen*"
...
9. „*... öffentlich Examina ... mit Zuziehung des Inspectoris scholae* und ... *einiger Rathsglieder ...*"

1748, 22. Februar
Evang.-Luth. Visitationsordnung
KORNSCHE SLG. III, S. 187–194; V (= Nachtrag), S. 260–266
In dieser staatlich erlassenen Visitationsordnung Anweisung für die Visitation auch der Lehrer, Küster und Schulen (bes. §§ VII und XII).
Vgl. Inspektions- und Presbyterialordnung vom 13. September 1742 (bes. § 9).

1750, 1. August
Reglement-Verfahrensordnung für die Landeskollegien in Schlesien und der Grafschaft Glatz

Kornsche Slg. V (= Nachtrag), S. 304–329
Aufsicht über Schulen obliegt Oberamtsregierungen bzw. Oberkonsistorien.
„Unsern Ober-Amts-Regierungen und denen nunmehro mit selben combinirten Ober-Consistoriis oblieget, auf allen Kirchen und Schulen, deren Lehrer und Bediente besonders Acht zu haben“ ... Wir belassen es dabei, *„daß die Aemter zu sothanen Amts-Kirchen und Schulen die Lehrer und Prediger, auch Unter-Bediente vociren, und nach vorhergegangenen Votiren in der Gemeine, nach ausgefallenen pluralitate Votorum Unser in Schlesien dirigirender Ministre die Vocation zu Unserer Confirmation bringe“* (§ 15).

1750, 8. August
Reglement betr. Entscheidung der Gravamina in geistlichen Sachen
Kornsche Slg. V (= Nachtrag), S. 415–432
Oberamtsregierung setzt die Höhe des Beitrags aus dem Kirchenvermögen für notwendige Neubauten oder Reparaturen an Kirchen- und Schulgebäuden fest (§ 11f.).

1751, 24. September
Königliche Entscheidung auf Immediatbericht des Etatministers
Lehmann III, Nr. 380, S. 333
Staatliche Genehmigung für die Errichtung einer kath. Schule in Leobschütz

1759, 13. Dezember
Kurrende der Breslauer Oberamtsregierung
Kornsche Slg. VI, S. 788–790
Nachdrückliche Mahnung zum Zusammenwirken staatlicher und kirchlicher Instanzen bei der Schulverbesserung (Pfarrer, Prediger, Grundherrschaften, Magistrate, Gemeinden).
Anweisung an Kreisinspektoren, von den Patronen präsentierte Schulamtsbewerber zu prüfen und auch selbst Schulmeisternachwuchs auszubilden, um sie den präsentationsberechtigten Grundherrschaften und Magistraten in Vorschlag zu bringen.

1760, 16. Mai
Edikt betr. Untersuchung und Bestrafung von Verfehlungen, begangen durch Prediger und Schulmeister
Kornsche Slg. VI, S. 818–822
Derartige Verfahren fallen in die Zuständigkeit des Oberkonsistoriums und der Provinzialkonsistorien – mit Ausnahme der Vergehen, die eine Leibes- oder Lebensstrafe nach sich zögen.

1761, 30. November
J. I. von Felbiger – 1. Verordnung zur Verbesserung der kath. Trivial-Schulen zu Sagan
Kleine Schulschriften, I, 1, S. 1ff.
Der Abt des Chorherrenstifts als Schulherr gibt in seiner ersten Reformverordnung Anweisungen für Stundenplan, Stoffverteilung, Methodik, sowie Lebens- und Amtsführung des Lehrers.

1763, 20. März
Kabinettsbefehl an das Geistliche Departement betr. Verbesserung des schlesischen Schulwesens
Lehmann IV, Nr. 110, S. 108
Evang. und kath. Kirchenbehörden werden angewiesen, Kraft staatlichen Auftrags tätig zu werden; Superintendenten und Weihbischof haben die vorgeschriebenen Untersuchungen anzustellen und halbjährlich dem Departement Berichte über Zustand der Schulen und Schulreformversuche einzureichen.
Vgl. VO für den Weihbischof von Breslau vom gleichen Tage (NCC 3, Sp. 203).

1763, 12. August
General-Landschul-Reglement
NCC 3, Sp. 265ff., weitere Fundstellen s.o. A I
Schulaufsichtsbestimmungen in den §§ 24–26:
Prediger, Superintendenten, Inspektoren, Praepositi/Erzpriester und Konsistorium sollen gemeinsam die Bestimmungen des Reglements durchführen (§ 24)

1764, 5. März
Entwurf eines Edikts betr. Pfarrrechte für Schlesien und Glatz
Lehmann IV, Nr. 154, S. 159ff., *161*
Staat übernimmt Sorge für die Schule:
„Nicht weniger werden wir … dahin Vorsehung tun, dass Unsere katholischen Unterthanen mit tüchtigen Kirchen- und Schuldienern ihres Glaubensbekenntnisses, so sie und ihre Kinder neben andern christlichen Tugenden auch zur Treue und Rechtschaffenheit gegen Uns als ihre Landesobrigkeit anführen, versehen und diese bei Verwaltung ihres Amtes auch mit dem erforderlichen Unterhalt versorget werden müssen“
(Vgl. auch aaO., Nr. 148, S. 152f., *152*).

1764, 9. April
Etats-Ministerium an Schlabrendorff

Lehmann IV, Nr. 169, S. 173f., vgl. Antw. v. 28. 4. aaO., Nr. 171, S. 175f.; Nr. 173, S. 177ff., *178f.*
U. a. Einrichtung eines staatlichen Schul-Fonds.

1764, 26. Juli / 14. September / 3. Oktober / 5./6./8./28. November / 12. Dezember
Zusammenarbeit Abt Felbiger / Minister Schlabrendorff
Fundstellen vgl. Regesten A I
Abt wird im Auftrage des Staates, nach Anweisung des Ministers tätig. Staatliche Behörden beauftragen kirchliche Personen und Institutionen mit der Durchführung von Schulreformmaßnahmen.

1765, 30. Oktober
Immediatbericht Schlabrendorffs
Lehmann IV, Nr. 254, S. 254f.
Bericht über die bisherigen Bemühungen um eine Verbesserung des Schulwesens macht den inzwischen unbestrittenen Gesamtanspruch des Staates auf das Schulwesen deutlich: Versuche, die Lehrerbesoldung zu verbessern; Entfernung unqualifizierter und Anstellung besserer Schullehrer; Sorge um die Einführung der deutschen Sprache; Einrichtung von 251 neuen Schulen; Errichtung von Schulseminaren zu Breslau, Sagan, Frankenstein, Neiße, Habelschwerdt, Oppeln, Ratibor, Grüssau, Leubus, Heinrichau und Rauden; Bestellung von Schulinspektoren in jedem Kreise; Mitfinanzierung der Schulen über die sogenannten Quartalsbeträge; Lob für Felbiger, Übersendung des von Felbiger entworfenen *„General-Schul-Reglements für die kath. Schulen in Schlesien"*.

1765, 3. November
Königlich-Preußisches-General-Land-Schul-Reglement für die Röm. Kath. in Städten und Dörfern des souveränen Herzogtums Schlesien und der Grafschaft Glatz
Lehmann IV, Nr. 255, S. 255–73. Weitere Abdr. s. Regesten, A I
Schulaufsichtsbestimmungen §§ 43–73, System aus dem Reglement von 1763 übernommen; weiter ausgebaut. Ortsschulaufsicht (Pfarrer) §§ 43ff., Visitations- und Berichtspflicht.
Bezirksaufsicht (= Archipresbyteratsbezirke = Dekanate) durch Erzpriester §§ 52ff.
Distriktsaufsicht (durch Inspektoren) §§ 62ff.
Oberaufsicht (durch Generalvikariat bzw. Vikare/Dekane auswärtiger Diözesen) §§ 71ff.
Zentralaufsicht (durch Kriegs- und Domänenkammern) §§ 71ff.

Oberste Spitze ist eine staatliche Behörde, unter deren Anleitung und Aufsicht kirchliche Personen und Behörden tätig werden.

1767, 6. Januar
Zirkular der Kriegs- und Domänenkammer zu Breslau an die oberschlesischen Landräte
Kornsche Slg. X, S. 1f.; Lehmann IV, Nr. 294, S. 311f.
Grundherrschaften der Kreise werden angewiesen, für besseren Schulbesuch zu sorgen und Lehrer des Kreises sukzessive in das Seminar zu schicken.
Gleichzeitige Zirkulare der Kammer zu Breslau (Kornsche Slg. X, S. 1f.) an die oberschlesischen Steuerräte und an die oberschlesischen Land- und Steuerräte: kein Junge darf ohne Attest des Schulinspektors über ausreichend besuchten Unterricht als Lehrling angenommen werden.

1767, 3. Mai
Zirkular an Land- und Steuerräte im Breslauer Kammer-Departement
Kornsche Slg. X, S. 54f.
Schlechter Fortgang der Schulreformarbeiten – besonders von seiten der Dominien und Bürger: Schulberichte werden angefordert; Schulbauten vorgeschrieben; Schulrevision durch Inspektor angekündigt.

1768, 9. März
Zirkular der Kriegs- und Domänenkammer zu Breslau an die Landräte des Breslauer Kammerbezirks
Kornsche Slg. X, S. 152f.; Lehmann IV, Nr. 312, S. 326f. m. Anm. 1, S. 326
Abschrift an das Bischöfl. General-Vikariat mit dem Befehl: *„die Schulinspectores ebenfalls zu instruieren, dass sie ... die Besuchung derer Schulen möglichst urgieren; ... auch die Pfarrer und Geistlichen dahin anzuweisen.“*

1768, 12. November
Kabinettsbefehl an das Geistliche Departement
Lehmann IV, Nr. 323, S. 340; vgl. Erlaß v. 9. Dez.
Anweisung an das Geistliche Departement, für eine Revision sämtlicher Schulanstalten durch die Inspektoren zu sorgen.

1768, 9. Dezember
Erlaß des Geistlichen Departements an Felbiger
Lehmann IV, Nr. 325, S. 342
Anweisung, über das kath. Schulwesen Schlesiens zu berichten (gleich-

zeitig identische Anweisung an die drei schlesischen Oberamtsregierungen).

1769, 30. Dezember
Zirkular der Kriegs- und Domänenkammer zu Breslau an sämtliche Landräte des Breslauer Kammerbezirks
KORNSCHE SLG. XI, S. 305f., LEHMANN IV, Nr. 360, S. 381f.
Verfügungen der Kammer betr. kath. Schulen dürfen nicht auf evangelische Schulen ausgedehnt werden (betr. Verordnung v. 31. Dez. 1768 bzw. vom 17. Januar 1769).

1776, 26. August
Instruktion für die Priester des Kgl. Schulen-Instituts in Schlesien (Anhang zum Schulreglement vom 11. Dezember 1774)
KORNSCHE SLG. XIX, S. 400ff., *401*
„*... die Anordnung und Einrichtung der öffentlichen Erziehungs-Anstalten, nebst der Aufsicht über selbige ein wichtiger Theil der Landesherrlichen Gerechtsame, und eine der vornehmsten Branchen der allgemeinen Landes-Polizey.*“
Zum weiteren Verlauf vgl.
(1) 1794, 5. Februar
ALR, 2. T., 12. Tit., §§ 1, 2, 9
(2) 1801, 18. Mai
Schul-Reglement für die niederen kath. Schulen in Schlesien und der Grafschaft Glatz (§§ 1–3, 49ff.)
NEUE KORNSCHE SLG. VII, S. 266ff.; WILDE, S. 150ff.; FROESE/KRAWIETZ, S. 133f.
(3) 1794, 6. November
Anweisung für die Kreis-Schul-Inspektoren der Breslauer Diözese
WILDE, S. 181ff.; Dt. Schulfreund 31, 1804, S. 104–119; 32, 1805, S. 38–51

B Regesten, das Schulwesen in Österreich und seine Zuordnung zu Staat und Kirche betreffend, unter besonderer Berücksichtigung der Schulaufsicht

I. Allgemeine Entwicklung

1. Bis zum Beginn der Maria-Theresianischen Schulreformberatungen (1770)

1446
Ordnung der Schule zu St. Stephan
PAULSEN, Gesch. d. gel. Unterrichts I, S. 631–635; im Auszug bei KAHL, Schulaufsicht, S. 7f.
Durch Ratsbeschluß erhält der Rektor der Schule zu St. Stephan die oberste Schulaufsicht über die Wiener Schulen übertragen
„*... stoß oder zwitracht ... sol unser obrister schulmaister entscheiden*"
„*darnach wellen wir, das der obrist schulmaister unser schul zu sand Stephan ... gewalt haben sol uber die andern schul der stat ze Wienn und uber denselben schulmaister ...*"
"*Wir wellen auch das unser schulmaister zu sand Stephan besicht und besuch die andern schul vir stund im jar ...*"

1551, 1. August
Verordnung Kaiser Ferdinands I., die Anstellung von Schulmeistern betr.
COD. AUSTR. II, S. 293f.; Abdruck auch bei TOMBERGER, Beiträge, S. 4f.
Keiner darf zum Schul- oder Lehrmeister „*bestellt, aufgenommen oder unterhalten werden*" ohne vorherige Approbation durch die Wiener Universität oder das Ordinariat.

1732, 4./11. Juli
Hofentschließung Kaiser Karls VI., Sicherheits- und Bettlersachen betreffend
TOMBERGER, Beiträge, S. 7
Der Regierung ist an der Erziehung der Jugend „*zuförders gelegen*".
Im Einvernehmen mit dem Bischof hat die Regierung auch dafür Sorge zu tragen. Hierfür seien Pfarr- und Klostergeistliche einzusetzen; die Regierung habe Hilfe zu bieten; „*den Grundrichtern in den Vorstadtgründen*" sei „*die Obsicht ... dahin aufzutragen*".

1735, 16. November
Kaiserl. VO –
Schulordnung für Universitäten, Akademien und Gymnasien
Cod. Austr. IV, S. 887ff.; Tomberger, Beitr., S. 6f. (Ausz.)
Für das niedere Schulwesen insofern von Bedeutung, als darin sowohl die Vorbedingungen für die Aufnahme in die höheren Schulen als auch allgemeine pädagogische Grundsätze enthalten sind. Für die rechtliche Organisation u. a. aufschlußreich: „*... wessentwegen auch Regierung an die von Wien und übrige Grundobrigkeiten in den Vorstädten verfügen, und der Superintendens Universitatis die Einsicht haben wird, daß geschickte, ... geübte Schul- und Lehrmeister aufgestellet werden*".
Auch der Ansatz einer staatlichen Schulaufsicht wird sichtbar: Die Rerung hatte die Durchführung dieser Instruktion zu überwachen – „*wider Verhoffen entdeckende Gebrechen zu remidiren*".

1747, 27. April
Erneuerte Schulordnung für Tirol
LaRegArch. f. Tirol-Normaliensammlung/Schule; Abdr. Österr. Schulbote 6, 1856, Nr. 39, S. 334–337, Nr. 40, S. 344f.
Bekämpfung von Winkelschulen (§ 3). Prüfung der Lehramtskandidaten durch den Ortspfarrer „*in Gegenwart weltlicher Vorstehung*" (§ 5); Annahme von Schul-Gehilfen nur mit Genehmigung der „*Schul-Herrn*" (§ 5).
Oberaufsicht durch „*Geheimen Rat*" (§ 12); Schulaufsicht delegiert an „*Schul-Herren*"; d. h. für Innsbruck den Magistrat, an den übrigen Orten zwei von der Ortsobrigkeit bestimmte taugliche und eifrige Personen „*mit Beyzug des Orts Pfarr-Herrns*". Dienstweg für Lehrer (Berichte, Beschwerden) über „*Schul-Herren und vorgesetzte Obrigkeit*" (§ 11). Berichte auch an Pfarrherrn (unmittelbare Disziplinargewalt!).
Monatliche Visitationen und Quatemberberichte und Verzeichnisse (§ 12). –
„*Erneuerte*" Schulordnung nimmt Bezug auf Schulordnung Erzherzogs Ferdinand II. von Tirol vom 16. Dezember 1586.
LaRegArchiv f. Tirol, NormalienSlg/Schule; Causa Domini 110 v. 1747, fol. 393ff., *396*ff. (SchO).
Dort bereits Anweisungen gegen „*winckelschuelmaister*" sowie Übertragung der Schulaufsicht auf „*schuelherrn*" oder „*scolarchen*" d. h. von der weltlichen Obrigkeit eingesetzte Laien – nebengeordnet der Aufsicht durch den Ortspfarrer.
Diözesan-Archiv v. Schwaben 2, 1885, S. 36f., 44, 45f., 52f., 58, 70, 78. Einzelbestimmungen aaO., S. 52f.

1748, 3. Februar
Dekret der niederösterreichischen Regierung – Schulordnung für die Wiener Vorstädte
Cod. Austr. V, S. 281; Tomberger, Beiträge, S. 9f., Teilabdruck
Zurückdrängung der Grundobrigkeiten und unteren Ortsverwaltungen: Lehreranstellung nicht mehr „nach freier Willkür der Grundobrigkeit oder Richter, sondern mit Vorwissen der Regierung" – vgl. i. übr. Regesten B II 2, Datum wie oben
Ergänzende Verordnung vom 6. April 1754 (Cod. Austr. V, S. 864).
In den folgenden Jahren häufige Kompetenzstreitigkeiten zwischen Geistlichkeit und weltlichen Vogteiherrschaften betr. die Anstellung und Entlassung von Lehrern; Notwendigkeit einer Entscheidung durch den Staat. Am 2. November 1750 kaiserliches Patent: Aufnahme und Anstellung der Lehrer ausschließliches Recht der weltlichen Obrigkeit; aufzunehmender Lehrer vorher dem Pfarrer zur Prüfung vorzustellen (Tomberger, aaO., S. 11ff.; Regesten B II 1, 2).

1752, 12. Juni
Dekret der k.k. Repräsentation ob der Enns in Linz – die *„Religionsaufrechterhaltung und Ausrottung der Irrlehre"* betreffend
Cod. Austr. V, S. 652ff., *655*
Lehrer in geistlichen Dingen vom Pfarrer abhängig. Weltliche Obrigkeit hat für Lehreranstellung zu sorgen. – Besuch der Christenlehre eingeschärft.

1752, 25. Juni
Kaiserliche Verordnung im Anschluß an die Verordnung vom 16. November 1735 – Studienordnung
Cod. Austr. V, S. 667ff.
Klagen über geringe Beachtung ergangener Dekrete

1754, 22. Juni
Regierungsdekret
Cod. Austr. V, S. 876
Einschärfen des Besuchs der Christenlehre
Mehrfache nachdrückliche Wiederholung dieser Anordnung (Cod. Austr. V, S. 876, 895 u. 1091)

1754, 6. Dezember
Instruction für die in der gefürsteten Graffschaft Tyrol aufgestellte Viertl- oder Creys-Hauptleute

LaRegArchiv Tirol, Causa Domini, lib. 116 v. 1754–55, zw. fol. 294 u. 295
Einzelanweisungen für Schulvisitation und Aufsicht im Sinne der Schulordnung von 1747: Präponderanz des Staates in Schulfragen.

1755
Erlaß des Salzburger Erzbischofs Siegmund Graf von Schrattenbach – „*Zucht- und Schulordnung*" für Salzburg
Vgl. Tomberger, aaO., S. 13

1759, 10. September
Kaiserliche Resolution betr. Studium und Bestellung der Professoren an der Universität zu Wien
Cod. Austr. VI, S. 64
Übertragung der „*Inspection über die untere Schulen*" auf den „*Professor Historiarum de Gaspari*". Dem „*P. Provinciali Soc. Jesu*" bleibt es unbenommen, „*den Präfectum Scholarum inferiorum, wie bisher, aus der Societät zu bestellen*".

1760, 22. März
Hofdekret
DÖZ II, 3, S. 433ff., *434–436*;
Einrichtung der „Studienhofkommission" als oberste Beratungs- und Aufsichtsbehörde in Studien- und Schulfragen.
Ihr Auftrag lautete:
„*... hinführan alles, was in Studiensachen vorfallet, gemeinschaftlich zu überlegen, zu dem ende allmonatlich wenigstens eine zusammentretung abhalten, dabey die verbesserung deren studien stets vor Augen haben und auf die festhaltung deren in studiensachen erlassenen und weiter ergehenden verordnungen ein beständig obachtsames aug tragen ...*"
(DÖZ II, 1, 1, S. 356f.)

1761, 2. Mai
Hofdekret: Cod. Austr. VI, S. 133f.; VO Graz: MThGS IV, S. 64; Tomberger, aaO., S. 13f.
Bei den Prüfungen hat (in den größeren Städten) ein weltlicher Rat, auf dem Lande der Kreishauptmann anwesend zu sein;
Zulassung von Bürger- und Bauernsöhnen zum Studium nur in Ausnahmefällen und bei besonderer Begabung.
In diesem Sinne auch VO vom 20. November 1762
(Cod. Austr. VI, S. 359; Tomberger, aaO., S. 14)

1761, 18. November
Hofverordnung
Bekämpfung der Winkelschulen
COD. AUSTR. VI, S. 244f.; MThGS IV, S. 91
Alle nicht ausdrücklich zugelassenen Winkelschulen sind anzuzeigen und aufzulösen; Unterrichtsverbot für ungeprüfte Winkelschullehrer.
Vgl. die spätere Entsprechung in § 13 der Schulordnung von 1774 (MThGS VII, S. 130)

1765/1766/1767
Kaiserliche Entschließungen und Verordnungen
COD. AUSTR. VI, S. 763ff. *(764)*, 805f., 831; 1046f.; TOMBERGER, aaO., S. 15
Einrichtung von Arbeitshäusern, Erziehungshäusern und späteren „Spinnschulen" im Zusammenhang mit der Bekämpfung von Armut und Massenbettelei.

1765–1770
Entwicklung des Kompetenzkonflikts im Ringen um die Schulhoheit am Beispiel Kärntens
Vgl. Regesten B II

1767, 2. Mai
Hofentschließung
MThGS V, S. 192–194, *193*
1. wie am 2. 5. 1761 (Beschränkung der Studienzulassung von Bürger- und Bauernsöhnen);
2. bei den Prüfungen am Anfang und am Ende jeden Schuljahres müssen in den größeren Städten ein weltlicher Kommissär/Königlicher Rat, in den kleineren Orten der Kreishauptmann und zwei gelehrte Geistliche anwesend sein.
Für die spätere Entwicklung vgl. § 22 der Schulordnung von 1774 (MThGS VII, S. 135f.)

1767, 6. Juli
„Entwurf der neuen deutschen Schulen" für das Land Tirol
LaRegArchiv Tirol, Catt. 485, Fasc. 40
Für Innsbruck als verbindlich publiziert – Verfasser: Agsthofer, Demoser, Tangl

1767, Herbst
Obiger Entwurf methodisch überarbeitet als „Schulverbesserungsplan" von Tangl vorgelegt.

Patriot von Baiern 1769, 6. Stück
Betonung der methodischen und inhaltlichen „Gleichförmigkeit"; Einschärfen der Schulbesuchspflicht; staatliche Schulhoheit wird vorausgesetzt.

1769, Mai
Promemoria des Fürstbischofs von Passau, Leopold Ernst Graf von Firmian, an die Kaiserin
Helfert, S. 617
Auslösendes Moment für die folgenden Reformversuche.
Ausgehend von der „Nutzbarkeit guter Schullen für den Staat und die h. Religion" und um den eigenen Maßnahmen Nachdruck zu verleihen, wird gewünscht: *„daß die allgemeine Schullen mittelst ... landesfürstlicher Anordnungen in gute Ordnung gesetzt und nachdrucksamst befördert werden möchten"*.

1769, 3. Juni
Dekret der böhmisch-österreichischen Hofkanzlei an niederösterr. Regierung und obderennsische Landeshauptmannschaft
Helfert, S. 618
Aus Anlaß des fürstbischöflichen Promemorias kaiserlicher Befehl an die o. a. Behörden, eine Untersuchung der Schulmißstände vorzunehmen, hierbei die geistlichen Behörden (Consistorien/Ordinariate) „einzunehmen" und einen Plan zur Reform der Schulen vorzulegen.

1770, 19. Mai
Kaiserliche Entschließung
Helfert, S. 618f.
Einsetzung der niederösterreichischen Schulkommission
Hauptaufgaben:
Entwurf eines Schulreformplanes i. e. Sinne einer allgemeinen Schulordnung

1770, 26. August
Schulreformplan des Grafen Pergen
AVA, Nachlaß Pergen, 1. Vortrag; Helfert, S. 619–626 (Auszug)
Hier und in seinen weiteren Vorlagen enthaltene Grundgedanken:
1. Umfassender *staatlicher* Plan für das Schulwesen ist erforderlich. Erziehungs- und Ausbildungsziel: zu Staatsdiensten fähige und willige Christen.
2. Vollständige und alleinige staatliche Aufsicht.
3. Völlige Verdrängung der Kirche (insbesondere der Klostergeistlichkeit) aus der unterrichtlichen Tätigkeit.

1770, 27. September
Regulament der illyrischen Nation
Helfert, S. 627 (Auszug)
§ 65 „Trivial- oder kleinerer Schulen – Einführung"
Anordnungen über Organisation und Verteilung der Unterhaltslasten

1770, 13. Oktober
Hofresolution
MThGS VI, S. 293f.
Schulmeister, die zugleich Mesner sind, unterstehen als solche der Geistlichkeit. „Das Schulwesen aber ist und bleibet allezeit ein Politikum"

1770, 22. Oktober
Hofdekret betr. Errichtung einer Normalschule
Cod. Austr. VI, S. 1381; MThGS VI, S. 299f.
a) Bestellung einer aus geistlichen und weltlichen Ratsmitgliedern zusammengesetzten zentralen Schulkommission mit den Aufgaben: Schuleinrichtung bzw. -verbesserung und Schulaufsicht
b) Errichtung der *„Normalschule"* in Wien als *„Musterschule"* und gleichzeitige Lehrerausbildungsstätte – verbunden *„mit der Hauptschule in dem Churhause bey St. Stephan"*

2. Nach der Einrichtung der „Normalschule" in Wien

1772, 23. Februar
„Entwurf einer neuen Schulordnung für das Land Tirol"; Verf.: Tangl
LaRegArch. Tirol, Catt. 485, Fasc. 41

1772, 6. Juni u. öfter
Hofdekret
MThGS VI, S. 486
Vermächtnisse und Legate zugunsten des Unterhalts von Schulen sind erbsteuerfrei.

1774, 21. September
„Entwurf zum General-Land-Schul-Reglement für die deutschen Schulen in den Kaiserlich Königlichen Ländern"
ANÖ K 10, Nr. 68 ex 1774

1774, 6. Dezember
Patent
„Allgemeine Schulordnung für die deutschen Normal-, Haupt- und Trivialschulen in sämmtlichen Kaiserl. Königl. Erbländern"
MThGS VII, S. 116–137
§ 2: Definition der Normalschule; wo zu errichten. Besuch der Normalschule für alle Lehrer der deutschen Schulen verpflichtend (aaO., S. 116f.).
§ 14: „*Unterthänige*" Kinder sollen durch „*Waisendienste*" nicht am Schulbesuch gehindert werden; die Herrschaften sollen keine Kinder unter 13 Jahren zu „*Waisendiensten*" heranziehen; und sie sind verpflichtet, für dieselben das Schulgeld zu zahlen (aaO., S. 130).
§ 17: Schulaufsicht in den Städten durch den Normalschuldirektor; auf dem Lande durch Pfarrer, Herrschaftsbeamten, eine aus der Gemeinde zum Aufseher bestellte Person und verständigen Mann der Gerichtsgeschworenen (aaO., S. 133f.).
§ 22: In den Normal-, Haupt- und Landschulen halbjährliche Prüfungen vorgeschrieben; in Städten in Gegenwart von Magistratsvertretern, auf dem Lande in Gegenwart des Pfarrers, des Herrschaftsbeamten und einiger Geschworener (aaO., S. 135f.).

1775, 23. September
Hofreskript
MThGS VII, S. 363
Für erfolgreiche Tätigkeit an Normalschulen wird den Geistlichen ein Benefizium auf den k.k. Herrschaften zugesichert. Berücksichtigung solcher Verdienste bereits in Schulordnung von 1774, § 24 vorgesehen.

1776, 11. Januar
Verordnung f. Böhmen
MThGS VII, S. 491
Ohne Zeugnis einer Normal- oder Hauptschule keine Aufnahme ins Gymnasium
Vgl. auch Patent vom 9. Oktober 1777 und Verordnung vom 1. Dezember 1779 (aaO., VIII, S. 86ff.; bzw. S. 393f.)

1778, 14. Februar
Hofentschließung
MThGS VIII, S. 168

Ordensgeistliche sind als Katecheten anzustellen; diesbezüglich notwendige Erleichterungen der Klostervorschriften sind zu genehmigen.

1780
Schulordnung für das Innviertel
AVA, StHK, Fasz. 72, 17 Oberösterreich in genere, ad Z. 74 ex 1780
Publikation und Adaption der SchO von 1774

1780, 20. Februar
Hofdekret
MThGS VIII, S. 407
In den Pfarrschulen sollen Pfarrer und Vikare wenigstens einmal in der Woche katechesieren.
Vgl. auch Hofdekret vom 16. Januar 1781
(Handb. Jos. II., I, S. 339)

1781, 7. Februar
Hofdekret
Handb. Jos. II., I, S. 339f.
Begüterte Klöster sollen Normalschulen in den ihnen gehörenden Ortschaften anlegen, schon errichtete instandhalten und ausstatten, sowie für die Lehrerbesoldung sorgen. – Durch Oberaufseher zu kontrollieren.

1781, 17. August
Verordnung
Handb. Jos. II., I, S. 340
In Kirchspielen, wo Lehrer fehlen oder nicht hinlänglich besoldet sind, ist ein Teil der entbehrlichen Kircheneinkünfte hierfür zu verwenden.
Vgl. auch Hofdekret v. 3. Januar 1783 aaO., S. 340f.

1781, 19. Oktober
Hofdekret
Handb. Jos. II., I, S. 351f.
Aufsicht über jüdische Schulen *(„in welchen die Normallehrart genau zu beobachten ist")* steht der *„christlichen Schuldirektion"* am Orte zu.
Vgl. auch Verordnung vom 11. Januar 1782 (aaO., I, S. 352)

1782, 23. August
Hofdekret
Handb. Jos. II., I, S. 354f., II, S. 252
Nichtkatholiken sollen ihre Kinder in die kath. Normalschulen schicken; dem Religionsunterricht können sie fernbleiben.
Wo kein kath. Lehrer, aber genügend nichtkatholische Kinder, Errichtung einer nichtkatholischen Schule erlaubt.

1782, 6. Dezember
Hofdekret für Mähren
Handb. Jos. II., I, S. 372
Liste der Pflichten der Untertanen gegen den Monarchen als Anhang dem Lesebuch für Landschulen anzufügen.
Ebenso Hofdekret für Böhmen vom 29. 7. 1783 (Ebenda)
Druckexemplare dieses Anhanges z. Lesebuch f. Landschulen: Pflichten d. Untertanen gegen ihre Monarchen z. Gebrauche d. deutschen Schulen, Wien 1782 in: AVA, StHK, Fasz. 86, ad 118 ex 1782

1783, 3. Januar
Hodekret
Handb. Jos. II., I, S. 341
Prozessionsstiftungen sind zum Bau, zur Erweiterung oder Verbesserung der Schulgebäude, der Lehrerwohnung oder zur besseren Unterhaltung derselben oder für Schulgeld und Bücher für arme Kinder zu verwenden.
Vgl. Verordnungen vom 31. 12. 1777, erneut publ. am 17. Aug. 1781 (aaO., S. 340)

1785, 24. März
Hofdekret
Handb. Jos. II., VIII, S. 474ff.
Zusätzlich zu vorhandenen Schulen in Pfarren und Lokalkaplaneien überall da, wo im Umkreise von einer halben Stunde 90–100 schulfähige Kinder sind, eine Schule zu errichten.

1785, 5. Dezember
Hofdekret
Handb. Jos. II., VIII, S. 482ff., *482*
Schulpflichtige, welche die öffentlichen Schulen nicht besuchen, haben sich jedes Jahr zweimal bei einer Normal- oder Hauptschule zur Prüfung zu stellen.

1787, 30. November
Hofdekret
Handb. Jos. II., XIII, S. 494
Verweisung aus Gymnasien zulässig; nicht aber aus den „deutschen Schulen"

1805/1806, 12. Mai
Hofdekret
Franz GS XXVI, S. 63ff.
Politische Verfassung der deutschen Schulen in den k.k. Erbstaaten

II. Regesten zur Entwicklung im Kompetenzkonflikt um die Schule zwischen den Grundherrschaften/Magistraten und der Geistlichkeit und zu den Vermittlungsversuchen bzw. Eingriffen der Landesregierungen/Gubernien und der Wiener Hofstellen

1. Bis zum Regierungsantritt Maria Theresias

1551, 1. August
Verordnung Ferdinands I. (1522–1564)
Cod. Austr. II, S. 293f.; Abdruck auch bei Tomberger, Beiträge, S. 4f.
Kein *„Schul- oder Lehr-Meister der Jugend"* darf ohne Prüfung und Approbation in Lehre und Glauben durch die Universität oder seitens des zuständigen Bischofs bzw. Ordinariats *„bestellt, aufgenommen oder unterhalten werden"*.

1726
Konflikt zwischen den Magistraten der Städte Gaya und Hradisch mit den Landdechanten
Vgl. Helfert, S. 48
Die Pfarrer beanspruchten ein Mitspracherecht bei Anstellung und Amovierung der Lehrer gegen den Ausschließlichkeitsanspruch der Obrigkeiten und Magistrate
Vgl. auch unten 2. November 1750

1732, 4./11. Juli
Hofentschließung Karls VI. (1711–1740)
Vgl.. Tomberger, Beiträge, S. 7
a) Der Regierung ist an der Erziehung der Jugend *„sonderbar bei gemeinen Leuten"* gelegen.
b) Die Regierung, im Einvernehmen mit dem Bischof, hat dafür Sorge zu tragen; hierfür seien Pfarr- und Klostergeistliche einzusetzen; die Regierung habe Hilfe zu bieten; den *„Grundrichtern"* sei *„die Obsicht unter andern dahin aufzutragen"*.

1735, 16. November
Schulordnung für Universitäten, Akademien und Gymnasien = Kaiserliche Verordnung
Cod. Austr. IV, S. 887ff.; Tomberger, Beitr., S. 6f. (Ausz.)
Für das niedere Schulwesen von Bedeutung:
a) Die Vorbedingungen für die Aufnahme in die höhere Schule werden genannt

b) Zu diesem Zwecke hat die Regierung die Grundobrigkeiten und den Superintendent der Universität Wien anzuweisen, für die Anstellung geeigneter *„Schul- und Lehr-Meister"* zu sorgen.
c) Die Regierung habe die Durchführung dieser Instruktion zu überwachen – *„wider Verhoffen entdeckende Gebrechen zu remidiren"*; das bedeutet die Einsetzung einer staatlichen Schulaufsicht.

2. Unter Maria Theresia und Joseph II.

1748
Konflikt zwischen der Pernsteiner Obrigkeit und dem zu dieser Herrschaft gehörigen Pfarrer von Roschenau, betreffend das Anstellungs- und Amotionsrecht für Lehrer
Vgl. HELFERT, S. 48
Vgl. auch die Auseinandersetzung vom folgenden Jahre (1749) zwischen Graf Zierotin zu Ullersdorf und dem Olmützer Konsistorium in einer ähnlich gelagerten Sache (Vgl. hierzu HELFERT, S. 48)

1748, 3. Februar
Dekret der n.ö. Regierung –
Schulordnung für die Wiener Vorstädte betr.
COD. AUSTR. V, S. 281; TOMBERGER, Beiträge, S. 9f. (Teilabdr.)
a) Klagen über die Verwahrlosung der Jugend
b) Gründe hierfür teils in der Pflichtvernachlässigung der Lehrer, teils in der fehlenden Qualifikation der Lehrer, teils darin, daß die Lehrer öfters ohne Prüfung die Lehr- und Unterrichtserlaubnis erhalten.
c) Deshalb wurde verordnet
1. Lehrer sind in Zukunft nicht mehr *„nach freier Willkühr der Grundobrigkeit oder Richter, sondern mit Vorwissen der Regierung"* anzustellen.
2. Sowohl die im Amt befindlichen, als auch die Amtsbewerber sind: *„Rectore Scholarum civicarum ... bey St. Stephan"* (1) zu examinieren.
3. Der Direktor *„Scholarum civicarum"* erhält *„die Befugnis, alle und jede Schulen auf den Vorstadtgründen von Zeit zu Zeit zu visitieren"*.

[1] Zum weit zurückreichenden schulaufsichtsrechtl. Sonderstatus dieses Rektors u. d. städt. bzw. landesherrl. Schulregiments in Wien: Dipl. Kaiser Friedr. II. v. 1237, Freiheitsbrief Rudolfs v. Habsburg 1278, Stadtrecht v. 1296 u. Wiener SchO v. 1446 (MAYER, Catalogus, S. 3; PAULSEN, Gesch. des gelehrten Unterr. I, S. 631f.; KAHL, Schulaufsicht, S. 6ff.).

4. Die Grundobrigkeiten sind gehalten, sich an diese Vorschriften zu halten, die Winkelschulen abzustellen und über alle Vorfälle der Regierung zu berichten.
Zusammenfassung:
Die Kaiserin erläßt bindende Vorschriften über Prüfung, Anstellung und Beaufsichtigung der Lehrer und Schulen, sowie über Abschaffung von Winkelschulen.

1750, 2. November
Kaiserliches Patent für Böhmen und Mähren
d'Elvert, Studienanstalten, S. 142; Helfert, S. 48
a) Das Recht der Anstellung des Lehrers steht ausschließlich der Obrigkeit zu – auch wo sie nicht das Patronat besitzt; der Lehramtskandidat ist vor der Anstellung vom Pfarrer zu prüfen. Bei Ablehnung durch den Pfarrer wegen Untauglichkeit, Gestellung eines anderen oder Appellation an das bischöfliche Konsistorium.
b) Bei Beschwerden über den Lehrer *„in Sachen seines Amtes oder in moribus"*, hat der Pfarrer das Recht der ersten *„Cognition oder correction"*, im Falle der Verhinderung der Obrigkeit auch das Recht *„ad suspensionem ab officio"*. In wichtigen, das spirituale nicht betreffenden Fällen ist die Obrigkeit allein und unmittelbar zuständig.
Vgl. auch den Landtags-Schluß der mährischen Stände von 1748/49 und Dekret der mährischen Repräsentation vom 22. September 1749
(Teilabdruck des Landtagsschlusses: d'Elvert, aaO., S. 141f.; Hinweis auf Dekret ebenda, S. 142)

1765, 26. November
Kommission zur Beratung einer Schulreform bei der Landeshauptmannschaft von Kärnten aus Vertretern der Regierung, der Stände und der Ordinarien
Vgl. Apih, S. 53f.
U. a. Beschluß:
a) durch die Geistlichen *„mittels der beihabenden Mesner"* deutsche Schulen einzurichten;
b) die Vogteiherrschaften aufzufordern, *„daß künftighin kein Mesner angenommen werden soll, welcher nicht des Lesens und Schreibens kundig und zur Abhaltung der Schulen ... sich verbindlich macht"*.
c) Die Aufsicht sollen die Pfarrer als *„geborene"* Aufseher ausüben.
d) Der Unterhalt der Mesner und also auch der Lehrer solle aus kirchlichen Mitteln bestritten, ein zugestandener jährlicher staatlicher Zuschuß bald auf die Landstände abgewälzt werden.

1766, 16. August
Hofresolution: Antwort auf das Gutachten der Kärtner Landeshauptmannschaft vom 22. April 1766
Auszug Apih I, S. 50
„In Bezug auf die Gerichtsbarkeit über die Mesner und Schulmeister verbleiben diese nach der bisherigen Verfassung, falls sie Häuser oder Grundstücke besitzen, den betreffenden Grundobrigkeiten, in deren Entstehung ... den Landgerichten oder Realburgfrieden unterworfen."

1766, 25. August
Stellungnahme der Regierung von Inner-Österreich – auf Anfrage des Wiener Hofes
Apih I, S. 54
„*Die Aufnahme und Abdankung der Mesner und Schulmeister und anderer Kirchenbediente*" solle „von der Vogteiobrigkeit und den Pfarrern conjunctim" erfolgen ... „annebens doch auch dem Pfarrer zu wissen und zu sorgen obliegt, daß die Kirchen mit tauglichen Beamten versehen werden".

1766, 27. September
Befragung der Ordinariate in obiger Sache durch die Kaiserin
Zsfg. Apih I, S. 54
Ergebnis:
Bisher haben nur dort Pfarrer und Vogteiobrigkeit gemeinsam den Mesner und Schulmeister ernannt bzw. amoviert, wo dieser ganz oder vorwiegend von der Vogteiobrigkeit unterhalten werde; meistens erfolge die Ernennung und Absetzung privative von den Pfarrern. So möge es bleiben, weil sonst derlei Kirchenbediente sich trotz „*geistlicher Ermahnungen nicht bessern und die Kirchendienste, Instruierung der Jugend, dann die Christenlehre sehr nachlässig verrichten, wie auch von derlei Leuten der Geistlichkeit (welcher doch die Obsorge auf all dieses obliegt) der Gehorsam versagt werden würde*".
Hierzu etwas abweichendes Votum der innerösterreichischen Regierung (Wortlaut der Kernstellen: Apih I, S. 55):
„*daß zwar regulariter die Aufnehmung und Abdankung der Messner und Schulmeister von der Geistlichkeit und der Vogtei conjunctim geschehen sollte, weil derlei Leute weltliche Beamte nicht der Pfarrers sondern der Kirchen seien, über welch letzterer Administration (exceptis rebus spiritualibus) die Obsorge auch conjunctim erfolge, gleichwie solches die innerösterreichische Regierung in dem wegen der Gerichtsbarkeit der Messner und Schulmeister unter dem am 25. August vorigen*

Jahres erstatteten Bericht schon angeführt hat". Jetzt sei jedoch zu bedenken, *„daß die meisten Verrichtungen sonderbar der Messner in der Kirche quoad spirituale et in administratione sacramentorum bestanden"*, und es daher ratsam sei – *„um derlei Kirchenbediente in stetem Gehorsam der Geistlichkeit zu erhalten und zwischen ihr und den Vogteien alle Zwistigkeiten zu verhindern, wie auch die Spiritualia besser zu besorgen"* – *„daß die Aufnehm- und Abdankung der Messner und Schulmeister regulariter der Geistlichkeit privative allergnädigst verstattet werden könnte und hie von allein jene Örter auszunehmen seien, an denen sie Messner und Schulmeister qua tales einige der weltlichen Obrigkeit dienstbare Häuser oder Gründe besitzen, in welchem Falle derselben Aufnehm- und Abdankung von der Geistlichkeit und von der Grundobrigkeit cumulative ex eo zu geschehen hätte, damit der letzteren gegen ihren Willen keine untauglichen Grundbesitzer aufgedrungen würden"*.

1767, 3. Januar
Hofresolution
Auszug: Apih I, S. 51f.
„Messner und Schulmeister bleiben in causis debiti et contractuum der bisherigen Landesverfassung gemäß entweder dem Grundherrn oder dem Gerichtsherrn unterworfen".
Dem dagegen Beschwerde führenden Bischof wurde von der ad hoc aufgestellten Kommisson die mündliche Zusage erteilt, daß *„den Messnern und Schulmeistern in Sachen, die den Kirchendienst und ihr diesfälliges Verhältnis betreffen, der Gehorsam und die schuldige Folgeleistung aufgetragen werden soll"* (vgl. Apih, S. 51).

1767, 11. Januar
Vortrag der Hofkanzlei
Vgl. Apih I, S. 52
Widerstand gegen die Kodifikation der mündlichen Zusage vom 3. 1. des Jahres. Im übrigen *„fürwalte ... nicht das mindeste* Bedenken, *daß die Messner und Schulmeister in Kirchen- und anderen Dienstverrichtungen mittels der Landesstelle zur Parition gegen die geistlichen Vorsteher verhalten werden sollen"*.

1767, 16. Januar
Hofresolution Maria Theresias
Apih I, S. 52f.; Helfert, S. 117
„Es sollen Messner und Schulmeister in Kirchen und anderen Dienstver-

richtungen bloß von den geistlichen Vorstehern die Abhängigkeit haben und dahin zur Parition angewiesen werden".

1767, 23. Januar
Hofresolution – Erläuterung, i. S. einer Erweiterung der Resolution vom 16. 1.
APIH I, S. 56f.
„... *daß die Aufnehm- und Abdankung der Messner und Schulmeister allein von den geistlichen Vorstehern abzuhangen habe.*"

1767, 4. April
Hofresolution
APIH I, S. 57
Rückverweisung auf die Resolution vom 16. 1.: „*somit dahin, daß die Aufnehm- und Abdankung der Messner und Schullehrer alleinig von den geistlichen Vorstehern abzuhangen habe*".

1768, 9. Januar
Antrag des Fürstbischofs von Salzburg in Wien, die seitens der Kärntnerischen Landeshauptmannschaft bisher unterlassene Publikation der Hofresolution vom 16. bzw. 23. Januar 1767 vornehmen zu lassen.
APIH I, S. 57
Begründung: „*Um andurch den vorkommen mögenden ungleichen Ausdeutungen der allerhöchsten Resolution vom 16. Jänner allergnädigst vorzubeugen*".
Die Kaiserin stimmte zu.

1768, 17. Februar
Gutachten der Landeshauptmannschaft von Kärnten
APIH I, S. 57f., *58*
Betont stärker als früher die Überzeugung, daß das Schulwesen ein „*publicum*", d. h. eine öffentliche Angelegenheit sei – jedoch ohne präzise Kompetenzabgrenzungen.

1768, 5. März
Hofkanzleidekret; Bezug: Hofresolution vom 23. 1. 1766
APIH I, S. 59f.
Der konkurrierende Faktor, die Vogteiherrschaft, wird ausgeschaltet; an dessen Stelle tritt der Staat in Gestalt der Landeshauptmannschaft.
Die Kaiserin „*ließe es bei der unterm 23. Jänner letzthin erlassenen Verordnung, daß die Aufnahme und Abdankung der Messner und Schullehrer alleinig von den geistlichen Vorstehern abzuhangen habe, folglich*

die Vogteiobrigkeiten hievon ausgeschlossen seien, fernerhin gnädigst bewenden".
Und die Landeshauptmannschaft habe nach Ansicht der Kaiserin „*in Anbetracht, daß Selbter die Oberaufsicht und Direction über das Schulwesen von amtswegen obliegt*", das Recht und die Pflicht, „*bei sich äußernden wahrhaften Gebrechen die schuldig befindenden Schulmeister und die untereinstens das Schulmeisteramt vertretenden Messner ihres Schuldienstes zu entsetzen und mittelst der Geistlichkeit taugliche anstellen zu lassen*".

1770, 22. Mai
Äußerung der Landeshauptmannschaft im Zusammenhang mit der Vorlage des Protokolls der Kärtnerischen Polizeikommission über die Durchführung der das Schulwesen betreffenden Verfügungen
Apih I, S. 60ff.
Wiederholung des Standpunktes der Landeshauptmannschaft (mit bedauerndem Hinweis auf entgegenstehende Hofresolutionen): „... *daß die Aufnahme der Schulmeister nicht privative der Geistlichkeit einzuräumen sei, sondern solche vielmehr von der politischen Stelle als ein publicum zu besorgen sei, und um so mehr als der Unterricht und die Unterweisung der Jugend, ... hauptsächlich ein Objectum der politischen Stelle ist, folglich auch derselben zu wissen obliegt, was für Subjecta als Lehrer angestellt werden, so stehen dem die allerhöchsten Resolutionen vom 23. Jänner 1767 und 5. März 1768* entgegen".

1770, 1. September
Hofresolution
Apih I, S. 60f.
Bezug: Vorlage des Protokolls der Kärtnerischen Polizeikommission vom 22. 5. 1770 durch die Landeshauptmannschaft bei der Wiener Hofstelle
Wende zugunsten staatlicher Kompetenzausweitung im Schulwesen. Die Resolution „erläutert" die Resolution vom 16. Januar 1767: Nur wenn der Schulmeister auch den Mesnerdienst versieht, hängt „*die Aufnehmung und Abdankung der Schulmeister privative von den geistlichen Vorstehern ab*" – „*ansonsten aber ... von der weltlichen Obrigkeit*".

1770, 1. September
Beschwerde des Bischofs von Lavant betreffend die seines Erachtens unrechtmäßige Ernennung eines Lehrers durch den kaiserlichen Pfleger

gegen den Widerspruch des Pfarrers und Dechanten.
Apih I, S. 61f.
Vgl. Antwort v. 6. Oktober

1770, 15. September
Hofresolution
Apih I, S. 62f., 63
Kaiser Joseph II. verlangt von der Hofkanzlei Aufklärung, „*wie es mit dem in Kärnten der Geistlichkeit privative überlassen sein sollenden Aufnehmen und Abdanken der Schulmeister für Beschaffenheit hat*".
Der noch am selben Tage vorgelegte Bericht rekapituliert die Geschichte der Resolutionen vom 3. und 16. 1. 1767 und versucht die Resolution vom 1. September zu rechtfertigen: „*Weil das Schulwesen ein politicum ist, dessen Einrichtung den politischen Landesstellen oft aufgetragen worden ist*", sei festgelegt worden, „*daß nur jene Schullehrer, deren Schuldienst mit dem Messnerdienst vereinbart ist, bloß, d. h. privative vom geistlichen Vorsteher die Abhängigkeit haben*".
Weitere Beratungen am 28. September und 7. Oktober des Jahres.

1770, 28. September / 7. Oktober
Erneute Beratung der Vorlage vom 15. September
Apih I, S. 63

1770, 2. Oktober
Entwurf der Hofresolution vom 7. Oktober durch Hofrat von Stuppan
Helfert, S. 117; Apih I, S. 63

1770, 6. Oktober
Ablehnende Antwort der Landeshauptmannschaft an Bischof von Lavant auf dessen Beschwerde vom 1. September 1770
Apih I, S. 62f.
Festhalten an der Position im Sinne der Hofresolution vom 1. September, weil der betreffende Schulmeister „*keinen Messnerdienst versieht, da hiezu ein eigner Messner aufgestellt ist ...*"
Daraufhin erneute Eingabe des Bischofs bei Hofe.

1770, 7. Oktober
Hofresolution
MThGS VI, 293f.; Helfert, S. 117f.; Apih I, S. 63
Nach erneuter Beratung der Berichtsvorlage der Hofkommission vom 15. September durch den Kaiser endgültige Entscheidung zugunsten des Staates:

„Die angeführte von Mir hinabgegebene Resolution vom Jahre 1767 hat niemallen dahin eingenomen werden können, daß die Aufnehmung und Abdankung der Schulmeisteren in Kärnten der Geistlichkeit privative überlassen worden sey. Meine Intention war und ist, daß Messner und Schulmeistere, (wenn sie in einer Person bestehen) (+) in den Kirchen- und Dienstverrichtungen des ersteren das ist des Messners bloß von der Geistlichkeit abhangen und derselben mit Parition angewiesen werden sollen: Das Schulwesen aber ist und bleibt allzeit ein politicum, folglich kann kein solcher, welcher zugleich Messner und Schulmeister ist, von der Geistlichkeit allein aufgenomen und abgedanket werden; da hingegen, wenn der Messnerdienst und jener des Schulmeisters abgesondert ist, hanget jener allein von der geistlichen wie dieser von der weltlichen Obrigkeit ab".
+ Klammerbemerkung fehlt in der publizierten Fassung: MThGS VI, S. 293

1770, 13. Oktober
Zustellung der Resolution vom 7. Oktober per Hofdekret an Kärntnerrische Landeshauptmannschaft
MThGS VI, S. 293; Helfert, S. 117f.; Apih I, S. 63

III. Schulaufsicht / Schulaufseher i. e. Sinne ab 1770

1770, 22. Oktober
Patent – Errichtung einer Schulkommission.
Cod. Austr. VI, S. 1381; MThGS VI, S. 299f.
Zusammensetzung: *„Aus geistlichen und weltlichen Ratsgliedern"*. Aufgaben: Einrichtung und Verbesserung der Schulen; *„Obere Aufsicht über das ganze gemeine deutsche Schulwesen in gesammten Ländern"*.

1772, 23. Februar
„Entwurf einer neuen Schulordnung für das Land Tirol" (Verfasser Tangl)
LaRegArchiv Tirol, Catt. 485, Fasc. 41
Ohne Gesetz geworden zu sein, blieb dieser praktisch Richtschnur bis 1774. Der Entwurf ist die selbständige Verarbeitung des schlesischen Vorbildes (GLR v. 1765) und der Tiroler Schulrechtstradition.

XI. Hauptstück *„Von Aufrechterhaltung der Schulen und deren Aufsicht"*
XII. Hauptstück *„Von den Direktoren besonders in den Hauptschulen und Stiftung der Schulleitung"*.
Die Schulaufsicht der Schulordnung von 1774 nach Organisation und Inhalt hier weitgehend vorweggenommen. Parallellaufende *„weltliche"* und *„geistliche"* Schulaufsicht. Übergewicht der *„weltlichen"* Aufsicht. Besonderheit: *„besondere geistliche Schulvisitatoren"* (XI. HSt., §§ 4 und 5). Ihr Aufgabenbereich umfaßte in etwa den der Bezirksaufseher, Kreisschulkommissare und z. T. der Provinzial-Schulkommission in der Schulordnung von 1774: Errichtung und Einrichtung von Schulen, Sorge für Lehrerausbildung und -anstellung, Visitatortätigkeit und Berichte als Mittelinstanz; personell: Geistliche (Dechanten, Erzpriester) in staatlichem Auftrag tätig.

1774, 21. September
„Entwurf zum General-Land-Schul-Reglement für die deutschen Schulen in den Kaiserlich Königlichen Ländern"
ANÖ, K 10, No. 68 ex 1774
§ 3, Abs. 2: „Die Schul Commission hat die deutschen Schulen aller Art, welche in der Provinz befindlich sind, unter sich."
§§ 17–19: Stufen (Ebenen) und Inhalt der Schulaufsicht

1774, 6. Dezember
Patent / Schulordnung
MThGS VII, S. 116ff.
Der Schulkommission unterstehen alle Schulen und Schulhalter (Schulträger) der Provinz (§ 1 SchO) (aaO., VII, S. 118).
Bestellung von Schulaufsehern – untere Ebene: Bei Normal- und Hauptschulen hat der Normalschuldirektor und ein Magistratsbeauftragter die Unteraufsicht über die Schulen; auf dem Lande, kleinen Städten und Märkten der Pfarrer/Seelsorger, ein Herrschaftsbeamter, ein Vertreter der Gerichtsobrigkeit bzw. der Gemeinde (§ 17).
Für jeden Distrikt bestellt Schulkommission „taugliche Subjekte" zu „Oberaufsehern" (§ 18 mit Aufzählung der Pflichten und Rechte).
Anweisung betr. die Halbjahresberichte der Schulaufseher – wem zu erstatten, welche Punkte in die Berichte aufzunehmen sind.
Zum Ortsschulaufseher – Schulordnung § 17 a. E. u. § 23 aaO., S. 133f., 136).

Zum Distriktaufseher – Schulordnung §§ 18 u. 23 Abs. 2 (aaO., S. 134, 136f.).
Vgl. ergänzend Hofdekret vom 11. Mai 1776
(aaO., S. 519ff.).
Anstellung von Lehrern nur mit Zeugnis des Normalschuldirektors und mit Anstellungsdekret der Schulkommission – § 19 SchO.
Dienstweg für Berichte der Schulaufseher: Die Schulaufseher haben zu Ostern und Michaelis dem Oberaufseher und dieser der Landesstelle Bericht über den Zustand der Schulen samt Tabelle nach beiliegendem Muster vorzulegen (aaO., S. 136f.).
Vgl. hierzu auch Hofdekret vom 11. Mai 1776 (aaO., S. 520).

1776, 11. Mai
Dekret
MThGS VII, S. 519ff., *520*
Anweisung an Schulkommission, die Schulaufseher anzuhalten, auf Einhaltung der Bestimmungen von § 19 Schulordnung von 1774 zu achten und in Halbjahresberichten entsprechend zu vermerken.

1781, 7. Februar
Hofdekret
Handb. Jos. II., I, S. 339f., *340*
Oberaufseher hat darauf zu achten, daß begüterte Klöster Normalschulen einrichten, ausstatten, instandhalten und Lehrer besolden.

1782, 11. Januar
Verordnung
Handb. Jos. II., I, S. 352
Der Schuldirektor, wenn keiner vorhanden der Schulaufseher, soll den Prüfungen der jüdischen Schüler beiwohnen; der jüdische Schulaufseher soll halbjährliche Schulberichte an den Kreisdechanten einsenden. Verordnung in Verordnungsbuch einzutragen.

1783, 29. Januar
Verordnung in Böhmen
Handb. Jos. II., I, S. 353f.
Anweisung für die Kreisdechanten als Schulenoberaufseher betreff. Untersuchung der Schulen (bei Schulprüfungen) und Erstattung der Schulberichte. Bei Ortschaften, die von der kanonischen Visitation des Kreisdechanten nicht erfaßt werden, sind die Schulberichte von den Ortsschulaufsehern anzufordern und durchgeprüft weiterzureichen.

1784, 22. Juli
Hofdekret
Jb. Gesch. d. Prot. Oest. 7, 1886, S. 132ff., *134–151*
„Instruktion für das Consistorium Augustanae Confessionis in Teschen" (mit Hofdekret vom 20. September 1784 nach Wien verlegt); durch Erlaß vom 30. Mai 1785 auf das am 27. April 1785 errichtete reformierte Konsistorium ausgedehnt.
In Verbindung damit ist zu sehen die „Instruction" vom 29. Oktober.

1785, 29. Oktober
„Instruction für die Superintendenten der Kirchengemeinden Augsburgischer Confession in den K.K. Erblanden"
Jb. Gesch. d. Prot. Oest. 6, 1885, S. 14ff., *15–32*
Das Konsistorium erhält die Schulaufsicht für den Gesamtbereich „seiner" Schulen, ausgeübt in der Person der einzelnen Superintendenten.
Art. 6 § 1 „Das Consistorium wird über die Sitten, Lehre und Leben derer Prediger, Schullehrer und Schulhalter ein wachsames Auge haben …"
§ 5 „Solle Superintendent in der ihme angewiesenen und bestimmten Diöces gleich wie der Inspector in seinem angewiesenen District auf der darin befindlichen Pastoren und Schulbedienten Lehre, Leben und Amtsführung genaue Aufsicht tragen … Dafern einiger Mangel … in Liebe und Ernst … darüber besprechen und ermahnen, und, wenn dieses vergeblich sein sollte, dem Consistorio zur weiteren Beilegung einberichten".
§ 9 „… Sachen aber von Wichtigkeit, so wie alles, was den Statum publicum religionis exercitii betrifft, ad referendum nehmen, und … an das Consistorium Bericht erstatten …"
§ 10 „Dieser Visitation (sc. des Superintendenten) unterliegen zwar ebenfalls alle Schulhalter bei den Bethäusern, jedoch nur quoad mores et praestationem officii, da sie quoad methodum docendi dem hierländischen k.k. Normal-Directorio laut A. h. Vorschrift unterworfen bleiben."
Die Instruktion für die Superintendenten von 1785 wiederholt und bestätigt den o. a. Funktions- und Kompetenzbereich des Superintendenten in Fragen der Schulaufsicht und führt ihn im Detail aus. Vgl. besonders Art. 2, § 1, Art. 3, § 1, § 2, § 5, Art. 6, §§ 5ff. sowie die im Anhang befindliche „*Vorschrift, wie die Visitation der Gemeinden und die darüber zu erstattenden Berichte von den Superintendenten und Inspektoren einzurichten sei*".
im übrigen entspricht die in den beiden Instruktionen beschriebene

Schulaufsichtsorganisation der Konstruktion in der Schulordnung von 1774.

1805/1806
Politische Verfassung der deutschen Schulen
Franz. GS XXVI, S. 63ff.
„Die nächste unmittelbare Aufsicht über jede Trivialschule, und auf dem Lande auch über jede Hauptschule, ist dem Ortsseelsorger anvertraut."
Zum Aufbau der Schulaufsicht vgl. die §§ 2, 436; 8, 9, 13, 14, 132, 133, 437

IV. Schulpatronat

Ergänzende Rechtsquellen, vor allem zu den finanziellen Verpflichtungen des Schulpatrons, vgl. *Repertorium* s.v. Schulpatron, S. 258ff.; s.v. Schulfonds, S. 228ff.; s.v. Schulgebäude, S. 232ff.; Ph. Mayer, Patronatsrecht, §§ 71ff.; L. Wahrmund, Kirchenpatronatsrecht II, S. 192ff.; J. Schlenz, Kirchenpatronat, S. 368ff.

1781, 15. Januar
Hofdekret
Vgl. Apih X (IX), (1904), S. 182
Patrone sind zur Herstellung und Erhaltung der Schulräume und der Lehrerwohnung beitragspflichtig.

1781, 7. Februar
Hofdekret
Handb. Jos. II., I, S. 339. Vgl. Kropatscheck I, S. 513ff.
Begüterte Klöster haben in den zum Kloster gehörenden Ortschaften die Normalschulen zu errichten, instandzuhalten, mit Lehr- und Lernmitteln auszustatten, die Lehrer zu besolden – vgl. § 3 und § 4 der Schulordnung von 1774.

1781, 11. Mai
Verordnung
Handb. Jos. II., I, S. 343f.; vgl. Höslinger, S. 92
Doppelgleisigkeit im Lehrerbestellungsverfahren: Präsentation durch Patron, Anstellung durch Schul-Kommission (vgl. § 19 der Schulordnung von 1774).

1783, 16. Oktober
Kaiserlicher Erlaß an alle Länderstellen
AVA, StHK 132 aus 1783, 17 in genere; Abdr. bei Höslinger, S. 89; vgl. auch Handb. Jos. II., VIII, S. 474ff., 474/75; Apih. IX (1904), S. 182
Grundsätze für das Schulpatronat: Der Patron hat für die Unterhaltung von Lehrerwohnung und Schule zu sorgen (dafür Präsentationsrecht, i. e. Auswahl eines „hiezu fähigen Subjekts"); für den Unterhalt kommt der geistliche Fonds auf; für die Unkosten von Wohnung, Heizung, Büchern etc. in königlichen Städten und Märkten der fundus domesticus, bei den „Unterthänigen Städten und Märkten" die Grundobrigkeit –

1784, 13. Oktober
Hofdekret a. d. n.ö. Regierung. Errichtung und Erhaltung von Schulbaulichkeiten
AVA, StHK Fasz. 88, 25 in genere, 13. 10. 1784
„Die Errichtung und Unterhaltung von Gemeindeschulen haben die Grundobrigkeiten, Gemeinden und Patrone ... zu bestreiten ...", und zwar zu je einem Drittel.
Regelung bei Neubauten, ohne daß ein Patronatsrecht besteht, wie in Hof-VO vom 24. März 1785 – siehe unten.

1785, 24. März
Hofverordnung – auf Bericht der niederösterreichischen Regierung = Ergänzung des Erlasses vom 16. 10. 1783
Handb. Jos. II., VIII, S. 474ff./475; vgl. Kropatscheck I, S. 512; Höslinger, S. 89f.
Bei Errichtung von „Gemeinschulen" außerhalb von Pfarr- und Kaplaneiorten tragen die Kosten der Schulerrichtung zu je $^1/_3$ Grundobrigkeit, Gemeinden und Patrone; wo bisher Patronat nicht existent, bleibt Gemeinden und Grundobrigkeiten die Übernahme freigestellt. „Kleine" Obrigkeiten, die zugleich Patrone sind, und deren Mittel nicht ausreichen, sind aus dem Schulfonds zu unterstützen.
Dazu kritische Bedenken der Studienhofkommission – AVA StHK 120 ex 1775, 17 in genere; vgl. Höslinger, S. 90

1785, 3. Mai
Hofdekret
Vgl. Mayer, § 74, S. 175
Keine Abwälzung der Schulpatronatslasten durch Verzicht auf Patronatsrecht möglich; bei Pfarreien und Lokalkaplaneien, die im Rahmen

der josephinischen Pfarrerrichtungen entstanden sind und deren Patronat nicht von den Grundobrigkeiten übernommen worden ist, geht das Patronat auf den Religionsfonds über.
Ebenso Hofdekret/Gubern.VO. vom 11./23. Febr. 1787, 23. Oktober 1787 (JAKSCH, Ges. Lex. IV, S. 322)

1786, 15. Januar
Hofdekret
HANDB. JOS. II., X, S. 564
Beschaffung von Schulwohnungen ist Patronatsverpflichtung. In den königlichen Städten ist der königliche Fonds, bei den untertänigen die Grundobrigkeit heranzuziehen.

1786, 14./29. September
Hofentschließung / Gub.VO. i. Böhmen betr. die Anstellung von Kreisschulkommissaren
HANDB. JOS. II., X, S. 565f.
Kreisvisitations-Schulkommissäre sind anzustellen; Aufgabenbereich; Anstellungsvoraussetzungen; Besoldung

1787, 30. April / 31. Juli / 10. Oktober
Patent für Inner-Österreich / Hofdekrete
AVA, StHK, 120 aus 1785, 17 in genere; HANDB. JOS. II., XIII, S. 504–507, 506, 849; vgl. HÖSLINGER, S. 91, 93; MAYER, Patron.-R., § 73, S. 174
a) Die Stifter sind hinsichtlich der Schulbaulast den anderen Patronen gleichzustellen.
b) Unklarheiten betr. Dreiteilung der Schulbaulasten
Vgl. dazu u. a. Dekret v. 29. 3. 1788 und Dekret der gal. Hofkanzlei v. 25. September 1800 – SLG. FRANZ II., XV, S. 149

1787, 11. Februar / 1788, 23. Oktober
Erlaß / Gub.VO. f. Böhmen
AVA,StHK, Fasz. 88, 25 in genere, Z. 340 ex 1787 Abdr. bei HÖSLINGER, S. 90; HANDB. JOS. II., XII, S. 1216; vgl. von STEINBACH, Lexikon, S. 277
Umschreibung des Schulpatronats durch die Studienhofkommission, Referentenentwurf und endgültige Fassung.

1787, 10. August
Dekret an böhm. Gubernium
AVA, StHK Fasz. 88, 25 Böhmen, Schulpatronat in genere

„... Schulenaufsicht ist zu erinnern, daß unter dem Patronate, worauf Verbindlichkeiten in Ansehung der Schulen gegründet sind, kein anderes als das Pfarrpatronat zu verstehen, und also von einem besonderen Schulen Patronat keine Rede seyn könne.“ (Vgl. auch aaO., Z. 287, 272, 68 u. 43 ex 1789)

1787, 6./9. Oktober
Hofdekret für Böhmen
HANDB. JOS. II., XIII, S. 507
Neben Grundobrigkeiten haben Patrone für Schulbaukosten aufzukommen; Drittelung nicht schematisch, sondern nach Sachgruppen: Obrigkeit Materialien, Patron Handwerker (Professionisten), Gemeine Hand- und Spanndienste.
Vgl. VO. v. 8. 12. 1786 und v. 14. 7. / 25. 9. 1790 (Vgl. MAYER § 72, S. 170)

1787, 19./23. Oktober
Hofdekret / Gub. VO.
Studienhofkommission an böhmisches Gubernium
AVA, StHK 381 aus 1787, 25 in genere; vgl. die Verlautbarungen im HANDB. JOS. II., XIII, S. 508; JAKSCH, Ges. Lex. IV, S. 323; DE LUCA, Pol. Cod. VII, S. 145; VIII, S. 354; vgl. HÖSLINGER, S. 91 (Teilabdruck)
Erneute begriffliche Umschreibung des SchP; Verpflichtung der Patrone, zum Schulbau beizutragen, entspringt dem Recht zur Pfarrbesetzung.

1790, 5. April
Gub. VO. in Böhmen
LEOP. GS. I, S. 68f., 72–75
Anstellung von Lehrern – Rechte und Pflichten der Schulpatrone – Bezug: § 9 der Hofinstruktion in Schulsachen

1791, 7. April
Gub. VO. in Böhmen
LEOP. GS. III, S. 308
Anstellung der Lehrer für die neuerrichteten Schulen unter dem Patronat des Religionsfonds (Religionsfonds-Patronatsschulen); Regelung des Verfahrens

1793, 14. August
Resolution
Vgl. MAYER, § 71, S. 167

In der Regel derjenige Schulpatron, welcher Pfarrer oder Seelsorger präsentiert.

1794, 8. Februar
Erlaß des böhmischen Guberniums an Kreisämter
Vgl. Wilfling, Kalender für 1795, Jg. VII, S. 48
Berichterstattung angefordert, ob Präsentations- und Ernennungsverfahren ordnungsgemäß durchgeführt wurde, unter besonderer Berücksichtigung des Patrons.

1805/1806
Politische Verfassung der deutschen Schulen
Abschnitt IX
Franz GS XXVI, S. 63ff.; vgl. Mayer, Patron.-R. § 71, S. 168, IX, §§ 13, 14, 17
a) Recht des Schulpatrons, Lehrer dem Schuldistriktsaufseher zu präsentieren; Fristen; bei Fristüberschreitung wird der Kandidat dem Konsistorium in Vorschlag gebracht.
b) Kandidat mit Präsentation und Zeugnis an Schuldistriktsaufseher; reicht seine Zustimmung mit Unterlagen dem Konsistorium zur Begutachtung weiter. Von dort aus Anstellung.
c) Steht das Besetzungsrecht der Landesstelle zu, geht der Weg vom Konsistorium an die Landesstelle (mit detaillierten Angaben zur Person – vgl. Regierungsdekret vom 22. 1. 1807). Das Anstellungsdekret erhält der Lehrer über Distriktsaufseher.
d) Steht das Präsentationsrecht den k.k. Staatsgüterverwaltungen zu, überreicht diese Zeugnisse mit Präsentation an Konsistorium und erstattet darüber Bericht an Landesstelle. Von dort Ernennung und entsprechende Nachricht an Konsistorium und Staatsgüteradministration. Konsistorium stellt Anstellungsdekret aus, das über den Schuldistriktsaufseher an den Lehrer geht (Regierungsdekret vom 16. 2. 1807).
e) Schulpatronat kein neues und besonderes Patronat, sondern mit Pfarrpatronat verbunden, „klebt“ ihm an.
f) Aus Schulpatronat ergibt sich die Beitragspflicht zum Schulbau, und zwar die Bezahlung der „Professionisten“ (§ 18; vgl. Mayer, Patron.-R. § 72, S. 170).

Synchronoptische Zeittafeln

Anhang 10 **Synchronoptische**

Jahr	Allgemeine Geschichte	Bildungsgeschichte Schulreformer
1713	Friedr. Wilh. I. (1713–40)	
1717		
1719	Vereinigung Minden-Ravensberg	
1724		Johann I. v. Felbiger († 1788)
1727		
1731		
1734		Eberh. v. Rochow († 1805)
1735		
1736		
1739		Joh. Jul. Hecker (1707–68) a. Dreifaltigkeitskirche i. Berlin berufen
1740	Regierungsantritt Maria Theresias (1740–1780) / Friedrichs II. (1740–1786) 1. Schles. Krieg	Ferd. Kindermann († 1801)
1741		Theodor Janković de Mirjevo († 1841)
1742	Notifikationspat. f. Schlesien (Justizwesen betr.). 2. Schles. Krieg	
1747		Oec.-math. Realschule i. Berlin gegr. (J. J. Hecker)
1748		
1750		
1753		
1754		Schlabrendorff wird dirigierender Christian Wolff †
1756	Beginn des Siebenjähr. Krieges	
1758		Felbiger Abt d. Aug.-Chorh.-Stiftes Sagan F. M. Vierthaler († 1827) Salzburger Schulreformer
1759		

Zeittafel

Schulreform, Schulrecht, Schulaufsicht		
Sagan, Schlesien, Preußen	Österreich	andere Territorien
1. selbständige SchO i. Preußen (Gymn.- u. Schul-O.)		
Preuß. Generaledikt betr. d. Schulpflicht		
1. Entw. d. SchO f. Minden-Ravensberg		
Entw. einer General-SchO f. Preußen (Wagner)		
	SchO f. d. Univ. Wien etc.	
Principia regulativa f. Ostpreußen		
Vorschläge z. Schulverbesserung (Oberkonsistorium Glogau)	Erneuerte SchO f. Tirol	SchO f. d. Hzgtm. Holstein kgl. Anteils
	SchO für die Wiener Vorstädte	
Oberkonsist. in Berlin gegründet		
		SchO f. Braunschweig-Wolfenbüttel (1753)
Prov.-Min. i. Schlesien		
SchO f. Minden-Ravensberg		
April: Generale d. Bresl. O-Konsist. z. Verbesserung d. Schul-U. (Schulkatalog)		
Dezember: Kurrende d. Bresl. O-Amts-Reg. i. d. ders. Sache		

Jahr	Allgemeine Geschichte	Bildungsgeschichte Schulreformer
1760		
1761		
1762	Katharina II. (1762–1796)	1. Studienreise Felbigers nach Berlin Rousseau: Contrat social; Emile
1763	Friede v. Hubertusburg (15. II.)	
1764		
1765		
1767		
1768		
1769		Schlabrendorff †
1770		Reise d. Tiroler Schulpriester nach Schlesien Braun kf. Schulkommissar in München
1771		
1772	Erste Teilung Polens	
1773		Aufhebung d. Jesuitenordens
1774		Felbiger trifft in Wien ein (15. V.) Felbiger erhält „Leitung u. Direktion" des „dt. Schulwesens" übertragen.

SCHULREFORM, SCHULRECHT, SCHULAUFSICHT

Sagan, Schlesien, Preußen	Österreich	andere Territorien
	Einrichtung d. Studienhofkommission	
1. Saganer Schulreform-VO Felbigers		
Zirk. d. Bresl. O-Konsist. Bestellung subsid. weltl. Schulaufseher		
Kab.-O Februar / April: Auftrag zur Schulreform		
General-Land-Schulreglement v. 12. August		
1763/64: Saganer/Schles. Verord. Felbigers. – Promemoria Felbigers betr. Schulreform		
17. V.: Schulkatalog allg. eingeführt	Theresian. Schulerhebung	
30. X.: Schlabrendorffs Schulzustandsbericht		
3. XI.: General-Land-Schulreglement (Felbiger)		
4. XI.: Eröffnung d. Bresl. Hauptseminars		
	Schul-O. f. Tirol (Tangl)	
Kab.-O.: Revision d. ges. Schulwesens angeordnet		
	Promemoria d. Passauer Fürsterzb. v. Firmian: Forderung nach *staatl.* Schulreform	
	Reformplan Pergen. Einrichtung d. Schulkommissionen. Hofdekr.: Schule ist ein Politikum. Gründung d. Normalschule (1770/71). Schulregl. f. d. illyr. Nation	Schul-O. f. Bayern (Braun): Haupt- u. Musterschule i. München Kurmainz. Schulkommission
		Kurbay. Generalmandat betr. Schulpflicht u. Schulaufsicht
	Entwurf einer neuen Schulordnung für Tirol	
	Theodor Janković Schulenoberdirektor im Temešvarer Banat	Kursächs. SchOen Kurmainz. SchO
Reglement f. d. Univ. Breslau u. d. kath. Gymnasien Schlesiens (11. XII.) mit Instruktion vom 26. VIII. 1776 (Schulaufsicht)	Allg. Schulordnung f. d. k.k. Erblande	Würzburgische SchO

Jahr	ALLGEMEINE GESCHICHTE	BILDUNGSGESCHICHTE Schulreformer
1775		
1776	Nordamerik. Unabhängigkeitserklärung/Erklärung d. Menschenrechte	I. Kant (1724–1804) liest „Pädagogik"
1777		
1778		Felbiger Oberdirektor u. Oberaufseher des ges. Schulwesens
1780	Maria Theresia †; Joseph II. 1780(65)–1790	
1781	Toleranzedikt Jos. II.	Felbiger aus d. Amt d. Oberdirektors entlassen; Nachfolger Gall
1782		
1783		
1784/86		
1785		Campe: „Allg. Revision d. ges. Schul- u. Erziehungswesens"
1786	Friedrich der Große †	
1787	Verf. d. USA	
1788		Felbiger †
1789	Franz. Revolution; Verkünd. d. Menschenrechte	
1790	Joseph II. † Leopold II. (bis 1792)	
1794		
1799		
1801		Kindermann †
1803	Reichsdeputationshauptschluß	
1804	Franz I. „Erbl. Kaiser von Österreich"	
1805/06		

Schulreform, Schulrecht, Schulaufsicht		
Sagan, Schlesien, Preußen	Österreich	andere Territorien
		Instruktion Katharinas II. betr. Schulerhaltung
	„Ratio educationis“ für Ungarn	
	Oberdirektor d. Normal-Schulwesens (Felbiger)	Kf. Schul-O f. Bayern
		Fuldaer SchO
		Theodor Janković reist, von Felbiger f. russ. Schulreformarbeit vorgeschlagen, nach Moskau. Errichtung einer Schulkommission durch Katharina II.
	VO f. Böhmen: Dechanten = Kreisschulaufseher. – Grundsätze f. „Schulpatronat“ Instruktion f. Konsist. u. Superintend. A. B. betr. Schulaufsicht	Eröffnung der „Hauptnationalschule“ (Normalschule) in Petersburg; Normalschule in Bonn
	Hodekr.: Bestellung eigener Kreisschulkommissare	„Statut f. d. Volksschulen im Russ. Reich“
Oberschulkollegium i. Berlin gegr. (v. Zedlitz): Zentralschulaufsichtsbehörde		
Allg. Landrecht f. d. preuß. Staaten		
		Kurköln. LandschulO.
	Polit. Verf. d. dt. Schulen i. d. k.k. Erbstaaten	

PERSONENREGISTER

Vorbemerkung

Die Zahlen beziehen sich auf die Seiten bzw. auf die angegebene Anmerkung (A) der betreffenden Seite.
Nicht aufgenommen sind J. I. von Felbiger und (im allgemeinen) Autoren nach Felbigers Wirkensperiode.
Anmerkungen sind nur berücksichtigt, soweit sie biografische oder Sachhinweise zu den betreffenden Personen enthalten.

SACHREGISTER